汤一介 李中华 主编 —— 明代卷 ——

张学智 著

中國儒學史

北京大学出版社

图书在版编目(CIP)数据

中国儒学史. 明代卷/张学智著. ——北京:北京大学出版社,2011.6
ISBN 978-7-301-18923-8

Ⅰ.①中… Ⅱ.①张… Ⅲ.①儒学－思想史－研究－中国－明代
Ⅳ.①B222.05

中国版本图书馆 CIP 数据核字(2010)第 097764 号

书　　　　名:	中国儒学史·明代卷
著作责任者:	张学智　著
责 任 编 辑:	王　应
标 准 书 号:	ISBN 978-7-301-18923-8
出 版 发 行:	北京大学出版社
地　　　　址:	北京市海淀区成府路 205 号　100871
网　　　　址:	http://www.pup.cn
电 子 邮 箱:	编辑部 dj@pup.cn　总编室 zpup@pup.cn
电　　　　话:	邮购部 62752015　发行部 62750672　编辑部 62756694　出版部 62754962
印　刷　者:	北京中科印刷有限公司
经　销　者:	新华书店
	787 毫米×1092 毫米　16 开本　52.75 印张　610 千字
	2011 年 6 月第 1 版　2025 年 5 月第 3 次印刷
定　　　　价:	110.00 元

未经许可,不得以任何方式复制或抄袭本书之部分或全部内容。

版权所有,侵权必究　　举报电话:010－62752024
　　　　　　　　　　　　电子邮箱:fd@pup.cn

总　序

一、儒学与中华民族的复兴

（一）儒学的"反本开新"

我们为什么要编著一部《中国儒学史》,这是由于中华民族正处在伟大民族复兴的进程之中。民族的复兴必然与民族文化的复兴相关联,而"儒学"在我国的历史上曾居于主流地位,影响着我国社会生活的方方面面。因此,儒学的复兴和中华民族的复兴是分不开的,这是由历史原因形成的。儒学自孔子起就自觉地继承着夏、商、周三代的文化,从历史上看它曾是中华民族发育、成长的根,我们没有可能把这个根子斩断。如果我们人为地把中华民族曾经赖以生存和发展的根子斩断,那么中华民族的复兴就没有希望了。因此,我们只能适时地在传承这个文化命脉的基础上,使之更新。就目前我国发展的实际情况看,我估计在二十一世纪儒学作为一种精神文化在中国、甚至在世界(特别是在东亚地区)将会有新的发展。为什么儒学会有一个新的发展?原因当然是多方面的,有政治的、经济的原因,更与"西学"(主要指作为精神文化的西方哲学等等)对中国传统文化(特别是儒学)所进行的全方位的冲击有着更密切的关系。回顾百多年来中国的历史,在相当长的时期里,中国文化("中学")在与西方文化("西学")的搏击中节节败退,"全盘西化"(或"全盘苏化")占尽上风,甚至"打倒孔家店"成为某些中国知识分子标榜"进步"的口号。可是在这样艰难的"中学"日衰的形势下,中国仍然有一代又一代的学人,一方面坚忍地传承着中国文化的优秀传统,另一方面又以广阔的胸怀融合着"西学"的精华。他们深信"中学",特别是"儒学"不会断绝,自觉地承担着中国传统文化"存亡继绝"和复兴中国文化的使命。因此,正是由于"西学"对中国文化的冲击,使得我国学者得到了对自身文化传统进行自我反省的机会。我们逐渐知道,在我们的文化传统中应该发扬什么、应该抛弃什么,以及应该吸收什么。因而在长达一百多年中,我们中国人在努力学习、吸收和消化"西学",这为儒学从传统走向现代奠定了基础。新的现代儒学必须是能为中华民族的复兴、能为当今人类社会"和平与发展"的前景提供有意义的精神力量的儒学;应该是有益于促进各民族结成团结、友好、互信、互助、和睦相处的大家庭的儒学;新的现代儒学该是"反本开新"的儒学。"反本"才能"开新","反本"更重要的是为了"开新"。"反本"必须要对儒学的源头有深刻的了悟,坚持自身文化的主体性。我们对儒学的来源及其发展了解得越深入,它才会越有对新世纪的强大生命力。"开新"要求我们全面、系统地了解当今人类社会所面临的亟待解决的生存和发展的重大问题和思想文化发展的总趋势,这必须对儒学作出适时的、合乎时代的新解释。"反本"和"开新"是不能分割的,只有深入发掘儒家思想的真精神,我们才可能适时地开拓儒学发展的新局面;只有敢于面对当前人类社会存在的新问题,才能使儒学的真精神得以发扬和更新,使儒家在二十一世纪的"反本开新"中"重新燃起火焰",以贡献于人类社会。

(二) 儒学与"新轴心时代"

当今世界处于全球化的形势下,人类社会面临着的是一个大变动的时代,正因为在这人类社会处于全球化的时代,使得各国、各民族在政治、经济、文化诸多方面处在错综复杂、矛盾重重的关系之中。人类社会如何从这种复杂的矛盾关系之中找出一条出路?在进入第三个千年之际,世界各地的思想界出现了对"新轴心时代"的呼唤,这就要求我们更加重视对古代思想智慧的温习与发掘。回顾我们文化发展的源头,希望从人类的历史文化智慧中找出一条能使世界走上健康合理的"和平与发展"道路,这无疑是各国人民所希望的前景。"轴心时代"的概念是由德国哲学家雅斯贝尔斯(1883—1969)提出的。他认为,在公元前500年前后,在古希腊、以色列、印度、中国、古波斯都出现了伟大的思想家。在古希腊有苏格拉底、柏拉图,以色列有犹太教的先知,印度有释迦牟尼,中国有老子、孔子,古波斯有索罗亚斯特,等等,形成了不同的文化传统。这些文化起初并没有互相影响,都是独立发展起来的。这些文化传统经过两千多年的发展,在相互影响中已成为人类文明的共同精神财富。雅斯贝尔斯说:"人类一直靠轴心时代所产生、思考和创造的一切而生存,每一次新的飞跃都回顾这一时期,并被它重新燃起火焰。自那以后,情况就是这样。轴心期潜力的苏醒和对轴心期潜力的回忆,或曰复兴,总是提供了精神力量。对这一开端的复归,是中国、印度和西方不断发生的事情。"[①]例如,我们知道,欧洲的文艺复兴就是把其目光投向其文化的源头古希腊,而使欧洲文明重新燃起新的光辉,并对世界产生重大影响。中国的宋明理学(新儒学)在印度佛教文化的冲击后,充分吸收和消化了佛教文化,再

---

① 〔德〕卡尔·雅斯贝尔斯:《历史的起源与目标》,魏楚雄、俞新天译,华夏出版社,1989年,第14页。

次回归先秦孔孟,把中国儒学提高到一个新的水平,并对朝鲜半岛、日本、越南的文化发生过重大影响。

在人类社会进入新千年之际,人类文化是否会有新的飞跃?雅斯贝尔斯为什么特别提到中国、印度和西方对轴心期的回忆,或曰"复兴"的问题?这是不是意味着,中华文化又有一次"复兴"的机会?我认为,答案应是肯定的。当前,中华民族正处在民族复兴的进程之中,而民族的复兴要以民族文化的复兴为精神支柱。毋庸讳言,"国学热"的兴起,可以说预示着我们正在从传统中找寻精神力量,以便创造新的中华文化,以"和谐"的观念贡献于人类社会。我们可以看出,自上个世纪末,我国学术界出现了对中国传统文化研究重视的趋势;而进入二十一世纪则逐渐成为一种社会潮流,"读经"、"读古典诗词",恢复优良的道德修养传统,蔚然成风,不少中小学设有读《三字经》、《弟子规》、《论语》、《老子》等等的有关课程内容。社会各阶层、团体、社区也办起了读古代经典的讲习班和讲座等等。这一潮流,也影响着我国的高层领导人。胡锦涛总书记在十七大的报告中提出"弘扬中华文化,建设中华民族共有精神家园",将对有力地推动中华文化的发展产生重要影响。我们应特别注意的是,中国一批知识分子在深入研究中国自身文化传统的同时,对当今世界文化发展的总趋势更加关注,并已有较深的研究。他们知道,中国文化必须在传承中更新,这样中国文化才能得以真正的"复兴",而"重新燃起新的火焰"。我们还可以看到,世界各国人民对中国文化的重新认识和欢迎,两百多所"孔子学院"的建立,儒学经典将要被译成外国的八种文字,这无疑可以说是儒学在"新轴心时代"得以"复兴"的明证。我认为,中国文化必须在坚持自身文化的主体性中"复兴",必须在吸收其他各民族文化、特别是西方先进文化的优秀成果中"复兴",必须在深入发掘中国文化的特殊价值以贡献于人类社会中复兴,当然也必须在努力寻求我们民族文化中具有"普世价值"意义的资源中"复兴"。因此,我们期待着和各国的学者一起,为建设全球化形势下文化的"新轴心时代"而努力。在欧洲,经过解构性的后现代主义对"现代性"思潮的批判之后,出现了以过程哲学为基础的"建构性的后现代主义",他们认为:"建设性的后现代主义对解构性的后现代主义的立场持批判态度,……以建构一个所有生命共同福祉都得到重视和关心的后现代世界。"①建构性的后现代主义还认为,在崭新的时代,每个人的权利都获得尊重,如果说第一次启蒙的口号是"解放自我",那么新世纪的第二次启蒙的口号则是尊重他者,尊重差别,他们提出"人和自然是一生命共同体"的宇宙有机整体观,以此反对"现代二元论的科学主义和工具理性"。里夫金在他的《欧洲梦》中强调,在崭新的时代,每个人的权利都获得尊重,文化的差异受到欢迎,每个人都在地球可以维持的范围内享受着高质量生活(不是奢侈生活),而人类生活在安定与和谐之中。② 因此,他们认为,必须对自身前现代传统的某些观念加以重视,要重视两千多年前哲人的智慧。印度在1947年取得了独立。在争取独立的过程中,许多民族运动的领袖都把印度的传统思想作为一种精神武器。国大党的领袖甘地采取把印度教和民族运动结合在一起的策略,因此国大党在指导思想和人员构成上都有明显的印度教特征。③ 二十世纪中期印度思想家戈尔瓦卡就提出:印度必须建立强大的印度教国家,他特别强调"印度的文明是印度教的文明"。④ 他们认为,只有把印度人民的宗教热忱和宗教精神注入到政治中,才是印度觉醒和复兴的必要条件。因此,印度民族的复兴必须依靠其自身印度教的思想文化传统。印度人民党同样崇奉印度教,它是一种以"印度文化为核心的民族主义或者

---

① 《为了共同福祉——约翰·科布访谈》(王晓华访问记),上海:《社会科学报》,2002年6月13日。
② 参见〔美〕杰里米·里夫金:《欧洲梦》序言,杨治宜译,重庆出版社,2006年,第8页。
③ 参见丁浩:《浅析印度国大党的教派主义倾向及其影响》,见于《重庆科技学院学报(社会科学版)》,2007年第1期。
④ 参见汝信总主编:《世界文明大系·印度文明卷》,中国社会科学出版社,2004年,第554页。

称为'印度教特性'"。他们认为,"可将印度现在同过去的光辉连接起来","以印度教意识和认同来重建印度"。① 人民党的思想家乌帕迪雅耶提出的"达磨之治论",就是要把印度教"种姓达磨"观念与现代人道主义思想结合起来,其目的是要用这种学说来捍卫印度教的传统文明和精神,抵御西方文化的侵袭和影响。国大党和人民党交替执政,就说明印度教在印度的复兴。② 这有力地说明印度正是"新轴心时代"兴起的一个重镇。这是不是可以说,在全球化的情况下,中国、印度和欧洲都处在一个新的变革时期,他们都将再一次得到"复兴"的机会?我认为,雅斯贝尔斯的看法是有远见的。这里,我必须说明,我并没有要否定其他民族文化也同样将会得到"复兴"的机会,如拉美文化、中东北非地区的伊斯兰文化等等。但是,无论如何,中国、印度、欧洲(欧盟)的"复兴"很可能预示着"新轴心时代"的到来。

(三)儒学的三个视角

在这可能即将出现的"新轴心时代",面对着的与两千多年前的那个"轴心时代"的形势是完全不同了。全球化已把世界连成一片,任何国家、任何民族所要解决的不仅是其自身社会的问题,而且要面向全世界。因此,世界各国、各民族理应将会出现为人类社会走出困境的大思想家或跨国大思想家集团。实际上,各国各民族的有些思想家已在思考和反省人类社会如何走出当前的困局、迎接一个新时代的种种问题。在此情况下,各国、各民族的历史文化经验和智慧,无疑是十分重要的。因此,对影响中国社会两千多年历史的主流文化"儒学"应有一总体的认识和态度是很必要的。

由于儒学是历史的产物,又有两千多年的历史,对它有种种不同的看法立说是很自然的。在今天全球化、现代化的时代,我们应该或

---

① 参见曹小冰:《印度特色的政党和政党政治》,当代中国出版社,2005年,第237页。
② 参见汝信总主编:《世界文明大系·印度文明卷》,第555—558页。

可能怎样看儒学,我认为也许可以从三个不同的角度来考察儒学:一是政统的儒学,二是道统的儒学,三是学统的儒学。(一)政统的儒学:政治化的儒学曾长期与中国历代专制政治结合,所提倡的"三纲六纪"无疑对专制统治起过重要作用。儒家特别重视道德教化,因而对中国社会在一定程度上起着稳定的作用。但是,把道德教化的作用夸大,使中国重"人治"而轻"法治",而且很容易使政治道德化,从而美化政治统治;又使道德政治化,使道德成为为政治服务的工具。当然,在专制政治统治的压迫下,儒家的"以德抗位"、"治国平天下"的"王道"理想也并非完全丧失。不过总的说来,政治的儒学层面对当今的社会而言可继承的东西并不太多,它存在着较多的问题。(二)道统的儒学:任何一个成系统有历史传承的学术派别,必有其传统,西方是如此,中国也是如此。从中国历史上看,儒、道、释三家都有其传统。儒家以传承夏、商、周三代文化为己任,并且对其他学术有着较多的包容性,他们主张"万物并育而不相害,道并行而不相悖"。但既成学派难免就会有排他性。因此,对"道统"的过分强调就可能形成对其他学术文化的排斥,而形成对异端思想的压制。在历史上某些异端思想的出现,恰恰是对主流思想的冲击,甚至颠覆,这将为新的思想发展开辟道路。(三)"学统的儒学"是指其学术思想的传统,包括它的世界观、思维方法和对真、善、美境界的追求等等。虽不能说儒学可以解决人类社会存在的一切问题,但儒学在诸多方面可为人类社会提供有意义的、较为丰厚的资源是无可否认的,应为我们特别重视。我这样区分,并不是说这三者在历史上没有关系,甚至可以说在历史上往往是密不可分的,只是为了讨论方便,为了说明我们应该更重视哪一个方面。基于此,我认为,当前甚至以后,儒学的研究不必政治意识形态化,让学术归学术;而且儒学应更具有"海纳百川"的气度,在与各种文化的广泛对话中发展和更新自己。

既然我们对儒学要特别重视的是其"学统",那么我们应该如何从

"学统"的角度来看儒学,我有以下四点看法:(一)要有文化上的主体意识。任何一个民族的生存与发展必须植根于自身文化土壤之中,必须有文化上的自觉,只有对自身文化有充分的理解与认识,保护和发扬,它才能适应自身社会合理、健康发展的要求,它才有吸收和消化其他民族文化的能力。一个没有能力坚持自身文化的自主性的民族,也就没有能力吸收和融化其他民族的文化以丰富和发展其自身文化,它将或被消灭,或被同化。(二)任何文化要在历史长河中不断发展,必须不断地吸收其他民族文化,在相互交流与对话中才能得到适时的发展和更新。罗素说得对:"不同文明的接触,以往常常成为人类进步里程碑。"[1]在历史上,中华文化有着吸收和融化外来印度佛教文化的宝贵经验,应该受到重视。在今天全球化的时代,面对西方的强势文化,我们应更加善于吸收和融合西方文化和其他各民族的优秀文化,以使中华文化更具有世界意义。(三)社会在不断发展,思想文化在不断更新,但古代思想家提出和思考的文化(哲学)问题,他们的思想的智慧之光,并不因此就会过时,有些他们思考的问题和路子以及理念可能是万古常新的。雅斯贝尔斯认为:在科学方法的运用上,我们可以说我们所处的时代是超过了亚里士多德,但就哲学本身而言,我们很难再达到苏格拉底和柏拉图的水准。哲学历史的某些发展是显而易见的,但我们并不能由此得出结论说,后代的哲学家就一定超过前代。[2](四)任何历史上的思想体系,甚至现实存在的思想体系,没有完全正确的,没有放之四海而皆准的绝对真理的学说,它必然有其局限性,其体系往往包含着某些内在矛盾,即使其中具有普遍意义(价值)的精粹部分也往往要给以合理的现代诠释。恩格斯在《反杜林论》草稿片断中说:"在黑格尔以后,体系说不可能再有了。十分明显,世

---

[1]《中西文明的对比》,见罗素:《中国问题》,学林出版社,1996年,第146页。
[2] 参见《论雅斯贝尔斯的世界哲学及世界哲学史的观念——代"译序"》,载〔德〕雅斯贝尔斯:《大哲学家》,李雪涛等译,社会科学文献出版社,2005年,第12页。

界构成一个统一的体系,即有联系的整体。但是对这个系统的认识是以对整个自然界和历史的认识为前提的,而这一点是人们永远也达不到的。因而,谁要想建立体系,谁就得用自己的虚构来填补无数的空白,即是说,进行不合理的幻想,而成为一个观念论者。"① 这里所说的"体系"是指那种无所不包的、自以为是放之四海而皆准的"绝对真理"。"绝对真理"往往都是谬误之论。罗素在其《西方哲学史》中说:"不能自圆其说的哲学决不会完全正确,但是自圆其说的哲学满可以全盘错误。最富有结果的各派哲学向来包含着显眼的自相矛盾,但是正为了这个缘故才部分正确。"② 我认为这两段话对我们研究思想文化都很有意义。因为任何思想文化都是在一定历史条件下产生的,它不可能完全解决人类社会今天和明天的全部问题,就儒学来说也是一样的。正因为儒学是在历史中的一种学说,才有历代各种不同诠释和批评,而今后仍然会不断出现新的诠释,新的发展方向,新的批评,还会有儒家学者对其自身存在的内在矛盾的揭示。在人类社会进入全球化的时代,不断反思儒学存在的问题(内在矛盾),不断给儒学新的诠释,不断发掘儒学的真精神中所具有的普遍性意义和特有的理论价值,遵循我们老祖宗的古训"日日新,又日新",自觉地适时发展和更新其自身,才是儒学得以复兴的生命线。

(四) 儒学与"忧患意识"

"儒学"在中国传统文化中相对于佛道有一特点,即它的"入世"精神,并基于此"入世"精神而抱有较为强烈的忧患意识。《周易·系辞

---

① 〔德〕恩格斯:《世界是有联系的整体·对世界的认识》,载《恩格斯著〈反杜林论〉参考资料》附录,北京大学哲学系编,1962年,第137页。
② 〔英〕罗素:《西方哲学史》下册,马元德译,商务印书馆,1963年,第143页。

下》中说:"作《易》者,其有忧患乎?"①自孔子以来,从中国历史上看,儒家学者多对社会政治抱有"以天下为己任"的忧患意识。儒家的这种"忧患意识"也许可以说是儒家不同于现代知识分子的一种对社会政治的中国士大夫特有的批判精神。它是由于儒家始终抱有的对天下国家一种不可推卸的社会责任感和历史使命感而产生的。孔子生活在"天下无道"的春秋时代,《说苑·建本篇》说:"公扈子曰:春秋,国之鉴也。春秋之中,弑君三十六,亡国五十二。"孔子对此"礼坏乐崩"的局面有着深刻的"忧患意识",我们查《论语》,有多处讲到"忧"(忧虑,忧患),其中"君子忧道不忧贫"可说是代表着孔子的精神。"道"是什么?就是孔子行"仁道"的理想社会,其他富贵贫贱等等对孔子是无所谓的。《论语·阳货》中有一段表现孔子"忧国忧民"的抱负:"公山弗扰以费畔,召,子欲往,子路不悦,曰:'末之也,已,何必公山氏之之也!'子曰:'夫召我者,而岂徒哉!如有用我者,吾其为东周乎!'"孔子认为,假若有人用他治世,他将使周文王、武王之道在东方复兴。可见,孔子所考虑的问题是使"天下无道"的社会变成"天下有道"的社会。在《礼记·檀弓下》有一则孔子说"苛政猛于虎"的故事,这深刻地表现着他"忧国忧民"的"忧患意识"。这种"忧患意识"体现着孔子"仁民"的人道精神,同时也表现了他对"苛政"的批判意识。孟子有句常为人们所称道的"名言":"生于忧患而死于安乐",这种"忧患意识"正是因为他要"以天下为己任",而批判那些"入则无法家拂士,出则无敌国外患"的诸侯君王。我们读《孟子》也许只有十分深切地感受到中国士大夫所有的"富贵不能淫,贫贱不能移,威武不能屈"的精神,才能真正地立于天地之间而无愧。我认为,这不能不说是中国儒者特有的批判精神。有这种精神,就可以抵制和批判一切邪恶,甚至可以"大义灭亲"、

---

① 《周易·系辞下》中还说:"君子安而不忘危,存而不忘亡,治而不忘乱,是以身安而国家可保也。"司马迁《报任安君书》中说:"盖西伯拘而演《周易》,……大氐圣贤发愤之所为作也。"周文王演《周易》正是基于其"忧患意识"。

"弑父弑君"。① 周公不是为了国家百姓杀了他的亲兄弟吗?② 管仲不是初助公子纠,后又相桓公,孔子还说他"如其仁,如其仁"吗?③ 当齐宣王问孟子:"汤放桀,武王伐纣,有诸?"孟子回答说:那些残害"仁义"的君王之被杀只是杀了个"独夫"吧!④

在中国古代的传统社会中,君王对社会政治无疑起着极大的作用,因此臣下能对君王有所规劝是非常重要的。《郭店楚简·鲁穆公问子思》一条:

> 鲁穆公问于子思曰:"何如而可谓忠臣?"子思曰:"恒称其君之恶者,可谓忠臣矣。"公不悦,揖而退之。成孙弋见,公曰:"向者吾问忠臣于子思,子思曰:'恒称其君之恶者,可谓忠臣矣。'寡人惑焉,而未之得也。"成孙弋曰:"噫,善哉言乎!夫为其君之故杀其身者,尝有之矣。恒称其君之恶,未之有也。夫为其君之故杀其身者,效禄爵者也。恒称其君之恶者,远禄爵者也。为义而远禄爵,非子思,吾恶闻之矣。"

这段故事说明,历史上有些儒者总是抱着一种"居安思危"的情怀,为天下忧。子思认为能经常批评君王的臣子才是"忠臣",成孙弋为此解释说:只有像子思这样的士君子敢于对君王提出批评意见,这正因为他们是不追求利禄和爵位(金钱与权力)的。中国历史上确有一些儒学者基于"忧国忧民"的"忧患意识"而能持守此种精神。汉初,虽有文景之治,天下稍安,而有贾谊上《陈政事疏》谓:"进言者皆曰天下已安已治矣,臣独以为未也。曰安且治者,非愚则谀,皆非事实知治乱之体者也。"贾谊此《疏》义同子思。盖他认为,治国有"礼治"和"法治"两套,"夫礼者禁于将然之前,而法者禁于已然之后,是故法之所用

---

① 事见《左传》隐公四年。
② 事见《史记·管蔡世家》。
③ 见《论语·宪问》,又见《左传》庄公八年和九年。
④ 见《孟子·梁惠王下》。

易见,而礼之所为生难知也。"他并认为此"礼治"和"法治"两套对于治国者是不可或缺。此"礼法合治"之议影响中国历朝历代之政治制度甚深。在中国历史上有"谏官"之设,《辞源》"谏官"条说:"掌谏诤之官员。汉班固《白虎通·谏诤》:'君至尊,故设辅弼置谏官。'谏官之设,历代不一,如汉唐有谏议大夫,唐又有补阙、拾遗,宋有左右谏议大夫、司谏、正言等。"按:在中国历史上的"皇权"社会中,"谏官"大多虚设,但也有少数士大夫以"忧患意识"之情怀而规劝帝王者,其"直谏"或多或少起了点对社会政治的批判作用。此或应作专门之研究,在此不赘述。

宋范仲淹有《岳阳楼记》一篇,其末段如下:

> 嗟夫!予尝求古仁人之心,或异二者之为,何哉?不以物喜,不以己悲;居庙堂之高则忧其民,处江湖之远则忧其君。是进亦忧,退亦忧。然则何时而乐耶?其必曰"先天下之忧而忧,后天下之乐而乐"乎。噫!微斯人,吾谁与归!

这段话可说是表达出大儒学者之心声。盖在"皇权"统治的专制社会中,儒学之志士仁人无时不能不忧,其"忧民"是其"仁政"、"王道"理想之所求,而此理想在那专制制度下,是无法实现的,故不能不忧。其"忧君",则表现了儒家思想之局限,仅靠"人治"是靠不住的。在"皇权"的专制制度下,仁人志士之"忧"虽表现其内在超越之境界,但终难突破历史之限度。儒学者可以"杀身成仁"、"舍生取义",但不仅不能动摇"皇权"专制,反而可能在某种程度上帮助巩固了皇权统治。这或是历史之必然,不应责怪这些抱有善良理想良知之大儒,他们的主观愿望是可歌可涕的。个人的善良愿望必须建立在变革这专制制度上才可能有一定程度上之实现。

儒家的"忧患意识"虽说对"皇权"专制有一定的批判作用,但它毕竟不同于现代社会中知识分子的"批判意识"。这是因为现代知识分子的"批判意识"是建立在"人人平等"的基础之上。现代知识分子的"批判意识"不仅仅是对某个个人批判,而必须是根据理性对某种制度的批判。面对今日中国社会风气败坏、信仰缺失之现实,必须把儒家原有的具有一定程度批判精神的"忧患意识",提升至对社会政治制度的批判,而不能与非真理或半真理妥协,因此它应当是得到"自由"和"民主"保障的有独立精神的批判。[①] 可是话又要说回来,无论如何,儒家这种"居安思危"的"忧患意识"中包含的某种程度的批判精神和勇气,仍然是我们要在继承的基础上认真总结,并把它提高到现代知识分子的批判精神上来的。在中华民族伟大复兴的过程之中,儒家基于社会责任感和历史使命感的"忧患意识"在我们给以新的诠释的情况下,将使我民族能够不断地反省,努力地进取,并使儒学得以日日新,又日新,中华民族得以常盛不衰。

(五)儒学与"和谐社会"建设

在二十一世纪初,我国提出建设"和谐社会"的要求,这将对人类发展的前景十分重要,并会对人类社会健康合理生存产生深远影响。我们知道,"和谐"是儒学的核心概念,在我国传统儒学中包含着"和谐社会"的理想以及可以为建设"和谐社会"提供的大量有意义的思想资源。《礼记·礼运》中的"大同"思想可以说已为中华民族勾画出一幅"和谐社会"的理想蓝图。《论语》中的"礼之用,和为贵",将会对调节

---

① 参见拙作《五四运动的反传统与学术自由》,台湾联经出版事业公司,1989年。该文中有如下两段:"中国知识分子大都对社会有着强烈的社会责任感和历史使命感;'天下兴亡,匹夫有责',他们为了尽社会责任和完成历史使命可以'杀身成仁'、'舍生取义'。中国知识分子这种对国家和民族命运的关怀,无疑是十分可贵的。但是也正因为这种过分强烈的社会责任感和历史使命感,而使他们陷于'急功近利',而要直接参与政治,去从政做官了。我不知道这对中国社会是'幸'还是'不幸',不过我私以为'不幸'的成分为多。照我看,知识分子应该是以创造知识和传播知识为谋生手段。他们对政治的意义在于批判、议论,他们应有不与非真理和半真理妥协的良心。""中国知识分子由于超强的社会责任感和历史使命感往往由'不治而议'走向'治而不议',把'做官'看成是他们最重要的使命,从而失去他们对社会政治的批判功能,并且很可能成为政治权利的附庸。"

人们社会生活之间的关系有着重要的意义;"和而不同",又可以为不同民族和民族之间的"和平共处"提供某种理据。《中庸》中的"中和"思想,要求在各种关系之间掌握适合的度,以达到万事万物之"和谐"的根本。特别是《周易》中的"太和"[①]观念经过历代儒学思想家的阐发,已具有"普遍和谐"的意义。"普遍和谐"包含着"人与自然"、"人与人"(人与社会、国家与国家、民族与民族)、"人的自我身心内外"等诸多方面"和谐"的意义,所以王夫之说"太和"是"和之至",意即"太和"是最完美的"和谐"。所有这些包含在儒家经典中的"和谐"思想,为中国哲学提供了一种对人类社会极有价值的世界观和思维方式。

复兴儒学要有"问题意识"。当前我国社会遇到了什么问题,全世界又遇到了什么问题,都是复兴儒学必须考虑的问题。对"问题"有自觉性的思考,对"问题"有提出解决的思路,由此而形成的理论才是有真价值的理论。当前,我国以及全世界究竟遇到些什么重大问题?近一二百年来,由于对自然界的无量开发,残酷掠夺,造成了生态环境的严重破坏。由于人们片面物质利益的追求和权力欲望的无限膨胀,造成了人与人之间以及国家与国家之间的矛盾与冲突,以至于残酷的战争。由于过分注重金钱和感官享受,致使身心失调,人格分裂,造成自我身心的扭曲,吸毒、自杀、杀人,已成为一种社会病。因此,当前人类社会需要解决,甚至今后还要长期不断解决的"人与自然"、"人与人"(人与社会、国与国、民族与民族)、"人自我身心"之间的种种矛盾问题,无疑是人类要面对的最大课题。其中"人"的问题是关键。

针对上面提出的三个方面的问题,我认为,儒学可以为当今人类社会提供若干有益的思想资源。

(一)儒家"天人合一"(合天人)的观念将会为解决"人与自然"之间的矛盾提供某些有意义的思想资源。1992年世界一千五百七十五

---

① 《周易·乾卦·彖辞》:"乾道变化,各正性命,保合太和,乃利贞。"

名科学家发表的《世界科学家对人类的警告》说:"人类和自然正走上一条相互抵触的道路。"造成这种情况不能说与西方哲学曾长期存在"天人二分"的思维模式没有关系。罗素在《西方哲学史》中说:"笛卡尔的哲学,……它完成了、或者说极近乎完成了由柏拉图开端而主要因为宗教上的理由经基督教哲学发展起来的精神、物质二元论……笛卡尔体系提出来精神界和物质界两个平行而彼此独立的世界,研究其中之一能够不牵涉另一个。"①这就是说,在西方哲学中长期把"天"和"人"看成是相互独立的,研究"天"可以不牵涉"人";研究"人"也可以不牵涉"天",这可以说是一种"天人二分"的思维模式(但进入二十世纪,西方哲学有了很大变化,已有西方哲学家打破"天人二分"的定式,如怀德海②)。而中国"天人合一"是说在"天"和"人"之间存在着相即不离的内在关系,研究其中一个必然要牵涉另外一个。《周易》是我国一部最古老重要的大书,它是中国哲学的源头。《郭店楚简·语丛一》:"易,所以会天道人道也。"《周易》是一部会通天道、人道所以然的道理的书。也就是说它是一部讲"天人合一"的书。对如何了解"天人合一"思想,朱熹有段话很重要,他说:"天即人,人即天。人之始生,得于天也;既生此人,则天又在人矣。"③"天"离不开"人","人"也离不开"天"。人初产生时,虽然得之于天,但是一旦有了人,"天"的道理就要由"人"来彰显,即"人"对"天"就有了责任。"天人合一"作为一种世界观和思维模式,它要求人们不能把"人"看成是和"天"对立的,这是由

---

① 〔英〕罗素:《西方哲学史》下册,马元德译,商务印书馆,1988年,第91页。
② 《怀德海的〈过程哲学〉》(刊于2002年8月15日上海《社会科学报》)中说:"(怀德海)的过程哲学(process philosophy)把环境、资源、人类视为自然中构成密切相连的生命共同体,认为应该把环境理解为不以人为中心的生命共同体。这种新型生态伦理,对于解决当前的生态危机具有重要的现实意义。过程哲学是生态女性主义的思想之根,因为生态女性主义的哲学基础是彻底的非二元论,是对现代二元思维方式的批判,而怀德海有机整体观念,正好为它提供了进行这种批判的理论根据。"可见,现代一些西方哲学家已经对"天人二分"的二元对立的思维模式作出反思,并且提出了"自然"与"人"构成"密切相连的生命共同体"。
③ 《朱子语类》,中华书局,1986年,第387页。

于"人"是"天"的一部分,破坏"天"就是对"人"自身的破坏,"人"就要受到惩罚。因此,"天人合一"学说认为,"知天"(认识自然,以便合理地利用自然)和"畏天"(对"自然"应有所敬畏,要把保护自然作为一种神圣的责任)是统一的。① "知天"而不"畏天",就会把"天"看成一死物,不了解"天"乃是有机的生生不息的刚健大流行,所以《周易·乾·象》中说:"天行健,君子以自强不息。"这即是说"天"与"人"为持续发展着的"生命的共同体"。"畏天"而不"知天",就会把"天"看成外在于"人"的神秘力量,而使人不能真正得到"天"(自然)的恩惠。所以"天人合一"思想要求"人"应担当起合理利用自然,又负责任地保护自然的使命。"天人合一"这种思维模式和理念应该说可以为解决当前"生态危机"提供某些有意义的思想资源。

(二)"人我合一"(同人我)的观念将会为解决"人与人(社会)"之间的矛盾提供某些有意义的思想资源。"人我合一"是说在"自我"和"他人"之间存在着一种相即不离的内在关系。为什么"自我"和"他人"之间存在着相即不离的内在关系?《郭店楚简·性自命出》中说:"道始于情。"人世间的道理(人道)是由情感开始的,这正是孔子"仁学"的出发点。孔子的弟子樊迟问"仁",孔子回答说"爱人"。这种爱人的品质由何而来呢?《中庸》引孔子的话说:"仁者,人也,亲亲为大。""仁爱"的品德是人本身所具有的,爱自己的亲人是最根本的。但孔子的儒家认为"仁爱"不能停留在只是爱自己的亲人,而应该由"亲亲"扩大到"仁民"以及"爱物"。孟子说:"亲亲而仁民,仁民而爱物。"②

---

① 康德的墓志铭上写着:"有两样东西,我们愈经常愈持久地加以思索,它们愈使心灵充满不断增长的景仰和敬畏:在我们之上的星空和我心中的道德法则。"是不是说,康德也认为应对"天"有所敬畏呢?这和孔子的"畏天命"是不是有相通之处呢?

② 见《孟子·尽心上》。《中庸》中说:"唯天下至诚,为能尽其性;能尽其性,则能尽人之性;能尽人之性,则能尽物之性;能尽物之性,则可以赞天地之化育;可以赞天地之化育,则可以与天地参矣。"此可以为孟子"亲亲而仁民,仁民而爱物"之开展。因此,孔孟之"仁爱"学说,不仅可以为解决"人与人"之间关系,也可以为解决"人与自然"之间关系,提供有意义的思想资源。

所以《郭店楚简》中说:"孝之盀,爱天下之民","亲而笃之,爱也;爱父其继爱人,仁也"。如果把爱自己的亲人扩大到爱他人,那么社会不就可以和谐了?如果一个国家、一个民族把爱自己国家、自己民族的"爱"扩大到对别的国家、别的民族的爱,那么世界不就可以和平了吗?把"亲亲"扩大到"仁民",就是要行"仁政"。在《论语》中虽然没有出现"仁政"两字,但其中却处处体现着"仁政"思想,如"博施于民,而能济众","举贤才","泛爱众","导之以德,齐之以礼"等等,都是讲的"仁政"。孔子的继承者孟子讲"仁政",意义也很广泛,我认为最重要的是他说:"民之为道也,有恒产者有恒心,无恒产者无恒心。"意思是说,对老百姓的道理,要使老百姓都有一定的固定产业,他们才能有一定的道德观念和行为准则。没有一定的固定产业,怎么能让他有相应的道德观念和行为准则呢!所以孟子说:"夫仁政,必自经界始。""仁政",首先要使老百姓有自己可以耕种的土地。我想,我们今天要建设"和谐社会",首要之事就是要使我们的老百姓都有自己的固定产业,过上安康幸福的生活。就全人类说,就是要使各国、各民族都能自主地拥有其应有的资源和财富,强国不能掠夺别国的资源和财富以推行强权政治。所以"人"与"人"、"国家"与"国家"之间的协调和相互爱护的"人我合一"思想对建设"和谐社会"、"和谐世界"应是有意义的。

(三)"身心合一"(一内外)将会为调节自我身心内外的矛盾提供某些有意义的思想资源。"身心合一"是说肉体生命与精神生命之间存在着一种相即不离的和谐关系。儒家认为达到"身心合一"要靠"修身"。《郭店楚简·性自命出》中说:"闻道反己,修身者也。"意思是说,知道了做人的道理,就应该反求诸己,这就是"修身"。所以《大学》认为,"修身"、"齐家"、"治国"、"平天下","自天子以至于庶人,壹是皆以修身为本,其本乱而末治者否矣。"《中庸》里面也说:"为政在人,取人以身,修身以道,修道以仁。"社会靠人来治理,让什么人来治理要看他自身的道德修养,修养是以符合不符合"道"为标准,做到使社会和谐就要有"仁爱"之心。这里,把个人的道德修养(修身)与"仁"联系起来,正说明儒家思想的一贯性。《郭店楚简·性自命出》中说:"修身近至仁"。修身是为达到实现"仁"的境界的必有过程。因此,儒家讲"修身"不是没有目标的,而是为了"齐家"、"治国"、"平天下",即希望建设"和谐社会"。《礼记·礼运》中所记载的"天下为公"的"大同"社会就是儒家理想和谐社会的蓝图。如果一个社会有了良好的制度,再加之以有道德修养的人来管理这个社会,社会上的人都能"以修身为本",那么这个社会也许就可以成为一个"和谐的社会",世界就可以成为一个"和谐的世界"吧!

冯友兰先生把"人生"分成四种"境界":自然境界,功利境界,道德境界,天地境界。所谓有"自然境界"是说人和动物一样,只是为活着,对于人生的目的没有什么了解(觉解)。所谓有"功利境界",是说一切为了"利益",为他自己的利益(私利)。所谓"道德境界"是说,他的行为是为了"行义",也就是为了"公利",也可以说他的行为是为了"奉献"。"天地境界"的人,他的行为也可以说是"奉献",但他不仅是"奉献"于社会,而且"奉献"于宇宙。如果人能达到"道德境界","天地境界",那么他不仅与"他人"(社会)和谐了,与宇宙和谐了,而且"自我身心内外"也和谐了。孔子有一段话,也许可以作为"修身"的座右铭,他说:"德之不修,学之不讲,闻义不能徙,不善不能改,是吾忧也。"意思是说,不修养道德,不讲求学问,听到合乎正义的话不能去身体力行(实践),犯了错误而不能改正,是孔子最大的忧虑。孔子这段话告诉我们的是做人的道理,"修德"并不容易,那就必须有崇高的理想,有为人类长远利益考虑的胸怀;"讲学"同样不容易,它要求人们天天提高自己的知识和能力,这样才可以负起增进社会福祉的责任;"徙义"是说人生在世,听到合乎道义的话应努力跟着做,应日日向着善的方向努力,把"公义"实现于社会生活之中;"改过",人总是会犯这样那样的错误,问题是要勇于改正,这样才可以成为合格的人。"修德"、"讲学"、"徙义"、"改过",是做人的道理,是使人自我身心内外和谐的路径。这就要求"修身",以求得一"安身立命"处。①

在儒家看,想要解决上述的种种矛盾,"人"是关键。因为,只有人才可以"为天地立心,为生民立命,为往圣继绝学,为万世开太平"。是不是我们可以说,当今人类社会遇到的问题,儒学可以为其提供某些有意义的思想资源?善于利用儒学的思想资源来解决当今人类社会存在的种种问题,是不是可以说为儒学的复兴提供了机会?当然,我们必须注意到,孔子的儒家思想并不是十全十美的,它并不能全盘解决当今人类社会存在的诸多复杂问题,它只能给我们提供思考的路子和有价值的理念(如世界观、人生观、价值观等等的理念),启发我们用儒学的思维方式和人生智慧,在给这些思想资源以适应现代社会和人类社会发展前途新诠释的基础上,为建设和谐的人类社会作出它可能作出的贡献。

司马迁说的"居今之世,志古之道,所以自镜也,未必尽同"是很有道理的名言。我们生活在今天,要了解自古以来治乱兴衰的道理,把它当作一面镜子,但是古今不一定都相同,需要以我们的智慧在传承前人有价值的思想中不断创新。因此,我们今天的任务是对自古以来的有价值的思想(包括儒家思想)进行现代诠释,创造适应现代社会需要的新学说、新理论。

二、儒学与"普遍价值"问题

如果说儒学能为解决"人与自然"、"人与人(社会)"、"人自身的身

---

① 朱熹《四书或问》说:"但能致中和于一身,则天下虽乱,而吾身之天地万物不害为安泰;其不能者,天下虽治,而吾身之天地万物不害为乖错。其间一家一国,莫不皆然,此又不可不知耳。"盖人生在世,必有一"安身立命"之原则和境界。黄珅校点,上海古籍出版社、安徽教育出版社,2001年,第56页。

心内外"的矛盾提供某些有意义的思想资源,那么我们能不能说这些思想资源针对某些特定的问题包含着"普遍价值"的意义呢？我认为,这应是肯定的。"价值论"是当今一种很流行的学说,①它涉及各个学科,如宗教、哲学、文学、艺术、政治、经济,甚至科学技术,等等,而其中"价值哲学"是讨论"价值问题"最重要的学科。"价值哲学"是一种什么样的学科呢？概括起来说,它是讨论某种哲学学说,如孔子的"仁学";某一哲学命题,如"天人合一"、"道法自然";某一哲学概念,如"忠恕"(朱熹说"尽己谓之忠"、"推己谓之恕")等等的价值问题。我认为,必须承认世界上各不同民族文化中都有某些"普遍价值"意义的因素。这是在当今全球化境域下,多元文化中寻求文化中的"普遍价值"的意义所要求的。当前,在我国学术界对文化(哲学)中的"价值"问题已不少讨论,而比较集中的是讨论文化(哲学)中是否存有"普遍价值"的问题,有些学者或政治家对文化(哲学)中存有"普遍价值"持否定的态度。我认为,这是大成问题的。这是因为,不承认在各个不同民族的文化中都具有"普遍价值"意义的因素,那么很可能走上文化的"相对主义",认为没有什么"真理"(哪怕是相对意义的"真理"),只能是"公说公有理"、"婆说婆有理",这样在不同文化之间很难形成对话,很难找到共同语言,很难对遇到的共同问题的解决达成"共识"。这种看法对当前世界全球化将是一种极为有害的消极力量,是不利于人类社会健康合理发展的。同时,如果我们不讲文化中具有"普遍价值",那么其他文化,特别是西方文化却大讲他们文化中的"普遍价值",这岂不是把我们讲"普遍价值"的权利给了西方文化,这将有助于西方某些学者和政客鼓吹有利于他们的"普遍主义"大行其道,而使他们具有了

---

① 冯平在《现代西方价值哲学经典》(北京师范大学出版社,2009年)的"序言"中说:"现代西方价值哲学是一场哲学运动,这场运动发轫于19世纪40年代,起始于新康德主义。"最早将现代西方价值哲学介绍到中国来的是张东荪先生。张东荪先生在1934年出版了以他在燕京大学的讲义为基础的《价值哲学》一书。

"话语霸权"。因此,发掘各个不同民族文化中的"普遍价值",对促进全世界各个民族、各个国家共同发展将是十分有意义的。

(一)藉文化沟通与对话寻求共识

自上个世纪九十年代以来,在中国逐渐掀起了"国学热"的浪潮,相当多的学者,特别注意论证中国文化的民族特性和它的特殊价值之所在。为什么会发生这种情况,我认为这和世界文化发展的形势有关。因为自上世纪后半叶,西方殖民体系逐渐瓦解,原来的殖民地民族和受压迫民族为了建立或复兴自己的国家,有一个迫切的任务,他们必须从各方面自觉地确认自己的独立身份,而自己民族的特有文化(宗教、哲学、价值观等等)正是确认自己独立身份的最重要的因素。在这种情况下,正在复兴的中华民族强调应更多关注自身文化的主体性和特有价值,是完全合理的。但与此同时,西方一些国家已经成功地实现了现代化,而且许多发展中国家也正在走着西方国家已经完成的工业化和现代化的道路。因此,西方发达国家出现了一种"普遍主义"(universalism)的思潮,认为只有西方文化中的理念对现代社会才具有"普遍价值"(universal value)的意义,而其他各民族的文化并不具有"普遍价值"的意义,或者说甚少"普遍价值"的意义,或者说非西方的民族文化只有作为一种博物馆中展品被欣赏的价值。我们还可以看到,某些取得独立的民族或正在复兴的民族,也受到"普遍主义"的影响,为了强调他们自身文化的价值而认为他们的文化可以代替西方文化而成为主导世界的"普世"文化。例如,在中国就有少数学者认为,二十一世纪的人类文化将是"东风"压倒"西风",只有中国文化可以拯救世界,这无疑也是一种受到西方"普遍主义"思潮影响的表现,是十分错误而有害的。因此,当前在中国,在发展中国家,更多地关注各民族文化的特殊价值,各发展中国家更加关注自身文化的"主体性",以维护当今人类社会文化的多元发展,反对西方的"普遍主义",

反对"欧洲中心论",是理所当然的。当然也要防止在民族复兴中受西方"普遍主义"影响而形成的民族文化的"至上主义"或"原教旨主义"。

现在的问题是,我们反对"普遍主义",是不是就要否定各个民族文化中具有的"普遍价值"?所谓"普遍主义"可能有种种不同的解释。本文把"普遍主义"理解为:把某种思想观念(命题)认定为是绝对的、普遍的,是没有例外的,而其他民族的文化思想观念(命题)是没有普遍价值甚至是没有价值的。"普遍价值"是说:在不同民族文化之中可以有某些相同或相近的价值观念,而这些相同或相近的价值观念应具有"普遍价值"的意义,它可以为不同民族普遍地接受,而且这些具有"普遍价值"意义的观念又往往寓于特殊的不同民族文化的"价值观念"之中。正是具有"普遍价值"意义的思想往往是寓于某些不同民族文化的"特殊价值"之中,才需要我们去努力寻求其蕴含的"普遍价值"的意义。这在哲学上是"共相"与"殊相"的问题。在我看来,在各个不同民族文化中可以肯定地说存在着"普遍价值"的因素。所以我们必须把"普遍价值"与"普遍主义"区分开来。在强调各民族文化的特殊价值的同时,我们应努力寻求人类文化中的"普遍价值"的因素及其意义。当前人类社会虽然正处在经济全球化,科技一体化的形势下,但是由于二战后殖民体系的瓦解,"欧洲中心论"的消退,文化呈现着多元化的趋势。因此,要求在不同文化中寻求"普遍价值"必须通过不同文化间的沟通与对话,以致达成某种"共识",这大概是我们寻求不同文化间"普遍价值"的必由之路。

(二)寻求不同文化间"普遍价值"的途径

为什么我们要寻求各民族文化的"普遍价值"?这是因为同为人类,必然会遇到需要共同解决的问题,在各种不同文化中都会有对解决人类社会遇到的问题有价值的资源。这些能解决人类社会所遇到的"共同问题"的有价值的思想资源,我认为就具有"普遍价值"的意义。

如何寻求人类文化中的"普遍价值",也许有多条不同的途径,我在这里提出三条可以考虑的途径供大家批评指正:

(一)在各民族的文化中原来就有共同或者是相近的有益于人类生存和发展的理念,这些共同理念无疑是有"普遍价值"的意义。1993年在美国芝加哥召开的世界宗教大会,在寻求"全球伦理"问题的讨论中提出寻求伦理观念上的"最低限度的共识",或者叫做"底线伦理"。为此,在闭幕会上发表了一份《走向全球伦理宣言》,认为"己所不欲,勿施于人"在各民族文化中都有与此相同或相似的理念,它可以被视为"道德金律"。在《宣言》中特别举出佛经所说:"在我为不喜不悦者,在人亦如是,我何能以己之不喜不悦加诸他人?"佛经中这句话可以说十分深刻而精确地表述了具有"普遍价值"意义的"道德金律"。在《宣言》中还列举了一些宗教和思想家的思想中对"己所不欲,勿施于人"的各种表述,①因此认为它具有"普遍价值"的意义。又如,恩格斯在《反杜林论》中提出"勿盗窃"应具有"普遍价值"的意义。这类思想、理念在人类各种文化中是并不少见的。例如佛教的"五戒"中的"不盗、不邪淫、不妄语"和基督教《摩西十戒》中的"不可奸淫"、"不可偷盗"等等都有"普遍价值"的意义。

(二)在各不同民族文化的不同理路中寻求"普遍价值"。例如中国儒家的"仁",西方基督教的"博爱",印度佛教的"慈悲",虽然形式不同,出发点不同,甚至理路中也有差异,但却都具有"普遍价值"的意义。

孔子的"仁",是把"亲亲"作为出发点,作为基础,樊迟问仁,孔子曰"爱人"。为什么要爱人,"爱人"的出发点是什么?《中庸》引孔子的话

---

① 在孔汉思和库舍尔、何光沪译的《全球伦理——世界宗教议会宣言》中《全球伦理普世宣言的原则》罗列了许多与孔子"己所不欲,勿施于人"相同或相近的话,如《圣经·利未记》:"要爱自己的人,像爱自己一样。"犹太教的主要创立者希勒尔说:"你不愿施诸自己的,就不要施诸别人。"《摩诃婆多》:"毗耶婆说:你自己不想经受的事,不要对别人做。"第149、150页。

"仁者,人也,亲亲为大"。① "仁爱"是人本身所具有的,爱自己的亲人是最根本的。但儒家认为,"亲亲"必须扩大到"仁民"以及于"爱物",②才是完满的真正的"仁"(仁爱),所以《郭店楚简》中说:"孝之蚤,爱天下之民。""爱而笃之,爱也;爱父其继爱人,仁也。"且儒家也有以"博爱"释"仁"者。③ 这就是说,孔子的"仁"虽是从爱自己的亲人出发,但它最终是要求爱天下老百姓,以实现其"治国平天下"的目标。因此,我们可不可以说,孔子的"仁"的理念具有某种"普遍价值"的意义。

基督教的"博爱",当然我们可以从多方面理解它的涵义,但它的基础是"在上帝面前人人平等",而由"在上帝面前人人平等",可以引发出来的"在法律面前人人平等",这对人类社会也应是具有"普遍价值"的意义,因为这样人类社会才能有公平和正义。"在法律面前人人平等"从表现形式上看是近代西方法律制度的一条重要原则,但其背后支撑的伦理精神理念则是"博爱",把所有的人都看成是上帝的儿子。④

佛教的"慈悲",《智度论》卷二十七中说:"大慈与一切众生乐,大悲拔一切众生苦",其出发点是要普度众生脱离苦海,使众生同乐在极乐世界。《佛教大辞典》的"普度众生"条谓:"佛谓视众生在世,营营扰扰,如在海中。本慈悲之旨,施宏大法力,悉救济之,使登彼岸也。"⑤由小乘的"自救"到大乘的"救他",这种"普度众生"的精神,我认为也是具有某种"普遍价值"的意义。

---

① 《郭店楚简》中的《性自命出》说:"道始于情。"人与人之间的关系开始是建立在"情感"的基础上。
② 《中庸》:"唯天下至诚,为能尽其性。能尽其性,则能尽人之性。能尽人之性,则能尽物之性。能尽物之性,则可以赞天地之化育。可以赞天地之化育,则可以与天地参矣。"
③ 《孝经·三才章》:"'君王'则天之明,因地之利,……是故先之以博爱,而民莫遗其亲。"如果能使"博爱"(即如天地一样及人、及物)成为社会伦理准则,那么就不会发生违背家庭伦理的事。
④ 《圣经·加拉太书》:"你们因信基督耶稣都是神的儿子。你们受洗归入基督的,都是披戴基督了。并不分犹太人和希腊人,自由人和奴隶,男人和女人,因为你们在基督里都成为一了。"《圣经·马太福音》记有耶稣的《登山教训》中说:"使人和睦的人有福了,因为他们必称为上帝的儿子。"
⑤ 丁福保编:《佛教大辞典》,文物出版社,1984年,第1046页。

孔子的"仁"、基督教的"博爱"、佛教的"慈悲"虽然出发点有异,理路也不大相同,而精神或有相近之处。故而是不是可以说有着某种共同的价值理念,这种共同价值的理念核心就是"爱人"。①"爱人"对人类社会来说无疑是有着极高的"普遍价值"的意义。

（三）在各不同民族文化中创造出的某些特有的理念,往往也具有"普遍价值"的意义。

要在各民族文化的特有的理念中寻求"普遍价值"的意义,很可能有不同的看法。我想,这没有关系,因为我们仍然可以在"求同存异"中来找寻某些民族文化特有理念中的"普遍价值"的意义。因为我对其他民族文化的知识了解不在行,我只想举一两个中国儒家哲学中的某些理念谈谈我的一点想法。

在不同民族文化中存在着不同的思想观念(如宗教的、哲学的、风俗习惯的、价值观的等等),这是毫无疑义的,而且可能因文化的不同而引起矛盾和冲突,这不仅在历史上存在过,而且在当今世界范围内也存在着。在这种情况下,"和而不同"的观念是不是对消除"文明的冲突"会有"普遍价值"的意义？"不同"而能"和谐"将为我们提供可以通过对话和交谈的平台,在讨论中达到某种"共识",这是一个由"不同"达到某种程度的相互"认同",这种相互"认同"不是一方消灭另一方,也不是一方"同化"另一方,而是在两种不同文化中寻求交汇点,并在此基础上推动双方文化的提升,这正是"和"的作用。就此,我们是不是可以说"和而不同"对当今人类社会的"文明共存"具有某种"普遍价值"的意义？

前面我们曾引用过1992年世界一千五百七十五名科学家发表的一份《世界科学家对人类的警告》在开头的一句话："人类和自然正走

---

① 在佛教的"十二因缘"中有"爱",但"十二因缘"中的"爱"是指"欲望"的意思,有"占有"义,而"慈悲"是一种无"占有欲"、无功利目的的"爱",是"普度众生"的"博爱"。这里可能有翻译问题。

上一条相互抵触的道路。"为什么会发生这种情况,就是因为人们对自然无序无量的开发,残暴的掠夺,无情的破坏,把"自然"看成是与"人"对立的两极。针对这种情况也许中国的"天人合一"的理论会对解决这种情况提供某些有意义的思想资源。王夫之《正蒙注·乾称上》中有一段话讲到"天人合一",大意是说:我考察自汉以来的学说,都只抓到先秦以来《周易》的外在表象,不知《周易》是"人道"的根本,只是到了宋朝周敦颐才开始提出了"太极图说",探讨了"天人合一"道理的根源,阐明了人之始生是"天道"变化的结果,是"天道"运动的实在表现。在"天道"的变化中把精粹部分给了人,使之成为"人"之"性",所以"人道"的日用事物当然之"理"与"天道"阴阳变化之秩序是一致的,是统一的,这个道理不能违背。王夫之这段话,可以说是对儒学"天人合一"思想,也是对"易,所以会天道人道也"很好的解释。"人道"本于"天道",讨论"人道"不能离开"天道",同样讨论"天道"也必须考虑到"人道",这是因为"天人合一"的道理既是"人道"的"日用事物当然之理",也是"天道"的"阴阳变化之秩序"。"人道"本于"天道","人道"是"天道"的显现,因此"人"对"天"有着不可推卸的责任。这样的思想理论对当前遭受惨重破坏的"自然界",可以说是很有意义的,因而也可以说它有"普遍价值"的意义。其实这种观点,在当今西方学术界也有,例如过程哲学的怀德海曾提出"人和自然是一生命共同体"这样的命题,这个命题深刻地揭示着人和自然之不可分的内在关系,人必须像爱自己的生命那样爱护自然界。这个理念应该说有着重要的"普遍价值"的意义。

《论语·颜渊》记载着孔子的一段话,他说:"克己复礼为仁。一日克己复礼,天下归仁焉。为仁由己,而由人乎哉?"这句话,在中国历朝历代就有着不同的诠释,而这种种"诠释"都是与诠释者所处时代和他个人的学养、境界息息相关的。那么,我们今天是否可以给它以一种新的诠释呢?费孝通先生对"克己复礼"有一新的诠释,他说:"克己才能复礼,复礼是取得进入社会、成为一个社会人的必要条件。扬己和克己也许正是东西文化的差别的一个关键。"①这样的诠释是有其特殊意义的。朱熹对"克己复礼为仁"的解释说:"克,胜也。己,谓身之私欲也。复,反也。礼者,天理之节文也。"这就是说,要克服自己的私欲,以便在进入社会的人际关系中很好地遵循合乎"天理"(宇宙大法)的礼仪制度。"仁"是人自身所具有的内在品德,"爱生于性","性自命出","命由天降",②"礼"是规范人的社会行为的外在礼仪制度,它的作用是为了调节人与人之间关系,使之和谐相处。"礼之用,和为贵。"要人们遵守合乎"天理"的礼仪制度必须是自觉地,出乎内在的爱人之心,它才合乎"仁"的要求,所以孔子说:"为仁由己,而由人乎哉?"仁爱之心是发自内心的,不是由外力来强迫而有的。因此,孔子认为有了追求"仁"的自觉要求,并把人们具有的"仁爱之心"按照合乎"天理"的规范实践于社会生活中,这样社会就会和谐安宁了。"一日克己复礼,天下归仁焉。"《论语·颜渊》中孔子所说的这段话是为"治国安邦"说,"治国安邦"归根结底就是要行"仁政"。"治国平天下"应该行"仁政",行"王道",不应行"苛政"、"霸权"。行"仁政"行"王道"才能使国泰民安,使不同民族、国家和睦相处,而共存共荣。孔子儒家的"仁政"对"现代化"是否也可以有所贡献呢?如果我们对此有所肯定,那是不是也可以说具有一定的"普遍价值"的意义呢?因此,如果各国学者一起努力发展各民族、各国家文化中存在的"普遍价值"的资源,而不要坚持唯我独尊的"普遍主义",那么世界和平就有希望了。实际上,在各民族、各国家的文化中都存在着"普遍价值"意义的因素,问题是需要我们去发掘它,并给以合理的诠释。这是因为各民族、各国家文化中所具有的"普遍价值"意义的因素往往是寓于其特殊理论体系的形式

---

① 费孝通:《文化论中人与自然关系的再认识》,见北京大学中国社会与发展中心、北京大学社会学系、北京大学社会学人类学研究所《ISA 工作论文》,2002 年。
② 见于《郭店楚简》中的《语丛》和《性自命出》。

之中,这就要我们善于从中揭示其有益于人类社会发展的内在价值资源。有责任感的学者应该是既能重视和保护自身的文化"普遍价值",同时又能尊重和承认其他民族和国家文化中的"普遍价值"。"有容乃大"的精神也许是有活力的文化能得以不断发展的原则。

(三)"多元现代性"的核心价值

最后,我想谈谈"多元现代性"的问题。对"多元现代性"可能有多种说法,至少有两种很不相同的解释:一种是,现代性是多元的,不同民族有不同的"现代性";另一种看法是,"多元现代性"就是"现代性",有着共同的基本内涵,只是不同民族进入现代化的道路不同,形式有异,实现方法更可能千差万别。我个人的意见,也许第二种意见较为合理。我们知道,"现代性"就其根源性上说是源自西方,因为西方早已实现了现代化,而且现在许多发展中国家也正在走现代化的道路。因此,就"现代性"说必有其基本相同的核心价值。什么是作为根源性的"现代性"核心价值?这里我想借用严复的观点谈谈我的看法。

严复批评"中学为体,西学为用",他认为,不能"牛体马用",这是基于中国哲学的"体用一源"("体"和"用"是统一的)而言。① 他基于此"体用一源"的理念,认为西方近现代社会是"自由为体,民主为用"的社会。② 我想,严复所说的"西方近现代社会"不仅仅是指"西方近现代社会",而是说的人类社会的"近现代社会"。那么,我们能不能说"近现代社会"的特征是"自由为体,民主为用"的社会,而"自由"、"民主"从根源性上说是"现代性"的核心价值?我认为是可以这样说的。对现代社会而言,"自由"是一种精神(包括自由的市场经济和个体的

---

① 严复在《与〈外交报〉主人书》中说:"善夫金匮裘可桴孝廉之言曰:体用者,即一物而言之也。有牛之体,则有负重之用;有马之体,则有致远之用。未闻以牛为体,以马为用者也。……故中学有中学之体用,西学有西学之体用,分之则并立,合之则两亡。"见《严复集》第三册,中华书局,1986年,第558—559页。

② 语见严复:《原强》,《严复集》第一册,中华书局,1986年,第11页。

"人"的"自由"发展,因为"自由"是创造力),而"民主"从权力和义务两个方面来使"自由"精神的价值得以实现。就这个意义上说,"自由"和"民主"虽源自西方,但它是有着"普遍价值"的意义。我们不能因为它源自西方就认为不具有"普遍价值"的意义。当然,如何进入"近现代社会",所走的道路,所采取的方法,所具有的形式可能是不同的。但它不可能是排除"自由"和"民主"的社会。

如果我们用中国哲学"体用一源"的思维模式来看世界历史,也许会有一个新的视角。我们可以把"现代社会"作为一个中间点,向上和向下延伸,我们可以把人类社会分成"前现代社会"、"现代社会"和"后现代社会",如果用中国的"体用一源"的观点看,我们是不是可以说"前现代社会"是以"专制为体,教化为用"类型的社会;"现代社会"是以"自由为体,民主为用"类型的社会;"后现代社会"是以"和谐为体,中庸为用"类型的社会。

人类社会在前现代时期,无论是中国的"皇权专制"或是西方中世纪的"王权专制"(或"神权专制"),虽然形式不同,但都是"专制"社会,要维持其"专制"就要用"教化"作为手段。中国在历史上自汉以来一直是"皇权专制",它把儒学政治化用来对社会进行"教化"以维持其统治。① 当前中国社会可以说正处在由"前现代"向"现代"过渡之中。其他许多发展中国家大概也都是如此。西方中世纪"王权或神权"的"专制"社会,他们用基督教伦理作为"教化"之手段,以维持他们的统治。② 因此,当时的世界是一个"多元的前现代性"的世界。关于"现代性"的价值问题上面已经说过,在这里再多说一点我的看法。"自由"是一种

---

① 《白虎通义·三纲六纪篇》说:"《含嘉文》曰:君为臣纲,父为子纲,夫为妻纲。又曰:敬诸父兄,六纪道行,诸舅有义,族人有序,昆弟有亲,师长有尊,朋友有旧。……所以疆理上下,整齐人道也。……是以纲纪为化,若罗网之有纪纲,而万目张也。"
② 恩格斯在《费尔巴哈与德国古典哲学的终结》中说:"在中世纪,随着封建制度的发展,基督教形成为与封建制度相适应的宗教,……中世纪把哲学、政治、法律等思想体系的一切囊括在神学之内,变成神学的分科。"张仲实译,人民出版社,1949年,第46页。

精神,"民主"应是一种维护"自由"得以实现的保证。但是,在现代社会中"自由"和"民主"也不是不可能产生种种弊病。因为任何思想体系都会在其自身体系中存在着矛盾。① 任何制度在一时期都只有相对性的好与坏,"自由"、"民主"等等也是一样。但无论如何"自由"和"民主"对于人类社会进入"现代"是有着根本性意义的。② 人们重视"自由",因为"自由"是一种极有意义的创造力。正因为有"自由经济"(自由的市场经济)才使得工业化以来人类社会的财富极大增长,使人们在物质生活上受益巨大。正因为有"自由思想",使得科学、文化日新月异。但不可讳言,"自由经济"却使贫富(包括国家与国家的、民族与民族的以至于同一国家、民族内部)两极分化日益严重;特别是自由经济如果不受到一定程度的控制,将会引起经济危机和社会混乱,近日发生的金融危机就是一明证。③ "科学主义"、"工具理性"的泛滥扼杀着"人文"精神,弱化了"价值理性"。"现代性"所推崇的"主体性"和主客对立哲学,使得"人和自然"的矛盾日益加深,因而出现了对"现代性"的解构思潮,这就是"后现代主义"。关于"后现代"问题,我没有多少研究,只能粗略地谈点看法。在上个世纪六十年代兴起的后现代主义是针对现代化在发展过程中的缺陷提出的,他们所作的,是对"现代"的解构,曾使一切权威性和宰制性都黯然失色,同时也使一切都零碎化、离散化、浮面化。因此,初期的后现代主义目的在于"解构",企图粉碎一切权威,这无疑是有意义的。但是它却并未提出新的建设性主张,也并未策划过一个新的时代。到二十世纪末,以"过程哲学"为

---

① 罗素:《西方哲学史》中说:"不能自圆其说的哲学决不会完全正确,但是自圆其说的哲学满可以全盘错误,最富有结果的各派哲学向来包含着显眼的自相矛盾,但正因为了这个缘故才部分正确。"见《西方哲学学》下册,第143页。罗素这段话应说对任何哲学都有意义。

② 《北京晚报》2007年3月16日刊温家宝总理答法国《世界报》记者问说:"民主、法制、自由、人权、平等、博爱,这不是资本主义所特有的,这是整个世界在漫长的历史过程中共同形成的文明成果,也是人类共同的追求的价值观。"

③ "自由主义既使人免于市场经济之前时代的束缚,也使人们承受着金融和社会灾难的危机。"见耶鲁大学教授保罗·肯尼迪:《资本主义形式会有所改变》,《参考消息》,2009年3月16日。

基础的"建构性后现代"提出将第一次启蒙的成绩与后现代主义整合起来,召唤"第二次启蒙"。例如,怀德海的过程哲学(process philosophy)认为,不应把"人"视为一切的中心,而应把人和自然视为密切相连的生命共同体。他并对现代西方社会的二元思维方式进行了批判,他提倡的有机整体观念,正好为他提供了批判现代二元论(科学主义)的理论基础。过程研究中心创会主任约翰·科布说:"建设性后现代主义对解构性的后现代主义的立场持批判态度,……我们明确地把生态主义维度引入后现代主义中,后现代是人与人,人与自然和谐相处的时代。这个时代将保留现代性中某些积极性的东西,但超越其二元论、人类中心主义、男权主义,以建构一个所有生命共同福祉都得到重视和关心的后现代世界。""今天我们认识到人是自然界的一部分,我们生活在生态共同体中,……"①这种观点,也许会使中国儒家的"天人合一"思想与之接轨。他们还认为,如果说第一次启蒙的口号是"解放自我",那么第二次启蒙的口号是尊重他者,尊重差别。例如里夫金在他的《欧洲梦》中强调,在崭新的时代,每个人的权利都获得尊重,文化的差异受到欢迎,每个人都在地球可维持的范围内享受着高质量的生活(不是奢侈生活),而人类能生活在安定与和谐之中。他们认为,有机整体系统观念"都关心和谐、完整和万物的互相影响"。② 上述观点,在某种程度上也许和中国儒家中的"和谐"观念有相通之处。过程哲学还认为,当个人用自己的"自由"专权削弱社会共同体的时候,其结果一定会削弱其自身的"自由"。因此,必须拒绝抽象自由观,走向有责任的深度自由,要把责任和义务观念引入自由中,揭示出"自由"与义务的内在联系。这与中国传统文化所强调的人只能在与他人

---

① 《为了共同的福祉——约翰·科布访谈》(王晓华访问记),上海《社会科学报》,2002年6月13日。
② 参见杰里米·里夫金:《欧洲梦》,第326页。

的关系中才能生存的观点有着某种相似之处。^① 因此,有见于建构性的后现代主义在西方逐渐发生影响,那么相对于"现代社会",后现代社会将可能是以"和谐为体,中庸为用"的社会。"和谐"作为一种理念它包含着"人与自然的和谐"、"人与人的和谐"(社会的和谐)、"人自我身心的和谐"等极富价值的意义。在这种种"和谐"中必须不断地寻求平衡度,这就要求由"中庸"来实现。如果中国社会能顺利地走完现代化过程,这当然是非常困难而且漫长的。但是由于在儒家文化中,有着丰富的关于"和谐"和"中庸"的思想资源,如果我们给这些有意义的思想资源以适应人类社会发展的新的诠释,^②也许我国社会很可能比较容易进入"建构性的后现代社会"。正如科布所说:"中国传统思想对建设性后现代主义是非常有吸引力的,但我们不能简单的回到它。它需要通过认真对待科学和已经发生的变革的社会来更新自己。前现代传统要对后现代有所裨益,就必须批判地吸收启蒙运动的积极方

---

① 在中国传统文化的儒家思想中,特别是先秦儒家思想认为,人与人之间有着一种相互对应的关系,如"君仁臣忠"、"父慈子孝"、"兄友弟恭"等等。《礼记·礼运》:"何谓人义?父慈子孝,兄良弟弟,夫义妇听,长惠幼顺,君仁臣忠,十者谓之人义。"《左传·昭公二十六年》:"君令臣共,父慈子孝,兄爱弟敬,夫和妻柔,姑慈妇听,礼也。"

② 关于"和谐"观念在中国典籍中论述颇多,如《周易·乾卦·彖辞》:"乾道变化,各正性命,保合太和,乃利贞。"(《张子正蒙注》:"太和,和之至。")《论语》中有"礼之用,和为贵";"和而不同"。《国语·郑语》:"夫和实生物,同则不继。"在西方,莱布尼兹哲学被称为是一种"和谐的体系"(system of Harmony),他的思想建立在所谓普遍的和谐(universal Harmony)之上,他的"单子论"是视宇宙整体为和谐系统的一种学说,而在分殊性中看出统一性来。关于"中庸"的观念,如《书经·大禹谟》:"允执厥中。"《论语》:"子曰:中庸之为德也,其至矣乎,民鲜久矣。"《朱熹《四书集注·论语集注》:"中者,不偏不倚无过不及之名,庸,平常也。")《中庸》中的"中和"("中也者,天下之大本也;和也者,天下之达道也。"),郑玄《礼记·中庸》题解:"名曰中庸者,以其记中和之用也。庸,用也。""执其两端,用其中于民。"西方哲学中有"mean"一词,我们把它译成"中庸"。亚里士多德把"中庸"和节制相联系,并提出一套系统的理论。他认为,万物皆有其中庸之道,如"10"这个数"5"居其中;人的心理状态、情感中,欲望过度是荒淫,不及则是禁欲,节制是适度。中庸有两种,自然界的中庸是绝对的,人事的中庸则是相对的。在伦理学上,人的一切行为都有过度、不及和适度三种状态,过度和不及都是恶行的特征,只有中庸才是美德的特征和道德的标准。美德是一种适中,是以居间者为目的。他还把这种中庸原则运用于政治国家学说。他认为,由中等阶级治理的国家最好,因为拥有适度的财产是最好的,最容易遵循合理的原则,最不会逃避治国的工作或拥有过分的野心,是国家中最安稳的公民阶级;由中等阶级的公民组成的城邦,是结构最好的和组织最好的,因此有希望把国家治理得很好。

面,比如对个体权利的关注和尊重。"①科布的这段话,对我们应该说是很有教益的。因而,寻求不同文化中的"普遍价值"必将成为当前学术界关注的一个重点。

让我们回到"多元现代性"的问题。前面我们已经说过,就"现代性"来说必有其基本相同的核心价值,但不同民族、不同国家如何进入"现代社会",它们所走的道路,所采取的方法,所具有的形式可能很不相同。为什么会出现这种情况,我认为这是由不同民族、不同国家的历史文化原因所造成的,不可能要求完全相同。因此,我们可以设想,中国的儒家思想是不是可以在接受"自由"、"民主"等现代性的核心价值的情况下,创造出不同于西方的道路,并为此补充某些新的内容,从而可以对消除"现代性"所带来的弊端起积极作用。

我认为,儒学的"民本"思想、"宽容"精神以及责任意识应可成为接引"自由"、"民主"、"人权"等现代精神进入中国社会的桥梁。儒家的"民本"思想虽不即是"民主",但它从本质上并不是反民主的,其根据就在于"民为邦本"。"民为邦本"虽仍是由"治人者"的角度出发的,但它却知道"民"作为国家根基的重要性,因此从理论上说"民主"进入中国社会应不太困难。又,儒学有着对其他文化较为宽容的精神,如它主张"道并行而不相悖",因此"自由"应比较容易被容纳。中国许多儒者都有着"居安思危"、"先天下忧而忧,后天下乐而乐"的社会责任感,这种特殊的批判精神和责任伦理引入"民主"、"人权"等现代意识应是有意义的。在历史上,中国接受印度佛教文化就是一例。如果我们能把儒学的"民本"思想,"宽容"、"责任"意识等精神融合在"自由"、"民主"、"人权"之中,那么是不是可以走出一条新的进入"自由为体,民主为用"的现代社会呢?我想,它也许是一条使中国较快而且较稳

---

① 《为了共同的福祉——约翰·科布访谈》(王晓华访问记),上海《社会科学报》,2002年6月13日。

妥实现现代化的路子。

西方现代社会发展到今天,它的种种弊病已经显现,而且如不改弦易辙,那么将使人类社会走向毁灭其自身的道路。因而在西方有"后现代主义"思潮的出现。如果我们从儒家学者所具有的社会责任感和历史使命感中总结出某种"责任伦理",这是不是可以减轻"现代化"所带来的弊病呢?如果"自由"、"民主"是一种负责任的"自由"、"民主",这样的社会也许是可以比较合理的发展。法国人类进步基金会的主席卡拉梅就提出过"责任伦理"的问题,并认为除"人权合约"之外,应有一"责任公约",这是很有见地的。① 同时,实际上中国的学者也已经注意到这个问题。我最近注意到西方的某些"中国学"专家已开始从儒家思想发掘有益于人类社会合理发展的思想因素。如法国当代大儒汪德迈在他的《编纂〈儒藏〉的意义》中说:"面对后现代化的挑战,……曾经带给世界完美的人权思想的西方人文主义面对近代社会的挑战,迄今无法给出一个正确答案。那么,为什么不思考一下儒家思想可能指引世界的道路,例如'天人合一'提出的尊重自然的思想,'远神近人'所提倡的拒绝宗教的完整主义以及'四海之内皆兄弟'的博爱精神呢?"② 美国学者安乐哲、郝大维在《通过孔子而思》一书中说:"我们要做的不只是研究中国传统,更是要设法使之成为丰富和改造我们自己世界观的一种文化资源。儒家从社会的角度来定义'人',这是否可用来修正和加强西方的自由主义模式?在一个以'礼'建构的社会中,我们能否发现可利用的资源,以帮助我们更好理解哲学根基不足却颇富实际价值的人权观念?"③ 法国索邦大学查·华德教授认为:"孔子思想中充满信仰、希望、慈悲,具有普遍性。在二十一世纪的

---

① 参见《建设一个协力、尽责、多元的世界》,《跨文化对话》第九集,上海文化出版社,2002年。
② 该文见于《光明日报》,2009年8月31日。
③ 〔美〕郝大维、安乐哲:《通过孔子而思》中译本序,何金俐译,北京大学出版社,2005年,第5页。

今天不仅有道德的示范作用,更有精神的辐射作用。"①"自由"、"民主"、"人权"等等是现代社会的财富,"责任"、"民本"、"宽容"等等同样是现代社会的财富。现在社会不能没有"自由"、"民主"、"人权"等等,这是"现代性"社会必具备的核心价值,否定它们就没有现代社会。但是,某些民族和国家的文化中不仅会有丰富"自由"、"民主"、"人权"的内涵的思想因素,甚至会存在着制约"自由"、"民主"、"人权"等等可能发生的负面作用的思想资源。正是因为有可能制约"自由"、"民主"、"人权"可能产生的弊病,也许在人类社会发展到后现代时,各个民族和国家文化中具有特殊价值的因素将会成为更重要的"普遍价值"的资源。

我们编著《中国儒学史》,其目的之一也是希望揭示中国儒学的特殊价值中所存在的对人类文化具有"普遍价值"意义的因素以贡献于世界。

三、儒学与经典诠释

《中国儒学史》是2003年教育部哲学社会科学研究重大课题攻关项目《〈儒藏〉编纂与研究》中的一个子项目,共分九册:先秦儒学,两汉儒学,魏晋南北朝儒学,隋唐儒学,宋元儒学,明代儒学,清代儒学,近代儒学和现代儒学。这部《中国儒学史》仍是把研究的重点放在儒家的哲学思想方面,但同时我们也多少注意到不要把"儒学"仅仅限在哲学思想方面,因此希望在写作中也力图扩大"儒学"的某些研究内容。当然,我们做得如何,有待读者的评论。在写作本书时,我们特别考虑到它应包含某些"经学"的内容。

---

① 《中法学者沪上共论孔子思想》,上海《文汇报》,2009年4月18日。

1938年,马一浮应浙江大学校长竺可桢约至该校为学生讲论"国学",后集为《泰和会语》。在《楷定国学名义(国学者六艺之学)》中说:"六艺者,即是《诗》、《书》、《礼》、《乐》、《易》、《春秋》也。此是孔子之教,吾国二千余年来普遍承认一切学术之原皆出于此,其余都是六艺之支流。故六艺可以该摄诸学,诸学不能该摄六艺。今楷定国学者,即是六艺之学,用此代表一切固有之学术,广大精微,无所不备。"[1]马一浮这个说法确有其独特见地。盖"六艺之学"即"六经",它为中国学术之源头,而其后之学皆原于此,并沿此之流向前行,是"源头"与"支流"的关系。正因在我国历史上"六艺之学"("经学")代有大儒发挥之,并吸取其他文化以营养之,故作为中华学术文化之源头的"六艺",其中必有其"普遍价值"之意义。任何民族的学术文化都是在特定的历史环境中形成的,都是有其特殊意义的学术文化,而学术文化的"普遍价值"往往寄寓其"特殊价值"之中。如孔子的"仁者,爱人",基督的"博爱",释迦的"慈悲",虽出发点不同、理路不同,但"爱人利物"则有着相同的"价值",而具有"普遍价值"的意义。既然学术文化之"普遍价值"往往寄寓"特殊价值"之中,那么马一浮所说"六艺不唯统摄中土一切学术,亦可统摄现在西方一切学术",应亦可解。盖因"人同此心,心同此理"也。人类所遇到的问题常是共同的,人类对解决这些问题的思考往往也是大同小异的。因此,我中华民族当然应由其自身学术文化中寻求有益于人类社会生活的"普遍价值",这并不妨碍在其他民族学术文化中寻求"普遍价值",古云"道并行而不相悖"也。所以马一浮说:弘扬"六艺之学"并不是狭义地保存国粹,也不是单独发挥自己的民族精神,是要使此种文化普遍地及于人类。

六十多年之后的2001年,著名学者、国学大师饶宗颐先生在北京大学的一次演讲中提出应重视"经学"的研究和经典的整理,他说:"经

---

[1] 马一浮:《马一浮集》第一册,浙江古籍出版社、浙江教育出版社,1996年,第10页。

书是我们的文化精华的宝库,是国民思维模式、知识涵蕴的基础;亦是先哲道德关怀与睿智的核心精义,不废江河的论著。重新认识经书的价值,在当前是有重要意义的。'经学'的重建,是一件繁重而具创辟性的文化事业,不应局限于文字上的校勘解释工作,更重要的是把过去经学的材料、经书构成的古代著作成果,重新做一次总检讨。'经'的重要性,由于讲的是常道,树立起真理标准,去衡量行事的正确与否,取古典的精华,用笃实的科学理解,使人的生活与自然相调协,使人与人的联系取得和谐的境界。"①现在我们编撰《中国儒学史》必须注意"经学"的研究,以期使"经学"能成为此书的重要部分。

如果我们把孔子看作是儒家的创始人,那么可以说,自孔子起就自觉地继承着夏、商、周三代的文化,而"六经"正是夏、商、周三代文化的结晶。("六经"又称"六艺"②)虽然从文献考证的角度上说,"六经"(或"五经",因"乐经"早已失传)并非成书于夏、商、周三代之时,但"六经"所记却可被视为记载夏、商、周三代文化的基本传世文本。1993年于湖北出土的"楚简"中有一段关于"六经"的重要记载:

> 礼,交之行述也。
> 乐,或生或教者也。
> 书,□□□□者也。
> 诗,所以会古今之诗也。
> 易,所以会天道、人道也。

---

① 见于饶宗颐先生近日所写的《〈儒学〉与新经学及文艺复兴》一文,《光明日报》,2009年8月31日。
② "六艺"之名始见《史记》中《伯夷传》、《李斯传》等,后刘歆编纂《七略》,其一为《六艺略》。马一浮先生把"国学"定为"六艺之学"甚有道理。参见拙作《论马一浮的历史地位与思想价值》,见《儒学天地》,2009年1期。

春秋,所以会古今之事也。①

这段话说明了战国中期对"六经"的看法:《礼》,是人们(各阶层或谓各种人际关系)规范交往的行为规则的书;《乐》,是陶冶人的性情(生者,性也)和进行教化的书;《书》,因缺字,但据其他文献可知应是"记事"之书;《诗》,是把古今的诗会辑在一起的一部"诗集";《易》,是会通天道人道所以然的道理的书,即司马迁所说的"通天人之际"的书;《春秋》,是会通古今历史变迁之轨迹的书,即司马迁所说的"达古今之变"的书。从古代文献记载,可以说"六经"包括了夏、商、周三代的器物文化、制度文化、思想文化。《论语·述而》中说:"子曰:述而不作,信而好古,窃比于我老彭。"意思是说,孔子所"述"、所"好"是古代的典籍文献,即"六经"。《庄子·天运》:"孔子谓老聃曰:丘治《诗》、《书》、《礼》、《乐》、《易》、《春秋》六经,自以为久矣。"又,《论语·述而》:"子曰:加我数年,五十以学《易》,可以无大过矣。"②《孟子·滕文公下》:"孔子成《春秋》,而乱臣贼子惧。"这样的材料在先秦文献中还有多处,不一一详列。孔子把"六经"作为自己治学、为人、行事所依的典籍,同时也把"六经"作为教学的基本教材。③ 从今天看来,恐怕离开了"六经",我们很难了解中国文化的源头,更难了解儒学的精神。但到汉朝,《乐经》失传,而只有"五经"了。汉武帝"罢黜百家,独尊儒术",并于建元五年(前136年)设"五经博士",使《易》、《书》、《诗》、《礼》、《春秋》在我国确立了"经"的地位。此后的历史上虽有"七经"(或"六

---

① 《庄子·天下》:"《诗》以道志,《书》以道事,《礼》以道行,《乐》以道和,《易》以道阴阳,《春秋》以道名分。"《荀子·儒效篇》:"圣人也者道之管也。天下之道管是矣,百王之道一是矣,故《诗》、《书》、《礼》、《乐》之道归是矣。《诗》言是其志也,《书》言是其事也,《礼》言是其行也,《乐》言是其和也,《春秋》言是其微也。"
② 《史记·孔子世家》:"孔子五十而学《易》,韦编三绝。"
③ 《礼记·经解》:"孔子曰:入其国,其教可知也。其为人也,温柔敦厚,《诗》教也;疏通知远,《书》教也;广博易良,乐教也;絜静精微,《易》教也;恭俭庄敬,《礼》教也;属辞比事,《春秋》教也。"

经")、"九经"、"十经"、"十一经"、"十二经"以及"十三经"之设,①但其中《易》、《书》、《诗》、《礼》、《春秋》在儒学中的根本性地位是不言而喻的。

近几年来,"北京大学《儒藏》编纂与研究中心"承担着教育部《〈儒藏〉编纂与研究》重大攻关研究项目。"中心"已联合我国二十余所高校和研究院以及韩、日、越三国学者编纂《儒藏》精华编,并为以后编纂《儒藏》大全本作准备。《儒藏》精华编收书近五百种,按四部分类,其中"经部"有二百余种。另外尚专设"出土文献类"。《儒藏》精华编还有一特色,即我们还把日本、韩国、越南儒学者以汉文写作的儒学典籍有选择的收入,约有一百五十余种。预计 2015 年完成校点。同时组织我校各方面力量编辑《儒藏总目》,现在《总目·经部》已经完成,所著录者有一万四千余种之多。从中我们可以看到,历代儒学大家无不对"五经"的"注疏"、"论述"、"考订"等等方面用力甚勤。这次我们编著《中国儒学史》虽注意到"经学"方面,但很难说比较完满,因在这方面的研究成果不多,对此我们将会继续关注这个方面的新进展,以便再版时对这方面有所加强。学术研究是无止境的,从总体上说定是"日日新,又日新"地前进着。

儒家的"经书"不仅应包括已有的"五经"或"十三经",而且应包括自上个世纪末出土的儒家文献。饶宗颐先生在前面提到的演讲中说:"现在出土的简帛记录,把经典原型在秦汉以前的本来面目,活现在我们眼前,过去自宋迄清的学人千方百计求索梦想不到的东西,现在正如苏轼诗句'大千在掌握'之中,我们应该再做一番整理工夫,重新制订我们新时代的'圣经'(Bible)。"这是 2001 年饶先生说的一段话,意思是说新出土的先秦文献更能表现秦汉以前经典原型的本来面目。在 2001 年,我们能看到的重要出土文献主要是长沙马王堆出土的"帛

---

① 参见《中国儒学大观》,北京大学出版社,2001 年,第 24 页。

书"和 1993 年在湖北荆门地区出土的《郭店楚简》；其后 1994 年，上海博物馆于海外购得战国竹简一千二百多支；2008 年清华大学又由海外购得战国竹简两千余支，如此等等。这批简帛虽非全为儒家典籍，但可以说归属于儒家者占首位。这批归属于儒家的典籍其价值自不待言，应可与传世"五经"的地位相当，例如其中的《帛书周易》、上博《周易》、《五行篇》、《孔子诗论》以及与《尚书》的篇章等等有关的文献。这批文献又可补自孔子至孟子之间儒学之缺。因此，它是我们研究儒家思想要给以特别重视的。

我国历代儒家学者都十分重视对"五经"的诠释，因而可以说我们有着十分雄厚的诠释经典的资源。中国自古就是一个非常重视历史传统的国家，故有"六经皆史"的说法。孔子说他自己对"经典"是"述而不作，信而好古"。这就是说，孔子对三代经典（"六经"）只是作诠释，而不离开经典任意论说；对经典信奉而且爱好，以至于"不知老之将至"。孟子以"祖述尧舜"、"宪章文武"、"述仲尼之志"为己任。荀子认为"仁人"之务，"上则法尧舜之制，下则法仲尼、子弓之义"。实际上，孔、孟、荀及先秦儒学者所述严格地说都是对"六经"的诠释。如先秦之《易传》是对《易经》的诠释；《大学》中则多有对《书经》、《诗经》的诠释；上博《战国楚竹书》中的《孔子论诗》是对《诗经》的一种诠释（《中庸》和《五行》同样包含着对《诗经》的诠释）；《礼记》可说是对《礼经》的诠释；《春秋》三传是对《春秋》经的诠释。现试以《左传》对《春秋经》和《易传》对《易经》的解释为例说明先秦儒家对经书的诠解方式。

《左传》是对《春秋》的解释，相传是由左丘明作的，但近人杨伯峻考证说"我认为，《左传》作者不是左丘明"，"作者姓何名谁已不可考"，"其人可能受孔丘影响，但是儒家别派"。杨伯峻并认为："《左传》成书于公元前 403 年魏斯为侯之后，周安王十三年（前 386 年）以前。"这里我们暂且把杨伯峻先生的论断作为根据来讨论《左传》对《春秋》的解释问题。据杨伯峻推算《左传》成书的时间，我们可以说《左传》是目前知道的最早一部对《春秋经》进行全部诠释的书,或者也可以说是世界上现存最早的解释性的著作之一。这就说明中国的经典解释问题至少有着两千三四百年的历史了。

《春秋》隐公元年记载:"夏五月,郑伯克段于鄢。"《左传》对这句话有很长一段注释,现录于下:

> 初,郑武公娶于申,曰武姜,生庄公及共叔段。庄公寤生,惊姜氏,故名曰寤生,遂恶之。爱共叔段,欲立之。亟请于武公,公弗许。及庄公即位,为之请制。公曰:"制,岩邑也,虢叔死焉。佗邑唯命。"请京,使居之,谓之京城大叔。祭仲曰:"都,城过百雉,国之害也。先王之制,大都,不过参国之一;中,五之一;小,九之一。今京不度,非制也,君将不堪。"公对曰:"姜氏欲之,焉辟害?"对曰:"姜氏何厌之有? 不如早为之所,无使滋蔓! 蔓,难图也。蔓草犹不可除,况君之宠弟乎?"公曰:"多行不义,必自毙,子姑待之。"既而大叔命西鄙、北鄙贰于己。公子吕曰:"国不堪贰,君将若之何? 欲与大叔,臣请事之;若弗与,则请除之,无生民心。"公曰:"无庸,将自及。"大叔又收贰以为己邑,至于廪延。子封曰:"可矣。厚将得众。"公曰:"不义,不暱。厚将崩。"大叔完聚,缮甲兵,具卒乘,将袭郑,夫人将启之。公闻其期,曰:"可矣。"命子封帅二百乘以伐京。京叛大叔段。段入于鄢。公伐诸鄢。五月辛丑,大叔出奔共。书曰:郑伯克段于鄢。段不弟,故不言弟;如二君,故曰克;称郑伯,讥失教也,谓之郑志。不言出奔,难之也。①

《左传》这样长长一段是对经文所记"郑伯克段于鄢"六个字的注释,它是对历史事件的一种叙述。它中间包含着事件的起始,事件的曲折过程,还有各种议论和讨论以及事件的结尾和评论等等,可以说是一相

---

① 杨伯峻:《春秋左传注》,中华书局,1981年,第1册,第10—14页。

当完整的叙述式的故事。《左传》这一段叙述如果不是对《春秋》经文的铺陈解释,它单独也可以成为一完整历史事件的叙述,但它确确实实又是对《春秋》经文的注释。如果说"郑伯克段于鄢"是事件的历史(但实际上也是一种叙述的历史),那么相对地说上引《左传》的那一段可以说是叙述的历史。叙述的历史和事件的历史总有其密切的关系,但严格说来几乎写的历史都是叙述的历史。叙述历史的作者在叙述历史事件时必然都和他处的时代、生活的环境、个人的道德学问,甚至个人的偶然机遇有关系,这就是说叙述的历史都是叙述者表现其对某一历史事件的"史观"。上引《左传》的那一段,其中最集中地表现作者"史观"的就是那句"多行不义,必自毙"和最后的几句评语。像《左传》这种对《春秋》的解释,对中国各种史书都有影响。我们知道中国有"二十四史",其中有许多"史"都有注释,例如《三国志》有裴松之注,如果《三国志》没有裴注,这部书就大大逊色了。裴注不专门注重训诂,其重点则放在事实的解释和增补上,就史料价值说是非常重要的。《三国志·张鲁传》裴注引《典略》"熹平中,妖贼大起,三辅有骆曜。光和中,东方有张角,汉中有张修。骆曜教民缅匿法,角为太平道,修为五斗米道"云云一长段,大大丰富了我们对汉末道教各派的了解。裴注之于陈寿《三国志》和《左传》之于《春秋》虽不尽相同,但是都是属同一类型,即都是对原典或原著的历史事件的叙述式解释。

《易经》本来是古代作为占卜用的经典,虽然我们可以从它的卦名、卦画、卦序的排列以及卦辞、爻辞等等中分析出某些极有价值的哲理,但我们大概还不能说它已是一较为完备的哲学体系,而《易传》中的《系辞》对《易经》所作的总体上的解释,则可以说已是较完备的哲学体系了。①《系辞》把《易经》看成一个完整的整体性系统,对它作了整

---

① 《易传》中除《系辞》,还包含其他部分,都可作专门讨论,但限于篇幅,本文只讨论《系辞》对《易经》的解释问题。

体性的哲学解释,这种对古代经典作整体性的哲学解释,对后世有颇大影响,如王弼的《老子指略》是对《老子》所作的系统的整体性解释,《周易略例》则是对《周易》所作的系统的整体性解释。① 何晏有《道德论》和《无名论》都是对《老子》作的整体性解释,如此等等在中国历史上还有不少。②《系辞》对《易经》的解释,当然有很多解释问题可以讨论,本文只就其中包含的本体论和宇宙生成论两大问题来略加探讨,而这两个不同的解释系统在实际上又是互相交叉着的。

《易经》的六十四卦是一个整体性的开放系统,它的结构形成为一个整体的宇宙架构模式。这个整体性的宇宙架构模式是一生生不息的有机架构模式,故曰:"生生之谓易。"世界上存在着的事事物物都可以在这个模式中找到它一一相当的位置,所以《系辞》中说:《易经》(或可称"易道")"范围天地之化而不过,曲成万物而不遗"。在宇宙中存在的天地万物其生成变化都在《易经》所包含的架构模式之中,"在天成象,在地成形,变化见矣。"天地万物之所以如此存在都可以在《易经》中的架构模式中找到其所以存在的道理,找到一一相当的根据,"天下之理得,而成位于其中。"因此,"易与天地准,故能弥纶天地之道。"《易经》所表现的宇宙架构模式可以成为实际存在的天地万物相应的准则,它既包含着已经实际存在的天地万物的道理,甚至它还包含着尚未实际存在而可能显现成为现实存在的一切事物的道理,"故神无方易无体","易"的变化是无方所的,也是不受现实存在的限制的。这就说明,《系辞》的作者认为,天地万物之所以如此存在着、变化着都可以从"易"这个系统中找到根据,"易"这个系统是一无所不包的宇宙模式。这个模式是形而上的"道",而世界上已经存在的或者还未

---

① 王弼大概还有专门对《系辞》作的玄学本体论解释,这不仅见于韩康伯《周易系辞注》中所引用的王弼对"大衍之义"的解释,还见于杨士勋《春秋穀梁传疏》中引用王弼的话。
② 《世说新语·文学篇》"裴成公作《崇有论》"条,注引"晋诸公赞曰:自魏太常夏侯玄、步兵校尉阮籍等皆著《道德论》"云云。

存在而可能存在的东西都能在此"易"的宇宙架构模式中找到其所以存在之理,所以《系辞》中说:"形而上者谓之道,形而下者谓之器。"在中国哲学中,从现有的文献资料看,最早明确提出"形上"与"形下"分别的应说是《系辞》。我们借用冯友兰先生的说法,可以说"形而上"的是"真际","形而下"的是"实际","实际"是指实际存在的事物,而"真际"是实际存在事物之所以存在之"理"(或"道",或"道理")。① 这就是说,《系辞》已经注意到"形上"与"形下"的严格区别,它已建立起一种以"无体"之"易"为特征的形而上学体系。这种把《易经》解释为一宇宙架构模式,可以说是《系辞》对《易经》的形而上本体论的解释。

这种对《易经》本体论的解释模式对以后中国哲学的影响非常之大,如王弼对《系辞》"大衍之数"的解释,王弼《老子指略》对《老子》的解释。韩康伯《周易系辞注》"大衍之数五十,其用四十有九"条中说:"王弼曰:演天地之数所赖者五十也,其用四十有九,则其一不用也。不用而用以之通,非数而数之以成,斯易之大极也。四十有九,数之极也,夫无不可以无明,必因于有,故常于有物之极,而必明其所由之宗也。""宗"者,体也。这里王弼实际上用"体"与"用"之关系说明"形上"与"形下"之关系,而使中国的本体论更具有其特色。②《老子指略》中说:"夫物之所以生,功之所以成,必生乎无形,由乎无名。无形无名者,万物之宗也。"用"无"和"有"以说"体"和"用"之关系,以明"形上"与"形下"之关系,而对《老子》作一"以无为本"之本体论解释。

在《系辞》中还有一段对《易经》的非常重要的话:"易有太极,是生两仪,两仪生四象,四象生八卦,……""易"包含着一个生成系统。这

---

① 冯友兰先生所用"真际"一概念,在佛教中已普遍使用,如《仁王经》上说:"以诸法性即真际故,无来无去,无生无灭,同真际等法性。"《维摩经》说:"非有相非无相,同真际等法性。"丁福保《佛学大辞典》谓"真际"即至极之义。"道"虽不是实际存在的事物,但它并不是"虚无",而是"不存在而有"(non-existence but being),这是借用金岳霖先生的意思。(参见冯友兰:《中国现代哲学史》,第217页,广东人民出版社,1999年)陆机《文赋》:"课虚无以责有,叩寂寞而求音。"正是"不存在而有"的最佳表述。
② 《周易王韩注》第三十八章:"万物虽贵,以无为用,不能舍无以为体也。"

个生成系统是说《易经》表现着宇宙的生生化化。宇宙是从混沌未分之"太极"(大一)发生出来的,而后有"阴"(--)"阳"(—),再由阴阳两种性质分化出太阴(==)、太阳(⚌)、少阴(⚍)少阳(⚎)等四象,四象分化而为八卦(☰、☷、☳、☴、☵、☲、☶、☱),这八种符号代表着万物不同的性质,据《说卦》说,这八种性质是:"乾,健也;坤,顺也;震,动也;巽,入也;坎,陷也;离,丽也;艮,止也;兑,说也。"这八种性质又可以用天、地、雷、风、水、火、山、泽的特征来表示。由八卦又可以组成六十四卦,但并非说至六十四卦这宇宙生化系统就完结了,实际上仍可展开,所以六十四卦最后两卦为"既济"和"未济",这就是说事物(不是指任何一种具体事物,但又可以是任何一种事物)发展到最后必然有一个终结,但此一终结又是另一新的开始,故《说卦》中说:"物不可穷也,故受之以未济终焉。"天下万物就是这样生化出来的。"易"这个系统是表现着宇宙的生化系统,是一个开放性的系统。《系辞》中还说:"天地絪缊,万物化醇,男女构精,万物化生。"《序卦》中说:"有天地,然后有万物;有万物,然后有男女;有男女,然后有夫妇;有夫妇,然后有父子;有父子,然后有君臣;有君臣,然后有上下;有上下,然后礼仪有所错。"这种把《易经》解释成为包含着宇宙的生化系统的理论,我们可以说是《系辞》对《易经》的宇宙生成论的解释。这里有一个问题需要作些分疏,照我看"太极生两仪……"仅是个符号系统,而"天地絪缊,化生万物……"和"有天地,然后有万物"就不是符号了,而是一个实际的宇宙生化过程,是作为实例来说明宇宙生化过程的。因此我们可以说,《系辞》所建立的是一种宇宙生化符号系统。这里我们又可以提出另一个中国哲学研究的新课题,这就是宇宙生成符号系统的问题。汉朝《易经》的象数之学中就包含宇宙生成的符号问题,而像"河图"、"洛书"等都应属于这一类。后来又有道教中的符箓派以及宋朝邵雍的"先天图"、周敦颐的"太极图"(据传周敦颐的"太极图"脱胎于道士陈抟的"无极图",此说尚有疑问,待考)。关于这一问题需另文讨论,非本文所应详论之范围。但是，我认为区分宇宙生成的符号系统与宇宙实际生成过程的描述是非常重要的。宇宙实际生成过程的描述往往是依据生活经验而提出的具体形态的事物（如天地、男女等等）发展过程，而宇宙生成的符号系统虽也可能是依据生活经验，但其所表述的宇宙生成过程并不是具体形态的事物，而是象征性的符号，这种符号或者有名称，但它并不限定于表示某种事物及其性质。因此，这种宇宙生成的符号系统就象代数学一样，它可以代入任何具体形态的事物及其性质。两仪（--和—）可以代表天地，也可以代表男女，也可代表刚健和柔顺等等。所以我认为，仅仅把《系辞》这一对《易经》的解释系统看成是某种宇宙实际生成过程的描述是不甚恰当的，而应了解为可以作为宇宙实际生成系统的模式，是一种宇宙代数学，我把这一系统称之为《系辞》对《易经》解释的宇宙生成论。像《系辞》这类以符号形式表现的宇宙生成论，并非仅此一家，而《老子》的"道生一，一生二，二生三，三生万物，万物负阴而抱阳，冲气以为和"，也是一种宇宙生成的符号系统，也是一种宇宙代数学，其中的数字可以代以任何具体事物。"一"可以代表"元气"，也可以代表"虚霩"（《淮南子·天文训》谓"道始于虚霩"，虚霩者尚未有时空分化之状态）。"二"可以代表"阴阳"，也可以代表"宇宙"（《天文训》谓"虚霩生宇宙"，即由未有时空分化之状态发展成有时空之状态）。"三"并不一定就指"天、地、人"，它可以解释为有了相对应性质的两事物就可以产生第三种事物，而任何具体事物都是由两种相对应性质的事物产生的,它的产生是由两种相对应事物交荡作用而生的合物。① 然而汉朝的宇宙生成论与《系辞》所建构的宇宙生成论不同,大都是对宇宙实际生成过程的描述,此是后话,当另文讨论。②

我们说《系辞》对《易经》的解释包括两个系统,即本体论系统和宇宙生成论系统,那是不是说《系辞》对《易经》的解释包含着矛盾?我想,不是的。也许这两个系统恰恰是互补的,并形成为中国哲学的两大系。宇宙本身,我们可把它作为一个平面开放系统来考察,宇宙从其广度说可以说是无穷的,郭象《庄子·庚桑楚》注:"宇者,有四方上下,而四方上下未有穷处。"同时我们又可以把它作为垂直延伸系统来考察,宇宙就其纵向说可以说是无极的,故郭象说:"宙者,有古今之长,而古今之长无极。"既然宇宙可以从两个方面来考察,那么"圣人"的哲学也就可以从两个方面来建构其解释宇宙的体系,所以"易与天地准"。"易道"是个开放性的宇宙整体性结构模式,因此"易道"是不可分割的,是"大全",宇宙的事物曾经存在的、现在仍然存在的或者将来可能存在的都可以在"易"这个系统中找到一一相当的根据。但"易道"又不是死寂的,而是一"生生不息"系统,故它必须显示为"阴"和"阳"(注意:但"阴"和"阳"绷缊而生变化,"阴阳不测谓之神")相互作

---

① 关于"三"的问题,庞朴同志提出"一分为三"以区别于"一分为二",这点很有意义。如果从哲学本体论方面来考虑,"一分为三"的解释或可解释为在相对应的"二"之上或之中的那个"三"可以是**本体**,如"太极生两仪",合而为"三","太极"是"本体",而"两仪"是"本体"之体现。我在一篇文章中讨论过,儒家与道家在思想方法上有所不同,儒家往往是于两极中求"中极",如说"过犹不及"、"叩其两端"、"允执其中",而道家则是于"一极"求其对应的"一极",如"天下皆知美之为美,斯恶已"。(参见《论〈道德经〉建立哲学体系的方法》,《哲学研究》,1986年第一期)儒家于"两极"中求"中极",这"中极"并不是和"两极"平列的,而是高于"两极"之上的。就本体意义上说,这"中极"就是"中庸",就是"太极"。因此,就哲学上说,"一分为三"与"一分为二"都是同样有意义的哲学命题。就哲学意义上说"一分为三"实是以"一分为二"为基础。

② 例如《淮南子·天文训》中说:"道始于虚霩,虚霩生宇宙,宇宙生元气,元气有涯垠,清阳者薄靡而为天,重浊者凝滞而为地。"《孝经纬·钩命诀》:"天地未分之前,有太易、有太初、有太始、有太素、有太极,是为五运。形象未分,谓之太易。元气始萌,谓之太初。气形之端,谓之太始。形变有质,谓之太素。质形已具,谓之太极。五气渐变,谓之五运。"可见,汉朝的宇宙生成论大体上都是"元气论"。

用的两个符号(不是凝固的什么东西),这两个互相作用的符号代表着两种性质不同的势力。而这代表两种不同性质的符号是包含在"易道"之中的,"易道"是阴阳变化之根本,所以说"一阴一阳之谓道"。杨士勋《春秋穀梁传疏》中引用了一段王弼对"一阴一阳之谓道"的解释,文中说:"《系辞》云:一阴一阳之谓道。王弼云:一阴一阳者,或谓之阴或谓之阳,不可定名也。夫为阴则不能为阳,为柔则不能为刚。唯不阴不阳,然后为阴阳之宗;不柔不刚,然后为刚柔之主。故无方无体,非阴非阳,始得谓之道,始得谓之神。"阴和阳代表着两种不同的性质,此一方不能代表彼一方,只有"道"它既不是阴又不是阳,但它是阴阳变化之宗主(本体),故曰"神无方,易无体也"。就这点看,《系辞》把《易经》解释为一平面的开放体系和立体的延申体系的哲学,无疑是有相当深度的哲学智慧的。再说一下,《系辞》对《易经》的整体性哲学解释和《左传》对《春秋》的叙述事件型解释是两种很不相同的解释方式。

  李零教授说:"汉代的古书传授有经、传、记、说、章句、解故之分。大体上讲,它们的区分主要是,'经'是原始文本,'传'是原始文本的载体和对原始文本的解说(类似后世所说的'旧注')。'经'多附'传'而行,'传'多依'经'而解,……'记'(也叫'传记')是学案性质的参考资料,'说'则可能是对'经传'的申说(可能类似于'疏'),它们是对'传'的补充(这些多偏重于义理)。'章句'是对既定文本,……所含各篇的解析,……'解故'(也叫作'故'),则关乎词句的解释。"李零教授说清了"经"与诠释"经"的"传"、"记"、"说"、"解"、"注"、"笺"、"疏"等等之间的关系。[①] 今天,我们要读懂"五经",是不能不借助历代儒学大家的注疏的。同时,在我国对经典的诠释中常需具备"训诂学"、"文字学"、"音韵学"、"考据学"、"版本学"、"目录学"等等的知识,也就是说具备这些方面的知识才能真正把握中国诠释经典的意义。

---

① 李零:《郭店楚简校读记》,北京大学出版社,2002年,第72页。

1998年,我曾提出"能否创建中国解释学"的问题,其后写了四篇文章讨论此问题。① 在中国,自先秦以来有着很长的诠释经典的历史,并且形成了种种不同的注释经典的方法与理论。而各朝各代诠释经典的理论与方法往往也有所不同。例如在汉朝有用所谓"章句"的方法注释经典,分章析句,一章一句甚至一个字一个字地详细解释。据《汉书·儒林传》说,当时儒家的经师对"五经"的注解,"一经之说,至百余万言。"儒师秦延君释"尧典"二字,十余万言;释"曰若稽古"四字,三万言。当时还有以"纬"(纬书)证"经"的方法,苏舆《释名疏证补》谓:"纬之为书,比傅于经,辗转牵合,以成其谊,今所传《易纬》、《诗纬》诸书,可得其大概,故云反复围绕以成经。"此种牵强附会的解释经典的方法又与"章句"的方法不同。至魏晋,有"玄学"出,其注释经典的方法为之一变,玄学家多排除汉朝繁琐甚至荒诞的注释方法,或采取"得意忘言",或采取"辨名析理"等简明带有思辨性的注释方法。王弼据《庄子·外物》以释《周易·系辞》"言不尽意,书不尽言",作《周易略例·明象章》,提出"得意忘言"的玄学方法,而开一代新风。② 此是一典型解释儒经的新方法。郭象继之而有"寄言出意"之说,其《庄子·逍遥游》第一条注说:

> 鹏鲲之实,吾所未详也。夫庄子之大意,在乎逍遥游放,无为而自得,故极大小之致,以明性分之适。达观之士,宜要其会归,而遗其所寄,不足事事曲与生说,自不害其弘旨,皆可略之。

这种"寄言出意"的注释方法自与汉人注释方法大不相同。《大慧普觉禅师语录》卷二十二中说:"曾见郭象注庄子,识者云:却是庄子注郭

---

① 此五篇论文均收入拙著《和而不同》一书中,辽宁人民出版社,2001年。
② 王弼《周易略例·明象》:"夫象者,出意者也;言者,明象者也。尽意莫若象,尽象莫若言。言生于象,故可寻言以观象;象生于意,故可寻象以观意。意以象尽,象以言著。故言者所以明象,得象而忘言;象者所以存意,得意而忘象。"参见汤用彤先生《魏晋玄学论稿》中之《言意之辨》。《汤用彤全集》第四卷,河北人民出版社,2000年,第22页。

象。"如果说汉人注经大体上是"我注六经",那么王弼、郭象则是"六经注我"了。

郭象注《庄子》还用了"辨名析理"的方法,这种方法和先秦"名家"颇有关系,盖魏晋时期"名家"思想对玄学产生有所影响。郭象《庄子·天下注》的最后一条谓:

> 昔吾未览《庄子》,尝闻论者争夫尺棰连环之意,而皆云庄生之言,遂以庄生为辨者之流。案此篇较评诸子,至于此章,则曰:其道舛驳,其言不中,乃知道听途说之伤实也。吾意亦谓,无经国体致,真所谓无用之谈也。然膏粱之子,均之戏豫,或倦于典言,而能辨名析理,以宣其气,以系其思,流于后世,使性不邪淫,不犹贤于博弈者!故存而不论,以贻好事也。

这里郭象把"辨名析理"作为一种解释方法提出来,自有其特殊意义,但"辨名析理"几乎是所有魏晋玄学家都采用的方法,所以有时也称魏晋玄学为"名理之学"。如王弼说:"夫不能辨名,则不可言理;不能定名,则不可以论实也。"嵇康《琴赋》谓:"非夫至精者,不能与之析理也。"就这点看,魏晋玄学家在注释经典上已有方法论上的自觉。至宋,有陆九渊提出"六经注我,我注六经"的问题,①实在魏晋时已开此问题之先河,不过当时并未把它作为一问题提出。至清,因考据之学盛,有杭世骏论诗而对"诠释"有一说:"诠释之学,较古昔作者为尤难,语必溯源,一也;事必数典,二也;学必贯三才而穷七略,三也。"②意思是说,诠释这门学问,就今人对诗文的诠释说比古昔作者更加困难,原因是首先应了解其原意,其次要知道所涉及的典故;再次是必学贯天、地、人三学而对"七略"知识有所了解。杭世骏所言之"诠释"虽非今日

---

① 陆九渊著,钟哲点校:《陆九渊集》,中华书局,1980年,第522页。《陆氏年谱》记载有杨简曾闻:"或谓陆先生云:'胡不注六经?'先生云:'六经当注我,我何注六经。'"
② 杭世骏:《李义山诗注序》,《道古堂全集·文集》卷八。

所说之西方"诠释学"(Hermeneutics)之"诠释",但也可看到自先秦两汉以来,我国学者在各学科中均意识到对著作之文本是需要通过解释来理解的。因此,对中国儒学的研究,必须注意历代对"经书"的注释,以使人们了解在我国的历史传统确有对"经典"诠释颇为丰富的理论与方法的资源。通过《中国儒学史》的撰写,对儒家经典的诠释历史加以梳理,总结出若干有意义的理论与方法,也许对创建"中国诠释学"大有益处。[①]

四、儒学与外来文化的传入

罗素说:"不同文明的接触,以往常常成为人类进步里程碑。"[②]在两千多年的儒学发展史中,我们可以清楚地看到,"儒学"的每一次发展除其自身内在自觉地更新外,都是在与我国国内存在的各学派交流中得到发展的,汉儒吸收了道家、法家、阴阳家的学说而有"两汉经学";魏晋南北朝时期,诸多玄学家均有注儒家经典者,而"以儒道为一"。[③] 儒学在我国历史上与我国原有各学派之间的相互影响无疑是在研究儒学史时应予注意的。这方面已有论述较多,兹不详述。也许更应关注的是外来文化传入对儒学发生重大影响的问题。

在儒学发展史上,可以说有两次重大的外来文化传入对我国儒学

---

① 参见拙作《论创建中国解释学问题》,《中国哲学》第二十五辑,辽宁教育出版社,2004年。
② 《中西文明的对比》,见罗素:《中国问题》,第146页。
③ "向子期(秀)以儒道为一。"(谢灵运《辨宗论》),汤用彤《王弼之〈周易〉、〈论语〉新义》说:"陈寿《魏志》无王弼传,仅于《钟会传》尾附叙数语,实太简陋。然其称弼'好论儒道','注《易》及《老子》',孔老并列,未言偏重,……盖世人多以玄学为老、庄之附庸,而忘其亦系儒学之蜕变。"汤著《向郭义之庄周与孔子》中说:"郭序曰,《庄子》之书'明内圣外王之道'。向、郭之所以尊孔抑庄者,盖由此也。"其时有王(弼)韩(康伯)《周易注》、何晏《论语集解》、王弼《论语释疑》、向秀《周易注》、郭象《论语体略》《论语隐》、皇侃《论语义疏》等等。

产生过重大影响,第一次是自公元一世纪以下,印度佛教文化的传入,它成为宋明理学(道学)产生的重要原因之一。如果不算唐朝传入的景教和在元朝曾发生过一定影响的也里可温教,因为这两次外来文化的传入都因种种原因而中断了。第二次文化外来是西方文化大规模的进入中国。自十六世纪末,特别是自十九世纪中叶西方文化全方位的传入,大大地影响和改变了儒学在中国社会生活中的地位。那么,我们需要问,今天应该如何看儒学与西学的关系?我想,这也许涉及到文化发展中"源"与"流"的关系问题。

我们知道,任何历史悠久且仍然有着生命力的民族文化必有其发生发展的源头,也就是说有其发源地,它可被称为该民族文化之"源"。例如今日欧洲文化的源头可以说主要是源自古希腊,印度文化的发源地在南亚的恒河流域。中华文化源远流长,有五千年的历史,它的源头在东亚的黄河、长江流域。在这些有长久历史的民族文化发展过程中总是在不断吸收着其他地区民族文化以滋养其自身,而被吸收的种种文化对吸收方说则是"流"。一个有长久历史仍然有着生命力的文化就像一条不断流着的大江大河,它必有一个源头,它在流动之中往往会有一些江河汇入,这些汇入主干流的江河常被称为"支流",甚至某些支流在一定情况下其流量比来自源头的流量要大,但"源"仍然是"源","流"仍然是"流"。因此,我们在讨论一种文化的发展时必须注意处理好文化的"源"与"流"的关系。

(一)儒学与印度佛教的传入

儒学自孔子起就自觉地继承着源自中华大地的夏、商、周三代的文化,在长达两千多年的历史中曾是中华文化的主体,因而也可以说它的学说是来自中华大地文化的源头。印度佛教文化在一世纪传入中国之后曾对中国社会的宗教、哲学、文学、艺术、建筑、医学等等诸多方面有着重大影响,这一事实是中外学界所公认的。但是,上述的所有学科在历史上仍然体现着中华文化内在的精神面貌。因此,中国固有文化仍然是"源",而印度佛教文化只是"流"。佛教传入中国的历史很长,在魏晋时有着广泛的影响,然就其与"魏晋玄学"的关系说,并非因佛教的传入而有"玄学",而恰恰相反,是因有"玄学"而佛教才得以在我国比较顺利地流行。印度佛教对魏晋南北朝时期中国的思想文化起着重大作用,但它只是一个"助因",并不能改变中国思想文化的根本性质和发展方向。"玄学是从中国固有学术自然的演进,从过去思想中随时演进的'新义',渐成系统,玄学的产生与印度佛教没有必然关系。易而言之,佛教非玄学生长之正因。反之,佛教倒是先受玄学的洗礼,这种外来思想才能为我国所接受。所以从一个方面讲,魏晋时代的佛学也可以说是玄学。但佛学对玄学为推波助澜的助因是不可抹杀的。"①例如在中国有影响的佛教学说僧肇和道生所讨论的许多问题仍是中国原本在"玄学"中所讨论的问题,如僧肇四论:动静、有无、知与无知、圣人人格等问题都是自王弼、郭象以来玄学讨论的主题,可以说《肇论》是接着"玄学"讲的。而道生之顿悟,"实是中印学术两者调和之论,一扫当时学界两大传统冲突之说,而开伊川谓'学'乃以至圣人学说之先河。"②到隋时,据《隋书·经籍志》记载:当时"民间佛经,多于六经数十百倍",但也未能改变儒学在社会上的正统地位。因而至隋唐,在我国出现了若干受我国固有的儒、道学术文化影响的佛教宗派,其中在我国最有影响的天台、华严、禅宗实是中国化的佛教宗派。另虽有玄奘大师提倡的唯识宗,流行三十余年后则渐衰。天台、华严、禅宗所讨论的重要问题是心性问题。"心性问题"本来是中国儒家思想所讨论的问题(近期出土文献对此问题讨论甚多)。天台有所

---

① 参见汤用彤:《魏晋玄学的发展》,见《汤用彤全集》第四卷,河北人民出版社,2000年,第112页。

② 参见:汤用彤《谢灵运〈辨宗论〉书后》,《汤用彤全集》第四卷,第96—102页。

谓"心生万法";①华严宗有融"佛性"于"真心";禅宗则更认为"佛性"即人之"本心"(本性)。由于佛教的中国化,使得中国化的佛教宗派、特别是禅宗大大改变了印度佛教的原貌;佛教在中国从"出世"走向世俗化,认为在日常生活中就可以成佛,因而原来被佛教排斥的儒家"忠君"、"孝父母"②和道家的"顺自然"③等等思想也可以被容纳在禅宗里面。在世界历史上,文化也曾发生过异地发展之问题,印度佛教文化在中国的发展就是一例。公元八、九世纪佛教在印度已大衰落,然而在中国却大发展,而有天台、华严、禅宗等。中国佛教这些宗派直接影响着朝鲜半岛、日本等地。因此,我们可以说中国文化曾受惠于印度佛教,而印度佛教又在中国得到发扬光大。

至宋,理学兴起,一方面批评佛教,另一方面又吸收佛教。本来中国儒学是入世的"治国平天下"之道,而非如佛教的"出世"寻求"西方极乐世界",两者很不相同,但理学不仅吸收了华严宗"理事无碍"、"事事无碍"的思想,而有"人人一太极,物物一太极"和"理一分殊"等思想,有助于程颐、朱熹传承先秦孔孟的"心性"学说,而建立了以"理"为本的形而上学。④ 陆九渊、王阳明则更多地吸收禅宗的"明心见性"等思想,传承先秦儒家"尽心、知性、知天"的思想,而有"吾心便是宇宙"和"心外无物"等思想,建立了以"心"为体的形而上学。⑤ 程朱的"性即

---

① 智顗《修习止观坐禅法要》:"一切诸法,皆由心生。"
② 契嵩本《坛经·无相颂》:"恩则孝养父母,义则上下相邻。"宋宗杲大慧禅师说:"予虽学佛者,然爱君忧国之心,与忠义士大夫等。""学不至,不是学;学至而不厌,不是学;学不能化物不是学。学到彻头处,文亦在其中,武亦在其中,事亦在其中,理亦在其中,忠义孝道乃至治身治人安国安邦之术无不在其中。"
③ 无门和尚《颂》:"春有百花秋有月,夏有凉风冬有雪,若无闲事挂心头,便是人间好时节。"
④ 《朱子语类》卷一中,朱子曰:"太极只是天地万物之理。在天地言,则天地中有太极,在万物言,则万物中各有太极。未有天地之先,毕竟是先有此理。""伊川说得好,曰'理一分殊'。合天地万物而言,只是一个理,及在人,则又各有一个理。"
⑤ 《陆九渊集》中《与曾宅之》写到:"盖心,一心也;理,一理也;至当归一,精义无二,此心此理,实不容二。"王阳明《传习录上》中说:"心即理也,天下又有心外之事,心外之理乎?……心即理也,此心无私欲之蔽,即是天理,不须外面添一分。"

理"和陆王的"心即理"虽理路不同,但都是要为"治国平天下"的理想找一形而上学的根据;这样就使宋明理学较之先秦儒学有了更加完善的理论体系。这一发展正是由于理学吸收、消化和融合了隋唐以来中国化的佛教宗派而形成的。但是,从根本上说,理学仍然是先秦以来儒家"心性"学说的发展,佛教只是助因。从这里我们也可以看出文化的"源"和"流"的关系。

(二) 儒学与"西学"的传入

在十九世纪末,由于西方列强的入侵,大大有利于西方文化(西学)在中国的传播。因此,引起了"中西古今之争",此"中西古今之争"一直延续至今。所谓"中西古今之争"无非是说中国文化面临着三个相互联系的问题:如何对待西方文化;如何看待我国本民族的固有文化;在现时代如何创建我国自身的新文化。一个多世纪以来,西方学术思想像潮水一般地涌入我国,最早有影响的西方学说是严复翻译的《天演论》,因而进化论思想影响着中国几代人。其后,继之而有叔本华哲学、尼采哲学、康德哲学、古希腊哲学、无政府主义、马克思主义,英国经验主义、欧洲大陆理性主义、十九世纪德国哲学、实用主义、实在论,分析哲学、现象学、存在主义、结构主义,解构主义、解构性后现代主义以至建构性后现代主义等等,先后进入我国。中国学界面对如此众多的学术派别(西学),我们如何接受,如何选择,无疑是个大难题。

我们是不是可以根据百多年来的历史,对"西学"输入中国作一些分析?照我看,从中国社会发展的情况看也许可以把"西学"对中国学术思想的影响分成:中国社会迫切需要的思想、有利于促进中国哲学更新和发展的思想,以及和中国哲学较相近,能对中国社会发生巨大影响的思想等几类。当然也还有其他西方学术派别影响着我国学术界,此处就不一一详谈了。

第一，中国社会迫切需要的思想：自鸦片战争以来，中国社会迫切需要的是如何改变我国落后、挨打的局面。为了自强图存，再守着过时的思想文化传统，提倡什么"奉天承运"、"三纲六纪"、"中学为体，西学为用"已经不行了，中国社会必须"进化"，于是西方的"进化论"思想自严复的《天演论》译出之后无疑成为影响中国社会的主要思潮。其时，中华民国的缔造者孙中山即是"进化论"的信徒。至于我国学术文化界，无论是激进派的，如陈独秀、鲁迅、郭沫若等等，自由主义派的，如张东荪、胡适、丁文江等等都接受了"进化论"思想，甚至保守派的，如梁漱溟、杜亚泉等也不反对"进化"。① 其后，尼采的"重新估价一切"的思想深深地影响中国学术界，这正适合中国社会急遽变化之需要。中国必须改变，因而需要对过去的一切进行重新评估。1904年，王国维介绍尼采时，指出尼采学说的目的是要"破坏旧文化而创造新文化"，为"弛其负担"而"图一切价值之颠覆"，并"肆其叛逆而不惮"，盛赞尼采的"强烈之意志而辅以极伟大之知力"。其后，鲁迅、陈独秀、沈雁冰（茅盾）、郭沫若等等无不要求以"强固的意志"去对旧传统"进行战斗"。特别是蔡元培在一次演讲中说："迨至尼采（原注：德国之大文学家），复发明强存弱亡之理，……弱者恐不能保存亦积极进行，以与强者相抵抗，如此世界始能日趋进化。"而傅斯年在《新潮》杂志上号召："我们须提着灯笼沿街找超人，拿着棍子沿街打魔鬼"，赞扬尼采是一个"极端破坏偶像家"。所以尼采思想在"五四运动"前后都有过重大影响。② 其他如无政府主义思想也曾发生过一定影响，盖因其反对"专制政权"甚激烈。

第二，有利于中国哲学得到更新和发展的思想：宋明理学在中国

---

① 杜亚泉《接续主义》中说："国家之接续主义，一方面含有开进之意味，一方面含有保守之意味。盖接续云者：以旧业与新业相接续之谓。有保守而无开进，则拘墟旧业，复何用其接续乎！"

② 参见乐黛云：《尼采与中国现代文学》，收入《比较文学与中国现代文学》，北京大学出版社，1987年。

统治了近千年,这一学说日愈僵化,逐渐成为束缚人们思想的教条。因此,有了现代新儒学的出现。人们一向以自熊十力开创,而经牟宗三等发展,至今而有第三代如杜维明、刘述先等为现代新儒学的代表。但是,实际上在中国另外还有一些企图吸收"西学"来发展儒学的学派,例如以冯友兰为代表的"新理学"派和以贺麟为代表的"新心学"派。

熊十力的"新唯识论"体系虽颇有创见,但相对地说还是比较传统地继承着儒家哲学,不过我们已可以看出,他对"西学"确颇有认识,如他说:"西学以现象为变异,本体为真实,其失与佛法等。"同时熊先生也看到中国哲学在"认识论"有不重"思辨"之缺点,故"中国诚宜融摄西洋而自广",使两者结合而成"思修交尽之学"。① 可见,熊十力已注意到必须吸收西方哲学之长而为中国哲学开拓新的方面。其后,牟宗三则多吸收与融合康德哲学;而杜、刘等则以开放的心态面对西方哲学,而维护儒学传统则未变。

冯友兰的"新理学"之所以新正是在把柏拉图的"共相"与"殊相"和"新实在论"(如"潜在"的观念)引入中国哲学。他把世界分成"真际"(或称之为"理",或称之为"太极")和"实际",实际的事物依照所以然之理而成为其事物。冯先生之创建"新理学",其意图主要是使中国哲学中的"形上学"更加凸显,以说明宋明理学可发展为与西方哲学媲美的形上学。②

贺麟的"新心学"的思想也许可以说包含在《儒家思想的新开展》一文中。他认为:(1) 必须以西洋的哲学发挥儒家理学(此"理学"指"性理之学")。由于中国哲学特别重视的在于道德精神的建构,而并非一种注重学说知识体系建构的哲学,如能会合融贯、吸收借鉴西洋

---

① 参见《熊十力全集》第五卷,第 57、58、63 页,第四卷,第 105、111 页,湖北教育出版社,2001年。

② 可参见冯友兰:《三松堂全集》第四卷《新理学》,河南人民出版社,1986 年。

哲学,不仅可作道德可能的理论基础,且可奠定科学可能的理论基础。(2)必须吸收基督教的精华以充实儒家的礼教。(3)必须领略西洋艺术而使新诗教、新乐教、新艺术与新儒学一起复兴。① 为什么贺麟要从这三个方面来讨论"儒家思想的新开展"? 我认为,正是因为西方哲学一向重视对"真"、"善"、"美"问题的讨论,而贺麟正是希望在吸收西方文化的基础上发展"新儒学"。因此,他在《中国哲学与西洋哲学》中说:"今后中国哲学的新发展,有赖于对西洋哲学的吸收与融会,同时中国哲学家也有复兴中国文化、发扬中国哲学,以贡献于全世界人类的责任。"②

汤用彤先生为什么在写完《汉魏两晋南北朝佛教史》之后,就开始研究"魏晋玄学",主要是要梳理中国哲学自汉至魏晋南北朝之变化。他认为,中国哲学就思想上说自有其自身发展内在逻辑,印度佛教的传入虽对"玄学"的发展有推进作用,但它只是"助因",而非正因。③ 这也就是文化发展的"源"与"流"的问题吧! 但这一研究的结果,却说明中国哲学自有其"本体之学",而其"本体论"或与西方哲学不同,④其"道"、"无"、"理"、"太极"等虽为"超越性"的,但它不离万事万物,而内在于万事万物,故"体用如一",⑤而其人生境界又是"即世间而出世

---

① 贺麟:《儒家思想的新开展》,见《文化与人生》,商务印书馆,1988年,第8—9页。
② 见贺麟《哲学与哲学史》,商务印书馆,1990年,第127页。
③ 参见《魏晋思想的发展》,《汤用彤全集》第四卷,第112页。
④ 汤用彤:《魏晋玄学流派略论》中指出,魏晋玄学与东汉有根本之不同,他说:"魏晋玄学已不复拘拘于宇宙运行之外用,进而论天地万物之本体。汉代寓天道于物理,魏晋黜天道而究本体,以寡御众,而归于玄极(王弼《易略例·明象章》);忘象得意,而游于物外(《易略例·明象章》)。于是脱离汉代宇宙论(Cosmology or Cosmogony)而留连于存存本本之真(Ontology or Theory of Being)。"按:张东荪否认中国有"本体论"(参见张耀南:《张东荪知识论研究》,台湾洪叶文化事业有限公司,1995年)。又,俞宣孟教授也反对中国有本体论(参见上海《社会科学报》,2004年9月9日)。这是由于他们企图用西方本体论学说规范中国哲学之故。
⑤ 《周易注》引王弼曰:"演天地之数,所赖者五十也。其用四十有九,则其一不用也。不用而用之以通,非数而数之以成,斯易之太极也。四十有九,数之极也。夫无不可以无明,必因于有,故于有物之极,而必明其所由之宗也。"郭象《庄子注》:"夫圣人虽身在庙堂之上,然其心无异于山林之中,世岂识之哉!"

间"的。

从以上几例可以看出,上个世纪中叶中国哲学的研究者们特别注意自身哲学研究所未展开的方面,如认识论、形上学(本体论)、宗教精神、纯艺术精神,从而努力吸收西方哲学"以自广"。

第三,和中国哲学较相近而对中国社会发生较大影响的思想:

中国哲学的创造者,无论儒、道还是先秦其他诸子,都是有社会关怀的"士",这一传统十分久远,我们从《尚书·说命》中"非知之艰,行之惟艰"就可以看到儒家的精神是入世的,要"明明德"于天下。要"明明德"于天下,就不仅是个理念问题,必须实践,必须身体力行,必须见之于事功。所以孔子说:"吾岂匏瓜也哉?焉能系而不食?"所以儒家哲学是一种"治国平天下"的实践的哲学。① 马克思《关于费尔巴哈的提纲》中说:"哲学家们只是用不同的方式解释世界,问题在于改变世界。""全部社会生活在本质上是实践的。"②因此,他们在"实践"问题上可有相同之处。马克思主义自上个世纪以来一直影响着中国社会,除了中国社会确实需要一巨大的变革外,我认为这和儒家思想重视"实践"(道德修养的实践,社会政治生活的实践)有着密切的关系。毛泽东的《实践论》就是证明,这是大家都了解的。同时,儒学与马克思主义又都是带有理想主义的学派。儒学有其"大同"社会的理想;马克思

---

① 参见拙作《论知行合一》,收入《反本开新——汤一介自选集》中,首都师范大学出版社,2008年。
② 《马克思恩格斯全集》第三卷,人民出版社,1960年,第8页。

主义有其共产主义的理想。① 他们的理想主义或许带有某种"空想"成分,但无疑都有对人类社会发展前景的乐观主义的期盼,我们必须珍视。

中国学术界无疑都十分关心马克思主义中国化的问题,从哲学这个层面讲,我认为做得比较成功的应该是冯契同志。已故的冯契同志是一位有创造性的马克思主义者,他力图在充分吸收和融合中国传统哲学和西方分析哲学的基础上使马克思主义哲学成为中国化的马克思主义哲学。他的《智慧说三篇》可以说是把马克思主义的实践唯物辩证法、西方的分析哲学和中国传统哲学较好结合起来的尝试。② 冯契同志在他的《智慧说三篇·导论》中一开头就说:"本篇主旨在讲基于实践的认识过程的辩证法,特别是如何通过'转识成智'的飞跃,获得性与天道的认识。"冯契同志不是要用实践的唯物主义辩证法去解决西方哲学的基本问题,而是要用实践的唯物主义辩证法解决中国哲学的"性与天道"的问题;而如何获得"性与天道"的认识,又借用了佛教哲学中的"转识成智",以此来打通"天"与"人"的关系问题。他说:"通过实践基础上的认识世界与认识自己的交互作用,人与自然、性与天道在理论与实践的辩证统一中互相促进,经过凝道而成德、显性以宏道,终于达到转识成智,造成自由的德性,体验到相对中的绝对、有限中的无限。"接着冯契同志用分析哲学的方法,对"经验"、"主体"、"知

---

① 《礼记·礼运》:孔子曰:"大道之行也,与三代之英,丘未之逮也,而有志焉。大道之行也,天下为公,选贤与能,讲信修睦。故人不独亲其亲,不独子其子,使老有所终,壮有所用,幼有所长,矜、寡、孤、独、废、疾者皆有所养,男有分,女有归。货,恶其弃于地也,不必藏于己;力,恶其不出于身也,不必为己。是故谋闭而不兴,盗窃乱贼而不作,故外户而不闭。是谓大同。"《马克思、恩格斯、列宁、斯大林论共产主义社会》:"在共产主义社会高级阶段,迫使人们奴隶般的服从社会分工的现象已经消失,脑力劳动和体力劳动的对立也随之消失,劳动已不仅仅是谋生的手段,而且成了生活的第一需要,生产力已随着每个人的全面发展而增长,一切社会财富的资源都会充分地涌现出来,……只有在那时候,才能彻底打破资产阶级法权的狭隘观点,社会才能把'各尽其能、各取所需'写在自己的旗帜上。"(人民出版社,1958年,第11页)

② 参见拙作《读冯契同志〈智慧说三篇〉导论》,上海《学术月刊》1998年增刊。

识"、"智慧"、"道德"等等层层分析,得出如何在"认识世界和认识自己的过程中转识成智"。首先,冯契同志把金岳霖先生的"以经验之所得还治经验",扩充为"得之以现实之道还治现实",而这个"得之以现实之道还治现实"必须有一个主体,这个"主体"即我。我认为这点很重要,因为没有离开"主体"的"现实"("现实"已不是自在的,而是"为我之物"了),必须有一个主体,才可以在"认识世界和认识自己的过程中转识成智"。而"我"这个主体在现实生活中,必定是一"知识"的主体,又是一"道德"的主体。我想这里可能产生两个必须回答的问题:第一个问题是:"转识成智",即是由"知识"领域进入"智慧"领域(境界),也就是说要由"以物观之"进入到"以道观之"。由此就要超越这个作为主体的"我",这样,作为主体的"我"必须达到"与道同体"(王弼语)的境地,才是"以道观之"。第二个问题是:作为知识的主体(认识世界的主体)和自由道德人格的主体(认识自己的主体)在"转识成智"的过程中是同一的还是不同一的?如果是不同一的,"转识成智"将不可能,因为这样就不可能在"自证中体认道(天道、人道、认识过程之道)"。我认为,冯契同志正是运用实践唯物主义辩证法解决这两个问题的,也就是说用实践唯物主义辩证法来解决"性与天道"这一古老又常新的哲学问题。

冯契同志有一非常重要的命题:"化理论为方法,化理论为德性。"他对这个命题解释说:"哲学理论一方面要化为思想方法,贯彻于自己的活动,自己的研究领域;另一方面又要通过自己的身体力行,化为自己的德性,具体化为有血有肉的人格。"而无论"化理论为方法",还是"化理论为德性",都离不开实践。照我的理解,"化理论为方法"不仅是取得"知识"的方法,而且也是达到"智慧"的方法。冯契同志说:"知识和智慧、名言之域和超名言之域的关系到底如何,便成为我一直关怀、经常思索的问题。""知识"的取得无疑离不开实践,而"智慧"是否也只能靠实践才能体证呢?冯契同志说:"在实践的基础上认识世界和认识自己的交互作用中如何转识成智,获得关于性与天道的认识?这样一种具体的认识是把握相对中的绝对,有限中的无限,有条件的东西中的无条件的东西。这里超名言之域,要通过转识成智,凭理性的直觉才能把握的。"这里可以注意的是:认识世界和认识自己都必须在实践的基础上实现。世界和自我都是一个实在的发展过程,人生活在这个过程之中离不开实践的活动,没有实践就没有人的"世界"和人的"自我",当然也就没有"性与天道"的问题;只有在实践中人才可以把"世界"和"自我"内化,而有"性与天道"的问题。对"性与天道"的证悟,是把握相对中的绝对、有限中的无限。当然,我们说"转识成智"这种具体的认识是把握"相对中的绝对、有限中的无限"也是具有相对性的。对于一个哲学家来说,他可以完成"转识成智",但是对于人类来说,由于只要有人类存在,人们的实践活动总是要继续下去的,而且要不断地使人们的认识在实践的基础上,由具体到抽象,再由抽象上升到具体。因此,实践的唯物主义辩证法作为一种方法,它不仅是取得"知识"的方法,而且也是体证"智慧"的方法。但是,正如冯契同志所说,"知识"和"智慧"不同,"知识"所及为可名言之域,而"智慧"所达为超名言之域,这就要"转识成智"。照冯契同志看,"转识成智"要"凭理性的直觉才能把握"。对这一点冯契同志也有一个解释:"哲学的理性的直觉的根本特点,就在于具体生动地领悟到无限的、绝对的东西,这样的领悟是理性思维和德性培养的飞跃。"(按:这有点像熊十力先生所提出希望建立"思修交尽"的"量论"那样)"理性的直觉"这一观念很重要,照我看,它是在逻辑分析基础上的"思辩的综合"而形成的一种飞跃。如果没有逻辑分析,就没有理论的说服力;不在逻辑分析基础上作"思辩的综合",就不可能形成新的哲学体系。因而,"理性的直觉"不是混沌状态的"悟道",而是清楚明白的自觉"得道"。我们从冯契同志许多论文中,特别是《导论》中,可以体会他运用逻辑分析和思辨综合的深厚功力,正由于此,实践唯物主义辩证法才更具有理论的力量,这也说明他研究的目的归根结底是为了用实践唯物辩证法来解决"性与天道"这一古老又常新的中国哲学问题,以贡献于世界。

前面我们已经讲到,冯契同志的"智慧"学说就是要解决"性与天道"问题的学说,他说:"关于道的真理性认识和人的自由发展内在地联系着,这就是智慧。"这里冯契同志非常注重"道的真理性的认识"和"人的自由发展"的内在联系。从这一点看,冯契同志的"智慧"学说也是颇具有中国哲学的特色的。"涵养须用敬,进学在致知"。前者是属于道德修养的问题,后者是属于知识学问的问题。在中国哲学史中,特别是在儒家哲学中,"道德"和"学问"是统一的,学以进德。朱熹说:"为学,须思所以超凡入圣。"①冯契同志认为,"转识成智"是在实践基础上认识世界和认识自己交互作用所达到的飞跃。我认为这里有两点很重要:第一是认识世界和认识自己都必须在实践的基础上才有可能实现;第二是认识世界与认识自我是一个统一的过程。只有在它们的交互作用中才能实现"转识成智"。对此,冯契同志把"德性之知"引入他的哲学体系。他特别申明:"我不赞成过去哲学家讲德性之智时所具有的先验论倾向,不过,克服了其先验论倾向,这个词还是可以用的。"在中国哲学史中,张载首先提出"德性之知",他说:"见闻之知,乃物交而知,非德性所知;德性所知,不萌于见闻。"②张载把"见闻之知"与"德性之知"割裂开来,因此确有先验论顷向。为什么在张载的哲学里会发生这样的问题呢?我认为,他没有认识到在实践的基础上"见闻之知"和"德性之知"可以统一起来。而冯契同志解决了这个问题,他说:"主体的德性自在而自为,是离不开化自在之物为我之物的客观实践活动过程的。"我认为冯契同志的这个看法是接着中国哲学的问题讲的,对中国哲学中关于"知识学问"与"德性修养"的关系给了更为

---

① 《朱子语类》,第135页。
② 《正蒙·大心篇》,《张载集》,中华书局,1978年,第24页。

合理的解决。

从中国哲学的传统看,"做学问"与"做人"应是统一的,一个人学问的高下往往是和他境界的高低相联系的。冯契同志认为,"做学问"首先要"真诚"。《中庸》说:"唯天下至诚,为能尽其性;能尽其性,则能尽人之性;能尽人之性,则能尽物之性;能尽物之性,则可以赞天地之化育;可以赞天地之化育,则可以与天地参矣。"学问要作到"转识成智",要达到"参天地,赞化育"的境界,必须有一至诚的心。"做学问"要"真诚","做人"同样要"真诚",真诚的人才可以作到"化理论为方法,化理论为德性"。这无疑是儒家理想的生活态度,也是马克思主义者理想的生活态度。冯契同志在这两方面都为我们作出了榜样,而且他的"智慧学说"之所以有其理论的力量也正在于此。

近半个世纪以来,要想作一个真正有创造性的哲学家是很难的,这点我们大家都有体会,正因为如此,《智慧说三篇》就更有其特殊的价值。我之所以用比较长的篇幅来讨论冯契同志的《智慧说三篇》,这是因马克思主义中国化对当前中国哲学的发展是个最重大的问题。司马迁作《史记》对自己有个要求,这就是要求他的书能"究天人之际,通古今之变,成一家之言",冯契同志的《智慧说三篇》不正也是一部努力追求"究天人之际,通古今之变,成一家之言"的智慧书吗?有真诚之心做学问的学者们多么希望有更为宽松的学术环境,使他们能充分发挥自己的才智,创作更多更好的体现我们这个时代的哲学著作来。

从印度佛教文化(哲学)的传入到西方文化(哲学)的传入毕竟有一个"源"与"流"的关系。我认为,从文化(哲学)发展的"源"与"流"的关系看,中国文化(哲学)的前景可以有两个不同的提法:一是新的中国文化(哲学)将沿着中国化的马克思主义发展;另一是新的中国文化将会是吸收马克思主义和其他各民族的优秀文化(哲学)的中国自身的文化(中国哲学)。说法或有差异,前者的重点是在马克思主义吸收了中国特有文化而成为新的中国文化;后者是说中国自身文化传统吸收了马克思主义而成为新的中国文化。我认为,这两个发展方向也许并不对立,或可互补？但是,中国文化毕竟应是中国自身的文化,这样才有"根",才是由其源头发展下来的中国文化。无论如何,建设新的中国哲学、新的儒家哲学是需要我们长期、深入不断研究的。

《中国儒学史》是由多位学者合力撰写的,在学术思想上不可能完全一致,甚至可能是很不一致,如何办？我认为,或许不一致并不是坏事,而是好事,因为这样可以留下继续讨论、更加深入研究的余地。我们只要求史料有根有据,论说"持之有故,言之成理",表达清楚明白,并有自己的创新见解,这样就可以了。也就是说,《中国儒学史》虽是一部书,但仍应可体现"百家争鸣"的精神。当然,在写作的"体例"上,我们希望能尽可能地一致。

这篇"总序"并不代表参与《中国儒学史》编撰的众多学者的看法,也没有经过大家讨论,因此它只是我个人的一些看法,所以不能算是一篇真正的"总序"。欢迎大家批评指正。

汤一介
2010年4月3日完成

目　　录

导　言　明代初年国家的儒学政策 …………………………………… 1
　　第一节　宽猛相济的文化策略 …………………………………… 2
　　第二节　三部《大全》的颁布及其对科举的影响 ……………… 16
　　第三节　诛杀方孝孺事件对明代士风的影响 …………………… 20

第一章　明代初年的儒学 …………………………………………… 27
　　第一节　宋濂对中原文献之学的传承 …………………………… 28
　　第二节　宋濂的儒学思想 ………………………………………… 34
　　第三节　宋濂的儒佛融合 ………………………………………… 43
　　第四节　方孝孺对金华文献之学的发展 ………………………… 51
　　第五节　方孝孺的《周礼》学与治平术 ………………………… 61
　　第六节　方孝孺的正统论 ………………………………………… 67

第二章　明代前期的儒学 …………………………………………… 74
　　第一节　曹端对理学的重张 ……………………………………… 74
　　第二节　薛瑄的河东之学 ………………………………………… 84
　　第三节　吴与弼的实践儒学 ……………………………………… 98
　　第四节　胡居仁的敬义夹持 ……………………………………… 101

第三章　陈献章、湛若水与明代心学的起始 …………………… 110
　　第一节　陈献章的自然之学 ……………………………………… 111

第二节　陈献章的弟子 …………………………………………… 122
　　第三节　湛若水对江门之学的开发 …………………………… 130
　　第四节　湛若水的弟子 …………………………………………… 145

第四章　王阳明的儒学思想 ……………………………………… 155
　　第一节　诚意的凸显 ……………………………………………… 156
　　第二节　心外无理，心外无物 …………………………………… 160
　　第三节　知行合一 ………………………………………………… 167
　　第四节　良知 ……………………………………………………… 170
　　第五节　致良知 …………………………………………………… 179
　　第六节　四句教 …………………………………………………… 183

第五章　浙中王门的儒学思想 …………………………………… 191
　　第一节　徐爱及阳明学的初传 ………………………………… 192
　　第二节　王畿的先天正心之学 ………………………………… 195
　　第三节　钱德洪的后天诚意之学 ……………………………… 209
　　第四节　黄绾的"艮止" …………………………………………… 217
　　第五节　季本的"龙惕" …………………………………………… 228
　　第六节　浙中其他儒者 …………………………………………… 233

第六章　江右王门的儒学思想 …………………………………… 245
　　第一节　邹守益的"戒惧" ………………………………………… 246
　　第二节　欧阳德的良知体用一如 ……………………………… 253
　　第三节　聂豹的"归寂" …………………………………………… 262
　　第四节　罗洪先的主静体仁 …………………………………… 274
　　第五节　王时槐对江右王学的拓展 …………………………… 288

第七章　泰州诸人的儒学 ······ 307
　　第一节　王艮的"百姓日用即道"与"淮南格物" ······ 308
　　第二节　王栋、王襞与泰州之学的分化 ······ 317
　　第三节　颜山农的"大中学庸" ······ 330
　　第四节　何心隐的"性乘于欲" ······ 341
　　第五节　罗汝芳的平民教化与《易》《庸》贯通 ······ 348
　　第六节　焦竑的和会三教与复性之旨 ······ 363

第八章　明代中后期王门以外的著名儒者 ······ 384
　　第一节　罗钦顺对朱子学的阐扬 ······ 385
　　第二节　王廷相对实证之学的复归 ······ 401
　　第三节　吕坤对晚明政弊的抉发及其修身之学 ······ 419
　　第四节　黄道周对理学与心学的综合及其新经学 ······ 438

第九章　丘濬与张居正的儒学与吏治 ······ 458
　　第一节　丘濬与《大学衍义补》 ······ 458
　　第二节　丘濬的儒术与治略 ······ 463
　　第三节　丘濬的"明礼乐"与"崇教化" ······ 473
　　第四节　张居正的儒学与吏治 ······ 496
　　第五节　张居正儒学的其他方面 ······ 503
　　第六节　张居正与王门后学的交游 ······ 511

第十章　东林与蕺山的儒学思想 ······ 519
　　第一节　东林党人 ······ 519
　　第二节　顾宪成对王学流弊的纠正 ······ 528
　　第三节　高攀龙对东林之学的深化 ······ 544
　　第四节　刘宗周对明代儒学的总结 ······ 561

第十一章　明代经学概述 ……………………………… 587
第一节　《周易》 ……………………………………… 590
第二节　《诗经》 ……………………………………… 605
第三节　《尚书》 ……………………………………… 623
第四节　《春秋》 ……………………………………… 642
第五节　三《礼》 ……………………………………… 660

第十二章　明代儒学与宗教思想的融合会通 …………… 677
第一节　四大高僧与明代儒佛融合 …………………… 678
第二节　儒学与道教的融会 …………………………… 709
第三节　天主教初传时期与儒家的冲突与会通 ……… 726
第四节　儒学与伊斯兰文化的会通 …………………… 748

导　言

明代初年国家的儒学政策

　　明太祖朱元璋经过几年的战争,翦除了元末农民军诸部,以"驱逐胡虏,恢复中华,立纲陈纪,救济斯民"相号召,推翻了蒙古入主中原建立的元朝,建立了明帝国。明代处于中国历史的晚期,社会生产力高度发展,特别是经过"仁宣圣世"相对平静的发展之后,商业和手工业发展迅速,出现了许多新的都市,原有的大城市的工商业活动愈益繁荣,形成了市民阶层,以城市工商业者为主体的政治、经济活动,远比它以前的朝代发达。工商业所带来的文化形态在明朝表现得最为典型。

　　明朝政治最突出的特点就是它高度的皇权专制和持续的党争。[①]明代初期,政治体制沿袭元朝:中央有中书省,下统六部,掌行政;大都督府,掌兵事;御史台,掌监察。地方设行中书省,统管一省行政、军事、财政、司法。洪武九年(1376),朱元璋下令撤销各地的行中书省,

---

①　参见张显清、林金树:《明代政治史》,广西师范大学出版社,2003年,第16—20页。

将原行中书省的职掌一分为三,设承宣布政使司、提刑按察使司和都指挥使司。三司互不统辖,受中央垂直领导。洪武十三年(1380),朱元璋借胡惟庸谋反案,撤中书省,升六部;撤大都督府,其职掌分于五军都督府,六部和五军都督府直接向皇帝负责。这样就形成了"乾纲独断"、"事皆亲决"的局面。为防止后代子孙变乱此格局,朱元璋在祖训中明确规定:"以后子孙做皇帝时并不许立丞相。臣下敢有奏请设立者,文武群臣即时劾奏,将犯人凌迟,全家处死。"[1]朱元璋这种加强皇权、不设丞相的措施,对明代政治生活的各个方面起了重大影响。明代皇权之集中,各种专制措施之强势,在中国历史上可以说绝无仅有。皇帝亲自处理庶政,势不得不设内阁票拟,不得不设司礼监批红。内阁与宦官之间的权力制衡,宦官与外廷结纳植党,为争阁臣而有的庭臣之间的倾轧和争斗,皆势不可免。这些都对明代文化政策的制定和施行产生了重大影响。

第一节 宽猛相济的文化策略

与高度的皇权专制相适应,在吏治上,明代初年采取严刑峻法的措施。朱元璋鉴于元朝对汉人实行民族高压政策,而蒙古人之间却法禁宽弛的教训,转以刚猛纠治。他曾对刘基说:"奈何胡元以宽而失,朕收平中国,非猛不可。"[2]明代初年,法制甚严,官吏贪墨者多受酷刑,朱元璋编纂的《大诰》中涉及官吏犯罪的条目有一百多条,其中有关贪赃科敛害民和乱政坏法渎职的条目最多。《大诰》还允许使用抽筋、刖足、剁指、断手、黥面、阉割、剕劓等刑法,甚至以人皮实草悬于公堂以

---

[1] 朱元璋:《皇明祖训·祖训首章》,载《四库存目丛书》,齐鲁书社,1995年,第264册,第167页。
[2] 见刘基:《诚意伯文集》,影印文渊阁《四库全书》本,卷二十,上海古籍出版社,1995年。

警戒官吏犯法。① 朱元璋也几次兴起大狱清洗不法官吏,最有名的如洪武八年(1375)的空印案,十三年的胡惟庸案,十八年的郭桓贪污案,每次诛杀都达数千人,多者至二万人。这种"重典治吏"不仅当时发生了明显效果,对后世影响亦十分深远。《明史·循吏传》序谓:"明太祖惩元季吏治纵弛,民生凋敝,重绳贪吏,置之严典。……一时守令畏法,洁己爱民,以当上指,吏治焕然丕变矣。下逮仁、宣,抚循休息,民人安乐,吏治澄清者百余年。"②

明朝虽在整个文化思想上呈现三教会通的趋势,但儒家思想始终处于主流地位,这与南宋理宗以来表彰朱子学和元朝奉行儒学有关。朱元璋起自布衣,但受宋元以来政治思想的影响,深知欲国家长治久安,须用礼乐文教治国。在明朝建国之初,朱元璋即下令各地荐举儒学人才,亦常与幕僚中的儒士讲论儒家治国的道理,并于洪武三年开科取士。③ 考试内容据宋元以来成法而有所损益:"初场,《四书》疑问、本经义及《四书》义各一道。第二场,论一道。第三场,策一道。中式者后十日复以五事试之,曰骑、射、书、算、律。"④洪武四年会试,中式举人一百二十名。因元末战乱,官吏缺员较多,朱元璋下令连试三年,并令各地举人俱免会试,赴京起用。《明史·儒林传》序谓:"明太祖起布衣,定天下。当干戈抢攘之时,所至征召耆儒,讲论道德,修明治术,兴起教化,焕乎成一代之宏规。……制科取士,一以经义为先,网罗硕学。嗣世承平,文教特盛,大臣以文学登用者,林立朝右。"⑤此语虽不无溢美谀颂之处,但有明一代崇儒右文,明确了以儒学治天下的宏规,却是事实。

朱元璋受宋元以来崇儒的影响,自起兵以来,注意征辟儒士中有

---

① 见赵翼:《廿二史札记》卷三十三,《重惩贪吏》,中华书局,1984年,第764页。
② 张廷玉等撰:《明史》卷二八一,中华书局,1974年,第7185页。
③ 《太祖实录》卷五十二,见《明实录类纂》(文教科技卷),武汉出版社,1992年,第35页。
④ 《太祖实录》卷五十五,见《明实录类纂》(文教科技卷),第35页。
⑤ 《明史》卷二八二,第7221页。

治平之策者,叩问治本。如元至正十八年(1358)攻下金陵,即辟儒士范祖幹、叶仪,问以治平之道,《太祖实录》载:

> 既至,祖幹持《大学》以进。上问:"治道何先?"对曰:"不出乎此书。"上命祖幹剖析其义,祖幹以为帝王之道,自修身、齐家以至于治国、平天下,必上下四旁均齐方正,使万物各得其所,而后可以言治。上曰:"圣人之道所以为万世法。吾自起兵以来,号令赏罚一有不平,何以服众?夫武定祸乱,文致太平,悉此道也。"甚加礼貌,命二人为咨议。①

攻下婺州后,召儒士许元、胡翰,逐日讲论经史治道。攻下处州,又征召儒士宋濂、刘基、章溢、叶琛至建康,创礼贤馆居之。② 在登基称帝后的洪武元年(1368)即下诏征天下贤才为守令等官,诏书中说:"贤士大夫幼学壮行,岂甘没世而已哉?天下甫定,朕愿与诸儒讲明治道。有能辅朕济民者,有司礼遣。"③又遣魏观、文原吉等儒臣分行天下,访求贤才。并令各地举荐耆儒,委以尚书、侍郎及太学祭酒等显职。

洪武十七年(1384),朱元璋令礼部颁科举成式:凡三年大比,子、午、卯、酉年乡试。试各三场,初场试《四书》义三道,每道二百字以上;经义四道,每道三百字以上。《四书》主朱子《集注》。经义,《诗》主朱子《集传》,《易》主程、朱传义,《书》主蔡沈传及古注疏,《春秋》主左氏、公羊、穀梁、胡安国、张洽传,《礼记》主古注疏。第二场试论一道,三百字以上;判语五条,诏诰、章表、内科各一道。第三场,试经、史策五道,俱三百字以上。次年会试,所考文字与乡试同。④ 同时对应试者作了规定:应乡试者,国子监学生及府州县学生员之学成者,儒士之未仕者,官之未入流者,皆由太学及各州府县申举。罢官之人、倡优之人、

---

① 《太祖实录》卷六,见《明实录类纂》(文教科技卷),第1页。
② 《明史》卷七一,第1711页。
③ 《明史·太祖本纪》,见《明会要》,中华书局,1956年,第908页。
④ 《太祖实录》卷一六〇,见《明实录类纂》(文教科技卷),第47—48页。

居父母丧者不准应试。洪武四年(1371)即已下令：吏胥心术已坏，不许应试。朱元璋制定的这些规章，明代各朝皆遵行。虽小有因革损益，如进士名额等，其大纲目，则贯彻始终。

朱元璋对国子学和地方儒学训导诸生、作养人才的功能非常重视，在明朝建立之前，于戎马倥偬之时，仍不忘建立学校。如在元至正十九年(1359)，朱元璋命令宁越知府开郡学，延请儒士叶仪、宋濂为五经师，置学正、训导等。当时战乱方殷，学校久废，始听弦诵之声，无不喜悦。次年，设儒学提举司，以宋濂为提举，命世子受经学。后三年，设国子学，以元朝的集庆路学为址，设博士、助教、学正等职。洪武元年登基之后，就议定国子学官制，定祭酒为正四品，司业正五品，博士正七品，以许存仁为第一任国学祭酒。① 洪武二年(1369)，因原国子学狭小，朱元璋下令拨款增建，并在给中书省臣的谕旨中申明国学的性质及其重要性：

> 太学育贤之地，所以兴礼乐、明教化，贤人君子之所自出，古之帝王建国君民，以此为重。朕承困敝之余，首建太学，招徕师儒。今学者日众，斋舍卑隘，不足以居，其令有司增益学舍。②

并诏天下府州县皆立学，喻中书省臣曰：

> 学校之设，名存实亡。兵变以来，人习战争。朕惟治国以教化为先，教化以学校为本。京师虽有太学，而天下学校未兴。宜令郡县皆立学。③

诏下后，府设教授，州设学正，县设教谕各一人。俱设训导：府四，州三，县二人。后各都司、卫，直至宣慰、安抚等土司，皆设儒学。④ 后又在洪武十五年(1382)新建太学落成之际，改国子学为国子监。学舍分

---

① 《太祖实录》卷二六，见《明实录类纂》(文教科技卷)，第32页。
② 《明会要》，第397页。
③ 《明会要》，第409页。
④ 《明史·职官志》，见《明会要》，第735页。

六堂,曰率性、修道、诚心、正义、崇志、广业。朱元璋因新太学落成幸国子监谒先师孔子,行释菜礼,礼成后谕祭酒吴颙等:

> 中正之道无逾于儒。上古圣人不以儒名,而德行实儒。后世儒之名立,虽有儒名或无其实。……卿等为师表,正当以孔子之道为教,使诸生咸趋于正,则朝廷得人矣。①

并亲为太学生讲说《尚书》的《大禹谟》、《皋陶谟》、《洪范》诸篇。听讲者莫不惊悦。惊者太祖起布衣,未闻其有学,竟能讲论儒家经典。悦者太祖亲授儒家经典,其崇儒学、礼儒生、以儒学礼乐教化为治国基础的意图已表露无遗,学官安得不乐?

为了表示对儒学的尊崇,在即位之初,朱元璋就优礼孔子后裔,如在洪武元年(1368),召孔子五十五代孙孔克坚至京师,待以上宾之礼,给俸禄布不使视事。又诏孔克坚之子孔希学袭封衍圣公,赐资善大夫正二品。每入朝,班次侔于上卿。又赐给祭田,使置礼器、乐器、乐舞工,并为之置属官。洪武六年,命翰林学士詹同、乐韶凤等定《释奠先师乐章》。②洪武十七年(1384),孔讷袭封衍圣公,命礼部以乐导送至国子监,学官帅诸生二千余人迎于成贤街。这时已罢丞相,朝班立于文臣之首,优礼可谓至矣。

此外,朱元璋于战乱后还注意收集、保存、修补甚至新印儒学经典,颁赐各地特别是北方各学。早在即位之前二年,朱元璋就命有司博求古今书籍。为鼓励书籍之印制流通,又下令免除书籍税。洪武六年(1373),召国子博士赵俶等谕曰:"汝等一以孔子所定经书为教,慎勿杂苏秦、张仪纵横之言。"③并从赵俶之请,颁《正定十三经》于天下,屏《战国策》及谶纬、占卜诸书勿列学官。元季战乱,学校多废坏,书籍散失,朱元璋于洪武十四年(1381)颁"五经"、"四书"于北方学校。次

---

① 《太祖实录》卷一四五,见《明实录类纂》(文教科技卷),第 44 页。
② 《明史·詹同传》,见《明会要》,第 616 页。
③ 《明史》卷一三七,第 3955 页。

年,又令诸儒考补国子监所藏经书印版。洪武二十四年又颁子史等书籍于北方学校。在编印新书方面,洪武二年下令修礼书,诏天下举博通古今,精研礼学,又时务练达之士礼送京师。当时名儒曾鲁、梁寅、宋讷、徐一夔、刘于、周子谅、胡行简等皆在选中。次年书成,赐名《大明集礼》。其书包括吉、凶、军、宾、嘉、冠服、车辂、仪仗、卤簿、字学、音乐等凡五十卷。凡升降仪节,制度名数,纤悉毕具。① 又命儒臣编辑《大明志书》、《昭鉴录》、《皇明宝训》、《相鉴》、《精诚录》、《书传会选》等大型书籍。这些书籍,大都有关明朝地理形胜、政治措施,历代诸王、大臣宗戚及宦官应取为鉴戒者,还有古圣先贤立言垂教之纲领,经书之注释标准等,所涉甚杂,但皆关乎治教大体。朱元璋在关于《精诚录》的编纂大旨中曾敕谕:

> 朕闻古圣贤书,其垂训立教大要有三:曰敬天,曰忠君,曰孝亲。君能敬天,臣能忠君,子能孝亲,则人道立矣。然其言散在经传,未易会其要领。尔等其以圣贤所言三事,以类编辑,庶便观览。②

书成,朱元璋赐名《精诚录》。书凡三卷,内容杂取五经、《四书》、《孝经》等。可以看出,朱元璋在开国之初,就注意兴学校,阐教化,扶植儒学。在长期治理国政之中,又以儒家思想为基础。其纲领,首在敬天、忠君、孝亲三者。

朱元璋也注重民间的礼乐教化,在明廷建立之前,就敕谕中书省臣:

> 先王之世,不施赏而民勤于善,不施罚而民不为非,若是何也?有仁义为之本也。……天之生民,治乱相继,亘万世而不易者,其惟此乎?今天下纷纭,靡有底定,彼恃夫智巧之私,而戕贼

---

① 《太祖实录》卷五六,见《明实录类纂》(文教科技卷),第564页。
② 《太祖实录》卷一五二,见《明实录类纂》(文教科技卷),第568页。

于民者,岂复知有仁义哉?卿等职居枢要,所以辅吾者,舍是则无以为治国之本也。卿等勉之。①

为了将这一指导思想贯彻于民众,并借以宣传朝廷法律及对百姓的各种申明、戒谕,以造成褒崇儒学的民风,朱元璋下令全国乡村行乡饮酒礼。《大明会典》载:"洪武初,诏中书省详定乡饮酒礼,使民岁时宴会,习礼读律,期于申明朝廷之法,敦叙长幼之节,遂为定制。"②本来乡饮酒礼只是乡先生(以致仕在乡之中大夫、士为讲师)宴请乡学毕业升入高一级学校之学生的典礼,参与者除乡先生、学生外,还有乡中年高德劭之人。郑玄谓:"名曰《乡饮酒义》者,以其记乡大夫饮宾于庠序之礼,尊贤养老之义。"③行乡饮酒之礼,目的在"贵贱明,隆杀辨,和乐而不流,弟长而无遗,安燕而不乱。此五者,足以正身安国矣,彼国安而天下安"。④ 明代则多借此耆老毕集,乡中大会的时机,宣讲律法,饬戒条规。可谓"善假时令"矣。洪武五年,诏行天下行乡饮酒礼:

> 每岁孟春孟冬,有司与学官率士大夫之老者,行于学校。民间里社以百家为一会,或粮长里长主之。年最长者为正宾,余以齿序,每季行之。读律令,则以刑部所编申明戒谕书兼读之。⑤

洪武十六年,绘《乡饮酒礼图式》颁天下。十八年,重定乡饮酒礼。此次重定,对专为彰显尊贤养老之义有所补充,兼有惩戒有过犯者令知耻之意。所以在座席上有明显区别:高年有德者居于上,高年纯笃者居于次,其余以齿序。违德犯令之人,列于外座,不许杂于良善人中。目的在于"叙长幼,论贤良"之外,加"别奸顽,异罪人"的功能。洪武二十二年又对乡饮酒礼加以订正:"以善恶分列三等为坐次,不许混淆。

---

① 《太祖实录》卷一四,见《明实录类纂》(文教科技卷),第2页。
②⑤ 《大明会典》,见《明会要》,第238页。
③ 朱彬:《礼记训纂》,中华书局,1996年,第883页。
④ 《礼记·乡饮酒义》,见《礼记训纂》,第890页。

如有不遵序坐及有过之人不赴饮者,以违制论。"①后两次改动可谓"善恶榜",大失乡饮酒礼尊老养贤之本义。至于民间婚丧等事,皆令一遵《朱子家礼》。

朱元璋为明祀开创者,他雄猜好杀,治国以严为主。他所制定的各方面政策,多为有明各朝所效法。但他为巩固专制皇权所奉行的各种措施中,皆有过为忮刻、不近人情之处,其中为当世所不喜、为后世所诟病的一项,即删改《孟子》和大兴文字狱以诛杀儒生。

朱元璋未登帝位时,实尊崇孟子。《太祖实录》记,吴元年(1367),"上至白虎殿,见诸子有读《孟子》书者,顾问许存仁曰:'《孟子》何说为要?'对曰:'劝国君行王道、施仁致,省刑薄赋,乃其要也。'上曰:'孟子专言仁义,使当时有一君能用其言,天下岂不定于一乎?'"②王道仁政,省刑薄赋,正与朱元璋起兵推翻蒙元统治,建立新皇朝的口号一致,所以此时他对孟子十分景仰。洪武初年,祀孔子于国学,并立颜子、孟子、曾子三氏学。但孟子的民本思想,以德抗位思想,君臣关系上的反对愚忠、反对暴君等思想,皆于专制统治不利。故朱元璋一旦拥有帝位,立君行政,便视孟子中的以上内容如芒在背了。《典故辑遗》载:"上读《孟子》,怪其对君不逊,怒曰:'使此老在今日,宁得免耶?'时将丁祭,遵命罢配享。明日,司天奏文星暗,上曰:'殆孟子故耶?'命复之。"③所谓对君不逊,当指《孟子》"民为贵,社稷次之,君为轻"及"君之视臣如手足,则臣视君如腹心;君之视臣如犬马,则臣视君如国人;君之视臣如草芥,则臣视君如寇仇"等文字。洪武二十七年(1394),朱元璋命翰林学士刘三吾删节《孟子》成《孟子节文》。此书完成上奏后,朱元璋即命刊刻,颁行天下。刘三吾在《孟子节文》的《题辞》中提到,《节文》删去《孟子》原文八十五条,原因是这些内容"词气之间抑扬太过",

---

① 《大明会典》,见《明会要》,第239页。
② 《太祖实录》卷二十三,见《明实录类纂》(文教科技卷),第562页。
③ 全祖望:《鲒埼亭集》卷三五,《辨钱尚书争孟子事》引,见《全祖望集汇校集注》,上海古籍出版社,2000年,第660页。

且称这八十五条之内,科举不以出题,士子答卷不涉及。

对删节《孟子》,后人多有批评。对朱元璋,因其开国皇帝的地位,批评多含混其辞,对刘三吾,则直斥为佞。永乐九年(1411)孙芒奏请复《孟子》全书,即称,课士不以此命题,士子不以此答卷,是"谬妄已甚"。《孟子节文》颁行天下不过二十余年即渐不流行,但从中可以看出,朱元璋为了维持专制皇权所采取的文化措施是非常严厉的。虽然他对孟子一生皆表示褒崇之意,但为了维护皇权,什么事都可以做;即使圣贤之书,也可施以斧钺。而大兴文字狱,对知识界滥施淫威,则是他文化专制的又一表现。

朱元璋起自布衣,在长期戎马生涯中礼贤下士,勤学好问,卒能博通今古,能诗能文,但因用法太严,故在野文人屡次被征召至京,但多惧触文网,不愿受官而归。这增加了朱元璋对知识人的猜忌。开国元勋刘基、宋濂等以事遭遣,一代名儒徐一夔、苏伯衡、张孟兼、傅恕、徐贲等不得善终,更加强了知识人的畏避心理。这都对朱元璋的文化专制主义起了催化作用。加之朱元璋个人雄猜好杀的个性,独断专行的行政作风,更使文字狱不可避免。

明代文字狱,其表现形式多种多样,顾颉刚《明代文字狱考略》中,将文字狱分为表笺、奏疏、科场、修书、进讲、诗句六类。其中致祸之由大多甚无谓,读之只见统治者桀黠好猜,心胸狭窄,徒杀人以逞淫威之暴行。如以表笺得祸者,赵翼《廿二史札记》中所记有:(1)浙江府学教授林元亮为海门卫作《谢增俸表》,以表内有"作则垂宪"句诛。(2)北平府学训导赵伯宁为都司作《万寿表》,以表内有"垂子孙而作则"句诛。(3)福州府学训导林伯璟为按察使撰《贺冬表》,以表内有"仪则天下"句诛。(4)桂林府学训导蒋质为布、按两使作《正旦贺表》,以表内有"建中作则"句诛。(5)常州府学训导蒋镇为本府作《正旦贺表》,以表内有"睿性生知"句诛。(6)澧州学正孟清为本府作《贺冬表》,以表内有"圣德作则"句诛。(7)陈州府学训导周冕为本州作《万寿表》,以表内有"寿域千秋"句诛。(8)怀庆府学训导吕睿为本府作《谢赐马表》,以表内有"遥瞻帝扉"句诛。(9)祥符县学教谕贾翥为本县作《正旦贺表》,以表内有"取法象魏"句诛。(10)亳州训导林云为本府作《谢东宫赐宴笺》,以笺内有"式君父以班爵禄"句诛。(11)尉氏县学教谕许元为本府作《万寿贺表》,以表内有"体乾法坤,藻饰太平"句诛。(12)德安府学训导吴宪为本府作《贺立太孙表》,以表内有"永绍亿年,天下有道,望拜青门"句诛。这些笺表罹祸原因,以"作则"谐音"作贼","生知"谐音"僧智","帝扉"音同"帝非","法坤"音谐"发髡","有道"音同"有盗","式君父"音同"弑君父","藻饰太平"音谐"早失太平"。① 朱元璋因早年为僧,中年后为农民军首领,特别忌讳人说"光"、"生"(僧)、"坤"(髡)、"道"(盗)、"作则"(做贼)等语。如杭州府学教授徐一夔贺表有"光天之下,天生圣人,为世作则"等语,朱元璋览表大怒,说:"生者僧也,以我尝为僧也。光则剃发也,则字音近贼也。"遂斩之。② 后因表笺得祸者多,礼臣大惧,请颁表笺格式于天下。朱元璋因此于洪武六年(1373)、洪武十四年(1381)两次颁表笺定式。除不用骈俪等规定外,对讳避嫌疑字也有所规定。文网疏密,皆由统治者根据其政治形势和文化策略而定,本与表笺格式无关。其兴文字狱,也是为了慑服甚至钳制知识分子,加强其皇权专制。颁表笺格式,不过为其残酷镇压知识分子巧为开脱而已。

以诗获罪者更不在少数。诗本抒胸臆之物,古今以诗泄愤、以诗怨望、以诗讥刺、以诗俳谐者不可胜数,以诗触忌讳、罹文网者各代亦皆有之。而明清两朝文字狱,借诗而兴者所在多有。明太祖朱元璋喜与文士游,而又出身微贱,文墨不深,故多怀猜忌,性复险慝,故知者畏之如虎。明敖英《绿雪亭杂言》记,有一诗人名邓伯言,宋濂赏爱其诗,荐之朱元璋,一日同在廷试,朱元璋诵一诗中佳句,忽以手拍书案,伯言误以为怒己,吓得昏死过去,内侍扶出宫门始苏醒。次日授官翰林

---

①② 见赵翼:《廿二史札记》卷三十二,《明初文字之祸》,第740页。

院,以老疾辞归家乡。此则记载活画出当时文臣时时怀有的畏惧心理。而文臣之畏惧,当是因明初频兴文字狱而有。朱元璋之喜好夸大,厌恶道己短长,亦当时文臣所具知。如《七修类稿》记,朱元璋渡江后曾微行一庵,欲借一宿,僧疑其非常人,叩问其里巷姓名。朱元璋乃题诗一首于壁:"杀尽江南百万兵,腰间宝剑血犹腥。山僧不识英雄主,只顾哓哓问姓名。"后登基,听说壁间已无此诗,有旨锁此僧至京,欲杀之,问为什么去掉他的诗,僧答:"御笔题诗不敢留,留时常恐鬼神愁。故将法水轻轻洗,尚有毫光射斗牛。"[1]朱元璋听后大笑,释僧归庵。此诗今存朱元璋文集中,知非无根据之虚造。从中亦可见朱元璋之好听美言,妄肆诛杀。

明洪武一朝,以诗句获罪者实繁有徒,最为人所知的,如高启因替魏观作《翻新苏州府衙上梁文》而罹腰斩,究其实却是因作诗义涉讽刺而为朱元璋所不喜。《明史》尝说:"(高)启尝赋诗,有所讽刺,帝嗛之未发也。……帝见启所作上梁文,因发怒,腰斩于市,年三十有九。"[2] 又如陈养吾诗祸。佥事陈养吾作诗,中有"城南有嫠妇,夜夜哭征夫"句,朱元璋以此诗攻击明初征发农夫,投养吾于水。[3] 又如元末明初僧一初与止庵诗祸。二人皆有志于当时,但时运不济,才不得展,于是寄情于诗。明初皆被召至京,一初有《题翡翠》诗曰:"见说炎州进翠衣,网罗一日遍东西。羽毛亦足为身累,哪得秋林静处栖。"止庵有《夏日西园》诗曰:"新筑西园小草堂,热时无处可乘凉。池塘六月由来浅,林木三年未得长。欲净身心频扫地,爱开窗户不烧香。晚风只有溪南柳,又畏蝉声闹夕阳。"朱元璋见此二诗,说一初诗中欲孤栖静处,是不愿仕朝,而不愿仕朝是因当时用法太严。而说止庵者更是稀奇,说诗中句句皆含诽谤:热时无处乘凉是说朱元璋刑法太严,令人无处躲藏。

---

[1] 见郎瑛:《七修类稿》,卷三七,上海书店出版社,2009年。
[2] 《明史·高启传》,第7328页。
[3] 刘辰:《国初事迹》,载邓士龙辑《国朝典故》,北京大学出版社,1993年,第105页。

六月池浅、三年林未长是说朱元璋立国规模浅,不能兴礼乐。频扫地、不烧香是说朱元璋恐人议论而大开杀戒,不肯为善。二僧因此得罪。① 又如朱元璋曾游一寺,见墙壁上画有布袋和尚,旁边题有一偈,墨迹尚新:"大千世界浩茫茫,收拾都将一袋藏。毕竟有收还有散,放宽些子又何妨。"朱元璋以为攻击自己治民太猛,急命武士索题诗人。不获,于是尽诛寺僧。② 又如僧来复诗祸。来复上谢恩诗,其中有"金盘苏合来殊域"、"自惭无德颂陶唐"二句,朱元璋见之大怒,说诗用'殊'字,是指己为'歹朱',"自惭无德颂陶唐"是说自己无德,欲颂为陶唐而不能也。遂斩来复。③

明代各朝,皆有因文字罹祸的,但以明初为甚。朱元璋这个雄桀之主,既对儒学表尊崇之意,使士人为新兴的帝国所用,又要去掉其中对专制皇权有违碍的方面,并通过文字狱来慑服、遏制士人,警惕他们可能有的种种不忠、疑贰。通过这些措施,保证了明代皇权专制政体的延续,并使得此后洪熙、宣德朝"仁宣之治"的出现。明代在宦官、党争、流民等棘手问题面前,在皇帝与朝臣、内阁与外官的长期角力中能够延续二百七十多年,与朱元璋在开国之初采取的这些文化措施并因而奠定的政治局面关系至大。

朱元璋褒崇儒学、优礼儒士的制度,明代各朝皆奉行。建文朝历时仅四年,且迫于成祖之压力,历史记载较少。永乐朝是从侄子手中夺取权力的,为了掩饰篡夺之迹,显示得国之正,并笼络士人,成祖朱棣在兵事稍定,天下粗安后,即大弘儒学,留心文事。永乐元年(1403),礼部请补试因兵革未举行的应天府、浙江布政司等乡试,成祖立即应允,并适应中心北移之后的文化形势,将国子监设北京。又命翰林学士解缙等负责修《永乐大典》,敕谕说:

---

① 见郎瑛:《七修类稿》卷三四。
② 见郎瑛:《七修类稿》卷三七。
③ 见赵翼:《廿二史札记》卷三二,《明初文字之祸》,第740页。

> 天下古今事物散载诸书，篇帙浩穰，不宜检阅。朕欲悉采各书所载事物类聚之，而统之以韵。庶几考索之便，如探囊取物尔。尝观《韵府》、《回溪》二书，事虽有统，而采摘不广，纪载太略。尔等其如朕意，凡书契以来，经史子集百家之书，至于天文、地志、阴阳、医卜、僧道、技艺之言，备辑为一书，毋厌浩繁。①

翌年书修成，因内容多有缺略，成祖命重修，以姚广孝、刘季篪及解缙总负责。"命礼部简中外官及四方宿学老儒有文学者充纂修，简国子监及在外郡县学能书生员缮写，开馆于文渊阁。"②永乐五年书成。据《四库全书总目》，参与修永乐大典者共2169人，书共二万二千余卷。成祖赐名《永乐大典》，并亲为撰序。《永乐大典》是类书中最大者，价值极高，是中国图书史上的一项伟大工程。

永乐二年(1404)，宽假北方岁贡生员考试，下谕：

> 北方近三四年间兵戈扰攘，诸生舍俎豆而事军旅，飞刍挽粟之劳，奔走流离之苦，岂暇于学。今考不中式者，可发回原学，补其废学年数，以俟再试。再试不中，如例处之。③

礼部问会试选士数额，成祖令准洪武时取中最多之数。此届会试共取中472名，并矜怜近年因兵革，影响士子习学备考，故令礼部出题更试下第举人，择文词优等者60人，皆命于国子监进学，俟后科再考。永乐三年，成祖谕礼部臣：

> 学校育材以资任用，太祖高皇帝内设国子监，外设府州县学，选用师范教育俊秀，严立教法，丰廪蠲徭，期待甚至。建文以来，学校废弛，所司又不督励，虚靡廪禄。尔礼部宜申明旧规，俾师教无缺，士学有成，庶几国家得贤材之用。④

---

① 《太宗实录》卷二十，见《明实录类纂》(文教科技卷)，第574页。
② 《太宗实录》卷三六，见《明实录类纂》(文教科技卷)，第576页。
③ 《太宗实录》卷二八，见《明实录类纂》(文教科技卷)，第61页。
④ 《太宗实录》卷四五，见《明实录类纂》(文教科技卷)，第64页。

永乐四年,翰林侍读胡广对成祖说,"陛下待儒臣进退之际恩礼俱至,儒道光荣多矣。"成祖笑答:"朕用儒道治天下,安得不礼儒者?致远必重良马,粒食必重良农,亦各资其用耳。"①其尊崇儒学,以儒道治天下的基本国策尽皆表出。从这些事上可以看出,在国家大事安定之后,成祖对文治给予越来越多的关注,且兴学育才,崇儒礼士方面的措施越来越广泛。

永乐五年(1407)十一月,成祖将亡妻徐皇后所撰劝善书《内训》赐群臣,使作为女子典范教于家。此书分德性、修身、慎言、谨行、勤厉、警戒、节俭、积善、迁善、崇圣训、景贤范、事父母、事君、事舅姑、奉祭祀、母仪、睦亲、慈幼、逮下、待外戚等二十篇。成祖以此书赐臣下,寓有以儒家之道为家范教子弟之意。

成祖亦特别注意以儒家之道教皇太子。永乐五年《永乐大典》修成后,成祖留心儒家治道,余暇常阅读历代儒家之书,并摘录其中关于治平者汇为一书,令翰林学士提出修改意见,俾作皇太子读书之教本,令知圣贤心法,治平之术。《太宗实录》载:

> 上出一书示翰林学士胡广等曰:"古人治天下皆有其道,虽生知之圣,亦资学问。由唐虞至宋,其间圣贤明训具著经传。然卷帙浩繁,未易遽领其要。帝王之学,但得其要,笃信而力行之,足以为治。皇太子天下之本,于今正当进学之时,朕欲使知其要,庶几将来太平之望。秦汉以下教太子者多以黄老、申韩刑名术数,皆非正道。朕间因闲暇,采圣贤之言,若'执中'、'建极'之类,切于修身、齐家、治国、平天下者。今已成书,卿等试观之,有未善更为朕言。"广等遍览毕,奏曰:"帝王道德之要备载此书,宜与典谟训诰并传万世,请刊印以赐。"上曰:"然。"遂名曰《圣学心法》,命司礼监刊印。②

---

① 《太宗实录》卷五七,见《明实录类纂》(文教科技卷),第3页。
② 《太宗实录》卷八八,见《明实录类纂》(文教科技卷),第577页。

三个月后书印成,成祖亲自为序,遣人颁赐皇太子。这些都说明成祖非常重视从太子到大臣子弟儒学基础的教育培养。

第二节 三部《大全》的颁布及其对科举的影响

成祖崇儒的一个重要举措是《五经大全》、《四书大全》、《性理大全》的编撰和颁布。成祖二十一岁就藩,平生好武事,一生多经战阵,雄才大略。即帝位后亦留心文事,多有创制。编撰大型儒书,早在洪武年间即有动议。《明史·解缙传》载:

> 一日,帝(指朱元璋)在大庖西室,谕缙:"朕与尔义则君臣,恩犹父子,当知无不言。"缙即日上封事万言,略曰:"臣见陛下好观《说苑》、《韵府》杂书与所谓《道德经》、《心经》者,臣窃谓甚非所宜也。《说苑》出于刘向,多战国纵横之论;《韵府》出元之阴氏,抄辑芜秽,略无可采。陛下若喜其便于检阅,则愿集一二志士儒英,臣请得执笔随其后,上溯唐虞夏商周孔,下及关闽濂洛,根实精明,随事类别,勒成一经,上接经史,岂非太平制作之一端欤?又今六经残缺,《礼记》出于汉儒,踳驳尤甚,宜及时删改。访求审乐之儒,大备百王之典,作乐书一经,以惠万世。"①

当时国事初安,儒书的编撰、集成多在礼乐、制度方面。思想文化方面,大型工程之兴动尚无足够条件,而成祖时此条件已经成熟。成祖编修三部《大全》,一是为了科举考试有系统的教科书和参考书,二是为了改变元朝统治者重军事、政治不重文化的现象,三是为了将全国知识分子的思想统一到儒学上来,四是为了大兴文教,在靖难之后扫

---

① 《明史》卷一四七,第4115—4116页。

除诛杀方孝孺在知识分子心中留下的坏影响,显示自己以儒学治国,崇文德、屏申韩的政略,同时改变朱元璋用法太严,文化气氛过于畏葸的局面。

永乐十二年(1414),成祖谕翰林学士胡广,侍讲杨荣、金幼孜:

> 五经四书,皆圣贤精义要道,其传注之外,诸儒议论有发明余蕴者,尔等采其切当之言,增附于下。其周、程、张、朱诸君子性理之言,如《太极通书》、《西铭》、《正蒙》之类,皆六经之羽翼,然各自为书,未有统会,尔等亦别类聚成编。二书务极精备,庶几以垂后世。①

命胡广等总其事,仿修《永乐大典》例,命荐举朝臣与外省教官有学问者参与纂修,并命开馆东华门外,光禄寺供馔。由此谕可知,三部《大全》原拟撰二书:《五经四书大全》和《性理大全》。《太宗实录》卷一六八,永乐十三年九月条下也记载:"己酉,《五经四书大全》及《性理大全》书成。"② 可能因"五经"、"四书"卷帙浩繁,尤其"五经",士子难于遍学,一般人主一经,两书合在一起篇幅太大。也可能因为科举考试中"四书"、"五经"单独出题,分开便于诵习和检阅。而更有可能的是,"四书"在明代地位空前提高,反在"五经"之上,需要单独成编。从元仁宗皇庆二年(1331)十一月颁布的科举条制看,蒙古人、色目人,第一场考经问五条,题目从"四书"中出,答题参照朱熹的《四书章句集注》。第二场考策一道,以时务出题,不考"五经"。汉人、南人,第一场考明经、经疑二问,"四书"内出题,答题参照朱熹《四书章句集注》。除此以外,还要考经义一道。答题之参照,《诗》主朱熹《诗集传》,《书》主蔡沈《传》,《易》主程颐《程氏易传》和朱熹《周易本义》。以上三经,兼用古注疏。《春秋》用三传及胡氏传,《礼记》用古注疏。第二场,古赋诏诰章表内科一道。第三场,策一道,经史、时务内出题。蒙古人、色目人

---

①② 《太宗实录》卷一五八,见《明实录类纂》(文教科技卷),第578页。

只考"四书",不考"五经",愿考者如考中,加一等授官。汉人、南人二者皆考。这说明,蒙古人、色目人比汉人、南人考题简单,适应其文化程度相对较低的现状,突出对其种族上的优待。同时说明,在元朝人看来,"四书"的内容可涵盖"五经","四书"在重要性上比"五经"要高。因"四书"主朱熹的《四书章句集注》,所以朱熹的地位要高于其他经师。

到了明代这种情况不仅延续下来,而且还进一步发展。洪武十七年(1384)颁科举定式,乡试、会试皆各三场。三场以后成为定制,但"四书"的分量逐渐加重,经的分量逐渐减轻。出题主要在四书内,射策取科的士子也多在四书上用功,五经成了虚应故事。既不能遍通五经,专攻之一经也逐渐空疏。顾炎武说:

> 明初三场之制,虽有先后,而无重轻,乃士子之精力多专于一经,略于考古。主司阅卷,复护初场所中之卷,而不深求其二、三场。夫昔之所谓三场,非下帷十年,读书千卷,不能有此三场也。今则务于捷得,不过于四书一经中拟题一二百道,窃取他人之文记之,入场之日抄誊一过,便可侥幸中式,而本经之全文有不读者矣。率天下而为欲速成之童子,学问由此而衰,心术由此而坏。①

这是明代注重理学,经学因此废坠的主要原因。而朱熹的地位因科举之故,遂如日中天,确然而不可拔。

成祖于三部大全寄望甚重,谕编纂儒臣"务极精备,庶几以垂后世",但实仓促成书。下敕谕编书在永乐十二年十一月,书成上稿呈览在永乐十三年九月,实际编书日不足十个月,中间成祖曾下诏催促,并增拨人手。编纂者不得不由缓变促,书的内容不得不大量采辑前人成书而稍事补缀。② 此点甚遭后人诟病。顾炎武至以为"上下相蒙,以饕

---

① 见顾炎武:《日知录》卷一六,《三场》;花山文艺出版社,1991年,第734页。
② 见顾炎武:《日知录》卷一八,《四书五经大全》,第812页。

禄利"之举,批评甚为痛切:

> 当日儒臣奉旨修《四书五经大全》,颁餐钱,给笔札,书成之日赐金迁秩,所废于国家者不知凡几。将谓此书既成,可以章一代教学之功,启百世儒林之绪。而仅取已成之书抄誊一过,上欺朝廷,下诳士子,唐宋之时有是事乎!①

此书稿成后成祖"览而嘉之",赐名《五经四书性理大全》,并为之作序,命礼部刊印,赐六部、两京国子监及天下郡县学。② 这篇序十分重要,虽极有可能出于侍从之手,但传达的是成祖编纂此书的设想与意图。序中说:

> 朕惟昔者,圣王继天立极,以道治天下,自伏羲、神农、黄帝、尧、舜、禹、汤、文、武,相传授受,上以是命之,下以是承之,率能致雍熙悠久之盛者,不越乎道以为治也。下及秦汉以来,或治或否,或久或近,率不能如古昔之盛者,或忽之而不行,或行之而不纯,所以天下卒无善治,人不得以蒙至治之泽,可胜叹哉!……朕缵成皇考太祖高皇帝鸿业,即位以来,孳孳图治。惟虑任君师治教之重,惟恐弗逮。切思帝王之治,一本于道。所谓道者,人伦日用之理,初非有待于外也。厥初圣人未生,道在天地;圣人既生,道在圣人;圣人已往,道在六经。六经者,圣人为治之迹也。六经之道明,则天地圣人之心可见,而至治之功可成。六经之道不明,则人心之术不正,而邪说暴行侵寻蠹害。欲求善治,乌可得乎?朕为此惧,乃者命编修《五经》、《四书》,集诸家传注而为《大全》,以颁布天下。使天下之人,获睹经书之全,探见圣贤之蕴,由是穷理以明道,立诚以达本。修之于身,行之于家,用之于国,而达之天下。使家不异政,国不异俗,大回淳古之风,以绍先王之统,以成

---

① 见顾炎武:《日知录》卷一八,《四书五经大全》,第812页。
② 《太宗实录》卷一八六,见《明实录类纂》(文教科技卷),第579页。

熙雍之治,将必有赖于斯焉。①

此序表达了成祖治理国家的基本思路,这就是崇用儒家之道。雍熙之世是因为儒家圣人以道治国,后世之乱象是因为背离了儒家之道。儒家的道即天地万物之理,是一切事物产生和存在的法则。儒家之道集中地表现在四书五经中,诸儒的传注,是发明、羽翼四书五经的。修纂三部《大全》,从大处说,是为了探寻圣贤之蕴奥,树立诚身立本,以儒学作为治平基础的宏规。从近处说,是为了显示追踪太祖,宣扬文治,成就一代英主的意向。成祖借修《永乐大典》、颁布仁孝皇后的《内训》、亲自撰辑教皇太子以儒家之道的《圣学心法》,及编纂三部《大全》,明白地将自己以儒家治国的理想诏示天下,并希图以此改变自己诛方孝孺十族,肆力捕杀建文旧臣的凶残、鸷桀面目,给天下以文治明君、雄才圣主的印象。

第三节　诛杀方孝孺事件对明代士风的影响

明成祖所做的一件对永乐以后各朝士人影响极大的事是诛杀方孝孺和禁绝其书。

方孝孺是明初著名学者,少时从宋濂学,后被推荐为汉中府学教授,深得蜀献王信任,受聘为世子之师,优礼异于常人。建文帝即位后召为翰林侍讲,咨以国政,诏敕多出其手,颇见亲信。"靖难"之役发生后,姚广孝曾向成祖请求:"城下之日,彼必不降,幸勿杀之。杀孝孺,天下读书种子绝矣。"②成祖首肯。燕兵下南京,建文帝自焚死。成祖命方孝孺草登基诏书,遭到拒绝,被成祖磔于市。关于此事之细节,

---

① 见《太宗实录》卷一六八。
② 《明史》卷一四一,第4019页。

《明史》记载甚悉:

> 至是欲使草诏。召至,悲恸声彻殿陛。成祖降榻劳曰:"先生勿自苦,予欲法周公辅成王耳。"孝孺曰:"成王安在?"成祖曰:"彼自焚死。"孝孺曰:"何不立成王之子?"成祖曰:"国赖长君。"孝孺曰:"何不立成王之弟?"成祖曰:"此朕家事。"顾左右授笔札,曰:"诏天下,非先生草不可。"孝孺投笔于地,且哭且骂曰:"死即死耳,诏不可草。"成祖怒,命磔诸市。孝孺慨然就死,作绝命词曰:"天降乱离兮孰知其由,奸臣得计兮谋国用犹。忠臣发愤兮血泪交流,以此殉君兮抑又何求。呜呼哀哉兮孰不我尤。"时年四十有六。①

孝孺弟与孝孺同就戮,孝孺妻及二子自经死,二女投秦淮河死。诛九族,死者共八百七十余人。永乐间,藏孝孺书者罪至死。建文诸臣自杀被杀的,著名者尚有练安、黄观、铁铉、张绂、陈迪、茅大方、周以德、王叔英、高巍、曾凤韶等数十人。② 此事对有明一代知识分子的心理造成了极大影响。

其影响首先在于,激起知识分子对于死节后果的议论并因而影响其出处大节。方孝孺未被戮时,已有清望。其师宋濂至有"如以近代言之,欧阳少勖、苏长公辈姑置勿论,自余诸子,与之角逐于文艺之场,不识孰为后孰为先也"③之誉。当时人皆以方孝孺为天下士林领袖,其一身进退所关士论非轻。其友人,也是同死于壬午之难的王叔英曾说:"执事之身,系天下之望,士之进退,天下之幸与不幸欤!侧闻被招,计此时必已到京,获膺大任矣,兹实天下之大幸也。"④及成祖渡江,

---

① 《明史》卷一四一,第 4019 页。
② 见《国朝典故》卷一九:《建文皇帝遗迹》,北京大学出版社,1993 年,第 337—343 页。
③ 宋濂:《送希直归海宁五十四韵》,载方孝孺:《逊志斋集》附录,宁波出版社,2000 年,第 869 页。
④ 见《与方正学书》,载程敏政编《明文衡》卷二六,影印文渊阁《四库全书》,第一三七三册,第 808 页。

"靖难"功成,孝孺被难,同僚原约与孝孺同殉难者,此时多投靠新主。在生死关头,对故主两种截然不同的态度无法掩盖地大白于世。以道自任,以诛十族惊天下的方孝孺向世人宣示了真正的读书种子所应有的道义担当,同时也反衬出争事新主诸臣风节上的缺陷。如郎瑛《七修类稿》中有《名人更无耻》一条,其中即议论士节:

> 文天祥在燕京时,欲为黄冠去国,南官王绩翁欲合谢昌元等十人请保释之。世祖亦有然意。留梦炎曰:"不可,天祥倘出,复召号江南,置吾十人于何地?"遂寝其事。我文祖渡江靖难之时,廷臣胡广、金幼孜、胡俨、解缙、杨士奇、衡府纪善周是修同约死节。明日,惟是修诣国子监尊经阁下缢焉。他日士奇为之作传,与其子曰:"向使同尊翁死,此传何人作也?"呜呼!众固可责矣,若留、杨数言,尤为无耻之甚。读书明大义,至此尚尔云云,天理人心安在哉!①

杨士奇是明代前期名臣,世人犹且不能曲掩其失节,一般士人之言行,则更不易掩饰。方孝孺作为知识人忠愤被难的典型,自然激起人们对立身大节的思考。如成祖的儿子明仁宗即位后即下诏:"若方孝孺辈,皆忠臣,诏从宽典。"②并下令赦免建文死难诸臣的罪名,给予田土,谪戍者放还,其在教坊司、锦衣卫、浣衣局及习匠、功臣家为奴者,悉宥为民。③ 其后清乾隆帝甚至下诏:

> 兹复念建文革除之际,其臣之仗节死难者,史册所载甚多。当时永乐位本藩臣,乃犯顺称兵,阴谋夺国,诸人自当义不戴天。虽齐泰、黄子澄等轻率寡谋,方孝孺识见迂阔,未足辅助少主。然迹其尊主锄强之心,实堪共谅。及大势已去,犹且募旅图存,抗词

---

① 见郎瑛:《七修类稿》卷一六。
② 郑晓:《文学博士方公孝孺传》,见焦弘:《国朝献徵录》卷二十。
③ 见许文继、陈时龙著:《正说明朝十六帝》,中华书局,2005 年,第 76 页。

  抵斥。虽殒身湛族,百折不回,洵为无惭名教者。①

虽谓方孝孺迂阔,不足以存建文、御成祖,但对其忠义与风节,却大力崇奖。也有人虽对他本人不失臣节的精神和做法持赞扬态度,但认为以一身而灭十族,则失于愤激,如王廷相说:"方逊学忠之过者欤!要亦自激之甚致之。忘身殉国一也,从容就死,不其善耶?激而至于覆宗,义固得矣,如仁孝何哉!轻重失宜,圣人岂为之?文山国亡被执,数年而后就死,人庶非之哉!"②清初方苞也说:"若正学方公之事,吾惑焉。国破君亡,缩剑自裁以无辱,可也。即不幸为逻者得,闭口绝肮,不食而死,可也。何故呫呫于口舌之间,以致沈先人之宗,而枉及十族哉!"③后世文天祥、方孝孺成了死节的象征。知识人赴死,多有至文天祥、方孝孺祠哭拜诀别,然后就死者。如南明吴嘉胤,《明史》本传:"嘉胤字绳如,松江华亭人。由乡举历官户部主事。奉使出都,闻变,还谒方孝孺祠,投缳死。"④影响所及,明清两代吟咏方孝孺的诗篇甚多,仅《缑城正气集》所收就有四百多首,迹遍故里宁海、台州及游处之地成都、汉中、济宁、华亭、南京、北京等。国子祭酒如谢铎,尚书如顾璘,大学士如叶向高、孙承宗,名士如陈子龙、汤显祖,学问家如杨慎等皆同心敬佩,哀悼切至。⑤由于各界人士的推阐激扬,方孝孺义声震天,对天下士子产生了极大影响。

  方孝孺影响所及,最初是浙东人。清人沈佳在其《明儒言行录》中说:"孝孺死,浙东之仕于朝者,以身殉建文君独多于天下,故夫行有劝而德有风。"⑥同时,方孝孺的弟子多浙东人,因属方孝孺门生而被诛者,亦有多人。遂以宁海为中心,形成一种赣直不曲之风。作诗赋吟

---

① 见《钦定胜朝殉节诸臣录》卷首,影印文渊阁《四库全书》,第四五六册,第 396 页。
② 《王廷相集》,中华书局,1989 年,第 824 页。
③ 《方正学论》,《方苞集》集外文,卷八,上海古籍出版社,2008 年版。
④ 《明史》卷二七五,第 7048 页。
⑤ 见张常明编注《缑城正气集》,上海古籍出版社,2003 年。
⑥ 见影印文渊阁《四库全书》,第四五八册,第 1002 页。

咏方孝孺,到他的遗迹前致敬行礼,几乎成了莅任台州、宁海州县官和学官的成例。现在遗存下来的关于方孝孺的匾额,多为历届浙江学政、台州知府、宁海知县所题,对士风民风自有相当的影响。

方孝孺殉难对有明一代影响最大的,是明遗民。刘宗周评论方孝孺说:

> 既而时命不偶,遂以九死成就一个"是",完天下万世之责。其扶持世教,信乎不愧千秋正学也。考先生当时已称程朱复出,后之人反以一死抹过先生一生苦心,谓节义与理学是两事,出此者入彼,至不得与扬雄、吴草庐论次并称。于是成仁取义之训为世大禁,而乱臣贼子将接踵于天下矣。悲夫!……惟先生平日学问,断断乎臣尽忠、子尽孝,一本于良心之所固有者,率天下而趋之至数十年之久,几于风移世变。一日乃透此一段精光,不可掩遏。盖至诚形著,动变之理宜然,而非人力之所几及也。①

刘宗周指斥分节义与理学为两事,故批评才名素著但剧秦美新的扬雄、失身仕元的吴澄。他认为节义出自讲学,成仁取义乃心中至诚自然发出的行为。观刘宗周一生,倡导讲学,倡导风节,最终绝食殉明,可以说实践了自己的人格诺言。而处在朝纲紊乱的晚明,以血肉之躯与阉党争;清兵入关,以文弱书生倡义东南;明亡之后,隐居不仕者,皆讲学之士。其节义应该说有方孝孺的影响。如诗列岭南三大家的明遗民屈大均曾谒方孝孺墓,留诗曰:"宗臣遗像在,对越孝陵云。周孔难为国,姬公竟负君。龙蛇迷旷野,日月在孤坟。莫问三杨事,忠良道各分。"②陈子龙亦在抗清兵败过宁海时吊方孝孺祠,有诗曰:"飞龙北极下天门,叩马西山大义存。血泪长干无草木,画图缑里见蘩蘋。令威已返辽东羽,望帝谁归属国魂。千古君臣终不改,莫将兴废问乾

---

① 《明儒学案·师说》,第1页。
② 《缑城正气集》,第168页。

坤。"①方以智在明亡后流亡途中谒方孝孺墓,对"三杨"表示轻蔑,对福王政权下南京的偏安一隅、歌舞升平的局面表示愤慨:"松荫遗像泪纵横,日对钟山晓雾平。九族可怜忘姓字,三杨终不是功名。遥看江上烽烟色,应压亭旁歌舞声。此地竟无能拜者,六朝风俗坏书生。"②此诸人皆在外敌入侵,宗社丘墟,壮志未已,漂泊无依之时谒方孝孺墓,寄托故国之思,坚定不与外族统治者合作的决心。方孝孺的忠贞精神对明遗民的影响可见一斑。黄宗羲也对方孝孺十分景仰,说:"先生直以圣贤自任,一切世俗之事皆不关怀。……持守之严,刚大之气,与紫阳真相伯仲,固为有明之学祖也。"并引蔡清对方孝孺的赞语评案说:"如逊志者,盖千载一人也。天地幸生斯人,而乃不终祐之,使斯人得竟为人世用。天地果有知乎哉?痛言及此,使人直有追憾天地之心也。"③有学者认为黄宗羲《明夷待访录》反对君主专制的理论,直承方孝孺而来。④顾炎武也认为,洪武、永乐的文化措施引发了中国后期社会的转变,说:

  愚尝谓自宋之末造以至有明之初年,经术人材于斯为盛。自八股行而古学弃,《大全》出而经学亡,十族诛而臣节变。洪武永乐之间,亦世道升降之一会矣。⑤

对方孝孺事件于明代士风的影响,也给了中肯评价。

  综观明代前期,特别是洪武和永乐两朝的儒学政策,可知有明一代延续宋元以来以儒学为思想基础的文化格局而又有所加深,儒学对社会生活各个方面的影响既深且广,特别是通过科举的推动,其深入人心的程度,为历代所不及。研究明代思想的任何一个方面,都不能

---

① 《缑城正气集》,第168页。
② 《缑城正气集》,第23页。
③ 《明儒学案·诸儒学案上》,第1044—1045页。
④ 见王家范、程念琪《论明初对洪武政治的批评——方孝孺的政治理论与建文帝的政策改革》,载《史林》1994年第3期。
⑤ 顾炎武:《日知录》卷一八《书传会选》,见《日知录集释》,第813页。

不顾及儒家影响这个事实。虽然统治者有时为了政治上的安定,思想上的统一,也有诛杀儒生、残破儒书之事,但总的说,是个例的,比较少的。明代在文化学术上的大制作,皆与儒学有关。儒学在明代起到了统一思想、统一制度、安定社会、缓和矛盾、传承文化学术的作用。明代初年的文化政策,为终明之世各朝所遵行,从国家典章制度、思想理论、文学艺术到平民的一般行为规范、信仰、道德,无不打上儒家思想的烙印。这是明代思想学术最重要的特点。明代各个时期的学术面貌、各个思想家的理论与实践,都离不开儒学这个大背景的影响。这些方面将在以后的章节中逐渐展开。

第一章
明代初年的儒学

　　明初儒学,承续元代,其代表人物,皆元代儒学之支与流裔。元末明初因战乱,士多隐于山林岩穴,特别是大江以南,骨鲠之士多不愿就元朝官,隐居读书。后朱元璋起兵反元,儒士应朱元璋诏命,出来辅佐文治,多在军中掌文翰。故明初儒者多文才之士,且留心事功,非如宋元时的理学经生之儒。此外,因元朝表彰朱子学,明初儒士多为朱子学者,继承朱子涵养用敬、致知格物的为学方向,多笃实清劲。且承朱子余绪,以经学为本,理学从经学中出,文章、事功皆本于经学。曹端、薛瑄之后,性理之学才逐渐深入。此外,宋元之儒多喜佛道二氏之学,以为儒学之助,故多不讳佛道,这一点也影响到明初诸儒。明初儒学的代表人物有宋濂、方孝孺等。

第一节　宋濂对中原文献之学的传承

宋濂(1310—1381)字景濂,浙江金华人。元至正年间,曾被荐为翰林院编修,但辞不赴。朱元璋攻下南京,称吴王,招纳儒士入其幕下。宋濂由李善长荐举,与刘基、章溢、叶琛并征至应天,任以江南儒学提举。明朝建国后,曾为太子经筵、《元史》总裁官、翰林学士、国子司业。洪武六年(1373),迁翰林侍讲学士,知制诰,同修国史,并赞善大夫,前后充侍从十九年。《明史》本传说他:"首用文学受知,恒侍左右,备顾问。……一代礼乐制作,濂所裁定者居多。"①宋濂为明代开国文臣之首,甚得朝野推重,一生宠遇隆渥。虽晚年坐其孙宋慎事举家安置茂州,死于赴谪途中,但一生因谨慎勤恪,宦途通顺。他的著作,多属为人所写之碑传、铭状、序跋,专门的哲学著作不多,仅《龙门子凝道记》差能代表他的思想。他的文字,无论何种体裁,皆清新雅致,自然天成,但又文采绚烂,法度谨严。同为明初著名才士的王祎称赞他的文章:"气韵沉雄,如淮阴出师,百战百胜,志不少慑;神思飘逸,如列子御风,翩然骞举,不沾尘土;辞调尔雅,如殷卣周彝,龙纹漫灭,古意独存;态度多变,如晴霁终南,众皱前陈,应接不暇。非才具众长,识迈千古,安能与于斯?"②洵为一代制作大匠。

宋濂之学出于乡贤黄溍、柳贯、吴莱、闻人梦吉。此四子学承元代金华学者何基、王柏、金履祥、许谦。何、王、金、许皆黄榦后学,而黄榦为朱熹亲传。宋濂从闻人梦吉学《春秋》,从其他三人学古文辞。清初著名学者全祖望曾说,金华之学,自白云许谦起,渐流入章句训诂,对

---

① 《明史》卷一二八,第 3785 页。
② 王祎:《宋太史传》,载《宋濂全集》附录,浙江古籍出版社,1999 年,第 2326 页。

道的体认已浅,少深造自得之语。金华之学至此而一变。至黄溍等,流入文辞一路,多文章之士,金华之学再变。至宋濂则羼入佛学,金华之学又一变。①但观宋濂之学,以经学为根底,以司马迁、班固文章之学为充括。佛学,宋濂确尝深造有得,观其所作诸高僧塔铭、碑传、行状等可知。他的儒学,一以朱子学为正,以道德性命为根底,以文章为道德性命的开发。佛学则心灵之沃润,生命之韵致。二者非一非二。儒学则纯正之儒学,注重锤炼德性,砥砺操守,以孔孟尽性至命之旨为归。佛学则纯正之佛学,一以明心见性,正见正行为最高宗旨。两者虽有融合,但不简单比附。此种境界是两种学养皆达于高明之域,又有洞达之器识、深湛之修养功夫的人方可达到。宋濂是明儒中绝少能达此境界的学者之一。

宋濂平生好学,但守志清淡,喜思天人之道,而参之经史。他的作品,是他的中原文献之学在文章之道上的鲜明体现。宋濂以吕祖谦中原文献之学的传人自许,对吕祖谦极表敬仰,并托物引类,作《思媺人辞》以颂之。曾说:

> 吾乡吕成公实接中原文献之传,公殁始余百年而其学殆绝,濂窃病之。然公之所学,弗畔于孔子之道也。欲学孔子,当必自公始。此生乎公之乡者,所宜深省也。嗟夫!公骨虽朽,公所著之书犹存,古之君子有旷百世而相感者,况与公相去又如此之甚近乎。②

王袆《宋太史传》追溯宋濂学术渊源时也说:

> 宋南渡后,新安朱文公、东莱吕成公并时而作,皆以斯道为己任,婺实吕氏倡道之邦,而其学不大传。朱氏一再传为何基氏、王柏氏,又传之金履祥氏、许谦氏,皆婺人,而其传遂为朱学之世嫡。

---

① 见《宋文宪公画像记》,载《宋濂全集》附录,第 2305 页。
② 《思媺人辞》,《宋濂全集》,第 87 页。

景濂既间因许氏门人而究其说,独念吕氏之传且坠,奋然思继其绝学,每与人言而深慨之。识者又足以知其志之所存,盖本于圣贤之学,其自任者益重矣。①

宋濂继承中原文献之学,非常重视儒家经书的作用。他认为,经是道的体现,道无形,而显现于经。以经为根本,而后可以言文,他说:

> 天地未判,道在天地;天地既分,道在圣贤;圣贤之殁,道在六经。凡存心养性之理,穷神知化之方,天人感应之机,治忽存亡之候,莫不毕书之。皇极赖之以建,彝伦赖之以叙,人心赖以以正,此岂细故也哉?②

他根据自己的长期体证,对儒家经书有独特的界说:

> 经者,天下之常道也,大之统天地之理,通阴阳之故,辨性命之原,序君臣上下内外之等;微之鬼神之情状,气运之始终;显之政教之先后,民物之盛衰,饮食衣服器用之节,冠婚朝享奉先送死之仪;外之鸟兽草木夷狄之名,无不毕载。而其指归,皆不违戾于道而可行后世,是以谓之经。……学经而止为文章之美,亦何用于经乎?以文章视诸经,宜乎陷溺于彼者之众也。吾所谓学经者,上可以为圣,次可以为贤,以临大政则断,以处富贵则固,以行贫贱则乐,以居患难则安。穷足以为来世法,达足以为生民准。岂特学其文章而已乎?③

经众善皆备,众美皆具,不仅是文章之师法,而且是天地之常道。大到修身、治国,小到致知、行礼,皆须以经书为准。

至于作文之法,则本经学为文章立根底,合史传为文章增波澜。宋濂这一方法,得自其师黄溍、柳贯诸人的一贯主张。黄溍、吴莱曾教

---

① 王祎:《宋太史传》,见《宋濂全集》附录,第 2327 页。
② 《徐教授文集序》,《宋濂全集》,第 351 页。
③ 《经畲堂记》,《宋濂全集》,第 1670 页。

宋濂:作文之法,以群经为本根,迁、固二史为波澜。本根不蕃,则无以造道之原;波澜不广,则无以尽事之变。舍此二者而为文,则槁木死灰而已。宋濂以此法为基础而不断深入,渐行渐纯。他尝自叙学文之进境:

> 于是取一经而次第穷之,有不得者,终夜以思。思之不通,或至达旦。如此者有年,始粗晓大旨。然犹不敢以为是也。复聚群经于左右,循环而温绎之,如此者亦有年,始知圣人之不死,其所以代天出治、范世扶俗者,数千载犹一日也。然犹不敢以为足也,朝夕讽泳之,沉潜之,益见片言之间,可以包罗数百言者,文愈简而义愈无穷也。由是去读迁、固之书,则势若破竹,无留碍矣。权衡既悬,而百物重轻无遁情矣。然犹不敢以为易也,稽本末以覈其凡,严褒贬以求其断,探幽隐以究其微,析章句以辨其体。事固灿然明白,其制作之意,亦皦然不诬也。①

由一经而群经,由经文而史传,由观览而体证而钩深致远。不断精进,不断深造有得。这就是宋濂悟得的文章之道。

至于诸经各自行文的特点,各经在整个作文之法中所起的作用,宋濂也独有妙悟:立文简奇,是《易》与《春秋》的长处;序事精严,是《仪礼》的长处;《论语》的《檀弓》篇,《尚书》的《禹贡》、《顾命》诸篇,也有这样的特点。议论之透辟周密,首推《易传·系辞》;寄物抒情,莫过于《诗》。诗中体裁,各各不同。反复咏叹,莫如《国风》;铺张王政,莫如二《雅》;推扬盛德,莫如三《颂》。文章之阖辟有致,变化中度,脉络流通,则莫如《中庸》、《孟子》。而《孟子》中之"养气"、"好辩"诸章,又其中之典范。宋濂认为,作文之法无他,能循此路径致力,坚持不懈,即可与诸文士一较短长。但他同时告诫人们,以上所说的作文,技法因素为多,若论作文的根本,则在精神修养之提高,具体地说,在养气、明

---

① 《叶夷仲文集》序,《宋濂全集》,第1028页。

道。他说：

> 天地之间，至大至刚，而人藉之以生者，非气也耶？必能养之而后道明，道明而后气充，气充而后文雄，文雄而后追配乎圣经。不若是不足谓之文也。何也？文之所存，道之所存也。文不系道，不作焉可也。①

文是道的体现，气是体道而后有的精神状态，文章是这一精神状态的文字表现。道明而后气充，气充而后文雄，是宋濂文章之道的关键。

若再究问道与文二者的轻重，则道更为重要，更为根本。道是文的基础。宋濂据此将为文者分为上、中、下三类：

> 文，非学者之所急。昔之圣贤，初不暇于学文。措之于身心，见之于事业，秩然而不紊，灿然而可观者，即所谓文也。其文之明，由其德之立；其德之立，宏深而正大，则其见于言，自然光明而俊伟。此上焉者之事也。优柔于艺文之场，厌饫于古今之家，撷英而咀华，溯本而探源，其近道者则而效之，其害教者辟而绝之，俟心与理涵，行与心一，然后笔之于书，无非以明道为务。此中焉者之事也。其阅书也搜文而摘句，其执笔也厌常而务新，昼夜孜孜，日以学文为事。由是好胜之心生，夸多之习炽，务以悦人，唯日不足。纵如张锦绣于庭，列珠贝于道，佳则诚佳，其去道益远矣。此下焉者之事也。②

上焉者是作者取法之理想，世甚稀见；中焉者亦不多见，而沦于下焉者则比比皆是。宋濂自认为早年溺于文，中年以后大悔之，方悟五经乃天地间至文。以五经为根柢，参之史传，发而为文，则天下之文，非一家之文。这是他的作文规式。此规式的核心在道由文显，文以载道；经纬和合，自然天成，反对高谈性命和拘泥辞章两种弊病，他说：

---

① 《评浦阳人物·文学》，《宋濂全集》，第 2180 页。
② 《赠梁建中序》，《宋濂全集》，第 557 页。

> 予闻之,文者将以载道,道与文非二致也。自夫世教衰,民失其正,高谈性命者,每鄙辞章为陋习;拘泥辞章者,辄弃性命为空言,互相讥讪,莫克有定。殊不知道与文犹形影然,有形斯有影,其可歧而二之乎?①

宋濂的文以载道,强调的不仅是文须以道为内容,而且是道与文的水乳交融。有道之胸襟,发而为文章,自然清新自然。所用之功,在道德性命,在人格之养成,气韵之蕴蓄,非孜孜以文章技法为务。

宋濂的这一作文规式,对以他为宗师的浙东儒士产生了很大影响,他的弟子如方孝孺等,皆以此为文章正法,皆以经学培正气,以正气润文章,以文章显道义。道与文并重,以深厚之学养自然发而为文。这是自何、王、金、许四先生而下,至黄溍、柳贯以来至于明代前期浙东诸儒遵循的一贯法则。许存仁、范祖幹、叶仪、揭傒斯、欧阳玄、郑谧、苏伯衡等,师弟授受,传承不绝。宋濂、方孝孺是实践这一法则的代表。这一脉实是吕祖谦中原文献之学、朱子涵养格物之学与文章之学的糅合。全祖望在论到宋濂的学术渊源及对后世的影响时曾说:

> 吾读文献(黄溍)、文肃(柳贯)、渊颖(吴莱)及公(宋濂)之文,爱其醇雅不佻,粹然有儒者气象。此则究其所得于经苑之坠言,不可诬也。辞章虽君子之余事,然而心气由之以传,虽欲粉饰而卒不可得。公以开国巨公,首倡有明三百年钟吕之音。故尤有苍浑肃穆之神,旁魄于行墨之间。其一代之元化,所以鼓吹修明者欤!②

宋濂一生制作宏富,诸体皆善,为一代文章大家,《明史》本传说他"自少至老,未尝一日去书卷,于学无所不通。为文醇深演迤,与古作者并。在朝,郊社宗庙山川百神之典,朝会宴享律历衣冠之制,四裔贡赋

---

① 《故新昌杨府君墓铭》,《宋濂全集》,第1242页。
② 《宋文宪公画像》,《宋濂全集》,第2305页。

赏劳之仪,旁及元勋巨卿碑记刻石之辞,咸以委濂,屡推为开国文臣之首"。① 但人皆视宋濂为文章家,往往忽视他文章之学后面的经史背景,他作文规式中蕴涵的圣人心法。他的弟子对此反复申明,提醒人们注意及此,如在《宋学士文集》前十卷的跋文中,作为编者的门弟子说:

> 太史公平生以文章名天下,而其该贯群籍,穷极经史,蓄积浩穰,与古人争长者,人未必尽知之。纵或知而尊之,至其立心制行,敦大和雅,揆诸圣贤之道而无愧者,世固未必识也。于其大者不之识,而谓足以知文章,岂果能得其精微之意乎?②

此可谓深知宋濂一生精神之言,此提醒也非多余。宋濂之学实糅合北山四先生所传之朱子学与吕祖谦中原文献之学,而成崇道理,尊文学,以道实文,以文辅道之学,在明初儒学中别开一脉。

第二节 宋濂的儒学思想

宋濂中年时即不喜治产业而嗜书册,好为深湛之思。《年谱》记:"先生年三十,即以家事付子侄,朝夕从事书册,稍暇支颐看云,或披发行松间。遇得意时,辄击磬浩歌,声震林下,翛翛然如尘外。"③三十七岁入城东之青萝山读书,此时的思考多为天地万物之理与人格理想等形上问题,儒家与老庄并行。山居时所著《萝山杂言》代表了他此时的思想,其中说:

> 君子之道,与天地并运,与日月并明,与四时并行。冲然若

---

① 《明史》卷一二八,第3787页。
② 《赠梁建中序》跋文,《宋濂全集》,第558页。
③ 《宋文宪公年谱》上,《宋濂全集》附录,第2698页。

虚,渊然若潜,浑然若无隅,凝然若弗移,充然若不可以形拘。测之而弗知,用之而弗穷。唯其弗知,是以极微;唯其弗穷,是以有终。①

这是他心目中的理想人格。这样的人格,是儒家修养到极致而与庄子所描述的真人、至人统一。宋濂平生持守此人格,虽后来入朱元璋幕下为臣,晚年甚至遭遇诸多不幸,但这一理想却从未改变。对于世事浮沉,皆以老子所谓"婴儿"为榜样,处之以泰定之心:

子不见婴儿乎?目不留采色,故明全;耳不留音声,故聪全;舌不留苦甘,故味全。君子则之,养其聪,晦其明,忘其味,是之谓通原。通原则几乎圣人。不用则已,用则为天下独。②

他吸收了周敦颐的"静一"之道,胸中洒落,如光风霁月,《萝山杂言》之短小隽永也似《通书》。他说:"守正莫过于一。一故弗贰,弗贰则明。明则神,神则无不通,天下之能事毕矣!是故圣人之学贵一。"③对于自己的人格及何以自处之道,他也定有规约。此规约与他以上所定的儒道合一的理想人格同一,一以道为根据:"不察察以自恃乎?不默默以求全乎?不赫赫以鸢翔乎?不缩缩以雉伏乎?能纯一乎?能绝外诱乎?能山立而海受乎?如是者谓之近道。"④这是他隐居时的思考结果,奠定了他一生的行为方向,这就是以收敛凝聚,积气养神,深根固本为主,颇有道家气象。

至正十六年(1356),史馆诸公以国史院编修荐,宋濂固辞,入龙门山著书,欲为道士。⑤ 此意在给友人戴良的信中,吐露甚悉,称心之所安在山林而不在朝市,不耐礼法之拘检,公牍之烦劳,喜闻道士吐纳养

---

①② 《宋濂全集》,第50页。
③ 《宋濂全集》,第51页。
④ 《宋濂全集》,第52页。
⑤ 见刘基:《送龙门子入仙华山辞并序》,载《宋濂集》,第2596页;及戴良:《送宋景濂入仙华山为道士序》,载《宋濂全集》,第2568页。

生之言,欲叩师问道,不愿为官。① 宋濂确曾入龙门山修炼,但却未曾为道士,只是谢绝人事,静心读书,澄志修炼。他此时作有《龙门子凝道记》二十四篇,②系统地表达了自己的思想与抱负,其中充满了理想主义色彩。大儒之忧世伤生,但又不愿贸贸然出仕莅事的复杂感情尽皆表露。《龙门子凝道记》所论甚广,多与他的根本思想有关,如在《天下枢》中论心说:

> 仰观乎天,清明穹窿,日月之运行,阴阳之变化,其广矣,大矣。俯察乎地,广博持载,山川之融结,草木之繁芜,亦广亦,大矣。而此心直与之参,混合无间,万象森列而莫不备焉。非直与之参也,天地之所以位,由此心也;万物之所以育,由此心也。能体此心之量而践之者,圣人之事也,如羲、尧、舜、文、孔子是也。能知此心,欲践之而未至一间者,大贤之事也,如颜渊、孟轲是也。或存或亡,而其功未醇者,学者之事也,董仲舒、王通是也。全失是心,而唯游气所殉者,小人之事也,如盗跖、恶来是也。……心一立,四海国家可以治;心不立,则不足以存一身。使人人知心若是,则家可颜孟也,人可尧舜也,六经不必作矣,况诸氏百子乎?③

对心的根本地位,给以极大强调。而所谓立心之法,则在学儒家之圣贤人物、典则政事。"周公、孔子,我师也;曾子、子思,吾友也;《易》、《诗》、《书》、《春秋》,吾器也;礼乐仁义,吾本也;刑罚政事,吾末也。四海之大,无一物非我也;一物不得其所,吾责也。夫然,故若天之覆也,地之载也。不知孰为天地也,孰为我心也,亦一而已矣。"④最完美的形

---

① 戴良:《送宋景濂入仙华山为道士序》,载《宋濂全集》,第 2569 页。
② 见《龙门子凝道记·令狐微第十二》:"濂于至正十六年冬丙申冬十月四日庚戌,入小龙门山著书,十七年丁酉春正月一日丙子,书成。夏四月五日己酉,俾仲子璲重录成编,厘为上、中、下三卷。"载《宋濂全集》,第 1814 页。《宋濂年谱》记此事凡二见,一在至正九年,一在至正十六年,据宋濂以上自述,以后者为是。
③ 《宋濂全集》,第 1774 页。
④ 《龙门子凝道记·天下枢第四》,《宋濂全集》,第 1774 页。

态是心与天地万物翕合无间,浑然一体。这是学儒的最高境界,也是立人的最后归宿。

在《龙门子凝道记》中,宋濂还对宋吴渊(称金陵,《宋元学案》卷七十七有传)以来几家学术进行评论,表明自己对于这几家学术的态度及自己的理想。他认为,学术当以孔孟儒学为正传。秦汉以后,正学失坠,至宋而正学复兴。吴渊之学,穿凿五经而傅会己说,甚至以佛家之说羼入经解,可以说矫诬圣人之教,假功利之说摇动天下。宋代学术不纯者,吴渊为其大宗。对苏轼的蜀学,宋濂评论说:

> 其文辞气焰有动摇山岳之势,盖其才甚高,识甚明,举一世皆奔走之。恨其一徇纵横捭阖之术,而弗知先王之道。士之轻佻浮诞者恒倚之以为重,礼义廉耻,则弃去而弗之恤。使其得君,其祸天下有不在金陵下也。①

这是说苏轼识见、文辞俱高,但心术不正,入于纵横捭阖之术,其学足以祸天下。对于永嘉叶适之学,宋濂表彰其崇尚经制,求合先王,注重以礼乐救拔流俗。但认为他忘大本而拘泥于细微,见诸行事者,皆缴绕胶固而无磊落俊爽之意,徒以辞章议论驰骋于一时,这是他的不足。但叶适立言纯备而不背儒学根本,这一点可传之后世而不废。永康陈亮之学,宋濂认为意气豪迈而学术有偏。在元末群雄逐鹿之时,其智数法术可以驾驭群雄,料敌制胜,其气势、志意又可以号召庸众,翕张声威,可为成功之一助。但儒家有德者之豪气,"一怒而安天下之民",则非陈亮所可梦见。陆九渊兄弟的心学,宋濂认为,圣人本论心,圣人之学即心学。陆氏兄弟有见于此,以立大本、求放心为宗旨,心地透明,言行一致。其门下皆豪迈峭拔之人,无漫漶支离之病。这是他的长处。但陆氏兄弟尊德性有余而道问学不足,过于看重心而放松格物。对于张九成之学,宋濂认为,张九成风节清峻,足以为百世师表。

---

① 《龙门子凝道记·段干微第一》,《宋濂全集》,第 1787 页。

但其学出于宗杲之禅,而借儒家言以文饰。儒学与佛教虽在向内求心方面有共同之处,但两家施用,却有天渊之别,不可混为一谈。陆九渊之学,某些方面可以说源自张九成。对以上几家,宋濂有褒有贬,而对吕祖谦的中原文献之学,宋濂则最为赞赏,认为能使古来相传之文献赖以不绝,并能稽考经典,充扩物理,订正史实,辅助世用,古来之善学者不出这几个方面。而且吕祖谦在成就朱子学的广大精微方面,也有补益之功,对这一点他尤其称道,说:

> 当是时,得濂洛之正学者鼎立而为三:金华(吕祖谦)也,广汉(张栻)也,武夷(朱熹)也。虽其所见时有不同,其道则一而已。盖武夷主于知行并进,广汉则欲严于义利之辨,金华则欲下学上达。虽教人入道之门或殊,而三者不可废一也。①

在宋濂看来,儒家之学的核心就在这几个方面,三人的学术对此各有侧重,但可相互为用。持守其一而废其余,皆眼光狭隘。

宋濂在对以上宋以来的主要学术派别进行评论之后,以心同理同作结,认为以上各派都是一心的不同表现,虽各有所缺,但皆有其足以为一派学术而自立于世的优长之处。在圣学濒亡、学术不正的时代,各派之一偏,皆有可取,皆可为圣学之助。宋濂更认为,不仅各个学派是一心的表现,即六经,也是一心的表现。六经皆心学。六经所言,不过一心之理的表现,六经中之各经,皆一心之理的不同方面、不同形式。他说:

> 六经皆心学也,心中之理无不具,故六经之言无不该。六经所以笔吾心之理者也。……人无二心,六经无二理,因心有是理,故经有是言。心譬则形,而经譬则影也。无是形则无是影,无是心则无是经。其道不亦较然矣乎?②

---

① 《龙门子凝道记·段干微第一》,《宋濂全集》,第1788页。
② 《六经论》,《宋濂全集》,第72页。

心中之理内容是什么,具有何种性质,宋濂没有明确分疏,但从宋濂所得于师传者看,此理即朱子"理一分殊"之理。"理一"在他看来,就是宇宙根本之理,此理无所不包,分殊之理皆是此一理之表现。而此理之或一或殊,无非是心之阖辟。就其总相说,可谓一;就其别相说,可谓多。故宋濂既说人无二心,又说心具众理;其一其多,作用不同而有不同,故宋濂又说:

> 说天莫辨乎《易》,由吾心即太极也;说事莫辨乎《书》,由吾心政之府也;说志莫辨乎《诗》,由吾心统性情也;说理莫辨乎《春秋》,由吾心分善恶也;说体莫辨乎《礼》,由吾心有天序也;导民莫过乎《乐》,由吾心备人和也。①

"太极"即变易之本体,"政府"即政治之总揆。性情即比兴、美刺、郁发、忧乐之渊海。理主善恶,体主秩序,和主调谐。心之广大,莫能纪极,该贯万殊,而归于一。六经不过各因其所长,表现心的一个方面。

心既有如此之性质、如此之地位,则人的修养,全在一心。惟圣人得心之全体,故圣人即心即理。众人因私欲的妨害,各有偏蔽;祛蔽解偏,全在于六经之化导。宋濂借用《庄子》关于六经功用的说法,解说六经在化导人心方面的作用:

> 圣人复因其心之所有,而以六经教之:其人之温柔敦厚,则有得于《诗》之教焉;疏通知远,则有得于《书》之教焉;广博易良,则有得于《乐》之教焉;洁静精微,则有得于《易》之教焉;恭敬庄俭,则有得于礼之教焉;属辞比事,则有得于《春秋》之教焉。然虽有是六者之不同,无非教之以复其本心之正也。②

六经之化导,总的目的在修治此心,故千古圣学,可以说即是心学。心正则众事无不正,如将帅一正,卒伍无不从令。所以宋濂所谓"心学",

---

①② 《六经论》,《宋濂全集》,第72页。

非道学中与理学派对立的心学派,而是儒学本身。儒学就是心学。

宋濂由六经皆心学,反观历史上的经学,认为经学之不竞,完全由于心受湮蔽。他说:"大哉心乎!正则治,邪则乱,不可不慎也。秦汉以来,心学不传,往往驰骛于外,不知六经实本于吾之一心。所以高者涉于虚远而不返,卑者安于浅陋而不辞,上下相习,如出一辙,可胜叹哉!"①他批评了两汉以来经学家对于经学的变乱:京房之易,溺于名数,《易》学遂偏。孔安国、郑玄专于训诂,《诗》《书》遂亡。董仲舒流于灾异,世遂不复有《春秋》。大小戴氏之《礼记》亦多未醇,世又安得有全《礼》?世人之心不正,全在于经不明。他所谓善学,是不泥传注,独抱遗经而用心体验;一言一辞,皆使与心相涵。如此真积力久,"始焉,则戛乎其难入;中焉,则浸渍而渐有所得;终焉,则经与心一,不知心之为经、经之为心也。"②在宋濂这里,经学不是进身之具,而是为己之学;研究经学不是只在文义上钻求,而是将心与经中之理相引证,最后心与经为一。以上关于经学与心学的看法表明,宋濂之学强调经学道学为一,强调广博学习的重要性,是中原文献之学与朱子学的统合。为学之方在以经治心,以心贯经。既不同于朱子的涵养格物,也不同于陆九渊的发明本心。他的为人、为学、为文,是元末明初金华之学的鲜明体现。

宋濂也根据以上看法,对"儒"这一名称作了阐发,他的阐发涉及儒的起源,儒的派别与种类,孔孟儒学的本质所在等方面。他认为,儒的本义是柔懦,最早并非学派之名称。孔子告子夏曰:"汝为君子儒,勿为小人儒。"则儒有君子有小人,儒非高尚人格之谓。荀子之《儒行》,以儒专指君子,是托名以自尊。后人因荀子之说,将儒作为一种高尚人格的代名词,人渐渐自负为儒而希冀以此博得高名。后世"儒"的形象,渐渐演变为服饰、行为、人格特征上的某种类别,"其圆冠方

---

① ② 《六经论》,《宋濂全集》,第73页。

履,儒也;其尧行舜趋,儒也;其捴藻撷华,儒也"。① 宋濂主张将儒作为一种高尚人格的代名词,但须看其实在之言行,非只看外在的服饰、状貌。"实儒也,谓之儒可也;实非儒也,方有托之以为名高者。托之以为名高,岂儒者之事哉!"② 宋濂将古往今来的儒分为七种类型:游侠之儒、文史之儒、旷达之儒、智数之儒、章句之儒、事功之儒,道德之儒。所谓游侠之儒,有威势,有高才,有制人之术,喜用强力胜人,用信义纠结人。如田仲、王孟。所谓文史之儒,载籍之繁浩如烟海,能采撷其精华,吸取其芳腴,剔除其糟粕,搜求其坠遗,孜孜于文字之中,矻矻于篇籍之内,博取当世之业,冀留身后之名。如司马迁、班固。所谓旷达之儒,思及造化之奥、宇宙之区,能齐万物,混三才,喜名理之辨,胸襟之寓。如庄子、列子。所谓智术之儒,推算时机,测度变化,察古今之业用,料未来之机运,心中蕴涵深厚,外表处之淡然。如张良、陈平。所谓章句之儒,擅专门之业,行党同伐异,以言求句,以句求章,以章求意,提要索隐,表幽宣滞,不越乎章句之间。如毛苌、郑玄。所谓事功之儒,以方略谋事,以劳佚御军,以政令使民,以功利治国,务求以励烈显著后世。如管仲、晏婴。所谓道德之儒,备阴阳之和而不知其纯,涵鬼神之秘而不知其深,达万物之理而不知其运,言足以为世法,行足以为世表,人莫得而名焉。是为道德之儒。如孔子、孟子。③ 此七种儒,前六种皆有偏蔽,于大通之道皆未能达:游侠之儒长于气而弱于理,文史之儒长于文而弱于质,旷达之儒长于情而弱于纪,智数之儒流入诡诈而不知正道,章句之儒常陷于牵强附会而有乖于典籍,事功之儒经世之略有余而宅心仁厚不足。道德之儒,则人格之典范,事业之理想,为千万世所宗。七儒中,宋濂明以孔子为师法:

> 我所愿,则学孔子也。其道,则仁、义、礼、智、信也;其伦,则父子、君臣、夫妇、长幼、朋友也。其事易知且易行也。能行之则

---

① ② 《龙门子凝道记·河图枢第七》,《宋濂全集》,第 1783 页。
③ 《七儒解》,《宋濂全集》,第 71 页。

身可修也,家可齐也,国可治也,天下可平也。我所愿,则学孔子也。①

这与他在《龙门子凝道记》篇末所述之学行志向一致:

> 尽弃解诂文辞之习,而学为大人之事。以周公、孔子为师,以颜渊、孟轲为友,以《易》《诗》《书》《春秋》为学,以经纶天下为务,以继千载之绝学为志。子贡、宰我而下,盖不论也。学之积年,而莫有用之者,其命也夫! 其命也夫!②

宋濂还认为,孔子创立的儒家为首出之学派,百家中无有能与之比肩者,司马谈以儒家与五家并列,荀子谓儒有大儒小儒,扬雄将儒定义为"通天地人曰儒",都不足以知真正的儒。学至孔子,然后无愧于儒之名。

宋濂立愿学孔子之志,于世人所习见之巧伪、圆滑之习,皆弃置不道,这在世俗之人看来显得有些迂阔,故人少有理解者。这一点在宋濂中年以前隐居读书时尤其突出。宋濂不为所动,执持愈坚,他曾剖白自己的心境说:

> 龙门子性大拙而深迂,家人尤之,不变;其友又尤之,不变;其州里又尤之,不变;通一国又尤之,不变。……二三子其尚不知予哉! 巧与通,吾岂不能哉? 盖耻之弗敢行也。何也? 巧则用机,用机则逐物,逐物则背道矣。通则徇世,徇世则丧己,丧己则失德矣。蚩蚩众民,夫岂知拙乃大巧,迂乃大通者耶?③

对世俗所奉行的滑软、圆转种种陋习进行批评,坚守其朴拙与迂阔。

就以上宋濂对儒的阐述看,他所谓儒,有广狭二义。广义的儒,是有学说主张,有现实作为表显于世的士人。不拘其学说、行谊如何,皆

---

① 《七儒解》,《宋濂全集》,第 71 页。
② 《龙门子凝道记·令狐微第十二》,《宋濂全集》,第 1814 页。
③ 《龙门子凝道记·越生微第九》,《宋濂全集》,第 1807 页。

可为儒者。狭义的儒,则专指孔子孟子所代表的儒家。历代的圣人,可归入此类。这样的儒者,实际上是理想人格的代称。表现虽不同,但皆不愧于理想人格,如三皇是儒而为皇者,五帝是儒而为帝者,皋陶、伊尹、傅说、周公是儒而为臣者,孔子是儒而为师者。表现不同,而其道则未尝不同。宋濂心目中的儒,陈义甚高,比历代所尊的儒者如荀子、董仲舒、扬雄、王通、韩愈及宋之道学家还要高。所谓儒,在他是一个符号,一个寄寓了人格理想,积淀了文化内涵,蕴涵了功烈典范的符号。就这一点说,宋濂师法真儒,追求人格理想的意愿是很明显的。

第三节　宋濂的儒佛融合

　　宋濂承中原文献之传,平生于书无所不读,经史之暇,喜读佛书。中年以后,才名尽显,与佛徒往还,因佛徒之请而作碑传、塔铭、序跋、表状甚多。王祎尝说:"景濂于天下之书无不读,而析理精微,百氏之说,悉得其指要。至于佛老氏之学,尤所研究。用其义趣,制为经论,绝类其语言。寘诸其书中,无辨也。"①刘基也说:"景濂合二先生(指柳贯、黄溍)之长,上究六经之源,下究文史之奥,以至释老之书,莫不升其堂而入其室。其为文,则主圣经而奴百氏,故理明辞腴;道得于中,故气充而出不竭。至其驰骋之余,时取老佛语以资嬉戏,则犹饫粱肉而茹苦荼、饮茗汁耳。"②宋濂自己也说:"予本章逢之流,四库书颇尝习读。逮至壮龄,又极潜心于内典,往往见其说广博殊胜,方信柳宗元所谓'与《易》、《论语》合'者为不妄,故多著见于文辞间。"③万历丙辰(1616),坊间刊有《宋文宪公护法录》十卷,此书是宋濂关于佛教的文

---

① 王祎:《宋太史传》,《宋濂全集》附录,第 2327 页。
② 刘基:《潜溪后集序》,《宋濂全集》附录,第 2491 页。
③ 《夹注辅教编序》,《宋濂全集》,第 940 页。

字汇集,书今不传,目录见于《文瑞楼书目》,钱谦益为之作序,其中说:

> 圣祖(指朱元璋)称佛氏之教幽赞王纲。开国以来,凡所以裁成辅相,设教佑神,靡不原本一大事因缘。而文宪(指宋濂)则见而知之,为能识其大者,广荐之记,《楞伽》《金刚》之叙,通幽明,显权实,大圣人之作用存焉。圣祖现身皇觉,乘愿轮以御天,文宪应运而起,典司禁林,辅皇猷而宣佛教。……文宪三阅大藏,入海算沙,有如指掌,在儒门中当为多闻总持。至其悟因证地,著见于文字中,必有能勘辨之者。①

意宋濂之宣扬佛教,完全是为了配合朱元璋三教统一的治国原则。此论非无的放矢。宋濂一生喜好佛教,至晚年尤其酷嗜。全祖望说他为"佞佛者流,金华之学至此而一变",②也不为无因。宋濂之喜好佛教,首先是出于其耽于空静、不乐芬郁的性情。这在上述《龙门子凝道记》中已经表露无遗。佛教可以化导粘滞,达于空静之境,这一点在宋濂涉及佛教的诸作中一直是突出的主题。甚至他临终前,书八十二字(《观化帖》)端坐而逝,体现的也是这一精神:"君子观化,小人怛化,中心既怛,何以能观。我心情识尽空,等于太虚。不见空空,不见不空。大小乘法门不过如此,人自不信,可怜可笑。"③宋濂在洪武十年(1377)以翰林承旨退休还金华,暇日常入龙门山圣寿寺阅大藏经,该寺住持海公为建学士亭,名僧来复为作《学士亭记》,记中说:

> 今太史宋公学周、程之学者,文足以贯道,才足以用世,智足以周身,治生之暇,乐与吾徒游,隽永禅悦,竟日忘倦,是能不异其教而同其道,不外其迹而内其心,非独知人而又知心者矣。……道无二道,心无二心,必欲歧而外之者,岂通人之论哉?苟能会其

---

① 《宋濂全集》,第2522页。
② 见《宋元学案》,中华书局,1986年,第2801页。
③ 《金华献徵录》,《宋濂全集》,第2730页。

同而究其源,则斯道也。予与潜溪笃方外好,间与商略斯道异同,未尝不为后学无闻者之太息也。①

从此《记》及以上诸名士的序跋中可见,佛教对于宋濂,首先是达到其人格理想所需要的空静之境的助缘,其次是他了达生死,透彻人生真谛的助缘,最后才是辅助治教,改良风俗方面的作用。

宋濂继承了孤山智圆、镡津契嵩以来三教合一的思想,认为三教本同。排斥佛教,入主出奴者,非通达之见。契嵩作《夹注辅教编》,将孝论、劝善与《坛经》主旨汇为一编,并施以夹注,宣扬三教会通之义。宋濂为此书作序,序中表明了他儒佛教异道同,二者可会通为一的主张:

> 天生东鲁、西竺二圣人,化导烝民,虽设教不同,其使人趋于善道,则一而已。为东鲁之学者则曰:我存心养性也;为西竺之学者则曰:我明心见性也。究其实,虽若稍殊,世间之理,其有出一心之外者哉?传有之:东海有圣人出焉,其心同,其理同也;西海有圣人出,其心同,其理同也;南海、北海有圣人出焉,其心同,其理同也。是则心者,万理之原,大无不包,小无不摄,能充之则为贤知,反之则愚不肖矣。觉之则为四圣,反之则六凡矣。世之人,但见修明礼乐刑政为制治之具,持守戒定慧为入道之要。一处世间,一出世间,有若冰炭、昼夜之相反。殊不知春夏之伸,而万汇为之欣荣;秋冬之屈,而庶物为之藏息,皆出乎一元之气运行。气之外,初不见有他物也。达人大观,洞然八荒,无藩篱之限,无户阈之封,故其吐言持论,不事形迹,而一趋于大同。小夫浅知,肝胆自相胡越者,恶足以与于此哉?②

此文会通儒释之义甚为明确。而所以会通二教的根据,则在"心同理

---

① 《宋濂全集》,第2566页。
② 《夹注辅教编序》,《宋濂全集》,第939—940页。

同"。即佛教与儒家,都是同一心同一理的表现。此理非具体事物之理,乃天地万物根本之理。此理"达人大观",才能见到;"小夫浅知",则只见其户阈封限。识得此理,其心自广;或者说其心若广,即见此理。此心此理实不为二。这一点与上述《龙门子凝道记》所说的以心同理同为思想归结是一致的。但需要指出的是,宋濂的心同理同与人们熟知的陆九渊的"心同理同"意思是不一样的。"心同理同"是陆九渊哲学的主旨。陆九渊之学一本孟子,他所谓心与理,皆指伦理原则。心同理同指心中的伦理原则与事物上所表现的伦理原则一而非二。此即陆九渊的名言"至当归一,精义无二,此心此理实不容有二"的真实义指。宋濂所说的理,则不仅是伦理的,而且总指宇宙根本原理。此理是不得不如此的道理,万物无不遵循,儒释二道皆不越于是。但此理从表现上说却是"不见空空,不见不空",实不可言说。所谓儒释皆趋于善道,此理之迹而已。

宋濂认为此心此理实三教同具,不仅儒释,道家之最高原理,亦莫不出于此。他曾作《混成道院记》,述道家主旨曰:

> 予闻神仙家之说葆精啬神,冥合太虚,翛然玄览,却立垢氛之外,上下星辰,呼吸阴阳,超无有而独存。①

认为道家主旨在爱养精神,与太虚为一。此旨施之以日用,则秉要执本,清虚以自守,卑弱以自持。道家根本精神与《尚书》之"克让",《周易》之"谦谦"相合。故道家可以修己,可以治人。宋濂的根本意旨在此心此理,有体有用,体则三家本通,用则其迹不一。

宋濂也从儒释皆以为生民求福祉为根本目标这一点来论二者之同,他说:

> 西方圣人,以一大事因缘出现于世,无非觉悟群迷,出离苦轮。中国圣人,受天眷命,为亿兆生民主,无非化民成俗,而跻于

---

① 《宋濂全集》,第1100页。

仁寿之域。前圣后圣,其揆一也。①

佛教教人精神上解脱,儒家学说在世俗生活中利益群生。给人以福祉,是二者共同的目标。佛教与儒家根本目的相同,具体施为上的不同,正所以互相辅翼。朱元璋建立明朝,虽以儒家学说为治国根本原则,但也提倡佛教,使之辅助王治。如朱元璋曾令天界寺禅师宗泐,会同江南禅教诸大德,对《金刚般若经》加以新笺释,后附若干问答以祛疑,与《般若心经》《楞伽经》同时梓行流通,令宋濂为此书作序。宋濂在序中重言申明朱元璋以佛教辅翼治化的意向:

> 皇上自临御以来,宵衣旰食,励精图治,礼乐刑政,灿然备举,所以裁成天地之道,辅相天地之宜以左右民者,既无所不用其极。今又彰明内典,以资化导,唯恐一夫不获其所。其设心措虑,实与诸佛同一慈悯有情。所谓仁之至义之尽者也。②

这里不能看做宋濂谄谀当道的阿辞,而是他的真实思想。佛教可以辅助治道,在这一点上,二人看法是一致的。宋濂在此序中表达了他会通儒佛,内外典并学的方向:

> 大雄氏躬操法印,度彼迷情,翊天彝之正理,与儒道而并用。……鲁典(儒典)竺坟(佛典),本一途辙,或者歧而二之,失则甚矣。知本迹之不殊,思内外之两尽。③

这与他以上儒佛心同理同,道一教三的说法是一致的。

宋濂不仅主张儒释会通,而且在佛教内部,他也主张教禅会通。宋濂广学佛书,道出多门,对佛教史乘,教内各派间的分歧,各宗发展历史,皆有精深研究。如在《释氏护教编后记》中,他广说佛教各宗派的历史和学说要旨,尽显其佛学造诣,最后的归结则在会通教禅,

---

① 《金刚般若经新解序》,《宋濂全集》,第1293页。
② 《宋濂全集》,第1293页。
③ 《赠清源上人归泉州觐省序》,《宋濂全集》,第778页。

他说：

> 教之与禅本无二门，依教修行，盖不出于六度梵行，而禅定特居其一。由众生根有不齐，故先佛示化亦不免有异耳。奈何后世各建门庭，互相盾矛。教则讥禅滞乎空寂，禅则讥教泥乎名相。藉藉纷纷，莫克有定，是果何为者耶？①

这是说，禅本佛教各派皆修习的"六度"之一，后乃以此立宗，遂自标榜为教外别传，与教势同水火，互相攻击。教攻击禅滞乎空寂，禅攻击教泥乎名相。实际上禅教本为一家，习教者必参禅以增加慧心，习禅者必修经教以广殖学力。二者应互相取益，不应互相攻击。

宋濂不仅批评教禅互相攻击，而且批评教内、禅内各派互相攻击，如禅之达磨与胜多之争，南能北秀顿渐之争，慧能门下道一、神会之争等。教内则慈恩、天台、贤首教判之争。一部佛教史，其争不可胜数。以上各自立宗，互相竞争犹可说也，如律宗同以南山为宗，以四分律为学，允堪律师之《会正记》与元照律师之《四分律行事钞资持记》宗旨殊别。知礼与孤山智圆同祖天台，同学止观，又存山家山外之争。同室操戈，疑谤纷然。宋濂以会通禅教、教内各宗、宗内各派的立场，认为各派应抛弃异见，会通为一，他说：

> 呜呼！毗卢华藏圆满广大，遍河沙界，无欠无余，非相而相，非缘而缘，非同而同，非别而别。苟涉思维，即非圣谛，又何在分教与禅之异哉！又何在互相盾矛、业擅专门哉？又何在操戈相攻，遽背其师说哉！虽然，适长安南北异途，东西殊辙，及其所至，未尝不同，要在善学者慎夫所趋而已。②

又说禅教互补之意："然以密意言之，依性说相，非息妄修心者乎？破相显性，非泯绝无寄者乎？以显示言之，真心即性，非显明心性者乎？

---

① 《释氏护教编后纪》，《宋濂全集》，第59页。
② 《释氏护教编后纪》，《宋濂全集》，第60页。

辙虽曰稍殊,究其归极,则一而已。奈何后世歧而二之?"①宋濂以上会通儒佛、会通教禅、会通禅教内各派的思想,是明代初年国家经过长期战乱之后重新达到统一在思想界的反映。这一点不仅与朱元璋认为佛教"暗理王纲,于国有补无亏"②的看法一致,也是明代僧俗各派主张三教会通的先声,对以后思想界影响很大。

宋濂精心研究内典,与僧人往还,这对他的精神境界乃至文字助益甚大。与名僧交往,读内典以为文字之助,古来儒家士大夫视为雅事,如陶渊明之于慧远,韩愈之于大颠,柳宗元之于浩初,欧阳修之于居讷,周敦颐之于常总,程颐之于灵源,朱熹之于大慧宗杲等。金华学派中人也广结方外友,如宋濂的老师黄溍与元代金华著名文人赵孟𫖯、周仁荣、李孝光、张天雨等皆同名僧善继游,互相唱和。③ 宋濂深入释典,见解、心地皆达甚高境界。他对于佛教基本精神的理解,全在"月印万川,万一互涵"一门,而此"一"之境界,即佛之境界。他在《重刻〈护法论〉题词》中描述此境界说:

> 妙明真性,有若太空,不拘方所,初无形段,冲淡而静,寥漠而清。出焉而不知其所终,入焉而不知其所穷。与物无际,圆妙而通。当是时,无生佛之名,无自他之相,种种含摄,种种无碍,尚何一法之可言哉?④

人之迷悟,全在能否体认此圆明本性:

> 大圣全体皆真,不失其圆明之性,如月在寒潭,无纤毫障翳,清光烨如也。凡夫为结习所使,业识所缚,而唯迷暗是趋,如月在浊水,固已昏冥无见,加以狞飚四兴,翻波鼓浪,鱼龙出没,变换恍

---

① 《金华安化院记》,《宋濂全集》,第1289页。
② 朱元璋:《释道论》,载《中国佛教思想资料选编》第三卷第三册,第230页。
③ 见《故文明海慧法师塔铭》,《宋濂全集》,第772页。
④ 《宋濂全集》,第913页。

惚,欲求一隙之明,有不可得矣。①

宋濂还认为,佛乘经教不仅能澄清人之杂虑,空明人之胸襟,而且能使文字脱俗,情调洒落。他曾说:

> 宗儒典则探义理之精奥,慕真乘则荡名相之粗迹,二者得兼,则空有相资,真俗并用,庶几周流而无滞者也。……予儒家之流也,四库书册,粗尝校阅;三藏玄文,颇亦玩索。负夸多斗靡之病,无抽关启钥之要。近惟默坐存诚,屏斥而销鬻之。于是天光骏发,灵景自融,方知仪曹之云"为渐门者设"。②

所谓"仪曹之云",指柳宗元"真乘法印,与儒典并用,人知向方"之说。并指出,由于柳宗元的挹扬,僧浩初的文字始在士大夫中驰名。由于欧阳修的表彰,僧秘演的文名才能流传。二公的文字,由于与僧人交往而越发清脱。名僧名士,互为激扬,为一代文明之盛的表现,也是儒释道互补的重要方面。宋濂在本篇中盛赞修习佛法对文字修养的作用。他的文字精妙绝伦,实有得于修习佛教。这一点他的方外友来复曾说:

> 迨我皇明混一海宇,文运肇兴,光岳之气,弥纶盛大,凡其所制作,振耀前古。然于其间操觚执翰,焕焉独当于文衡者,则景濂其人也。公金华大族,生质粹美,博通经史百家,至于释老之书,无不研味而探赜焉。故其发为文辞,雄深俊洁,义理精到,读之如雷腾大谷,蛟起长川,电激云奔,涛澜震涌,千态万状,莫可得而端倪也。虽然,特见诸文辞之雄者尔。乃清心寡欲,处荣不矜,履道超然,夷险一致,则又有高世绝尘之风。③

在为宋濂修建的"学士亭"所作的记文中,此意说得更为明白:

---

① 《瑞岩和尚语录序》,《宋濂全集》,第784页。
② 《送璞原师还越中序》,《宋濂全集》,第721—722页。
③ 《释来复前题》,《宋濂全集》,第2300页。

> 窃谓士君子聪敏才智,学而知道,皆由佛法之力而致然也。盖般若妙慧,寂照灵明,振天地而独存,亘古今而不昧。凡生生之众无不圆具,其于语默、动静、出处、设施,悉皆有以资之而植立焉。……今太史宋公学周程之学者,文足以贯道,才足以用世,智足以周身。治生之暇,乐与吾徒游,隽永禅说,竟日忘倦,是能不异其教而同其道,不外其迹而内其心,非独知人而又知言者矣。①

此虽出于僧人之口,但考诸宋濂的思想与文字,确属真实不诬。宋濂之文确实有得于学佛。此点对于宋濂这样一个以一代文献自命的人,有重要意义。

宋濂以上关于佛教的各种主张,在他为佛寺、高僧、释典所作的碑铭、志状、序跋中所说甚多,对他的众多弟子乃至僧俗两界发生了广泛影响,为中原文献之学在金华的传承增加了新的内容。这是适合元末明初以来人心思定,社会重新走向一统的要求,而在思想界开出的新风气。同时也是自中唐以来,三教合一思潮经过元末的战乱在明初的新表现。这一表现经过宋濂等人的提倡至晚明的四大高僧达到高潮。而宋濂以"开国文臣之首""操当时文衡"的地位,为这一思想界的大趋势、大活动奠定了局面,开创了规模,树立了典范,进而影响了整个思想文化界。这一点是他能成为明初思想大家的首要原因。

第四节　方孝孺对金华文献之学的发展

方孝孺是明代初年著名学者,他思欲肃清元朝的异族文化遗留,为明朝建立儒学规模。他在乃师宋濂的基础上,将经学推之于文章之学与治国之术,使金华文献之学与朱子学的结合向前推进了一步。他

---

① 见《学士亭记》,《宋濂全集》,第2566页。

身处明朝已定鼎南京,社会相对稳定,士人欲入世致官,以所学实现理想抱负的时代,故锐身承当治平重任,宣扬儒家经学,激烈排击佛道。方孝孺的学术,鲜明地体现出明初儒学的整体面貌。

方孝孺(1357—1402)字希直,一字希古,浙江宁海人。其父坐"空印"事,死于洪武九年(1376)。洪武二十五年(1392),方孝孺以荐得朱元璋召见,任汉中府学教授,甚得蜀献王器重,聘为世子师。建文朝,任翰林侍讲学士,于国政多所建议。燕王"靖难"兵起,建文帝遣师讨伐,诏檄多出方孝孺之手。燕王下南京,建文帝自焚死,方孝孺因拒绝为燕王草登极诏书,并骂燕王篡弑,被磔死,兼诛十族,著作也被禁毁,今存者惟《逊志斋集》二十四卷。

方孝孺从学宋濂时已出诸人之上,学行甚得宋濂赞赏,目之为当世奇才。宋濂说他:

> 凡理学渊源之统,人物绝续之纪,盛衰几微之载,名物度数之变,无不肆言之。离析于一丝,而会归于大通。生精敏绝伦,每粗发其端,即能逆推,而底于极。本末兼举,细大弗遗。见于论著,文义森蔚,千变万态,不主故常,而辞意濯然常新,滚滚滔滔,未始有竭也。①

甚至以欧阳修、苏轼之亚视之,誉为"百鸟中之孤凤",②所期远大。

方孝孺针对元季以来儒学衰微,士人遭逢乱世,不安于学,进入明朝后天下初定,亟须务学以应时需的状况,特倡"务学"一门。他在为宗族定的"宗仪九首"中首立尊祖、睦族,下来即继之以务学,说:

> 学者,君子之先务也。学,将以学为人也,将以学事人也,将以学治人也。将以矫偏邪而复于正也。……夫学,非为华宠名誉

---

① 《送希直归宁海五十四韵》序,《逊志斋集》,宁波出版社,2000年,第869页。
② 见《宋濂全集》,浙江古籍出版社,1999年,第1963页。

爵禄也,复其性,尽人之道焉耳。①

学的内容主要是儒家立身行己,处世为人,治国安邦之学。以上内容有为学步骤、功用和目标:

> 其说存于《易》《诗》《书》、三《礼》,其理具于心,其事始乎穷理,终乎知天。其业始于修己,终于治人。其功用至于均节运化,涵育万物。大得之而圣,深造之而贤,勉修之而为君子。②

他不仅将此内容作为方氏宗族世代相传之学规,而且在为蜀献王世子师之时,将它概括为九箴之一的"正学",以教世子。③

方孝孺对儒家立身、经世、治人之学提撕甚至,时时勉励自己从事于斯,由此对佛道二教持排斥态度。这一点不同于乃师宋濂。他在给友人的信中曾说:"世之好佛者,吾举不知其心之所存。使弃儒从佛,果能成佛,犹不免于惑妄畔教之罪。况学之者,固逐逐焉以生,昏昏焉以死,未尝有一人知其所谓道者邪。"④方孝孺对佛教的贬斥,是从儒家伦理出发,认为佛教无有君臣父子夫妇长幼之节;佛书中所说的道理,所记的故事,即使对儒家有用,也不过是重复儒家的格言训诫。欲以佛家学说治心缮性,又不若儒家之道切近平实,有序可循。所以,向慕佛不如向慕儒,因为儒家之道是一种全面深刻的学说体系:

> 夫儒者之道,内有父子君臣、亲亲长长之懿,外有诗书礼乐制度文章之美。大而以之治天下,小而以之治一家,秩然而有其法,沛然其无待于外。近之于复性正心,广之于格物穷理,以至于推道之原而至于命,循物之则而达诸天。其事要而不烦,其说实而不诬。君子由之,则至于圣贤;众人学之,则至于君子。未有舍此他求而可以有得者也。⑤

---

① ② 《逊志斋集》,第45页。
③ 《逊志斋集》,第34页。
④ ⑤ 《逊志斋集》,第309页。

他还认为,信佛者往往是人到暮年,世事蹇涩,虑来日之无多,悼往事之可悔,而又体衰气软,听佛氏空寂之说而有当于心。如果儒家之说惬于心,亦可以忘却穷通得丧,亦可以外形骸、轻物累,不必借助于佛教。他表明自己的态度:"每见流于异端者,辄与之辩。非好辩也,悯夫人之陷,而欲拯之于平安之途。诚不自知其过虑也,以故为佛氏者,多不相悦。"①

方孝孺不为学佛者所喜,这一点不同于宋濂。宋濂方外之友甚多,甚至有在他致仕后建亭阁以供休憩读书之所者。方孝孺与宋濂对佛教的不同态度,除了时代机运,个人性情上的不同之外,二人的不同经历所造成的对儒家之道的不同理解也是重要因素。方孝孺父祖三代皆为儒士,父亲方克勤尤为一时名儒。宋濂的记述说他:"五岁知读书,自辨章句。十岁暗记五经,诸老先生啧啧爱赏,目为神童。年垂弱冠,遍穷濂洛关闽遗书,及寻乡先达授受原委。凡涉性命道德之秘,穷研探索,寝食为之几废。因喟然叹曰:为学必合天人而后可,舍是非学也。"②方孝孺在此家风熏陶下,汲汲愿仕,喜论儒家修身治平之术,平生以此为学,不稍旁骛。宋濂虽也出于儒学之家,但其父文昭乃恬退之人,韬默乡里,以处士自奉。宋濂处元末时,隐居读书,与之往还者多有僧道。其文因学佛而增色,其性情又飘逸自然,故其儒学中容纳了相当多的释道成分。方孝孺与宋濂的不同,反映出金华文献之学在内容上发生的变化。

方孝孺笃于儒学,在他这里"儒"之一字所关甚大,儒之含义包罗至广,他尝说:"儒者之道,大之无不该,细之无所遗,近不以为易而不举,远不以为迂而不为。固无有不达乎事务而可以为儒者也。"③儒者乃是理想人格的代名词,不仅讲明道德,人格卓异,而且有事功之才。

---

① 《逊志斋集》,第311页。
② 宋濂:《故愚庵先生方公墓铭文》,《逊志斋集》附录,第889页。
③ 《杂著·庞统》,《逊志斋集》,第148页。

他所谓儒者的代表是"三贤五友"。三贤者司马迁、韩愈、欧阳修。五友是诸葛亮、陆贽、范仲淹、韩琦、司马光。三贤以文辞胜，五友以事功胜。伟于文辞者，必气充道明之士；杰于事功者，必忧世有为之士。他在《三贤赞》的序文中道出了这种人格的特征：

> 圣贤之道，以养气为本。今之人不如古者，气不充也。气不充则言不章，言不章则道不明。予窃有意于道，而患委靡不振，思起古豪杰而与之游。求于往昔，得三人焉。三人皆气豪辞雄，有振衰立儒之功。①

他对三贤五友的赞词，虽各表其卓异之处，但其总的特点则有如上言，皆气充道明，有为乎天下之士。在他看来，真正的儒者，皆有文辞、有事功的豪杰。虽各人有所偏胜，但必有此二者。他甚至认为，从大的背景，从总的气运论，儒者是一国之所以立、一代之所以兴的根本所在。儒者之气、儒者之学是造起事功的最后原因，所以他批评那些浅视的、短视的功利主义者："世之趋近功者，恒谓儒者不足为时重轻，此非知本之论。譬之人身，彼一才一艺者，犹手足耳目然，而贤者则元气也。人见手足之能持行，耳目之能视听，而不知皆本于元气，不亦惑哉！"②这里方孝孺所谓贤者，皆造道有文，事功卓著之人，其中少有理学家，虽然方孝孺有许多赞颂朱子的话。这是金华文献之学在方孝孺这里表现出的一个特点，这个特点可以折射出明初儒学的一般情况。

方孝孺以明代初年金华之学的传人自许，而金华之学的特点，在于将中原文献之学与朱子学结合起来，并体现为文章之学，讲究文以载道。方孝孺追溯金华之学的传承及其特点说：

> 伏以道术之分九流，儒者实礼乐之宗主。浙水之东七郡，金华乃文献之渊林。在天躔为婺女之墟，于坟籍资贤人之聚。自宋

---

① 《逊志斋集》，第624页。
② 《待制华川王先生像序赞》，《逊志斋集》，第637页。

> 南渡,有吕东莱,继以何(基)、王(柏)、金(履祥)、许(谦),真知实践,而承正学之传,复生胡(翰)、柳(贯)、黄(溍)、吴(莱),伟论雄辞,以鸣当代之盛。遂使山海之域,居然邹鲁之风,天实启之,世有作者。惟我朝创业垂统之初载,得华川、潜溪之两公。①

华川、潜溪即王祎与宋濂,按朱元璋的评价:学问之博,王祎不如宋濂;才思之雄,宋濂不如王祎,但皆明初文臣之长。方孝孺师事宋濂,虽不如宋濂之涵容宽大,但刚方劲直,勇于造道的豪雄之气则过之。黄百家在《宋元学案》宋濂传赞的案语中曾说:"金华之学,白云一辈而下,多流而为文人。文与道不相离,文显而道薄耳。虽然,道之不亡也,犹幸有斯。"②方孝孺要接续金华文献之学,彰显朱子之道,努力纠正的即此"文显道薄"。

方孝孺的理想是承续儒家之道,不喜人视自己仅为一文人,他在给友人的书信中亟辩白自己的志向:

> 从总角辄自誓愿,以为虽不易至孔子之堂奥,而颜孟之事皆在所愿学者,苟循其路而望其庐,乌有不至哉。复以欲知古人之道,必识古人文字,故时习章句,凡有所感触,亦间发之。其意在明斯道,非为文也。而吾子猥誉其文为可观,此仆之所以深惧而不敢居者也。③

又说:

> 文所以载道,仆岂谓能之。仆所病者,秦汉以下斯道不明,为士者以文为业,能操笔书尺纸鸣一时辄自负,以为圣人之学止此。文与道判裂不相属如此,何以谓文!仆所以畏文士之名而避之者,欲明斯道以为文,而反招俗之陋也。夫道者根也,文者枝也;

---

① 《文会疏》,《逊志斋集》,第256页。
② 《宋元学案》,中华书局,1986年,第2801页。
③ 《与郑叔度八首》之二,《逊志斋集》,第314页。

> 道者膏也,文者焰也。膏不加而焰纾,根不大而枝茂者,未之见也。故有道者之文,不加斧凿而自成,其意正以醇,其气平以直,其陈理明而不繁,其决辞肆而不流,简而不遗。岂窃古句探陈言者所可及哉!文而效是,谓之载道可也;若不至于是,特小艺耳,何足以为文。①

这可以说是他关于文的全部主张,其中的"文以载道",不是像理学家那样强调道作为内容的重要性,文字辞达可也;而是强调,文须以道为内容,而浸透了道的内容必然表现为好文章。这就是方孝孺的金华文章之学:重视经学,强调经旨必然发为好文章;文字之工是全部学术的基础,也是它的必然表现。

由此方孝孺强调文字之工,而教人从入之路,则在经学。他认为经学在胸,义精仁熟,自然流出即为好文章。而单学文辞之工,失去经学润泽,必流于枝末小技。他说:

> 古人之为学,明其道而已,不得已而后有言,言之恐其不能传也,不得已而后有文。道充诸身,行被乎言,言而无迹,故假文以发之。伏羲之八卦,唐虞三代之《书》,商周十二国之《诗》,孔子之《春秋》,皆是已。然非为文也,为斯道之不明也。……孔门以文学称者,如子游、子夏,皆明乎圣人之道,通礼乐宪章之奥,未尝学为文也。②

他心目中的经,是天地万物根本原理的萃聚,人世间治道的依据,性命的来源。可传于万世,垂久远而愈尊贵。他说:"以仆言之,秦汉以下,大率多记载讲论之文耳。求如古之立言者,未之多有也。圣人之言不可及,上足以发天地之心,次足以道性命之源,陈治乱之理,而可法于天下后世,垂之愈久而无弊,是故谓之经。立言者必如经而后可,而秦

---

① 《与郑叔度八首》之三,《逊志斋集》,第 316 页。
② 《与郑叔度八首》之三,《逊志斋集》,第 315 页。

汉以下无有焉。"①文章必立言，立言必本经，而秦汉以下文字多背离立言传道的古法，以文章技巧为着眼所在。方孝孺自言，从15岁开始从父学经，即有志于以经术发为文字。以为后人文章与古人不类，故"自宋中世以下文未尝敢观"。从学宋濂后，始悟文与道全赖气为中介。他认为，宋濂的文字，诸善皆备，全在气为之鼓荡波澜。而气之收放遂意，全在德之养成。他说：

> 今之世不幸斯事废缺，赖太史公（指宋濂）起而振之，一代之文粲然始完。……盖公之文一本乎道德，而气足以畅之。当其发难折辩，纡余反复，雄毅宏博，雅而不深，质而不浅，击刺交前，弧弩皆发，观者骇眩失色。徐而察之，则固从容闲暇如无事时，而不失揖让进退之礼。②

他从宋濂文中体会出的文章法则是，文须与道相为表里，文是道的自然流出，不能勉强，不能以人力致。因为"道者气之君，气者文之师也。道明则气昌，气昌则辞达"。③ 而经则道明辞达者也。

因此方孝孺论文章之道，必使人求之经学："足下为文者乎？则当求之于易之大传，《书》之典、谟、训、誓，《诗》之三百篇，孔子之《春秋》，周之三《礼》，及秦汉贤士所著，乃足以为法矣。"④至于诸经之所长，方孝孺认为主要在礼乐宪章之盛。如《诗》之雅颂长于铺陈，《书》之各诰长于叙事，《易》大传长于议论。总起来说，诸经皆有崇高、渊粹、章明、正大之气。读之使人胸胆开张，意绪端洁。欲工于文，必善于学；善于学者，必学经。其中又有次第先后、高下阶级之不同。他说：

> 夫所谓善学者，学诸《易》以通阴阳之故，性命之理。学之《诗》以求事物之情，伦理之懿。学之《礼》以识中和之极，节文之

---

① 《与郭士渊论文》，《逊志斋集》，第378页。
② 《与舒君》，《逊志斋集》，第379页。
③ 《与舒君》，《逊志斋集》，第378页。
④ 《答王仲缙五首》之二，《逊志斋集》，第328页。

变。学之《书》以达治乱之由,政事之序。学之《春秋》以参天人之际,君臣、华夷之分。而学之大统得矣。然不可骤而进也,盖有渐焉:先之《大学》以正其本,次之孟轲之书以振其气,则之《论语》以观其中,约之《中庸》以逢其原,然后六经有所措矣。博之诸子以睹其辨,索之史记以质其效,归之伊洛关闽之说以定其是非。既不谬矣,参天下之理以明之,察生民之利害以凝之。践之于身,欲其实也;措之于家,于其当也;内烛之于性,欲其无不知也;外困辱而劳挫之,欲其著而不懈,畜而愈坚也。夫如是,学之要庶几乎得矣。①

这是一个全面的学习规划,其主要内容是学经。诸经各有其功,会通为一,则学养纯备。在六经四子的基础上,参合子史,使其骨干坚固,枝叶扶疏。也要措之于用,在用中锤炼蕴蓄。方孝孺这里没有特别提揭四书以之代替五经,只是把四书作为五经的辅助和敷施发用之地。这也是他金华之学的一个特点,即不特别抬高四书的地位。不抬高四书,即不抬高宋代理学。故虽尊崇理学家,但不将其重要性置于五经之上。

方孝孺所谓宋代儒者,实际上是以朱子为依归,其他则很少提及。而他心目中的朱子,也是以经学为基,学有渊源,出而为文章,"理精而旨远",不仅仅"袭语录之糟粕"。他十分心仪宋学,说:

自周以来,教化详明,得先王之意者,莫如宋,故宋之学术最为近古。大儒硕生,既皆深明乎道德性命之理,远追孔孟之迹,而与之为徒。其他以文辞骋于时者,亦皆根据六艺,理精而旨远,气盛而说详。各有所承传,而不肯妄相沿踵,盖教化使然也。②

方孝孺认为,金华之学远绍宋儒,宋元以来三百年间发生了三次变化:

---

① 《学辨》,《逊志斋集》,第184页。
② 《刘樗园先生文集序》,《逊志斋集》,第396页。

宋代中期,有唐以来遗风,重文辞,乡先贤多文章之士,竞以文辞相尚相高。至乾道、淳熙之后,受理学影响,向慕朱子学,重道德,尚名节,喜着儒衣冠讲论性命,言行多本于礼义。入元朝以后,受功利之风熏染,士风趋于浮夸,"负才气者以豪放为通,尚富侈者以骄佚自纵。"宋以来之旧风尚逐渐衰微。方孝孺的志愿是,在宋濂和王袆的基础上,改正元以来的浮薄之风,恢复古金华之学,使道德性命与文章事功重新统一起来,文章出乎经学,经学发为文章,本性命之学以建事功。他提出文章之五法作为金华之学的标准:

> 文之法,有体裁,有章程,本乎理,行乎意,而导乎气。气以贯之,意以命之,理以主之,章程以核之,体裁以正之。体裁欲其完,不完则端大而末微,始龙而卒蚓,而不足以为文矣。章程欲其严,不严则前甲而后乙,左凿而右枘,而不足以为文矣。气欲其昌,不昌则破碎断裂,而不成章。意欲其贯,不贯则乖离错糅,而繁以乱。理欲其无疵,有疵则气沮辞惭,虽工而于世无所裨。此五者,太史公(宋濂)与待制君(王袆)能由其法,而不蹈其弊,而务乎奇怪者皆反之。①

方孝孺以金华之学的正宗传人自命,而金华之学的本质特点在经学与文辞的结合,故方孝孺在此方面谈得较多。由于永乐之后方孝孺之文为世大禁,藏孝孺文者罪至诛,所以他的许多关于经史的著作,如《周易枝辞》、《周礼考次目录》、《武王戒书注》、《宋史要言》等皆毁失不传,无法窥其全豹。就今留传下来的《逊志斋集》看,他关于道与文方面的议论,充斥于书信传赞、序跋记表甚至诗赋中,这是他注目的中心所在,也是他在明初儒学初昌,尚未大显的情况下,对儒学的命脉——经学及其与文关系的一次深刻反省和检讨。经学与文的结合与后来逐渐兴起的由语录悟入心性一派,长期并存于明代儒学中。

---

① 《答王仲缙五首》之三,《逊志斋集》,第330页。

方孝孺长于文,这给他带来灭族之祸,但他倡导的道德性命气节文章通而为一却在他的生命实践中得到了高度体现。刘宗周所谓"以九死成就一个'是'",就是方孝孺关于道与文的主张的一次惨痛贯彻。金华之学代表着元末明初儒学的一个重要形态。

第五节　方孝孺的《周礼》学与治平术

金华之学,其本在经学;治国之论,则从经学中推出。《周礼》在儒家经典中偏于设官分制,故历代儒者多有以《周礼》中的制度为治平之术的根据以救治时弊者。李觏、王安石是其显例。方孝孺也欲本《周礼》中的制度来延续被元代异族统治紊乱了的儒家政统。这是他以经术为本,推经术于政治这一观念的具体实践。方孝孺曾说:"《周礼》者,周史所记,周之治事书也。以其出于周也,文、武、周公之遗法微意,往往可得而推。"①又说:"《周礼》,余之所最好。"②因为周道备载于《周礼》,而《周礼》的内容,是为治之大法:"《周官》之法,为治有本末,养民有先后,制其产使无不均,详其教使无不学,文、武、周公之大意也。"③

方孝孺非仅一文章之士,他也不欲人仅以文士看待他,屡次加以辩白。他与宋濂最大的不同在于,宋濂有很强的三教合一品格,故表现得淡然、恬退。而方孝孺则有强烈的用世意向。这一点或得自家学熏陶。自幼至壮,方孝孺始终怀有圣贤将相之志,思欲有为于世。他自叙为学经历说:

---

①　《周礼辨疑》之一,《逊志斋集》,第97页。
②　《周礼辨疑》之四,《逊志斋集》,第99页。
③　《周官二首》之二,《逊志斋集》,第96页。

> 某六七岁时初入学读书，见书册中载圣贤良相将形貌，即有愿学之心；每窃寸纸，署其名，与同辈诸学子顾视而指麾之。父兄虽加呵禁，不止也。既而十余岁，渐省事，见当今为仕宦者不足道，以为圣贤之学可以自立，外至者不足为吾轻重也，遂有慕乎道德之心。又四五年，侍先人北游济上，历邹鲁之故墟，览周公孔子庙宅，求七十子之遗迹，问陋巷舞雩所在，潜心静虑，验其所得。迨今又五六年，阅理滋多，约心愈久，始知古人未易卒至。盖其信道之心笃，自治之法严，故其所成，近求之无遗行，实用之有成功，非近代虚名者比也。某诚信其然，故不自放于俗，每兴伤今崇古之思，积之既多，发为言语。道政事，必曰伊尹周公；论道德，必曰孔孟颜闵。①

从学思经历看，方孝孺有明显的理想主义色彩。他对现实政治的看法，多以理想的圣人之治为参照。他提出的对政治、学术的纠治之方，也多出自儒学经典。对己对人对宗族对乡党所定的规箴，也概以经书为依据。比如他所定幼童行为准则，从坐立行寝到揖拜食饮，皆以古人为法。日用器具，自冠带衣履到鞍辔车舆，乃至浴器，皆有守则。至于立身行己，出处大节，更立箴诫条章。如其中《为政》章："为政有二：曰知体、稽古审时，缺一焉非政也。何谓知体？自大臣至胥吏皆有体，违之则为罔。先王之治法详矣，不稽其得失，而肆行之，则为野。时相远也，事相悬也；不审其当，而惟古之拘，则为固。惟豪杰之士智周乎人情，才达乎事为。故行而不罔，不野、不固。"②又如《论治》章："古之治具五：政也、教也、礼也、乐也、刑罚也。今亡其四，而存其末。欲治功之逮古，其能乎哉？不复古之道，而望古之治，犹陶瓦而望其成鼎也。"③此章不惟提出致治要法古，而且对朱元璋刑罚过严的治国措施

---

① 《答俞敬德二首》之二，《逊志斋集》，第362页。
② 《杂诫三十八章》，《逊志斋集》，第14页。
③ 《逊志斋集》，第14页。

也微有批评之意。《古今治术》章曰:"学古而不达当今之事,鄙木之士也;通乎事变而不本于道术,权诈之士也。鄙木者不足用,权诈者不可用,而善悦人。故君子尚朴而不尚华,与其诈也宁木。"①至于《儒者》章,则曰:"儒者之学,其至,圣人也;其用,王道也。周公殁,而其用不行,世主视儒也,艺之而已矣。呜呼!孰谓文、武、周公而不若商君乎?"②

从他所定的这些箴规诫饬来看,方孝孺确实在为人为学为道为治上都有浓厚的理想色彩,立身行己一本于古人,治道一本于五经,贬斥阴谋权诈,贬斥功利主义,主张将儒家治国之大经大法推之于今时社会,而在具体措施上加以变通。并且他所谓的儒者,是能据儒家原则而使国家大治的人,是为后世制定礼乐制度的人。具体的榜样就是周公。他也想以自己的治术实践改变儒者于治国无用的一般看法。所以,他对于当时的政治,皆据以上根本原则提出了具体措施。

首先,他对君主的人格、学养等基本品质,提出要求,认为君主的根本品质,在能敬天、仁民、别贤否、明是非,而以正心为本。君心若正,则智勇艺能之士皆为所用。这是治国的首要条件。而心正需修养而成,具体的养心之术是:"持敬以弭妄肆之萌,寡欲以遏侈纵之渐,养慈爱之端以充其仁,伐骄泰之气以固其守,择贤士自辅以闲其邪。"③皆儒家基本信条。

其次,他对君主的职责做了规定:"能均天下之谓君,臣覆兆民之谓君,立政教、作礼乐,使善恶各得其所之谓君。"④均天下重在经济生活,主要是财政、赋税、徭役制度方面。覆万民重在内政、外交、军事方面。"立政教,作礼乐,使善恶各得其所"重在风俗教化、伦理纲常、精神生活方面。这三个方面有一方失所,则君职有未尽。另外,方孝孺

---

① 《逊志斋集》,第15页。
② 《逊志斋集》,第19页。
③ 《君学下》,《逊志斋集》,第74页。
④ 《君职》,《逊志斋集》,第76页。

认为,君为民所拥立,对民有安养教训之责。君之立为民,因此君不能视民之奉养为固然,而当思君之职是否已尽。君为民做事为其职分之当然,不能居以为己功。方孝孺据此理想对历史上不能尽君职的君主提出批评:

> 后世人君,知民之职在乎奉上,而不知君之职在乎养民。是以求于民者,致其详;而尽于己者,卒怠而不修。……受命于天者,君也;受命于君者,臣也。臣不供其职,则君以为不臣。君不修其职,天其谓之何? 其以为宜然而佑之耶? 抑将怒而殛绝之耶? 奚为而弗思也。①

这已开后来黄宗羲《明夷待访录》批判专制君权之先河。

再次,他对于治国恃于法律还是恃于名教的问题也提出了自己的看法,他的基本观点是,法的目的是惩罚已犯者,但治国主要在于使民耻于犯法。无法不可以治国,徒法亦不可以治国。教化行之于前,法律惩之于后。教化能成优良之民,法律只震慑民使免于犯罪。故刑民不如劝民,他说:

> 无法不可以治天下,而天下非法所能治也。古之圣人,知民不可以威服,于是寓革奸铲暴之意于疏缓不切之为,使民优柔揖让于其间,莫不兢然有自重知耻之心。未见斧钺而畏威,未见鞠讯而远罪,潜修默改于闾阎田里之中。圣人之治,不恃斯民畏吾之法,而恃其畏乎名;不恃其畏乎名,而恃其畏乎义。②

徒法不可以治国,礼义胜于刑法,在这一点上尤能体现方孝孺的儒家理想主义色彩。这些思想不仅在方孝孺柄用建文朝以后革除朱元璋用法过于严苛的弊政有一定作用,而且也对黄宗羲《明夷待访录》对专制君主的法律批判起了启发作用。

---

① 《君职》,《逊志斋集》,第 77 页。
② 《治要》,《逊志斋集》,第 77 页。

方孝孺关于任官的主张,更是直接针对洪武朝的偏弊而发。他认为,当时在官吏任用上的弊端,主要在"取之过杂,持之过急,待之过贱,黜陟不明"。① 朱元璋建立明朝之始,百废待兴,特别是经过元末的战乱,官署为之一空,所以任官不拘一格,荐举、科举、征求等并用,以应一时之需。但后来朱元璋猜忌过甚,滥杀功臣,大兴文字狱,实行高压政策,士多心存畏忌而隐居不仕。洪武时任官之法不密,应急不循常规之举多有之,以人主或当权者的喜怒升降官吏的也不鲜见。对已任用的官吏多以惩戒、威吓为主,以细事加重刑者屡有之。甚至在州府县衙堂上悬人皮囊草以示警戒,这更是闻所未闻。加上集权过甚,官吏无得自专,动辄置于法,人有畏惧之心。方孝孺为诸生时,就对这些弊政有所不满,并为文以记之。柄用建文朝后,以此文进上建文帝;对洪武朝诸政的更张,或以此为根据。

他所谓取之过杂,指平庸之人据治人之位,不仅启轻贱禄位之端,而且开侥幸取官之门。"于是处士以仕为高,恒人以得位为宜,而仕者之势不尊,威不行,而令不信于下。"②所谓持之过急,待之过贱,指求效太速,官吏权力过轻,官俸太薄,"驭之以不得自专之法,加之以非其自为之罪,役之以非其所能之工。富足则快乐而获存,廉节则死亡而莫之救"。③ 所谓黜陟不明,指官吏之或用或否无一定之规,循良不能必升,贪猾不能必罚。官吏视上之政治趋向为转移,但不知上之所好,治事无有方向。方孝孺以上对任官之弊的纠举,可以说处处针对洪武朝弊政而发,有很强的现实意义。

至于他提出的化民成俗的几点主张,皆本《周礼》而有所损益,显示出明显的理想主义色彩。他将三代理想化,以三代为当时教化的理念与蓝本,只在具体做法上加以变通,这明显是"迂远而阔于事情"。比如他损益乡饮酒之礼而提出的里甲法,民十家为睦,十睦为保,十保

---

① 《官政》,《逊志斋集》,第79页。
②③ 《官政》,《逊志斋集》,第80页。

为雍。每月之吉,十家赴睦正之庐听读古训,睦正为众人解释;再读国法,睦正为众人宣讲。读毕,睦正书各人性命于册,列所做事于后。无恶事者饮酒时上座,其余人座次以善恶多寡排。最下者不命座,使知愧耻。保有学,每季一会。生员以学行为饮酒之位次。雍亦如此法,而项目更为详细。饮酒后加礼、乐、射、书、数诸考核。"由是道也,近者十年,远者数十年,周之治可复见矣。"①认为历史上号为大治之世,如汉文帝、唐太宗、宋仁宗,都存愿治之心,但最后皆不能如古者,以其不法周道。

又如人材之培养,方孝孺提出,《大学》中分人之质性趋向为六种,因材施教:刚毅厚重者,堪任天下之大事,教以古代之政教与施政得失,此为大臣之储备;慈良顺爱者,长于治民,教之以赋税、赈灾、察狱等事,此为州府县牧民之储备;再如练达明断者,为众官之储备;文采优长者,为文学典礼之储备;勇力有威者,为将帅之储备。"各以其所当为者教之,而皆不使近似可悦之人得与,则所用无非才,而所为无偾事矣。此大学之政也。而为师者,非其才德之美不可也。"②

而风俗之正,在方孝孺看来,不仅是复周礼之政,行儒家之义的最终落脚点,更是"驱逐胡虏,恢复中华"根本大计的现实需要。方孝孺曾说到元末明初的风俗:

> 俗之不美,至此甚矣。少迟而不变,法令将不足禁止,不可不深计也。三代之变俗,各视前代而变之。元之俗贪鄙暴戾,故今宜用礼义为质,而行周之制。③

所谓三代之变俗,指夏尚忠,商尚质,周尚文。周以文变商之质。而今元俗之贪暴,须以礼义变之。方孝孺认为,礼义之治,在中国历史上,以宋代实行得最好。宋代最可称道的是,尊尚儒术,以礼义教化其民,

---

① 《成化》,《逊志斋集》,第85页。
② 《明教》,《逊志斋集》,第87页。
③ 《正俗》,《逊志斋集》,第90页。

士大夫最尊贵。有宋三百年间无儒臣受戮之事。官民重廉耻,法律较宽大。方孝孺这些主张,不仅有对洪武朝用文字狱滥杀儒者和用法太严纠偏之意,而且有恢复宋代治法以去除元代遗俗之意。他尝说:

> 宋亡,元主中国者八十余年,中国之民,言语、服食、器用、礼文不化而为夷者鲜矣。其初尚有一二贤者教之参用宋法,而亦颇以宽大为政,故民亦安之。然而暴戾贪鄙,用其族类以处要职,黩货紊法,终以此乱,其俗大坏,以至于今。①

要革除元俗,最重要的是提倡礼义。提倡礼义须自朝廷始。如朝廷议事,多议礼义;御史出行郡县,主要纠察礼义化民之事;官吏考核,不在户粮之增,人口之殖,而唯问刑罚是否息,学校是否兴,礼义风俗是否立。这样,上下皆以礼义为重,就会在全社会形成尊崇礼义的风尚。不仅元代遗俗可革除,宋代之治也可渐致。而宋之治道,是法周制而加以损益的结果,最后的目标是周道。

方孝孺是以周礼为榜样,去构画他理想社会的蓝图的。他这些议论,虽有"迂远而阔于事情"的一面,但却是以儒家理想纠治现实社会偏弊的美好设想。特别是在改正朱元璋政治措施中不合理的方面,纠正元代异族统治留下的恶劣风俗这一点上,有很强的针对性。其中部分主张在建文朝已付诸实行。这是他"本经术以治国"的政治理想结出的果实。

第六节　方孝孺的正统论

方孝孺身处明代初年,此时元明鼎革未久,明之士大夫如何看待

---

① 《正俗》,《逊志斋集》,第89页。

元这一异族统治的朝代,是当时思想界的一件大事。朱元璋与宋濂皆元代之民,自谓父兄尝衣食于元,故不肯十分诋毁元,虽以"驱逐胡虏,恢复中华"为号召,得天下后实宽宥之,不欲以夷狄相斥。方孝孺则不同,他对异族据中国,用夷变夏,十分不满,亟欲恢复华夏之正统。他尝说:

> 俗之相成,岁熏月染,使人化而不知。在宋之时,见胡服,闻胡语者,犹以为怪。主其帝而虏之,或羞称其事。至于元百年之间,四海之内,起居饮食、声音器用皆化而同之。斯民长子育孙于其土地,习熟已久,以为当尔。……苟以夷狄之主而进之于中国,则无厌之虏何以惩畏,安知其不复为中国害乎?如是则生民之祸大矣,斯固仁者之所不忍也。①

元立国后,在政治、经济制度等大的方面吸收了汉人许多先进的东西。但在生活习俗、文化宗教等方面,则大量沿袭了蒙古族的固有传统,并强迫汉人实行。明代恢复了汉文化传统,但生活习俗、文化宗教等方面还有元代的遗留,方孝孺亟欲肃清之,故有《正统论》之作。

另一方面,前人对于正统问题议论甚多,但所异胜于所同。宋以后影响较大的,有欧阳修、章望之、苏轼、司马光、张栻、朱熹、杨维桢、吴澄等人。金华文献之学的吴莱、胡翰也著论参与讨论。方孝孺的《正统论》盖亦有本。

方孝孺认为,正统之辨是个重要问题,关乎政教、学术甚大,不可轻忽视之。他说:

> 正统之说,何为而立耶?苟欲假此以寓褒贬,正大分,申君臣之义,明仁暴之别,内夏外夷,扶天理而诛人伪,则不宜无辨。而猥加之以是名,使圣智夷乎暴桀,顺人者等乎逆弑也。②

---

① 《释统下》,《逊志斋集》,第58页。
② 《释统上》,《逊志斋集》,第53页。

方孝孺最所反对者,为前人"全有天下即为正统"的看法,此看法欧阳修、苏轼主之。方孝孺认为,如果赞同这种说法,就会混淆夷夏之分、仁暴之别、邪正之殊、是非之辨,就会长天下侥幸者之恶,使历史上的圣君贤主蒙羞。他心目中的正统严乎其严,只有儒家所颂扬的三代可以当之,因为三代是"仁义而王,道德而治"。以下"智力而取,法术而守"者,为汉、唐、宋;强力而取,残暴以失者,为秦与隋;篡弑以得,无术以守者,为晋。如全有天下,号令行于海内即为正统,则这些朝代皆为正统矣。视这些朝代为正统,历史上的篡弑、攘夺、纷争将永无宁日。为修正前人此论,调和历史上各种关于正统的看法,方孝孺提出"正统"与"变统"之说:

> 尝试论之曰,天下有正统一,变统三。三代正统也。如汉如唐如宋,虽不敢几乎三代,然其主皆有恤民之心,则亦圣人之徒也。附之以正统,亦孔子与齐桓、仁管仲之意欤?奚为变统?取之不以正,如晋、宋、齐、梁之君,使全有天下,亦不可为正矣。守之不以仁义,戕虐乎生民,如秦与隋,使传数百年,亦不可为正矣。夷狄而僭中国,女后而据天位,治如符坚,才如武氏,亦不可继统矣。二统立而劝戒之道明,侥幸者其有所惧乎?此非孔子之言也,盖窃取孔子之意也。①

方孝孺提出,他所谓正统的标准,在建道德之中,立仁义之极,操政教之原,天下之君所不易达到。所谓变统,即篡臣、女后、夷狄。夷狄尤所厌恶,因为夷狄僭乱中华之文化传统、道德纲常,将以夷变夏,驱中国于野蛮之区。夷狄"姪母烝杂,父子相攘,无人伦上下之等,无衣冠礼文之美。故先王以禽兽畜之,不与中国之人齿。苟举而加诸中国之民之上,是率天下为禽兽也"②。篡臣、女后则乘其君之隙,夺其位,据

---

① 《释统上》,《逊志斋集》,第53—54页。
② 《后正统论》,《逊志斋集》,第59页。

其国。而中国之所以为中国,中国之贵于他邦,在于其有礼文之美,衣冠之制,可以入先王之道。因此,对于变统的态度,应该是"外之而不亲,微之而不尊,断断乎其严也,闵闵乎恐其久也,望望乎欲正统之复也。立变统所以扶人极,能言抑变统者,君子之所取也"。① 意思是要将它视为异文化而不亲近,抑低它的地位使之不尊,夷夏之大防须严之又严。一旦夷狄入主中国,则希望它国祚短促,早日灭亡,时时希望恢复中华正统文化。因为变统历史上不得不有,承认变统是为了通过它的比照更显出正统作为标准之不可缺。承认它而抑压它,是对它的正确态度。

方孝孺一再申明的是,他的《正统论》并非杜撰,而是有所本,即本于《春秋》。这就是他以上所说"窃取孔子之意",盖以《春秋》为孔子所作。他认为,孔子将对春秋人物的褒贬,寓于"书法"之中,通过《春秋》之是非,教诫后世。故《春秋》之旨,不过"辨君臣之等,严华夷之分,扶天理、遏人欲而已"。② 所谓正统,源自《春秋公羊传》所谓"春秋大居正","王者大一统",此"正统"二字之由来。欧阳修的解释是:"正者,所以正天下之不正也;统者,所以合天下之不一也。由不正与不一,然后正统之论作。"③ "正"即三代之政教原则,"统"即用此原则统一广阔之区域。故正统既有性质义,又有区域义。二者不可兼得,则宁取前者,即"君臣之等,礼义之教"。这是至公至正,百世不易之道。由此而观,夷狄之祸甚于篡臣、女后。故方孝孺引《尚书》的"蛮夷猾夏,寇贼奸宄",《诗经》的"戎狄是膺",《孟子》的"禹遏洪水,驱蛇龙;周公膺戎狄",孔子的"微管仲,吾其被发左衽矣",来说明儒家经典中对夷狄的鄙视,对攘夷狄者的尊敬。

方孝孺的正统论,是他的金华之学"本经术以治国"原则自然有的

---

① 《释统下》,《逊志斋集》,第56页。
② 《后正统论》,《逊志斋集》,第57页。
③ 《正统论上》,《欧阳修全集》卷一六,中华书局,2001年,第267页。

结论。虽有所承而起,如同是金华之学的吴莱有《改元论》,王祎有《正统论》、《改元论》,胡翰有《正纪》,①但主要理论皆方孝孺所自创,特别是其变统说。方孝孺在《正统论》中反复致意于斥夷狄,对明初消除元代遗留的异族之风,恢复儒家文化的正统地位来说,确有其深意在。

方孝孺的正统论,直接的结果就是日后维护建文朝的正统地位,拒绝为燕王草登极诏并大骂"燕贼篡夺",诛十族而不恤。永乐朝后迫于形势,少有谈方孝孺者。但也有一些著作谈到他的《正统论》,如明代中期大学者杨慎著《广正统论》,对方孝孺备极赞扬,并且申明自己是对方孝孺增所未备。他说:

> 逊志方子作《正统论》,大概以夷狄、篡弑、女主三者非统之正,其论精且悉也,因而广其云。杨子曰,夷乱华,足加首,非乎!而夷狄是已,是曰易天明。胡元极矣,稽诛于两仪者也。柔乘刚,阴干阳,非乎!而女主是已,是曰逆天常。吕、武极矣,稽诛于三纲者也。戕其主,逆其天,非乎!而篡弑是已,是曰乱天纪。稽诛于万世者也,莽、操极矣。皆重绝于《春秋》者也。②

杨慎这里是就方孝孺所谓变统之三者发论,并由此大张道统之说。文末并重言申明:"方氏之论确矣,有金华太史者(按指宋濂)独是之。予之言立,而方氏之论益明。有是乎予如金华者乎?"③

丘濬作《世史正纲》,自序此书之大旨在"华必统夫夷,夷决不可干中国之统。君必统夫臣,臣决不可萌非分之望。男必统夫女,女决不可当阳刚之位"。④ 此中虽未及方孝孺之名,但所提之三大纲领即方孝孺所谓"变统"之三事。其论元入主中国:"阴浊用世,迟迟九十三年之久。中国之人,渐染其俗,日与之化,身其氏名,口其言语,家其伦类,

---

① 皆见饶宗颐编著:《中国史学上之正统论》,上海远东出版社,1996年,第146—150页。
② 《杨升庵文集》卷五,见饶宗颐编著:《中国史学上之正统论》,第161页。
③ 《杨升庵文集》卷五,见饶宗颐编著:《中国史学上之正统论》,第162页。
④ 丘濬:《世史正纲序》,见饶宗颐编著:《中国史学上之正统论》,第164页。又见《四库全书存目丛书》集部第406册,齐鲁书社,1995年,第258页。

忘其身之为华,十室而八九矣。"① 亦与方孝孺《后正统论》中所说正相类同。

章潢作《论历代正统》,其中"总论"一节,提到历史上的正统论有正统、变统、霸统、闰统、僭统诸说,变统则指方孝孺之说,并详细介绍方孝孺之《释统》。后黄宗羲著《留书》和《明夷待访录》皆论及正统。在斥夷狄一节上,严厉更甚于方孝孺,但关于正统的看法多与方孝孺不同。至王夫之,则在《读通鉴论》卷末《不言正统》一节,认为:"统之为言,合而并之之谓也,因而续之之谓也。而天下之不合与不续也多矣。天下之生,一治一乱,当其治,无不正者以相干,而何有于正?当其乱,既不正矣,而又孰为正?有离,有绝,固无统也,又何正不正之云邪?"② 认为无正统可言。

清代论正统者多史家,大都沿欧阳修、苏轼、郑思肖之绪,很少提到方孝孺。只有叶燮作《正统论》,其中说,自欧阳修提出正统论,后之论者纷纷不一,到朱熹的《通鉴纲目》,正统之辨始严明。方孝孺之《释统》,说周、汉、唐、宋附于正统之末是可以的,晋、秦、隋,则不可。叶燮认为方孝孺这个意见是对的,但以为把晋、隋和秦视为同一,则不可,其中应有辨别。

近代著名学者柳诒徵作《国史要义》,其中"史统"一章,对方孝孺的《正统论》作了详细介绍。认为方氏的理论有一定贡献,对后来正统诸说有启发作用,他说:

> 方正学之言曰:天下有正统一,变统三。变统之说,视章望之所定霸统较贱。霸统不及武周之窃唐,变统则贱之矣。又曰:变统之异于正统者何也?始一天下而正统绝,则书甲子而分注其下。是亦欧公所谓三绝,朱子所谓无统之意也。魏禧《正统论》,历举欧、苏、郑三家之说,谓郑氏为尤正,顾未及方氏《释统》。而

---

① 丘濬:《世史正纲》,见饶宗颐编著:《中国史学上之正统论》,第165页。
② 《船山全书》第十册,第1174—1175页。

其所创正统、偏统、窃统三目,亦即章氏霸统、方氏变统而小易之耳。①

并认为丘浚的《世史正纲》,亦本方氏《释统》之意。

当代学者饶宗颐作《中国史学上之正统论》,对中国历史上的正统论做了详尽考论,其中明清一节,专论方孝孺的《正统论》,认为方孝孺此论与胡翰《胡仲子集》中《正纪》一篇之立天地人三纪,严夷夏之防,内容可以相互参稽。方孝孺是胡翰的学生,他的《正统论》颇能张大师说。最后,饶宗颐对方孝孺大加赞扬,认为方氏《释统》之作,足与欧阳修比美,实为正统论之后殿,史学史上不可磨灭之大文章,须亟为表扬。并在选为所著书补充资料的方孝孺《后正统论》之后加按语说:"正学论统,亦如水之有源,浩乎有沛然莫之能御之气,未可等闲视之。"②

可以说,方孝孺出于对元朝异族统治的不满,针对历代作史者正统观念不够鲜明的情况,本于《春秋》的道德史观,对历史上各个朝代所作的判释,实际上道出了他的政治理想:"仁义而王,道德而治"。这是他的儒学思想的核心。这个核心所映照出来的全部思想,与他金华之学的文论、政论是一致的。

---

① 《国史要义》,华东师范大学出版社,2000年,第92页。
② 见饶宗颐编著:《中国史学上之正统论》,第157页。

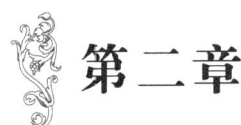

第二章

明代前期的儒学

明代前期的儒者,承元代余绪,皆宗朱子学。其中最著名者,有曹端、薛瑄、吴与弼、胡居仁等。《明史·儒林传》说:"原夫明初诸儒,皆朱子门人之支流与裔,师承有自,矩矱秩然。曹端、胡居仁笃践履,谨绳墨,守儒先之正传,无敢改错。学术之分,则自陈献章、王守仁始。"① 此语可谓当时实录。

第一节 曹端对理学的重张

曹端(1376—1434)字正夫,号月川,河南渑池人。永乐六年(1408)举人,次年登乙榜,授山西霍州学正,前后历二十余年。其学重

---

① 《明史》卷二八二,第 7222 页。

践履,而以静存为要。清代学者杨国桢评论曹端说:

> 有明讲学之盛,肇于河东(薛瑄)。而先河东以正学倡天下者,断自月川先生始。……其言体用兼该,醇悫精密,盖从躬行心得之余,以著日用伦常之实,而辟邪扶正,尤有关于世道人心,洵乎近绍周程,远宗邹鲁者矣。先生生洪武之初,首以正学为天下倡。由是河东、新会(陈献章)、余干(胡居仁)赓续而倡明之。故永、宣、成、弘之世,士皆有师传宗统,而风俗骎骎,治近于古。①

可谓开明代理学风气之先的人物。著作主要有《太极图说述解》、《通书述解》、《西铭述解》、《夜行烛》、《曹月川先生语录》等,今汇辑为《曹端集》。

曹端的思想,一以朱子学为归,其中心概念为太极。在他这里,太极即理,而理乃天所显示于人者。他说:

> 太极,理之别名耳。天道之立,实理所为。理学之源,实天所出。是故河出图,天之所以授羲也;洛出书,天之所以锡禹也。羲则图而作易,八卦画焉;禹则书而明《范》,九畴叙焉。圣心,一天理而已。圣作,一天为而已。②

这里天道指宇宙大化流行。宇宙间的一切事物,皆理所规范、统御。而理的根源在天。河图、洛书,显示的是理,此理乃天所示人;圣人则效法天理而制作,体现在圣人之制作中的原则,是天理。圣人之制作,可视为天的作为。太极生出的两仪、四象、八卦,皆实理之显现。所以曹端说:

> 太极者,象数未形而其理已具之称,形器已具而其理无朕之目。是生两仪,则太极固太极。两仪生四象,则两仪为太极。四象生八卦,则四象为太极。推而至于六十四卦,生之者皆太极焉。

---

① 《曹月川先生遗书序》,《曹端集》附录,中华书局,2003年,第356页。
② 《太极图说述解序》,《曹端集》,第1页。

> 然则羲易,未有文字而为文字之祖,不言理学而为理学之宗。①

这是说,两仪、四象、八卦、六十四卦所象征的一切事物,其产生和存在是形气之化;但此形气之生,皆为理所管辖。故具体事物皆有理。就此意义说,理是最高的范畴,有了理,就会范导气生出具体事物。在曹端这里,强调的是朱子"有是理便有是气","理是本"的思想。曹端对强调理、以理释太极的学者邵雍、周敦颐、二程、朱子皆极力表彰,对以气释太极者,从老、庄、列到汉儒,都加以批评。他说:

> 孔子而后论太极者,皆以气言。老子"道生一"而后乃生二,庄子师之曰:"道在太极之先。"曰一,曰太极,皆指作天地人三者气形已具而混沦未判之名。道为一之母,在太极之先,而不知道即太极,太极即道。以通行而言则曰道,以极致而言则曰极,以不杂而言则曰一,夫岂有二耶?列子"混沦"之云,《汉志》"含三为一"之说,所指皆同。微周子启千载不传之秘,则孰知太极为理而非气也哉?②

他认为,增《太极图说》首句"无极而太极"为'自无极而为太极',是以无极为虚无,太极为气,皆不知太极之真义。而朱子释"无极而太极"为"无形而有理",则是至为精当之说。并且认为,理解朱子之理气学说,当以《太极图说解》为正。而《朱子语类》中的某些可导致以气为太极的说法,皆非朱子之成书。其或出于讲究未定之前,或出于应答仓促之际,其中不无千虑之一失。信《语类》而疑《太极图说解》,则"弃良玉而取顽石,掇碎铁而掷成器,良可惜也"。③ 可见曹端对以理释太极守之甚坚,对朱熹之说捍卫甚力。

曹端在理之动静上,尤主朱子《太极图说解》中的思想而批评《语

---

① 《太极图说述解序》,《曹端集》,第1—2页。
② 《太极图说述解序》,《曹端集》,第2页。
③ 《曹月川先生遗书序》,《曹端集》,第356页。

类》中的思想。为此,他特作《辨戾》之文加以辩驳。他不同意《朱子语类》中"太极不自会动静,乘阴阳之动静而动静"之说,尤反对"理之乘气,犹人之乘马。马之一出一入,而人亦与之一出一入"之说,认为此说以气为根本。气自身能动静,太极只是附着在气上,随气之动静而动静。曹端认为,此说否定了理的最高范畴地位,抹杀了理主动控御气、范导气的作用,理变成了无能动性的死物。他非常赞赏周敦颐的《太极图说》,说:

> 濂溪夫子,卓乎先觉。上承洙泗,下开河洛。建图立说,理明辞约。示我广居,抽关启钥。有纲有条,有本有末。舍此而为,异端俗学。造端之初,胡不思度。毫厘之差,千里之错。①

而朱子直承周敦颐而来,在关于太极动静问题上,朱子"有太极,则一动一静而两仪分;有阴阳,则一变一合而五行具"的说法,与周敦颐"太极动而生阳,静而生阴"一致,都直言太极能动静。舍此正解不顾,而言理、太极随气、阴阳之动静而动静,则不能真正领会理的性质和作用。曹端直斥以上人乘马之喻:"若然,则人为死人,而不足以为万物之灵。理为死理,而不足以为万化之原。理何足尚而人何足贵?今使活人乘马,则其出入、行止、疾徐,一由乎人驭之何如耳。活理亦然。"②意欲恢复朱子以理为最根本的学说。

曹端关于理气动静的思想,虽然强调理而贬抑气,但终究有理气为二之嫌。此亦沿袭朱子学之学者而必然有的趋向。黄宗羲在《明儒学案》中,对曹端以上思想进行驳斥,说:

> 先生之辨,虽为明晰。但详以理驭气,仍为二之。气必待驭于理,则气为死物。抑知理气之名,由人而造。自其浮沉升降者而言,则谓之气;自其浮沉升降不失其则者而言,则谓之理。盖一

---

① 《赞太极图并说》,《曹端集》,第22页。
② 《辨戾》,《曹端集》,第23页。

物而两名,非两物而一体也。①

黄宗羲比说,本其"盈天地间皆气"之论,又处在明末和会朱陆,合理气心性为一之思潮渐成趋势之时,着重点自然与曹端不同。

曹端十分推崇朱子,由此亦推崇朱子所盛赞之《通书》。在《通书述解》卷首,曹端即选录胡宏、朱子、真德秀等人对《通书》的评论。其中录朱子评论最多。而这些评论实代表曹端对《通书》的基本看法。如其中朱子说:"《通书》文虽高简,而体实渊懿。且其所论不出乎修己治人事。"朱子的又一评论说:"《通书》比《语》《孟》较分晓精深,结构得密,《语》《孟》较说得阔。""先生之言,高极乎无极、太极之妙,而其实不离乎日用之间。幽探乎阴阳五行之赜,而其实不离乎仁义礼智、刚柔善恶之际。其体用之一源,显微之无间,秦汉以来诚未有臻斯理者,而其实则不外乎六经、《语》《孟》《中庸》《大学》七篇之所传也。"②曹端选录这些评论置于卷首,表示他认同这些说法。并且这些说法实际上是他述解《通书》的指导思想。

曹端解《通书》,尤其重视对天道本体的描述。如在《通书》开篇,曹端在《诚上第一》的解题中,就明白透出他的着意所在:他认为《诚上第一》是"明太极为实理而有体用之分也"。③ 理可以《易传》之"乾道变化,各正性命"解释,也可以"实理而有体用之分"解释。前者以天道之总体即存在即运化即理则言诚,后者则以理的真实不妄、实有而不可违背言诚,这是第一位的,其存在与运化则在实理之体用中分而言之。这二种解释方向侧重点有所不同。曹端继承朱子,侧重以实理言诚。他在第一句"诚者圣人之本"的释言中说:

> 诚者,实理而无妄之谓。天所赋、物所受之正理也。……圣人之所以为圣人者,无他焉,以其独能全此而已。……此书与《太

---

① 《明儒学案·诸儒学案上二》,第1064页。
② 《通书总论》,《曹端集》,第25—26页。
③ 《曹端集》,第28页。

极图说》相表里,"诚"即所谓太极也。①

此中"天所赋"释"大哉乾元,万物资始,诚之源也","物所受"释"乾道变化,各正性命,诚斯立焉",曹端以天之所赋、物之所受的"实理之本然"言纯粹至善。也就是说,在曹端这里,理即善,此善不与恶对,它是本体的、本然的、超越的,它是气的所以然。所以曹端说:

> 阴阳,气也,形而下者也。所以一阴一阳者,理也,形而上者也。道即理之谓也。②

曹端这里明确区分了本然之善和继成之善。本然之善指理本身具有的属性,继成之善指体现于气化之物上的理。如孟子所谓性善,就是指继成之善说,因为它是本体之理体现于人这一形气之物之后所具有的性质。它的渊源是本体之理。天道之元亨利贞实际上是理之诚通诚复。通指理自己出而赋予物,复指物得此理而藏于己。这样,宇宙的运化实际上是实理流行赋受于气而成物的过程。从这里看,曹端关于天道的看法虽出于朱子而与朱子有所不同。

在理的来源上,朱子强调理的"洁净空阔"的性质,它的不与气杂,逻辑在先的性质。曹端则强调理的源于天道,非独立自存的性质。在理与气的关系上,朱子强调理对气的控御、主宰作用,曹端则强调理与气的赋与受之不可分割、体用不二的性质。所以曹端将诚所代表的天道归结为"凡天地间之阴阳交错,而实理流行。一赋一受于其中,乃天地自然之易"。③ 而圣人创制出来,体现宇宙实理,模拟造化之行的《周易》,其性质就是"以交易为体,而往此来彼焉;以变易为用,而时静时动焉"。④ 周敦颐的《通书》,亦本此而作,故旨趣深远但描摹则很切实。

曹端认为,人是继天立极的,天道的性质就是人的性质,人的性质是对天道的继承。所以在描摹了天的性质后,接下来就是对人性的阐

---

① ② 《曹端集》,第28页。
③ ④ 《曹端集》,第31页。

发。在他看来,人之性就是"太极之在人者",这就是《中庸》所说的"思诚者人之道"。而人的最高标准、最完美的形态是圣人。他说:"圣人之所以圣,不过全此实理而已,即所谓太极也。圣人时静,而太极之体立;时动,而太极之用行。则圣人一太极焉。"①曹端继承了周敦颐和朱子的说法,认为圣人不过是天的完整体现,是天道的具体而微。圣人之静,是理气之本身全体而现;圣人之动,是理的发用流行。而理之本身,是五常之性,它的内容是仁义理智信;理的发用流行,是情,是孝、弟、忠、顺。而理之体用,皆天道之诚的表现。天道之诚是人的一切道德行为的最后根源。静是天道之诚至正未显,动是天道之诚显现于外。对比显现,明与达者可见而识之,而天道之诚则无时不有。所以,曹端在解释《通书》的"寂然不动者,诚也;感而遂通者,神也。动而未形,有无之间者,几也"一句时说:"本然而未发者,实理之体,即太极之静而阴也。善应而不测者,实理之用,即太极之动而阳也。动静体用之间,介然有顷之际,则实理发见之端,而众事吉凶之兆也。"②

曹端在解释《通书》中关于人物之性时,明确区分了天地之性和气质之性。对此二者的区分,《通书》本文没有明确提出。因为周敦颐关于人物之性,多从气禀处立论。而曹端则吸收了从张载、程颐到朱子以来性论的发展,明确此二者的不同。曹端在注释"圣人之道,仁义中正而已矣"一句时,将仁义中正解释为人的本性,他说:

> 道则得于天而全于己而同于人者也。中即礼,正即智。仁义礼智之道,乃其性分之所固有,日用之所常行,固非浅陋固执之可伦,亦非虚无寂灭之可拟。③

这里虽然没有明确提出天地之性或义理之性之名,但认为仁义礼智乃人性之所固有,其来源于天,其内容是道,此性人人皆同。而且性的确

---

① 《曹端集》,第 31 页。
② 《曹端集》,第 38 页。
③ 《曹端集》,第 40 页。

在人心中,故心非空虚寂灭。修养方法在于守之,行之,扩充之。"守仁义礼智,则天德在我,何贵如之?行仁义礼智,则顺理而行,何往不利?……人而充其仁义礼智之道,则与天地合其德,非有待于外也。故曰充其本然并立之全体而已矣。"①

关于气质之性,曹端认为,周敦颐《通书》中所谓"刚柔善恶,中而已矣"即是气质之性。周敦颐本只有刚善、刚恶、柔善、柔恶四类,曹端加一"中"之性,为五,以与五行相配。曹端认为,此五者,皆就气禀而言,并且认为,说性须天地之性气质之性二者皆说到,才算是完备的。曹端说:

> 性只是理,然无那天气、地质,则此理没安顿处。但得气之清明,则不蔽固。此理顺发出来,蔽固少者,发出来天理胜;蔽固多者,则私欲胜。便见得本源之性无有不善,只被气质昏浊,则隔了。学以返之,则天地之性存矣。故说性须兼气质方备。②

曹端这里明显有以朱子之性之二分纠补周敦颐之以气说性之意。朱子之性论,为南宋之后说性者所宗。但北宋前期,沿汉唐以来性论之大宗,说性以气质为主。如周敦颐、程颢③皆以气说性。曹端学宗朱子,故认为说性须兼说二者方为完备。但以"中"字为与刚柔善恶合而为五,以与五行相配;并且说"中"是"周子五性之中,只个中最好底性,故以和为中",④则失周子原意。

周敦颐十分重视礼乐,说:"古者圣王制礼法,修教化,三纲正,九畴叙,百姓太和,万物咸若。乃作乐,以宣八风之气,以平天下之情。"⑤曹端认为,礼乐是周敦颐"定之以中正仁义而主静"的修养功夫所遵循

---

① 《曹端集》,第41页。
② 《曹端集》,第43页。
③ 关于程颢以气说性见拙文:《程明道之"生之谓性"及其歧解》,载《心学论集》,中国社会科学出版社,2006年,第52—65页。
④ 《曹端集》,第44页。
⑤ 《通书·乐上》,《周敦颐集》,岳麓书社,2002年,第36—37页。

的途径,也是周敦颐致治之道的纲领。礼乐在周敦颐的思想中有着非常重要的地位。曹端在注释《通书》中,对礼乐的性质和功用等多有发挥。他的发挥着重在"理"与"和"二字上。如周敦颐说:"礼,理也。乐,和也。阴阳理而后和。"①意谓礼代表着谐调和秩序,乐意味着调和。只有阴阳燮和,世间万物才能和调,有秩序而不紊乱。并且万物各得其所是因为他们各自循着自身的理。循理而后和调。这里周敦颐是在两个意思上用此"理"字的:一谓和调,一谓体现于、散殊于万物之太极。曹端一秉周敦颐之意,在注解中突出了理的这两个方面及其逻辑关系,他的注中说:"天高地下,万物散殊,而无不各得其理。然后流而不息,合同而化,而无不和也。以其先理而后和,所以不曰乐理而曰礼乐。"②曹端并且批评不循理而只追求乐这种现象,认为能循礼则自然和乐。离开理而寻乐,则鲜有不流于侮慢者。此亦"名教内自有乐地"之意。循理守礼而后能和,是曹端在礼乐上的着重之处。如在注"古者圣王制礼法"一句时,他强调,只有先修教化,才能三纲正,九畴叙,才能百姓大和,万物咸若。这是循理而后和的鲜明体现。又如论圣人作乐之缘由,他也认为,乐乃效法天地之和,和之根源在理。故说:"圣王于天下理而和之后,乃作乐焉。"③又如在解释周敦颐的圣人之乐"淡而不伤,和而不淫"时说:"淡者理之发,和者和之为。先淡后和,亦主静之意也。"④将周敦颐的"乐之淡"解释成循理,先淡后和,亦循理而后能和之意。又如注周敦颐"不复古礼,不变今乐,而欲至治者远矣"一句,也说:"复古礼,然后可以变今乐,所谓礼而后和也。苟不复古礼,则礼非其礼矣;不变今乐,则乐非其乐矣。无礼乐之化,而欲天下至治者,不其远哉?"⑤这里古礼即"理",复古礼才能变今乐使之和

---

① 《通书·礼乐》,《周敦颐集》,第 32 页。
② 《曹端集》,第 57 页。
③ 《曹端集》,第 66 页。
④ 《曹端集》,第 67 页。
⑤ 《曹端集》,第 69 页。

谐，这也就是"理而后和"。在乐的制作上，周敦颐认为，乐本乎善政。善政之下，民安心和。圣人之乐，出自善政，故能宣畅人之和心。曹端的注释仍在强调理而后和，认为圣人作乐，乃效法理；而其制作之妙又能得其声之理，故其乐和调。乐和调，则有典雅简古之词和深潜浓饫之味。故能移易天下之风俗使之淳美。此数处皆本朱子之意，强调理之基础地位，和之根据地位。其表彰朱子的意思贯彻在他所有的著述中。

在修养方法上，曹端着重的仍是朱子所谓的理。比如周敦颐的修养纲领"一"："一者，无欲也，无欲则静虚动直。静虚则明，明则通；动直则公，公则溥。明通公溥，庶矣乎！"①此"一"本为专一之意，周敦颐承《太极图说》的宇宙论，其修养方法"一"有很强的道家意味。曹端在注释中，用程颐、朱子的理去修正"一"。他在此句注释中说：

> "一"字为圣贤之要。一即太极，是纯一不杂之谓也。只是纯然是个天理，无一点私欲。且无欲便觉自在。……周子只说"一者，无欲也"。这话头高，卒急难凑泊。常人如何便得无欲？故伊川只说一个"敬"字，教人只就敬上捱去，庶几执捉得定，有个下手处。②

这已开后代王阳明"'一'是专个一个天理"之意。曹端的一，即天理；一为要，即是专主天理。专注天理，则心明，心明则"见道理透彻，故通"。在"一"为理的解释前提下。明通公溥都是因为心中有理。曹端认为循理乃修养功夫最切要的途径，故十分重视此章，说："此章之旨，最为要切，然其辞义明白，不烦训解。学者能深玩而力行之，则有以知无极之真，两仪、四象之本，皆不外乎此心，而日用间自无别用力处矣。"③此中无极之真，两仪、四象之本，皆指理而言，理不外乎心，则修

---

① 《通书·圣学》，《周敦颐集》，第40页。
② 《曹端集》，第73页。
③ 《曹端集》，第74页。

养之根据不在心外。

曹端的人格理想是圣人,而圣人是天理的具体而微。他在注解周敦颐《通书·圣蕴》所引"天何言哉"一句中表达了他的这种理解:"天不言,而声色貌象之百物自然生成,无古今之殊也。盖四时行,百物生,莫非天理发见流行之实,不待言而可见。圣人一动一静,莫非妙道精义之发,亦天而已,岂得言而显哉?"在注解"圣同天,不亦深乎"一句时也说:"上天之载,无声无臭,继天之命,於穆不已,则天蕴固深矣。而孔子渊渊其渊,浩浩其天,则其蕴岂不亦深乎?所以犹天不言而四时行、百物生也。"① 圣人同天,其蕴为理,而孔子之蕴通过其徒颜子而见。颜子的具体修为,如博文约礼、克己复礼、不迁怒、不贰过等。是理想人格的切实进路,这一看法也是继承了朱子。朱子曾说:"夫子之道如天,惟颜子得之。夫子许多大意思,尽在颜子身上发见。……颜子所以发圣人之蕴,恐不可以一事而言。盖圣人全体大用,无不一一于颜子身上发见也。"② 在这一点上最能表现曹端的思想:既然圣人之蕴全在颜子,而颜子又主要是个实践之儒,在儒家义理上发挥不多,这样,学圣人主要在于实践,在于修为,而不在理论之发挥。理论上的发挥朱子已经做得很完备了。所以他注释《通书》,一以朱子为标准,并且特别重视其中的现实修为部分。这是曹端在儒学进路方面所指示的方向,这一方向奠定了明代初年儒学的基本格局。

第二节 薛瑄的河东之学

薛瑄(1389—1464)字德温,号敬轩,山西河津人,幼承庭训,受到

---

① 《曹端集》,第93页。
② 《曹端集》,第93页引。

良好的儒学教育。青年时,随父至荥阳,从当地名儒魏纯、范汝舟游,弃诗文而专意于理学。32岁中河南乡试,次年登进士第。官至礼部左侍郎,兼翰林学士,谥文清。一生嗜学,公暇即读理学书,特喜朱子之书。有《薛文清公文集》、《读书录》等著作,今人编集为《薛瑄全集》。其儒学著作,最重要的是《读书录》和《读书续录》,乃薛瑄读理学诸书的札记,由弟子阎禹锡等编成。此书的特点,诚如为《重刊读书录》作跋的淮安知府田赋所言:

> 文清公平生读书,以诚敬为主,本以关闽诸子为法绳,以古圣贤为归宿。故其《录》也,于心身为切要,词不枝蔓,意不幽秘,句不怪诞,明正简易,读者可索而玩味焉。隽永冲足,悠远整洁,如太羹钟镛,非嗜乐之真者弗取。①

此书全从细读精思程朱之书而来,只记自己体验所得,不作理论上的发挥。因为他认为理学之精蕴,朱熹已从理论上发挥殆尽,后人只须验之身心,着实躬行,不必另有发明。故《读书录》中所记,多为对理学重要概念及修养功夫的理解心得,非系统论说。他在著作形式上的这些特点,与明代前期其他重要理学家如吴与弼、胡居仁相类。

薛瑄在明代儒学史上的另一功绩是,对明代关学之重兴起了相当重要的作用。《明儒学案·河东学案》所载之薛瑄弟子多为陕人,如张鼎、段坚、张杰、周蕙、薛敬之、李锦、吕楠、吕潜、张节、李挺、郭郛、杨应诏等。此诸人虽不像张载关学风格统一,有大致相近的宗旨,但对关中之学重处士,敬理学,重躬行礼教和变化气质之风气的兴起,有相当大的作用。黄宗羲甚至认为,《三原学案》之王恕父子、马理、韩邦奇、杨爵(皆陕人)也应算入薛瑄之河东学派,故曰:"关学大概宗薛氏,三原又其别派也。其门下多以气节著,风土之厚,而又加之学问者也。"②

---

① 《跋重刊读书录后》,《薛瑄全集》附录,山西人民出版社,1990年,第1496页。
② 《明儒学案》,第158页。

此论确乎不诬。

薛瑄临殁留诗曰:"七十六年无一事,此心始觉性天通。"谓平生功夫所得,仅在己性与天相通上。性与天道,实为薛瑄思想中最为重视的问题。薛瑄尝说:

> 尽心功夫,全在知性知天上,盖性即理,而天即理之所从出。人能知性知天,则天下之理无不明,而此心之体无不贯;苟不知性知天,则一理不通,而心即有碍,又何以极其广大无穷之量乎?是以尽心功夫,全在知性知天上。①

意谓性即理,而理乃天之理,天乃人之存在与获得其性之最终根源。关于天之具体含蕴,薛瑄认为,天就是理寓于气中的万物总体。他说:"遍满天下,皆气之充塞,而理寓其中。""大而六合,小而一尘,气无不贯而理无不寓。""天地间只有理气而已,其可见者气也,其不可见者理也。"②此皆朱熹之意。在薛瑄看来,宇宙即理气统一体,此体亦即道体,此道体可从理、气、流行等方面描述。关于理,薛瑄认为,理即太极,理虽无声无臭而实理存焉。他说:

> 无极而太极,非有二也。以无声无臭而言,谓之无极;以极至之理而言,谓之太极。无声无臭而至理存焉,故曰"无极而太极"。以性观之,无朕兆之可窥而至理咸具,即"无极而太极"也。③

从存在状态说,理无声无臭;从其内涵说,虽无形迹而具至理。朱熹将周敦颐的"无极而太极"解释成"无形而有理"。薛瑄继承了这一诠释方向,以理为最根本的存在。但薛瑄言理,摒弃了朱子"未有天地之先,毕竟也只是理","且如万一山河大地都陷了,毕竟理却只在这里"④所表达的理之实体化、绝对化等意思,突出理气不离不杂之意。而其

---

① 《读书录》卷一,《薛瑄全集》,第1030页。
② 《读书录》卷一,《薛瑄全集》,第1018—1019页。
③ 《读书录》卷一,《薛瑄全集》,第1017页。
④ 黎靖德编《朱子语类》,中华书局,1982年,第1—4页。

不杂,也是专就理可单独论说言,反对理可离气而单独存在。比如他反复说:

> 所谓"易有太极"者,言阴阳变易之中,而有至极之理,是就气中指理以示人。周子"无极而太极",言虽无形之中而有至极之理,则专以理言。至"太极动而生阳,静而生阴",则亦兼以气言矣。学者知"无"者,太极之无形;"有"者,太极之有理,则有无合一。①

在薛瑄看来,以上朱子的说法,都是将理之绝对性推到极处之险峻语,极易导出理气为二物之说。虽只是逻辑上而非时间上的"在先",也不如朱子"天地之间,有理有气。理也者,形而上之道也,生物之本也;气也者,形而下之器也,生物之具也。是以人物之生,必禀此理,然后有性,必禀此气,然后有形"②的经典表述那样平正无偏。所以,薛瑄虽极佩服朱子,但他的读书录中,则强调还朱子以平实的、全面的本来面目。如下一段话可以代表他对于朱熹偏重理的改造:

> 或言:"未有天地之先,毕竟先有此理。有此理便有此气。"窃谓理气不可分先后。盖未有天地之先,天地之形虽未成,而所以为天地之气,则浑浑乎未尝间断止息,而理涵乎气之中也。及动而生阳,静而生阴,分天分地,而理无不在。一动一静,而理无不存。理气二者盖无须臾之相离也,又安可分孰先孰后哉?③

薛瑄对于理气,不讲先后,不讲轻重,只讲浑然一体。他多处说:"理气间不容发,如何分孰为先,孰为后?"④"理只在气中,决不可分先后。如太极动而生阳,动前便是静,静便是气,岂可说理先而气后也?"⑤这些思想薛瑄终生持守,他所理解的宇宙,只是气化之流行。所谓理,只

---

① 《读书录》卷二,《薛瑄全集》,第1048页。
② 《答黄道夫》,载《朱熹集》卷五八,四川教育出版社,1996年,第2947页。
③④ 《读书录》卷三,《薛瑄全集》,第1074页。
⑤ 《读书录》卷四,《薛瑄全集》,第1120页。

是气的原因、条理、规则、原理而已。条理、规则等,绝不在气先、气外。即使是原因,也是一气流行中的前后际,非别为一物。所以即使他说"理气虽不可分先后,然气之所以如是则理之所为也",①此理也是一气流行中的先后之条理,也不能说是逻辑上在先的。

对于理,自元代以来,就有去其实体化之倾向。至明代,此一观念全面确立。而薛瑄处明代初年,他恢复朱子平正无偏说法的努力,对此后思想家影响极大。罗钦顺、王廷相等人即是沿这条思路发展而臻于大成的。

薛瑄在理气关系上曾有日光飞鸟之喻,此喻黄宗羲在《明儒学案》中有所辩白,后来的明代哲学史研究对此有一定程度的关注。此喻说:

> 理如日光,气如飞鸟,理乘气机而动,如日光载鸟背而飞。鸟飞而日光虽不离其背,实未尝与之俱往而有间断之处。亦犹气动而理未尝与之暂离,实未尝与之俱尽而有灭息之时。气有聚散,理无聚散,于此可见。②

此喻本想表达理在气中,理乘气而动,非别为一物;气有运动,理无动静之意,但因取喻不善,反导致理气为二之嫌。因可有无日光之飞鸟,也可有无飞鸟之日光。以此喻理气,实与他要表达的意思相违。另日光虽不离鸟背,而未尝与之俱往,亦可导出有一实然存在的日。黄宗羲在《河东学案》的按语中批评甚为切当。薛瑄"理如日月之光,大小之物各得光之一分。物在则光在物,物尽则光在光",③虽意在说明理一分殊之旨,但"物尽则光在光"亦可导出理可离气而别为一物之嫌。其实,以上比喻虽不善巧,但薛瑄关于理气关系的说法一般说来实平正无偏。他关于理的内容,重在说明理是气之脉络、条理、原理、规则、

---

① 《读书录》卷四,《薛瑄全集》,第1119页。
② 《读书录》卷五,《薛瑄全集》,第1145页。
③ 见《明儒学案·河东学案上》,第119页。

合当如此之必然性等。这些思想,已经不同于宋代理学以理气为心性之根据,而开始逐渐将理气当做实然的存在及其规则来研究,从而一步步向实证科学趋近。此趋向之肇端,薛瑄可以说是其中之一。

薛瑄所注重者,还有"理一分殊",此点也可以说继承了朱子,他说:

> "统体一太极",即万殊之一本;"各具一太极",即一本之万殊。"统体"者,即大德之敦化;"各具"者,即小德之川流。①

"统体太极",指"理一"之理,"各具一太极",指分殊之理。大德小德,即理一之理与分殊之理。薛瑄还说:

> 理一犹一大城子,无不包罗。其中千门万户,大衢小巷,即所谓分殊也。理一所以统夫分殊,分殊所以分夫理一,其实一而已矣。②

> 理一乃所以包乎分殊,分殊即所以行夫理一。分殊固在乎理一之中,而理一又岂离分殊之外哉?③

朱子的理气关系脉络中的理,和理一分殊脉络中的理,固为不同的思想方法。理气关系中的理,是实际存在的事物和它的成因、它的条理、它的规则之间的关系。所以有何者在先,理是否别为一物等问题。它是实证意义上的存在问题。而理一分殊中的理,是一个假想的存在和它的表现之间的关系,是一个逻辑上的或价值上的问题。所以只有一和多、全和分、包含和各在的关系。薛瑄实际上沿袭了朱子这个思路,他所考虑的问题,也和朱子相同。比如他说:

> 太极即理也。合天地万物之理言之,万物统体一太极也。就天地万物之理言之,一物各具一太极也。统体者,所以涵夫各具

---

① 《读书录》卷一,《薛瑄全集》,第 1017 页。
② 《读书录》卷一,《薛瑄全集》,第 1039 页。
③ 《读书录》卷一,《薛瑄全集》,第 1036 页。

者。似合矣,而未尝不分也。各具者,所以分夫统体者。似分矣,而未尝不合也。①

"太极即理也"之理,实际上是对宇宙有所觉解的人的一个价值设定。作出这个设定用的是类比、象征的方法,它和具体事物的理的关系是象征的,类比的。它的意义在于指出,除了对具体事物进行分别的考察外还可以将世界视为一个整体来考察,承认有一个总的存在原理、价值原则,它是具体事物上体现的存在原理和价值原则的根源。所以他的根本识度就是"天下无二理,古今无二道,圣人无二心"。② 这是他观察天地人一切问题的出发点。

薛瑄"七十六年无一事,此心惟觉性天通",言自己一生所得不过是彻悟人之性与天性相通的道理。性这个范畴,在薛瑄的全部思想中所占地位甚重。因为"性"是将宇宙根本道理牵扯向身心上来,并以之为根据完成自己的人格修养的基础。薛瑄论性,包括性的来源、性的内容、人物之性的同异等方面。

关于性的来源,薛瑄继承了朱子的看法,以《中庸》"天命之谓性"为基础,薛瑄说:"教本于道,道本于性,性本于命。命者,天道之流行而赋予物者也。故曰'道之大原出于天'。"③此是对于《中庸》头三句的说明,用上溯法。可注意的是,薛瑄认为天为最后的本原,天为宇宙本身。天道流行而赋予万物者为命,人与物禀得此命则为己性。故性本于命。下面道指理,教指理在物上显现出来而示人者。性是天与人、物间的中介,其作用最为重要。可以说,性在薛瑄这里,是得于天而为人物之根本属性者,它的内容是理或道。所以薛瑄说:"天下无性外之物,而性无不在,故道不可离。"④

薛瑄同意程颐、朱熹的说法,认为性的内容即理。这一点薛瑄的

---

① 《读书录》卷二,《薛瑄全集》,第 1053 页。
② 《读书录》卷六,《薛瑄全集》,第 1173 页。
③④ 《读书录》卷一,《薛瑄全集》,第 1018 页。

《读书录》中所记甚多。如：

> 一日偶思，性非特具于心者为是，凡耳目口鼻、手足动静之理，皆是也。非特耳目口鼻、手足动静之理为是，凡天地万物之理，皆是也。故曰"天下无性外之物，而性无不在"。①

就是说，性不只是仁义礼智根于心之性，也是任何事物之理。性即理，不过性以性质、属性言，理以原理、规则言。具于心之性，则以仁义礼智等伦理根据言。总之一性，性无不在，则理无不在。

薛瑄论性的一个特点，是将性与《中庸》、《论》、《孟》的其他重要范畴联系起来，将天道人道统而为一。他尝说：

> 仁义礼智即是性，非四者之外别有一理为性也。道只是循此性而行，非性之外别有一理为道也。德即是行此道而有得于心，非性之外别有一理为德也。诚即是性之真实无妄，非性之外别有一理为诚也。命即是性之所从出，非性之外别有一理为命也。忠即是尽性于心，非性之外别有一理为忠也。恕即是推是性于人，非性之外别有一理为恕也。然则性者，万理之统宗欤！②

在薛瑄这里，性、理是根本范畴，性是"理一"之理，理是"分殊"之理。《中庸》之道、德、诚、命，《论语》之忠、恕，皆是性的不同方面的说明。性在薛瑄这里有决定的地位。他之所以以性为根本，是因为性字最能表现事物之本质，事物之与天合德，事物之必然而本然之意。故他的性为仁义礼智，尽性至命为修养的最后归宿。这就是他说的"元亨利贞，天之命也。仁义礼智，人之性也。四者惟人与天合而得其全"③之意。

薛瑄也继承了朱熹天地之性和气质之性的分别，但仍以"理一分

---

① 《读书录》卷一，《薛瑄全集》，第1023页。
② 《读书录》卷五，《薛瑄全集》，第1151页。
③ 《读书录》卷五，《薛瑄全集》，第1149页。

殊"作为分别二者的根据。他所谓天地之性,指理本身;其气质之性,指与气合之具体事物之理。天地之性,以不杂于气质言;气质之性,指太极因动静而有之具体事物之性。太极与阴阳是不离不杂的关系,故天地之性与气质之性是一而二,二而一的。这种解释与朱熹天地之性指理,气质之性指天地之性堕在气质中微有不同。朱熹之气质之性重在说性质,而薛瑄重在说根据。所以薛瑄认为,自己的天地之性和气质之性的分别,若就周敦颐的《太极图》来说,天地之性指最上之白圈,气质之性指动而生阳、静而生阴之黑白交杂。若就善恶说,天地之性是"无极而太极",气未用事,故纯善而无恶。气质之性是动而生阳、静而生阴,故善恶分。

薛瑄对性的理解如此,所以他的修养功夫以孟子的尽心知性知天为根本。他说:

> 尽心功夫,全在知性知天上,盖性即理,而天即理之所从出。人能知性知天,则天下之理无不明,而此心之体无不贯。苟不知性知天,则一理不通,而心即有碍,又何以极其广大无穷之量乎?是以知尽心功夫,全在知性知天上。①

尽心是修养功夫,其内容是知性知天。知性知天实即知理,知宇宙根本法则。知此则既明天下分殊之理,又统贯此心之理。而尽心知性知天就是复性,复性就是复理之本然。所以薛瑄认为,全部修养功夫归结到一点,就是知性复性,就是朱子所谓"知性之所有而全之也"。薛瑄的复性说仍以张载、朱子的变化气质以返天地之性为根据。他说:

> 张子曰:"形而后有气质之性,善反之则天地之性存焉,故气质之性,君子有弗性者焉。"此言气质昏浊,则天地之性为其所蔽,故为气质之性。善反之而变其昏浊,则天地之性复明。②

---

① 《读书录》卷一,《薛瑄全集》,第1030页。
② 《读书续录》卷七,《薛瑄全集》,第1448页。

而复性的具体功夫,以程颐、朱子的"涵养须用敬,进学则在致知"为纲领。其中"敬"字,薛瑄说之最多。一部《读书录》,反复说明和提揭的,就是敬字。薛瑄把敬字视为一切修养功夫的基础,他说:

> 古语曰:"敬,德之聚也。"此语最宜潜体。盖道妙莫测,靡有所定。惟敬,则能凝聚得此理常在。……此敬之一字,乃聚德之本,而为践形之要也欤!①

此处践形即实地修养,聚德即积累德行,向性之本体趋进。敬则心惟修德之想。故千古为学之要法,无过于敬。

关于穷理,薛瑄所论之范围十分广泛,内而己之身心,外而天地万物之理,莫不有以穷之,而穷理也就是尽性至命。他尝说:

> 自一身言之,耳有耳之理,口鼻有口鼻之理,手足有手足之理。以身之所接而言,父子有父子之理,君臣有君臣之理,夫妇、长幼、朋友,有夫妇、长幼、朋友之理,以至万物有万物之理。凡此众理,莫不穷而通之,所谓"穷理"也。既知其理,于一身之理必有以践之,于人伦之理必有以行之,于万物之理必有以处之,所谓"尽性"也。能尽其性,则理所自出之天命,莫不有以造极一原,所谓"至命"也。理也,性也,命也,虽同为一理,初无本末精粗之殊;而穷也,尽也,至也,则各有浅深之序,学者不可不察。体认未至终,未能与道合一。②

知万物之理,此谓"穷理"。于一身之理必有以实践之,此"践行";行人伦之理,此"敦伦";处万物之理,此"行义"。三者皆尽性事。与穷理合言,亦皆知行合一事。而能尽性,就是至命。穷理、尽性、以至于命,三事一时并了。分述之,则各有次序;合言之,则为一事。皆致知中有体认,践行中有实悟,总之皆与道合一之事。

---

① 《理学粹言》,《薛瑄全集》,第 1507 页。
② 《读书录》卷四,《薛瑄全集》,第 1104 页。

关于格物与穷理的关系,薛瑄认为二者当相辅而行,各致其极。他极服膺二程的"敬义夹持,直上达天德"一语,认此为践行之圭臬。他在格物与穷理的关系上,主张"居敬以立本,穷理以达用。居敬有力,则穷理愈精;穷理有得,则居敬愈固"。① 认为居敬是穷理的心理基础,穷理是居敬的知识保证,二者夹辅而行。所以"一于居敬而不穷理,则有枯寂之病;一于穷理而不居敬,则有纷扰之患"。② 如果将修养功夫作为一个统一的行为,则居敬与穷理是这一行为的两个方面:"才收敛身心便是居敬,才寻思道理便是穷理。二者交资而不可缺一也。"③

薛瑄平生十分敬重理学诸君子,其中尤服膺朱子,他尝说:

> 尧舜之道,非孔子无以明;濂洛之道,非朱子无以发。周子、程子、张子之学,非得朱子为发明,后世纷纷莫知所定论矣。④

他一生行谊,也以实践朱子所教为归宿,后人视为冰清玉洁。至其《读书录》,乃一生读书心得。而他一生的事业,皆从此肇端。此点前人论之已详。惟薛瑄十分心仪于元之许衡,视为朱子学之正传,此点则前人多未注意。许衡因仕元,又因主张儒者当以治生产之事以自给为先务,曾遭王阳明、黄宗羲诟病。而薛瑄则极力称扬许衡,他尝说:

> 许鲁斋余实仰慕。窃不自揆,妄为之言曰:其质粹,其识高,其学纯,其行笃,其教人有序,其条理精密,其规模广大,其胸次洒落,其志量弘毅,又不为浮靡无益之言,而有厌文弊、从先进之意。朱子之后,一人而已。⑤

又说:

---

① 《理学粹言》,《薛瑄全集》,第 1517 页。
② 《理学粹言》,《薛瑄全集》,第 1507 页。
③ 《理学粹言》,《薛瑄全集》,第 1506 页。
④ 《理学粹言》,《薛瑄全集》,第 1526 页。
⑤ 《读书录》卷一,《薛瑄全集》,第 1025 页。

> 元人有以"北有许衡,南有吴澄"并称者。此非后学所敢轻议。然即其书求其心,考其行,评其出处,则二公之实可见也。①

似认为二人皆理学中杰出之士,但细加比较,吴澄尚不能与许衡比肩。对许衡之学识、品节与德行十分赞赏。若进一步追问,薛瑄所心仪许衡者究在何处,观《读书录》所记,所在有二:一为许衡之真知实践,不尚口说。薛瑄说:"许鲁斋在后学固莫能窥测,窃尝思之,盖真知实践者也。"②又说:"许鲁斋力行之意多。不力行,只是学人说话。"③"许鲁斋专以小学、四书为修己教人之法,不尚文辞,务敦实行。是则继朱子之统者,鲁斋也。"④薛瑄为一实践之儒,认为孔孟以来之儒学精义,宋儒已发挥殆尽,后人只须按宋儒之说去实行。他也常以简默自警,认为常简默可以见道,德进则言自简,修辞立其诚,则言不妄发。"多言,最使人心志流荡,而气亦损。少言,不惟养得德深,又养得气完,而梦寐亦安。""养德自谨言始。"⑤他的《读书录》无长篇议论,皆不同时地之心得记录。记述之亦不过备不忘,验身心而已。故薛瑄与许衡之重实行,轻言语,可谓同气相求。

其二,许衡之出处大节无亏,虽仕元不害其为真儒。薛瑄说:"许鲁斋自谓学孔子,观其去就,从容而无所系累,真'仕止久速'气象。"⑥"鲁斋召之未尝不往,往则未尝不辞,善学孔子者也。"⑦"鲁斋出处,合乎圣人之道。"⑧进而考求许衡何以去就皆合君子之道,则完全在仕元而不献伐故国之谋,与以儒家王道说元世祖,望其行中夏孔子之道。此可谓"用夏变夷",乃儒者在当时异族入主中原之时立身行己之大节,不同于其他希图富贵而畔故国之人。于此可见薛瑄表彰气节之意。薛瑄处官,也尝数次干犯权臣与阉宦,被下诏狱。刘宗周则对薛

---

①② 《读书录》卷一,《薛瑄全集》,第1025页。
③ 《读书录》卷一,《薛瑄全集》,第1065页。
④ 《读书录》卷一,《薛瑄全集》,第1027页。
⑤ 《读书录》卷一,《薛瑄全集》,第1037页。
⑥⑦⑧ 《读书录》卷一,《薛瑄全集》,第1026页。

瑄未能在于谦案中挺身而出以救其冤死,只是请从末减,有明哲保身之嫌,不够光明俊伟。① 但综观薛瑄一生之出处大节,不失为一冰清玉洁之儒,不愧其此处褒扬许衡之意。

薛瑄一生服膺朱子,又亟称赏濂洛关闽诸君子,前人谓其《读书录》是为《近思录》、《正蒙》、《太极图说》、《西铭》诸书作注解。此说不虚,但其中亦有辨。观薛瑄之意,则以程朱为正法,周、张、邵为博学之资。《读书录》记:

> 尝观周子、二程子、张子、邵子,皆与斯道之传者也。而朱子作《大学》《中庸》序,惟以二程子继承孟氏之统而不及三子,何耶?盖三子各自为书,或详于性命、道德、象数之微,有非后学造次所能窥测。二程则表彰《大学》、《中庸》、《语》、《孟》,述孔门教人之法,使皆由此而进。……此朱子以二程子上继孔孟之统,而不及三子欤?然朱子于《太极图》、《通书》则尊周子,于《西铭》、《正蒙》则述张子,于《易》则主邵子。又岂不以进修之序,当谨守二程之法;博学之功,又当兼考三子之书邪?及朱子又集小学之书,以为大学之基本;注释四书,以发圣贤之渊微。是则继二程之统者,朱子也。②

薛瑄以朱子为道学正统,但对朱子之著作,最注重者为其自著之书,对《朱子语类》的作用,则认为只可作参考。他说:"读朱子语录,不若读《易本义》、《四书集注》、《章句》、《或问》诸手笔之书为定论。有余力,则参考《语录》之类可也。"③ "读朱子语录、杂书,断不若读其手笔之书。"④ 之所以如此,是因为薛瑄认为,语录之类是门人记录,其中难免羼入记录者个人意见,何况有的语录经辗转传抄,颇失原貌,故不可尽

---

① 见《明儒学案》,第 2 页。
② 《读书录》卷一,《薛瑄全集》,第 1027 页。
③ 《读书录》卷一,《薛瑄全集》,第 1033 页。
④ 《读书录》卷四,《薛瑄全集》,第 1123 页。

信。而其中有讲义理明尽者,可发手著未尽之蕴,为自著书之重要参考,此又不可不知。

另外,薛瑄自其重实践重体悟轻议论的立场出发,对当时儒家经典之注解太繁的现象也给予批评。他说:

> 各经、四书注脚之注脚太繁多,窃谓不若专读各经、四书正文、传注,熟之又熟,以待自得之可也。小注脚太繁多,不惟有与经注矛盾处,亦以起学者望洋之叹。①

又说:

> 学者于正经、传注尚不能精熟,即泛观小注中诸儒之说,愈生枝节而莫知其本。若传注精熟之余,有余力而参看之可也。②

> 读书只当以正文、传注为本,正文传注已通析,尚有可疑者,乃可参考语录、诸说。窃见传注之外,皆有诸儒小注,经文不过数语,而小注乃数千百言。其实学者不但不能周览,并经文、传注亦不能精矣。若有大圣贤作,必重加芟削矣。③

此亦明代前期诸大儒,以为朱子在理论上发挥殆尽,后起者只可遵行,不必踵起从事著作之共同意见。故曹端、薛瑄、吴与弼等皆不喜为传注作注脚。曹端的《太极图说解》、《通书解》皆极简直,薛瑄、吴与弼甚至无经典之注解,只有读书札记。黄宗羲曾说:"河东之学,悃愊无华,恪守宋人矩矱。故数传之后,其议论设施,不问而可知其出于河东。"④东林学者高攀龙也说:"薛文清、吕泾野二先生语录中无甚透悟语,后人或浅视之。岂知其大正在此。"⑤可以说道出了河东学派特别是其创始者薛瑄的儒学特点。

---

① 《读书录》卷一,《薛瑄全集》,第1123页。
② 《读书录》卷一,《薛瑄全集》,第1027页。
③ 《读书录》卷四,《薛瑄全集》,第1126页。
④ 《明儒学案》,第14页。
⑤ 《会语》,影印文渊阁《四库全书》本《高子遗书》,卷五,第21页。

第三节　吴与弼的实践儒学

吴与弼(1391—1469)字子傅，号康斋，江西崇仁人。青年时至金陵省亲，从"三杨"之一的杨溥学，读《伊洛渊源录》，遂弃去科举之业，慨然有志于道。"谢人事，独处小楼，玩四书五经、诸儒语录，体贴于身心，不下楼者二年。"①还乡后躬耕力田，衣粗食淡，恬然自得。后以荐至京师，授谕德，不久称病辞归。居林下读书授徒。著作有《康斋集》十二卷，前七卷为诗，后五卷为奏疏、序、记等。其中重要的是《日录》，为平时身心克治之记录。从此中看，他把捉自己甚严，于作止语默间，孜孜求其合于道。刘宗周说他"刻苦奋勉，多从五更枕上、汗流泪下得来"，②可以说是他功夫特点的真实写照。他的弟子著名者有陈献章、胡居仁、娄谅、魏校、余祐、夏尚朴等人。

吴与弼沿袭了明代前期的学风，不喜形上玄远之学，重视身心体验，变化气质。其功夫在克己自励，渐趋于道。他的基本看法是，儒学归结到一点，即身心修为。《大学》之三纲八目，最重要的是明德。儒者的一切功夫，皆从身心修养开始。他对先儒所言修养功夫，特别看重存天理去人欲一途。他尝说："圣贤所言，无非存天理，去人欲。圣贤所行亦然。学圣贤者，舍是何以哉？"③而二者中，又特重去人欲。故《日录》中充满了痛自检点、如临深履薄之语。如他说：

> 日夜痛自点检且不暇，岂有功夫点检他人？责人密，自治疏矣，可不戒哉？明德、新民，虽无二致，然己德未明，遽欲新民，不

---

① 见《明儒学案》，第14页。
② 《明儒学案》，第3页。
③ 《明儒学案》，第17页。

惟失本末先后之序,岂能有新民之效乎?徒尔劳攘,成私意也。①

病体衰惫,家务相缠,不得专心致志于圣经贤传,中心益以鄙诈而无以致其知,外貌日以暴慢而何以力于行!岁月如流,岂胜痛悼,如何,如何!②

数日家务相因,忧亲不置,书程间断,胸次鄙吝,甚可愧耻。吾之所以不能如圣贤,而未免动摇于区区利害之间者,察理不精,躬行不熟故也。吾之所为者,惠迪而已,吉凶祸福,吾安得与于其间哉?③

枕上思在京时,昼夜读书不间,而精神无恙。后十余年,疾病相因,少能如昔精进,不胜痛悼,然无如之何。兼贫乏,无药调护,只得放宽怀抱,毋使刚气得挠,爱养精神,以图少长。④

七月十二夜,枕上思家计窘甚,不堪其处。反复思之,不得其方。日晏未处,久方得之。盖亦别无巧法,只随分、节用、安贫而已。誓虽寒饥死,不敢易初心也。于是欣然而起。又悟若要熟,也须从这里过。⑤

《康斋集》中,多是此种朝乾夕惕,警醒自己的话,可见吴与弼是个专在内心作功夫之人,且峻利峭拔,不少姑贷。吴与弼之所得,多在安贫乐道,身心安适方面。刘宗周就特别赞扬吴与弼的两句话:"澹如秋水贫中味,和似春风静后功。"⑥东林学者顾允成也说:"先生乐道安贫,旷然自足,真如凤凰翔于千仞之上,下视尘世,曾不足过而览焉。"⑦

吴与弼特别注意克治的,在刚忿一点。他自觉气质偏于刚,于是平居常思朱熹"延平先生终日无疾言遽色"一语,以为学力所致,于是

---

① 影印文渊阁《四库全书》本《康斋集》,卷十一,第 2 页。
② 《康斋集》卷十一,第 5—6 页。
③ 《康斋集》卷十一,第 6 页。
④ 《康斋集》卷十一,第 7 页。
⑤ 《康斋集》卷十一,第 23 页。
⑥ 见《明儒学案》,第 4 页。
⑦ 《明儒学案》,第 17 页。

时时检点己身,务去躁急之态。但不免把捉太严,求效太速,遂觉十分辛苦。后心气逐渐和平,但仍有恶外喜内之病。为了得到平和心地,他常强禁制念头不使发。后又悟到恶外喜内适所以潜伏病根,心本太虚,七情应顺其自然流行,不能有所着,亦不能强禁制不起,应该详审其理以应之。而得其理全在读书穷格事物,从事于敬恕之间,渐进于克己复礼之地,不可求效。吴与弼十分向往古人读书甚乐,心地洒然的气象,把读书作为使心气平和的手段,如:"南轩读《孟子》甚乐,湛然虚明,平旦之气略无所挠。绿荫清昼,熏风徐来,而山林阒寂,天地自阔,日月自长。"①"寝起读书,柳荫及东窗,皆有妙趣。晚二次事逆,虽动于中,随即消释,怒意未形。逐渐如此揩磨,则善矣。"②"上不怨天,下不忧人,君子居易以俟命,小人行险以侥幸。灯下读《中庸》,书此,不肖恒服有效之药也。"③"熟思平生历试,不堪回首。间阅旧稿,深恨学不向前,身心荒怠,可忧可愧。今日所当为者,夙兴盥栉,家庙礼毕,正襟端坐读圣贤书,收敛此心,不为外物所汩,夜倦而寝,此外非所当计。穷通寿夭,自有命焉,宜笃信之。"④从这些记载可以看出,吴与弼对于儒家天道性命之形上学,殆无一言触及。平日所思,惟在克治自己而渐进于道。且常梦见孔子、周公,求道不可谓不急。但因无形上学之润泽,气象甚为拘迫,不能通过体悟天道性命之理而悟入广大高明之域,这是吴与弼的局限。他的优长之处,在于通过意志磨炼,树立求为圣贤的志向。故其门下多清苦自立之士,但少高明卓绝之人。陈白沙等门弟子的修养方法,皆是对此种拘迫方法的扭转。吴与弼是一个典型的实践型儒者,其学有功夫、无本体。而其功夫,多在树立安贫乐道的精神,通过读书培养优游心情,并以书中义理沃润、浸灌心地,以变化气质。《四库提要》说他"兼朱陆之长而刻苦自立",就是指这种

---

① 《康斋集》卷十一,第3页。
② 《康斋集》卷十一,第9页。
③ 《康斋集》卷十一,第10—11页。
④ 《康斋集》卷十一,第17页。

功夫特点。

吴与弼的读书札集中多记自己刻苦自励之心得,故当时著名学者章衮说他的《日录》为一人之史,非以己意附成说者可比。其清苦自立,安贫乐道虽有卓然不可及之处,但总的说气象拘迫,局面狭窄,境界不能广大。他的弟子胡居仁的余干之学对朱熹学说多有发明,陈献章且为心学之转折点,皆为在明代哲学史上发甚大声光之人物,而概发皇于吴与弼。故黄宗羲说:"椎轮为大辂之始,增冰为积水所成。微康斋,焉得有后时之盛哉?"①这是对吴与弼学术地位的恰切评价。

第四节 胡居仁的敬义夹持

胡居仁(1434—1484)字叔心,学者称为敬斋先生,江西余干人。青年时即有志圣贤之学,投吴与弼门下。筑室梅溪山中,绝意科举。后访学于闽、浙、苏等地。曾被聘教于白鹿洞书院和贵溪桐源书院。终老于林下,一生清贫,不以恶衣恶食动心。常说以仁义润身,以书籍润屋足矣。著作有读书札记《居业录》八卷,《易象抄》四卷,及弟子余祐编定的文集《胡文敬集》三卷。《四库提要》谓:"居仁之学虽出于吴与弼,而笃实则远过其师。故在明代与曹端、薛瑄俱号醇儒。所著《居业录》,至今称道学正宗。其说《易》亦简明确切,不涉支离幽渺之谈。"②胡居仁的学术思想,以程朱"涵养须用敬,进学在致知"为纲领,其中又特重视敬字。以敬为操存之要,以敬义夹持为进德之途。他尝说:

---

① 《明儒学案·崇仁学案一》,第14页。
② 《钦定四库全书总目》,第46页。

> 程朱开圣学之门庭,只主敬穷理,便教学者有入处。①
>
> 敬为存养之道,贯彻始终。所谓"涵养须用敬,进学则在致知",是未知之前,先须存养此心,方能致知。又谓"识得此理,以诚敬存之而已",则致知之后,又要存养,方能不失。盖致知之功有时,存养之功不息。②

认为敬是格物穷理之前的虔敬心态,清明心地。这是致知的前提和准备。敬又是格物致知之后对格得之理的存养和维护,故敬字贯彻始终。在程朱,虽然在终极的意义上涵养和致知为一,但将二者分开说,即有将涵养和致知并列或分而为二之可能。胡居仁则以敬字贯穿二者。敬在胡居仁的思想中有最重要的地位。他反复强调的是敬,如:

> 圣贤功夫虽多,莫切要如敬字。敬有自畏慎底意思,敬有肃然自整顿底意思,敬有卓然精明底意思,敬有湛然纯一底意思。故圣学就此做根本,凡事都靠着此做去,存养、省察皆由此。③
>
> 敬该动静。静坐端严,敬也;随事检点致谨,亦敬也。敬兼内外,容貌庄正,敬也;心地湛然纯一,敬也。④

从内心到外表,从思想到言说辞气,敬不可须臾间断,敬成始成终:"端庄整肃,严威俨恪,是敬之入头处;提撕唤醒,是敬之接续处;主一无适,湛然纯一,是敬之无间断处;惺惺不昧,精明不乱,是敬之效验处。"⑤敬在胡居仁为一切功夫之基础。

胡居仁不同于乃师吴与弼者,在于吴与弼将敬字主要贯彻为持守心不使放逸,安贫乐道,变化气质,而胡居仁则以穷理充实敬,敬义夹持,以义理浸灌、润沃心地,非硬把持不动。故吴与弼之学虽持守可

---

① 影印文渊阁《四库全书》本《居业录》,卷二,第2页。
② 《居业录》卷二,第2页。
③ 《居业录》卷二,第1页。
④ 《居业录》卷二,第7页。
⑤ 《居业录》卷二,第5页。

观,但无优游豫悦气象,而显得褊狭急迫。胡居仁则虽严毅刚劲,但讲究以义理润沃,克服褊急之气,他说:"人虽持敬,亦要义理来浸灌,方得此心悦怿。不然,只是硬持守也。"①胡居仁反对将理存于心中而常提不放,主张心自然循理,这样心与理是有无合一,他说:"主敬是有意,以心言也;行其所无事,以理言也。心有所存主,故有意;循其理之当然,故无事。此有中未尝有,无中未尝无,心与理一也。"②以心言,指心存敬意;以理言,指理不碍心。胡居仁以为此意程颢体会最是弘通,他尝说:

> 程子体道最切,如说"鸢飞鱼跃",是见得天地之间无非此理发见充塞。若只将此意思想象,收放胸中,以为无适而非道,则流于狂妄。反与道二矣。故引"必有事焉,而勿正,心勿忘,勿助长",则吾心常存,不容想象安排,而道理流行无间矣。故同以活泼泼地言之,以见天地人物之理本相流通,但吾不可以私意挠之也。③

可见胡居仁有意要扭转乃师把捉太严之病,故特提倡活泼泼地。敬义夹持,则心与理一,而又顺其生机自然。敬即"必有事焉",心与理一则自然适道。

胡居仁提倡敬义夹持,主张活泼泼地,故对释道和理学中以静为功夫要领的,皆加以批评。对禅学,胡居仁批评尤多,在他的读书札记《居业录》中随处可见。他认为,儒者与禅家,在心与理的关系上差别甚大,关键的区别在空与理,羁制与活泼上。他说:

> 禅家存心有两三样:一是要无心,空其心;一是羁制其心;一是观照其心。儒家则内存诚敬,外尽义理,而心存。故儒者心存

---

① 《居业录》卷二,第4页。
② 《居业录》卷二,第3页。
③ 《居业录》卷八,第9页。

万理，森然具备，禅家心存而寂灭无理；儒者心存而有主，禅家心存而无主；儒家心存而活，异教心存而死。然则禅家非是能存其心，乃是空其心，死其心，制其心，作弄其心也。①

"空其心"指心中无理，"死其心"即心空而寂，不似儒家心中有理而活泼泼地；"制其心"指禅家硬把捉心使不动，儒者则随顺其活泼泼之心自然流行；"作弄其心"指禅家认作用为性，非儒家认义理为性。作用为性则专以虚明之心、昭昭灵灵之心为心之本体，义理为性则倡导心即理，心含具万理。在胡居仁看来，离开了敬义夹持，必堕入禅学。胡居仁指出禅学之误：

> 释氏是认精魂为性，专一受此，以此为超脱轮回。程子言："至忙者无如禅客。"又言："其如负版之虫，如抱石投河。"朱子谓其"只是作弄精神"，此真见他所造，只是如此模样。缘他当初，只是去习静坐，屏思虑。静久了，精神光彩，其中了无一物，遂以为真空。言道理，只有这个极玄极妙，天地万物都是这个做出来。得此，则天地万物虽坏，这物事不坏；幻身虽亡，此不亡。所以其妄愈甚。②

这还是说无敬义夹持必以空为体，以作用为性，以习静保持此空为功夫。路头一错，步步皆误。又说：

> 释氏误认神识为理，故以作用是性。殊不知神识是气之英灵，所以妙是理者。就以神识为理，则不可。性是吾身之理，作用是吾身之气。认气为理，以形而下者作形而上者。③

这亦是认为禅家心中无理。《二程遗书》中说释氏有敬以直内，无义以方外。胡居仁则认为此必记语者之误，他认为"敬以直内，义以方外"

---

① 《居业录》卷七，第9页。
② 《居业录》卷七，第6—7页。
③ 《居业录》卷七，第6页。

是一个整体,二者是体用关系。内直则外必方。因为体用无二理,内外非二致。敬则中有主。

《居业录》中胡居仁批评道家道教的地方似不若释氏之多,但亦不少。将释老放在一起加以批评之处更多。批评的矛头还是指向释老之虚无,其根据是二程那句有名的话"释氏本心,吾儒本天",如:

> 老氏之学是见得一个物事在窈冥昏默中,遂指为太极。释氏是见得自己一个精神知觉在光明不昧中,遂指为心性。然皆非真物。①

> 老氏不识道,妄指气之虚者为道。释氏不识性,妄指气之灵者为性。②

> 老氏既说无,又说"杳杳冥冥,其中有精;浑浑沌沌,其中有物",则是所谓无者,不能无矣。释氏既曰空,又说有个真性在天地间,不生不灭,超脱轮回。则是所谓空者,不能空矣。此老释之学,所以颠倒错谬,说空说虚,说无说有,皆不可信。若吾儒说有则真有,说无则真无,说实则真实,说虚则真虚。盖其见道明白精切,无许多邪遁之辞。③

胡居仁又力辨禅家作功夫之存心和儒家所谓操存舍亡之存心的不同,他说:"圣贤是随时敬谨以存其心,心有主也。禅学绝灭物理,屏除思虑,以为心存,是空其心,绝其理,内未尝有主,何以具天下之理哉!"④这是说,禅家存心,与孟子"求放心"、"操则存"表面相似,实则不同。孟子是不放纵其心。所谓操者,是约束收敛,使内有主。而释氏则只看管一个心,使其光明洁净,不为外物所侵扰,便一切可了。儒家之存心则涵养本原,尽性明理。此处儒释之分际,不容混漫。

---

① 《居业录》卷七,第1页。
② 《居业录》卷七,第4页。
③ 《居业录》卷七,第3页。
④ 《居业录》卷七,第17页。

胡居仁不仅对释道之心性论抨击甚力,对儒家学者中他认为背离敬义夹持,修养功夫近于释道者,他也有所批评,如罗从彦、李侗、吕大临、苏昞等。甚至张载、二程,胡居仁也直指其误。至于对同门陈献章、娄谅等,批评更为严厉。他对这些学者的批评集中到一点,就是讲静多,而少讲敬义夹持,少讲操存涵养。他批评罗从彦、李侗说:

> 人之学易差。罗仲素、李延平教学者静坐中看喜怒哀乐未发气象,此便差却。既是未发,如何看得?①

又批评二程弟子吕大临、苏昞:

> 吕与叔、苏季明求中于喜怒哀乐未发之前,程子非之。朱子以为,即已发之际,默识其未发之前者则可。愚谓若求未发之中,看未发气象,则动静乖违,反致理势危急,无从容涵泳意味。故古人于静时只下个操存涵养字,便是静中功夫。思索省察,是动上功夫。然动静两端,时节界限甚明,功夫所施,各有所当,不可乖乱混杂。②

这是批评专意求静,认为求静之本身即丢弃静时涵养义理一路。他对专以朱子调息箴为存心之法亦有反对,说:

> 人以朱子调息箴为可以存心。此特调气耳。只恭敬安详便是存心法,岂借调息以存心?以此存心,害道甚矣。③

又说:

> 视鼻端白,以之调息去疾则可,以之存心则全不是,盖取在身至近一物以系其心。如反观内视,亦是此法;佛家用数珠,亦是此法。羁制此心,不使妄动。呜呼!心之神灵,足以居众理而应万

---

① ② 《居业录》卷八,第7页。
③ 《居业录》卷三,第14页。

事,不能敬以存之,乃羁于一物之小,置之无用之所,哀哉!①

他对于同门友陈献章的批评,在其"静中养出端倪"之法,认为重视静太过:

> 陈公甫云:"静中养出端倪。"又云:"藏而后发。"是将此道理来安排作弄,都不是顺其自然。②

又认为陈献章所悟本体,其中无理作为主宰:

> 陈公甫说无动非神,他只窥测至此,不识里面本体,故认为理。③

认为既使能窥见本原,若无敬以涵养,循序格物,亦非切实见解:

> 如公甫之说,是常把这天地万象积放胸中,只弄得这些精神,岂暇再去思量事物之理。故张皇煊赫,自己不胜其大,故下视圣贤,小视天地。④

这里对陈献章之学的看法,与明代许多学者一致。

总之,胡居仁在总的学问趋向上与乃师吴与弼一样,乃实践之儒,不在道理议论上发挥。他也不事著述,现留下来的著作,除关于《周易》的《易象抄》之外,就是他的读书札记《居业录》和诗文集《胡文敬集》三卷。《居业录》取《易传》:"忠信所以进德也,修辞立诚所以居业也"之意,谓己之札记乃读书心得之实录,修辞立诚之表曝,非时人所谓著作之意。《居业录》中对本体的阐发较乃师为多,但重点仍在功夫论上,即以敬涵养心体,敬义夹持。其学术规模总体上说较乃师为大,因为重视义理浸灌,气象也温润、宽舒得多。需要注意的是,胡居仁在聘主白鹿洞书院时,作《续白鹿洞学规》,其内容在朱熹的《白鹿洞书院

---

① 《居业录》卷七,第12页。
② 《居业录》卷七,第15页。
③ 见《明儒学案·崇仁学案二》,第32页。
④ 《居业录》卷七,第17页。

揭示》①基础上有所扩充。朱熹的《白鹿洞书院揭示》实际上是白鹿洞书院的学规或校训,朝鲜李朝时期大儒李退溪作《圣学十图》,其第五图即《白鹿洞规图》,全录朱熹的《揭示》以为图。其内容主要是五教:父子有亲,君臣有义,夫妇有别,长幼有序,朋友有信。学此五教的次序取自中庸:博学之,审问之,慎思之,明辨之,笃行之。修身之要:言忠信,行笃敬,惩忿窒欲,迁善改过。处事之要:正其义不谋其利,明其道不计其功。接物之要,己所不欲,勿施于人。行有不得,反求诸己。胡居仁的《续白鹿洞学规》则总以上意思而为六目:正趋向以立其志,主诚敬以存其心,博穷事理以尽致知之方,审察几微以为应事之要,克治力行以尽成己之道,推己及物以广成物之功。每目之下,杂取古圣贤语以为解释,后缀自己的总结。其中"主诚敬以存其心"之目,因与己之主敬存心宗旨相符,故所引最多,发挥亦最详尽。他对此目的概括最能道出其主敬的意义:

> 愚闻人之一心,万物咸备,盖其虚灵之体,得之于天,所以主乎吾之一身,宰制天下之事者,孰有大于此者乎?然放而不存,日以昏昧。至大至贵之物,反流于卑污苟贱之域而不自知矣。然所以放者,由于物欲牵引,旧习缠绕。故杂念纷纭,不能休息,而无时在腔子之内也。唯能主乎诚敬,则本心全体即此而存,外邪客虑无自入矣。盖真实无妄之谓诚,主一无适之谓敬。二者既立,则天理安有不明,人欲何从而生哉?但其功夫效验周遍精切,非一言所能形容。②

其后为丽泽书堂所撰之学约也同此,申明学中规矩一依白鹿洞,饬学中诸生:"凡入丽泽堂者,一以圣贤之学为宗,削去世俗浮华之习,尚节行,惇信义,毋习虚诞之文以干利禄。"③其以朱子之学兴起士风之意盖

---

① 见《朱熹集》卷七四,四川教育出版社,1996年,第3893页。
② 《续白鹿洞学规》,影印文渊阁《四库全书》本《胡文敬集》卷二,第46—47页。
③ 《续白鹿洞学规》,《胡文敬集》卷二,第56页。

甚显明。

综观明代前期儒学,总的方向,是遵循朱熹的理气心性诸说。在对天道性命的理论阐述上皆无大开发、大拓展处。其著作形式,也多为读书札记,功夫主要用在修养实践上;但亦多拘限,其中尤以吴与弼对己心检束、把捉最为严厉。此种方向,至陈献章起而为之一变。

第三章

陈献章、湛若水与明代心学的起始

陈献章是明代儒学发展史上一位关键人物。他是由明初以来的朱子学到心学的转折点。《明史·儒林传》说:"原夫明初诸儒,皆朱子门人之支流余裔。师承有自,矩矱秩然。曹端、胡居仁笃践履,谨绳墨,守儒先之正传,无敢改错。学术之分,则自陈献章、王守仁始。"[1]陈献章之学,以主静为功夫,以自然为宗趣,以义理融液、操存洒落为实得,将朱子学的重格物穷理引向个人心性体验。他的弟子湛若水则对江门之学有深入之开发,将乃师的诗性体验折回格物穷理,使江门之学的玄远品格返归实地。

---

[1] 《明史》卷二八二,第 7222 页。

第一节　陈献章的自然之学

　　陈献章(1428—1500)字公甫,号石斋,广东新会白沙里人,学者称白沙先生。祖父、父亲皆读书乡间,不乐仕进。陈献章二十岁中广东乡试,次年会试中乙榜,入国子监读书。后三年会试又落第,返回乡间。二十七岁,至江西崇仁,从吴与弼游。吴与弼使劳作、亲细务以磨炼心性。《明儒学案·崇仁学案》载:"陈白沙自广来学,晨光才辨,先生(吴与弼)手自簸谷。白沙未起,先生大声曰:'秀才若为懒惰,即他日何从到伊川门下,又何从到孟子门下!'"门人张诩的《白沙先生行状》也说:"康斋性严毅,来学者绝不与语,先令治田,独待先生有异,朝夕与之讲究。"①陈献章在江西半年后归家,闭门读书,穷究古今典籍,有时甚至彻夜不寝。久之悟自然之旨,以自得为真实受用,有自得,然后博之以典籍。于是筑春阳台,静坐其中,足不出户者数年。此段经历,白沙之《龙冈书院记》记述说:"予少无师友,学不得其方,汩没于声利,支离于秕糠者盖久之。年几三十,始尽弃举子业,从吴聘君游,然后益叹迷途其未远,觉今是而昨非。取向所汩没而支离者,洗之以长风,荡之以大波,惴惴焉惟恐其苗之复长也。"②并开门授徒。后十余年,复游太学,祭酒邢让使和杨时《此日不再得》诗,见白沙之作,赞为"龟山不如",由是名动公卿。次年归家,至 55 岁时,由广东布政使彭韶等荐举,召至京师。陈献章不愿受官,疏乞终养,授翰林院检讨归。此后屡荐不起,老于林下。其著作今编为《陈献章集》。

　　陈献章虽从学吴与弼,但其所得,为立志圣学,刊落声华,刻苦修

---

① 《陈献章集》附录,中华书局,1987 年,第 869 页。
② 《陈献章集》,第 34 页。

养,身体力行之方向,学术上的收获皆其自得。陈献章尝自述为学经历说:

> 仆才不逮人,年二十七,始发愤从江右吴聘君学。其于古圣贤垂训之书,盖无所不讲,然未知入处。比归白沙,杜门不出,专求所以用力之方,既无师友指引,日靠书册寻之,忘寝忘食,如是者累年,而卒未有得。所谓未得,谓吾此心与此理未有凑泊吻合处也。于是舍彼之繁,求吾之约,惟在静坐。久之,然后见吾此心之体隐然呈露,常若有物。日用间种种应酬,随吾所欲,如马之御衔勒也。体认物理,稽之圣训,各有头绪来历,如水之有源委也。于是涣然自信曰:作圣之功,其在兹乎?①

陈献章的学术,与吴与弼甚不相同。吴与弼为一实践之儒,其所得在通过艰苦的修养克己制欲,其功夫全在五更枕上、汗流泪下之处。且其求道甚急,读书札记中多处记梦见孔子,梦见周公,梦见朱子。其学严毅清苦,气象甚为拘迫。陈献章于此种功夫不谐,故归乡后发愤读书,忘寝忘食,循读书穷理之路。此种入路亦未有得。所谓未得,指心中之理与外物之理尚离而为二。后舍去读书之繁,求自得之约,行静坐之功,静中养出端倪,才算确立了功夫路向。所谓此心之体,隐然呈露,指体认到心中之理。此理是性理与物理二相归一的某种原理、原则。用之支配日用间种种事为,用之体认物理,观照经典中的道理,皆吻合无间。此静中养出的,是心中之理,此理初始甚为朦胧,甚为微弱,故称端倪。但此理是心中本有,又是性理物理二相归一的,故陈献章某种程度上可以算作明代心学的起始。黄宗羲说:"有明之学,至白沙始入精微。"②就是指陈献章从理学到心学的转折。静中养出端倪,指心中呈现出理。此理非从外物格得之物理,而是心中本有之理,此

---

① 《复赵提学佥宪》,《陈献章集》,第145页。
② 《明儒学案·白沙学案》,中华书局,1985年,第78页。

理可类比、投射为一切理,而且乃自悟自得者。运用之妙,全在己心。此于认理在心外,心只是去欲存理的搏斗场之学问路数,可谓调转一方向,而与陆九渊之"心即理"实有相同之处。故说陈献章为明代心学起始。陈献章也以此为为学宗旨,强调"为学须从静中养出个端倪来,方有商量处"。①

陈献章养出此端倪的功夫在静,此亦是对周敦颐、程颐、罗从彦、李侗等人主静宗旨的继承。陈献章曾说:

> 伊川先生每见人静坐,便叹其善学。自濂溪先生发源,后来程门诸公递相传授,至于豫章、延平,尤专提此以教人。学者也以此得力。晦翁恐人差入禅去,故少说静,只说敬,如伊川晚年之训。此是防微虑远之道。然在学者,须自度量如何。若不至为禅所诱,仍多着静,方有入处。若平生忙者,此尤为对症药也。②

此以静为道南一派教人之单提口诀,为学者入门之方。另在陈献章看来,"敬"亦只是"静"的又一种说法,"敬"重在心有存主,心不放逸,提撕警醒,主一敬畏之意,实即广义的静。而"静"字的本质是虚,虚更容易趋向于率乎自然的境界,而敬则容易走入把捉太紧,常提不放之域,反成虚之障碍。故陈献章仍喜提"静"字。对平时憧憧往来、中心驰骛之人,静字更有功效。

陈献章之静,完全出自孤苦探索所得,故以此教人,以为从入之路。他尝对弟子说:"学劳攘则无由见道。故观书博识,不如静坐。"③而静坐,惟在求心地之虚,虚则一切杂扰退听,保持本然之虚圆心体。而此法近于禅之"本来无一物"、"佛性本清净"之意。故当时许多人以白沙主静之学为禅。白沙对此辩白说:

---

① 《与贺克恭黄门》,《陈献章集》,第133页。
② 《与罗一峰》,《陈献章集》,第157页。
③ 《与林友》二,《陈献章集》,第269页。

> 孔子教人文行忠信,后之学孔氏者则曰"一为要"。一者无欲也,无欲则静虚动直,然后圣可学而至矣。所谓"自立门户"者,非此类欤? 佛门教人静坐,吾亦曰静坐;曰惺惺,吾亦曰惺惺。调息近于数息,定力有似禅定。所谓"流于禅学"者,非此类欤?……其晦也不久,则其光也不大;其诎也不甚,则其信也不长。物理固亦有然者矣,仆或不为此戚戚也。①

白沙之静坐,提倡心常惺惺,甚至于行调息法,以求定力,其目的皆在获得"专一"的心境。专一就是无欲,无欲才能静虚动直。从哲学根本道理上说,"晦"是"明"的前提,"诎"是"伸"的条件。求一和无欲,正是为了"光"与"伸"。这里陈献章将自己与禅学的不同申述得很清楚。而且宋明理学在修养方法上吸取了佛道的许多养分,此为学界共识。说某理学家类禅,此已无有分疏辩白的必要。故白沙此处亦仅提到而止,不作详细论说。

另外,"静中养出端倪"的"端倪"亦有分疏之必要。此端倪是理,此理内容如何? 据陈献章的自述可知,此理是陆九渊的本心,再融入平日穷理、体验等心理积淀而得。陆九渊的"心即理"意思是,心中之理与外在的物理是同一的。心中之理是孝父敬兄的自然情感,也即"四端"本身。外在事物之理经过此伦理之情的归约、类比,也变成了与伦理之情相当的东西。此即陆九渊"吾心即是宇宙,宇宙即是吾心"的真正意思。他的"心,一心也;理,一理也。至当归一,精义无二",指的就是这种归约、类比。但陆九渊强调的是,既然二相归一,说心中之理就自然包含宇宙之理。所以他经常论说的是伦理,突显的是伦理上的义利之辨,为学之方上的先立其大。陈献章的端倪,首先是爱父敬兄的天赋情感,这是理的最基本内容,但平时对事理的寻究,对心中所感的体验等,都凝聚、归约为一根本道理,融化到此天赋情感中,此心

---

① 《复赵提学佥宪》三,《陈献章集》,第 147 页。

此理成为一种浑一的、不加分别的思想积淀。只要静功着到,心中虚廓无一物,此种思想积淀即随之呈现。其在吴与弼处的体验,归家之后的闭门苦读,累年所得都包蕴在此端倪中。前此心与理未能"凑泊吻合",到此时此心此理融合为一。他得到的是这种心理合一的浑沦状态。用此心理合一体去指导行为,理解经书中的义理,各有贯通吻合。所以陈献章以此为宗旨,指示学人。他所指示的,是根据自己的经历而有的实际体验,"非务为高虚以误人也"。

识取此种心理合一,存养这种心理合一,开发此种心理合一,就是为学之大端。陈献章说:

> 夫天地之大,万物之富,何以为之也?一诚所为也。盖有此诚,斯有此物;则有此物,必有此诚。诚在人何所?具于一心耳,心之所有者此诚,而为天地者此诚也。①

此诚实即宇宙本体,此物之所以为此物,乃宇宙本体演化而成。宇宙本体体现于一切处。在人,即人之本心。心之所有,万物之本质,都是此诚,此诚为心朦胧觉知,即静中养出之端倪。而此端倪之放大,即宇宙之理本身。平日功夫,只是识取此理,存养此理。所以陈献章说:

> 终日乾乾,只是收拾此理而已。此理干涉至大,无内外,无终始;无一处不到,无一息不运。会此则天地我立,万化我出,而宇宙在我也。②

此"无内外,无始终"的理,即宇宙根本之理,是一切具体事物之理的概括和提纯。陈献章虽然也讲分殊之理,但他讲得最多,能使他进到自然境界,获得"无所着之心"的,就是此理。所以他又说:

> 此理包罗上下,贯彻终始,滚作一片,都无分别,无尽藏故也。自兹以往,更有分殊,合要理会。毫分缕析,义理尽无穷,工夫尽

---

① 《无后论》,《陈献章集》,第 57 页。
② 《与林缉熙》,《陈献章集》,第 217 页。

无穷。书中所云,乃其统体该括耳。①

陈献章学术最为特殊的地方,在心与道俱的胸襟和未尝致力而应用不遗的境界。对于理,既要悟到它义理无穷尽,功夫无穷尽,又要悟到它自然而然,不待安排。陈献章在论到心与理一之后立即说到得此理后的功夫要领:

> 得此把柄入手,更有何事?往古来今,四方上下,都一齐穿纽,一齐收拾。随时随处无不是这个充塞。色色信它本来,何用尔脚劳手攘?舞雩三三两两,正在勿忘勿助之间。曾点些儿活计,被孟子打并出来,便都是鸢飞鱼跃。……夫以无所着之心行于天下,亦焉往而不得哉?②

理凝聚则在一心,散开则在万事万物。往古来今,四方上下,正是理的本在处所。就这个视角看,宇宙万物都是自自然然的,它本来如此,非有强力使然。儒者认取天地万物之理,同时须认取它的自然本然。孔子的"吾与点也",就是赞扬曾点的无所着之心。孟子向往的鸢飞鱼跃。也是这种自然而然生机活泼的气象。所以在陈献章这里,宇宙万物对他是舒卷自如的:卷则"终日乾乾,收拾此理",舒则"色色信他本来,何用尔脚劳手攘"。只觉到卷,则易拘执;只有放开手脚,拓展心胸,对于宇宙万物既识其卷,同时又觉其舒,才能不为所拘。在这种境界观照下的宇宙万物,便是自然无事。他描述这种识趣说:

> 宇宙内更有何事?天自信天,地自信地,吾自信吾。自动自静,自阖自辟,自舒自卷。甲不待乙供,乙不待甲赐。牛自为牛,马自为马。感于此,应于彼,发乎迩,见乎远。故得之者天地与顺,日月与明,鬼神与福,万民与诚,百世与名,而无一物奸与其间。呜呼!大哉。③

---

①② 《与林缉熙》,《陈献章集》,第217页。
③ 《与林时矩》,《陈献章集》,第242页。

在宇宙中,每一事物都可以说是自足的,其存在的根据即在其自身。互相之间的感与应也是自然而然的,非出于自己之外的强力,也非出于自身本性以外的欲求。觉到这一点,才是对宇宙万物的真正认识。

对宇宙的认识如此,认识宇宙的心也与此相应,二者本是一回事。陈献章说:

> 天道至无心,比其著于两间者,千怪万状,不复有可及。至巧矣,然皆一元之所为。圣道至无意,比其形于功业者,神妙莫测,不复有可加,亦至巧矣,然皆一心之所致。心乎,其此一元之所舍乎?①

这也是说,天道自然,此自然就是最大的巧。圣人之功业,因为遵循自然,所以神妙莫测。心之巧无他,只是与天道之自然为一。自然之巧舍于心,心自能巧。而心中生起的出于私欲的意,则是心劳而日拙,故"至拙莫如意,至巧莫逾心"。本于此,陈献章对人心本身状态的描述便是:

> 人心上容留一物不得,才着一物,则有碍。……是以圣贤之心,廓然若无,感而后应,不感则不应。又不特圣贤如此,人心本来体段皆一般。只要养之以静,便自开大。②

陈献章以上思想,可以说有得于老庄。陈献章的祖父永盛,好老庄,慕宋陈抟之为人。陈献章的父亲名琮,号乐芸居士,不乐仕进,隐居乡间,喜好作诗,在陈献章出生前一月病逝。陈献章由母亲抚养,在孩提时代母亲常给他诵读父亲所遗诗词,如《遣兴》:"箕踞长松下,忘情白发新。城市有名利,江山惟白云。"《山水词》:"水何碧,云何黄,漠然真是水云乡。云水乡,梅韵铄,一夜东风尽开却。幽鸟飞来不知去,芳心

---

① 《仁术论》,《陈献章集》,第 57 页。
② 见《与谢元吉》,《明儒学案·白沙学案》,第 84 页。

未许闻偷啄。"其蒙师为一乡间老儒,性好山水。① 这些都对陈献章之喜好自然、不乐拘谨有一定影响。

陈献章学宗自然,他也常以自然之旨教来学者。如他尝语大弟子湛若水说:

> 人与天地同体,四时以行,百物以生,若滞在一处,安能为造化之主耶?古之善学者,常令此心在无物处,便运用得转耳。学者以自然为宗,不可不着意理会。②

又说:

> 此学以自然为宗者也。……自然之乐,乃真乐也,宇宙间复有何事?故曰:虽之夷狄,不可弃也。③

> 飞云云高几千仞,未若立木于空中与此山平,置足其颠,若履平地,四顾脱然,尤为奇绝。此其人内忘其心,外忘其形,其气浩然,物莫能干。神游八极,未足言也。④

此语可视为江门之学之宗旨,故珍重付嘱其传人。而陈献章平日论学语,涉及自然宗旨者甚多。陈献章学宗自然,是当时学界的定评。

陈献章自然宗旨,得之涵养,故他教人,特重涵养:

> 文章、功业、气节,果皆自吾涵养中来,三者皆实学也。惟大本不立,徒以三者自名,所务者小,所丧者大。虽有闻于世,亦其才之过人耳,其志不足称也。学者能辨乎此,使心常在内,到见理明后,自然成就得大。⑤

陈献章并不以心性之学为高而贬低文章、功业、气节,而是认为,此三者若从道德修养上发出来,则皆是实学。道德涵养是本,三者是末;道

---

① 皆见黄明同:《明代心学宗师陈献章》,广东人民出版社,2005年,第20—21页。
②③ 《与湛民泽》七,《陈献章集》,第192页。
④ 《与湛民泽》,《陈献章集》,第190页。
⑤ 《书漫笔后》,《陈献章集》,第66页。

德涵养是明理,三者是见于事。见理明后,才能成就得事。而涵养之大端有二,一,义理之融液;二,操存之洒落。他认为,学有二种,一种是由积累而至者,一种是不由积累而至者。积累而至者,指积累关于具体事物的知识。不由积累而至者,指对天道性命等形上本体的解悟。具体事物的知识,口可以言,笔可以写,对道的觉解全凭心悟,但道并非离事物而别为一物。道可以说是至无而动,至近而神。"至无"言其本体,"动"言其表现为万物。至近而神同此。涵养的目的是能知此"至无而动,至近而神"之本体并与之为一。方法是由知万物而悟其本体。陈献章说:

> 知者能知至无于至近,则无动而非神。藏而后发,明其几矣;形而斯存,道在我矣。是故善求道者,求之易;不善求道者,求之难。义理之融液,未易言也;操存之洒落,未易言也。①

此处"易",指以至近求至无。"难",指直接体认道。陈献章主张通过明几而存道,知至近而得至无。明几重在义理之融液,即将道所显现于万物者统归于一。道与具体事物,圆融无碍。具体事物之间,圆融无碍。这个方面重点在知,在觉解。而惟有知道了这一点,才能有后一点:操存之洒落。可见陈献章之自然,是建基于对宇宙万物的体认、理解、彻悟上的。所以,他特别重视悟,一悟一层科级,一悟一片天地。由此他又重疑,此疑主要不是对于具体事物的知识是否确实的疑惑,而是对具体事物上所体现的道体理解有不足。他说:"疑者,觉悟之机也。一番觉悟,一番长进,更无别法也,即此便是科级。"②又说:"学贵知疑,小疑则小进,大疑则大进。"③

陈献章之学,以主静为入手,以自然为归趣,以勿忘勿助不犯作手为实得,故当时学界多以为陈献章之学近于曾点,或宋之邵雍。如当

---

① 《复张东白内翰》,《陈献章集》,第131页。
②③ 《与张廷实》,《陈献章集》,第165页。

时学者章懋所记与白沙的一段对话,其中说:

> 白沙应聘来京师,予在大理往候而问学焉。白沙云:"我无以教人,但令学者看'与点'一章。"予云:"以此教人,善矣。但朱子谓专理会与点意思,恐入于禅。"白沙云:"彼一时也,此一时也。朱子时,人流于异学,故以此救之。今人溺于利禄之学深矣,必知此意,然后有进步处耳。"予闻其言,恍若有悟。①

从这里的记述可以看出,白沙教人,确实不拘守存理去欲,而以曾点之狂者气象为重点。白沙之狂者气象,正是为了破除辞章、功利等学,以心胸开拓、境界阔大为归趋,可谓寓救世之志于学术焉。

陈献章的弟子张诩评述白沙之学:"初则本乎周子主静、程子静坐之说以立其基,其自得之效,则有以合乎见大心泰之说。故凡富贵、功利、得丧、死生,举不足以动其心者。其后造诣日深,则又以进乎'颜氏之卓尔,虽欲从之,末由也已'之地位。而骎骎乎孔子无意必固我之气象矣"。② 并认为白沙不仅自己进学有层级,且教人亦有次第:始惧学者障于言语文字,故倡导心学,训学者以"去耳目支离之用,全虚圆不测之神"。其后惧学者沦于空寂,又倡导"不离乎日用,而见鸢飞鱼跃之妙"。最后超悟于高远之境。因此时人至有"活孟子"之称。

陈献章所定的江门之学传人弟子湛若水总结陈献章一生学问进境说:"从学于吴聘君,闻伊洛之绪。既博记于群籍,三载无所得。既又习静于春阳台,十载罔协于一。乃喟然叹曰:'惟道何间于动静,勿忘勿助何容力。惟仁与物同体,惟诚敬斯存。惟定性无内外,惟一无欲,惟元公、纯公其至矣。'"③ 此中道出白沙最后之归宿:广大高明不离乎日用,勿忘勿助为实得,与物同体为境界,主一无欲为功夫,诚敬为要领,周敦颐、张载之学为归向。

---

① 夏尚朴:《浴沂亭记》,见《明儒学案》,第 74 页。
② 张诩:《白沙先生行状》,见《陈献章集》附录,第 880 页。
③ 湛若水:《白沙先生改葬墓碑铭》,见《陈献章集》附录,第 884 页。

黄宗羲对陈献章学术的总结最为精当:"先生之学,以虚为基本,以静为门户,以四方上下、往古来今穿纽凑合为匡廓,以日用常行分殊为功用,以勿忘勿助之间为体认之则,以未尝致力而应用不遗为实得。远之则为曾点,近之则为尧夫,此可无疑者也。"①并力辨白沙之学非禅。观黄宗羲以上总结,说白沙为禅,实非真能理解白沙学术者。黄宗羲对陈献章在明代儒学发展中的贡献亦极赞扬之情,这就是:开心学之先河,导阳明入广大高明之域。

唯刘宗周对陈献章自然之学有批评之意。刘宗周说:"先生学宗自然,而要归于自得。自得故资深逢源,与鸢鱼同一活泼。而还以握造化之机,可谓独开门户,超然不凡。至问所谓得,则曰:静中养出端倪。向求之书册,累年无所得,而一朝以静坐得之,似与古人之言自得异。孟子曰:'君子深造之以道,欲其自得之也。'不闻其以自然得也。静坐一机,无乃浅尝而捷取乎?"②刘宗周所不满于陈献章者,主要在其静中养出端倪,认为是浅尝捷取,背离了吴与弼以来艰苦磨炼,实下工夫存理去欲的精神,近于弄精魂。故刘宗周对陈献章评论说:"今考先生证学诸语,大都说一段自然功夫,高妙处不容凑泊,终是精魂作弄处。盖先生识趣近濂溪而穷理不逮,学术类康节而受用太早。质之圣门,难免欲速见小之病者也。"③刘宗周此评论对陈献章之学可以说有偏处。盖其仅见陈献章之初入门宗旨,不见后来种种实地功夫;仅见他不沉潜笃实之路向,不见他高明阔大之境界。陈献章的同门友娄谅、胡居仁的批评也多就此着眼。而明初"此亦一述朱,彼亦一述朱"的沉闷局面,似赖陈献章首先打破。吴与弼、薛瑄以来居敬穷理,兢兢业业、亹亹翼翼,如临深履薄的功夫路向,似赖陈献章改变。在明代儒学史上,陈献章开心学之风气的功绩实不可没。

---

① 见《明儒学案·白沙学案》,第 79 页。
② 见《明儒学案·师说》,第 4 页。
③ 《明儒学案·师说》,第 5 页。

第二节　陈献章的弟子

陈献章一生处林下，又在南海边鄙之地，自临川从学吴与弼归乡之后，即开始授徒。据《广东新语》和《新会县志》记载，列名为陈献章弟子的有一百余人，其中以广东人居多，另外还有苏、浙、两湖、闽、赣、四川等地的弟子。陈献章的教育思想，在他的《古蒙州学记》中有集中表露，其中说："圣朝仿古，设学立师以教天下。师者传此也，学者学此也。由斯道也，希贤亦贤，希圣亦圣，希天亦天。立吾诚以往，无不可也。此先王之所以为教也。"①陈献章之教弟子，即以此为目标。就是说，他不是以教授举业为目的，而是教以圣贤之学。学此者并非不应科举，但教育的目的不在科举。所以他对中国历代的儒学教育都有批评，其大端在批评汉以来的训诂之学、隋唐以来的辞章之学、及宋元以来的科举之学。他为自己定的教学内容是圣贤之学，而圣贤之学首在以学变化气质。他说："夫士何学？学以变化气习，求至乎圣人而后已也。"②而变化气质，虽为终身之事，小学阶段尤其重要。他在《程乡县社学记》中说：

> 予尝终夜思之，其不及古者，有司非与庠序之设。六经之训固在也。以小学言之，朱子小学书，教之之具也；社学，教之之地也，其皆不可无也。天下之事，无本不立。小学，学之本也。保自然之和，禁未萌之欲，日就月将，以驯致乎大学，教之序也。然则社学之兴在今日，正淑人心、正风俗、扶世教之第一义也，何可少哉！③

---

①② 《陈献章集》，第28页。
③ 《陈献章集》，第30页。

故他大力提倡郡县官吏应注意兴学,并以程颢"治天下以正风俗、得贤才为本"之训自勉,以作养人才为己任。

陈献章的弟子,以李承箕、张诩、贺钦、湛若水、邹智、周茂烈、林光、陈庸、谢佑、李孔修、何廷矩、史桂芳等最为知名,其中湛若水学问深广,其学逸出白沙,下节详述。本节只述李承箕、张诩、林光、贺钦。

李承箕字世卿,号大崖,湖北嘉鱼人。成化举人。慕献章之学,不远万里,涉江浮海,至南海从陈献章学。据陈献章《送李世卿还嘉鱼序》,李承箕之文"出入经史,跌宕纵横,笔端滚滚不竭,来数千言。沛然出之,若不为势利所拘者"。① 陈献章曾赞扬他:"李世卿不远数千里来访白沙,朝夕与之谈,英伟特达,鄙陋当世,欲于声利外立脚者,非但文辞之工而已。"②陈献章讲学不似吴与弼端重严毅,与李承箕师徒甚相得,在白沙七月,朝夕讲论名理,"凡天地间耳目所闻见,古今上下载籍所存,无所不语。所未语者,此心通塞、往来之机,生生化化之妙,非见闻所及,将以待世卿深思而自得之,非敢有爱于言也"。③ 师徒常登临赋诗,往复唱和,积诗百余篇。其中可见两人交谊之笃,相得之欢。如《雨中李世卿往还》:"助谈风满席,伴宿月流衾。贫贱交游冷,江山脚迹深。惠连何处梦,孟母此时心。稍歇松斋雨,还来辨绣针。"④又如《寄吴明府同世卿游玉台》:"圭峰雨初霁,策马向松关。流泉忽满涧,白云长在山。弃置千般事,来投半日闲。上方禅榻静,坐到暮钟还。"⑤又如《楚云台呈世卿》之三:"有月严光濑,无金郭隗台。悠悠百年内,又见一人来。水槛秋逾好,山云暝欲回。相逢各心醉,一语浃春醅。"⑥通过这些诗,我们可以看出陈献章宗自然,乐率真,倘徉山水间,悠然

---

① 《陈献章集》,第16页。
② 《与张廷实主事》二十三,《陈献章集》,第169页。
③ 《送李世卿还嘉鱼序》,《陈献章集》,第16页。
④ 《陈献章集》,第365页。
⑤ 《陈献章集》,第377页。
⑥ 《陈献章集》,第376页。

忘怀一切的情趣。也可见李承箕等弟子在白沙这种风格的养成中所起的夹持作用。故陈献章将李承箕比为人间高凤:"山霭霏霏碧满蓑,清风不奈俗尘何。人间久矣无高凤,何处如今楚凤歌。"① 而李承箕辞归乡土,陈献章念路远相见之难,伤别之情甚殷:"客路经南岳,湘帆背岳开。江湖闲老梦,岁月是君来。相见儿童喜,别离琴瑟哀。惟应楚云外,更起望仙台。"② 李承箕先后四次至南海见陈献章,不惮千里跋涉之劳,师徒间情谊亦可概见。李承箕所服膺白沙者,在一本自然,功名利禄不关于心,而以求仁为急;不轻著述,扫除世间语录之学,及其出处大节等。而此种种可观之处,皆见诗中。故李承箕引白沙诗并加以评说:

> "从前欲洗安排障,万古斯文看日星。"其本乎?"一笑功名卑管晏,六经仁义沛江河。"其用乎?"时当可出宁须我,道不须行只在人。"其出处乎? 所谓吟咏性情,而不累于性情者乎! 先生不著书,尝曰:"六经而外,散之诸子百家,皆剩语也。"故其诗曰:"他年得遂投闲计,只对青山不著书。"又曰:"莫笑老慵无著述,真儒不是郑康成。"③

其思想性情甚为明显,其学术趋向可概见矣。

张诩字廷实,号东所,为白沙乡人,成化进士,官至南京通政司左参议。白沙曾有序论张诩之学:

> 廷实之学,以自然为宗,以忘己为大,以无欲为至,即心观妙,以揆圣人之用。其观于天地,日月晦明,山川流峙,四时所以运行,万物所以化生,无非在我之极,而思握其枢机,端其衔绥,行乎日用事物之中,以与之无穷。然则廷实固有甚异于人也,非简于

---

① 《和世卿》,《陈献章集》,第672页。
② 《赠别世卿》之一,《陈献章集》,第377页。
③ 见《明儒学案》,第91页。

人以为异也。①

观此可知,张诩之学,首在识天地万物本然之理,而人心与天地之理相应,人心之理就是天地万物之理。所谓"在我之极",即此心此理。然后以此理作为日用常行之原则,同时又化入万物中。此理为一,"与之无穷"即多。以理还于万物,即与万物本有之自然律则为一,此即即心观妙,揆圣人之用。能与自然为一,忘怀自我,无人物之别,俯仰应机。此以自然为宗,以忘几为大,以无欲为至。这一点与陈献章最为相似。万物"无非在我之极",类似陈献章上述所说"终日乾乾,只是收拾此理而已。……天地我立,万化我出,宇宙在我"。"握其枢机,端其衔绥",即陈献章"得此把柄入手"。"行乎日用之中,以与之无穷",即"更存分殊处,合要理会,功夫无穷尽"。张诩之学真得其师之真者。

张廷实之学与乃师一样,十分重视修养过程中解悟的作用。其境界提高之每一步,皆如白沙所谓"一番觉悟,一番长进"。关于这一点,张诩自述其成学经历的《柳塘记》说之甚悉:少年观塘柳,偃仰披拂于朝烟暮雨之中,景色自然映入。心随景色变化,但只知其景色之可乐,不知何以能乐。此即境与心得,莫知其乐之所以的阶段。青年时观此塘柳,昔人咏塘柳之佳句突然涌上心头,如"柳塘春水漫","杨柳风来面上吹"等,亦只有外在的比拟,以眼前景色拟之于诗句所现之景色。佳句过后,眼前之景似无关于己者。待渐经岁月,饱尝疾病忧患,悟心中之理与万物之理为一,加上静中去除杂念干扰,前所观之柳塘景色突显于心底。既不靠亲历,也不靠前人之佳句诱至,而是情与景融合为一,静中显于当下,鲜明生动。此所谓"理与心会,不必境之在目,情与神融,不必诗之出口"。到此境界,方悟至乐至妙,不假外求。故在张诩眼里,《中庸》的"至诚无息",即所以形容此自然高妙,全体皆动,活泼泼地之境。他的《复乾亭记》说:

---

① 《送张进士廷实还京序》,《陈献章集》,第12页。

> 子思所谓"至诚无息",即"逝者如斯夫,不舍昼夜"之意。全体呈露,妙用显行,唯孔子可以当之。在学者则当终日乾乾也。至于心无所住,亦指其本体。譬如大江东去,沛然莫之能御。……今以其本体人人皆具,不以圣丰而愚音。①

此境界可以视为他柳塘之悟的第三阶段:忘怀自我,与自然为一,心与理皆一诚之表现,不复分别,还归其本真。

张廷实之学如此,故对乃师之气象体认最真,亦最能道出乃师学问之神采。他的《白沙先生墓表》写得空灵飘逸,如江河之滚滚直下:

> 壮从江右吴聘君康斋游,激励奋起之功多矣,未之有得也。既归杜门,独扫一室,日静坐其中,虽家人罕见其面,如是者数年,未之有得也。于是迅扫夙习,或浩歌长林,或孤啸绝岛,或弄艇投竿于溪涯海曲。忘形骸,捐耳目,去心志,久之然后有得焉,于是自信自乐。其为道也,主静而见大,盖濂洛之学也。由斯致力,迟迟至于二十余年之久,乃大悟广大高明不离乎日用。一真万事真,本自圆成,不假人力。其为道也,无动静内外,大小精粗,盖孔子之学也。②

其述乃师之学不啻宣说己学也,从中亦可看出他的学术趋向之大凡。

张诩之学,当时皆以为过于高妙,不切实地,而同门友贺钦、林光、湛若水学问与此不同,常切责之。如湛若水曾说张诩:"有美质,胸襟最高。然其所存所作,或有离而去之者。"③并记述陈献章对几个最著名的弟子的评论,以见批评之意:"今门人见有张廷实(诩)、李子长(孔修),而先生云不讲学三十年,何也?先生(陈献章)曰:'子长只作诗,廷实寻常来只讲些高话,亦不问,是以不讲。盖此学自林缉熙去后,已

---

① 见《明儒学案》,第96页。
② 见《陈献章集》附录,第883页。
③ 见《白沙子古诗教解》,《陈献章集》附录,第767页。

不讲矣。'"①

陈献章弟子中,贺钦与林光以笃实闻。贺钦字克恭,号医闾,成化进士。陈献章在太学时,贺钦即慕其为人,禀学称弟子。贺钦气质偏于刚,以砥砺名节为第一事,读书穷理涵养处却有歉。陈献章曾有多封书信锥扎之,使之加强涵养,处于宽平之地。如:"今日与克恭别,未知再会之期。若不发端言之,使克恭终身事业只是以名节结果,辜负了好美质,蹉过了好时节,如此则是某之罪也。"②又说:"比见克恭与人商论,费气力太多,锋芒太露,有德者似不如此逼切。更望完养,令深沉和平,乃为佳耳。"③"心地要宽平,识见要超卓,规模要阔远,践履要笃实。能是四者,可以言学矣。"④并告诫他,无气节固不可以处患难,但无涵养亦不可以处患难。如同是贬官岭南,韩愈似不若苏轼有涵养,能撑持得住。认为向学是获得涵养的最佳途径:"士大夫出处去就,分明已占了好田地。更能向学,求向上一着,不枉费浮生岁月,岂不抵掌为之三叹乎?"⑤并寄转林光一信,劝他以林光之笃实向学,身体力行"静中养出端倪"之旨为效法:"为学须静中养出个端倪来,方有商量处。林缉熙此纸,是他向来经历过一个公案如此,是最不可不知。"⑥贺钦循此方向,磨炼攻错,学问渐趋实地,并以主静为功夫要诀。贺钦曾说:"为学之要,在乎主静,以为应事建功之本。"又论静的根本地位说:"静无资与动,动有资于静,凡理皆如此。……故凡静者多自给,而动者多求取。故人之寡欲者,多本于安静;而躁动营营者,必多贪求也。"⑦其学一变而为躬行实践,谨慎持身。

林光(1439—1519)字缉熙,号南川,东莞人,成化举人。有《南川冰蘗全集》十二卷。乙丑会试入京,见陈白沙,语甚相契,于是从之归

---

① 见湛若水:《湛甘泉先生文集》,清康熙二十年刻本,卷四,第8页。
②④⑤ 《与贺克恭黄门》,《陈献章集》,第134页。
③ 《与贺克恭黄门》,《陈献章集》,第135页。
⑥ 《与贺克恭黄门》,《陈献章集》,第133页。
⑦ 并见《明儒学案》,第99—100页。

江门,称弟子,问学于陈献章二十余年,陈献章甚至在林光辞归后认为解人难得而兴不愿再讲学之叹,可见其得陈献章器重之程度。林光所见甚是超脱,甚是正大,门人之间亦推服无异词。如湛若水说:"白沙子崛起南方,析濂洛之源,以达于洙泗,慨然任明道之责。当是时,得其门而入者,唯南川一人而已。"①清人屈大均的《广东新语》亦说:"白沙之门,见道清澈,尤以林先生为最。所上白沙书,得力过于甘泉,可直接白沙学脉。弟子传当首缉熙,白沙尝语人云:'从吾游而能见此道践履者,惟缉熙耳。'"②

林光为学,初亦如陈献章,先刻苦读书,求之书册,后渐渐能将心中之理融诸六经。他尝自述其求学历程说:

> 始者光之有志于斯学也,承先人之余庇,无饥寒之所迫,甘心苦志以求之。昼焉而忘食,夜焉而忘寐,忘身忘世,惧其妨夺也。埋光刬采,惟恐入山之不深。天下之事,视之总若浮埃,无复可以上人怀抱者。如是十余年,虽不敢自谓有所见,然太极浑沦之全体豁然动于中者,无停机矣。由是随动随静,虽欲离之而不可得。然后反而验诸六经,有不知其然而不得不然,不求其合而不得不合。浩乎沛乎,若江河之有源,湖海之有归。浚之而益深,引之而益长,大可以包六合,细入于毫芒。谬见如此,私心自许,将以为死可以无憾矣。③

这里"太极浑沦之全体,豁然动于中者"指道体。先是心与理两分,十余年之攻苦体验,然后悟己心与道体为一,心亦与六经所阐发的道理为一。此与道体为一之心,无大不包,无细不入,活泼泼地。这就是他对陈献章所陈述的:

---

① 见林光:《南川冰蘖全集》卷末,清咸丰元年东莞明伦堂刻本。
② 《广东新语》卷十。
③ 《奉陈石斋先生书》,《南川冰蘖全集》卷五。

> 元来四方上下，往古来今，直是这个充塞周洽，无些小欠缺，无毫发间断，无人我、大小、远近，如一团冰相似，都滚作一块，又各各饱满，无不相干涉者。前辈谓尧舜事业亦是一点浮云过目，往时耳虽闻而心实未信，今始知其果不我欺。……曾点三三两两，真个好则剧，看来自家多少快活。何必劳劳攘攘，都不是这个本色。千古唯有孟子"勿忘勿助"之说，最是不犯手段也。①

此时林光尚只是能见道体之活泼，心体之活泼。见此光景，留连而不已，受用而不及其他。陈献章得此书信，甚喜其心能超脱俗务，悟心与道体为一，悟宇宙在我，悟自然为功夫，勿忘勿助为实得。但陈献章同时告诫林光，悟此以后，更要将理与事打成一片，理一与分殊，两不相妨；广大高明，须切入实务。故陈献章答书有云："自兹以往，更有分殊处，合要理会。毫分缕析，义理尽无穷，工夫尽无穷。书中所云，乃其统体该括耳。"②此中"统体该括"，即林光所谓充塞周洽，无余无欠之道体；"义理无穷尽"，指具体事物之理。两相贯洽，不有隔碍，舒卷自如，高明不离于笃实，才是最谛当之识见。林光又自此处深入，功夫渐趋实地，他尝对师友说自己由高明悟入实地之心境体验：

> 今之自策，亦欲不迫以求之，和裕以养之，稽之圣经以广洽之。……至于一事之不苟，一念之不忽，尘积而滴贮，日思而夜继，亦乾乾矣。③

又说：

> 吾人之学，毫厘之间不厌于精细讲求也。求得其要，则权度日明，然后可以自信而驯至于不惑。④

可见他确有一从广大高明返乎实地的学思变化历程。最后能达到他

---

① ③ 《奉陈石斋先生书》，《南川冰蘖全集》卷四。
② 《与林郡博》，《陈献章集》，第217页。
④ 《答何时矩书》，《南川冰蘖全集》卷四。

自己说的深造自得,见其大而不失其贵,中无所累,神完气充,博约贯通的境地。故受到同门中主张高明不离实用一派弟子的赞扬。

总之,以陈献章为首的江门之学重体悟,重境界之高远和胸襟之宏阔,与后来王阳明重视在实践中积累,提升德性层级,"一棒一条痕,一掴一掌血"的艰苦磨炼不同。陈献章之学主要是一种诗人的观照,其功夫的进境也主要是整体怀抱上的、器识上的,而不是道德心的纯净层次上的。所以罗钦顺说他"徒见夫至神者,遂以为道在是矣,而深之不能极,几之不能研,白沙之病正恐在此"。① 这是罗钦顺作为一个朱子学的学者从重视格物穷理,反对仅靠境界体悟而得的立场批评陈献章。刘宗周继承了这个理路,说陈献章之学"大都说一段自然功夫,高妙处不容凑泊,终是精魂作弄处。盖先生识趣近濂溪而穷理不逮,学术类康节而受用太早。质之圣门,难免欲速见小之病者也"。② 而王阳明从不提起陈献章,大概也由于此。黄宗羲以王阳明从不齿及陈献章为怪,综观两人学术之面貌,此实不足怪。由此也说明,陈献章之学尚不能算是严格意义上的心学。黄宗羲说陈献章之学与王阳明之学最为相近,实是笼统言之。详细说来,二人学术面貌实差别甚大。这在与王阳明的对比中看得很清楚。

第三节　湛若水对江门之学的开发

湛若水(1466—1560)初名露,字民泽,后定名若水,字元明,广东增城人。因家居增城之甘泉都,学者称甘泉先生。弘治进士,曾任南京国子监祭酒,历南京礼部、吏部、兵部尚书。主要著作有《甘泉文

---

① 《困知记》卷下,中华书局,1990年,第39页。
② 见《明儒学案》,第5页。

集》《春秋正传》《圣学格物通》等。湛若水于弘治七年从学陈献章。陈献章学宗自然,早年以静中养出端倪为宗旨,晚年强调理事一以贯之,以未尝致力而应用不遗为实得。陈献章之学,在较为笃实的学者看来,其本体论偏于玄,功夫论偏于虚。湛若水性情沉潜,且长期讲学,得弟子讨论问难之益,对理学重要范畴有较多发挥,为学宗旨主"随处体认天理",以勿忘勿助为体认要领。他在政事之暇,讲学不辍。弟子众多,几与阳明中分其盛。平生足迹所至,必建书院以祀陈献章。湛若水是岭南儒学最大的一家。

陈献章之学主要是一个诗人的体悟,他以悟到我大而物小,物尽而我无尽为最高境界。此点为湛若水所接受,但给予了较详细的论证。他用《心性图》及其解说,表达了他的根本思想,其中说:

> 性者,天地万物一体者也。浑然宇宙,其气同也。心也者,体天地万物而不遗者也。性也者,心之生理也,心性非二也。譬之谷焉,具生意而未发,未发故浑然而不可见。及其发也,恻隐、羞恶、辞让、是非萌焉,仁义礼智自此焉始分矣,故谓之四端。端也者,始也,良心发见之始也。是故始之敬者,戒惧慎独以养其中也,中立而和发焉,万事万化自此焉达,而位育不外是矣。故位育非有加也,全而归之者耳。终之敬者,即始之敬而不息焉者也。曰:"何以小圈?"曰:"心无所不贯也。""何以大圈?"曰:"心无所不包也。"包与贯实非二也。故心也者,包乎天地万物之外,而贯夫天地万物之中者也。中外非二也。天地无内外,心亦无内外,极言之耳矣。故谓内为本心,而外天地万物以为心者,小之为心也甚矣。①

这里涉及心、性、情、气、天地万物、敬、内外等范畴。既讲到本体论,又讲到功夫论。在本体论中既有天地万物的物质构成基质,又有天地万

---

① 《心性图说》,《湛甘泉先生文集》,《四库全书存目丛书》本,卷二一,第1—2页。

物的本质,及它与人的关系。就实然存在的本体说,宇宙是气,气是构成万物的物质实体。在陈献章、湛若水一派眼里,万物的实体构成是不重要的,因为心学特重心物关系,加上中国哲学发展到明代,已经具有高度的境界论、现象学的性质,这一特点使它主要着眼于万物与人的关系,而不关注万物的终极基质是什么。气所表征的,最主要是万物的生生不已、流转不息的性质,而不是万物之始基。所以气在湛若水的《心性图说》中只是一笔带过。湛若水重视的是心性。性代表人这一生物族类的特质,而表现人的性质的是心。表现者与被表现者是一而不二的。人的生意蕴于内而发于外。蕴于内即性,发于外即情。而蕴于内者必从发于外者见出,故即四端而见仁义理智。从境界论说,心体现于万物,无远弗届,无或遗漏。万物皆可以说即心即物。心包贯宇宙万物,包是就其范围说,贯是就其作用方式说。上下四方之宇,往古来今之宙,凡心所可思虑,所可计度,所可识认表象者,皆即心即物之物。湛若水这一思想,与王阳明强调没有离开主体参与的事,主体的意志是行为得以发生并有意义的根本要素而有的"心外无理,心外无物"不同。湛若水强调天地万物皆心物合一体,"天地无内外,心亦无内外",为的是给他的"随处体认天理,非求之于外"这一基本观点树立基础。另外,既然心"体万物而不遗",那么修养的极致就是对于万物"全而归之",不以人力强为改变。"天地位育"就是还其本来面目。而要做到这一点,必以敬为起始。就是说,只有敬才能不起造作,心与事物的本来面目为一。故"敬"在湛若水的修养功夫中极为重要,须持敬始终。始敬者保持心的未发之中,终敬者保持性之发为情时不致偏离。湛若水的《心性图说》总括地展示了他的哲学基本思想。其他方面的思想皆以此为基本,是从这里推论出来的。

在以上心、性、理、气诸概念中,湛若水最重视的是心这一概念。对它的本来状态和与物为一之后的性质,他都有详细的描述:

> 吾常观吾心于无物之先矣,洞然而虚,昭然而灵。虚者心之

所以生也，灵者心之所以神也。吾常观吾心于有物之后矣，窒然而塞，愦然而昏。塞者心之所以死也，昏者心之所以物也。其虚焉灵焉，非由外来也，其本体也。其塞焉昏焉，非由内往也，欲蔽之也。其本体固在也，一朝而觉焉，蔽者彻，虚而灵者见矣。心体物而不遗，无内外，无终始，无所放处，亦无所放时，其本体也。……故欲心之勿蔽，莫若寡欲。寡欲莫若主一。①

这里是从两个层面说心，前一个心是腔子里心，虚灵明觉，皦如明镜。它是正确观照事物的凭依。心不虚则不能照物，心不灵则不能神妙。昏与塞是心为欲望遮蔽。但被遮蔽之时，心之本体仍是虚灵明觉的。就此方面说，修养功夫在寡欲。寡欲就能复其本然之明。另一个层面是就心体物之后的状态说。心体物不遗，无内与外、始与终之区别。这个意义的心无放逸之时，修养功夫只在顺之。如着意求心之空静，则陷入放失掉的是心，求放心之心又是一心的弊端。由于心的这两个方面，湛若水的为学宗旨"随处体认天理"就涉及心和物两个方面。湛若水将以上心、性、情诸说与自己的根本哲学宗旨联系起来，本体功夫贯串为一，他说：

> 夫至虚者，心也，非性之体也。性无虚实，说甚灵耀。心具生理，故谓之性。性触物而发，故谓之情。发而中正，故谓之真情，否则伪矣。道也者，中正之理也，其情发于人伦日用，不失其中正焉，则道矣。勿忘勿助，其间则中正处也。此正情复性之道也。②

就是说，心与性不同，心是虚廓，性是其理，情是性之发，心是性之地。道即理，此理非以上所说之实存之理，乃如后来戴震所说"情之不爽失"。而只有勿忘勿助，情之发才能中节。故勿忘勿助是正情复性的关键，也是随处体认天理的极则。

---

① 《求放心篇》，《湛甘泉先生文集》卷二一，第 7 页。
② 《复郑启范进士》，《湛甘泉先生文集》卷七，第 19 页。

随处体认天理宗旨,湛若水确立甚早,且终其一生此宗旨不变。但如何理解此宗旨,学者之间见解并不一致,如湛若水和王阳明就曾对此问题移书往复争论。湛氏门人对究竟如何解释随处体认天理,着眼角度也不同。湛若水此宗旨,对乃师自然之旨,及胸次悠然之境界,不着一处之高妙功夫,皆有改变使之趋于实地之意图。故既强调所体认者为天理,非空无之境和功利之务,又强调随时随处,时时处处皆用功之地,非离开当下事物另求体认之所。湛若水对此宗旨也甚为自得,视为包治百病之法宝。他尝对弟子说:"随处体认天理,此吾之中和汤也。服得时,即百病之邪自然立地退听。常常服之,则百病不生,而满身气体中和矣。何待手劳脚攘,铢较寸量乎?……此剂中和汤,自尧舜以来,治病皆同。"①

关于随处体认天理之旨,湛若水解释得很详尽。其最基本的意思,即谓格物,他说:

> 格者,至也,即"格于文祖"、"有苗格"之格。物者,天理也,即"言有物"、"舜明于庶物"之物,即道也。格即造诣之义,格物者即造道也。知行并进,学、问、思、辨、行,所以造道也。故读书、亲师友、酬应,随时随处,皆求体认天理而涵养之,无非造道之功。诚、正、修功夫,皆于格物上用。家、国、天下皆即此扩充,无两段功夫。此即所谓止至善。尝谓止至善则明德、亲民皆了者,此也。②

此处格字取程子义,意为至、到;物字之义不取一般所谓"事物",也不取阳明所谓"事",而是专指物上之理、之道。格物即达于道,获得理。而达于道、获得理的功夫,在《中庸》所谓学、问、思、辨、行。具体说来,日常行为,皆造道之途径。且时时处处,非有简择。《大学》之三纲八目,"随处体认天理"即可括尽无余。此外,体认所得之理,须要加以涵

---

① 《新泉问辩录》,《湛甘泉先生文集》卷八,第23页。
② 《答阳明》,《湛甘泉先生文集》卷七,第18页。

养,非得到即止。而涵养功夫,要复杂得多。包括想象、思绎、类比、引申、推证,及对之敬畏、存留等心理功夫,和实行、实行中的再体认等实践功夫,此所谓"知行并进"。

湛若水对此宗旨反复加以解说。他的论学书信、讲学语录,都是对此宗旨的注脚。其中对知行并进义加以特别强调,意在破除王阳明"偏于内"之弊。他说:

> 格物者,至其理也。学、问、思、辨、行,所以至之也。是谓以身至之也。所谓穷理者,如是也。近而心身,远而天下,暂而一日,久而一世,只是格物一事而已。格物云者,体认天理而存之也。①

又说:

> 明德新民,全在止至善上用功。"知止"、"能得",即是知行合一,乃止至善之功。"古之欲明明德"二节,反复推到格物上。意、心、身,都来格物上用功,元是一段功夫,更无七段八段。格物者,即至其理也。意、心、身与家、国、天下,随处体认天理也。所谓至者,意、心、身至之也,世以想象、记诵为穷理者,远矣。②

这都是说,《大学》全部功夫,都可归到格物上。格物,即随处体认天理。而随时体认,须身、心、意实至之。所体认之理,也是道德性的理,非知识性的理,所以他认为无与于身心性命的纯知识,非格物也。

湛若水为了强调随处体认天理的知行并进义、先体认后涵养义,特拈出古来之道德训诫语、涵养心性语,认为皆可作为随处体认天理的注脚,如《尚书》的"知之非艰,行之惟艰",《中庸》的先学、问、思、辨,然后笃行,《论语》的先博文,后约礼,孟子的知性而后养性,始条理者知之事,终条理者圣之事,程颢的先识仁而后以诚敬存之等。他的结

---

① 见《明儒学案》,第882页。
② 《明儒学案》,第883页。

论是："随处体认天理而涵养之,则知行并进矣。"①

湛若水由此反对静坐,并以此修正陈献章早年"静中养出端倪"之说。湛若水从学陈献章在陈之晚年,此时陈献章强调的是鸢飞鱼跃,活泼泼地,已不甚提早年主静之旨。《甘泉先生文集》载:"记吾初游江门时,在楚云台梦一老人曰:'尔在山中坐百日,便有意思。'后以问先师,曰:'恐生病。'乃知先师不欲人静坐也。"②湛若水为矫正其师修养功夫偏于虚之弊,特别强调知行并进,提倡实事上见理。故反对静坐应是其题中应有之义。他说:

> 静坐,程门有此传授。伊川见人静坐,便叹其善学。然此不是常理。日往月来,一寒一暑,都是自然常理流行,岂分动静难易?若不察见天理,随他入关入定,三年九年,与天理何干?若见得天理,则耕田凿井,百官万物,金革百万之众也,只是自然天理流行。孔门之教,居处恭,执事敬,与人忠。黄门毛式之云:"此是随时体认天理。"甚看得好。③

当弟子问及随处体认天理与静中养出端倪在功夫上孰为先时,湛若水回答:

> 虚见与实见不同。静坐久,隐然见吾心之体者,盖为初学言之,其实何有动静之间!心熟后,虽终日酬酢万变,而吾心之本体澄然无一物,何往而不呈露耶?盖不待静坐而后见也。……随处体认天理,自初学以上皆然,不分先后。居处恭,执事敬,与人忠,即随处体认之功,连静坐亦在内矣。④

湛若水实际上反对静坐,因"随处"即包含动静,随机宜而体认。孔门之"居处恭,执事敬,与人忠"乃修养功夫之把柄,除此别无功夫。

---

① 《答顾箬溪佥宪》,《湛甘泉先生文集》卷七,第 13 页。
② 阮榕龄编:《陈白沙先生年谱》六十七岁条下注,见《陈献章集》附录,第 850 页。
③ 见《明儒学案》,第 894 页。
④ 《新泉问辩录》,《湛甘泉先生文集》卷八,第 25—26 页。

湛若水之随处体认天理,特别强调内心之诚敬,此一点也是对乃师自然之旨的纠正。陈献章初主静中养出端倪,久之悟无动静、无内外,小大精粗一以贯之之道。强调义理融液,操存洒落,走入广大高明一路。其弟子中诗人不少,多有以境界体悟代替践履实功者,湛若水欲纠正这一点,使江门之学折归实地,故十分重视敬字,以敬为体认天理之心理准备,亦以敬为体认天理之后的涵养功夫。所以谨守程朱"涵养须用敬,进学在致知"的法式,以"敬"为一切修养功夫的归结。这表明他的学术思想有调和程朱、陆王两派为一的倾向。他对陆九渊之学,斥为过高。对陆九渊的弟子杨简,更视为儒学中的异端。对王阳明推许陆、杨师徒,亦甚不满意,而主张濂溪、二程之学,尤对敬字推诚服膺。他尝说:

> 涵养须用敬,进学在致知,如车两轮。……鄙见以为,如人行路,足目一时俱到。涵养进学,岂容有二? 自一念之微,以至于事为讲习之际,涵养致知一齐俱到,乃为善学也。①

这里强调涵养致知一时俱到,是对朱熹将此两者分而为二,其中又特别重视格物这一功夫特点的纠正,但亦与王阳明以格心、正念为格物大不一样。他的随处体认天理将致知、涵养收摄为一,故他反复强调"随处体认天理而涵养之"。

湛若水因重视在具体事务上体认天理,而敬字是此中应有之义。故对"执事敬"一语反复提揭。如说:"执事敬最关切要,彻上彻下,一了百了。致知涵养,此其地也。所谓致知涵养者,察见天理而存之也,非二事也。"②在湛若水这里,敬既是一种心理状态,又是一种精神境界,两者是统一的。他认为学者学而无成,最根本的原因是此敬字尚未修得。他说:

---

① 《答太常博士陈惟浚》,《湛甘泉先生文集》卷七,第9页。
② 见《明儒学案》,第881页。

> 学者之病,全在三截两截,不成片段。如人身血气不通,安得长进？原来只是敬上理会未透,故未有得力处。吾人切要,只于"执事敬"用功。自独处以至读书酬应,无非此意。一以贯之,内外上下,莫非此理,更有何事？吾儒开物成务之学异于佛老者,此也。①

这里,以敬字为儒释之判准,不同于程颢。程颢认为儒佛之根本区别在"吾儒本天,释氏本心",以心中有无理字为标准。故说佛教敬以直内则有之,义以方外则无之。湛若水则以为佛教无敬字,并斥佛教以静代敬,他说：

> 古之论学,未有以静为言者。以静为言者,皆禅也。故孔门之教,皆欲事上求仁,动时着力。《论语》曰："执事敬。"《易》曰："敬以直内,义以方外。"《中庸》"戒慎恐惧"、"慎独",皆动以致其力之方也。……故善学者必令动静一于敬,敬立而动静浑矣。此合内外之道也。②

真以敬为修养之圭臬,成学之南针。

湛若水之随处体认天理,因"体认天理"为宋明儒学之普遍功夫,"随处"又时地十分广泛,所以此为学宗旨所包至广。从用功之目的、用功之场所、方法,用功之心理状态无所不有,故此宗旨实际上十分浮泛,用此训诲学者殊不得力,在理论内容上亦易起争端。如随处体认之天理究竟是在外之理还是心中之理,湛若水似有不同的说法,亦有两可调停使之归于即内即外之意。就随处体认天理是否求之于外,湛若水与王阳明有激烈争论。

王阳明与湛若水定交甚早。王阳明三十四岁官兵部主事时,湛若水为翰林院庶吉士,二人相与讲学,"共以倡明圣学为事"。阳明年谱

---

① 《答徐曰仁工曹》,《湛甘泉先生文集》卷七,第2—3页。
② 《答余督学》,《湛甘泉先生文集》卷七,第6页。

记此事:"职事之暇,始遂讲聚。方期各相砥切,饮食启处必共之。"①王阳明也说:"晚得友于甘泉湛子,而后吾之志益坚,毅然若不可遏,则予之资于甘泉多矣。"②后六年,湛若水奉使安南,阳明为文以赠,其中说:"吾与甘泉友,意之所在,不言而会;论之所及,不约而同。期于斯道,毙而后已者。"③阳明征宸濠,又致书湛若水,以戎马倥偬未能论学为歉。而在阳明晚年,两人关于随处体认天理之旨往来致书,辩论甚为详悉。

辩论的第一个问题是,随处体认究属心内还是心外。王阳明认为,湛若水的随处体认天理,所体认者为事物上表现的理,体认对象是外在的事物,故湛若水尚为旧学所拘。所谓旧学,指朱子学。阳明认为,湛若水的随处体认天理与朱子的向外格物穷理无大差别,所以指责随处体认天理是求之于外。湛若水致书答辩,认为阳明并未明了自己的意思,他说:

> 面喻《大学》格物之义,以物为心意之所着,荷教多矣。兄意只恐人舍心求之于外,故有是说。不肖则认为,人心与天地万物为体,心体物而不遗。认得心体广大,则物不能外矣。故格物非在外矣,格之致之之心又非在外也。于物若以为心意之着见,恐不免有外物之病。④

这里争论的焦点在对《大学》"格物"之义的解释。王阳明认为,所谓格物,格即正,正其不正以归于正之谓。物即事,主体作用于客体的事为。王阳明曾说,身之主宰便是心,心之所发便是意,意之本体便是知,意之所在便是物。在王阳明的义理系统中,物是做事的意向。故此处说王阳明所理解的物是"心意之所着"。王阳明自龙场后即强调以上心、意、知、物的解释,目的确如湛若水所言,是恐学者舍心求之于

---

① 见《王阳明年谱》正德六年条,《王阳明全集》,第1234页。
②③ 《别湛甘泉序》,《王阳明全集》,第231页。
④ 《与阳明鸿胪》,《湛甘泉先生文集》卷七,第1页。

外,以格物为即物穷理,与自己的身心修养不发生关涉。湛若水认同阳明此一精神方向,故力辩自己的学术也是求之于内。他的证据是自己的《心性图说》之"心体物而不遗",心体广大,包贯万物,物是心陶镕规范过的物,是心物合一之物,即物即心之物。故格物非完全外在的行为,心也非完全攀援外物而摹画之、盛贮之。而阳明以物为心意之着见,则正好以心为内,以物为外。

湛若水随处体认天理究竟属外还是属内,湛若水说得较为宽泛。从上节湛若水对随处天理的种种说法看,随时随处体认事物之理确有外在之嫌,阳明以上对他的看法不为无因。但在与王阳明的辩论中,湛若水认为理是理一分殊的,"理一"之理即心中之理。在体认时理解为事物上的理,理是即内即外的。而体认事物之理就是体认自己本来中正之理。他说:

> 天理二字,人人固有,非由外铄。不为尧存,不为桀亡。故"人皆可以为尧舜"、"途之人可以为禹"者,同有此耳。故途之人之心即是禹之心,禹之心即尧舜之心。总是一心,更无二心。初学之于圣人,同此心,同此一个天理,虽欲强无之又不得。有时见孺子入井,见饿殍,过宗庙,到墟墓,见君子,与夫夜气之息,平旦之气,不知不觉萌动出来。遏他又遏不得。……心若存时,自尔现前。①

此是孟子的路数,证心即理。而随处体认天理,即见此天理。所以当学生说:"随处体认吾心身天理真知,无往而非吾心身生生之理气,根本于中而发见于外,名虽有异,而只是一个生生理气,随感随应,散殊见分焉耳,而实非有二也。"并以此来解释随处体认天理时,湛若水对此解大加赞扬:"如此推得好,自'随处体认'以下至'实非有二也'皆是。可见未应时只是一理,及应事时才万殊。《中庸》所谓'溥博渊泉

---

① 见《明儒学案》,第890—891页。

而时出之',正为此。"①既然天理在内,为理一,应事体认时现为多,则随处体认的,是自己本有之理在事物上的表现。这一意思湛若水有明白的解说:

> 或疑随处体认恐求之于外者,殊未见此意。盖心与事应,然后天理见焉。天理非在外也,特因事之来,随感而应耳。故事物之来,体之者心也。心得中正,则天理矣。人与天地万物一体,宇宙内即与人不是二物,故宇宙内无一事一物合是人少得底。②

在解释何为慎独时,湛若水也表达了同样的意思:

> 体认天理与慎独,其功夫俱同。独者,独知之理。若以为独知之地,则或有时而非中正也。故独者,天理也。慎者,所以体认乎此而已。若如是有得,便是天德,便即王道,体用一原也。③

独者,己独知之天理,非在外也。慎者,体认此天理,非取于外也。故当学生将天理解释为与心中本有之理为一时,湛若水认为此解得自己本意:"问:'体认天理最难。天理只是吾心中正之体,不属有无,不落方体。才欠一毫,已经不是,才添一毫,亦便不是。须是义精仁熟,此心洞然与之为体,方是随处体认天理也。'先生曰:'观此可见吾契曾实心寻求来,所以发此语。天理在心,求则得之。'"④在与王阳明的辩论中,湛若水更是将格物解释成"至其理",至其理即体认天理,致知即知此天理。他说:

> 吾之所谓"随处"云者,随心、随意、随身、随家、随国、随天下,盖随其所寂所感时耳。寂则廓然大公,感则物来顺应。所寂所感不同,而皆不离于吾心中正之本体。本体即实体也,天理也,至善

---

① 见《明儒学案》,第890页。
② 《答聂文蔚侍御》,《湛甘泉先生文集》卷七,第28—29页。
③ 见《明儒学案》,第889页。
④ 《新泉问辩录》,《湛甘泉先生文集》卷八,第33页。

也,物也。而谓求之于外,可乎?致知云者,盖知此实体也,天理也,至善业,物也。乃吾之良知良能也,不假外求也。①

此皆可见湛若水的"随处体认天理"是体认自己本具之天理,此理是"中正之本体",即天德,即王道。体认天理非求之于外,已学也非旧学。并认为阳明之所以与自己有此分歧,在于王阳明所说的心,是身之主宰,已所说之心,是体万物而不遗者,故无内外。

湛若水与王阳明辩论的第二个问题是所谓"勿忘勿助"。勿忘勿助原出《孟子》,意谓养浩然之气须在优游厌饫的心境中进行,集义所生,不能间断,也不能欲速求效。间断即忘,欲速求效即助。后来宋明理学家多讲身心修养不能忘助。如程颢之"必有事焉而勿正,心勿忘,勿助长,未尝致纤毫之力"即此意。陈献章学宗自然,向往曾点之识趣,特别提倡勿忘勿助,所谓"色色信它本来,何用尔脚劳手攘。舞雩三三两两,正在勿忘勿助之间。曾点些儿活计,被孟子一口打并出来,便都是鸢飞鱼跃"。②湛若水欲将乃师之学折归实地,但勿忘勿助却被他继承下来作为认识天理的必要条件。湛若水之勿忘勿助与陈献章之勿忘勿助有所不同。陈献章的勿忘勿助是他诗人的体悟所悟得的广大高明的境界之表现形态,湛若水的勿忘勿助是体认天理的心理准备,也是体认到的天理——中正之体的本身。湛若水首出的范畴是天理,勿忘勿助是服从于天理的;陈献章的勿忘勿助是境界本身之形态。而湛若水之勿忘勿助与王阳明的勿忘勿助的区别是,湛若水的勿忘勿助是体认天理之功夫所要求的,而王阳明的勿忘勿助是良知的内在属性,只要去除私欲对良知的遮蔽,良知本体呈现,则它自然勿忘勿助,无须另强调勿忘勿助。湛若水笃实,故强调勿忘勿助须功夫着到,义精仁熟才能达到。而王阳明将功夫内蕴于本体中,认为良知自然包含勿忘勿助,故另立一勿忘勿助是将它孤悬起来。

---

① 《答阳明王都宪论格物》,《湛甘泉先生文集》卷七,第 27 页。
② 《与林郡博》七,《陈献章集》,第 217 页。

勿忘勿助在湛若水的系统中甚为重要,故在论学中屡屡提起,如:

> 天理在心,求则得之。但求之自有方,勿忘勿助是也。千古只有孟子发挥出来。须不费丝毫人力。欠一毫便不是,才添一毫亦不是。此语最是。只不忘助时,便添减不得,天理自见,非有难易也,何用硬格尺量也。①

天理本身中正无偏,求天理须勿忘勿助,才能与之为一。此是体认天理之微妙法门。故他说:"勿忘勿助之间,便是中门也。得此中门,不患不见宗庙之美,百官之富。责志去习心是矣,先须要求此中门。"②

但王阳明以致良知为根本宗旨,本体功夫皆此。致良知真切,即必有事焉,不必另提勿忘勿助,故勿忘勿助是良知诚致的自然表现,非另为一功夫。功夫有间断,有欲速求效之弊,再提勿忘勿助加以矫正。他有《答聂文蔚》一信,专讨论勿忘勿助,其中说:

> 我此间讲学,却只说个"必有事焉",不说勿忘勿助。"必有事焉"者,只是时时去集义。若时时去用必有事的功夫,而或有时间断,此便是忘了,即勿须忘;时时去用必有事的功夫,而或有时欲速求效,此便是助了,即须勿助。其功夫全在"必有事上用",勿忘勿助只就其间提撕警觉而已。若是功夫原不间断,即不须更说勿忘;原不欲速求效,即不须更说勿助。此其功夫何等明白简易,何等洒脱自在!③

王阳明功夫浑融,不喜分析,故专提致良知三字。其余说话,都是对致良知的分疏、注脚,此三字已足,不必另有补充。而湛若水则以勿忘勿助为心之中正处,是随处体认天理的前提,也是心中天理的性质。他恐学者误认此旨为求理于外,故须专门强调。他对王阳明加于己的批

---

① 《新泉问辩录》,《湛甘泉先生文集》卷八,第33页。
② 见《明儒学案》,第891页。
③ 《传习录》中,《王阳明全集》,第83页。

评甚不以为意,屡屡加以反驳:

> 勿忘勿助,心立中正处,这时节天理自见,天地万物一体之意自见。若先要见,是想象也。王阳明每每欲矫勿忘勿助之说,惑甚也。①

> 王阳明近谓:"勿忘勿助,终不成事。"夫动静皆定,忘助皆无,则本体自然合道成圣,而天德王道备矣。孔孟之后,自明道之外,谁能到此? 可知是未曾经历。②

> 惟求"必有事焉",而以勿助勿忘为虚,阳明近有此说,见于与聂文蔚侍御之书。而不知勿正、勿忘、勿助乃所有事之功夫也。求方圆者必于规矩,舍规矩则无方圆。舍勿忘勿助,则无所有事,而天理灭矣。不意此公聪明,未知此要妙,未见此光景,不能无遗憾,可惜可惜! 勿忘、勿助之间,与物同体之理见矣。③

湛若水要调和朱子与陆象山,随时体认似朱子,而体认之理又是吾心中正之体,此似象山,但又不欲过于高妙,故又批评象山,尤攻击象山弟子杨慈湖,对其师陈献章的学说亦欲矫之使归实地,故勿忘勿助作为用功之地和功夫是否精熟的标准似不能少。王阳明以勿忘勿助为必有事的补充,而良知是一个自动调节的系统,它包括简易自然的功夫状态在自身中。以此简易自然反观湛若水的勿忘勿助,自然支离蛇足。湛若水则以为必有事尚不足以说明功夫状态,须说到勿忘勿助才能与自然之律则为一。王湛两家各立宗旨,各有义理系统,勿忘勿助在各自的系统中作用不同。故两人虽致书辩论,其不能折服对方是显然的。但此辩论将二人理论上的分歧逼出,且各自作了深入说明,这对两人及两家弟子学说的发展,是有意义的。

---

① 见《明儒学案》,第909页。
② 《明儒学案》,第910页。
③ 《新泉问辩录》,《湛甘泉先生文集》卷八,第24页。

第四节　湛若水的弟子

湛若水一生喜讲学，其授徒始于登进士官翰林庶吉士之时。其后门徒大进，与王阳明中分其盛。《明儒学案》谓："王湛两家，各立宗旨，湛氏门人虽不及王氏之盛，然当时学于湛者，或卒业于王；学于王者，或卒业于湛。亦犹朱陆之门下递相出入也。其后源远流长，王氏之外，名湛氏学者至今不绝。即未必仍其宗旨，而渊源不可没也。"①湛氏门人，著名者有吕怀、何迁、洪垣、唐枢、方瓘、蔡汝楠等。《明史·湛若水传》谓："湛氏门人最著者，永丰吕怀、德安何迁、婺源洪垣、归安唐枢。怀之言变化气质，迁之言知止，枢之言求真心，大约出入王、湛两家之间，而别为一义。垣则主于调停两家，而互救其失，皆不尽守师说也。"②唐枢弟子许孚远，许孚远弟子冯从吾、刘宗周，皆当世大儒。虽宗旨各异，但皆有湛门之一端。湛氏之学，流衍甚广。

吕怀字汝德，号巾石，嘉靖进士，官至南京太仆寺少卿。著有《周易卦变图传》、《律吕古义》、《历考》、《庙议》、《巾石遗编》③等书。怀受学于湛若水，喜究天道性命，而以变化气质为功夫要诀。他说：

> 夫心即理，理即心，人心天理，无非中者。然性本人心，而有不出于理者，是形气之私，而非性之真；命出天理，而有不根于心者，是拘蔽之妄，而非命之正。性命合一，天人不间，知而行之，此孟子之所以亚圣也。④

---

①　《明儒学案·甘泉学案一》，第876页。
②　《明史》卷二八三，第7267页。
③　《四库总目提要》存目有《巾石遗编》一卷，其提要谓："据《千顷堂书目》所著，《巾石类稿》本三十卷。是集不知何人所编，皆掇拾于残剩之余，寥寥数篇，不成卷帙。疑原本散佚，此或其子孙所录存也。"
④　《答毛介川》，见《明儒学案》，第913页。

性命之真来源于天,无非中正,此继承了湛若水天理为吾心中正之体,天人一也之旨。吕怀突出气质对于性命之真的蔽害,是要突出勿忘勿助功夫之重要,此点实亦得于甘泉。他说:

> 孟子论养气,必以集义为事。此气流行,生生不息,是吾之本心也。义与心俱,何以待集?盖忘助间之耳。忘助,人也,勿忘勿助则义集,人欲泯而天理流行矣。程子谓勿忘勿助与鸢飞鱼跃意同,正谓是也。①

也是说,心即理,只要勿忘勿助,即是本心之理。而戕害本心之理者为气,故修养之重点,在变化气质。他说:

> 天命之中,无不包贯,此善心本体也。此心同,此理同,其为包贯亦无弗同。流行神理,岂有丰啬厚薄哉?惟其流行而既形焉,于是二气分,五行判,交错不齐,而理之神有不能尽然者矣。②

他的《心统图说》,以圣人之道在心,心之道在天地,天地之道在阴阳,阴阳之道显于《易》,故以易理解释心性,中心意思亦在变化气质。他也以变化气质为王阳明与湛若水两家宗旨的和会点:

> 天理良知,本同宗旨,识得原因着脚,则千蹊万径,皆可入国。……但就中指点出一通融枢要,只在变化气质。学问不从这上着脚,凭说格致,说戒惧,说求仁集义,与夫致良知、体认天理,要之只是虚弄精神,功夫都无着落。③

但黄宗羲对吕怀变化气质之说有批评。他从理不能离气,理为气之理,气之流行不能分善恶出发,认为气质虽偏,但其中正者未尝不在。犹天有寒暑之过与不及,但终归太和。故气质本善,不用变化。吕怀此说,分心与身、性与气质为二矣。此义黄宗羲本于其根本思想,与吕

---

① 《答曾廓斋》,见《明儒学案》,第913页。
② 《与蒋道林》,见《明儒学案》,第914页。
③ 《答叶德和》,见《明儒学案》,第918页。

怀之变化气质说本非同一义理脉络。

何迁字益之，号吉阳，嘉靖进士，官至南京刑部侍郎。尝参与恢复京师灵济宫之讲学。与吕怀为莫逆之交，尝为吕怀《心统图说》作序，将吕怀之"统"字，发挥为"天地万物一气，象数性命一形，刚柔中和一性，昼夜始终一故"①。其学以"知止"为纲要，他解释知止说：

> 止者，此心感应之几，其明不假思，而其则不可乱。善而无善，所谓至善也。有所不止焉，思以乱之，非其本体也。是故圣人亟指之，而欲以其知及之，信其本无不止之体。而究其有所不止之由，即应感之间，察流行之主，使所谓不思而明、有则而不可乱者，卓然见于澄汰廓清之余，而立于齐庄凝聚之地，是则知止之义。盖致知格物者所必先，而圣人之所为亟指也。②

"知止"出于《大学》，何迁之知止，是止于不思而明、有则而不可乱之本正之心体，以期能"定静安虑"。此亦湛甘泉勿忘勿助以与本正之天理为一之意。不过甘泉多讲性体理体本身，而何迁多讲心体。他说："知止，始条理也，立主宰以统流行，非遗外也，先立乎其大者也。定静安虑，终条理也，流行中精此主宰，非离根也，致其用焉耳。"③黄宗羲认为此旨与江右王门之"归寂"之旨大略相同，并认为何迁在湛门中有遏制恣意所行，使之趋于实地之意。

何迁亦以知止之旨反对阳明后学抛弃功夫直任本体之弊，他说：

> 阳明之学，要于心悟，而取撰于致知。将以探言行所本，辟夫滞见闻而习度数者之非。而究其知出于自然，亦以信其所不息，而扩其所必烛。彼舍言行而别求一心，与夫外功力而任本体，皆非其旨也。嗣后一传百讹，师心即圣，不假学力，内驰见于玄漠，

---

① 《心统图说》序，见《明儒学案》，第924页。
② 《赠沧守胡子序》，见《明儒学案》，第925页。
③ 见《明儒学案》，第926页。

而外逃失于躬行。后生不察,遂谓言行不必根心,而圣人之学,不足达于用,由是继之以畔。夫良知日致,盖必举其灵晰圆神出于自然者,恍然澄定于廓清凝聚之余,而日见其参立于前。而后养以长裕,渐以销融,使其精微中庸,皆将毕于竭才,以几浑合。如是,则所谓心悟者,非百倍其功不可入。而至于长裕销融,固未尝忘所有事也。此岂无假于学哉?①

这是说阳明之致良知,言行皆到,本体功夫兼致。而阳明弟子则有抛弃功夫,空恃本心之弊。其中"内驰见于玄漠,外逃失于躬行",正是后来刘宗周所指斥的王门后学"虚玄而荡"、"情识而肆"两种弊害。指倡导四无,夷灭良知,放手行去,无有简择之病。何迁所倡导的功夫,如澄定、廓清、凝聚、敬慎等,与江右王门之收摄保聚等功夫相近。总之是强调学、行,此与湛若水之学的总体精神一致。

洪垣字峻之,号觉山,嘉靖进士,官至温州知府。被湛甘泉视为最能传江门之学者。洪垣深于史,《四库提要》存目其史评杂说《觉山史说》二卷。洪垣之学术宗旨,可谓为"真机显几"。所谓真机,即宇宙生生不已之本体,亦即心中具有此生意而生机洋溢,即天即人,天人同理。所谓显几,即此生生不已之本体显著于心念所起之几上。此宗旨有本体有功夫,有根源有发用。洪垣以之融会儒家经典,以之为纲领训导后学,亦以之调和王湛两家之学说。

洪垣恐湛若水之随处体认天理被误解为认知事物之理,故倡导不离根之体认。所谓根,即心中生生之仁,他说:

> 生生之谓仁,舍此便是无根之学。②

又说:

> 吾人与万物为体,身之精灵,万物之根也。反身而诚,天机流

---

① 《龙冈摘稿序》,见《明儒学案》,第925页。
② 《理学闻言》,见《明儒学案》,第929页。

行,发育万物,故乐,仁体也。①

身之精灵,指心,与万物为一体之心。天机之仁流行不息,就是万物之根。所以他不同意物为意之所着的说法,认为物就是普通所谓物,但被心所浸润、明察。此过程就是将一体之仁体现于此事物。他说:"未应则此知浑然,与物同体;既应则此知灿烂,物各付物。其'为物不贰'与'万物载焉',只是一物。"②"为物不贰"指心本体,"万物载焉"指心本体体现在具体事物上。总体之仁与个体之仁,是一致的。洪垣最重视的,就是此一体之仁之总体,他说:"几乃生机,寂体之流行不已者。感而遂通,妙在'遂'字。易之藏往知来,俱在此中,诚神几也。生几须存诚为主。"③

所谓宇宙真几,就是此生生不已之机。因为它不是感官可以把握的具体物,所以它是寂体。感而遂通,即此生机表现于具体物。此生机即是易本身。此几既诚又神。诚指真实无妄,神即变化无方。保存此生机就是存诚。所谓慎独,独体即此生机之仁,即是"天理"。慎即将此善根着察于己。所以他说:"天地之大德曰生,即仁也。生亲、生义、生序、生别、生信,皆生机之不可已者。"④而所谓五伦,就是将仁体落实于此五种人伦关系上。洪垣的功夫要领是:"志在几先,功在几时。"此几即事几,即事物发展最初之微小变化。志即与生生之仁之本体为一的趋向。功即产生作用之行为。"志在几先"即一体之仁之本体在事几发生之先。"功在几时"即在事物才具有微小征兆之时,就加以照察,用此本体去规范处在"几"之时的具体事物。他说:"《大学》所谓如好好色,如恶恶臭,皆真几也。善几着察,有不善未尝不知,知之未尝复行,此颜子知几先天之学。"⑤他所谓不离根的体认,结合此生生真几来说,就是:"因吾未形方形,天然自有之几,审其止而出之勿失

---

① 《理学闻言》,见《明儒学案》,第 932 页。
② 《理学闻言》,《明儒学案》,第 934 页。
③④⑤ 《理学闻言》,《明儒学案》,第 937 页。

者,其根本之学,由善以为明者也,心与事皆善矣。……不尔,将事事而比之,随吾子臣弟友之遇而求合,以能至于道,斯亦爝火之明耳。"①就是说,将本有之生机之仁,投之于事几将起未起之精微时节,则心与事皆为此生机之仁所占据,不待其广大坚固而后处置得宜。这就是他的"真机显几"之学。

洪垣复以真机显几之学来批评湛若水与王阳明两派门人弟子发生之流弊。他对王湛两人的学术十分尊崇,虽承认其不同,但认为皆无偏弊。偏弊起于两家弟子背离师说。他认为,两家之有功于儒学者,在以心中本有之性体教学者,不使落于功利形迹之学。他说:

> 自二公以所不睹不闻之性体发之,学者晓然知天德王道真从此心神化,相生相感,不复落于事功形迹之末,其有功于后学不浅。此非其所同乎?②

所谓不睹不闻之性体,指王阳明之良知和湛甘泉的吾心中正之体,其内容皆为理。与物发生感应而时出者,即心中之理。此所谓天德王道从此神化。故心体之显为几,是"诚之不可掩"。只要目标在此理,微处显处用功皆圣学。但王阳明以不识不知顺帝之则为致良知,遂使阳明后学从微上用功。一时学者喜于径便,遂以吾心之知为真知,不原先天,不问顺帝之则,任性而非循性,抛弃心中本有之理。此派之失在"倚于非良",即所恃所任者,非有理之内容,只是空知。湛若水弟子则走向另一极端,惩阳明后学无理之弊,大倡格物、执中之学。但舍去心中之真几仁体,专在念头发后是非之端,以求其正,此是在显上用功。此功夫专在后天,非性体自然流露之学,未免涉于安排。此派之失在"倚于非中"。两相比较,阳明弟子之害更大:"显之失,尚有规矩可循。微之失,则渐入于放而荡矣。"③洪垣身处嘉靖、隆庆、万历之际,王学之

---

① 《明善堂记》,见《明儒学案》,第947页。
② 《明善堂记》,《明儒学案》,第942页。
③ 《答徐存斋》,见《明儒学案》,第943页。

流弊已显露得很充分了,他以上针对的主要是泰州、龙溪之学。如他有答泰州学者颜钧一书,对其率性之说有所批评,并及于泰州之学宗师王艮:

> 心斋之学,同志每以空疏为疑。……今日性如明珠,原无尘染,有何睹闻?着何戒惧?故遂谓平时只是率性所行,及时有放逸,不睹不闻,然后戒慎恐惧以修之。……若谓只任自然,便谓之道,恐终涉于百姓日用不知。区区为此说者,非谓率非自然也。慎独精一,不容意见之谓自然者,自然之至也。①

明确反对率自然之性,反对任凭不睹不闻之先天流行。主张不睹不闻即性之体,使此性体体物不遗,即率性。率性包括慎独精一,不容私己之意见。这是用他自己的真机显几之学来修正泰州之学的"率性",其纠正当时学弊的意图是很清楚的。

唐枢字惟中,号一庵,嘉靖进士,任刑部主事,因上疏弹劾权臣罢归,乡居讲学著书四十余年,著作甚多,《四库提要》存目《一庵杂问录》、《一庵语录》、《木钟台集》等18种。唐枢从学湛若水,又慕王阳明之学。其学糅合王阳明之致良知和湛若水之随处体认天理,标"讨真心"三字为宗旨。"真心",即王阳明所谓良知,湛若水所谓吾心中正之本体。讨之功夫,即王阳明致良知之"致",湛若水随处体认之"体认"。就其从理气心性之广大领域处着眼,讨真心偏于湛;就其强调真心为天地万物之理之凝聚,特重先天,重本心之理一而非后天之分殊,则讨真心偏于阳明。从总体上看,唐枢之学有本体,有功夫;有应事感物,有参涉经史,其学气象、规模较大。

唐枢之学自宇宙直说至本真之心:

> 理气无彼此,无异同,无偏全,总是太虚影子。虚之极则能生,故流行而为气,虚之极则不滞,故灵通而为理。……然有生之

---

① 《答颜钧》,见《明儒学案》,第940页。

机,即假终匮之化而见,气外别无情理处。汉、宋诸儒分理气作二种,不知性即理,性亦即是气。性中无五德,五德所发见处,都是性;气亦无二气五气,只有元气流行,随在变化。这里有所存主,便谓之德。各中时措之宜,便有五者名目。若在五者上觅性,则非德也。天地有人,如人腹内有心,人为万物之灵,于理气不容毫发分别。①

这是说宇宙本体是太虚,太虚是理气总合之体,以太虚之物质实体和此实体的主宰、规则为理气之名。性即理,统只一理,因理表现之不同条理分五德。总共一气,以其流行中成质,各别为二气五行。天地之精灵为人,人之精灵为心,故心为宇宙之最高表现。这就是他说的"维皇降衷,无少偏倚,退藏于密,心之为心也,故居最中。夫中无所着,无所着则虚,虚而生灵,灵能通天地、包万物。心该天地,是故人为万物贵"②之意。

"真心"为本体,"讨真心"为功夫,唐枢对二者都有强调:强调心之真是为了区别功利物欲之心。功利物欲之心不与本体相应。强调讨之功夫是为了保持其本体,不在具体善恶念头上立基。他论"讨真心"说:

> 真心是人实有之心。实有之心乃天地生人之根底,亘古今不变,不着一物,是谓"中者,天下之大本"。人孰无心,只因随情逐物生心,非天地大中之本心,不得为事物之主。必寻讨精详,辨其真而用之,不帮衬外求,亦不索之玄妙无影,自然举念天则,拟议以成变化。此讨之之功所以不可废也。③

本体如此,其讨之之功,在于将本有之性化为俯仰应机之时措之宜。

---

① 《礼玄剩语》,见《明儒学案》,第952页。
② 《真心图说》,见《明儒学案》,第965页。
③ 《真心图说》,《明儒学案》,第957页。

这就是"举念天则,拟议以成变化"。所以唐枢的功夫途径,首重先天,此点实与王龙溪之路径有相近之处,他尝说:

> 功夫就是本体,不容添得一些。寻见本体不走作,才是真功夫。若以去人欲做存天理功夫,便如捕贼保家。所谓"克己复礼",唯其礼,故己克。所谓"闲邪存诚",惟其诚,故闲邪。故存天理是去人欲的下手处。荀卿性恶之说,不曾教人从恶,只要人反转克治,这便矫枉过正。不在本体上做功夫,却从外边讨取。不自信,将谁以为据乎?①

此与甘泉以上几位高弟强调笃实用为善去恶功夫,方向确有不同。这样,他在理一分殊上便是重理一,重以理一主宰、规范分殊,与延平、朱子以来强调分殊不同:

> 问"理一分殊"。曰:"一是理真,真是一条路,无杂二三。所以分定,不得不殊,岂容假借增损?若以私智穿凿,不立纯体,便厚薄、高下、大小倒置,随在不停当。专重分上,将何处作把柄去殊得?圣人心体,纯粹至善,所以其机之动,随处以时出之。盖形见处是分殊,主宰处是理一,两者当时同有。"②

而在经学方法论上,唐枢也重视代表真心之理一。如于《易》,认为学易者应以动索静,以占象理。学《诗》,当体察各篇中所体现之总体性情趋向。学《春秋》,须明白以鲁史所载之具体是非求经中所立之普遍法则。《书》亦同此,以二帝三王之顺时之治表现政治之大经大法。至于《礼》,唐枢所重者尤在《礼记》,因为《周礼》、《仪礼》所说者为制度、仪节等外在粗迹,而《礼记》所阐明者,是礼乐所以兴起之本。从这些地方看,唐枢在湛门弟子中可谓别出机杼,其离阳明更近了一步。黄

---

① 《论功夫》,见《明儒学案》,第960页。
② 《语录》,见《明儒学案》,第966页。

宗羲说唐枢之讨真心"于王学尤近"①,是深得唐枢之意的。

唐枢之讨真心虽总的说沿袭前人路数,少新颖之处,但经其弟子许孚远开出刘宗周一脉,却甚重要。许孚远字孟仲,号敬庵,嘉靖进士,官至南京兵部右侍郎。许孚远影响刘宗周之处约有以下几点:其一,无善无恶是说心,而非说性。此点自王阳明提出四句教以来,一直是明代中后期学者争论的重要问题。浙中王畿、泰州周汝登、东林顾宪成、蕺山刘宗周及黄宗羲等,都对此问题有大量论说。此问题于王门后学中未发已发、本体功夫、性与心、中与和等理学核心范畴的理解和解释所关甚大,这在以后涉及这些学者时将详细讨论。其二,心即气。此命题乃许孚远承其师以真心之生机与宇宙之本体相应这一根本观念而来,认为心是气,理是气之运行的中节。此命题直接导出刘宗周"道心即人心之本心,义理之性即气质之本性,仁义礼智即心气之喜怒哀乐自然无偏者"这一根本宗旨。其三,意为宗。唐枢以真心为性体,中有所主,许孚远以此主宰为"意"。导出刘宗周"意为心之所存,而非心之所发。诚意即慎独,而慎独即与先天本有之独体为一"这一思想。并且刘宗周身处明末批评王门后学,调和程朱陆王的学术总结期,他的许多具体观点,似亦受到许孚远调和王湛两家思想的影响。

另外许孚远作《九谛》与泰州学派之周汝登②辨良知之善恶,对泰州之学的发展有一定影响。许孚远的弟子冯从吾作《关学编》,欲恢复张载关学传统,为学主张于未发处透悟天命之性,已发处点检,使合于本体,甚有关中学者沉潜笃实之风。这也是明代儒学史上的大事。

---

① 见《明儒学案》,第950页。
② 周汝登的学派归属,学界有不同意见,详见彭国翔:《周海门的学派归属与〈明儒学案〉相关问题之检讨》,载台湾《清华学报》新三十一卷第3期。

第四章
王阳明的儒学思想

　　王阳明(1472—1528)是明代最有影响的思想家,也是中国儒学史上最伟大的人物之一。他的一生波澜壮阔,充满传奇色彩。王阳明字伯安,浙江余姚人。因结庐于越城外会稽山之阳明洞,自号阳明子,学者称阳明先生。少年时随父寓京师,尝至塞外,与胡儿逐骑射,继又学辞章、兵法。十八岁时因迎亲过广信,见吴与弼的弟子娄谅,与闻朱熹格物致知之学。于是遍读朱熹之书,并尝试去格竹子之理,但无所得。又出入于释老者有年。弘治十二年(1499)进士,授刑部主事。刘瑾逮南京科道官,阳明上疏救之,被廷杖四十,谪为贵州龙场驿驿丞。刘瑾伏诛,升庐陵知县。历任吏部员外郎、郎中、南京太仆寺少卿、鸿胪寺卿。正德十一年(1516),升都察院左佥都御史,巡抚南赣、汀漳等处,平定南赣寇乱。正德十四年(1519),奉敕勘处福建叛军,闻宁王朱宸濠反,合吉安、临江、袁州、赣州等地兵讨之,在鄱阳湖大败濠兵,生擒宸濠。以功升南京兵部尚书,封新建伯。嘉靖元年(1522)始,以父丧在家乡守制,讲学活动达到高潮。嘉靖六年(1527),奉命征剿广西思田之乱,以归师破八寨、断藤峡诸乱。次年病逝于江西南安。有《王文成公全书》三十八卷,现整理为《王阳明全集》。其中最重要的是《传习录》。

王阳明的思想,主要表现在心外无理,心外无物,知行合一,致良知,四句教几个命题中。

第一节　诚意的凸显

王阳明十八岁时因迎娶过上饶,谒见问学于吴与弼的弟子娄谅,娄谅告诉他朱熹的格物致知之学,并告诉他圣人可学而至。之后他曾循此法去格亭前竹子,但茫无所得。以后又经过多方探索,也没有找到适合自己的进路。在谪官龙场的居夷处困、动心忍性之后,他才大悟格物致知之旨,发现了朱熹格物之说的不恰,后来他曾追述这一发现说:"先儒解格物为格天下之物,天下之物如何可格得?且谓一草一木亦皆有理,今如何去格?纵格得草木来,如何反来诚得自家意?"[①]就是说,照朱子的意思,涵养须用敬,进学在致知,格物越多,积理越厚,则意越诚。但尽格天下之物是不可能的。更重要的是,具体事物之理,须有一识度才能将之转换为天理,这种识度的获得需要培养。在获得这种识度之前,物理与天理是分而为二的。虽然有敬字将物理涵泳为天理,但涵养与进学终究分为两截。王阳明指摘程朱这一功夫路径的疏漏说:

> 新本(按指朱熹《大学章句》)先去穷格事物之理,即茫茫荡荡都无着落处,须用添个"敬"字方才牵扯得向身心上来,然终是没

[①]　《传习录下》,《王阳明全集》,上海古籍出版社,1992年,第119页。

根源。若须用添个敬字,缘何孔门倒将一个最紧要的字落了,直待千余年后要人来补出？正谓以诚意为主,即不须添敬字。所以提出个"诚意"来说,正是学问的大头脑处。①

王阳明认为,敬应是《大学》功夫中本有的,敬即诚意,以诚意为目的的格物,才能对身心修养有帮助。没有诚意的单纯的格物,所得只是关于具体事物的知识,与成就圣贤了无关涉。所以他反复强调"以诚意为主去用格物致知的功夫,即功夫始有下落"。②他多次批评朱熹析心与理为二,针对的主要就是这一点。

王阳明之所以有这样的功夫论,是与他对圣人的理解相关的。王阳明少年时,就与寻常儿童不一样。他曾问塾师:何为第一等事？塾师回答:惟读书登第耳。阳明对此不以为然,他的回答是:读书登第恐未为第一等事,或读书学圣贤耳。阳明所谓圣人,有自己的独特理解:

> 后世不知作圣之本是纯乎天理,却专去知识才能上求圣人。以为圣人无所不知,无所不能。我须是将圣人许多知识才能逐一理会始得,故不务去天理上着功夫。徒弊精竭力,从册子上钻研,名物上考索,形迹上比拟。知识愈广,而人欲愈滋；才力愈多,而天理愈蔽。③

在王阳明看来,圣人之学,心学也。心学的精义,就在于精神境界的扩展,全副人格的提高。离开了这一根本目标,专在知识才能上希高慕大,是俗儒之陋见。所以他曾有金之成色与分量之喻:

> 所以谓之圣,只论精一,不论多寡。只要此心纯乎天理处同,便同谓之圣。若是力量气魄,如何尽同得？后儒只在分量上较量,所以流入功利。若除去了比较分量的心,各人尽着自己力量

---

① 《传习录上》,《王阳明全集》,第38—39页。
② 《传习录上》,《王阳明全集》,第38页。
③ 《传习录上》,《王阳明全集》,第28页。

精神,只在此心纯乎天理上用功,即人人自有,个个圆成。便能大以成大,小以成小,不假外慕,无不具足。此便是实实落落明善诚身的事。①

根据这一点,阳明在道德与知识的关系上,强调道德的本体性,以道德统摄、收归知识。他之反对朱熹分道心人心为二,强调道心为人心之本体,就是立基于这一根本见解之上。在王阳明看来,学就是"学存此天理",他的全部学问突出一个"头脑",这就是道德,道德是一切方面的统领。所以他把儒家全部修养功夫概括为一个,这就是诚意。诚意可以带动具体知识的求取。在回答弟子关于孝心和讲求行孝的具体知识的关系时,阳明表达了他对道德和知识的关系的根本立场:

> 如何不讲求,只是有个头脑。只就此心去人欲、存天理上讲求。就如讲求冬温,也只是要尽此心之孝,恐怕有一毫人欲间杂。讲求夏清,也只是要尽此心之孝,恐怕有一毫人欲间杂。只是讲求得此心。此心若无人欲间杂,纯是天理,是个诚于孝亲的心,冬时自然思量父母的寒,便自要去求个温的道理;夏时自然思量父母的热,便自要去求个清的道理。这都是那诚孝的心发出来的条件。却是须有这诚孝的心,然后有这条件发出来。②

王阳明此处的精义是,道德是统领,知识是辅翼,道德修养可以带动知识探求。总的人格的提高内在地包含着知识上的扩充。即使在某些情境下知识不足,道德也会驱迫主体自动地求取知识。道德有主动地趋赴价值目标并主动地创造实现目的的手段这种能力。又如《传习录》载:

> 问:"名物度数,亦须先讲求否?"先生曰:"人只要成就自家心体,则用在其中。如养得心体果有未发之中,自然有发而中节之

---

① 《传习录上》,《王阳明全集》,第31页。
② 《传习录上》,《王阳明全集》,第3页。

和,自然无施不可。苟无是心,虽预先讲得世上许多名物度数,与己原不相干,只是装缀,临时自行不去。亦不是将名物度数全然不理,只要知所先后,则近道。"①

这也是说,道德修养可以带动知识的追求;道德修养好了,知识才力就在其中了。而且阳明这里所谓知识,不仅是道德知识,亦泛指一切知识。在王阳明这里,心中所具有的意志被赋予了极大的能动性。所以王阳明把道德的培养放在高于一切的位置。由于这一点,王阳明并不特别强调知识,有时为了突出道德的优先地位、统领地位,针砭单纯追求知识的时风,他甚至贬损知识,但在道德统领下的知识探求,是他题中应有之义。所以,前人分而为二的,王阳明都统合为一。如,尊德性和道问学不是二事,道问学即所以尊德性,博文即所以约礼,唯精即所以唯一,明德亲民即所以止至善。对强调格物穷理的朱熹,他屡屡攻击其支离、少头脑。甚至有《朱子晚年定论》之作,说朱陆早异晚同,朱熹对自己早年"气力全用在册子上"痛悔极艾,晚年欲返归心学。

王阳明之所以凸显道德的统领地位,是为了纠补日益衰薄的世风,克服越来越严重的功利主义倾向。他描述当时的社会风尚说:

> 圣学既远,霸术之传积渍已深。虽在贤智,皆不免于习染。其所以讲明修饰,以求宣畅光复于世者,仅足以增霸者之藩篱,而圣学之门墙遂不复可睹。……时君世主亦皆昏迷颠倒于其说,而终身从事无用之虚文,莫自知其所谓。②

在《山东乡试录》中他也描述当时的世风说:

> 盖今风俗之患,在于务流通而薄忠信,贵进取而贱廉洁,重儇狡而轻朴直,议文法而略道义,论形迹而遗心术,尚和同而鄙狷介。若是者,其浸淫习染既非一日,则天下之人,固已相忘于其间

---

① 《传习录上》,《王阳明全集》,第21页。
② 《传习录中》,《王阳明全集》,第55页。

而不觉。①

这就是他的"拔本塞源"论所要拔除的社会弊病,也是他从事圣贤之学,扭转朱熹的用功方向的苦心所在。

第二节 心外无理,心外无物

王阳明在确立以上以道德为统领,以知识为辅翼的基本思路以后,首先提出的命题就是心外无理,心外无物。

心外无理的提出并非出自陆九渊,而是从朱熹的格物穷理入手,感到隔碍不通,经龙场的居夷处困,动心忍性而自证自悟得到的。阳明少年时格竹失败,已经萌生了对朱熹格物说的怀疑,龙场的艰难困苦,给他提供了根本转变的契机,使他对自己多年的孤苦探索进行了彻底反省。他后来对此总结说:"及在夷中三年,颇见得此中意思,乃知天下之物本无可格者,其格物之功,只在己身心上做,决然以圣人为人人可到,便自有担当了。"②龙场之悟,是他的心外无理说建立的机缘。心外无理是说,一切道理的成立都以心为根据,心中本有理,外在事物的理和心中本有的理是同一的,也可以说,外在事物的理是心所赋予的。这一点取自孟子,其精义是,心不仅是灵明,更重要的是意志,在心的诸义蕴中,意志是最本质的,其他是从属的。心即理是王阳明的基本命题,是他以后诸命题的基础。也是他与其他学派的分判标准。所以后来黄宗羲在总结王阳明的学术贡献时说:

> 先生以圣人之学,心学也。心即理也。故于致知格物之训,不得不言"致吾心良知之天理于事事物物,则事事物物皆得其

---

① 《王阳明全集》,第866页。
② 《传习录下》,《王阳明全集》,第120页。

理"。夫以知识为知,则轻浮而不实,故必以力行为功夫。良知感应神速,无有等待,本心之明即知,不欺本心之明即行也,不得不言"知行合一"。此其立言之大旨,不出于是。而或者以释氏本心之说颇近于心学,不知儒释界限只一理字。释氏于天地万物之理一切置之度外,更不复讲,而止守此明觉;世儒则不恃此明觉,而求理于天地万物之间,所为绝异。然其归理于天地万物,归明觉于吾心,则一也。向外寻理,终是无源之水,无根之木,总使合得,本体上已费转手。故沿门乞火与合眼见暗,相去不远。先生点出心之所以为心,不在明觉而在天理,金镜已坠而复收,遂使儒释疆界渺若山河。此有目者所共睹也。①

此评论十分精当,是我们理解王阳明"心外无理"的一把钥匙。

王阳明对心外无理的论证多在伦理上着眼,在他看来,理首先是心中本具的道德意识,一切孝父敬兄之类的伦理活动,皆以心中之理为根据。这一点在他和弟子的对答中表现得很明显,《传习录》载:

> 爱问:"至善只求诸心,恐于天下事理有不能尽。"先生曰:"心即理也,天下又有心外之事,心外之理乎?"爱曰:"如事父之孝,事君之忠,交友之信,治民之仁,其间有许多理在,恐亦不可不察。"先生叹曰:"此说之蔽久矣,岂一语所能悟。今故就所问者言之。且如事父,不成去父上求个孝的理?事君,不成去君上求个忠的理?交友、治民,不成去友上、民上求个信与仁的理?都只在此心。心即理也。此心无私欲之蔽,即是天理,不须外面添一分。以此纯乎天理之心,发之事父便是孝,发之事君便是忠,发之交友、治民便是信与仁。只在此心去人欲,存天理上用功便是。"②

和具体的仪节比,心中的道德情感是最重要的。没有道德情感的孝父

---

① 《明儒学案·姚江学案》,中华书局,1985年,第182页。
② 《传习录上》,《王阳明全集》,第2—3页。

敬兄,便是装缀,便是演戏,便没有道德价值。心外无理之理,指普遍的必然的道德情感,它可以措置为具体的行为准则。只要在心的纯洁性上用功,保持其本体,自然能根据具体条件发为适当的行为。不必预先安排,所以王阳明在回答学生"圣人应变不穷,是不是预先讲求"这一问题时,说:

> 圣人之心如明镜,只是一个明,则随感而应,无物不照。未有已往之形尚在,未照之形先具者。……只怕镜不明,不怕物来不能照。讲求事变,亦是照时事,然学者却须先有个明的功夫。学者惟患此心之未能明,不患事变之不能尽。①

此即王阳明对程颐"冲漠无朕,而万象森然已具"一语的解释。这也就是他反复强调"须从本原上用力"、"不患无功,惟患夺志"的理由。

阳明论证心外无理还有一个视角,这就是从心性关系上着眼:心即性,性即理。当学生引朱熹《大学或问》里说的"人之所以为学者,心与理而已"一句来问时,阳明回答道:"心即性,性即理。下一'与'字,恐未免为二。此在学者善观。"②这里强调的是,心与性不是二物,心不仅仅是一个空框子,性驻着于其中,而是一个浑成之物,心和性是这个浑成之物的不同方面,"就其主宰处说,便谓之心;就其禀赋处说,便谓之性"。③陆九渊尝有"心即理"之说。陆九渊的心即理强调的是,宇宙间之理,吾心之理,实际上是一个。宇宙普遍法则和心中的伦理法则可以类比。所以陆九渊有"吾心即是宇宙,宇宙即是吾心"的论断。他的"至当归一,精义无二,此心此理实不容有二"④,说的就是这一点。王阳明的"心外无理"似乎更彻底些,他把理完全收归于心内,加强了心的含摄,加强了道德的能动力量,意志自律的高严和斩截得到了进

---

① 《传习录上》,《王阳明全集》,第12页。
② 《传习录上》,《王阳明全集》,第15页。
③ 《传习录上》,《王阳明全集》,第34页。
④ 《与曾宅之》,《陆九渊集》,中华书局,1980年,第4—5页。

一步的强调。所以邵雍的"心如郛郭,性如王,性驻着于心",张载的"心统性情",朱熹的"心是知觉,性是理,理无心则无着处"诸说,都在摈斥之列。心即理即性,只一个心字就包揽无余,万事万物莫非心的表现,万理莫非出于一心。心与性直接打通为一。他这里直接针对的是朱熹。在朱熹,性是理,是形而上者;心属气,是形而下者。性在心中,但性不即是心。心性分际甚明,不容淆乱。王阳明则不分形而上下,只讲一心,心包摄一切。这是他认为自己的学术简易直接的一个根据。他甚至反对人心道心的分别,认为支离,于经典无根据。这也是心之浑融的一个表现。

王阳明自认为是古来圣贤之学的真正继承者,因为他认为圣贤之学即是心学。也因为这一点,他表彰陆九渊之学。他在给陆九渊的文集作的序文中说:

> 圣人之学,心学也。……盖王道息而霸术行,功利之徒外假天理之近似以济其私,而以欺于人,曰天理固如是。不知既无其心矣,而尚何有所谓天理者乎?自是而后,析心与理而为二,而精一之学亡。世儒之支离,外索于刑名器数之末,以求明其所谓物理者。而不知吾心即物理,初无假于外也。佛老之空虚,遗弃其人伦事物之常,以求明其所谓心者,而不知物理即吾心,不可得而遗也。①

认为宋之周、张、二程皆心学,陆九渊上承孟子,接续周、张、二程之学,直接求诸心,其学为孟子之学无疑。他甚至认为儒家六经皆心学,说:

> 六经者非他,吾心之常道也。故《易》也者,志吾心之阴阳消息者也;《书》也者,志吾心之纪纲政事者也;《诗》也者,志吾心之歌咏性情者也;《礼》也者,志吾心之条理节文者也;《乐》也者,志吾心之欣喜和平者也;《春秋》也者,志吾心之诚伪邪正者也。故

---

① 《象山文集序》,《王阳明全集》,第245页。

> 六经者,吾心之记籍也,而六经之实则具于吾心。①

理是心中之理,经是心中之理的记录,学是学存心中之理,王阳明将宋元及明初以来占统治地位的程朱之学完全调转方向,将功夫主要用在内心上,以至全面强调心的主宰作用:"心者,身之主宰。目虽视,而所以视者心也;耳虽听,而所以听者心也;口与四肢虽言动,而所以言动者心也。"②

由于以心,特别是其中的道德意识作为学术的中心,王阳明对于理学的重要概念,在解释上便完全不同于前人,特别是不同于理学权威朱熹。比如,他认为他与朱熹最根本的分歧在对《大学》的解释上。他不同意朱熹对《大学》的分章和补缀,以自认为是保存了《大学》本来面目的《古本大学》为教本。而他对《大学》下手处的"格物",解释便大不同于朱熹:

> 格物如孟子"大人格君心"之格,是去其心之不正,以全其本体之正。但意念所在,即要去其不正以全其正,即无时无处不是存天理,即是穷理。天理即是明德,穷理即是明明德。③

格即改正之意,物是意念的指向,格物即改正不正确的念头。朱熹对格物的解释在思想史上影响最大,他的解释是:"格,至也。物,犹事也。穷至事物之理,欲其极处无不到也。"④至非接触之谓,而是极至之意。格物即达到事物之理的穷尽处,无有剩义。所以朱熹的格物即"致知"。他尝说:"格物只是就一物上穷尽一物之理,致知便是穷得物理尽后我之知识亦无不尽处。但能格物,则知自至,不是别一事也。"⑤王阳明解格物为正念头,自认为有经典上的根据。而他解物为事,更

---

① 《稽山书院尊经阁记》,《王阳明全集》,第 254 页。
② 《传习录下》,《王阳明全集》,第 119 页。
③ 《传习录上》,《王阳明全集》,第 6 页。
④ 《四书章句集注》,中华书局,1983 年,第 4 页。
⑤ 《答黄子耕》,《朱熹集》卷五一,四川教育出版社,1996 年,第 2510 页。

是将心作为一切的主宰所发生的自然结果：

> 意之所用,必有其物。物即事也。如意用于事亲,即事亲为一物;意用于治民,即治民为一物;意用于读书,即读书为一物;意用于听讼,即听讼为一物。凡意之所用,无有无物者。有是意即有是物,无是意即无是物矣。①

一般所谓物,是主体之外的客体。客体不一定与心有必然联系。而阳明的物是事,是主体的意志、理性、欲望参与其中,有特定目的和行为手段的"事"。他要反对的正是仅有知识论意义,不与道德选择发生关涉的格物。

朱熹的格物说严格说来并非与道德无涉,但他有名的《补大学格物传》因主要是对初学而言,不免对格物的纯知识义强调过重。又因朱熹在讲到格物之法时,沿袭了程颐的说法:"若其用力之方,则或考之事为之著,或察之念虑之微,或求之文字之中,或索之讲论之际。"②遂使人有放松道德修养之感。王阳明正是抓住这一点,批评朱熹之学支离。王阳明这一变,将《大学》的三纲领、八条目统为一事,皆从心上说,这样便自然走到"心外无物,心外无事,心外无理,心外无义,心外无善",一切皆收归于心这一步。王阳明所谓心外无理主要是说,道德行为的根据就是本心,离开了心的参与的活动没有道德价值,这主要是就伦理活动而言。但王阳明为了强调心的绝对性,第一义性,把心的管辖和主宰推向一切方面。如在知识方面,也认为心是物显现的前提和根据。如有名的"南镇观花",王阳明说:"你未看此花时,此花与汝心同归于寂。你来看此花时,则此花颜色一时明白起来,便知此花不在你的心外。"③王阳明没有讲未被知觉时此花是否存在的问题,因为在王阳明的语境中这个问题是没有意义的,离开心无法谈存在问

---

① 《传习录中》,《王阳明全集》,第47页。
② 朱熹:《四书或问》,上海古籍出版社、安徽教育出版社,2001年,第23页。
③ 《传习录下》,《王阳明全集》,第108页。

题。任何物都与意念的涉着有关。他对心、意、知、物的定义极为明确：

> 身之主宰便是心，心之所发便是意，意之本体便是知，意之所在便是物。……所以某说无心外之理，无心外之物。①

这个定义中的头二句与传统的解释并无大的歧异，不同之处在后二句，因为有人将"意之本体便是知"的"知"理解为良知。其实这里的"知"指心理活动，"本体"也是本质的意思。"意之本体便是知"是说，意念、意识的本质是一种心理活动，故意念的指向的实质也是心理活动。人的一切活动，必须联系心来说方有意义。这样，心就是天地间的最高存在，是宇宙的最高造就品。阳明和弟子的一段对话充分表明了这一点：

> 先生曰："你看这个天地中间，什么是天地的心？"对曰："尝闻人是天地的心。"曰："人又什么教做心？"对曰："只是一个灵明。""可知充天塞地中间，只有这个灵明。人只为形体自间隔了。我的灵明便是天地鬼神的主宰。天没有我的灵明，谁去仰他高？地没有我的灵明，谁去俯他深？鬼神没有我的灵明，谁去辨他吉凶灾祥？天地、鬼神、万物，离却我的灵明，便没有天地、鬼神、万物；我的灵明离却天地、鬼神、万物，亦没有我的灵明。如此，便是一气流通的，如何与他间隔得？"又问："天地鬼神万物千古见在，何没了我的灵明，便俱无了？"曰："今看死的人，他这些精灵游散了，他的天地万物尚在何处？"②

人与他存在和活动的环境互为依持，这是王阳明心学题中应有之义。但王阳明突出的不在此点，他突出的是，心是人一切活动的主宰，心是天地万物的浓缩的、凝聚的表现。人是天地万物的心，在中国思想中

---

① 《传习录上》，《王阳明全集》，第6页。
② 《传习录下》，《王阳明全集》，第124页。

是个古老的观念,王阳明给这一观念赋予了极多的内容,成了人的一切活动的最本质因素,在伦理、知识、审美一切活动中全面贯彻了这一点。同为心学代表人物,王阳明对心的主宰作用的强调比陆九渊更为彻底。这对他后来提出致良知作为立言宗旨有决定性影响。

第三节 知行合一

知行合一王阳明提出甚早。在龙场,提学副使席书聘主贵阳书院时,王阳明就讲过知行合一,但详细发挥是在升南京太仆寺少卿后便道归省,与徐爱在舟中论学之时。《传习录》载:

> 爱因未会先生知行合一之训,与宗贤、惟贤往复辩论。未能决,以问于先生。先生曰:"试举看。"爱曰:"如今人尽有知得父当孝,兄当弟者,却不能孝,不能弟,便是知与行分明两件。"先生曰:"此已被私欲割断,不是知行的本体了。未有知而不行者,知而不行,只是未知。圣贤教人知行,正是要复那本体,不是着你恁的便罢。故《大学》指个真知行与人看,说'如好好色,如恶恶臭'。见好色属知,好好色属行,已见那好色时已自好了,不是见了后又立个心去好。闻恶臭属知,恶恶臭属行,只闻那恶臭时已自恶了,不是闻了后别立个心去恶。就如称某人知孝,某人知弟,必是其人已曾行孝,行弟,方可称他知孝知弟。不成只是晓得说些孝弟的话,便可称为知孝知弟。又如知痛,必已自痛了方知痛;知寒,必已自寒了;知饥,必已自饥了。知行如何分得开?此便是知行的本体了,不曾有私意隔断的。圣人教人必要是如此,方可谓之知,不然只是未曾知。……某尝说知是行的主意,行是知的功夫。知是行之始,行是知之成。若会得时,只说一个知,已自有行在;只

说一个行,已自有知在。古人所以既说一个知,又说一个行者,只为世间有一种人,懵懵懂懂地任意去做,全不解思维省察,也只是个冥行妄作。所以必说个知,方才行得是。又有一种人,茫茫荡荡悬空去思索,全不肯着实躬行,也只是个揣摸影响。所以必说一个行,方才知得真。此是古人不得已补偏救弊的说话。若见得这个意时,即一言而足。"①

在这一长段话中,王阳明说出了他的知行合一的真意,以及持此说的苦心。

知行问题,因关涉道德实践,所以前辈儒者讨论甚多。有代表性的观点集中在知行先后、知行难易、知行轻重三个方面。这些观点有一个共同点,即都把知和行看做两件事。王阳明主张知和行是一件事的两个方面,就取消了这些观点的意义。王阳明这段话说到了知行本体,在他看来,知行本体就是知行合一。一个行为,知是思想对身体的支配,行是身体对思想指令的操作。知是行为的欲望、目的方面,行是欲望、目的的实现方面。分知行为两件,是人对这个统一体的割裂。行而不知和知而不行都是对知行本体的背离。王阳明提出知行合一,就是对这种背离的纠补。就道德行为说,纠补的重点在徐爱所说的知而不行。因为道德行为的知往往是天赋的情感,不循天赋的道德去行,多是被私欲隔断了。所以知行合一是与王阳明倡导的存理去欲一致的。

另外,王阳明提倡知行合一,也是对当时着重功利、言行不一、虚伪装饰等不良士习的纠正。王阳明在给友人的赠言中曾说:

逮其后世,功利之说日浸以盛,不复知有明德亲民之实。士皆巧文博词以饰诈,相规以伪,相轧以利,外冠裳而内禽兽,而犹或自以为从事于圣贤之学。如是而欲挽而复之三代,呜呼其难

---

① 《传习录上》,《王阳明全集》,第3—4页。

哉！吾为此惧，揭知行合一之说，订致知格物之谬，思有以正人心，息邪说，以求明先圣之学。①

这里说得很明白，王阳明提倡知行合一和他扭转朱熹格物致知的方向目的是一致的，都是在士风浇薄的情况下，树立道德的主宰地位，抵抗功利之习的侵袭，使儒家价值理想占据士人的头脑，以此匡正世风。

也是出于同一目的，王阳明提出"一念发动即行"的思想。他在回答弟子问知行合一之旨时说：

> 此须识我立言宗旨。今人学问，只因知行分作两件，故有一念发动，虽是不善，然却未曾行，便不去禁止。我今说个知行合一，正要人晓得，一念发动处便即是行了。发动处有不善，就将这不善的念克倒了，须要彻根彻底，不使那一念不善潜伏在胸中，此是我立言宗旨。②

上述知行相即不离，知与行是一个功夫的两面，是知行合一的正解。一念发动即行，是对正念头的强调，旨在破除重视行为上的省察克治，轻忽心中意念的纠察这样的做法。因为在王阳明看来，不善的念头的去除，要比不善的行为的去除难得多。这就是他说"去山中贼易，去心中贼难"的意指所在。一念发动即行，是心学重视心，主张从心上解决问题，强调道德自律这一根本思想的一个表现。

知行合一是王阳明龙场之后提出的一个重要命题，但中年以后多不提起，只在与友人的辩论中有所涉及，但强调的重点似与前期有异。在提出致良知宗旨后，知行合一又作为致良知的一种性质，自然包贯于其中。刘宗周曾评论王阳明："良知为知，见知不囿于闻见；致良知为行，见行不滞于方隅。即知即行，即心即物，即动即静，即体即用，即

---

① 《书林思训卷》，《王阳明全集》，第282页。
② 《传习录下》，《王阳明全集》，第96页。

功夫即本体,即下即上,无之不一。"①黄宗羲也说:"本心之明即知,不欺本心之明即行也,不得不言知行合一。"②意思都是说,良知即知,致良知之行为即行,致良知即知行合一。王阳明晚年学问愈加简易直截,宗旨归一,只提致良知三字。其他早年提出的命题都融摄于致良知中,成了致良知的注脚。但王阳明早年倡导知行合一的苦心则不可不知。

第四节　良　知

"良知"一词出自孟子。王阳明承孟子宗旨讲致良知之旨甚早,说:

> 心自然会知,见父自然知孝,见兄自然知弟,见孺子入井自然知恻隐,此便是良知,不假外求。若良知之发,更无私意障碍,即所谓"充其恻隐之心,而仁不可胜用矣"。然在常人,不能无私欲障碍,所以须用致知格物之功,胜私复理。即心之良知更无障碍,得以充塞流行,便是致其知。知致则意诚。③

此段话为阳明早年弟子徐爱所录,说明阳明致良知思想的提出在他出仕初任事之时。但此时的致良知只是承领孟子,还没有晚年经过许多性命交关、生死搏斗的经历之后以致良知为一生学术总旨时那样意义包蕴广泛。对于致良知提出的缘由,王阳明说之甚多,如:

> 某于此良知之说,从百死千难中得来,非是容易见得到此。④

---

① 《明儒学案·师说》,第 7 页。
② 《明儒学案·姚江学案》,第 182 页。
③ 《传习录上》,《王阳明全集》,第 6 页。
④ 钱德洪:《刻文录叙说》,《王阳明全集》,第 1575 页。

又说：

> 近来信得致良知三字真圣门正法眼藏。往年尚疑未尽,今自多事以来,只此良知无不具足。譬之操舟得舵,平澜浅濑,无不如意。虽遇颠风逆浪,舵柄在手,可免没溺之患矣。①

阳明弟子钱德洪也说：

> 良知之说发于正德辛巳年。盖先生再罹宁藩之变、张许之难,而学又一番证透。②

正德辛巳(1521)即与徐爱同舟论学之年,可证阳明提出致良知宗旨甚早,而宁藩之变、张许之难,即王阳明所谓百死千难之最重要事件。至晚年服父丧居越,致良知宗旨得与弟子讲习问难,良知之含义抒发得更加全面、精微。致良知宗旨是王阳明半生军事、政治经验的总结,也是他前此讲学宗旨的概括和提炼。他把儒家重要哲学范畴如《大学》的三纲八目,《中庸》的性道教、诚、慎独,《尚书》的唯精唯一等揉进致良知中,使得良知范畴成了一个统贯天人,包罗物我的最高概念,一个与物无对的绝对。他甚至把良知等同于易:

> 良知即是易,其为道也屡迁,变动不居,周流六虚,上下无常,刚柔相易,不可为典要,惟变所适。此知如何捉摸得？见得透时,便是圣人。③

王阳明的良知概念含摄至广,他用此概念来解释一切哲学问题,"累千百言,不出此三字为转注。"比如他起征思田时应弟子之请而作的《大学问》,就是以致良知解说《大学》的三纲八目,所论十分详尽。阳明的这种高度的融摄能力,使他的思想呈现简易直接的面貌,在"此亦一述朱,彼亦一述朱",学术界为传注、记诵之学所笼罩的情况下,获得了众

---

① 见《王阳明年谱》,《王阳明全集》,第 1278 页。
② 钱德洪:《刻文录叙说》,《王阳明全集》,第 1575 页。
③ 《传习录下》,《王阳明全集》,第 125 页。

多学者的拥护。这使得王学在广大地域迅速传播开来,成为当时的显学,并发展为流传久远、影响广泛的学术潮流。另一方面,这种简易和浑融也埋下了后来王学分化的种子。王学不同派别弟子之间关于良知的争论,是明代中后期儒学的主要内容。

关于良知,王阳明一生说之甚多,如果加以归纳和概括,其意思主要有以下几点。第一,良知是天理之昭明灵觉。这一定义首先是对朱熹的继承和超越。王阳明说:"良知只是一个天理明觉发现处,只是一个真诚恻怛,便是他本体。"①如上所言,朱熹主"心统性情",认为性驻着于心中,但心不即是性。性理显现于心,需要通过格物致知活动的诱发。在朱熹,心是形而下者,理是形而上者;理是个"洁净空阔的世界",心则灵动无方,神感神应。心与理分际甚明。而阳明贯心与理为一,具有一身二任的性质。王阳明不分形上形下,统只一心,即心即理,既是天命之性,又是灵妙之体。其本质是仁、是诚,其表现是灵动、是妙应。所以阳明说:

> 知是理之灵处。就其主宰处说,便谓之心;就其禀赋处说,便谓之性;孩提之童无不知爱其亲,无不知敬其兄,只是这个灵。充拓得尽,便完完是他本体。便与天地合德。②

天命之性在心中,这一点与朱熹同;但天命之性同时又是爱亲敬兄之情,这却与朱熹有异。在朱熹,仁是性,爱是情,心是性情之主。仁是爱的根据,爱是仁的表现,两者是体用关系,但又非一个。阳明之心,既是理,又是理的表现之处,二而一也。所以在《大学问》中阳明以良知连通天命之性与万物一体之仁。他说:

> 是其一体之仁也,虽小人之心,亦必有之。是乃根于天命之性,而自然灵昭不昧者也,是故谓之明德。……故夫为大人之学

---

① 《传习录中》,《王阳明全集》,第84页。
② 《传习录上》,《王阳明全集》,第34页。

者,亦惟在去其私欲之蔽,以自明其明德,复其天地万物一体之本然而已耳。①

这里的精义是,人是天地之心,心是人的本质最直接最完全的表现。从这个意义说,人是宇宙法则的凝聚,心是这个法则的表现通道。所以王阳明又说"人心是天地万物发窍处"。

王阳明这一思想,是将道德作为人最本质的属性,将道德和它的体现之地联成一体,两者不可分割。同时将心的其他性质附于道德之下,将道德无可替代地置于首出地位,并将它设立为一个主动地呈现、主动地借他者以显露的真正的主体。这一视点在儒学史上的意义,刘宗周说得十分剀切:"先生承绝学于词章训诂之后,一反求诸心,而得其所性之觉,曰良知。因示人求端用力之要,曰致良知。"②这是说,良知的基本内容,一是性,二是觉,良知就是天理在心中的自然显现。

第二,良知是是非之心。在孟子的学说中,四端是重要内容,是非之心是四端之一。王阳明接过孟子的是非之心,扩充进了许多内容。是非之心,王阳明认为是天赋的,人人皆具,他说:

> 是非之心,不虑而知,不学而能,所谓良知也。良知之在人心,无间于圣愚,天下古今之所同也。③

是非之心的内容,最主要的是两个方面,一方面是是是非非,另一方面是知是知非。是是非非指对善的肯定,对恶的否定,也就是因其是而好之,因其非而恶之,所谓"好善恶恶"。因是是非非的性质是天生就有的,所以人不可能全无是非观念,也不可能有是非观念而理智上对是非无判别,情感上对是非无好恶。知是知非指理智上知何者为是何者为非。知的方式可有感觉、推论、直觉等不同。在这二方面中,前者

---

① 《王阳明全集》,第968页。
② 《明儒学案・师说》,第6页。
③ 《传习录中》,《王阳明全集》,第79页。

是后者的基础,后者是前者的补充;前者是理智中的意志因素,后者是情感中的理性因素。二者在道德判断中共同起作用。

王阳明认为,好善恶恶是作为道德性存在的人的基本活动方式,他说:

> 良知只是个是非之心,是非只是个好恶。只好恶就尽了是非,只是非就尽了万事万变。①

这是说,良知最主要的是是非之心,而是非之心最根本的就是好善恶恶。好善恶恶是知善知恶并进而为善去恶的基础。它在人的一切活动中是最重要的。因为人天赋的好善恶恶的道德判断功能容易被私欲遮蔽,使其高严性遭到破坏,敏感性降低,因而丧失其道德判断意愿,改变道德判断的标准。王阳明强调是非之心是与他前述强调诚意是一致的。王阳明说:"为学功夫有浅深,初时若不着实用意去好善恶恶,如何能为善去恶?这着实用意便是诚意。"②又说:"人但得好善如好好色,恶恶如恶恶臭,便是圣人。"③认为真正的好善恶恶是意诚之后的自然情感和自然行为,而意诚是需要和根性中许多盘踞难去的东西斗争才能达到的。黄宗羲对是非之心就曾解释说:"所谓知善知恶者,非意动于善恶从而分别之为知,知亦只是诚意中之好恶,好必于善,恶必于恶,孰是孰非而不容已者,虚灵不昧之性体也。"④

知是知非的第二个意思是良知知何者为是何者为非。王阳明说:

> 尔那一点良知,是尔自家的准则。尔意念着处,他是便知是,非便知非,更瞒他一些不得。良知原是完完全全的,是的还他是,非的还他非,是非只依着他,更无有不是处。这良知还是你的

---

① 《传习录下》,《王阳明全集》,第 111 页。
② 《传习录上》,《王阳明全集》,第 34 页。
③ 《传习录下》,《王阳明全集》,第 97 页。
④ 《明儒学案·姚江学案》,第 179—180 页。

明师。①

良知是是非判断的准则,在阳明这里,除了良知,别无准则。外在的功利不可作准则,即使内在的动机,亦不可作准则,因为阳明的良知概念所包内容的复杂性,它实际上是个意志、知识、审美的综合动态平衡系统。良知不断的对事件的各种因素进行整合,一个善的事件,应该是出于善的动机,有有益的结果,完成此事的手段与此事的运行规则、节律一致。王阳明半生军事、政治实践中的许多事件,如果细究其成功之由,多符合这一点。这是他以道德为统领,以知识为辅翼,以境界高远、本领阔大为追求导致的结果。

对于是非的判断,实际上包括对他人的行为价值的判断和对自己的行为价值的判断。对自己的判断主要的依据是动机。自己发一意念,其善恶良知自能知,即使遮蔽较重,只要有一隙通明,就瞒昧不得。这种知是一种直觉,当下即知,不须推证。而对于他人之是非的判断,则十分复杂。判断之锐敏,之公正,不仅靠道德理性的纯净而有的对道德准则的坚守,还要靠长期的实事磨炼对复杂事件的应对、评价能力。王阳明对是非进行判断的方式,实际上前后期有侧重点之不同。前期以理智的形式为主。此时的阳明处事兢兢业业,亹亹翼翼,主张"良知愈思愈精明,若不精思,漫然应去,良知便粗了"。② 随着实践活动的深入,特别是遭逢几次重大的事变,王阳明对良知愈益恃任,越来越倾向于把良知作为直觉能力,作为诚意中的好恶。黄宗羲借阳明弟子王畿的话对王阳明晚年的境界有一描述:

> 所操益熟,所得益化,时时知是知非,时时无是无非。开口即得本心,不用假借凑泊。如赤日当空而万象毕照。③

---

① 《传习录下》,《王阳明全集》,第 92 页。
② 《传习录下》,《王阳明全集》,第 110 页。
③ 《明儒学案·姚江学案》,第 181 页。

这种境界,是长期的理性判断熟化为当下的直觉,并与道德情感联系在一起,时时知是知非,是时时不离道德判断,且此种判断大体正确。时时无事无非,是过而不留,保持心的廓然大公,以便物来顺应,时时与宇宙大化之诚体所代表的无意无欲、无知无识为一。这种熟化和诚,皆大体呈现为直觉。至于"开口即得本心,不用假借凑泊",更是良知的当下呈现,当下作用。赤日当空万象毕照,是当下的情感、当下的理智、当下的是非判断皆在良知的照彻中。这可以说是王阳明良知之学的最高境界。其描述虽不无夸饰,但对照阳明一生思想与行实,却不能说非有得之言。

王阳明关于是非之心的思想,有一个非常能体现心学特质的方面,这就是对外在权威的否定。在王阳明,判断是非的唯一标准是良知,舍此无第二个标准。王阳明曾说:

> 夫学贵得之心。求之于心而非也,虽其言之出于孔子,不敢以为是也,而况其未及孔子者乎？求之于心而是也,虽其言之出于庸常,不敢以为非也,而况其出于孔子者乎？①

这段话所包含的大胆否定权威的思想,对当时冲破"此亦一述朱,彼亦一述朱"的局面,营造生动活泼的学术气氛,产生了很大影响。就明代整个学术格局而言,这种纯认本心,不有道理格式的精神,对泰州、龙溪的放言高论,不管是非好恶,放手行去的行事风格,有着不可估量的影响。王阳明经过了一系列重大事变,特别擒宸濠处忠泰之变之后,对人生真谛、人世本质有了更加通脱的理解,种种假面,种种牵缠,种种回护一齐斩断,良知更加清明澄澈,从而更加具有狂者气象。王阳明曾说:

> 我在南都以前,尚有些子乡愿的意思在。我今信得良知真是真非,信手行去,更不着些覆藏,我今才做得个狂者胸次。使天下

---

① 《传习录中》,《王阳明全集》,第76页。

人都说我行不掩言也罢。①

信得良知真是真非,就是上述着实好善恶恶之意,狂者胸次就是只信自己的良知,冲破既成的道理格式之意。这一点对泰州派下以为心中自然而发的就是良知,勿壅勿遏,任之即是产生了很大影响,也为明末东林、蕺山学派起而纠正王学之弊造下了契机。

第三,思是良知的发用。良知的本义是天赋的道德意识和好善恶恶之心,内容主要在道德方面。但如上所述,后期王阳明将精神活动的一切方面都收归良知所有,良知成了心的代名词。甚至与善的价值对立的那些内容,也渐次为良知所有。但作为道德理性的那一部分内容仍然作为良知的核心,对良知的其他方面起着监察作用。思本不是良知的内容,但思维、理智作为精神活动的重要内容,在良知被本体化、绝对化之后,不能不被良知所收摄。也就是说,良知作为天理之昭明灵觉,不仅觉天理,也觉其他内容。这是王阳明思想比陆九渊更为广大、浑融,包摄更为丰富之处。

关于思是良知的发用,王阳明说:

> 良知是天理之昭明灵觉处,故良知即是天理。思是良知之发用。若是良知发用之思,则所思莫非天理矣。良知发用之思,自然明白简易,良知亦自能知得。若是私意安排之思,自是纷纭劳扰,良知亦自会分别得。盖思之是非邪正,良知无有不自知者。②

这实际上是沿用了朱熹性体情用的思想,以知善知恶之良知为体,以良知发用之思为用。良知得体用之全。这样的用法虽非良知之正解,但却是阳明将良知等同于精神活动的本体所必然有的结果,因为思是精神活动的自然包蕴。

将思内蕴于良知之中是有其深意的。在阳明这里,良知既觉天

---

① 《传习录下》,《王阳明全集》,第116页。
② 《传习录中》,《王阳明全集》,第72页。

理,又觉一般事物,而天理就在一般事物中见,天理并非能脱离具体事物而别为一物。阳明肯定良知的这种二相双存,就是要把良知紧密地置于天理与人欲的统一体中,时时行使其善恶监察职能,这样良知对于具体事物就不是旁观者而是参与者,具体事物对于良知就不是外在者而是其施用场所。所以阳明主张,为了发觉并根除潜伏的不善,为了使良知在理欲搏战中得到锻炼,须在声色货利这些人最易发生耽着处用致良知之功。《传习录》中阳明与弟子的一段对话最能表现这一点:

> 问:"声色货利恐良知亦不能无。"先生曰:"固然。但初学用功,却须扫除荡涤,勿使留积,则适然来遇,始不为累,自然顺而应之。良知只在声色货利上用功,能致得良知精精明明,毫发无蔽,则声色货利之交,无非天则流行矣。"①

声色货利与执行心之监察功能的良知,都为代表精神活动全体的良知所有。发一善念,出于良知本体,监察之良知但顺之而已。发一恶念,良知知其为恶,则据好善恶恶之原则,发出扫除荡涤之指令。良知是一个浑全的精神活动的协同运作。

另外,除了声色货利这些明显的"人欲"之外,精神活动中还有其本身无所谓善恶的内容,如七情等,在阳明看来,这些也属于良知的内容。王阳明说:

> 喜、怒、哀、惧、爱、恶、欲谓之七情。七者俱是人心合有的,但要认得良知明白。……七情顺其自然之流行,皆是良知之用,不可分别善恶,但不可有所着。七情有着,俱谓之欲,俱为良知之蔽。然才有着时,良知亦自会觉。觉即蔽去,复其体矣。②

这是说,七情本身无善恶,七情有所执着即是恶。但良知可勘破此执

---

① 《传习录下》,《王阳明全集》,第122页。
② 《传习录下》,《王阳明全集》,第111页。

着。勘破而去除之,仍不碍良知本体之清明。能勘破的良知和被勘破的七情皆是作为精神本体的良知的内容。这一点与阳明关于性气关系的说法一致:"性善之端,须在气上始见得。若无气,亦无可见矣。……若见得自性明白时,气即是性,性即是气,原无性、气之可分也。"①性是良知之体,气是良知之用。性与气是良知的不同方面。这些说法,不像朱子那样,对范畴必有明晰之界定和解说,而是比较浑融。这是心学的特点,尤其是王阳明的特点。他要与朱子学的强大积习抗衡,要标揭心学之简易直接,所以将理学的许多概念熔为一冶。但阳明义理精熟,解说善巧,虽统而义涵圆融,虽统而分际不乱。综合他各个时期、各个方面的论说而观之,并非没有一贯之旨趣。良知之说本自明晰。

第五节　致良知

　　致良知是王阳明前此讲学宗旨的总结和概括。从概念的来源上说,致良知是《大学》之"致知"和孟子之"良知"的糅合。在后期王阳明,致知二字多指致良知。所以王阳明的致知绝不同于一般格物穷理之致知。阳明致良知之说提出甚早,如上引"知是心之本体"一段,末后有"然在常人,不能无私意障碍,所以须用致知格物之功,胜私复理,即心之良知更无障碍,得以充塞流行,便是致其知"。已经将致良知的主要意思提出来了。此时的致良知,主要是扩充心中本来具有的孝父敬兄的道德意识,使其占据心之全部,致良知的含义比较单纯。王阳明在擒宸濠处忠泰之变后提出的致良知,含义则要复杂得多。《王阳明年谱》五十岁条下载:

---

① 《传习录中》,《王阳明全集》,第61页。

> 是年先生始揭致良知之教。自经宸濠、忠泰之变,益信良知真足以忘患难,出生死,所谓考三王,建天地,质鬼神,俟后圣无弗同者。……先生自南都以来,凡示学者,皆令存天理去人欲以为本。有问所谓,则令自求之,未尝指天理为何如也。间语友人曰:"近欲发挥此,只觉有一言发不出,津津然如含诸口,莫能相度。"久乃曰:"近觉得此学更无有他,只是这些子。了此更无余矣。"今经变后,始有良知之说。①

这是说,平藩后王阳明将他的全部思想凝练为致良知三字,此后专以此三字为讲学宗旨。

致良知宗旨,良知之含义上文已述其大意。"致"字因牵涉王阳明的功夫论,在整个阳明学中亦甚重要。致字之义,王阳明也有前后期侧重点之不同。前期多强调致字的扩充之义,致良知就是扩充良知。王阳明说:"我辈致知,只是各随分限所及,今日良知见在如此,只随今日所知扩充到底。明日又有开悟,便从明日所知扩充到底。如此方是精一功夫。"②此处致知,就是致良知。致的功夫就是扩充。所谓扩充亦有二义,其一是去除气禀物欲对良知的遮蔽,使良知本体呈露。虽所呈露者为人心所本有,但去除遮蔽的功夫对心体却是一种开发,一种扩展。这方面王阳明说之甚多,最有代表性的如:

> 孩提之童无不知爱其亲,无不知敬其兄,只是这个灵。能不为私欲遮隔,充拓得尽,便完完是他本体。③

又如:

> 人性皆善,中和是人心原有的,岂可谓无?但常人之心既有所昏蔽,则其本体虽亦时时发见,终是暂明暂灭,非其全体大用

---

① 见《王阳明全集》,第1278—1279页。
② 《传习录下》,《王阳明全集》,第96页。
③ 《传习录上》,《王阳明全集》,第34页。

矣。无所不中,然后谓之大本;无何不和,然后谓之达道。①

> 人心是天渊。心之本体无所不该,原是一个天,只为私欲障碍,则天之本体失了。心之理无穷尽,原是一个渊,只为私欲窒塞,则渊之本体失了。如今念念致良知,将此障碍窒塞一起去尽,则本体已复,便是天渊了。②

致良知就是去除气禀物欲之昏蔽,恢复良知本体。故致良知就是扩充本体的功夫。

其二是拓展良知的内容。此义孟子本有。孟子主张扩充四端,从火之始燃、泉之始达,充拓至溥博渊泉地位。王阳明的扩充与孟子有一定差异。孟子的扩充主要在道德方面,即将微弱的道德意识扩充至广大坚固。而王阳明的扩充则是一个道德和知识互相激发,互相辅助,相得益彰的过程。道德的增进,在阳明看来只在去除障蔽,去障后心中显现出来的良知天理与修养达于较高阶段心中所有之良知天理是同质的。但由于精神本体对包括道德和知识在内的各种因素的整合作用,良知的含蕴却是完全不同的。就这一点说,致良知是没有穷尽的。这恐怕就是王阳明临终时叹惜"平生学问才做得数分"的原因。

致良知的致字第二个方面的含义是推致,致良知即把良知推致于具体事为中,使每一事为都在良知的统御范导之下。这一点王阳明晚年说之尤多。无论在讲学中,还是与友朋书信辩论格物致知宗旨中,都强调这一点。王阳明说:

> 所谓致知格物者,致吾心之良知于事事物物也。吾心之良知即所谓天理也,致吾心良知之天理于事事物物,则事事物物皆得其理矣。③

---

① 《传习录上》,《王阳明全集》,第23页。
② 《传习录下》,《王阳明全集》,第95—96页。
③ 《传习录中》,《王阳明全集》,第45页。

这里的致即推致之义。致知即推致良知于事物，致良知即格物，格物即正念头。事事物物皆得其理即物格，物格即格物之完成而事皆统御于天理之下。这个格物的定义将王阳明致良知宗旨的各个方面皆豁然点明。在晚年定本《大学问》中，以上意思更加显豁：

> 致知云者，非若后儒所谓充广其知识之谓也，致吾心之良知焉耳。……今于良知所知之善恶者，无不诚好而诚恶之，则不自欺其良知而意可诚也已。然欲致其良知，亦岂影响恍惚而悬空无实之谓乎？是必实有其事矣。故致知必在于格物。①

《大学》的三纲八目，王阳明都收摄于致良知中。而三纲八目实只是一事：将良知天理之范导作用推行于一切事为中。故致字就是行字，致良知就是知行合一。

致良知的推致义是阳明晚年必然会有的。扩充义是由外到内，是摄取外在的东西对内在的、本有的东西的拓展。虽然此种摄取也离不开实事磨炼，但主要着眼于良知本身：良知是否被整合进了新的内容，良知是否被提升到了新的境界。因为此时阳明尚主要在增长自己阶段。待到境界高远、本领阔大之后，阳明从主要是增长自己变为主要是格正外物，此时主要是由内到外，主要着眼点在事为：事为的结果是否合乎道德和知识二个方面的要求，事为是否致良知的自然结果？在阳明的讲学内容上也可以看出这种重点的转换：前期多兢兢业业，如临深履薄之功夫语，后期多直抒胸臆语，多境界指点语。这种着重点的变化对阳明后学意义重大。泰州学派就是略过良知之锻炼义、扩充义，抓住良知之推致义，主张率性而行，直心即道，推致己之本心即无不是道，在明代中后期思想界掀起莫大波澜。这一点将在关于阳明弟子的章节中展开论述。

---

① 《王阳明全集》，第971—972页。

第六节 四句教

四句教是王阳明晚年总结一生学术宗旨而标举的四句话。这四句话是:"无善无恶心之体,有善有恶意之动,知善知恶是良知,为善去恶是格物。"这四句话是对应《大学》心、意、知、物而提出的,包涵了王阳明的主要哲学观点。四句教是王门后学争论的主要之点,也是对明代中后期学界影响最大的问题。《传习录》对四句教提出的始末有详细记载:

> 丁亥年九月,先生起复征思田。将命行时,德洪与汝中论学,汝中举先生教言曰:"无善无恶是心之体,有善有恶是意之动,知善知恶是良知,为善去恶是格物。"德洪曰:"此意如何?"汝中曰:"此恐未是究竟话头。若说心体是无善无恶,意亦是无善无恶的意,知亦是无善无恶的知,物亦是无善无恶的物矣。若说意有善恶,毕竟心体还有善恶在。"德洪曰:"心体是天命之性,原是无善无恶的,但人有习心,意念上见有善恶在,格致诚正修,此正是复那性体功夫。若原无善恶,功夫亦不消说矣。"是夕侍坐天泉桥,各举请正。先生曰:"我今将行,正要你们来讲破此意。二君之见,正好相资为用,不可各执一边。我这里接人原有此二种:利根之人直从本原上悟入,人心本体原是明莹无滞的,原是个未发之中。利根之人一悟本体即是功夫,人己内外一齐俱透了。其次不免有习心在,本体受蔽,故且教在意念上实落为善去恶,功夫熟后,渣滓去得尽时,本体亦明尽了。汝中之见是我这里接利根人的,德洪之见是我这里为其次立法的。二君相取为用,则中人上下皆可引入于道。若各执一边,眼前必有失人,便于道体各有未

尽。"既而曰:"已后与朋友讲学,切不可失了我的宗旨:无善无恶是心之体,有善有恶是意之动,知善知恶的是良知,为善去恶是格物。只依我这个话头,随人指点,自没病痛,此原是彻上彻下功夫。利根之人世亦难遇,本体功夫一悟尽透,此颜子、明道所不敢承当,岂可轻易望人。人有习心,不教他在良知上实用为善去恶功夫,只去悬空想个本体,一切事为俱不着实,不过养成一个虚寂。此个病痛不是小小,不可不早说破。"是日德洪汝中俱有省。[1]

钱德洪主撰的《阳明年谱》和龙溪门人据龙溪口授而成的《天泉证道纪》对此也有记载,不过词句稍有不同。四句教涉及心的包蕴与状态,善恶之来源,良知的作用、功能,格物的性质与目的,及先天后天、本体功夫、中和等阳明学的根本问题。德洪与汝中皆阳明高弟,且追随阳明问学甚久,他们争论的问题,必是阳明学的核心问题。而阳明的剖白,又极剀切明白。结合阳明多处讲学语录,及阳明一生学术发展的心路历程,才能对四句教有亲切的理解。

四句教分歧最大者在对第一句"无善无恶心之体"的理解。但在阳明哲学中,心与性密不可分,对心的理解自然带出对性的理解。如这一长段对话中,德洪与汝中在心性关系上就明显分歧。汝中认为心中本无善恶念头,心中之性本来也无任何形迹可寻,性本借心表现,性之超绝具体善恶通过本无之心表现出来,也无善恶可言。此心性之本来状态,亦可说心性之究竟状态。如果承认这一前提,则意、知、物这些心之派生,其性质自然也是无。而德洪所说的"心",乃心之现实状态,此心为习心,即受气禀物欲支配之心,心所发的意念,自然有善有恶。另一方面,汝中所理解的"心之体",此"体"字指心之体段,心之样态。而钱德洪所理解的"心之体",乃心之本体,心之包蕴,指天赋之善性,故说心体是天命之性。汝中与德洪对"心之体"三字理解大不一

---

[1] 《传习录下》,《王阳明全集》,第117页。

样。王阳明认为王畿的四无说是接引利根人的,利根人心的遮蔽较轻,容易与本无之心体为一,此谓悟本体即功夫。钱德洪的四有说是接引中下根人的。中下根人心的遮蔽较重,须着实用省察克治的方法,渐渐去除遮蔽,使性体呈露。但王阳明又重言指出,利根人只是少数,应以四有说为主,可以接引一切人。但王畿后仍坚持四无说,并有一整套义理系统加以说明。此则详在后章。这里只是指出,王阳明虽强调四有说为其教言,但四有说中实含蕴四无之义。

四句教的第一句"无善无恶心之体",阳明的本义是要说明,心中本无任何念头,本是空寂,心中生起意念,然后有善恶可言。心中本有天赋的良知,且良知的本性是至善无恶。但就作为思虑情感主体的心来说,其本来的样态是虚寂的。就构成人的要素来说,良知属理,心属气,理是静的,心则有动有静。王阳明曾就理与气的性质及其与善恶的关系说:

> 无善无恶者理之静,有善有恶者气之动。不动于气,即无善无恶,是谓至善。①

理气本统于一心,但理表征至善无恶的性体,气表征有善念恶念的心体。理不随气之动静而动静,是与物无对的绝对,是至善。心生起善恶念头之前,也是空寂的。此即未发之中,廓然大公的本体。但这并不表示此时无有良知。王阳明说:

> 初时若不用意去好善恶恶,如何能为善去恶?这着实用意便是诚意。然不知心之本体原无一物,一向着意去好善恶恶,却又多了这分意思,便不是那廓然大公。《书》所谓无有作好作恶,方是本体。②

意思是说,为善去恶是功夫,无善无恶是本体。功夫不可不用,但须知

---

① 《传习录上》,《王阳明全集》,第29页。
② 《传习录上》,《王阳明全集》,第34页。

本体如何。且须知用功夫之极致,便是合本体。由于心本体是虚寂的,所以好念头坏念头俱着不得,心有意念,即于本来虚寂不相应,即妨害对物象的正确容受。王阳明说:

> 心体上着不得一念留滞,就如眼着不得些子尘沙。些子能得几多,满眼便昏天黑地了。又曰:这一念不但是私念,便好的念头亦着不得些子。如眼中放些金玉屑,眼亦开不得了。①

王阳明又用太虚形容心体的这种本来空寂,但又不碍心体时时容受万物之象,虽容受而心之本体豁然空虚这种状态。他说:

> 有只是你自有,良知本体原来无有,本体只是太虚。太虚之中,日月星辰、雨露风霜、阴霾噎气何物不有?而又何一物得为太虚之障?人心本体亦复如是,太虚无形,一过而化,亦何费纤毫气力?②

这里所谓良知,指心体,即下文之"人心本体"。心如太虚,本来空寂。心中意念,可过而不留,这都可以说明四句教第一句"无善无恶心之体"之意。

此后阳明各派弟子对此句多有论说,如黄宗羲就曾说:"其实无善无恶者,无善念无恶念耳,非谓性无善无恶也。下句意之有善有恶,亦是有善念恶念耳。二句只完得动静二字。"③此"动静"二字,即上引"无善无恶者理之静,有善有恶者气之动",也是说良知之性,不与心之气所生之善恶念头为对峙,它是超越的。因而心中本无善念恶念,念头是后起的。后起之念头曰意。阳明另一派弟子如东林、蕺山等,则力主"无善无恶心之体"是德洪的误记,因与阳明平日所言不符,认为此句应是"至善无恶心之体",顾宪成甚至说"无善无恶心之体"一语是殄

---

① 《传习录下》,《王阳明全集》,第124页。
② 《王阳明年谱》,《王阳明全集》,第1306页。
③ 《明儒学案·姚江学案》,第179页。

灭心中本有之善性，同于告子之性无善恶，故"坏天下教法，自斯言始"。① 东林、蕺山纠王门后学之荡越，故特别张扬性体之善，此用心不可谓不独苦，但必欲"为阳明改一字"，说此句应是"至善无恶心之体"，却不合阳明本意，并且将阳明良知性体之超越意、"无知无不知，良知本体原是如此"的深意弄成一个浅露之平面，实未深体阳明学之精义。

四句教的第二句"有善有恶意之动"，此意字之理解多遵从哲学史上一般用法，即心中所发的意念。意字因《大学》之"诚意"一语在儒家哲学中影响甚大。意念乃心之所生为一般常识；去纷杂之意，复本虚之心是儒释道三家所共用之功夫要诀，朱熹以来理学诸家对此字理解分歧不大，故阳明后学及其他学派之学者，对此句都无有争辩。只有刘宗周将意字讲成心中本有的决定后天所起意念的先天意向，并力辩意为心之所存而非心之所发。此问题于阳明学之发展所关甚大，将在后文详论，此处不辨。要注意的是，阳明还有"动于意"的说法。"动于意"之意特指私意，即阳明所谓"躯壳起念"，此意字只有恶而无善，与心中所发之有善有恶之意念不同。故"意之动"与"动于意"须有辨。

第三句"知善知恶是良知"，上文论良知诸义，讲之已多。此处要指出的是，对良知之好善恶恶义和良知照临善恶从而分辨何者为善何者为恶义，学者所强调的重点是不同的。如黄宗羲就曾说：

> 所谓知善知恶者，非意动于善恶，从而分别之为知，知亦只是诚意中之好恶，好必于善，恶必于恶，孰是孰非而不容已者，虚灵不昧之性体也。②

又说：

> 知善知恶，非意动于善恶从而分别之为知。好善恶恶，天命

---

① 《明儒学案·东林学案一》，第1379页。
② 《明儒学案·姚江学案》，第179—180页。

自然，迥然不昧者，知也，即性也。阳明于此加一良字，正言性善也。①

此都是说，知善知恶最重要的是好善恶恶。且好善恶恶是性之功能，非心之辨别能力。阳明强调的也是这一点。上文引述的"良知只是个是非之心，是非之心只是个好恶，只好恶就尽了是非，只是非就尽了万事万变"及"人但得好善如好好色，恶恶如恶恶臭，便是圣人"②就表明了这种强调。因为在阳明看来，辨别善恶固然重要，但更重要的是先有好善恶恶的心。前者主要是道德方面的知识，而后者是道德意志本身。知识可通过经验而获得，意志的树立和坚韧不拔需要和人的根性中盘踞难去的许多因素决绝，故后者尤难。且阳明学的精义是以道德带动知识，道德意志的确立是道德知识提高的前提，有好善恶恶之严正，才有善恶辨别之是当，故强调好善恶恶。黄宗羲特别提揭出这一点，可谓善体阳明立言之苦心。

第四句"为善去恶是格物"，文义虽极明畅，但须要知道，王阳明之格物，是推致本具之良知于具体事为，改正不善的念头，非如朱熹之穷究外物之理。在阳明，格物、致知、诚意、正心，一时并了，都是为善去恶的活动，亦可统以致良知概括之。此意黄宗羲见得极是："为善去恶，只是率性而行，自然无善恶之夹杂，先生所谓'致吾心之良知于事事物物'也。"③而此率性而行，既非不假思索，循顺理气裹而一之之当下胸臆，亦非董萝石式的"从吾之好"，而是在良知范导下的为善去恶。亦即王阳明在《大学问》中所说："今焉于其良知所知之善者，即其意之所在之物而实为之，无有乎不尽；于其良知所知之恶者，即其意之所在之物而实去之，无有乎不尽，然后物无不格，而吾良知之所知者，无有

---

① 《明儒学案·东林学案一》，第1379页。
② 《传习录下》，《王阳明全集》，第97页。
③ 《明儒学案·姚江学案》，第180页。

亏欠障蔽,而得以极其致也。"①在王学的义理脉络中,对此句的理解大体一致。

四句教是王阳明一生学术宗旨的总结,且是王阳明自己概括出来的。王阳明再三提醒人在讲学中不可离了此四句宗旨,可见十分珍重。但王阳明一生学问不断趋进,讲学宗旨多次发生变化,加上王阳明要破除朱熹"析之太精,分之太详"的弊病,讲学多就浑融一路,不喜将具体概念界说分明,且往往将分散概念统合贯串为一个本体的诸多方面,此诸多方面皆可调换作为此主体。如他既说"性一而已,自其形体也谓之天,主宰也谓之帝,流行也谓之命,赋于人也谓之性,主于身也谓之心"。② 又说"心一而已","道一而已","良知一也"等。虽然王阳明义理精熟,教法善巧,其语录、书信论说皆玲珑透剔,且前后一贯。但由于他的教法浑融,往往给后学特别是对王学义理不甚熟悉者,造成理解上的分歧。加上攻阳明者的寻疵抵隙,所以阳明殁后,关于四句教的争论就一直没有停止过。这是明代儒学史上一个大的关节,王门后学在这个问题上的争论辩驳构成明代中后期儒学的重要方面,王门的派分很大程度上亦以此为根据。以后的论述中往往会涉及这个方面。

王阳明是明代最重要的理学家,他的讲学及多方面的实践活动,及他的人格的感召力,使王学蔚为明代儒学之大观。论者多以陈献章为心学之起始,为王阳明心学之前驱,黄宗羲且以王阳明从不提起陈献章为怪。综观王阳明一生学术发展,此实不为怪。陈献章是一诗人的体悟,王阳明是一理学家的实修。陈献章多内省中之神秘玄想,王阳明则多"一棒一条痕,一掴一掌血"之实地践履。陈献章静而王阳明动静合一,陈献章虚玄而王阳明笃实。此点罗钦顺曾一针见血地指出:"彼(指陈献章)徒见夫至神者,遂以为道在是矣,而深之不能极,几

---

① 《大学问》,《王阳明全集》,第972页。
② 《传习录上》,《王阳明全集》,第15页。

之不能研,其病在此。"①所以王阳明并不以陈献章为自己的理论先驱。且王阳明是从朱子学入手,发现隔碍不通,然后通过多方孤苦探索和实践中的体悟才确立其学说体系的,并非从陈献章导出,其不提起陈献章是很自然的。而王门在广大地域的发展,成为席卷大半个中国的学术浪潮,实有多方面的缘由,此将在下面几章中展开论述。

---

① 见《明儒学案·白沙学案上》,第79页。

第五章
浙中王门的儒学思想

儒学史可以有不同的写法。可以有哲学史的写法,也可以有社会史和文化史的写法。前者的优点是单刀直入,提纲挈领,直接把握儒者的思想宗旨,但对产生此种学术的种种背景和机缘往往弃置不顾。后者对背景机缘的把握有优长之处。但往往对思想的提揭不很显明和直接。台湾学者吕妙芬认为,在思想史研究方面,以往以精英学者的文本为主要分析对象,其他则从略和被化约的作法在二十世纪后半期以来遭到了极大的挑战,①研究范式的改变是势不可免的。其次,某些通行的学术话语在以上学术范式改变的背景下显然是过时了。就阳明学研究来说,过去那种以西方启蒙思想中的民主、自由、个性解放等为价值标准来判定阳明后学中哪些派别、人物是进步的、符合历史潮流的,因而是值得挖掘和大书特书的;哪些派别、人物是落后的、不

---

① 参见吕妙芬著:《阳明学士人社群:历史、思想与实践》,新星出版社,2006年,第7页。

符合历史潮流的因而不予关注等做法,是必须抛弃的。因此,本书对明代中后期儒学的叙述,不限于阳明弟子,虽然阳明弟子是十分重要的方面。即使对阳明弟子的叙述,也不取"阳明学"的研究方法,分弟子为现成派、归寂派、修正派等。① 本书采取分地域介绍阳明弟子的做法,这样做的好处是避免在分派上过多的理论枝蔓,而直接切入其学说及产生这些学说地域上的原因,因而具有更多的思想史、文化史的色彩。此外,关于明代儒学特别是阳明学的研究,民间讲会是其中十分重要的方面。而目前学界这方面的研究成果非常丰富。② 为避免枝蔓,本书的论述以主要学者的思想宗旨及其发生的影响为主,其他则不多涉及。

第一节　徐爱及阳明学的初传

黄宗羲尝说:"阳明之学,得门人而益彰。"③王阳明的学术,赖弟子广为推阐发挥,才有耸动当时、震耀后世的力量和影响。阳明自三十六岁赴龙场前始授徒讲学。此时之门人,多为阳明乡邑之士。如徐爱、蔡宗兖、朱节等。龙场归后,四方弟子益进。《明儒学案》浙中王门学案之综述中曾提到范瓘、管州、范引年、夏淳、柴凤、孙应奎、闻人邦正等人,其余则姓名不彰,故黄宗羲有"当时好修一世湮没者,可胜道哉"之叹。④ 浙中王门,以学行著名者有王龙溪、钱德洪、季本、黄绾、董澐、陆澄、顾应祥、黄宗明、张元冲、程文德、徐用检、万表、张元忭、胡

---

① 此种研究的详细情况参见〔日〕冈田武彦著,吴光、钱明、屠承先译:《王阳明与明末儒学》,上海古籍出版社,2000年。
② 参见陈来:《明嘉靖时期王学知识人的会讲活动》,载《中国学术》第四辑;吴震:《明代知识界讲学活动系年》,学林出版社 2003 年;吕妙芬:《阳明学士人社群:历史、思想与实践》,新星出版社 2006 年。
③ 《章格庵先生行状》,《黄宗羲全集》第十册,浙江古籍出版社,1994 年,第 538 页。
④ 见《明儒学案·浙中王门学案一》,第 221 页。

瀚等。

徐爱(1487—1517)字曰仁,号横山。正德三年举进士后,曾与阳明同舟归越,所记阳明舟中论学语,即今之《传习录》上开头部分。此部分最能说明阳明早期学术宗旨。而徐爱于正文前所加之案语,亦最能说明阳明初讲学时受众的反应。其中说:

> 先生于《大学》格物诸说,悉以旧本为正,盖先儒所谓误本者也。爱始闻而骇,既而疑,已而殚精竭思,参互错综以质于先生。然后知先生之说若水之寒,若火之热,断断乎百世以俟圣人而不惑者也。先生明睿天授,然和乐坦易,不事边幅。人见其少时豪迈不羁,又尝泛滥于词章,出入二氏之学,骤闻是说,皆目以为立异好奇,漫不省究。不知先生居夷三载,处困静养,精一之功,固已超入圣域,粹然大公至正之归也。爱朝夕炙门下,但见先生之道,即之若易而仰之愈高,见之若粗而探之愈精,就之若近而造之愈益无穷,十余年来竟未能窥其藩篱。世之君子,或与先生仅交一面,或犹未闻其謦欬,或先怀忽易愤激之心,而遽欲于立谈之间,传闻之说,臆断玄度,如之何其可得也?从游之士,闻先生之教,往往得一而遗二,见其牝牡骊黄而弃其所谓千里者。故爱备录平日之所闻,私以示夫同志,相与考而正之,庶无负先生之教云。①

又徐爱之跋语亦曰:

> 爱因旧说汩没,始闻先生之教,实是骇愕不定,无入头处。其后闻之既久,渐知反身实践,然后始信先生之学为孔门嫡传,舍是皆旁蹊小径,断港绝河矣。如说格物是诚意的功夫,明善是诚身的功夫,穷理是尽性的功夫,道问学是尊德性的功夫,博文是约礼的功夫,惟精是惟一的功夫。诸如此类,始皆落落难合,其后思之

---

① 见《传习录》上,《王阳明全集》,第1页。

既久,不觉手舞足蹈。①

此中皆透露出,王阳明早晚岁讲学之重点不同,弟子对于阳明学说之接受,也有早晚岁之异。此为阳明弟子学说面貌不同之一大缘由。另外可注意者为,徐爱所记这部分王阳明语录中,有一段关于良知之界说,其中言:"知是心之本体,心自然会知。见父自然知孝,见兄自然知弟,见孺子入井自然知恻隐,此便是良知,不假外求。若良知之发,更无私意障碍,即所谓'充其恻隐之心,而仁不可胜用'矣。然在常人不能无私意障碍,所以须用致知格物之功,胜私复理。即心之良知更无障碍,得以充塞流行,便是致其知。知致则意诚。"②此段话,有本体,有功夫,有先天,有后天,完整地表现了阳明的致良知思想。此时虽尚未以致良知三字为全部思想的概括,但阳明此后的思想实以此为基础。致良知的思想早岁即有,不过未专提此三字为整个学说之宗旨耳。此点对研究阳明学说一生之发展过程甚为重要。

此外,徐爱为阳明早期弟子,又是阳明妹婿,对阳明初始教旨知之甚悉。故他的一些零星记述,对研究阳明早期思想十分重要,如他概括阳明早期宗旨说:

> 大抵吾师之教,谓人之心有体有用,犹之水木有根源,有枝叶流派。学则如培浚溉疏。故木水在培溉其根,浚疏其源;根盛源深,则枝流自然茂且长。故学莫要于收放心,涵养省察克治是也。即培浚其根源也。读书玩理,皆所以溉疏之也。故心德者,人之根源也,而不可少缓;文章名业者,人之枝流也,而非所汲汲。学者须先辨此,则是辨义利之分。③

此段话,标揭阳明早期学说重点甚为显明,从中可知,阳明一生精神早

---

① 《传习录》上,《王阳明全集》,第10页。
② 《传习录》上,《王阳明全集》,第6页。
③ 《答邵思抑书》,见《徐爱 钱德洪 董澐集》,凤凰出版社,2007年,第56页。

晚期并无变化,变化者,此根本精神所含摄之内容,及与此内容相关的各阶段之讲学口号。又,阳明三十九岁自谪所龙场升庐陵知县,不数年门人大进,以至有编列《同志考》录名之需。徐爱编此考并作序,序中说:

> 先生重光以来,世方大疑以怪。而有能挺然特出真心信向不为所挠者,顾弗可谓豪杰矣乎?则相与共室堂,朝夕切磋,观善砥行弗替,务期大成,期斯道复大明可矣。①

《考》中录姓名、乡贯、年龄及及门时间。此举之目的,主要是为了以后日久验证弟子之真伪,及学术上能否大成,是否背离师说等,以此警惧弟子在及门之初就能立志。此序对研究阳明早期讲学授徒活动也有一定帮助。

徐爱年寿不永,不幸早逝,所遗留的文字很少,现只有友朋所编辑的《横山遗集》,且其中大部为诗文,不足见其思想。但其中所透露的阳明早期思想遗迹,却对阳明学研究十分重要。这是我们叙述徐爱的着意所在。

第二节　王畿的先天正心之学

浙中学者力量最大者莫过于王畿,其先天正心之学,在明代思想史上发极大之声光。

王畿(1498—1583)字汝中,号龙溪,浙江山阴人。少年任侠,不喜儒者往来讲学。阳明喜其才,多方诱之使亲向儒学。② 龙溪于嘉靖二年(1523)阳明居越时受学。逾年,学大进,深得阳明赞许。时阳明弟

---

① 《同志考序》,《徐爱　钱德洪　董澐集》,第56页。
② 见袁宗道:《白苏斋类集》卷二七《杂说》,及《明儒学案·江右王门学案四》魏良器传。

子甚多,不能一一指授,先由龙溪与钱德洪教授,然后卒业于阳明,门下称为教授师,在发挥与传播阳明学说方面,有莫大之功。其著作今整理为《王畿集》。

龙溪于阳明居越时受学,习闻阳明晚年境界高明、本领阔大之时之讲学语[①],加之资性明敏,洒落无羁,故为学多就高明一路。龙溪之学,可称为先天正心之学。

"正心"本《大学》八条目之一,指心无忿懥、恐惧、好乐、忧患的端正状态。程颢在《定性书》中形容为廓然大公、鉴空衡平。朱熹继承程子之意,解正心为:"其未感之时,至虚至静,所谓鉴空衡平之体,虽鬼神有不得窥其际者,固无得失之可议;及其感物之际,而所应者,又皆中节,则其鉴空衡平之用,流行不滞,正大光明,是乃所以为天下之达道,亦何不得其正之有哉?"[②]仍是心的无滞无系状态。王阳明以正心为诚意格物功夫中心的无所偏颇,无所系缚状态,即"正心只是诚意功夫里面体当自家心体,常要鉴空衡平,这便是未发之中"。[③]而龙溪的正心指良知心体的本来正当、本来无疵的性质。先天正心之学指以先天本正之良知心体为第一义,用此去泯没、消融后天之意念的功夫方向。此学主要继承了阳明晚年"致吾心良知所知之天理于事事物物,则事事物物皆得其理"之旨,与任意念生起,由良知判断辨别,从而为善去恶的后天诚意之学适成对照。所以王龙溪首辨先天与后天。他说:

> 正心,先天之学也;诚意,后天之学也。……吾人一切世情嗜欲皆从意生。心本至善,动于意始有不善。若能在先天心体上立

---

① 参见王畿:《龙溪王先生全集》卷二十《中宪大夫都察院右佥都御史在庵王公墓表》:"每期会,余未尝不与。众谬信,谓余得师门晚年宗说。凡有疑义,必归重于余,若为折衷者。"又见卷十五《天心授受册》:"天心精舍,门人陆生光宅所建,后为尊师阁,以予久从阳明夫子,颇能传其晚年精义,谬以北面之礼属予。"此类记载尚多。大约以王畿为得阳明晚年宗旨,是阳明门弟子的一般看法。
② 朱熹:《四书或问》,上海古籍出版社,2001年,第30页。
③ 《传习录》上,《王阳明全集》,第34页。

根,则意所动自无不善,一切世情嗜欲自无所容,致知功夫自然易简省力。所谓"后天而奉天时"也。若在后天动意上立根,未免有世情嗜欲之杂,才落牵缠,便费斩截,致知功夫转觉繁难。欲复先天心体,便有许多费力处。①

分功夫为正心、诚意,先天、后天,这在王阳明思想中有其根据。王阳明曾说:"功夫难处,全在格物致知上,此即诚意之事。意既诚,大段心亦自正,身亦自修。但正心、修身功夫亦各有用力处:修身是已发边,正心是未发边;心正则中,身修则和。"②在王阳明这里,整个功夫即诚意之学。此诚意指良知当令,心之全体天理流行。达到诚意有两种不同的功夫路向,一是让良知本体流行,而良知不学不虑,出之自有天则,故此路向为先天正心。一是让心中意念生起,良知从而省察克治。意念为后天形下心之经验,故此路向为后天诚意。王阳明早年兢兢业业、亹亹翼翼,对恶念之克治如猫之捕鼠,故为后天诚意之路向。而晚年则多单提口诀致良知,主张"致吾心良知所知之天理于事事物物",故倾向于先天正心。龙溪自以为得阳明晚年究竟之旨,且以推明先师之学为己任,故以先天正心为宗旨,终身持守。四处周流讲学,亦莫不以此为讲论内容。

王龙溪既以先天正心之学为宗旨,则他第一步就是肯认良知心体之本来存在,本来具足,先天良知本来可以恃任。他说:

> 夫独知者,非念动而后知也,乃是先天灵窍,不因念有,不随念迁,不与外物作对。譬之清净本地,不待洒扫而自然无尘者也。慎之云者,非是强制之谓,只是兢业保护此灵窍,还他清净而已。……悟得及时,虽日酬万变,可以澄然无一事矣。③

---

① 《三山丽泽录》,《王畿集》,凤凰出版社,2007年,第10页。
② 《传习录》上,《王阳明全集》,第25页。
③ 《答王鲤湖》,《王畿集》,第264页。

故龙溪时时强调对良知要信得及,处处强调要在先天良知处立根基。此即立志。他尝说:

> 夫学,一而已矣,而莫先于立志。惟其立志不真,故用功未免间断。用功不密,故所受之病未免于牵缠。是未可以他求也。诸君果欲此志之真,亦未可以虚见袭之,及以胜心求之,须从本原上彻底理会,将无始以来种种嗜好、种种贪着、种种奇特技能、种种凡心习态全体斩断,令干干净净从混沌中立根基,自此生天生地生大业,方为本来生生真命脉耳。此志既真,然后功夫方有商量处。①

龙溪之立志与宋明理学一般所讲之立志不同,即与王阳明所讲之立志亦不同。一般所讲之立志,指立必为圣学之志,并未讲到达至此志的功夫为何。而龙溪之立志,指信从先天良知,一切皆从先天良知推出,皆以先天良知为解释基础。良知可恃可任。故立志为木之根,为水之源,为学问、修养之第一步。

王龙溪以良知为道德理性,同时也以良知为精神活动的本体,亦即王阳明所谓"天理之昭明灵觉处"。天理指其道德属性,指其内容、本质。昭明灵觉指其表现形式。此精神本体有活泼无方,神感神应,当机而发,过而不留的品格。从这个意义上说,良知是一寂感真几。龙溪说:

> 此几无内外,无寂感,无起无不起,乃性命之原,经纶之本,常体不易而应变无穷。譬之天枢居所而四时自运,七政自齐,未尝有所动也。此几之前,更无收敛;此几之后,更无发散。盖常体不易,即所以为收敛,寂而感也;应变无穷,即所以发散,感而寂也。恒寂恒感,造化之所以恒久而不已。……若能于动而未形、有无之间察之,以究其毫厘之辨,则生机常在我而气自充。千古经纶

---

① 《斗山会语》,《王畿集》,第28页。

之术,尽于此矣。①

这些神妙的功能,皆良知自有,这也就是龙溪所总结的:"良知是天然之灵窍,时时从天机运转。变化云为,自见天则。不须防检,不须穷索。何尝照管得,又何尝不照管得。"②

王龙溪所理解的良知本体如此,则他的功夫一言以蔽之,曰"以良知致良知"。③ 即任此本有之良知自然流行,遇后起之意念,即销融、荡灭、改正之,使此良知本体,时时充满形下之心。因为此种功夫乃一自然而然之过程,出自良知本身之驱迫力,故不用纤毫人力。一有人力勉强,即成犯手做作。这种功夫是以先天本正之心为主,是合正心与诚意为一的,此即"以良知致良知"。此意王龙溪反复提起,如:

> 千古圣学,只从一念灵明识取,只此便是入圣真脉路。当下保此一念灵明,便是学;以此触发感通,便是教;随事不昧此一念灵明,谓之格物;不欺此一念灵明,谓之诚意;一念廓然,无有一毫固必之私,谓之正心。直造先天羲皇,更无别路。此是易简直接根源,知此谓之知道,见此谓之见易。千圣之密藏也。④

此中一念灵明即先天良知,全部学问功夫,即在识取此良知。格物、诚意、正心诸功夫,皆收摄于保任良知使其自然流行中。其流行中之改恶为善,即格物,即诚意,而改恶为善同时亦即保持此良知之本来面目。此流行之自然而然即正心,而自然而然即良知之本来样态。故致良知即格物、诚意、正心,三事一时并了,可谓简易直截。修道者所行者唯此一事,故王龙溪又说:

> 吾人此生干当,无巧说,无多术,只从一念入微处讨生死,全体精神打并归一,看他起处,看他落处,精专凝定,不复知有其他。

---

① 《周潭汪子晤言》,《王畿集》,第58页。
② 《过丰城答问》,《王畿集》,第79页。
③ 罗洪先语,见《与双江公》,《罗洪先集》,第185页。
④ 《水西别言》,《王畿集》,第451页。

此念绵密,道力胜于业力,习气自无从而入,杂念自无从而生。此是端本澄源第一义,所谓宗要也。①

一念入微处、全体精神皆此先天良知,起处即致知,落处即知致,道力胜于业力即良知流行中本然之善当令,恶念退听;即有恶念当路,亦如洪炉点雪,触之即化。此即龙溪学问宗要。

王龙溪自认此种功夫是为上根人立教的。所谓上根人,心体莹彻,渣滓浑化,良知的遮蔽较轻,故功夫重在保任良知流行。而所谓下根人,杂念纷驰,良知遮蔽较重,故功夫重在省察克治。在王阳明起复征思田前夕,王龙溪与同门钱德洪对阳明为学宗旨之理解发生分歧,曾执此义请益于阳明,史称"天泉证道"。《传习录》、《王阳明年谱》、王龙溪之《天泉证道纪》及为钱德洪所写的《行状》中,对此一著名事件都有记载,其中文字小有歧异,但义旨大体一致。《天泉证道纪》载:

> 阳明夫子之学,以良知为宗。每与门人论学,提四句为教法:无善无恶心之体,有善有恶意之动,知善知恶是良知,为善去恶是格物。学者循此用功,各有所得。绪山钱子谓:"此是师门教人定本,一毫不可更易。"先生(王龙溪)谓:"夫子立教随时,谓之权法,未可执定。体用显微,只是一机;心意知物,只是一事。若悟得心是无善无恶之心,意即是无善无恶之意,知即是无善无恶之知,物即是无善无恶之物。盖无心之心则藏密,无意之意则应圆,无知之知则体寂,无物之物则用神。天命之性,粹然至善,神感神应,其机自不容已,无善可名。恶固本无,善亦不可得而有也。是谓无善无恶。若有善有恶,则意动于物,非自性之流行,着于有也。自性流行者,动而无动;着于有者,动而动也。意是心之所发,若是有善有恶之意,则知与物一齐皆有,心亦不可谓之无矣。"②

---

① 《答李渐庵》,《王畿集》,第271页。
② 《王畿集》,第1页。

此段话是理解王龙溪全部思想的关键,所以置于龙溪全集之首篇。其中所可注意者有以下几点。

第一,王龙溪认为王阳明之教法多端,并无不可更易之定本,故世传四句教为权法。阳明一生波澜壮阔,精进不已,充满神奇色彩和探索精神。其一生之发展,黄宗羲总结为六个阶段,"学凡三变始得其门","学成之后又有三变"。其教法也各时期不同,而总其成曰致良知。故龙溪谓未可执定,其实得阳明本意。另外阳明也明确说明己之教法原有二种:四无说为上根人立教,四有说为中下根人立教。并详细解释四无四有之义:

> 上根之人,悟得无善无恶心体,便从无处立根基,意与知物,皆从无生,一了百当,即本体便是功夫,易简直截,更无剩欠,顿悟之学也。中根以下之人,未尝悟得本体,未免在有善有恶上立根基,心与知物,皆从有生。须用为善去恶功夫,随处对治,使之渐渐入悟,从有以归于无,复还本体,及其成功一也。①

从这里看,王阳明是同意龙溪四无之说的,只是因为世间上根人不易得,故立教当为中下根人设法。而为上根人立法者是不可轻易泄露之天机,在阳明晚年,此法当为说破,以显示最上乘法。此点还可以南浦请益来证明。王龙溪在《钱绪山行状》中记:

> (阳明)过江右,东廓、南野、狮泉、洛村、善山、药湖诸同志二三百人候于南浦请益。夫子(指阳明)云:"军旅匆匆,从何处说起。我此意蓄之已久,不欲轻言,以待诸君自悟。今被汝中拈出,亦是天机该发泄时。吾虽出山,德洪、汝中与四方同志相守洞中。究竟此件事,诸君只裹粮往浙,相与聚处,当有自得。待予归,未晚也。"②

---

① 《天泉证道纪》,《王畿集》,第 2 页。
② 《王畿集》,第 586 页。

徐阶之《王龙溪传》与赵锦之《龙溪王先生墓志铭》说得更加明白,被龙溪说破的是久未敢发之"向上一机"。阳明首肯龙溪四无说之悟本体即功夫,应是实情。最后一点,《传习录》与钱德洪手定之《阳明年谱》强调之重点不同:"利根之人,世亦难遇,本体功夫,一悟尽透,此颜子、明道所不敢承当,岂可轻易望人!人有习心,不教他在良知上实用为善去恶功夫,只去悬空想个本体,一切事为俱不着实,不过养成一个虚寂。此个病痛不是小小,不可不早说破。"①结合《传习录》下所记王阳明晚年境界高迈,强调去粘去缚的话语,特别是严滩问答中"无心俱是实,有心俱是幻"之"本体上说功夫"语,龙溪所记当无牵阳明以从己之处。而《传习录》下及《阳明年谱》所记,极有可能经过钱德洪之加工、删润,而又得到同修者如江右罗洪先等主张后天功夫之学者的认同。且龙溪所立为根据的,正是阳明晚年反复强调的"致知格物者,致吾心良知之天理于事事物物,则事事物物皆得其理矣"②之义,故并非龙溪杜撰,不过反复强调、反复提掇而已。

第二,心意知物只是一事。此话头本于王阳明关于心、意、知、物的定义。王阳明说:"身之主宰便是心,心之所发便是意,意之本体便是知,意之所在便是物。"③此处心指形下的经验心,即知识、意志、审美及感知、想象等心理活动之所以能够发生的根据和现实的活动场所。意指意念,是后天心中生起的念头,不是决定意念产生的先天意向。知即心理活动,此处"知"非良知。"意之本体便是知",意谓意念的本质是一种心理活动,以为下句"意之所在便是物"张本。物主要不指现实存在的事物,而主要指意念中的活动。此四句定义明确,且心、意、知、物四者顺序秩然,逻辑关系很清楚。它和王阳明致良知即致知,致知即正念头的意思完全一致。而王龙溪的四无说,心即良知,除了形

---

① 《传习录》下,《王阳明全集》,第118页。
② 《传习录》中,《王阳明全集》,第45页。
③ 《传习录》上,《王阳明全集》,第6页。

下的经验心所包含的内容之外,更主要的是天理、性所代表的道德理性、道德情感本身。后者通过前者表现出来,但后者绝不是前者,二者分际甚明。故龙溪说:"夫良知与知识,争若毫厘,究实千里。同一知也,良知者不由学虑而得,德性之知,求诸己也;知识者,由学虑而得,闻见之知,资诸外也。"①但此二者在现实活动中则融合无间,合二而一。这就是龙溪在与江右学者刘邦采争论良知观念之内涵时所说:"良知即是主宰,即是流行。良知原是性命合一之宗。故致知功夫只有一处用。"②其中主宰即指性、理本身。流行即此性、理表现于形而下者。即主宰即流行,是良知最基本的规定。此亦即良知无可无不可之神变无方。它与有可有不可之意见截然对立。龙溪就此点说:

> 夫无可无不可者,良知也;有可有不可者,意见也。良知变动周流,唯变所适,意见可为典要,即有方所。……学者初间良知致不熟,未免用力执持,勉而后中,思而后得。到得功夫熟后,神变无方,不思不勉而自中道。③

故在王龙溪,心被赋予了极为丰富的内容,和极为灵妙的性质。此灵妙集中表现为心的指向的瞬间闪回:它既可指向至善无恶之性体,亦可指向形下之经验事物。性是形而上者,是体;经验事物是形而下者,是用,体微而用显。但形而上形而下、微与显只是心的指向之游移、之闪回。其神感神应,变动无方,不可典要。这就是龙溪的"体用显微,只是一机"之义。而心是形而下的经验性存在,心中发生的意念,既可以是善念,也可以是恶念。不管善念还是恶念,都是心理活动,都可以说是知。而物又是意念所指涉之事,它也是心理活动。所以心、意、知、物只是一事。这些心理活动既可以因为有指向而一时皆有,也可以因为无指向而一时皆无。此中关键是形下经验心的指向,如果心体

---

① 《书婺源同志会约》,《王畿集》,第39页。
② 《与狮泉刘子问答》,《王畿集》,第81页。
③ 《与林益轩》,《王畿集》,第294页。

一时无善无恶,则意、知,物一时皆无。而无是心达到较高境界之后所呈现的状态,这种状态是心的本来面目,心的本体。这就是阳明所说"利根之人从本体上悟入,人心本体原是明莹无滞的,原是个未发之中。利根之人一悟本体,即是功夫,人己内外一齐俱透了"之意。形下心达到无的状态,只余形上之性体。此时心性直接相通,而性所代表的至善并无经验中的善恶之念。此即龙溪所说"恶固本无,善亦不可得而有也,是谓无善无恶"之义。

第三,由于性体心体融合为一,在经验心为无的状态下,其本质为至善之有,其表现为空空之无。因其无,没有既成之物为将接受之物之障碍、之束缚,心体具有最大限度的自由。故"无心之心则藏密,无意之意则应圆,无知之知则体寂,无物之物则用神"。此时心中固有的道德意识贯注于心所至之一切处,随流行所至而朗现并润沃所遇之物。这就是龙溪所说的"天命之性,粹然至善,神感神应,其机自不容已。无善可名。恶固本无,善亦不可得而有也。是谓无善无恶"之义。此义在龙溪与耿定向的问答中说得更为明白,龙溪说:

> 人之根器不同,原有此两种。上根之人,悟得无善无恶心体,便从无处立根基,意与知、物皆从无生。无意之意是为诚意,无知之知是为致知,无物之物是为格物。即本体便是功夫,只从无处一了百当,易简直截,更无剩余,顿悟之学也。下根之人,未尝悟得心体,未免在有善有恶上立根基,心与知、物皆从有生,一切是有,未免随处对治,须有为善去恶的功夫,使之渐渐入悟,从有以归于无,以求复其本体。及其成功,一也。上根之人绝少,此等悟处,颜子、明道所不敢言,先师亦未尝轻以语人。楚侗子(耿定向)既已悟见心体,功夫自是省力。只缘吾人凡心未了,不妨时时用渐修功夫,不如此不足以超凡入圣,所谓上乘兼修中、下也。其接引人,亦须量人根器,有此二法。不使从心体上悟入,则上根无从而接;不使从意念上修省,则下根无从而接。成己成物,原非两

事,此圣门教法也。①

此处四无四有相比较而言,两方之功夫特点提揭甚为清楚。其对四无说之解释,更是联系正心、诚意、格物、致知诸功夫,所说尤为明晓。正心即先天本有之无善无恶之心,也即禅宗所谓"父母未生时本来而目"。诚意即无意之意,也就是旋生旋灭,没有意必,不滞于一处,因而时时复归于无善无恶本心的意识发生状态。致知即无知之知,即上述无的心理状态之实存与显明。格物即无物之物,亦即心中意识指向处于虚无的状态。意、知、物皆由心生,皆随心转。有无善无恶之心,故有无善无恶之意、知、物。功夫端在使当下一念之心,皆处于本有之无善无恶的状态,故可谓"从无处一了百当"。此即"从无处立根基"。而此时心体廓然,湛然如太虚,性体自然流行。亦即王阳明所谓"无中生有"。而性体所过者化,将形下心体中所遇之各种意念润沃,照亮。此即"以良知致良知",亦即"即本体便是功夫。"

龙溪之功夫,全在无上,故他又强调"无念"。"无念"非强禁绝念头不使生起,而是"即念而离念",使心时时与无善无恶之本心为一。龙溪曾有一信致其子应斌,将其历年所得之功夫要诀和盘托出:

> 圣狂之分无他,只在一念克与妄之间而已。一念明定,便是缉熙之学。一念者,无念也,即念而离念也。故君子之学,以无念为宗。然此非见解所能臆测,气魄所能承当,须时时从一念入微归根反证,不作些子漏泄。动静二相了然不生。有事时主宰常寂,自不至逐物;无事时主宰惺惺,自不至着空。时时习静,察识端倪,泠然自照,自然畅达,自然充周。②

又说:

---

① 见彭国翔:《明刊〈龙溪会语〉及王龙溪文集佚文》之《东游问答》条,载氏著:《良知学的展开:王龙溪与中晚明的阳明学》,台湾学生书局,2003年,第656页。
② 《趋庭漫语付应斌儿》,《王畿集》,第440页。

> 人心无一物，原是空空之体。形生以后，被种种世情牵引填塞，始不能空。吾人欲复此空空之体，更无巧法，只在一念知处用力。一切世情，念头上有牵扯，放不下，皆谓之妄，皆是不善之动。……吾人护心如护眼，好念头、不好念头俱着不得。譬之泥沙与金玉之屑，皆足以障眼。诸友欲窥见此意，端居之暇，试将念头不断一着理会，果能全体放下无一物否？①

此处龙溪所言之功夫，多在即念而离念，保持心的本来空寂状态。龙溪为了达此空寂之境，甚至练习道教调息之法以为入静之助。② 这说明，龙溪除了提高精神境界，了达心之有无二义之外，还有步步皆实之修养功夫，这就是对形下经验心的操控，"勿使惹尘埃"。前者是境界提升事，后者是心上着功夫事。两者互相促进，相得益彰。

龙溪这种修养方法，得于佛教特别是禅宗者甚多。此点遭到许多严守儒家壁垒学者的批评，刘宗周的批评尤为激烈。如在《明儒学案·师说》中，谓王龙溪："先生独悟其所谓无者，以为教外之别传。而实亦并无是无。有无不立，善恶双泯，任一点虚灵知觉之气纵横自在，头头明显，不离着于一处，几何而不蹈佛氏之坑堑也哉！"③黄宗羲也在《浙中王门学案》中条举龙溪学时说："夫良知既为知觉之流行，不落方所，不可典要，一着功夫，则未免有碍虚无之体，是不得不近于禅。流行即是主宰，悬崖撒手，茫无把柄，以心息相依为权法，是不得不近于老。虽云真性流行，自见天则，而于儒者之矩矱，未免有出入矣。"④在《泰州学案》总叙中说泰州、龙溪"益启瞿昙之秘而归之师，盖跻阳明而为禅矣"。⑤ 黄宗羲承其师刘宗周，惩王门后学"猖狂自恣"、"鱼馁肉烂"之

---

① 《九龙纪海》，《王畿集》，第 57 页。
② 据徐阶：《龙溪王先生传》，龙溪少年时体弱多病，尝习养生术，此见《王畿集》，第 826 页。但调息法则以通过调控呼吸使心静一为主。
③ 见《明儒学案》，第 8 页。
④ 见《明儒学案·浙中王门学案二》，第 239 页。
⑤ 见《明儒学案》，第 703 页。

弊,欲从根本上救正王学,对从高明一路悟入,直承本体而讳言功夫者,皆痛加惩创。他们认为,龙溪之四无,代表"超洁者荡之以虚玄",其流弊将导致"夷良于贼",即四无之只余空寂心地,夷灭、否定良知之存在,背叛孟子以来儒家性善之基本立场。刘宗周、黄宗羲师弟纠正王学之用心可谓独苦,但对龙溪的批评未必切当。如说龙溪"直把良知作佛性看,悬空期个悟,终成玩弄光景"。龙溪之四无,"无"是去除心之系缚、心对性体流行的障碍,以使性体之善与无障碍之心体为一,时时随物宛转而能藏密、应圆、体寂、用神。这也就是龙溪说的:"良知之能备万物之变,以其虚也。致虚,则自无物欲之间,吾之良知自与万物相为流通而无所滞。"①如以心体代表形下经验之心,性体代表良知本有之善,则心体越空寂,性体之呈露越充裕,心性为一之流通越顺畅。故谓龙溪在《天泉证道纪》中说"无善无恶心之体",《答吴悟斋》中说"至善无恶者心之体",二说不能归一。实际上二说所指谓之良知层面不同,但有无皆为良知之义,无善无恶,是为至善。说龙溪"有无不立,善恶双泯,任一点虚灵之气纵横自在",更是错解龙溪。在具体念头生起后为善去恶,确非龙溪功夫之着眼点。超绝具体善恶之至善,先天本正之心,才是龙溪思想第一义,才是龙溪反复提倡须信得及、须首先认取者。故它非但不是虚灵之气,反而正是至善之良知本身。龙溪之良知并非佛性。说四无是济恶之津梁,亦非确论,是以人病为法病。龙溪认为四无是儒家之究竟义,是"向上一着",阳明首肯其为"为上根人立教者",认为此教法当该露泄。无良辈以四无为其悖德行为之借口,责任在无良辈,不在龙溪。世间种种修养方法皆有流弊,非止四无。

此外,指斥龙溪为禅学,是以禅学为不当学。而实际上在明代中后期三教合一之风十分强劲的情形下,佛道之学是儒家学者所应具备之学养。佛道之学养可以提高儒家学者的精神境界,净化其心灵;在

---

① 《宛陵会语》,《王畿集》卷二。

入世的情怀中糅入出世的因素,可以锻炼士人即动求静,忍辱精进,去除荣利,甘于淡泊,以心灵享受为根本追求的勇力。特别在本体论、在修养方法上,佛道之学养更为儒者所不可缺。在三教合一风气十分强劲的情形下,儒学吸收佛道二教之学养以增加其思想容量,佛道二教吸收儒学因素以拓展其学之规模,本是平常之事。龙溪有《三教堂记》,集中表述了他关于儒释道三教的基本主张,其中说:

> 三教之说,其来尚矣。老氏曰虚,圣人之学亦曰虚;佛氏曰寂,圣人之学亦曰寂;孰从而辨之?世之儒者,不揭其本,类以二氏为异端,亦未为通论也。……人受天地之中以生,均有恒性,初未尝以某为儒、某为老、某为佛而分授也。良知者,性之灵,以天地万物为一体,范围三教之枢。不徇典要,不涉思为。虚实相生而非无也,寂感相乘而非灭也,与百姓同其好恶,不离伦物感应,而圣功征也。学佛老者,苟能以复性为宗,不沦于幻妄,是即道释之儒也;为吾儒者,自私用智,不能普物而明宗,则亦儒之异端而已。毫厘之辨,其机甚微。吾儒之学明,二氏始有所证。须得其髓,非言思可得而测也。①

这里的意思很明显,就是认为虚寂是儒释道三教共有之内涵,不能一见说虚说寂即指为异端。此论甚有见地。"负"的方法,是各种文化都有的,因为它是人的存在的基本面相之一,区别只在强调程度之深浅。东方思维对负的方法情有独钟,但并非别的文化对此无有贡献。在儒释道三教中,释道两家由于修行实践的需要,对无的一面提揭最为深至。但儒家本即有入世情怀中离滞去粘之思想,②至宋明理学,融释道之理论内容于自身,儒家中本有的"无"的方面更为扩大与深入,特别是作为修养方法,无的一面几可说无人不言。而在心学家中,因预设

---

① 《王畿集》,第486页。
② 这方面的论述见彭国翔著:《良知学的展开——王龙溪与中晚明的阳明学》,第234—237页。

了心与性体的同一性,无作为修养功夫的基本方面更有其重要性。陆九渊的剥落物欲和王阳明致良知学中负的智慧是他们生命的基调,陆九渊的心即理和王阳明的四句教在当时即被指为入于禅的真赃实犯。而龙溪此处所说,不过王阳明厅堂三间之喻的衍伸,此处破除以二氏为异端的看法,也承阳明而来,故以良知为包括三教学养之"道枢"。不过龙溪是立足儒家消化二氏,在吸收二氏之养分的同时并未泯没儒与释道之本质区别,这一点至为明显。故其为儒者无疑。不过因龙溪的理论专就高明一路,其中包含私欲阑入天理的可能性,不似在后天生起之意念上用为善去恶之功那样切实,那样人人可行。故龙溪思想招致许多人的质疑责难,在明代后期成为思想界讨论的一大问题。这在此后的论述中将会不断涉及。

龙溪的先天正心之学着重讨论了先天与后天、正心与诚意、戒惧与自然、中与和、有与无、儒学与佛道等问题,使王学的内容得到了进一步拓展与深化。同时王龙溪专任先天的致思路向,也为攻诘、纠正王学造下了契机。但龙溪于阳明晚年思想多有亲切体认并锐身承当,乃王门后学中最重要的思想家。黄宗羲说:"象山之后不能无慈湖,文成之后不能无龙溪,以为学术盛衰因之。"①可谓一语中的。

第三节 钱德洪的后天诚意之学

浙中另一位有影响的学者为钱德洪。钱德洪(1496—1574)本名宽,字德洪,号绪山,以字行。德洪于阳明平宸濠归越时禀学,在及门弟子中较早,且亲炙阳明最久,习闻阳明中年以前的讲学宗旨。加之资性沈潜,不喜专任先天一路,故为学主后天诚意。黄宗羲曾说:"龙

---

① 《明儒学案·浙中王门学案二》,第240页。

溪从现在悟其变动不居之本体,先生只于事上实心磨炼。故先生之彻悟不如龙溪,龙溪之修持不如先生。乃龙溪竟入于禅,而先生不失儒者矩矱,何也?龙溪悬崖撒手,非师门宗旨所可系缚,先生则把缆放船,虽无大得,亦无大失耳。"①后天诚意与先天正心适成对照。

关于后天诚意之旨,钱德洪有一清楚说明:

> 昔者吾师之立教也,揭诚意为《大学》之要,指致知格物为诚意之功。门弟子闻言之下,皆得入门用力之地。用功勤者,究极此知之体,使天则流行,纤翳无作,千感万应,而真体常寂,此诚意之极也。故诚意之功,自初学用之,即得入手;自圣人用之,精诣无尽。吾师既没,吾党病学者善恶之机生灭不已,乃于本体提揭过重,闻者遂谓诚意不足以尽道,必先有悟而意自不生;格物非所以言功,必先归寂而物自化。遂相与虚忆以求悟,而不切乎民彝物则之常;执体以求寂,而无有乎圆神活泼之机。希高凌节,影响谬戾,而吾师平易切实之旨壅而弗宣。师云:"诚意之极,止至善而已矣。"是止至善也者,未尝离诚意而得也。言止则不必言寂,而寂在其中;言至善则不必言悟,而悟在其中。然皆必本于诚意焉。何也?盖心无体,心之上不可以言功也。应感起物而好恶形焉,于是乎有精察克治之功。诚意之功极,则体自寂而应自顺,初学以至成德,彻始彻终,无二功也。是故不事诚意而求寂与悟,是不入门而思见宗庙百官也;知寂与悟而不示人以诚意之功,是欲人见宗庙百官而闭之门也。皆非融释于道者也。②

此一长段话言阳明学之全部功夫在诚意,诚意是《大学》三纲八目之关键。而诚意必以致知格物为下手。诚意为自初学至圣人的唯一功夫。

---

① 《明儒学案·浙中王门学案一》,第226页。
② 《钱绪山遗文钞·会语》,载〔日〕安冈正笃监修《阳明学大系》第五卷:《阳明门下》,东京明德出版社,1971年,第426页。又见钱明编校整理《钱德洪语录诗文辑佚·语录》,凤凰出版社,2007年,第123页。及《明儒学案》,第232页。

并非如龙溪所说,先天正心是体究向上一着的究竟功夫。甚至也非如阳明所言,四无说是接上根人的,四有说是为其次立法的。彻上彻下,功夫只有诚意一着。诚意须以承认良知本体先天完足为前提,良知完足,故良知本身着不得功夫,良知应感而生好恶之念,良知对此好恶之念加以察识、勘会,存善去恶,恢复本来莹彻之良知。因为此种功夫着眼点在后天生起之意念上,故名后天诚意之学。此功夫为儒者相沿之传统,无甚新奇,但切实稳便。钱德洪即从此自然稳便处入手,故其学平实无华,波澜不惊。他尝说:"此心从无始中来,原是止的,虽千思万虑,只是天机自然,万感万应,原来本体常寂。只为吾人自有知识,便功利嗜好、技能闻见,一切意、必、固、我,自作知见,自作憧扰,失却至善本体,始不得正,须将此等习心,一切放下,始信得本来自性原是如此。"①这是说,良知本体用不得功夫,功夫在后天生起之遮蔽良知之知能闻见上用。去除此类物事对良知之隔,良知自然复其正。

德洪此种功夫,与龙溪之先天正心正相反对,故他对龙溪之学多有批评。上引一长段话中,指斥求悟,指斥不切乎民彝物则之常者,即针对龙溪而言。他认为,龙溪反对在生灭不已之善恶之机上用为善去恶之功,提掇出本体,悟本体即功夫,遂使学者生诚意不足以尽道之想,于是舍日用常行而求虚玄之悟,其弊将至于"希高凌节,影响谬戾,而吾师平易切实之旨,壅而弗宣",故须于后天诚意上用功。而功夫所至,良知本体自然显露。对龙溪之功夫路向,德洪也多次致书相规,如他引黄绾对浙中王门出现的流弊之评论并自己对龙溪之学的意见说:

> 久庵(黄绾)谓吾党于学,未免落空。初若未以为然,细自磨勘,始知自惧。日来论本体处,说得十分清脱,及征之行事,疏略处甚多。此便是学问落空处。譬之草木,生意在中,发在枝干上,自是可见。②

---

① 《明儒学案·浙中王门学案一》,第228页。
② 《复王龙溪》,《徐爱 钱德洪 董澐集》,第150页。

又在复信龙溪讨论本体与功夫时说：

> 吾心本与民物同体，此是位育之根。失却应酬更无本体，失却本体便无应酬。苟于应酬之中，随事随地不失此体，眼前大地何处非黄金？若厌却应酬，必欲去觅山中，养成一个枯寂，恐以黄金反混作顽铁矣。①

在与浙中季本（号彭山）的通信中也论及王龙溪之学的优劣处：

> 龙溪之见，伶俐直截，泥功夫于生灭者，闻其言自当省发。但渠于见上觉有着处，开口论说，千转百折，不出己意，便觉于人言尚有漏落耳。②

这些都是以己之后天诚意之学，批评龙溪于先天、本体提揭太过，于后天、诚意上反疏略。太重本体，则于后天实地功夫，多略而不讲；太重先天，则易偏于枯寂。德洪之学，诚如王阳明所说，是为中根以下立法的。他的实践功夫，确以后天诚意为主。

值得注意的是，钱德洪有致浙中王门张元冲（号浮峰）的一封信，信中说："龙溪学日平实，每于毁誉纷冗中，益见奋惕。弟向与意见不同，虽承先师遗命相取为益，终与入处异路，未见能浑接一体。归来屡经多故，不肖始能纯信本心，龙溪亦于事上肯自磨涤，自此正相当。"③ 这是说龙溪和他自己在遭逢重大变故后，都从原来的学术立场上有所退步，不象原先那般尖锐对立。此一变化之缘由，大概在德洪因开罪勋臣郭勋而系狱，在狱中体验有得。钱德洪在狱中曾致书王龙溪，言己狱中所得：

> 亲蹈生死真境，身世尽空，独留一念荧魂。耿耿中夜，豁然若省，乃知上天为我设此法象，示我以本来真性不容丝发挂带。平

---

① 《复龙溪》，《徐爱　钱德洪　董澐集》，第151页。
② 《与季彭山》，《徐爱　钱德洪　董澐集》，第152页。
③ 《与张浮峰》，《徐爱　钱德洪　董澐集》，第153页。

时一种姑容因循之念,常自以为不足害道,由今观之,一尘可以瞙目,一指可以障天,诚可惧也。①

在生死之际,尽悟真性不可瞒昧,先时姑容因循之念,到此一一被真情勘破。经此一悟,真信良知之心又加深一重。此意在德洪致泰州学者赵大洲的信中也明确道及:

> 洪昔幸侍,未尽请益。继遭罪难,颇觉有所省悟。……洪赋质鲁钝,向来陋习未除,误认意见为本体。意见习累,相为起灭。虽百倍惩克,而于此体终隔程途,无有洒然了彻之期。担搁岁月,浑不自知。上天为我悯念,设此危机,示我生死真境,始于此体豁然若有脱悟。乃知真性本来自足,不涉安排。征之于事,始觉无处可罢,始觉有才可竭。②

此皆可证在遭逢事变,证悟加深之后,德洪于龙溪之学,确有所吸收。于本心之信向上有所加强。这在与江右聂豹(号双江)的辩论中可见一斑。但后天诚意大旨,未尝有变。如说龙溪旧习未化,大头放倒,仍在批评龙溪基本立场未曾变化,因而仍招致群情之疑。这透露出,二人对王阳明"汝中须用德洪功夫,德洪须透汝中本体,二君相取为益"的意见虽有所吸取,但大的学问方向终究坚持不变。

钱德洪与王龙溪虽在功夫重点之先天后天、正心诚意上正相对反,但他们都认为良知是先天完足的,不用后天功夫使之纯全。不过龙溪重先天,主张从良知上立根基,"以良知致良知"。德洪重后天,主张在去除私欲习气对良知的遮蔽,恢复本来完足之良知上用功。他们与主张须经归寂主静功夫良知方可恃任的聂双江、罗念庵不同。钱德洪曾致书聂双江就良知之先天后天、寂与感等问题进行辩论。前引之一长段语录中,既批评王龙溪之专任本体,忽略后天功夫,又批评聂双

---

① 《狱中寄龙溪》,《徐爱　钱德洪　董沄集》,第152页。
② 《与赵大洲书》,《徐爱　钱德洪　董沄集》,第158—159页。

江"执体以求寂,而无有乎圆神活泼之机"。认为能止于至善,不必言寂则寂在其中。德洪又有《复周罗山》一信,其中说:

> 先师曰:"无善无恶心之体",双江即谓:"良知本无善恶,未发寂然之体也。养此,则物自格矣。今随其感物之际,而后加格物之功,是迷其体以索用,浊其源以澄流,功夫已落第二义。"论则善矣,殊不知未发寂然之体,未尝离家国天下之感而别有一物在其中也。即家国天下之感之中,而未发寂然者在焉耳。此格物为致知之实功,通寂感、体用而无间,尽性之学也。①

聂双江主张在保任良知之未发寂然之体上用功,能归寂自能通感。而在良知之通感上用功,则是不明良知本体之寂感一如,是弃其源头而在流衍上用功,此已落第二义。德洪则认为,良知未发寂然之体,必不能离具体事物,在具体事物之感上用功,就是作用于良知寂体。双江之论有割裂先天与后天、寂与感、体与用之嫌。德洪又有《复何吉阳》一信,其中说:

> "未发之中,譬若镜体之明,岂有镜体既明,而又有照物不当者乎?"此言未为不确。然实未尝使学者先求未发之中而养之也。未发之中竟从何处觅耶?离已发而求未发,必不可得。久之则养成一种枯寂之病,认虚景为实得,拟知见为性真,诚可慨也。②

此处虽对聂双江求未发之中,在心体根本处用功之方向是首肯的,但未发必从已发上见,离已发而求未发,必不可得,必认虚见为实得。故德洪用力之处,在善恶念头之制御,"或防之于未发之前,或制之于临发之际,或悔改于既发之后,皆实功也"。③ 此皆以其后天诚意之学笃信良知先天完足,只胜私复理即可,反对良知为寂体,功夫在归于此寂

---

① 《徐爱 钱德洪 董沄集》,第154页。
② 《徐爱 钱德洪 董沄集》,第150页。
③ 《复何吉阳》,《徐爱 钱德洪 董沄集》,第150页。

体上用之主张。

另钱德洪为阳明高第弟子,追随阳明最久,专一协助阳明教授弟子。阳明殁后,德洪又不似龙溪周流讲学,席不暇暖,家邸反成客舍,而是以收集、刊刻阳明著作,推广阳明之学为己任。特别是收集各种已刊未刊之阳明语录加以对勘、删润所成之《传习录》,为各种《传习录》刻本之定本,于阳明学之奠立与流传,有莫大之功。阳明年谱之倡议及写作、删润,德洪之功亦最大。又在阳明起复征思田前夕,录阳明口授之《大学问》。此篇乃阳明以《大学》之三纲八目融释致良知宗旨,完整阐述其学之晚年定论,在阳明著作中有特殊地位。此三事乃钱德洪对阳明学的重大贡献。其他如各种阳明著作版本之前的序跋、叙说等,于知人论世,深入理解王阳明各个时期的学说重点及阳明学流衍中出现的种种现象十分重要,从中亦可概见钱德洪自己思想之表露。这些资料对于阳明学之研究很有价值。如《阳明先生年谱序》,其中说:

> 师既没,吾党学未得正,各执所闻以立教,仪范隔而真意薄,微言隐而口说腾。且喜为新奇诡秘之说,凌躐超顿之见,而不知日远于伦物。甚者认知见为本体,乐疏简为超脱,隐机智于权宜,蔑礼教于任性。未及一传而淆言乱众,甚为吾党忧。迩年以来,亟图合并,以宣明师训,渐有合异统同之端,谓非良知昭晰,师言之尚足征乎? 谱之作,所以征师言耳。①

对作《阳明年谱》以宣明师门之旨,遏止后学泛滥的意图说得十分明白。而与罗洪先论年谱书往来十通,更见修谱中许多曲折,及阳明门弟子间之关系,于王学之研究弥足珍贵。又《大学问跋》中说:

> 《大学问》者,师门之教典也。学者初及门,必先以此意授,使人闻言之下,即得此心之知,无出于民彝物则之中;致知之功,不

---

① 《王阳明全集》,上海古籍出版社,1992年,第1357页。

外乎修齐治平之内。学者果能实地用功,一番听受,一番亲切。师常曰:"吾此意思有能直下承当,只此修为,直造圣域;参之经典,无不吻合,不必求之多闻多识之中也。"门人有请录成书者,曰:"此须诸君口口相传,若笔之于书,使人作一文字看过,无益矣。"嘉靖丁亥八月,师起征思田。将发,门人复请,师许之。录既就,以书诒洪曰:"《大学或问》①数条,非不愿共学之士尽闻斯义,顾恐借寇兵而赍盗粮,是以未欲轻出。"盖当时尚有持异说以混正学者,师故云然。师既没,音容日远,吾党各以己见立说。学者稍见本体,即好为径超顿悟之说,无复有省身克己之功。谓一见本体,超圣可以跂足,视师门诚意格物、为善去恶之旨,皆相鄙以为第二义。简略事为,言行无顾,甚者荡灭礼教,犹自以为得圣门之最上乘。噫!亦已过矣。②

这些记载对研究阳明逝世后王门后学的分化有重要意义,同时对刘宗周"学者欲求端于阳明子之教者,必自先生(指钱德洪)始"③一语,可有更深的理解。尤其是其《刻文录叙说》④,对阳明著作各种版本之刊刻缘起,流传情况,及阳明殁后弟子在学术上的分化多有涉及,对《传习录》中一些语录的言说背景也有记述,是王学研究的重要资料。钱德洪诚阳明后学中一重要人物,惜其传世的文字太少,不足以见其思想之全豹。但从其存留的不多的文字中,其学问宗旨大体可窥。

---

① 由德洪此跋语看,《大学问》或初名《大学或问》,盖仿朱熹之《大学或问》而立名。
② 并见《王阳明全集》,第967、973页。
③ 《钱绪山先生要语序》,《刘宗周全集》第四册,浙江古籍出版社,2007年,第6页。
④ 见《徐爱 钱德洪 董澐集》,第184页。

第四节　黄绾的"艮止"

黄绾(1480—1554)字宗贤,号久庵,又号石龙,台州黄岩人。南京工部右侍郎黄孔昭之孙,以祖荫入官,仕至南京礼部尚书,翰林学士。正德五年(1510),王阳明自龙场升庐陵知县,朝觐入京,时黄绾任后军都督府都事,请见论学,并获交湛若水。"予三人者自职事之外,稍暇必会讲;饮食起居,日必共之,各相砥砺。"① 此时黄绾于阳明为学侣。后阳明平濠归越,讲致良知之学,黄绾大叹服,遂执贽称门人。黄绾为阳明之子正亿之岳父,于阳明一生经历知之甚详,其所作之《阳明先生行状》,钱德洪作阳明年谱时采录不少。黄绾著书甚多,大部分书稿在嘉靖三十一年(1552)倭寇犯黄岩时毁于火,②《明儒学案》仅选其煨烬之余《五经原古序》,但这些序被黄宗羲斥为"师心自用,颠倒圣经"。今仅存《明道编》六卷。此书宗旨,弟子吴国鼎在《明道编》跋中说:

> 斯集久翁先生为明道而编也。何明乎道尔？病学术之偏晦之也。学术正而后斯道可明焉。前乎千百世者可见,后乎千百世者可知也。以言乎要,则虞廷"精一"二字以尽之矣。古今为学术异同之辩者赜矣,或失则内,或失则外,或失则上,或失则下,是皆病于空虚支离,涉于想象,吾弗敢信焉尔。然则君子何信哉？信诸天理焉耳矣。天理者,吾心中正之本体也。……先生顾谓四方来学者曰：予尝与阳明、甘泉日相砥砺,同升中行。然二公之学,一主于致良知,一主于体认天理,于予心尤有未莹,乃揭艮止、执

---

① 见黄绾：《阳明先生行状》,载《王阳明全集》,第1409页。
② 具体书目及出处见容肇祖：《王守仁的门人黄绾》,载《容肇祖集》,齐鲁书社,1989年,第278页。

> 中之旨,昭示同志,以为圣门开示切要之诀。学者的确功夫,端在是矣,外是更无别玄关可入也。①

从这里看,黄绾欲以虞舜精一之旨纠正当时各种偏颇之学。当时在学界影响最大的,一是早年学侣湛若水的随处体认天理,一是乃师王阳明的致良知。此二人之学术在黄绾看来皆空虚支离,涉于想象。而黄绾自己的学术宗旨,乃在艮止。而艮止即执中,即精一。

《明道编》中明确批评阳明、甘泉之处多有。其批评阳明,首在其致良知之说,如:

> 今日君子,于禅学"见本来面目",即指以为孟子所谓良知在此,以为学问头脑。凡言学问,唯谓良知足矣。故以致知为致极其良知,格物为格其非心。言欲致知以至极其良知,必先格物以格其非心;欲格物以格其非心,必先克己以去其私意;私意既去,则良知至极,故言功夫,唯有去私而已。故以不起意、无意必、无声臭为良知本体。良知既足,而学与思皆可废矣!而不知圣门所谓志道、据德、依仁、游艺为何事。又文其说,以为良知之旨,乃夫子教外别传,唯颜子之资,能上悟而得之,颜子死而无传;其在《论语》所载,皆下学之事,乃曾子所传,而非夫子上悟之旨。以此鼓舞后生,固可喜而信之,然实失圣人之旨,必将为害,不可不辩。②

又如:

> 予昔年与海内一二君子讲习,有以致知为至极其良知,格物为格其非心者。又谓"格者,正也,正其不正以归于正";"致者,至也,至极其良知,使无亏缺障蔽"。以身、心、意、知、物合为一物,而通为良知条理;格、致、诚、正、修合为一事,而通为致良知功夫。又云:"克己功夫全在格物上用,克其己私,即格其非心也。"又令

---

① 见黄绾:《明道编》,中华书局,1959年,第75页。
② 《明道编》,第10页。

看《六祖坛经》,会其本来无物;不思善,不思恶,见本来面目,为直超上乘,以为合于良知之至极。又以《悟真篇》后序为得圣人之旨,以儒与仙佛之道皆同,但有私己同物之殊。以孔子《论语》之言,皆为下学之事,非直超上悟之旨。予始未之信,既而信之,又久而验之,方知空虚之弊误人非细。信乎差之毫厘,谬以千里。可不慎哉!①

此处指斥的,皆是王阳明的根本理论。就心学本身言,功夫皆极平实而切当。黄绾初见王阳明时,其时阳明论学多在为善去恶之实地功夫。故此时及后来的长时期内,在致黄绾的书信中,多论此意。如《答黄宗贤应原忠》:"圣人之心纤翳自无所容,自不消刮磨。若常人之心,如斑垢驳杂之镜,须痛加刮磨一番,尽去其驳蚀,然后纤尘即见,才拂便去,亦自不消费力。到此已是识得仁体矣。"《别黄宗贤归天台序》:"君子之学以明其心。其心本无昧也,而欲为之蔽,习为之害。故去蔽与害而明复,匪自外得也。"《与黄宗贤五》:"仆近时与朋友论学,唯说'立诚'二字。杀人须就咽喉上着刀。吾人为学当从心髓入微处用力,自然笃实光辉。虽私欲之萌,真是洪炉点雪。"②王阳明平濠归越,黄绾复见执贽称门人后,阳明致信,乃以致良知为教,如:"近与诚甫言,在京师相与者少,二君必须预先相约定,彼此但见微有动气处,即须提起致良知话头互相规切。……然见得良知亲切时,其功夫又自不难。缘此数病,良知之所本无,只因良知昏昧蔽塞而后有。若良知一提醒时,即如白日一出而魍魉自消矣。"③黄绾对致良知学说在执贽称门人之后的一个长时期也是首肯并奉行的。阳明殁后桂萼攻阳明伪学时,黄绾还上疏极力辨白致良知为孔门正学:

其学大要有三:一曰致良知,实本先民之言,盖致知出于孔

---

① 《明道编》,第10页。
② 见《王阳明全集》,第146、233、152页。
③ 《与黄宗贤》,《王阳明全集》,第219页。

氏，而良知出于孟轲性善之论。二曰亲民，亦本先民之言，盖《大学》旧本所谓亲民者，即"百姓不亲"之"亲"，凡亲贤乐利，与民同其好恶，而好絜矩之道者是已。三曰知行合一，亦本先民之言，盖"知至至之，知终终之"，只一事也。守仁发此，欲人言行相顾，勿事空言以为学也。是守仁之学，弗诡于圣，弗畔于道，乃孔门之正传也，可以终废其学乎？①

但晚年则对阳明学攻击甚力，其最不慊于心者，即致良知。

黄绾又批评王阳明之万物一体说。万物一体是阳明所欲达到的最后境界，是大人之学的究极目的，是三纲八目的最高概括。在起征思田前夕授予钱德洪作为他哲学最后定本的《大学问》中，阳明即盛张此义，而此义为黄绾所反对。反对的理由对于一个深知阳明学说精髓的人，又极粗浅谬戾。黄绾说：

> 今之君子，每言仁者与天地万物为一体，以为大人之学如此；而究其说，则以吾之父子，及人之父子，及天下之人父子为一体；吾之兄弟，及人之兄弟，及天下人之兄弟为一体；吾之夫妇，及人之夫妇，及天下人之夫妇为一体；吾之朋友，及人之朋友，及天下人之朋友为一体；乃至以山川、鬼神及鸟兽、草木、瓦石皆为一体，皆同其爱，皆同其亲，以为一体之仁如此。审如此言，则圣人所谓亲亲而仁民，仁民而爱物，情有亲疏，爱有差等者，皆非也。实不知其说已堕于墨氏之兼爱，流于空虚，荡无涯矣。由是好名急功利之徒，因借其说以为是，而得以行其欲；残忍刻薄者，因反其言以为非，而得以骋其私。而大人之道、之学于此亡矣。……大人之学，皆由其真者，因其差等，处之各不失其道，此所谓仁，此所谓大人之道也。失此不由，则皆非矣，而末流之弊，何莫不至哉！②

---

① 《王阳明年谱》嘉靖八年条下引，见《王阳明全集》，第1326页。
② 《明道编》，第11页。

此处认为王阳明的万物一体与墨氏兼爱说之爱无差等相同,实是鲁莽灭裂之论。阳明学之精蕴,学界说之极多;万物一体与爱有差等,是阳明反复辩说之处,此处不赘。黄绾之义,着眼点也不在理论之辨别上。

黄绾对湛若水"随处体认天理"之攻击,义理与此有别。他说:

> 今之君子有为下乘禅学者,不见物则之当然皆在于己,以为天下理皆在于物,故云"随处体认天理",故谓功夫全在格物。其云格物,曰:"格者,至也。物者,事理也。此心感通天下之事理也。格之者,意、心、身皆至也。即随处体认天理也。"其学支离,不足于经世,乃伊川、晦庵之为弊也。予尝扣其随处体认之旨,彼云随处体认天理者,皆在外而不在内。然明道曰:某学虽有所受,至于天理二字,却是自家体贴出来。此言甚切,皆在内而不在外也。由是观之,则其所谓体认者,果何如哉?①

这是认为湛若水"随处体认天理"之旨在求理于外,走入伊川、晦庵之旧路,有悖于明道天理内在之旨,其学支离。这里认为明道、伊川学术不同,甚有见地。但以为随处体认天理为求之于外,此点湛若水与王阳明辩论甚为深细,可参阅湛若水与王阳明论学诸书信,与其《心性图说》,此处亦不赘。

黄绾所批评之多而激烈者,尤在禅宗。禅宗与黄绾,学术出发点全然不同,本不必辩,也不必施以攻击。但黄绾之攻击禅宗,实是为了攻击宋儒。在他看来,宋代理学代表人物学皆出于禅,他之攻击禅学,是为了批评理学。他尝说:

> 宋儒之学,其入门皆由于禅:濂溪、明道、横渠、象山则由于上乘,伊川、晦庵则由于下乘。虽曰圣学至宋昌,然语焉而不详,择焉而不精者多矣。故至今日,禅说益盛,实理益失。虽痛言之,而犹不悟,其来久矣。②

---

①② 《明道编》,第12页。

其中对于杨简攻击尤力。说宋儒为禅宗,亦非无据,盖理学乃吸收佛道学养而成,此几为常识。但在佛学尤其禅宗大昌之明代拈来禅宗作为批评对象,其批评自甚无力。黄绾之意盖不在此,他的着眼点在现实,在理学修养方法中他认为虚无的方面,为他的艮止、执中之旨张本。此意图甚为明显,如他说:

> 东汉明帝时,摩腾、竺法兰以其经入中国,而其说淆于中国。至南北朝梁武帝时,达摩入中国,而其法行于中国。历唐迄宋而盛,故当时学士大夫无不事禅学者。虽圣学之兴,亦自禅学而来。所以皆以虚无为根,而失圣人艮止、执中之本,可胜言哉!①

对他攻击宋儒乃至其师王阳明的苦心,他也言之甚明:

> 予言宋儒及今日朋友禅学之弊,实非得已。盖因年来禅学之盛,将为天下国家之害。尝痛辩之,皆援先儒为据,皆以朋友为难言,故于其根本所在,不得不深明之。世有君子,必知予之不得已也。②

黄绾之深诋禅宗,在于他认为,禅学之无善无恶,作了某些士人冲破礼教之防检,放浪形骸的借口。他说:

> 今之君子,有谓仙释与圣学同者,传与人则多放肆无拘检。或问其故,予曰:无他,只为见其本来无物,顿悟上乘之旨,有以放其心而不知收。不思仙释为学之初,全在持戒。苟持戒不严,则有不可胜言之弊矣,况圣学乎?③

黄绾认为宋儒之学既浸淫禅学,则必失去孔孟之本。在他看来,孔孟之本在一"诚"字。此诚字是制礼作乐的根本,也是治国的根本。失此诚字,则礼乐多为外在之仪节,治术亦必入于管商之法家,儒家之精神

---

① 《明道编》,第 2 页。
② 《明道编》,第 12 页。
③ 《明道编》,第 17 页。

命脉尽失。他指出,王门弟子在禅学的笼罩下,渐渐放松了礼教之大防,在学术宗旨上侈谈现成良知,于阳明早年兢兢业业、亶亶翼翼,注重身心修养的精神多已抛弃。黄绾纠正此学弊的措施在两个方面,一是批评王阳明致良知之良知本足,放松学、问、思、辨、行的着实功夫,并连带批评以无声臭、不起意为良知本体的弊病。一是提倡艮止、执中之旨。由对王门后学学弊的忧虑,转而批评此种学弊的根源王阳明。这就是为什么黄绾早年一意追随王阳明,晚年却对王阳明激烈批评的原因。他以为须以孔子的忧患意识、兢业精神纠治当世虚浮的学风。他尝说:

> 孔子曰:"易之兴也,其于中古乎?作易者其有忧患乎?"又曰:"易之兴也,其当殷之末世,周之盛德邪?当文王与纣之事邪?是故其辞危。危者使平,易者使倾。"孟子曰:"人之有德慧术知者,恒存乎疢疾,独孤臣孽子,其操心也危,其虑患也深,故达。"孔孟之言皆如此,则知学问之道,必在于兢兢业业。今之言学者,不思圣贤之兢兢业业,乌能变化气质,以成其德哉!

又说:

> "战战兢兢,如临深渊,如履薄冰。"此曾子一生慎独致知之工如此也。
>
> 每读《论语》,辄思夫子容貌气象朴实谨慎,谦虚温厚,略无一毫声色圭角外见,所以其德之大如天地然,无不覆载包含也。文王"小心翼翼,昭事上帝",其气象容貌亦如此而已。①

他还表彰舜、傅说、百里奚、管夷吾等历经艰辛,动心忍性,增益其所不能,最后终成大业之事迹,表达他对阳明后学承袭口吻,喜超顿直悟,不做着实功夫的状况的隐忧。《明道编》中类似语尚多。

---

① 并见《明道编》,第25—26页。

黄绾对当时士风士气特别是浙东地区的士习有强烈批评,说:

> 我朝立国以来,不知何自变为好名尚气节之习。如当时前辈及吾乡前辈有务此者,其居官居乡,虽在人伦至亲,上下交际,为之已甚,言之可骇,至今历历在人耳目,不可胜数。其风声流传,故至后进之士与吾乡之士,每以好胜急功利之心,文以立名,尚气节之为,以行其私。虽语之以道德,终身不悟。……故今之士者,争以殊诡标名,唯恐其不异;刻虐称才,唯恐其不极;颠倒乱真,唯恐其不奇;坚忍毁成,唯恐其不特。要其心皆阴怀巨利,阳示不欲,内存刻薄,外施仁义。论世者犹以天下事非此才力不能为,非此风声不能振,岂不为世道之害,国家生民之祸哉!①

又说:

> 或有以戏子喻士大夫者,此言最切中今日时弊。云:"戏子登场,或为忠,或为孝,或为喜,或为怒,或为廉洁,或为贞淑,或为抗直,或为执法,或为义行,或为事业,皆非其真;只欲看者喜欲,觅些赏钱而已,及下场依旧一戏子。"此言,吾党极当知而深省,庶几于道有得。②

对士大夫之文风之衰,亦大为慨叹:"近日士大夫作文,每事欺诳,唯任己之好恶,因时之趋尚,因人之所欲,肆口言之,略不检核,以究理之是非,事之诚伪,此实文字之衰,风俗之弊。"黄绾甚至认为,当时政治日坏,民日贫,国家财力日削弱,首先不是由于巨室大家吞并小民之产日益增多造成的,而是学术不明因而人心不正导致的。因此当务之急不是抑制豪强,施惠百姓,而是明学术,他说:

> 今日海内虚耗,大小俱弊,实由学术不明,心术不正,故士风日坏,巧宦日众,吏弊日多,贪残日甚,民风日坏,立法愈密,奸弊

---

① 《明道编》,第31页。
② 《明道编》,第42页。

愈生,刀讼愈起,上下逢迎,虚费日广,所以民生日困。苟不思澄其本而唯务更变,更变愈多而滋弊愈深,益使大小空竭,虚耗日甚,视祖宗时民间富庶为如何哉!此皆吾党之所当知,必思有以救之可也。救之如何?明学术而已。①

可以说,黄绾是由对现实的观察,认识到士风士习所应担负的责任;由士风士习的兴替,联系到对当时讲学两大盟主王阳明和湛若水学术路向的纠正;因对其所居的浙东学风士风的观察,而对阳明学特别施以批评。他和龙溪、德洪等人不同。龙溪、德洪是学术中人,以讲明、传播阳明学为己任,故虽学术宗旨彼此差别甚大,但都对阳明本人奉若神明,所争者在何为阳明真传。而黄绾则为世家子,又多在仕途,他以亲身感受到的国事、士风为立言的基点。加之少年时曾履行过类似"功过格"之类的功夫,②青年时又曾师从谢铎,教之以黄榦训何基语:"必有真实心地、刻苦功夫而后可"之语。此皆以笃实切己,不务虚玄为学问之基。后来目睹学界流弊而思改弦更张,故对乃师之学加以批评。

在对学术风气施以批评的基础上,黄绾提出了自己的为学宗旨艮止、执中。黄绾说:

> 予以艮止存心,以执中为志,为思为学,时止时行,无终食之间违仁,兢兢业业,无一言敢妄,一行敢苟。欲寡其过,恒惧不能。贤犹未及,焉敢云圣。③

明确指出,艮止、执中之旨能使自己内心收敛,时刻提撕,不敢丝毫放逸,遵行的是兢业戒慎的路向,与他指斥的晚年阳明及王门后学狂放一路正相反。黄绾认为艮止、执中之旨是儒家正学,此旨远有端绪,历

---

① 《明道编》,第45页。
② 参见《明道编》卷二之自述,见该书第23页。
③ 《明道编》,第20页。

圣相承，可以纠治各种弊病。他说：

> 伏羲、尧舜以艮止、执中之学相传。伏羲之学具于《易》，尧舜之学具于《书》。《易》之微言，莫要于艮止，《书》之要旨，莫大于执中。自是圣圣相承，率由是道。至仲尼出，而大明厥蕴，以知止之止指心体，以致知示功夫，以格物示功效，以克己为致知之实，以复礼为格物之实，皆艮止、执中之正脉。①

这是说艮止、执中是儒家一切学说的纲领，是儒家经书所言功夫的浓缩和概括。伏羲、尧舜、孔子之后，唯颜、曾二子独得其传，再传而得子思，又传而得孟子，轲之没而不得其传。后世艮止之学不明而失存心之要，执中之旨不明而失体道之要，因而异端之学渐渐兴起，儒家之学渐渐沦没。由是功利之学、禅定之学大兴。黄绾复将艮止、执中打并为一，认为尧舜之执中，即伏羲之艮止。艮止执中亦即"十六字心传"之危微精一，即《尧典》之钦明文思。艮止有体有用，体即《大学》所言"文王缉熙敬止"，即内心之光明、有法则。用即将此体推之于君臣父子、家国天下，使之各得所止。体用合言，即《易传》所谓"动静不失其时，其道光明"。此旨内外皆包，体用兼备，可谓圣学之本。

黄绾再三强调，他的艮止之旨，重在"有止"之意，他说：

> 圣人传心之学，始于伏羲八卦之艮。艮而重之，内艮之止，心也；外艮之止，背也。故文王作艮之彖曰："艮其背，不获其身；行其庭，不见其人，无咎。"不言心而言背者，内艮之一阳，不啻如粟之微，止于心窍之内，由是外艮之一阳，盎于背而洋溢。……曰"艮其止，止其所也"，言止非泛止，止必有所，所即心中之窍，一阳如粟；所止之处，即所谓天地之根，阴阳之门，五性皆备于此。故曰："成性存存，道义之门。"故谓之为气机，又谓之为魂魄之合，又谓之为帝衷之降，又谓之为天命之性，又谓之为神，又谓之为仁，

---

① 《明道编》，第1页。

皆在此所也。①

黄绾又以艮止释《大学》之格物致知、定静安虑，释《易》之无思无为，寂然不动等。经此辗转相兼相释，艮止包贯了儒家大部分重要观念。其中心意思，则在内心光明，外而有止。故他释致知格物为致内心光明之知，规范外物，为外物之法则。致知为功夫，格物为效验。他因之批评宋儒："以格物为穷究事物之理，而不知有典有则之为格物，所以求之于物，失之于外，支离破碎，而非圣人之学矣。"②他提倡学者收敛精神，归缩在腔子内，也是艮止之旨的推扩，意在纠正当时学者内无主宰，流荡失所的弊病。他说：

> 学者常要收拾精神，归缩在腔子内，不可一时放之散乱。稍起妄念，即思究破。若放散乱，便成荒失，渐堕肆戾，气质无由变化。……常知收拾精神，归缩在腔子内，即《大学》所谓"知止而后有定，定而后能静，静而后能安。"文王所谓"艮其背，不获其身；行其庭，不见其人，无咎"是也。此言其性体如此。③

总之，黄绾的整个思想，都是为纠正当时学弊，特别是阳明弟子中直任先天本体，不做笃实功夫，行为恣纵，言语无节，有发散而无收敛等弊病而起。他对王阳明及宋明儒者的批评，他对艮止之旨的提倡，都是这一意图的贯彻。但因黄绾的著作大部分散逸，就传世之《明道编》看，黄绾实践上的破斥有余，而理论上的发明不足。对有宋诸大儒的批评，皆攻其一点，未能深入其中。对乃师王阳明，有时为了批评之需要，故为断章取义。因不能平心理解，所以显得肤廓无力。但他对当时学弊的批评、纠举，在明代儒学史上是有一定意义的。

---

① 《明道编》，第3页。
② 《明道编》，第21页。
③ 《明道编》，第43页。

第五节　季本的"龙惕"

季本(1485—1563)字明德,号彭山,越之会稽人,官至长沙知府,为阳明弟子中少有的经学家。季本的经学思想后面将详言之,本节只叙述他的理学思想。季本的为学宗旨可名为龙惕,其言龙惕之旨曰:

> 圣人以龙言心而不言镜。盖心如明镜之说,本于释氏,照自外来,无所裁制者也。而龙则乾乾不息之诚,理自内出,变化在心者也。予力主此说,而同辈尚多未然。然此理发于孔子居敬而行简是也。敬则惕然有警,乾道也;简则自然无为,坤道也。苟任自然而不以敬为主,则志不帅气而随气自动,虽无所为,不亦太简乎?孟子又分别甚明:彼长而我长之,非有长于我也。犹彼白而我白之,从其白于外也。此即言镜之义也。行吾敬,故谓之内也,此即言龙之义也。告子仁内义外之说,正由不知此耳。①

意为,心有二个方面:一个是如明镜一般之心,物来能照;一个是内心之诚体,理自此中出。以龙言心,指其内心之诚体言。因《周易》言龙曰乾夕惕,此可象征居敬而行简。居敬则能惕然,刻刻警醒;简则自然无为,顺事而安。可以说,龙有两个最基本的性质:警惕而自然。前者是乾道,后者是坤道。只有自然而无警惕,则统帅不立,被物所转。只有警惕而无自然,则务之太专,没有放下时节。二者兼得,则乾坤相配,一阴一阳之道。季本此喻,重在有主宰、恶自然而言。

季本惩阳明后学中任本体流行讳言功夫的流弊,特别提倡流行中有主宰之意。流行中无主宰,则成狂禅,则成气机鼓荡。季本将流行、

---

① 《说理会编》,《明儒学案》,第275页。

主宰与理、气结合起来,认为流行属气,流行中之主宰属理,二者不离不杂。但二者中理是本,理比气更加重要,他说:

> 理者阳之主宰,气者阴之包含。时乎阳也,主宰彰焉,然必得阴以包含于内,而后气不散。时乎阴也,包含密焉,然必得阳以主宰于中,而后理不昏。此阴中有阳,阳中有阴,所谓道也。"通乎昼夜之道而知",知即"乾知太始"之知,正谓主宰。昼之知,主宰之应于外也,虽当纷扰而一贞自如;夜之知,主宰之藏乎内也,虽入杳冥而一警即觉。此唯阴阳合德者能之。知主宰之为知,则知乾刚之为理矣。知理则知阳,知阳则知阴矣。①

阴阳合德中之阳为主宰,乾坤一体中之乾知太始,这是季本的思想基础,是他流行中有主宰的理论根据。

季本复将此理论融摄自然与惕若、自然与慎独,功夫与本体等重要范畴。如关于自然与惕若,他说:

> 自然者,顺理之名也。理非惕若,何以能顺?舍惕若而言顺,则随气所动耳。故惕若者,自然之主宰也。夫坤,自然者也,然以承乾为德。则主宰乎坤者,乾也。命,自然者也,命曰"天命",则天为命主矣。道,自然者也,道曰率性,则性为道主矣。和,自然者也,和曰中节,则中为和主也。苟无主焉,则命也、道也、和也,皆过其则,乌得谓之顺哉?故圣人言学,不贵自然而贵于慎独,正恐一入自然,则易流于欲耳。②

这里季本以《易》之"自然"与"惕若"释《中庸》之命、道、性、中和、已发未发等概念。所谓命指宇宙本体中既是偶然又是必然之个体事物,而每一个个体事物都有其不得不然之理。所以每一事物都是天理主宰之下的命体,故曰天命。这里道非指理,而是宇宙大化之流行过程,此

---

① ② 《说理会编》,《明儒学案》,第 273 页。

过程为其性质所主宰,故"率性之谓道"。这里的和指流行之体,而流行之体之所以和谐,乃因为每一组成此和谐体之具体事物中节,故中为和之主宰。由此季本认为儒家之学的根本义旨在自然中有主宰。

他又以此义融摄《孟子》,论证主宰与自然的内外问题,认为主宰在内,流行在外,强调自然须有自律之意。他说:

> 性命一也,本无彼此之分,但凡不由我制者,命之运,则属于气,而自外来者也。由我制者,性之存,则属于理,而自内出者也。性命盖随理气分焉,孟子意正如此。由理之一者而言,虽耳目口鼻之欲,情或得正,亦性也。但既为耳目口鼻,则命之拘也,体常暗塞,是不可以性言于命。故曰"君子不谓性"也。由气之杂者而言,虽仁义礼智之行,明或不全,亦命也。但既为仁义礼智,则性之善也,体常虚灵,是不可以命言于性也。故曰:"君子不谓命"也。此明理欲相胜之几,欲人尽性以至命耳。①

这里明确说性即理,出于内,命属气,出于外。两者不能相淆,须以性制命。

他又将此义推行于天道之运行中,以太虚为自然之天道,以诚为天道之主宰,仍意在强调贵主宰而恶自然之意。他说:

> 谓天非虚,不可。然就以虚言天,则恐着虚而倚于气。……盖虚贵有主,有主之虚,诚存于中,是为健德。健则虚明感应,因物曲成,无有不得其所者,是物之顺也。夫诚,形而上者也;物,形而下者也。形而下者主于形而上者,则气统于性也。苟无以成其德,不健则为着空之虚,物无所主,任其往来而已。形而上者堕于形而下者,则性命于气矣。故所恶于虚者,谓其体之非健也。②

此中诚指理言,诚即性。性理是谓健德。太虚中之物之各得其所,因

---

① ② 《说理会编》,《明儒学案》,第274页。

为各有其性理。各承其理,是为顺德。理是形而上者,气是形而下者,理统气,性统太虚。这仍是阴阳合德而有主之意。

季本亦以此意说本体与功夫。在本体功夫问题上,季本涉及道与文,体与用,动与静,诚与明,博文与约礼,达德与达道诸范畴,他总的思路依然是在互相对反的东西合一的基础上对主导者的强调。比如他说:

> 道之显者谓之文,条理分明,脉络通贯,无过不及之美名也。礼即天理之节文之所从出也。苟非嘉会合礼,则妄行无序,乌得为文?故自本体而言,则以达德行达道,诚而明也。自功夫而言,则曰"博学于文,约之以礼",明而诚也。本体功夫初无二事。盖道之所显者,用也,而功夫则归于本体。故凡言用者皆属动,言功夫者皆属静。既曰文,则显于用而可见可闻者也;曰学,则归于静而戒慎不睹,恐惧不闻,不为见闻所动者也。为见闻所动,则纷乱而不得为文矣。学之外,无复有所谓约礼,而礼之约处,即是达德之一。道之本体如是,故功夫即本体也。①

文者,外在表现。而文本身是一个广大和谐的整体。因为它的根据是礼,而礼即理的条理,非妄行无序者。自本体到流行,即自达德到达道。因为本体即诚,即健德;流行即明,即奉健之顺。从本体到功夫,是本体自身的展开,是由浑一到个体;从功夫到本体,是个体归笼于整全,是由博返约。这是一件事的二个方面。而最后的结果是用归于体,动归于静,见闻归于戒慎不睹,恐惧不闻,达道归于达德。

由此季本非常重视慎独功夫,认为慎独是自然的基础,慎独是体上用功,自然是功夫熟后本体的呈露与显现。他说:

> 圣人之道,不于用上求自然,而于体上做功夫。故虽至圣,犹孜孜矻矻以自勉,此功夫也。……故知为独知,独知处知谨,则天

---

① 《说理会编》,《明儒学案》,第278页。

> 理中存,无有障碍,流行之势自然阻遏不住。故自然者,道之着于显处以言用也。凡言道而主于自然者,以天道之不勉而中、不思而得者观之,似亦由中流出,不假人为。然谓之中,则即是勉;谓之得,则即是思,而慎独功夫在自然中。所谓知微之显者,即是此矣。舍慎独而言自然,则自然者气化也,必有忽于细微而恣于理义之正者。其入于佛老无疑也。①

这里对自然的界说十分独特,绅绎其义,似可以说,自然既是本体论的,又是境界论的。在修养之极致中,境界之所臻与本体之所是一而非二。就本体言,自然既是自然界中的存在物,由道显现为个体存在物的过程又是自然而然,不假安排的。就人之胸怀说,自然流出之合于天理与慎独功夫之积累是一而非二的。否则就是气机鼓荡,有流行而无主宰。故季本特重慎独,认为"圣人之学,只是慎独"。②

季本又用慎独解释知行合一,他的知行合一不同于王阳明,他说:

> 慎于独知,即致知也;慎独之功不已,即力行也。故独知之外无知也,常知之外无行矣。功夫何等简易耶!良知良能本一体也,但自发端而言,则以明觉之几为主,故曰"知者行之始"。自极致而言,则以流行之势为主,故曰"行者知之终"。虽若以知行分先后,而知为行始,行为知终,则所知者即是行,所行者即是知也。③

意谓独知即知,慎独之功夫即行。他所谓独知实即良知。而良知是天命之性的显现。此显明之体为知,此显明之体之功用为行。故可说知为行之始,行为知之终。而此二者实无先后之可言,是以二个方面说一个物事。

由上可知,季本反复阐发的,是流行中有主宰,是功夫着到即本

---

① 《说理会编》,《明儒学案》,第276页。
②③ 《说理会编》,《明儒学案》,第277页。

体,是自然由慎独而得。千言万语,只在笃实用功上。他的经学,是这一基本主张在学术实践上的贯彻。他的思想,主要取于王阳明早年"收敛为主,发散是不得已"的主张。他的贵主宰恶自然的思想,源于王阳明"天地气机,原无一息之停,然有个主宰,故不先不后,不急不缓,虽千变万化而主宰常定。……若无主宰,便只是这气奔放,如何不忙"①之语。关于季本以上思想的评价,黄宗羲曾说:"其对同门诸君子单以流行为本体,玩弄光影,而其升其降之归于画一者无所事。此则先生主宰一言,其关系学术非轻也。"②对他以主宰抑制单任本体流行之旨是首肯的。但对他以阴阳判理气,以理为阳,为主宰;以气为阴,为流行的说法提出批评,认为他"于理气非明睿所照,从考索而得者。言之终是鹘突"。③ 季本的思想,大体同黄绾一致,意在纠正径任先天,讳言功夫的学弊。他的思想,对后来刘宗周以"意"字为主宰,反对龙溪及泰州学派"参之以情识"、"荡之以玄虚"的主旨有一定影响。

第六节　浙中其他儒者

两浙乃人文渊薮,儒学传统源远流长,其中著名学者不能以一二数。仅以《明儒学案》立传之学者而言,除以上所述数人外,尚有董澐及其子董穀、陆原静、顾应祥、黄宗明、张元冲、程文德、徐用检、万表、王宗沭、张元忭、胡瀚等人。

董澐(1458—1543)字复宗,号萝石,浙西海宁人,以能诗闻名江湖间。年六十八,闻阳明讲学而悦之,求为弟子,阳明以其年长,不许。后为其真诚志道之心所动,许以师友之间处之。阳明有《从吾道人记》

---

① 《传习录》上,《王阳明全集》,第30页。
② 《明儒学案》,第272页。
③ 《明儒学案》,第271页。

述其及门始末甚详,其中说:

> 嘉靖甲申春,萝石来游会稽,闻阳明子方与其徒讲学山中,以杖肩其瓢笠诗卷来访。入门长揖上坐。阳明子异其气貌,且年老矣,礼敬之。又询之其为董萝石也,与之语连日夜。萝石辞弥谦,礼弥下,不觉其席之弥侧也。退谓阳明子之徒何生秦曰:"吾见世之儒者,支离琐屑,修饰边幅,为偶人之状。其下者,贪饕争夺于富贵利欲之场,而尝不屑其所为,以为世岂真有所谓圣贤之学乎?直假道于是,以求济其私耳。故遂笃志于诗,而放浪于山水。今吾闻夫子良知之说,而忽若大寐之得醒,然后知吾向之所为,日夜敝精劳力者,其与世之营营利禄之徒,特清浊之分,而其间不能以寸也。幸哉!吾非至于夫子之门,则几于虚此生矣。吾将北面夫子而终身焉,得无既老而有所不可乎?"……阳明子曰:"有是哉?吾未见此翁也!今之后生晚进,苟知执笔为文辞,稍记习训诂,则已侈然自大,不复知有从师问学之事。见有或从师问学者,则哄然共非笑,指斥若怪物。翁以能诗训后进,从之游者遍于江湖,盖居然先辈矣。一旦闻予言,而弃去其数十年之成业如敝屣,遂求北面而屈礼焉,岂独今之时而未见若人,将古之记传所载,亦未多数也。苟唯礼是从,而不难于屈下,则客气消而天理行,非天下之大勇,不足以与于此!则如萝石,固吾之师也,而吾岂足以师萝石乎?"萝石曰:"甚哉!夫子之拒我也。吾不能以俟请矣。"入而强纳拜焉。阳明子固辞不获,则许之以师友之间。与之探禹穴,登炉峰,陟秦望,寻兰亭之遗迹,倘徉于云门、若耶、鉴湖、剡曲。萝石日有所闻,益充然有得,欣然乐而忘归也。其乡党之子弟亲友与平日之为社者,或笑而非,或为诗而招之返,且曰:"翁老矣,何乃自苦若是耶?"萝石笑曰:"吾方幸逃于苦海,方知悯若之自苦也,顾以吾为苦耶?吾方扬鬐于渤澥,而振羽于云霄之上,安能复

投网罟而入樊笼乎？去矣，吾将从吾之好！"遂自号曰从吾道人。①此件事反映了董沄勇于造道与从善如流的精神。此与泰州王艮之及门经过，同为王阳明以其学其德降服倔强弟子之佳话。此后董沄尝问阳明若干处事之法，阳明皆告以致良知，及免去外重内轻之患。② 由所遗诗集《湖海集》之倾向看，董沄属一陈白沙式之诗人。追求旷达，不乐拘管，在诗的意境中与理学之最上乘合为一体。反映其日常心得之《日省录》《求心录》《把卷录》亦多记其不着意思，心不系缚，太虚与万象不空不滞之意。有较强的佛道色彩。③

董沄之子董毂，少游阳明之门。自记其证学语为《碧里疑存》，其中重要者为对于性的解说，如：

> 性者，天地万物之一原，即理是也。初本无名，皆人自呼之。以其自然，故曰天；脉络分明，故曰理；人所禀受，故曰性。生天生地，为人为物，皆此而已。至虚至灵，无声无臭，非唯无恶，即善字亦不容言。然其无善无恶处，正其至善之所在也，即所谓未发之中也。穷推本始，虽在天亦有未发之中，即未赋物时是也。既赋即有不齐，乃阴阳奇偶，自然之象。天地无心而成化，杂然并赋，岂有美恶之分？要之美恶之名，亦起于人心违顺爱憎之间云尔。故性之在人，不能无美恶；然人生而静以上，所谓天之性者，理之本然，不以美恶而增损。虽甚恶之人，亦未尝不自知之也。人能全其无善无恶、人生而静之本体，斯真性矣，斯至善矣。朱子析理气为二物，以性之不善归咎于气质，而不知气质之不美，性实为之。全体皆是性，无性则并无气质矣，况美恶乎？性之体，虚而已，而万有出焉。圣人未尝有仁义礼智之说也，至孟子始言四端，宋儒又以之分属五行，未免牵合附会。且天亦非有四时，乃阴阳

---

① 《王阳明全集》，第248页。亦见《徐爱 钱德洪 董沄集》，第276页。
② 见《答董沄萝石》，《王阳明全集》，第198页。
③ 参见钱明：《阳明学在浙西的传播与发展》，载《国学研究》第十六卷，第74—75页。

> 细分耳;阴阳亦非二物,乃一气屈伸耳。故先天唯一气,气唯一理,理唯一性,性唯一虚。①

此处之性,是董毂的最高概念,代表天地万物之本体,故即自然、即天、即理、即气、即人物之性质之根源。董毂之言性,就此最高概念、最高存在之本身着眼,故认为它无声无臭。就其禀赋于人之最初本原言,它无善无恶。因其无善无恶,故为至善,故为未发之中。此种理解似与龙溪相当,但实不同。龙溪因有良知为其理论之基底,故无善无恶只表示心体之无念,并非性体无善的性质。心体无善无恶,性体至善无恶。心性合一之良知因此有有无两个向度。而董毂之性无善恶,乃与天地无心,最高本体之无声无臭一致,故通体无善无恶,而有"性唯一虚"之说。其下文"所谓道者,非有物也,只是一个干净得紧,"②也是描述本体虚寂之意。由此虚寂之本体而赋予人之性,自然无善无恶。另董毂有"性之在人,不能无美恶",斯又以人之气禀说性,与上论人之形而上之本性,二相归一。董毂此义,黄宗羲批评甚为严厉,认为曲解阳明之意。黄宗羲的批评主要在三点,其一,王阳明之无善无恶是说心,不是说性,董毂言性无善无恶,殊失阳明本意。其二,董毂认为性之体虚,万有皆从中出,故气质不美者亦性所生。但性既然无善无恶,其赋予人之性则有善有恶。如此则人性无有根柢。且有人生而静之本体是一种性,人生已后又是一种性之矛盾。其三,董毂的修养方法是复性,而按以上对性的解说,则复性是回复至影响俱无之虚寂本体,这样就堕入恍惚想象之中,非儒家倡导的切实功夫。黄宗羲此质疑甚是有力。盖董毂于乃父之佛道思想方面吸取过重,虽有继承龙溪四无之意,但对龙溪"无中生有"之精蕴未能把握,以无言本体,言最上乘,对理、气、性、道等儒学重要概念无有分疏,通作虚无之本体看,故在性的解说上有差失。

---

① 《碧里疑存》,《明儒学案》,第 294 页。
② 《碧里疑存》,《明儒学案》,第 295 页。

陆澄字原静,阳明重要弟子。以体弱多病,曾致书多封与阳明讨论养生,阳明告之养德养身只是一事,果能养德,则神住气住精住,仙家所谓长生久视之术,亦在其中。还涉及《大学》《中庸》之注解,博约等问题。另陆澄对阳明讲学语录之收集编辑贡献甚大,今本《传习录》上徐爱所录之后,即陆澄所录。黄宗羲谓:"朋友见之,因此多有省悟。盖数条皆切问,非先生(指陆澄)莫肯如此吐露,就吐露亦莫能如此曲折详尽也。故阳明谓:'曰仁殁,吾道益孤,致望原静者不浅。'"①另今本《传习录》中卷有阳明《答陆原静书》二封,对陆澄原函中的问题详细作答,涉及良知之动静、中和、已发未发、照心妄心、良知之乐与七情之乐、良知与精气神的关系等,问答十分深入。此二封书信中阳明的回答,是关于良知的经典解释。故编入《传习录》中时,改为问答体。并在此二信后附编者跋语:"答原静书出,读者皆喜澄善问,师善答,得闻所未闻。"②陆澄在王门深得同门推服。

顾应祥字惟贤,号箬溪,浙江长兴人,弘治乙丑进士。少年时即禀学阳明。阳明殁,顾应祥看到当时流传的《传习续录》中所记多有不当于心者,作《传习录疑》。王龙溪在《致知议辨》中曾就其中可疑之处加以辩驳。顾应祥之学,最与钱德洪相近。如说:

> 良知者,性之所发也,日用之间,念虑初发,或善或恶,或公或私,岂不自知之?苟能于一起之时,察其为恶也,则猛省而力去之;去一恶念,则生一善念矣。念念去恶为善,则意之所发,心之所存,皆天理,是之谓知行合一。知之非艰,而行之唯艰。今曰:圣人之学,致良知而已矣。人人皆圣人也,吾心中自有一圣人,自能孝,自能弟,而于念虑之微,取舍之际,则未之讲,任其意向而为之,曰:是吾之良知也。知行合一者,固如是乎?③

---

① 见《明儒学案》,第296页。
② 《王阳明全集》,第70页。
③ 见《明儒学案》,第297页。

此任意念生起,良知察识其善恶,从而为善去恶之意,反对径任本有之良知。这种功夫路向虽稳健笃实,但未免偏于后天。此点遭到黄宗羲的批评,认为顾应祥之所据,是王阳明"知善知恶是良知,为善去恶是格物"一语。但王阳明之知善知恶有两个方面:一为良知先天本有之好善恶恶之意志,一为后天之知何者为善何者为恶之知识。前者不从发处言,为自然之本体。从这个意义说,良知可谓未发之中。若仅向发处认取,则善恶杂糅,终究不能分辨清楚。即使能分辨清楚,亦不过强禁绝恶念不生,于先天本有之良知之善未能照管。此则笃于行而荒于知,于阳明之究竟宗旨尚隔一尘。顾应祥虽与钱德洪功夫相近,但不象钱德洪那样对先天良知时时提起。于此亦可见黄宗羲之批评甚为有力。

张元忭(1538—1588)字子荩,号阳和,浙江山阴人。隆庆辛未进士。其学与钱德洪最为相近,故于王龙溪之识得本体便是功夫之旨辟之尤力。尝说:

> 近世谈学者,但知良知本来具足,本来圆通,窥见影响,便以为把柄在手,而不复知有戒慎恐惧之功。以嗜欲为天机,以情识为智慧,自以为寂然不动,而妄动愈多;自以为廓然无我,而有我愈固,名检荡然。阳明之良知,果如是乎? 一念之动,其正与否,人不及知而己独知之,即此是独,即此是良知。于此格之,即是慎独,即是致良知。物与知无二体,格与致无二功也。①

这里,既承认良知本来具足,又主张用戒慎恐惧之功去嗜欲而存天机,反对荡越名检。不用功夫而但任本体,必致以情识为智慧,以意必固我为心体廓然。故特别强调慎独,慎独就是格物,就是致良知。又尝致信泰州学派之罗近溪,批评罗之弟子杨起元,信中说:"杨复所(起元字)谈本体而讳言功夫,以为识得本体便是功夫。某谓本体本无可说,

---

① 《与许敬庵》,《明儒学案》,第327页。

凡可说者皆功夫也。识得本体,方可用功夫。明道言'识得本体,以诚敬存之'是也。"①此仍是本体、功夫兼提,识得本体是第一步,但须用诚敬功夫,方能存得本体。由于对当时学弊甚为忧虑,故重点提揭功夫。他尝致信学侣周汝登,与言当时学弊,并提倡渐修功夫,破除先天派之顿悟,以为救弊之方:"近时之弊,徒言良知而不言致,徒言悟而不言修。仆独持议,不但曰良知,而必曰致良知;不但曰理以顿悟,而必曰事以渐修,盖谓救时之意。"②张元忭之功夫,以知几为首务。他尝有致学侣冯纬川之信,其中说:

> 周子曰:"几善恶。"善有善几,恶有恶几,于此而慎察之,善必真好,恶必真恶,研几之学也。吾兄论几,则曰善恶是非,未落对待,而以念上用功为浅,非第一义。窃谓未然。……人心之欲,固以先事预防,禁于未发为不犯手功夫。然岂易言哉!此心即是天理,方其未动,本无人欲,才一萌动,则有天理便有人欲。此危微之训,尧舜所为惓惓也。③

此察于善恶之几而后天用功之意。但与以上对顾应祥一样,黄宗羲虽赞其善学,仍批评此功夫方向"认良知都向发上",认为察识善恶之几是照,非良知本体。并说张元忭"谈文成之学,而究竟不出于朱子,恐于本体终有所未明也"。④

徐用检(1528—1611)字克贤,号鲁源,金华兰溪人。嘉靖壬戌进士。官至南京太常寺卿。为钱德洪弟子,但对阳明门下多谈之良知动静、中和、先天后天等熟滑话题搁过一边,而以孔子之求仁为学问宗旨,以君臣父子、学问思辨等为探寻目标。关于当时学者喜趋的本体问题,他说:"述学者多喜谈存本体,曰此体充塞宇宙。如何在方寸中

---

① 《寄罗近溪》,《明儒学案》,第 326 页。
② 《答周海门》,见《明儒学案》,第 328 页。
③ 《明儒学案》,第 325 页。
④ 《明儒学案》,第 324 页。

执得此体？须常学常思。吾辈寻常间,直须将千古圣人精神都来体会过,尧舜是如何,文、周、孔、孟是如何,以下儒者是如何。此非较量人物,正是要印正从违。若只在一处摸索测度,如何叫做学问思辨？"① 意思是要将体认本体等境界体验事,变为对具体人物、具体事件的考察,牵扯到己心上来,假设此等事为己亲历之事,设身处地勘印此心。他又说：

> 君子以复性为学,故必以学为修证。而步趋孔子者,亦非无所事事之时作何所学,应务酬酢之际又一一证所学。但唯日用寻常,不分寂感,务逊志时敏其间,以会降衷之极。久之将厥修乃来,道积于厥躬,盖真际也。子贡多学而识,正坐一一以求证。子夏之徒流而为庄周,其学焉而就其性之所近,未范围于圣人故也。②

此亦特重证之于心,以心会理,真积力久,修养自成。子贡之多学而识,为具体途径。而所谓多学而识,亦非多接触具体事物而得到见闻之知,而是多设身处地处理事务以得到证之于己心的机会。此即他的学问宗旨：求仁。这种修养方法的极致,在于心与性理合一。此时生机洋溢充满,仁与中和、与至善通而一之。他说：

> 孔门之求仁,即尧舜之中,《大学》之至善,而《中庸》所谓未发之中也。故专求性,或涉于虚圆而生机不流；专求心,或涉于情欲而本体易淆。唯仁者,性之灵而心之真,先天后天合为一致,形上形下会为一源,凝于冲漠无朕,而生意盎然,洋溢宇宙。以此言性,非枯寂断灭之性也；达于人伦庶物,而真体湛然,迥出尘累。以此言心,非知觉运动之心也。故孔子专言仁,传之无弊。③

---

① 《兰游录语》,《明儒学案》,第307页。
② 《友声编》,《明儒学案》,第306页。
③ 《兰游录语》,《明儒学案》,第309页。

此即徐用检之求仁宗旨,其学直探儒学之核心,其人亦直接尚友千古,重视内心体验,不专在关于良知的诸理论上从违辩争,也不以致知格物、诚意正心等王学习用之范畴为论学之依托。这是徐用检之不同于一般阳明后学的特殊处。

万表字民望,号鹿园,宁波卫世袭指挥佥事。正德庚辰武会试中试。官漕运多年,有功当时,官至南京中军都督。万表以一武将,读书学古,其学得自阳明门下多人,而以禅学为究竟。阳明殁后,门下多设讲会,宣传阳明学。当时讲学宗盟,为龙溪、心斋。但万表对讲学不喜参与,以为参与会讲者不皆发心求道,多为依傍门派者。终日辩论言说,徒费精神。尝有《病怀诗》述其为学之旨:"三十始志学,德立待何时?往者既有悔,宁当复怠兹?由仕莫非学,开心未信斯。悦恶一何殊,此旨尝在思。岂不贵格物,穷至乃真知。驰求外吾心,痴狂竟何为!微吾鲁中叟,万世将谁师。"①这是说自己有志于学时年龄已长,但绝不怠于求道。常在仕途,所学多端,于本心未能尽信,故好恶未有准的,须多体验心地。立格物为宗旨,而格物非驰心于外求。此为孔门家法,万世所师者。此中最重要的是,万表之格物,与阳明门下不同,尤与龙溪一派不同。万表解释己之格物之旨说:

> 学不顿悟,才涉语言,虽勘到极精切处,总不离文字见解。圣学功夫,只在格物。所谓格物者,格其心之物也。凡不于自己心性上透彻得者,皆不可以言格。到得顿悟见性,则彻底明净,不为一切情景所转。如镜照物,镜无留物;如鸟飞空,空无鸟迹。日用感应,纯乎诚一,莫非性天流行,无拟议,无将迎,融识归真,反情还性,全体皆仁矣。②

从此中看,万表的格物说,杂糅儒释,以佛家功夫达至儒家境界,以儒

---

① 《鹿园语要》,《明儒学案》,第 314 页。
② 《鹿园语要》,《明儒学案》,第 313 页。

家入手,得到佛家妙悟。他的入手处是极精研思,以此得顿悟,以顿悟破除滞碍。顿悟就是格物,悟得心性透彻,就是物格。心性透彻时,可以诚明两境描述之。明境为照物而不留,痕迹全无。诚境是性天流行,全体皆仁。此是以佛家功夫得儒家境界。而佛家之顿悟,又须儒家之极精研思才能获致,他说:

> 性命玄妙,更无可拟议,易简超脱,只在妙悟。盖悟入即其碍处,便是超脱。今之超脱,便是滞碍。此即谓之玄关。若于方寸不超脱处,不要放过,极精研思,不随人语言文字作解,自然有个悟入处,则洒脱滞碍自不相妨也。而此滞碍处,便是格,便是玄关,便是参性命之要,无出于此。①

这是说,对于性命之最高境界,只能靠悟,悟就是对滞碍的打通,不经过打通滞碍而得超脱,不是真超脱。勘破滞碍,就是格物。而勘破质碍端在于自思自悟,不随人脚跟转。故极精研思最为重要。以极精研思得佛家之悟,以佛家之悟得儒家之仁境,这是万表融合儒释之功夫论。

最后要说的是胡瀚。胡瀚字川甫,号今山,浙江余姚人。青年时从王阳明问学,阳明授以《传习录》、《博约说》。承叔父胡铎求心之训,悟心无内外,无动静,无寂感之说,有内外动静,皆心之不存故也。存心之心,即性。对阳明殁后同门诸子之良知论,认为皆得良知之一偏,说:

> 先师标致良知三字,于支离汩没之后,指点圣真,真所谓滴骨血也。吾党慧者论证悟,深者研归寂,达者乐高旷,精者穷主宰流行。俱得其说之一偏。且夫主宰即流行之主宰,流行即主宰之流行,君亮之分别太支。汝中无善无恶之悟,心若无善,知安得良?故言无善不如至善。天泉证道,其说不无附会。汝止以自然为

---

① 《鹿园语要》,《明儒学案》,第313页。

宗,季明德又矫之以龙惕。龙惕所以为自然也,龙惕而不恰于自然,则为拘束;自然而不本于龙惕,则为放旷。良知本无寂感,即感即寂,即寂即感,不可分别。文蔚曰良知本寂,感于物而后有知。必自其寂者求之,使寂而常定,则感无不通。似又偏向无处立脚矣。①

此说对于认识王门良知说之不同甚有意义。可知阳明殁后之最初几年,对良知之不同解说主要有四:即龙溪之四无说,心斋之自然说,刘狮泉之主宰流行说,聂豹之归寂说。龙溪而外,其余数种学说及其评论以下各章详之,这里要注意的是,胡瀚认为,这几种说法都是良知的内容,执其一种,皆有偏弊。且此种拘执,主要是气质性情使然。也就是说,阳明门下必然发生分化,分化的根据主要在由于气质性情的不同所导致的对良知各个侧面的不同侧重。判其中某派为正统,是后来学者根据自己的理论需要而衡定的。同时也说明,王门之分化,对于良知说本身之深化是一种契机,良知各个侧面分别的深入的考察,对于良知整体的综合认识是十分重要的。故大可不必在对阳明学的整体评价上赞扬阳明而贬低王门弟子。这是本书的一个基本出发点。

另外要注意的一点是,胡瀚对明代著名儒者的评论,他说:

> 文清之行,粹然师表,求其卓然之见、一贯之唯,似隔曾、颜一级。文成明睿,学几上达,若夫动不逾矩,循循善诱,犹非孔氏之家法。白沙煞有曾点之趣,而行径稍涉于孤高。敬斋慎密,似有子夏规模,而道业未臻于光大。孟子愿学孔子,而于颜闵犹曰'姑舍',吾于四先生亦云。②

这是说薛瑄行为高洁,但学术缺乏一以贯之的宗旨。这可能是说薛瑄达于性天之旨过于笼统,又其著作为读书札记,比较零碎,缺乏一贯

---

① 《明儒学案》,第330页。
② 《明儒学案》,第331页。

性,且没有对学术宗旨的深入论证。"似隔曾、颜一级",大概是说薛瑄穷理之说甚为丰富,而求仁体验之说则显得薄弱。对于王阳明,用"动不逾矩"来要求似乎文不对题,因为阳明"命世人豪",本非规矩中人。若循规蹈矩,即非阳明之大。而批评他不循循善诱,似不是如后来刘宗周谓"特其急于明道,往往将向上一机轻于指点,启后学躐等之弊",①而是说他致良知等理论上的言说多了,而具体为人处事之规范,如"居处恭,执事敬,与人忠"之类,则所得不足。也就是说,他批评的是阳明的教学内容,而非教法。说白沙稍涉孤高,似是指其学贵悟而功夫过于高妙,实事上省察克治不够。至于说胡居仁之道业未臻于光大,此是实情。本来功夫切实但规模狭窄是明初诸儒之一般格局,非止胡居仁,不过胡居仁尤有代表性。胡瀚于此四人"犹曰姑舍",看来其心目中是以孔子为法,故对此数人有如上之评论。黄宗羲谓其"晚年造诣益深",看来也是以此评论为据。

通过以上对浙中几个重要学者的考察可以看出,浙中学者的学术宗旨各各不同,并不构成严格意义上的学派。以往有的研究者将《明儒学案》中各案学者称为某某"学派"是不妥的。各案学者放在一起,只有地域的意义,多为叙述之方便、条贯,非以其成一学派。此后之江右、泰州各案,皆可以此例观。

---

① 《明儒学案·师说》,第7页。

第六章

江右王门的儒学思想

江右为宋元以来学术文化发达之地,书院林立,生员众多。其中又以吉水、安福、庐陵、泰和等地为最。又阳明一生军事、政治、学术活动与江右甚有关系,其弟子就《明儒学案》所记,亦以江右为最多。其中学行皆著者,有邹守益、欧阳德、聂豹、罗洪先、刘文敏、刘邦采、黄宏纲、何廷仁、陈九川、王时槐、邓以赞、万思默、胡直、邹元标、宋仪望等数十人。其间学术宗旨颇不一致,但大体倾向笃实用功,主张良知经锻炼后方可恃任,较少就王龙溪高明卓绝一路。黄宗羲曾说:"姚江之学,唯江右得其传,东廓、念庵、两峰、双江其选也。再传而为塘南、思默,皆能推原阳明未尽之旨。是时越中流弊错出,挟师说以杜学者之口,而江右独能破之,阳明之道赖以不坠。盖阳明一生精神俱在江右,亦其感应之理宜也。"① 此说甚得江右之实。

---

① 黄宗羲:《明儒学案·江右王门学案一》,中华书局,1986年,第333页。

第一节 邹守益的"戒惧"

邹守益是最能体现江右学风的人物之一。邹守益（1491—1562）字谦之，号东廓，江西安福人，正德进士，授翰林院编修。世宗朝，因大礼议上疏忤旨，谪广德州判官。迁太常少卿，升南京国子祭酒。后以直言落职，居林下讲学。其著作由门人编为《东廓邹先生文集》十二卷，现补充整理为《邹守益集》二十七卷。

邹守益初见阳明于赣州，是为父求墓表。听阳明讲学，破心中之积疑，遂称弟子。邹守益之为学宗旨为"戒惧"。戒惧也即敬，指通过功夫使良知本体保持其精明无杂之本来面目。此本来面目流行于具体事为，日用伦物才能合宜。所以邹守益说：

> 圣门要旨，只在修己以敬。敬也者，良知之精明而不杂以尘俗也。戒慎恐惧，常精常明，则出门如宾，承事如祭。……故道千乘之国，直以敬事为纲领。信也者，敬之不息者也，非敬之外复有信也。节用爱人，使民以时，即敬之流行于政者也。①

此戒慎、此敬，只是提出了一个用功的总方向、总目的，并未提出具体修养方法，故可推行于一切处。此总方向、总目的与阳明致良知之功夫要领良知常精常明一致，可以涵盖许多具体功夫，邹守益说：

> 良知之教，乃从天命之性指其精明灵觉而言。《书》谓之"明命"，《易》谓之"明德"。恻隐、羞恶、辞让、是非，无往而非良知之运用，故戒慎恐惧以致中和，则可以位天地，育万物；而扩充四端，则可以保四海，如运诸掌。良知之明也，譬诸镜然，廓然精明，万

---

① 《简胡鹿崖巨卿》，《邹守益集》，凤凰出版社，2007年，第507页。

象毕照,初无不足之患,所患者未能明耳。好问好察,以用中也;诵诗读书,以尚友也;前言往行,以畜德也。皆磨镜以求明之功也。及其明也,只是原初明也,非合天下古今之明而增益之也。博文格物,即戒惧扩充。一个功夫,非有二也。①

戒惧就是保持良知之精明灵觉,使良知展开其功能。良知本来具足,戒惧是警醒其良知。好问好察等,皆是戒惧之具体功夫。使良知精明之一切功夫,皆可涵括于戒惧之中。

邹守益反复强调,戒惧是作用于心之本体而非具体事为,故戒惧是一总的态度、总的方向。具体事为念虑上虽亦可戒慎恐惧,但作为为学宗旨之戒惧,其指向在心,他说:

> 戒慎恐惧之功,命名虽同,而血脉各异。戒惧于事,识事而不识念;戒惧于念,识念而不识本体。本体戒惧,不睹不闻,帝规帝矩,常虚常灵。则冲漠无朕,未应非先;万象森然,已应非后。念虑事为,一以贯之。是为全生全归,仁孝之极。②

保持本体之本来虚灵,即全生全归。这是戒惧之旨的根本任务。故邹守益又说:

> 向来起灭之意,尚是就事上体认,非本体流行。吾心本体,精明灵觉,浩浩乎日月之常照,而渊渊乎江河之常流。其有所障蔽,有所滞碍,扫而决之,复见本体。古人所以造次于是,颠沛于是,正欲完此常照常明之体耳。③

这里也是指出,戒惧主要不在旋起旋灭之念虑上,而在心之本体上。保持心本体之精明灵觉,就是戒惧。扫除心本体之蔽塞,复其本体,也是戒惧。故戒惧就是复性。

---

① 《复夏太仆敦夫》,《邹守益集》,第507页。
② 《录诸友聚讲语答两城郡公问学》,《邹守益集》,第734页。
③ 《简君亮伯光诸友》,《邹守益集》,第493页。

邹守益继承王阳明人心是天渊,去其障蔽就是本体之意,故他反复强调良知本来具足,良知本自天机活泼之意,他说:

> 明德之明,人人完足,遇亲而孝,遇长而弟,遇君而忠,遇夫妇而别,遇朋友而信,无往非明德之流行。流行之合宜处,谓之善;其障蔽而壅塞处,谓之不善。学问之道无他也,去其不善以归于善而已矣。①

又说:

> 良知精明处,自有天然一定之则。可遂则遂,不可遂则止;可效则效,不可效则止;可从则从,不可从则止。真是鸢飞鱼跃,天机活泼,初无妨碍,初无拣择。所患者,好名好利之私一障其精明,则播糠眯目,天地为之易位矣。②

良知作为善良意志本身,能随时合宜,表现为符合当下情景的伦理角色。这一点,自阳明、龙溪都加以强调。而邹守益因为承认良知先天完足,故对此亦首肯,而特别提揭良知与具体事物体用不二这一点。他曾与门人讨论清明之心与好善之意的关系:

> 问诸生:"平旦之气奚若?"曰:"觉得清明。"曰:"好恶相近奚若?"曰:"觉得无好恶。"曰:"清明者,心也。而无好恶则有心而无意。清明者,知也。而无好恶则有知而无物。二三子试思之,果有无意之心、无物之知乎?"曰:"平旦之气,湛然虚明。杲日当空,一物不留。"曰:"一物不留,却是万物毕照。一物不留,是常寂之体;万物毕照,是常感之用。"③

门人以为湛然虚明,无有好恶,便是心的最佳状态。而邹守益则认为,寂感一如,体用无二。常寂之体与毕照之用一而不二。只有此一而不

---

① 《简鲍复之》,《邹守益集》,第 496 页。
② 《答周顺之》,《邹守益集》,第 503 页。
③ 《录诸友橐讲语答两城郡公问学》,《邹守益集》,第 733 页。

二,良知代表之至善本身才能通贯周流于具体事物,才能机轴常活。而这正是戒惧之旨的根本目的所在,他说:

> 德性是天命之性。性字从心从生,这心之生理精明真纯,是发育峻极的根本。戒慎恐惧,养此生理,从君臣父子交接处周贯充出,无须臾亏损,便是礼仪三百,威仪三千。①

"发育峻极"与"三百三千",语出《中庸》,前者指至大无外之道,后者指道之具体表现。在邹守益此段话中,发育峻极指本体,三百三千指本体之发用。精明真纯之体,就在君臣父子交接之用中。体用不二,互相发明:"古人发育峻极,只从三百三千充拓,不是悬空担当。三百三千,只从戒惧真体流出,不是枝节检点。"②这一点邹守益反复强调,他的中和、博约、下学上达皆从此根本义旨中推出,如他论中和:

> 寂感无二时,体用无二界。如称名与字,然称名而字在其中,称字而名在其中,故中和有二称,而慎独无二功。③

又说:

> 指其明体之大公而无偏也,命之曰中;指其明体之顺应而无所乖也,命之曰和。一物而二称。世之以中和二致者,是静存动省之说误之也;以性上不可添戒惧者,是猖狂而蹈大方之说误之也。④

这里对中和的解释,完全出自邹守益的根本义旨:敬者,良知之精明而不杂以尘俗者也。良知精明,即中,即和。传统的分寂与感、中与和为二的说法,邹守益皆屏去不用。寂与感、中与和虽可分体用,但体用一如。体为其本身,用为体显于事。功夫总在一敬字,戒惧慎独即敬。邹守益注重的是良知是否精明之整体状态。他并且指出,分中和为

---

①② 《龙华会语》,《邹守益集》,第731页。
③ 《与余柳溪》,见《明儒学案》,第340页。
④ 《复高仰之诸友》,《邹守益集》,第550页。

二,是受了朱熹中为未发,和为已发;未发为静,已发为动;静时涵养,动时省察诸说之误导,他要用王阳明的"良知即是未发之中,即是发而中节之和","良知无分于动静"等学说纠正之。至于反对性上不可添戒惧,明显是针对颜山农。

湛若水弟子洪垣有《答颜约》一信,其中述颜山农之说曰:"今曰性如明珠,原无尘染,有何睹闻?着何戒惧?故遂谓平时只是率性所行。及时有放逸,不睹不闻,然后戒慎恐惧以修之。"①又此信中说:"若谓只任自然便谓之道,恐终涉于百姓日用不知。区区为此说者,非谓率非自然也,慎独精一,不容意见之为自然者,自然之至也。"②亦为批评率任自然,弃去戒惧恐惧之弊。而邹守益之戒惧,亦非在性上加一戒惧,如阳明所谓白日添燃一灯之谓,而是使良知处于精明而不杂以尘俗状态之功夫。此与阳明反复提掇之"不睹不闻、无思无为非槁木死灰之谓也,睹闻思为一于理,而未尝有所谓睹闻思为,即是动而未尝动也"一致。

又如博约,邹守益曰:

> 圣门之学,只从日用、人伦、庶物兢兢理会自家真性,常令精明流行。从精明识得流行实际,三千三百,弥纶六合,便是博文。从流行识得精明主宰无形无声,退藏于密,便是约礼。初无二途辙。③

自家真性精明即敬、即戒惧。博文指此真性流行为具体事物,约礼指此流行之事物还归此真性。博与约本一真性之两回环。他又以此意论下学上达:"从四时常行、百物常生处见太极,礼仪三百、威仪三千处见真性,方是一滚出来。若隐隐见得真性本体,而日用应酬凑泊不得,犹是有缝隙在。先师有云:'不离日用常行内,直造先天未画前。'了此便是下学上达之旨。"④此博约统一、下学上达、寂感一如、体用不二之

---

① ② 见《明儒学案》,第940页。
③ 《冲玄录》,《邹守益集》,第743页。
④ 《冲玄录》,《邹守益集》,第742页。

真性本身,即邹守益精明不杂于尘俗之良知,也即天道本体。天道人心,一而不二。若用周敦颐的哲学概念表述,便是无欲故静之静,便是无极而太极、仁义中正之本体。统只一本体,描述可以多方:

> 濂溪主静之静,不对动而言,恐人误认,故自注云:"无欲"。此静字是指人生而静真体,常主宰纲维万化者。在天机,名之曰"无声无臭",故揭无极二字。在圣学,名之曰"不睹不闻",故揭无欲二字。天心无言,而元亨利贞无停机,故百物生。圣心无欲,而仁义中正无停机,故万物成。知太极本无极,则识天道之妙;知仁义中正而主静,则识圣学之全。①

邹守益的为学宗旨在戒惧,在敬,而他着力论述的,是敬之功夫所达到的真性之状态。而此状态,又是他反对同门背离阳明学说所依据的理论基础。他所反对者,主要是纯任先天,反对戒惧的先天派;专在念头上点检,不与本体相干的后天派;割裂寂感如一、体用不二原则,感前求寂的归寂派;及恶自然而贵警惕的季本一派。关于先天派,邹守益曾说:

> 越中之论,诚有过高者。忘言绝意之辨,向亦骇之。……夫乾乾不息于诚,所以致良知也。惩忿窒欲、迁善改过,皆致良知之条目也。若以惩窒之功为第二义,则所谓"如好好色,如恶恶臭"、"人一己百,人百己千"者,皆为剩语矣。源泉混混,不舍昼夜,以放乎四海,性之本体也。有所壅蔽,则决而排之,禹之所以治水也。未尝以人力加损,故曰行所无事。若忿欲之壅不加惩窒,而曰本体原自流行,是不决不排,而望放乎海也。②

此中"越中之论",不指龙溪,而是指偏重先天之王门弟子。此派人专任先天,对在后天言意之惩治上做功夫不慊于心。认为后天惩治之功

---

① 《录诸友聚讲语答两城郡公问学》,《邹守益集》,第733页。
② 《复聂双江文蔚》,《邹守益集》,第494页。

拘束、滞碍本体之流行,是修养功夫之第二义,非最上乘。向往所谓不思不勉,从容中道之理想。邹守益指斥此派人说:"年来一种高妙,开口谈不思不勉、从容中道精蕴,却怕戒惧拘束。如流落三家村里,争描画宗庙之美、百官之富,于自家受用,无丝毫干涉。"①认为专任本体,不知本体正在功夫中,不有惩忿窒欲之去除良知遮蔽之功夫,则本体非能自然流行矣。先天派此种见解,是割裂了本体与功夫的关系。

但专在惩忿窒欲上用功,不与先天本有之良知本体发生关联,不知后天功夫为排壅去滞,使先天良知流行之手段,则走入相反之一偏。这种偏向也甚为害事。邹守益说:"苟认定惩窒为治性之功,而不察流行之体原不可以人力加损,则亦非行所无事之旨矣。"②在邹守益看来,以惩治之功去掉遮蔽,即是良知本体。如果在惩治之后别寻本体,就是对良知信不及,就有头上安头之患。他重言申明此义说:

> 果能戒慎恐惧,常精常明,不为物欲所障蔽,则即此是善,更何所迁?即此非过,更何所改?一有障蔽,便与扫除,如雷厉风飞,复见本体。其谓落在下乘者,只是就事上点检,则有起有灭,非本体之流行耳。③

认为此种路向因专在后天上着力,无有归根立命之感,所以精神易于浮泛,感发兴起之意不够。

邹守益对季本的反对,主要在其"龙惕"之旨过于强调警惕而忘掉自然,割裂了良知敬畏与洒落统一之旨。邹守益有与季本书,其中说:

> 警惕变化,自然变化,其旨初无不同者。不警惕不足以言自然,不自然不足以言警惕。警惕而不自然,其失也滞;自然而不警惕,其失也荡。荡与滞皆有适有莫,不可与语此义之变化矣。④

---

① 《冲玄录》,《邹守益集》,第743页。
② 《复聂双江文蔚》,《邹守益集》,第494页。
③ 《答徐子弼》,《邹守益集》,第508页。
④ 《再简季彭山》,《邹守益集》,第519页。

意思是,警惕之目的在变化,自然的目的亦在变化。在求变化这一点上二者是同一的。良知是警惕和自然的统一。自然而不警惕和警惕而不自然就会陷于荡和滞之一偏。一偏则不能达到与理为一而又舒卷自如、变化无方之理想状态。

对聂双江的批评留待第三节讨论。

综上所述,可以看出,邹守益的戒惧,重在彰显良知本体与功夫、中与和、先天与后天、动与静、敬畏与洒落等各个方面的统一,纠正阳明弟子由于片面着重某一个方面而导致之偏颇,恢复阳明良知之学的本来面目,故功夫笃实稳妥而全面。虽远不如王阳明那样创辟宏阔,但可说不失阳明一生精神。与他同时和后来的学者都首肯这一点。如江右另一学者罗洪先即说他能守其师传而不疑,能述其师说而不杂。① 黄宗羲亦说:"阳明之殁,不失其传者,不得不以先生为宗子也。"②但邹守益也由于服从全面性而牺牲了学术宗旨上的独特性,其对修养功夫之独特性提揭得不够,戒惧与敬及对此宗旨的说明论证都少有新颖之处,这是无可讳言的。

第二节　欧阳德的良知体用一如

欧阳德(1496—1554)字崇一,号南野,江西泰和人。王阳明平宸濠后在赣州,欧阳德及门为弟子,在同门中最年少。此时欧阳德已中乡试,阳明呼为"小秀才"。嘉靖进士,出为六安知州,迁刑部员外郎,累官至礼部尚书兼翰林院学士。喜讲学,弟子众多,"称南野门人者半天下"。③ 曾与徐阶、聂豹、程文德合主京师灵济宫之讲会,四方学子至

---

① 见罗洪先:《祭邹东廓公文》,《邹守益集》附录,第1416页。
② 见《明儒学案》,第334页。
③ 《明儒学案·江右王门学案二》,第360页。

会者达千人,其盛为几百年所仅见。著作有《欧阳南野先生文集》三十卷,现整理为《欧阳德集》。

欧阳德之学承阳明,多讲格物。他的格物是本体上用功,所以他最着重者在三个方面:一是良知与一般所谓知觉的区别与联系,二是良知的动静、中和诸问题,三是良知的体用问题。这三个问题是阳明学中最富于理论兴味从而也争讼最为多端的问题。

第一个问题,最显豁地表现在与罗钦顺关于良知与知觉的同异的辩论中。罗钦顺之《困知记》中于心性之辩往复再四,大意谓佛家有见于心,无见于性,故以知觉为性。但罗钦顺于阳明之良知之旨未能契合,认为王阳明"吾心之良知,即所谓天理"一语,亦是以知觉为性。欧阳德认为此论伤及乃师且误解良知之旨,故致书辩论,因导出良知与知觉的关系。欧阳德认为,知觉与良知,名同实异。考之孔、曾、思、孟及濂溪、明道之书,质之《楞伽》、《楞严》、《圆觉》、《涅槃》诸佛经,其异甚为明显。他说:

> 某尝闻知觉与良知,名同而实异。凡知视、知听、知言、知动,皆知觉也,而未必其皆善。良知者,知恻隐、知羞恶、知恭敬、知是非,所谓本然之善也。本然之善,以知为体,不能离知而别有体。盖天性之真,明觉自然,随感而通,自有条理者也,是以谓之良知,亦谓之天理。天理者,良知之条理;良知者,天理之灵明。知觉不足以言之也。①

意谓,知觉指一般所谓灵明,即视听言动之本体。其中没有道德内容。但良知既是知觉,也是道德意识,它是对道德意识的知觉。此意王阳明说之甚明:良知是吾性之觉。性是一本质语,表示其内容为至善,为天理。良知乃至善、天理显现在心中,成为一种知觉。而知觉实有一般、个别之分。知觉一般指灵明本身,个别之知觉,则有视听言动之

---

① 《答罗整庵先生寄〈困知记〉》,《欧阳德集》,凤凰出版社,2007年,第12页。

别。而良知为至善、为天理时,乃一般,它表现为个别知觉时,则有恻隐、羞恶、辞让、是非之别。良知作为一种知觉,它本质上是一种知,故"不能离知而别有体"。同时它也有一般知觉的性质:随感而通,自有条理。但它是道德意识的显现,是一种特殊的知。罗钦顺强调的是它的一般性,故认为人的知识不容有二。并以孟子对良知的定义"人之所不虑而知者,良知也"一句为证。而欧阳德强调的是良知作为知的特殊性,故对罗钦顺"谓人之知识不容有二,孟子但以不虑而知者名之曰良,非谓别有一知也"加以反驳:

> 某之所闻,非谓知识有二也。恻隐、羞恶、恭敬、是非之知,不离乎视、听、言、动,而视、听、言、动未必皆得其恻隐、羞恶之本然者。故就视、听、言、动而言,统谓之知觉;就其恻隐、羞恶而言,乃见其所谓良者。知觉未可谓之性,未可谓之理。知之良者,盖天性之真,明觉自然,随感而通,自有条理,乃所谓天之理也。……良字之义,窃意晦庵所谓"本然之善"者,正孟子性善之旨。人生而静以上不容说,才说性时便有知觉运动。性非知则无以为体,知非良则无以见性。性本善,非有外铄,故知本良,不待安排。①

此反驳文义显豁,将良知与一般知觉的区别说得十分明白。说阳明的良知是以知觉为性,其论不攻自破。说阳明的良知与知觉的关系如同《楞伽经》所谓真识与分别事识的关系,欧阳德也加以批驳,认为真识是空,分别事识是具体之识,两者皆无道德内涵。而良知是不待安排之良心,扩而充之,仁义不可胜用,亦非真识可比。

欧阳德在以上良知与知觉关系的范导下,对良知与见闻之知的关系也有深刻的看法,他说:

> 既闻良知之说矣,又或混于见闻知识之真妄错杂者,误认以为良知,而疑其有所未尽。不知吾心不学而能、不虑而知之本体,

---

① 《答罗整庵先生寄〈困知记〉》二,《欧阳德集》,第16页。

> 非见闻知识之可混。而见闻知识莫非妙用,非有真妄之可言,而真妄、是非、轻重、厚薄,莫不有自然之知也。①

这里强调的是,良知不同于见闻之知,但亦不离见闻之知。良知是不学而能、不虑而知的本体,非由外铄。而见闻之知的本质是一般所谓知觉。两者非能混杂。但见闻之知是良知的表现手段,良知必表现为见闻之知。并且在表现为见闻之知时,有是是非非、轻重厚薄的自然条理。欧阳德此义得于与王阳明的论学。阳明嘉靖五年居越讲学时,欧阳德尝致书问及良知与见闻的关系,阳明答书曰:"良知不由见闻而有,而见闻莫非良知之用。故良知不滞于见闻,而亦不离于见闻。……若主意头脑专以致良知为事,则凡多闻多见,莫非致良知之功。盖日用之间,见闻酬酢虽千头万绪,莫非良知之发用流行。除却见闻酬酢,亦无良知可致矣。故只是一事。"②欧阳德终生持守此义,并且把它推广为一般原则,用来论证性与情、诚与几、格物与致知,道心与人心等涉及体用的一切方面。如他就良知与知识之关系论性与情说:

> 先师谓:"致知存乎心悟",故古圣有"精一"之训。若认意念上知识为良知,正是粗看了,未见其所谓"不学不虑,不系于人"者。然非情无以见性,非知识意念则亦无以见良知。周子谓:"诚无为,神发知。"知神之为知,方知得致知;知诚之无为,方知得诚意。③

正是以上义旨的典型表达。

第二个同题良知之动静,欧阳德遵从王阳明的诠释方向,从形式和内容两个方面解动静。形式上的动静指心之有否活动,内容上的动

---

① 《答陈盘溪》三,《欧阳德集》,第6页。
② 《答欧阳崇》一,见《传习录》中,《王阳明全集》,第71页。
③ 《答陈明水》二,《欧阳德集》,第109页。

静指良知是否保持本体之真。无论形式上的还是内容上的,皆以动静一如为基本理念。形式上的动与静的关系,欧阳德说:

> 人心常知,而知之一动一静,莫非感应。杂念不作,闲静虚融者,知之静。盖感于静境而静应也。思虑变化,纷纭交错者,知之动。盖感于动境而动应也。动则五官俱用,是谓动之物;静则五官俱不用,是谓静之物,动静皆物也。闲静虚融,五官不用,而此知精明不欺,不减于纷纭交错之时也;纷纭交错,五官并用,而此知精明不欺,无加以闲静虚融之时也。动静皆知也,此知精明不欺,而偏倚无从生矣。①

这是从形式上心的感与未感界说动静。心的本质是灵明,心之灵明必与外界发生感应。一念不起时,心为虚静状态,所谓虚静是指心应外界之静境而发生之反应。此为心之静。思虑纷纭时,心为感发状态,所谓感发是指心应外界之动境而发生之反应。此为心之动。所谓动之物、静之物,指动静之时心中的意象所指涉之物,并非指外界之物。故动静皆物。而不管动时静时,心之知永在精明不欺状态,故动静皆知。这里还是欧阳德一贯的思致:动与静是知这一思维之体的两种状态,动时无加于闲静虚融,静时无减于纷纭交错。动静一如,体用不二。之所以标揭此义,是为了说明良知之常精常明,本体不蔽。良知之或动或静皆不能妨碍良知本体之明。因此他说:

> 良知本虚,致知即是致虚。真实而无一毫邪妄者,本虚之体也;物物慎其独知而格之,不以邪妄自欺者,致虚之功也。故格物致知,则至虚至灵皆我固有。若有见于虚而求之,恐或离却事物,安排一个虚的本体,以为良知本来如是,事事物物皆从中流出,习久得效,反成障蔽。②

---

① 《答聂双江》二,《欧阳德集》,第194页。
② 《答贺龙冈》,《欧阳德集》,第198页。

这仍是说，良知有其内容，但其形式为虚静。致良知是推其本有之至善于事事物物，但却不碍其虚静之形式。此虚实一如之旨。如果只见其虚而不见其实，则有废却事物，专求其虚之弊。欧阳德对于良知之体用一如是时时处处强调不置的。

在内容的动静上，欧阳德认为，良知之至善不受私欲习气的溷乱，保持其本来面目，即静；良知为私欲习气所牵扰，丧失其本来面目，即动。此义取自阳明"循理，则虽酬酢万变而未尝动也；从欲，则虽槁心一念而未尝静也"与"照心非动者，以其发于本体明觉之自然，而未尝有所动也。有所动即妄也。妄心亦照者，以其本体明觉之自然者未尝不在于其中，但有所动耳。无所动即照矣"①之说。亦旨在标揭良知至善之内容不因所处环境之动静而有变。此义欧阳德说之甚多，如：

> 静而循其良知也，谓之致中，中非静也；动而循其良知也，谓之致和，和非动也。盖良知妙用有常，而本体不息。不息故常动，有常故常静。常动常静，故动而无动，静而无静。②

此是说良知有体有用，体者至善之内容，用者动静之时地。中和就其时地说，有未发已发之别。但就其为良知内容之表现说，则无分动静。本体之至善超出动静，因而是即动即静的。妙用有动有静，但其中蕴涵永恒之成分。故周敦颐"主静"之静，即与良知本体之至善为一，因而超出具体之动静。他说：

> 宋儒主静之论，使人反求而得其本心。今既知得良知，更不须论动静矣。夫知者，心之神明，知是知非而不可欺者也。君子恒真知其是非而不自欺，致知也。故无感自虚，有感自直，所谓"有为为应迹，明觉为自然"也。是之谓静。③

---

① 皆见《答陆原静书》，《王阳明全集》，第64—65页。
② 《答陈盘溪》，《欧阳德集》，第4页。
③ 《答陈盘溪》二，《欧阳德集》，第5页。

这是说,保持知是知非而不自欺之精明状态的,就是良知之静,反之则为动。此静实是超越具体动静之静。故欧阳德反对在具体之动中求静,纷纭中求不扰,而主张直探无动无静之良知本体,他说:

> 所谓动中求静,顺应不扰,殆有见于动中之静,求不扰于应酬之中,而未究夫无动无静之良知也。夫良知无动无静,故时动时静而不倚于动静。君子之学循其良知,故虽疲形饿体而非劳也,精思熟虑而非烦也,问察辨说而非聒也,清净虚淡而非寂也。何往而不心逸?何往而不日休?故学贵循其良知,而动静两忘,然后为得。①

此又就形式与本质之合言良知之动静。总之,欧阳德在体用一如的范导下言动静,总归于良知无动无静,即动即静。他对于良知动静之讨论将形式与本质结合起来,对阳明标揭之义有持守、加深之功。而以此动静体用一如义反对聂双江之归寂说,理境更深入了一层。

第三个问题是致良知与格物的关系。王阳明在这个问题上的观点甚是明确:格物即正念头,致知即致良知。而格物、致知统为一事:致吾心良知之天理于事事物物,则事事物物皆得其理。欧阳德恪守阳明此义,他的学术的一个重要方面就是持此义与来自各个方面的质疑问难辩论。如罗钦顺就曾持朱子义与欧阳德致书辩论。罗钦顺首先反对良知即天理之说,认为,良知是人之道德意识,它存在于人之心中。而天理乃天地万物所具之理,二者非为一事。罗钦顺说:

> 今以良知为天理,即不知天地万物皆有此良知否乎?天之高也,未易骤窥,山河大地吾未见其有良知也。万物众多,未易遍举,草木金石吾未见其有良知也。求其良知而不得,安得不置之度外邪?殊不知万物之所得以为性者,无非纯粹精之理,虽顽然无知之物,而此理无一不具。不然,即不得谓之"各正",即是天地

---

① 《答周陆田》,《欧阳德集》,第9页。

间有无性之物矣。以此观之,良知之非天理,岂不明甚矣乎!①

此以良知与天理为二,心与物为二。而欧阳德则与此立场相反,他遵循的是人为天地之心,心为万物之本,神通天地万物的心学路数。他有《答项瓯东》一信,集中表述了他的心学基本观点,其中说:

> 夫道塞乎天地之间,所谓阴阳不测之神也。神凝而成形,神发而为知。知感动而万物出焉。万物出于知,故曰"皆备于我"。而知又万事之所取正焉者,故曰"有物有则"。知也者,神之所为也。神无方无体,其在人为视听,为言动,为喜怒哀乐。其在天地万物,则"发育峻极"者,即人之视听言动、喜怒哀乐者也。鸢之飞,鱼之跃,以至山川之流峙,草木之生生化化,皆人之视听言动、喜怒哀乐者也。故人之喜怒哀乐、视听言动,与天地万物周流贯彻。作则俱作,息则俱息,而无彼此之间,神无方体故也。故格吾视听言动、喜怒哀乐之物,则"范围天地之化而不过,曲成万物而不遗",神无方体故也。……视听喜怒之外,更有何物?盖古之言视听喜怒者,有见于神通天地万物而为言;后之言视听喜怒者,有见于形对天地万物而为言。通则一,对则二,不可不察也。②

这一长段话,前几句是说人是宇宙的最高产物,是道的副本。人的一切,最基本的是形体和精神,都是道的赋予。而人禀得这些赋予后,又以此甄陶万物,形塑万物。万物的形态、理则都出于人的创造。而这些甄陶、创造都非人率意而为,它的最终根源在人之母本——道。此即"神无方体"一语所包含的本体论意义。故高明之见就在于理解"神通天地万物",否则是人与天地"形对为二"。

以此见解与罗钦顺以上朱子学之立场辩,真是方枘圆凿。其不能折服对方是必然的。但欧阳德仍致书罗钦顺,以良知天理包自然、人

---

① 《答欧阳少司成崇一》,《困知记》,中华书局,1990年,第123页。
② 《欧阳德集》,第182页。

事之理述其格物致知之意：

> 教札谓有物必有则，故学必先于格物。今以良知为天理，乃欲致吾心之良知于事物，则道理全是人安排出，事物无复有本然之则矣。某窃意有耳目则有聪明之德，有父子则有孝慈之心。聪明之德，孝慈之心，所谓良知也，天然自有之则也。视听而不以私意蔽其聪明，是谓致良知于耳目之间；父子而不以私意夺其慈孝，是致良知于父子之间，是乃循其天然之则，所谓格物致知也。舍此则无所据，而不免于安排布置，远人以为道矣。①

此段开头先叙述罗钦顺之论，大意在外在事物之理与吾心良知之理分而为二。欧阳德则以"道不远人"为口实，认为格物致知即将良知天理推行于具体事为，此天理与事物之法则非有二致。欧阳德反对以外在事物为物，以致知为获得外在事物的知识。他的知是王阳明所谓独知，独知即良知。致知是不欺此独知，致知即格物。他说：

> 阳明先师本《大学》格物致知为教。因后世学者以知识为知，以凡有声色貌象于天地间者为物，失却《大学》本旨。故为之说曰：致知是不欺其独知。独知之知，孟子所谓"良知"是也。物是身心上意之所用之事，如视听言动、喜怒哀乐之类。《诗》所谓"天生烝民，有物有则"，孟子所谓"万物皆备于我"是也。格物是就视听喜怒诸事慎其独知而格之，必循其本然之则，至于其极，以自慊于其知。②

此仍是以阳明格物致知诸义反对朱子学者。总之欧阳德几乎在一切方面恪守阳明之训，严守王学立场无少走作。其维护师门之旨的用心甚为显明。

---

① 《答罗整庵先生寄〈困知记〉》二，《欧阳德集》，第16页。
② 《答冯州守》，《欧阳德集》，第153页。

第三节　聂豹的"归寂"

聂豹(1487—1563)字文蔚,号双江,吉州永丰人。正德进士,历仕华亭知县,苏州、平阳知府,陕西按察司副使。忤首辅夏贵溪,罢归,不久逮系诏狱,逾年得出。因徐阶荐,招为巡抚苏州右佥都御史,转兵部侍郎、尚书,以忤首辅严嵩致仕。阳明在越,聂豹请见论学。阳明起复征思田,聂豹尝致书问学,阳明有《答聂文蔚》二通,甚为重要,被南大吉选入《传习录》中。其中阳明论己倡导良知之学之苦心与勿忘勿助之宗旨甚详。有《双江聂先生文集》十四卷,玒整理为《聂豹集》。

聂豹的学术宗旨为"归寂",归寂者,反归良知本寂之体,归寂以通感,执体以应用。此旨实际上是在承认寂感一如,体用不二的前提下特别突出寂的本源性、基础性。以寂为本体,为基础,聂豹得于系狱时对闲静、寂然之心体的深切体验,然后印证于阳明在南中时所倡"纷杂思虑,亦强禁绝不得。只就思虑萌动处省察克治,到天理精明后,有个物各付物的意思,自然精专无纷杂之念。《大学》所谓'知止而后有定'也。"①并参合《大学》、《中庸》、《易传》及理学前贤主静之旨。② 故归寂宗旨一定,旁情不可动摇,当时阳明门下王龙溪、黄洛村、陈明水、邹东廓、刘两峰等环致难端,皆不为所动。一时良知之动静、体用、中和、先天后天成为阳明门下论说焦点。

聂豹对同门诸友对自己的责难概括为三点:其一谓道不可须臾离,今曰动处无功,是离之也。其二谓道无分于动静,今曰功夫只在主

---

① 参见《王阳明年谱》四十三岁在滁条,《王阳明全集》,第1236页。
② 参见《答陈明水》:"某不自度,妄意此学四十余年,一本先师之教而绅绎之,《节要录》备之矣。已乃参之《易传》、《学》、《庸》,参之周、程、延平、晦翁、白沙之学,若有获于我心,遂信而不疑。"《聂豹集》,第412页。

静,是二之也。其三谓心事合一,仁体事而无不在,今日感应流行着不得力,是脱略事为,类于禅悟也。此三点责难实际上是一个,焦点在指责聂豹割裂体与用、动与静,心与事。而聂豹则认为,良知心体虽不能截然分为二,但可有体用、动静、心物之不同。体与静是本,用与动是末,他主张归寂以通感,致虚以立有,主静以该动。所以他首先肯定虚寂之心体:

> 窃谓良知本寂,感于物而后有知。知其发也。不可遂以知发为良知,而忘其发之所自也。心主乎内,应于外而后有外。外其影也。不可以其外应者为心,而遂求心于外也。故学问之道,自其主乎内之寂然者求之,使之寂而常定也,则感无不通,外无不该,动无不制,而天下之能事毕矣。①

这里良知是本来寂静的心体,外部事物是良知对于外来刺激的反应而有之影像。故求道就在于返归本寂之心体。有此本寂之心体,才能正确地反映外物。聂双江首先反对心无本寂之体而一以对外部之反映为体的观点,他说:"谓'心无定体'一语,其于心体,疑失之远矣。炯然在中,寂然不动而万化攸基,此定体也。"②又说:"'心无定体'之说,谓心不在内也。'百体皆心也,万感皆心也',亦尝以是说而求之,譬之追风逐电,瞬息万变,茫然无所措手,徒以乱吾之衷也。"③心之本体,是一切感应据以发生的本原,而此本原空无一物,乃寂静之体,他说:

> 本原之地,要不外乎不睹不闻之寂体也。不睹不闻之寂体若因感应变化而后有,即感应变化而致之可也。实则所以主宰乎感应变化,而感应变化乃吾寂体之标末耳。相寻于吾者无穷,而吾不能一其无穷者而贞之于一,则吾寂然之体不几于憧憧矣乎?寂

---

① 《与欧阳南野》三,《聂豹集》,凤凰出版社、凤凰出版传媒集团,2007年,第240—241页。
② 《与欧阳南野》二,《聂豹集》,第240页。
③ 《与欧阳南野》三,《聂豹集》,第247页。

> 体不胜其憧憧,而后忿则奋矣,欲则流矣,善日以泯,过日以长,即使惩之、窒之、迁之、改之,已不免义袭于外,其于涵养本原之功,疑若无所与也。①

认为寂体上用功,是涵养本原之学,感应上用功,则将导致义袭于外之弊。所以他的功夫要领,首在认取此寂体,然后以诚敬之心持守,归寂自能通感。他说:

> 体得未发气象,便是识取本来面目。敬以持之,常存而不失,则自此而发者,自然中节,而感通之道备矣。……到此地位,一些子习气意见着不得,胸次洒然,可以概见,又何待遇事穷理而后然耶? 即反复推究,亦只推究乎此心之存否。②

聂豹特别揭醒人们加以分别的是具体意念不起之寂与心体之本寂,他说:

> 虚明者,鉴之体也,照则虚明之发也。知觉犹之照也,即知觉而求寂体,其与即照而求虚明者何以异? 盍观孩提之爱敬,平旦之好恶乎? 明觉自然,一念不起,诚寂矣,然谓之为寂体则未也。今不求寂体于孩提夜气之先,而谓即爱敬好恶而寂之,则寂矣,然乎不然乎? 盖孩提之爱敬,纯一未发为之也;平旦之好恶,夜气之虚明为之也。③

此孩提之爱敬、平旦之好恶重点不在其道德内涵,而在其本原地位。意谓归寂在求本寂心体之复,非求具体意念之不起。前者如镜体之明,后者如照物之用。聂豹在本原上用功之意甚为明显。

聂豹又以归寂之旨统括理学重要义旨,甚至不惜改动阳明教旨,对《大学》之明德、格物、诚诸说,聂豹皆以归寂之旨解释,而对格物之

---

① 《与欧阳南野》,《聂豹集》,第 242 页。
② 《与欧阳南野》,《聂豹集》,第 247—248 页。
③ 《寄王龙溪二首》二,《聂豹集》,第 267 页。

说则以己意强为解说,如:

> 诚意之要,致知焉尽之也。知者,心之体,虚灵不昧,即明德也。致者,充满其虚灵之本体,江汉濯之,秋阳暴之。致知即致中也,寂然不动,先天而天弗违者也。格物者,致知之功用,物各付物,感而遂通天下之故,何思何虑,后天而奉天时者也。如好好色、如恶恶臭之类是也。此予之说也。格其不正以归于正,乃是阳明师为下学反正之渐,故为是不得已之辞。所谓不正者,亦指失意之所及者言,非本体有所不正也。不善体者,往往赚入夫袭取窠臼,无故为伯学张一赤帜,此予之所忧也。①

良知即本寂之心体,也即《大学》所谓明德。致知,即通过修养功夫最大限度地保持此虚寂之本体;如有亏缺,则恢复之,充满之。此虚寂之本心即未发之中,故致知即致中。而此中即本有之虚寂,故是先天而天不违的。格物是致知功夫所造成的结果,是归寂以通感。此通感不过是虚寂以原样赋予物以影像,使本有的外物络绎于、连接于虚寂之心中,虚寂之心体与对外物的影像都不增益什么。这也就是《易》所谓"天下何思何虑",《中庸》所谓"后天而奉天时",《大学》所谓"如好好色,如恶恶臭"之诚。故归寂可以包一切功夫。

聂双江的虚寂之心,时时是寂,时时是感,这是本体。以寂主感,摄感于寂,这是功夫。故本体功夫全提,体用寂感一如,寂感非二非一,亦二亦一,才是对归寂之旨的正确理解与实践。他说:

> 夫无时不寂、无时不感者,心之体也。感惟其时而主之以寂者,学问之功也。故谓寂感有二时者,非也。谓功夫无分于寂感,而不知归寂以主夫感者,又岂得为是哉!②

聂双江认为自己的归寂之学,是本体上用功,是彻上彻下之学,他最为

---

① 《答亢子益问学》,《聂豹集》,第256页。
② 《答东廓邹司成四首》,《聂豹集》,第261页。

反对的,是在后天意念之起灭上用功之方向,认为劳而无功,自疲自误,他说:

> 诚意之功,全在致知。致知云者,充极吾虚灵本体之知,而不以一毫意欲自蔽。是谓先天之体,未发之中。故自此而发者,感而遂通,一毫人力与不得。一毫人力不与,是意而无意也。今不养善根,而求好色之好;不拔恶根,而求恶臭之恶,可谓苟且徇外而为人也,而可谓之诚乎?盖意者,随感出现,因应变迁,万起万灭,其端无穷,乃欲一一制之,以人力去其欺而反其慊,是使初学之士终身不复见定静安虑境界,劳而无功,只自疲以速化耳。①

此仍是以先天统后天,反对专以后天诚意为事。他的思维方法是以一统众,以先天统后天,认为在后天上着功,皆朱子格物说误之,他尝说:"感上求寂,和上求中,事上求止,万上求一,此等舛谬,只因格物之误蔓延至此。"②认为归寂之学直指人心最真实无可躲闪之地,是自律之学、切己之学,反之则入于乡愿媚世之学。

聂双江的归寂说一个重要来源就是《周易》。他在《困辩录》中设《辩易》一卷,以艮、坤、乾三卦发挥归寂之旨。如乾卦初六"潜龙勿用",聂双江说:

> 乾爻之初,犹是人生而静的本体,明健灵觉,纯一未发,其犹龙乎?养之未充而遽用之,则无以立大本而行达道。故不动而敬,不言而信,隐而未见,行而未成,犹龙蛰于地势重阴之下,所以豫养其奋飞之身,而后其力全,其化神也。

此是以潜龙喻寂体,以豫养喻归寂之功夫,以其力全、其化神喻归寂以通感。其用意甚深。故聂双江之道友罗洪先于此批注曰:"潜龙是如

---

① 《答钱绪山》,《聂豹集》,第302页。
② 《答邹西渠》,《聂豹集》,第306页。

此体贴,则易之卦爻无一字不是学问。"①又如《文言》"先天而天弗违,后天而奉天时"一句,聂双江发挥道:

> 寂然不动,中涵太虚,先天也。千变万化皆由此出,可以与天地合德,日月合明,四时合序,鬼神合吉凶。故曰"天弗违"。触之而动,感而后应,后天也。何思何虑,遂通而顺应之,故曰"奉天时",言一毫人力不与也。"性立天下之有,情效天下之动",二语可并观。于此可想见飞龙在天,变化无为的气象。②

此处明确讲寂体是先天,敬奉而遂顺之为后天。虽未提掇归寂功夫,但重点说寂体自能通感,感为寂体之自然展开,不劳人力作为之意。又如坤卦《文言》:"坤,至柔而动也刚,至静德方。"聂双江发挥道:

> 藏动刚于至柔,运德方于至静,不睹不闻而莫显莫见者寓焉。乘天时行,顺帝之则,坤之所以为坤乎!传曰"不禽聚则不能发散",此意当味。③

此言寂体含感通,寓刚于柔,寓动于静。卷则退藏于密,舒则含宏光大。故他释坤卦之德曰:

> 坤六画皆偶,上下皆坤,虚之极,静之至,顺之纯也。虚者藏之量,静者藏之体,顺者藏之机。博也,厚也,其象为地,载华岳而不重,振河海而不泄,万物载焉。故曰:养万物者莫善乎坤。④

此又以坤无所不载喻寂体无所不包,至静之柔而潜存至动之刚。而艮卦,聂双江重点发挥艮止之意:

> 艮体笃实,有三义:自修德言之为凝畜,自复命言之为归宿,自遏欲言之为止畜。故曰:"艮以止之。"又曰:"终万物、始万物

---

① ② 并见《困辩录・辩易》,《聂豹集》,第 559 页。
③ 《困辩录・辩易》,《聂豹集》,第 556 页。
④ 《困辩录・辩易》,《聂豹集》,第 555 页。

者,莫盛乎艮。艮之时义大矣哉!"君子以寂然不动立人极焉,遏恶于未萌,养善于未发。舜以是传之禹,其精一之心法乎!①

此是以艮之三义发挥寂体之三义,以艮为圣门心法寓归寂为王门正法之意。此中可注意的是,聂双江之归寂以通感,主静以制动之旨,虽在形式上有割裂先天与后天、动与静、内与外、本体与功夫的弊病,并因而招致同门群起而攻之,实则在聂双江这里,此数者是一贯的。归寂中潜存通感之意、之力。执体而应用是自然而然、不劳安排的。此亦双江反复辨白,虽左支右绌而不少退却之意。

聂双江认为己之归寂之旨乃王阳明致良知学之精髓。此说之所以为精髓,就在于它与王阳明在心之隐微处用力的方向一致,且与阳明学所要纠治的弊病一致。他认为,王阳明之所以倡导良知之学,就是因为世之学者专从知识之多寡上考量,入手便在多学而识、记诵考索上着眼,故以不学不虑、爱亲敬长之良知教学者,以充拓此良知至于极处,推致此良知于事事物物为实得。而学者不悟阳明苦心,遂以为良知即此枝节,忘记了良知是全幅心体、整个境界。聂豹认为己之用功方向正在此,而且与王阳明对良知的一贯论述吻合。他说:

> 致良知者,只致养这个纯一未发的本体。本体复则万物备,所谓立天下之大本。先师云:"良知是未发之中,廓然大公的本体,便自能感而遂通,便自能物来顺应。"此是《传习录》中正法眼藏。而误以知觉为良知,无故为霸学张一赤帜,与边见外修何异?而自畔其师说。远矣!②

聂双江直究良知本体的路向,与王龙溪一致。两人都反对在后天诚意上用功,认为是在标末处修饰,汲汲于此,一世合不上本体。但聂双江与王龙溪最大的不同在于,王龙溪注重的是良知本体之内容。良知之

---

① 《困辩录·辩易》,《聂豹集》,第554页。
② 《困辩录·辩诚》,《聂豹集》,第609页。

内容指心中所觉之天理,而良知的形式如未发之中,如寂然不动,如廓然大公等,是良知内容题中应有之义,不须特别强调而自在其中。而聂双江强调的是良知的形式,能达此形式则内容自在其中,因为归寂、主静等功夫非一蹴而就,达到形式的过程就是本质提升的过程,形式与本质是良知的一体两面。故主张归寂自能通感,执体自能应用。

另一个显著的不同是,王龙溪因重本体之内容,故主张顺任本体,功夫只在使本体明畅流行。而聂双江重本体之形式,故主张用功夫达此形式,而内容随在其中。王龙溪认为本体自足,聂双江认为本体经功夫后方能自足。王龙溪是顿悟,聂双江是渐修。王龙溪重先天,以先天统后天,故主张无内外先后。聂双江重后天,以后天功夫回归先天,故强调先天后天、本体功夫之分。这些不同在王龙溪的《致知议辩》中表露得很清楚。聂双江在此中劈头即批评龙溪:

> "即寂而感存焉,即感而寂行焉",以此论现成,似矣,若为学者立法,恐当更下一转语。《易》言内外,《中庸》亦言内外,今曰"无内外";《易》言先后,《大学》亦言先后,今曰"无先后"。是皆以体统言功夫,如以百尺、一贯论种树,而不原枝叶之硕茂由于根本之盛大,根本之盛大由于培灌之积累。此鄙人内外、先后之说也。……尊兄高明过人,自来论学,只从浑沌初生、无所污坏者而言,而以现在为具足,不犯作手为妙悟。以此自娱可也,恐非中人以下所能及也。①

此段话对己与龙溪之学之不同,提揭最为清楚。标明二人最大之不同,端在对先天与后天、本体与功夫之不同侧重上。

而龙溪对双江之批评,则从哲学上直击其形式上的罅漏:

> 寂之一字,千古圣学之宗。感生于寂,寂不离感。舍寂而缘感,谓之逐物;离感而守寂,谓之泥虚。夫寂者,未发之中,先天之

---

① 见王畿:《致知议辩》,载《王畿集》,凤凰出版社,2007年,第132—133页。

> 学也。未发之功,却在发上用,先天之功,却在后天上用。先天是心,后天是意,至善是心之本体。心体本正,才正心,便有正心之病;才要正心,便已属于意。……节是天则,即所谓未发之中也。中节云者,循其天则而不过也。养于未发之豫,先天之学是矣。后天而奉时者,乘天时行,人力不得而与。曰奉曰乘,正是养之之功。若外此而别求所养之豫,即是遗物而远于人情,与圣门复性之旨为有间矣。"即寂而感行焉,即感而寂存焉",正是合本体之功夫,无时不感,无时不归于寂也。①

这里龙溪认为,寂字虽然极其重要,但寂感一如。寂是良知本体,感是致此寂于事事物物。此为先天在后天上用,未发在已发上用。先天本正,不能靠后天功夫帮补。后天功夫只在对先天本体"顺奉"、"时乘"。此为即寂而感,即感而寂。寂与感一体而两面,虽有先后、内外之名,而无分为两段之实。

欧阳德质疑于聂双江的,主要在归寂与通感之分先后,寂体与感用之分内外上。欧阳德主寂感、体用一而不二,故对双江之归寂加以批评:

> 夫隐显动静,通贯一理,特所从名言之异耳。故中也、和也、中节也,其名则二,其实则一独知也。故是是非非者,独知感应之节,为天下之达道。其知则所谓贞静隐微,未发之中,天下之大本也。……非离乎动用显见,别有贞静隐微之体,不可以知是知非言者也。②

意谓良知之发用为和,发用合于道为中。未发在已发中,不存在离开已发之未发,与离开知觉之用的虚明之体。

邹守益虽同意聂双江归寂之旨对越中过高之论的抑制作用,但对

---

① 王畿:《致知议辩》,载《王畿集》,凤凰出版社,2007年,第133—134页。
② 《寄聂双江》,《欧阳德集》,第129页。

双江致功夫于本体的路向也不同意,他认为惩忿窒欲、改过迁善的下学功夫就是致良知本身,不必把它看做达到归寂之目的的手段。另外,下学之功,在于去除对本体流行的壅蔽,本体本身不可以人力加损。而聂双江之归寂功夫,目的在使本体达到寂,此是本体不自足而靠功夫帮补,亦是对阳明学说的背离。他在与聂双江论学的复信中说:

> 夫乾乾不息于诚,所以致良知也。惩忿窒欲、迁善改过,皆致良知之条目也。若以惩窒之功为第二义,则所谓"如好好色,如恶恶臭"、"己百己千"者,皆为剩语矣。……苟认定惩窒为治性之功,而不察流行之体原不可以人力加损,则亦非行所无事之旨矣。①

对聂双江以本寂之心体为超越是非、超越可否之绝对,也加以批评,认为寂感无二时,体用无二界。精明真纯之寂体,不离形下具体事物。

钱德洪在这一点上与邹守益相近,而更加重视后天之功,对加功于先天本有之体的聂双江,亦提出质疑:

> 吾心之斑垢驳杂,由人情事物之感而后有也。既由人情事物之感而后有,而今之致知也,则将于未涉人情事物之感之前,而先加致之之功,则夫所谓致之之功者,又将何所施耶?②

刘文敏晚年同聂双江相视莫逆,赞同双江直指本体之旨,且赞同双江以功夫达到本寂之心体的路径,他说:

> 吾心之体,本止本寂,参之以意念,饰之以道理,侑之以闻见,遂以感通为心之体,而不知吾心虽千酬万应,纷纭变化之无已,而其体本自常止常寂。彼以静病云者,似涉静景,非"为物不贰,生

---

① 《复聂双江文蔚》,《邹守益集》,第494页。
② 《答聂双江》,《徐爱 钱德洪 董澐集》,第153页。

物不测"之体之静也。①

但刘文敏所注重者,为良知本来寂静这个方面,此寂静之体为人之真性,本自生物不测,非死寂的绝对,它不同于具体事物之静:

> 吾性本自常生,本自常止。往来起伏,非常生也,专寂凝固,非常止也。生而不逐,是谓常止;止而不住,是谓常生。主宰即流行之主宰,流行即主宰之流行。②

此静是价值性的理、道,非状态性的心之空寂。而聂双江注重归寂之功夫与过程,有此功夫而后能通感。这势必导致一个虚寂的形下之心。故聂双江即使承认心是本体性的,此心也是形下的未受任何意念侵入的原初空寂之心。归寂即保存此原初空寂之心。故有人质疑他的归寂为脱略事为,类于禅悟,双江辩解道,归寂是为了通感,不像佛氏以感应为尘烦而断灭之,然后归于原初之静寂。黄宗羲则对此辩解加以质疑,认为释氏以作用为性,其所重者为流行而非本体,皆在动一边。释氏并不废感应,其修为之口诀为"无所住而生其心"。而儒者之所重者为心之内容:良知。释氏与儒者所同者为心之流行,所异者为心之内涵。故释氏提倡本心流行中的无粘无滞,儒者则提倡良知流行中的存养。聂双江以有无感应区分儒释是没有抓住关健。

黄弘纲之观点,与东廓、南野大抵相类,以未发之中、寂体为超越具体时地的本体,本体即在感应中。他说:

> 寂与感不可一例观也,有得其本体者,有失其本体者。自得其本体之寂者言之,虽存之弥久,涵之极深,而渊微之精未尝无也。自得其本体之感者言之,虽纷然而至,沓然而来,而应用之妙未尝有也。未尝有,则感也,寂在其中矣;未尝无,则寂也,感在其

---

① 见《明儒学案·江右王门学案四》,第 431 页。
② 《明儒学案·江右王门学案四》,第 432 页。

中矣。不睹不闻，其体也；戒慎恐惧，其功也。皆合寂感而言之者也。①

本体是中，它既渊微又感应神妙，只要得本体之中，具体的寂感皆为此本体所笼罩，感时不废其寂，寂时不废其感。感时保持其不睹不闻之体，寂时涵其变化无方之妙应。时时与中为一。故他说：

喜怒哀乐之未发，且不论其有时与否。但子思子云："喜怒哀乐之未发谓之中。中也者，天下之大本也。"曾谓天下之大本可以时言乎？未发非时，则体道之功似不专于归寂而已也。故子思子曰："致中和。"盖合寂感以为功者也。②

此明白反对聂双江归寂之旨。

综观王门弟子中关于寂感、中和、体用、动静、已发未发的讨论，可见他们对寂、感、中、和等概念的理解杂沓分歧。很难达成一致的意见。此中的关键在于，对于心本体，有的从价值理性去理解，有的从知识理性去理解。前者认本体为理，为道，为性。后者认本体为空，为灵，为虚寂。前者侧重于心之本质，后者侧重于心的活动形式。虽多遵从共同的老师王阳明的说法，持体用不二、寂感一如的观点，但赋予此观点之内涵差别甚大。聂双江提出归寂，主要是为了扭转在具体事为上用功而与本体无干这种用功方向，同时拈出阳明早年在心上笃实做功夫以达本体一路，以遏止单提先天本体，脱略后天功夫之先天派。他之大呼："今之为良知之学者，于《传习录》前篇所记真切处俱略之，乃架空立笼罩语，似切近而实渺茫，终日逐外而自以为得手也。"③针对的就是先天派。可以看出，聂双江的学术宗旨与他救正王门学弊的用心是一致的。

---

① 《明儒学案·江右王门学案四》，第 450 页。
② 黄弘刚：《洛村语录》，见《明儒学案·江右王门学案四》，第 451 页。
③ 《寄刘两峰》，《聂豹集》，第 269 页。

第四节　罗洪先的主静体仁

罗洪先(1504—1564)字达夫,号念庵,江西吉水人。少慕乡贤罗伦,有志于学。年十五,闻王阳明讲学赣州,即欲往从问学,因父亲阻止未行。时薛侃所刻之《传习录》出,"奔借手抄,玩读忘寝"。① 二十二岁中举,次年奉父命师事同里谷平李中。二十五岁,中嘉靖八年(1529)进士第一人,授翰林院修撰。逾年告归,初识王艮、聂双江。二十九岁补原职,在京与欧阳德、徐阶、王龙溪、钱德洪等论学。连遭父母丧。居丧期间参与家乡玉虚观、青原山等处讲学之会,为此曾招致"违礼"之责。三十六岁起复,召拜春坊左赞善,赴京途中于南京与王龙溪、湛若水、王艮等人论学,撰《冬游记》记论学之概。次年初至京,因疏请皇太子来岁临朝,忤上意,谪为民。《明史》谓:"洪先归,益寻求守仁学,甘淡泊,炼寒暑,跃马挽强,考图观史,自天文、地志、礼乐、典章、河渠、边塞、战阵攻守,下逮阴阳、算数,靡不精究。至人才吏事、国计民情,悉加意咨访。曰:'苟当其任,皆吾事也。'"② 此后四出访学,无意仕宦。嘉靖三十八年(1559),严嵩以同乡故,欲起用,念庵以毕志林壑力辞。念庵一生精进不已,其学有几次大的转进,南中王门学者唐鹤徵概括为"始致力于践履,中归摄于寂静,晚彻悟于仁体"。③ 此说为李贽和黄宗羲承袭。有《念庵罗先生文集》,今整理为《罗洪先集》。以下分三期述念庵之学。

始致力于践履大约起自念庵从师李中的十余年间。李中的思想,

---

① 见胡直:《念庵罗先生行状》,《罗洪先集》附录,凤凰出版社,2007年,第1377页。
② 张廷玉等撰:《明史》,第7279页。
③ 见唐鹤徵辑《宪世编》卷六,第2页;《罗念庵先生》,载《四库全书存目丛书》子部第十二册。

念庵概括为:"以求仁为主本,以闲邪为入手,以直任天命流行,无事安排而中心洞然,四无畔岸为实际。"①而特重静坐。此为学特征对念庵一生有重要影响。念庵从学李中之初,是以践履良知之学为主。嘉靖七年(1528)念庵赴京会试,途中结识阳明弟子黄弘纲、何廷仁,与闻良知之学,加之少年时读《传习录》所得,故此时所践履者,为良知之学。念庵在致李中的第一封信中说:

> 尝谓天下之大辨,存乎意而已。心体精明,意起而后有着。良知良能,本自真切。言其真切,则几涉疑似,必不容含糊,而自能料理;意或兼带,必不容回护,而自能扫除。如此方无认欲作理之弊,如此方得功夫着实,本心静莹。②

此处念庵首先承认者在良知本自真切。真切二字意谓良知精明,且自含有料理疑似、扫除兼带的要求。而功夫恰在此处做。此与阳明早期良知本自精明,有私欲良知自能知得,去除对良知的遮蔽而良知自复其精明之意大致相同。但致李中的第二封信,强调的重点有所不同,信中说:

> 心之本体,至善也,然无善之可执。所谓善者自明白、自周遍,是知是,非知非,如此而已。不学而能,不虑而知,顺之而已。唯于此上倚着,为之便是欲,便非本体。明白亦昏,周遍亦狭,是非亦错。此非有大相悬隔,只落安排与不安排耳。③

此信重点言心之本体为至善,后天功夫在顺适而已。对此善亦不能倚着,倚着便是欲,便非本体。倚与非倚,差别在毫厘间。念庵认为功夫就在去除对善的倚着上用。此即李中所谓闲邪。闲邪之后即良知自然流行,此即李中"直任天命流行,无事安排而中心洞然,四无畔岸"之

---

① 见罗洪先:《谷平李先生行状》,《罗洪先集》,第751页。
② 《奉谷平先生》,《罗洪先集》,第176页。
③ 《奉谷平先生》,《罗洪先集》,第177页。

境界。念庵从学李中之后,有一欲不经切实功夫,靠心中对良知的体悟直接得李中经年所积之熟化境界的意图。故此时与友朋之书信,多讲此种对良知的理解,如:

> 所谓良知者,至无而至有,无容假借,无事帮补,无可等待,自足焉者也。岳霁所谓"无感而常乐",此是良知本体,即是戒惧,即非放逸,即非蔽塞,不然便不应自知其乐若此矣。应而未尝动,本体也,以其顺应也。不得于心而有思者,亦本体也,以其澄然运用而不容已者也。从而憧憧者,非本体也,以其动于外物者也。终夜以思,而未尝涉于人为安排,未尝杂以智识推测,庸何伤乎?①

念庵这里着重的是良知本体的自足、无感而常乐、顺应、澄然运用、不涉安排等性质。戒惧、不放逸、不蔽塞等性质,天然地包含在本体中。所谓学,即学顺任此良知。又如:

> 真信得至善在我,不假外求,即时时刻刻、物物种种见在,不劳一毫安排布置。所谓"无邪",原是不相粘着,不劳绝遣。所谓"敬",原自不二不杂,斋庄中正,既不费力支持,即不见有歇脚时矣。②

这仍是认为,良知当下具足,故不用"费力支持",去除外界对良知的粘滞,排遣习染对良知的遮蔽等后天功夫,皆在第二义。明显是直任现在良知,不用安排布置的路径。又如:

> 千古圣贤,功夫无二端,只病痛不起,即是本心。本心自完,不劳照管。觅心失心,求物理失物理,求良知失良知,知静非静,知动非动。一切弃下,直任本心,则色色种种,平铺见在。但不起,即无病。原无作,又何辍乎?……天道流行,岂容人力撑持帮

---

① 《答罗岳霁》,《罗洪先集》,第 289—290 页。
② 《答萧仲敬》,见《明儒学案》,第 392 页。

补?有寻求,便属知识,已非所谓"帝则"矣。①

此处严格区分良知与知识。保持良知的纯粹,虽是阳明及其门下一贯强调的,但强调直任本心,本心中"色色种种,平铺见在",后天功夫只在不起念,却有对本体提掇过重,轻视功夫之嫌。所以他对良知的看法就是:"果真良知也,吾知有规矩而无样式,有分晓而无意见,有主宰而无执著,有变化而无迁就,有浑厚而无鹘突。见好色自好,闻恶臭自恶;不思不勉,发自中节。天下达道,不外是矣。"②此中所强调的,全是本体之明,全是自然中节。从这里看,念庵确实有一个不以功夫之积累直求渣滓浑化、境界高明的时期。此时期大约自从学李中到为聂双江归寂之说所改变之前的十余年间。此点与罗念庵相知甚深的聂双江言之甚为中肯:

> 达夫早年之学,病在于求脱化融释太速也。夫脱化融释原非功夫字眼,乃功夫熟后境界也。而速于求之,故遂为慈湖之说所入,以见在为具足,以知觉为良知,以不起意为功夫,乐超顿而鄙艰苦,崇虚见而略实功。自谓撒手悬崖,遍地黄金,而于六经四书未尝有一字当意,玩弄精魄,谓为自得,如是者十年矣。至于盘错颠沛,遇非其境,则茫然无据,不能不恸朱公之哭也。已而恍然自悟,考之《易》,考之《学》《庸》,考之身心,乃知学有本原。心主乎内,寂以通感也,止以发虑也,无所不在而所以存之养之者,止其所而不动也,动其影也、照也、发也。发有动静而寂无动静也。于是一以洗心退藏为主,虚寂未发为要。刊落究竟,日见天精,不属睹闻。此其近时归根复命,煞吃辛苦处,亦庶几乎?③

并指出念庵为学之转向,是念庵自知其非而转,非受已学之影响而转。

---

① 《答陈豹谷》,《罗洪先集》,第291页。
② 《与夏太守》,《罗洪先集》,第323页。
③ 《寄王龙溪》,《聂豹集》,第268页。

双江此信所言不虚,其中指出的念庵早年为学之特点,如"以见在为具足,以不起意为功夫",皆上引中所见。而其所说念庵转向归寂是出于自性自度,非受己之影响,大概属谦词。

念庵之转向归寂在其四十岁左右。其转向之机缘,多在讲友之质疑、启发,而从王龙溪与聂双江处所得最多。得于王龙溪者全在质疑,此质疑有促使念庵反省、检讨自己以往所学是否真得力之效。如念庵曾与龙溪讨论良知之知觉与渊寂问题。龙溪一切收摄于良知,良知现成自在,但良知之本质——天理之昭明灵觉是最主要的。故良知非即知觉,但良知不离知觉。良知即主宰,此主宰本来渊寂,但能主宰者非渊寂自身。念庵反省自己的学旨,首在以知觉言良知,遂转换为以渊寂本身为主宰。念庵说:

> 自弟受病言之,全在知觉。则所以救其病者,舍渊寂无消除法矣。夫本体与功夫,固当合一,源头与见在,终难尽同。弟平日持源头本体之见解,遂一任知觉之流行,而于见在功夫之持行,不识渊寂之归宿。是以终身转换,卒无所成。兄谓弟落在着到、管带,弟实有之,安敢隐讳。在弟之意,以为但恐未识渊寂耳。若真识得,愈加着到,愈无执著;愈加照管,愈无挂带。①

在龙溪,渊寂是良知之状态,良知本体本自渊寂。而在念庵这里,以渊寂本身为首出之概念。此是在龙溪指出以知觉为良知之不相应后,念庵一个绝大的转换。知觉最显著的性质是流行,救知觉最切实的是渊寂。本体与功夫固当合一,此本体即良知,功夫即渊寂,而源头指知觉,见在指知觉之流行。由于反省到自己以源头为本体,以知觉为良知之非,故以渊寂为归宿。龙溪以为以归寂为首出,必导致内外之二分,必导致执着于收敛,以表面上的空寂掩盖实际上的窝藏。这又是逼出念庵之渊寂可能有的弊病。但念庵以为自己以前的执着、夹带是

---

① 《答王龙溪》,《罗洪先集》,第209页。

因为未真识渊寂,如果真识渊寂,以此为主,则执着、夹带之弊正可全消。真渊寂,是"无可忘而忘,以其未尝有存也;不待存而存,以其未尝有忘也。无存无忘,此乃渊寂之极"。① 此后念庵与龙溪有多封书信往复论学,皆对念庵之学,有攻错夹持之益。

对念庵之学发生决定性影响的是聂双江。念庵初见双江是在嘉靖九年(1530)庚寅,双江时为苏州知府,年44岁,念庵27岁。念庵后来追述二人友情及学术交谊说:"自庚寅相见于苏州,称为莫逆骨肉,其后遂有葭莩之好。至其辨难,亦尝反复数千百言。虽暂有合离,而卒不予弃。"②嘉靖十六年(1537),双江卧病翠微山中,念庵前往问学,双江教以因静入悟之说。嘉靖二十二年(1543),念庵40岁,与黄弘纲闻双江归寂之说,心存疑惑。③ 嘉靖二十六年(1547)正月,吉安同志会于青原,为聂双江祝六十寿辰,邹东廓与会,并有文记此次活动,其中涉及对双江归寂说的评论。④ 后念庵自东廓处悉知详情。本年秋天,双江被逮,念庵送之境上,亲见"其容翛然,其气夷然,其心渊然而素"。⑤并自陈对于良知之学的理解,兼为双江辩白,聂双江为之印证:"斯言知我哉!"他后来追记此事的重要意义:"丁未之秋,示以良药,倏然心惊,不谋而诺。如是三年,如负针芒。渐悟渐达,食已得尝。盖至是而后知为学之力也。"⑥聂双江为念庵的《戊申夏游记》作序,亦称:"予与念庵子丽泽二十年,而论始合。"⑦这都说明,念庵之主静说,受聂双江影响很大。

归寂之旨之确立,首先起于念庵对原所肯认之是非之心的怀疑,再起于对龙溪之学的清算。前者发于学术进境的内在逻辑,后者则与

---

① 《答王龙溪》,《罗洪先集》,第210页。
② 罗洪先:《双江公七十序》,《罗洪先集》,第614页。
③⑤ 见罗洪先:《困辨录序》,《罗洪先集》,第472页。
④ 见邹守益:《双江聂子寿言》,《邹守益集》,第113页。
⑥ 罗洪先:《祭聂双江公入殓文》,《罗洪先集》,第923页。
⑦ 见聂豹:《刻夏游记序》,《聂豹集》,第60页。

学者修养实践中产生的流弊有关。对于前者,他曾说:

> 昔者闻良知之学,悦之,以为是非之心人皆有之,吾唯即所感以求其自然之则,其亦庶乎有据矣。已而察之,执感以为心,即不免于为感所役,吾之心无时可息,则于是非者,亦将有时而淆也。又尝凝精而待之以虚,无计其为感与否也。吾之心暂息矣,而是非之则,似亦不可得而欺。因自省曰:昔之役役者,其逐于已发;而今之息者,其近于未发矣乎! 盖自良知言之,无分于发与未发也。自知之所以能良者言之,则固有未发者主于中。而或至于不良,乃其发而不知返也。①

此中是非之心,即前所谓知觉之心。因为念庵所理解的是非之心,指能对所面对的事件辨别善恶的能力,尚在知觉灵明层面,非好善恶恶之道德情感。故人能做者,唯在己所感应之事上,求其理则。此运思方向自然引出心若淆乱,则辨别之是非亦将淆乱之问题。势必发生先静定其心,使作为判别根据的心先为一澄明之体的要求。此即所谓"凝精而待之以虚",此即未发之中。从良知是对天理的昭明灵觉言,它时时省觉,故无分发与未发。从良知所发为一善的意志而言,其必出于澄明之心体。发而为不善,必是良知为习染所溷杂而发出的,其根源在习染不在良知本身。念庵将执于感逻辑地转到未发之中。

念庵不仅将此止此中视为心体的应然,又将此扩展到天道本体上来,在他看来,天道之虚寂无执是其本然,而人心与天道同理,他说:

> 夫天地之化,有生有息,要之"於穆"者其本也。良知之感,有动有静,要之致虚者其本也。本不虚则知不能良,知其发也,其未发则良也。事物者其应,理者其则也,应而不失其则,唯致虚者能之。故致虚者,乃所以致知也。知尽其天然之则于事事物物而理穷,理穷则性尽命至,而奚有于内外? 虽然,知所先后,而后近道,

---

① 罗洪先:《困辨录序》,《罗洪先集》,第472页。

此学之序也。①

这是说天道之於穆即人心之虚寂,天人无二。欲良知之感皆中节,非有一致虚复其本然之寂的功夫。此处与龙溪大不类,龙溪认为良知本身即寂即感,即已发即未发,不必另求一虚寂之体。龙溪是把良知作为一浑全之道德理性本身,其性其觉浑合为一。故反对在良知外觅寂体。念庵则分良知与其所感所发之地——心体为二,主张先致虚后应物,有先后之次序。虽念庵反对良知有内外之分,但他的主内以求当于外,守寂以求神其感,已有内外、先后之分。此义他在《甲寅夏游记》中对龙溪之质疑的回答中分疏十分明确:

> 中无所主,而谓知本常明,恐未可也。知有未明,依此行之,而谓无乖戾于既发之后,能顺应于事物之来,恐未可也。故知善知恶之知,随出随泯,特一时之发见焉耳。一时之发见,未可尽指为本体,则自然之明觉,固当反求其根源。盖人生而静未有不善,不善者,动之妄也。主静以复之,道斯凝而不流矣。神发为知,良知者静而明也,妄动以杂之,几始失而难复矣。故必有收摄保聚之功,以为充达长养之地,而后定静安虑由此以出,必于家国天下感无不正,而未尝为物所动,乃可谓之格物。②

但念庵归寂说与聂双江之归寂说有所不同。此不同多由于双江之归寂确有分动静、寂感、体用为二之弊,此不仅浙中王门诸君多不首肯,即江右邹东廓、欧阳南野、黄洛村、陈明水亦多不首肯而往复辩驳。此中详情已见前述。念庵有见于此,欲对寂感、体用为二之弊加以弥缝。上言他对心分内外已有反对之意,在《读困辨录钞序》中,对己说与双江之说在心体上的区别,提揭甚为明白:

> 虽然,余始手笺是录,以字字句句无一弗当于心。自今观之,

---

① 罗洪先:《困辨录后序》,《罗洪先集》,第473页。
② 罗洪先:《甲寅夏游记》,《罗洪先集》,第81—82页。

> 亦稍有辨矣。公之言曰:"心主乎内,应于外而后有外,外其影也。"心果有内外乎?又曰:"未发非体也,于未发之时而见吾之寂体。"夫未发,非时也;寂无体,不可见也。见之谓仁,见之谓知,道之鲜也。余惧见寂之非寂也,是故自其发而不出位者言之,谓之寂;自其常寂而通微者言之,谓之发。盖原其能戒惧而无思为,非实有可指,得以示之人也。故收摄敛聚可以言静,而不可谓为寂然之体。喜怒哀乐可以言时,而不可谓无未发之中。何也?心无时亦无体,执见而后有可指也。①

这是说,他虽然对聂双江归寂之说持赞成态度,但其后对寂的看法与之有了区别。在念庵看来,双江视寂为一时间上的阶段,就有割裂体用、寂感之患。寂既非有不变之体,也非心尚未发而为意念之时段,寂只能在感上见。感之不失其本体为寂。寂之通微为具体事物为感。心不是脱离具体时空之绝对物。也就是说,合本体为寂、为静,不合本体为动、为感。此所言对于双江是一个转换:把双江的心主乎内应于外之以前后际言,变为发之是否出位之以价值言。由此他对致良知的定义亦以此为准。知虽发而发中之良为未发,发中之合于价值者为寂为静。感是寂的自然显现,言寂则感在其中。故功夫只在致寂上用。致寂即致良知。此意在答友人的书信中尤其明白无歧义:

> 未感之前寂未尝增,非因无念无知而后有寂也。既感之后寂未尝减,非因有念有知而遂无寂也。此虚灵不昧之体,所谓至善,善恶对待者不足以名之。知者,触于感者也。念者,妙于应者也。知与念有断续,而此寂无断续,所谓感有万殊而寂者唯一是也。②

此寂感动静如一,可以说是由信从聂双江主张归寂主静到晚年彻悟仁体的一个过渡环节。

---

① 罗洪先:《读困辨录抄序》,《罗洪先集》,第474页。
② 见《明儒学案》,第401页。

罗念庵归寂主静宗旨的确立,除其学术发展的内在逻辑有以使然外,还有一个重要的机缘,就是有见于王门弟子中侈谈本体,讳言功夫,以一时体验到的光景代替真修力践之弊端。念庵虽与龙溪交谊不浅,且龙溪诸拷问语也是刺激他进一步深入体验由是学问转进之助缘,但自信从聂双江归寂之旨后,即对所信之龙溪之学特别是龙溪"良知时时见在"之义进行清算。他始终笃于精进,不为一时之小成所限,故一生功夫煞是辛苦。并且他倾向于独修,不喜招纳弟子。虽四处访学,但对讲学活动不甚热心。对龙溪之讲学近城市,所到之处劳动官府诸举甚不为意,并多次箴规。虽年轻时即中状元,但无意仕进,他更多地是一个清修之士。他曾批评龙溪:

> 昨日王济甫书来,亦责弟不合良知外提出"知止"字面,以为良知无内外,无动静,无先后,一以贯之。除此更无事,除此别无格物。言语虽似条畅,只不知缘何便无分毫出入?操则存,舍则亡,非即良知而何?终日谈本体,不说功夫,才拈功夫,便指为外道。此等处,恐使阳明先生复生,亦当攒眉也。①

又认为阳明晚年境界非轻易到此,不可多谈,所谈者应是主静,应是阳明一主辛苦磨砺之积累,他在致友人的信中反复提到此意,如:

> 不肖三四年间,曾以"主静"一言为谈良知者告,以为良知固出于禀受之自然而未尝泯灭,然欲得流行发见常如孩提之时,必有致之之功,如孟子所谓日夜所息,与爱敬之达、四端之扩充,始有入手处,阳明公之龙场是也。学者舍龙场之惩创,而第谈晚年之熟化,譬之趋万里者不能蹈险出幽,而欲从容于九达之逵,岂止病蹷等而已哉!②

对于不经功夫、承袭口吻、徒谈见在、领受太易等弊病,尤恳切箴规:

---

① 《寄王龙溪》,《罗洪先集》,第 213 页。
② 《寄谢高泉》,《罗洪先集》,第 273 页。

> 良知两字,乃阳明先生一生经验而后得之。非信而不惑为难,使发于心者,一与所知不应,即非其本旨矣。当时迁就初学,令易入,不免指见在发用以为左券。至于自得,固未可以草草谬承。而因仍其说者,类借口实,使人猖狂自恣,则失之又远。①

此段话指出见成良知派之病源,可谓一针见血。其中对王阳明急于明道,轻于指点,开弟子躐等之弊的错咎,也微有批评之意。

念庵作《甲寅夏游记》之后,对以往的思想算是做了一个总结,此后多涉佛道之书,又喜静坐。嘉靖三十四年(1555)春,与王龙溪同游楚山避暑,在山中静坐三月,②静中多有新的体验,襟怀与前又异。胡直为念庵所作之行状,称其"静久大觉"。念庵与南中王门学者蒋信书中,对此觉境有详细记述:

> 当静极时,恍然觉吾此心虚寂无物,贯通无穷,如气之行空,无有止极,无内外可指,动静可分,上下四方,往古来今,浑成一片,所谓无在而无不在。吾之一身,乃其发窍,固非形质所能限也。是故纵吾之目,而天地不满于吾视;倾吾之耳,而天地不出于吾听;冥吾之心,而天地不逃于吾思。古人往矣,其精神所极,即吾之精神,未尝往矣。否则,闻其行事而能憬然、愤然矣乎?四海远矣,其疾痛相关,即吾之疾痛,未尝远矣。否则,闻其患难,而能恻然、蠱然矣乎?是故感于亲而为亲焉,吾无分于亲也;有分于吾与亲,斯不亲矣。感于民而为仁焉,吾无分于民也;有分于吾与民,斯不仁矣。感于物而为爱焉,吾无分于物也;有分于吾与物,斯不爱矣。是乃得之于天者固然如是,而后可以配天地。故曰:"仁者浑然与物同体。"同体也者,谓在我者亦即在物,合吾与物而同为一体。则前所谓虚寂而能贯通,浑上下四方、往古来今、内外

---

① 《寄张须野》,《罗洪先集》,第416页。
② 见吴震:《聂豹罗洪先评传》,南京大学出版社,2001年,第355页。

动静而一之者也。①

此信可以说是念庵"晚彻悟于仁体"的主要证据。我们可以通过念庵自述，窥见他真实体验所得。念庵可以说是由静至虚，由虚至通，由通至仁。静得于静坐，此时万缘放下，唯余空寂之心，此寂非憧憧之念偶然中止，亦非强禁绝不起，而是长期习静功夫圆熟之后的自然之境。此境不同于佛教之禅定，禅定自始至终空寂，而念庵之静虚转为一种连绵无止，通贯于极的体验。在这种体验中，上下四方、往古来今皆浑成一片，与己之身相关联，一体之感充塞胸间，分隔即自觉若伤我者。此时悟仁体既在宇宙间，也在己心之间。而己心即宇宙之表现，即所谓"发窍"。此与程颢所谓仁者浑然与物同体之感相同。在此境界之观照下，念庵将万物一体与己之归寂乃至日用常行皆打成一片：

> 能以天地万物为体，则我大；不以天地万物为累，则我贵。夫以天地万物为体者，与物为体，本无体也；于无体之中而大用流行，发而未尝发也。静坐而清适，执事而安肃，处家而和婉，皆谓之发，而不可执以为体。常寂常虚，可卷可舒，全体廓如。②

念庵此种境界，是他长期从事理学实践的结果，也是他服膺濂溪、明道、白沙等诗意学者的结果。念庵之无欲、归寂是功夫，此功夫的目的是追求心灵之自慊。他早期之融释脱化已作为学养的一部分积淀于心中，而长期的归寂主静之修炼只是去除憧憧之念，使心地中虚无物，勿阻塞心中本有之仁的阶段性、前提性功夫。而当此种静虚达一相当之境地后，所得于濂溪、明道、白沙者，与早年之学养积淀融成一片而涌现于心中。彻悟于仁体正是他各种学问功夫在长期的转进、提炼、融释所达到之自然结果。这本是理学这种重实践、重修养境界的学术形态经常出现的现象，不过在念庵这种一生精进不已，非求得一

---

① 《答蒋道林》，《罗洪先集》，第298页。
② 《书万曰忠扇》，《罗洪先集》，第669页。

落脚之安宅不能止,又采纳各种学术养分充实自己以求自慊的人身上表现得特别突出而已。

有此境界,念庵看明道、濂溪、白沙皆另有妙悟。如他认为明道之《识仁篇》与《中庸》同旨:

> 不肖每观此章(按指《识仁篇》)之意,却在"识得仁体"上提得极重,下云"与物同体",则是己私分毫掺合不得。己私不入,方为识得仁体,如此却只是诚敬守之。中庸者,是此仁体现在平实,不容加损,非调停其间而谓之中也。急迫求之,总成私意;调停其间,亦难依据。唯有己私不入,始于天命之性,方能亲体,言行皆庸,无有起作迁改之几。盖不入己私,处处皆属天然之则故也。①

识得仁体,己私自不能入,而中庸正此仁体之现在平实、优悠舒缓之描述语。对明道释"必有事焉"一语为"未尝致纤毫之力"亦加发挥,认为说的是从容闲雅,积久成熟而入细微;明道之"内外两忘",说的是去除逐外、守内二种执着。对濂溪,念庵则修正一般对"无欲故静"的片面理解,而与己对仁体之解悟相贯通,谓:

> 周子所谓主静者,乃无极以来真脉络。……故能为立极种子。非就识情中认得个幽闲暇逸者,便可代替为此物也。指其立极处,与天地合德,则发育不穷;与日月合明,则照应不遗;与四时合序,则错行不忒;与鬼神合吉凶,则感应不爽。修此而忘安排,故谓之吉;悖此而费劳攘,故谓之凶。若识认幽闲暇逸以为主静,便与野狐禅相似。②

将濂溪之静与《易·系辞》对天道的描述结合起来,认为静寂在本体论上是与宇宙之自然健顺合一的前提,在修养功夫上是去除造作劳攘,使修养得以在自然心境下进行的前提。对白沙之功夫论,则认为其致

---

① 《答张浮峰》,《罗洪先集》,第247页。
② 《答门人》,《罗洪先集》,第403页。

虚以后须继之以致知,方是有体有用之学,对借白沙之学肆行妄作者大加批评:

> 白沙致虚之说,乃千古独见。致知续起,体用不遗。今或有误认猖狂以为广大,又喜动作,名为心体。情欲纵恣,意见横行,后生小子敢为高论,蔑视宋儒,妄自居拟,窃虑贻祸斯世不小也。①

并将白沙诗"千休千处得,一念一生持"郑重付嘱门人,告诫曰:"于千休之中而持一念,正出万死于一生者也。今言休而不提一念,便涉茫荡,必不能休。言念而不能千休,便涉支离,亦非真念。苟不知念,则亦无所谓能休者。能念,不期休而自休矣。"②休者美备之境,念者修养之志。须休从修养而得,念不执持过甚,则庶几乎正途。此亦前重言提揭濂溪之意。

念庵达于濂溪、明道、白沙之境界后,回视他中年尝服膺无间言之双江,即觉有把捉不化之病。他明白表示此意说:

> 此学日入密处,在纷纭缪轕中自得泰然,亦不烦照应,乃千古一快心事。"不烦照应"一语,双老所极恶闻,却是极用力,全体不相污染,乃有此景,乃有此事。如无为寇之念,纵百念纵横,断不须照应,始无此念。明道"不须防检,不待穷索,未尝致纤毫之力",意正如此。③

常提不放,双江吃紧教人处;不烦照应,明道识仁之后优悠自然处。照念庵此时的意思,悟得仁体后,自能不烦照应,它是功夫着到,境界高迈,"全体不相污染"时之形态,不是未着功夫之先语。以不烦照应境界反观双江,自然觉得费力、把捉过紧。这说明念庵晚年熟化之时境界确不同于前。

---

① 《与吴疏山》,《罗洪先集》,第415页。
② 《书门人扇》,《罗洪先集》,第670页。
③ 《寄尹道舆》,《罗洪先集》,第253页。

念庵一生精进不已,其学术宗旨有数次变化。但念庵最为人知者,为其归寂主静之旨。念庵同时与后来之人,评述念庵,多着眼于此。而且往往把他与聂双江相提并论,如黄宗羲在说到他们救正王学现成良知派之功绩时说:"阳明殁后,致良知一语,学者不深究其旨,多以情识承当,见诸行事,殊不得力。双江、念庵举未发以纠其弊,中流一壶,王学赖以不坠。"①又说:"阳明以致良知为宗旨,门人渐失其传,总以未发之中认作已发之和,故功夫只在致和上。甚之而轻浮浅露,待其善恶之形而为克治之事,已不胜其艰难杂糅矣。故双江、念庵以归寂救之,自是延平一路上人。"②此说对我们理解念庵之学的特点和作用自然十分有启发意义。但念庵早年脱化太速,晚年彻悟仁体,其中对濂溪、明道、白沙之学的摄取、融释及对双江的超出与批评,又是研究、评价念庵之学中不可不知之处。

第五节　王时槐对江右王学的拓展

王时槐(1522—1605)字子植,号塘南,江西安福人,生于湖南湘阴,十岁归安福。嘉靖进士,历仕南京兵部主事、员外郎、南京礼部郎中、福建漳南兵巡佥事、尚宝司少卿、太仆寺少卿、陕西参政等职,以南京太常卿致仕。有《友庆堂合稿》七卷③传世。

王塘南一生苦学,几番转进,所得愈益精微。他自述为学经历说:

自弱冠师事两峰刘先生,请事圣学。已而入仕,虽以其钝功所及,求质于一时诸先觉,切磋于四方良友,精神所注,未敢荒昧。

---

① 见《明儒学案·江右王门学案五》,第468页。
② 见《明儒学案·江右王门学案四》,第458页。
③ 本文据《四库存目丛书》所收清光绪三十三年重刻本。

顾迹涉尘鞅,迄无专力,以是五十而未有闻焉。及退休,大惧齿衰,惕然惭悚,则悉屏绝外纷,反躬密体,瞬息自励,如是者三年,若有见于空寂之体。又十年,渐悟于生机微密,不涉有无之宗,以为孔门求仁之旨诚在于此。盖始者由释氏以入,浸渍耽嗜,如醒初醒。已乃稍稍疑之,试归究六经,实证于心,则如备尝海错而后知稻粱之不可以易。以自迷自反,屡疑屡悟,仅仅渐通,非袭人唇吻而得。故卒之真若憬然有窥于孔子之道之为大中,遵信而不忍少悖。因叹世儒胶训诂、牿形器,虽名尊孔子,实则未知之。乃至尊释氏者则叛孔孟,亦安得为智也。始者窃喜释氏生死之谈,至是若有信于昼夜通知之理,无足惊诧者,而后学定而无余惑。嗟夫!诚资下锢深而觉之太晚矣。①

考之塘南年谱,塘南自幼由父亲教授,所学多为程朱学。年二十三,师从同乡刘文敏,习以居敬穷理之学。继乃检寻程朱语录及罗钦顺《困知记》,久之窒碍无所得。二十六岁,偶读《慈湖遗书》,对其不起意而天机自畅之旨甚惬于心,遵信不疑。次年,受教于同乡刘师泉,师泉以着实用功,勿遽用自然告诫。三十三岁,心契同年陆光祖之学。光祖雅好佛学,常习静,亦好谈生死,此点对塘南影响很大。三十八岁,造门见罗念庵,念庵对其注念生死之说甚不以为然。四十五岁,于同寅万廷言(号思默)处闻艮背之说,自言:"每日在寺中静坐内观,从事艮背之学,久之颇觉有效。"②所谓艮背之学,思默有言:

　　古之善养心者,必求一掬清净定水旦夕浇浸之,庶转浊潦为清凉,化强阳为和粹,故《大学》"定静",《中庸》"渊泉",《孟子》"平旦之息",大《易》"艮背"之旨、"洗心"之密,皆先此为务,润身润家国天下,一自此流出。不然,即见高论彻,终属意气,是热闹欲机,

---

① 《塘南居士自撰墓志铭》,《友庆堂合稿》卷七,第14页。
② 见王时槐:《恭忆先训自考录》,载《王塘南先生自考录》,1920年塘南族裔王锡馨重刊本,第22页。此本藏江西省图书馆。

人己间恐增薪槱耳。①

程颐对所谓艮背也有解释,谓:

> 故艮之道,当艮其背。所见者在前,而背乃背之,是所不见也。止于所不见,则无欲以乱其心,而止乃安。②

可知为使心定静之功夫。此后习静为塘南修养之常课。四十九岁,至浙江谒钱绪山、王龙溪,自言:"钱公论学谆切,王公谓平常心是道,不可过求。"③五十岁,上疏乞休,自念年已近衰,而学道无闻,仕路亦多沮,有挂冠归隐之意。不久,准其致仕归家。五十二岁,发愤自励,专意向学。"自念年及衰而学未成,既弃官归,世缘已毕,不大明此学,真虚生矣。自此益鞭策参求,昼夜不懈。"④此后又见过倡止修之学之李材、江右学者胡直、泰州学派之罗近溪、东林学派之钱一本等,而学问之成则全得力于讲学。自言:

> 某自归金田以来,赖吾郡先觉倡明正学,遗风尚存。郡邑岁时会讲不辍。如在郡有青原之会,安福有复古、复真、复礼、道东之会,庐陵有宣化、永福二乡之会,吉水有龙华、元潭之会,泰和有萃和之会,万安有云兴之会,永丰有一峰书院之会,永新有明新书院之会。每及期见招,必往赴焉。⑤

与会人数甚多,八十三岁主讲安福复古书院的一次,多至八百人。塘南之学,全在五十岁辞官归家后不断体会,转进,机缘多在讲学中得。故东林学者高攀龙说:"塘南之学,八十年磨勘至此,可谓洞彻心境者也。"⑥

---

① 《万思默约语》,见《明儒学案·江右王门学案六》,第 509 页。
② 见《周易程氏传》卷四,载《二程集》,中华书局,1981 年,第 968 页。
③ 见《王塘南先生自考录》,第 23 页。
④ 《王塘南先生自考录》,第 25—26 页。
⑤ 《王塘南先生自考录》,第 31—32 页。
⑥ 见《明儒学案·江右王门学案五》,第 469 页。

塘南之学,大体分为三个阶段:第一阶段是五十岁去官归乡之前。此期师从多门,质之四方,学无定向。第二个阶段是归乡后的十余年间,此期反躬密体,为学以求心体之空寂为主。第三个阶段是六十岁之后,此期主寂感不二,视生生不已之真机为宇宙的本体,万物的原则。寂是功夫,是透显生生真机之体的手段。本来塘南起手即以刘两峰之已发未发本无二致,戒惧慎独本无二事为主,故不主离感求寂,专任未发。此点实遵刘两峰临终之嘱:"知体本虚,虚乃生生,虚者天地万物之原也。吾道以虚为宗,汝曹念哉!"①两峰殁时塘南51岁,此后的数年中,塘南一遵师嘱,为学以虚寂为主。此后十数年,才以生生之性体为主。如就寂感一如,归寂是手段,透显生生之体是目的之基本学理言,前期重功夫,后期重本体。而重虚寂则易陷入枯寂之病。塘南在致友人的信中曾说:

> 弟昔年自探本穷源起手,诚不无执恋枯寂。然执之之极,真机自生,所谓与万物同体者,亦自盎然出之,有不容已者。非学有转换,殆如腊尽阳回,不自知其然而然也。兄之学本从与物同体入手,此中最宜精研。若未能入微,则亦不无笼侗漫过、随情流转之病。②

此信写于1584年甲申,塘南时年63岁。从信中可以看出,塘南确有执恋枯寂之时期;但同时亦可看出,塘南认为,收敛此心使之寂然空无,实是生生真机自然涌出的不二法门。而起手即自万物一体入,没有致虚功夫,则易入于笼侗颟顸之病。

又有一信曰:"此心湛然至虚,廓然无物,是心之本体原如是也。常能如是,即谓之敬。阳明先生所谓'合得本体是功夫'也。"③此信亦写于王塘南63岁时,正是他着重于空寂之心体之时。此时虽亦认为

---

① 见《明儒学案·江右王门学案四》,第432页。
② 《与萧兑嵎》,《友庆堂合稿》卷一,第13页。
③ 《答郭以济》,《友庆堂合稿》卷一,第14页。

学无分于动静,但偏重于以心静拒外诱,保持心的虚寂本体。也就是说,相对于晚年重视心的内容方面,此时他重视的是心的形式方面。他有一信说:

> 学无分于动静者也。特以初学之士纷扰日久,本心真机尽泊没蒙蔽于尘埃中。是以先觉立教,欲人于初下手时,暂省外事,稍息尘缘,于静坐中默识自心真面目,久之邪障彻而灵光露。静固如是,动亦如是。到此时,终日应事接物,周旋于人情事变中而不舍,随处尽伦,随处尽分,总与蒲团上功夫一体无二。此静定之所以先于能虑,而逢源之所以后于居安也。岂谓终身灭绝伦物,块然枯坐,徒守顽空冷静以为究竟哉!①

由于着重于心体之虚寂,此时他对于佛教养心之法有所汲取。如他在给友人的信中指出:

> 彼禅家语盖有为而发。彼因见有等专内趋寂,死其心而不知活者,不得已发此心以救弊耳。今以纷纷扰扰嗜欲之心全不用功,却不许其静坐,即欲以现在嗜欲之心立地成佛,且称尘劳为如来种以文饰之。此等毒药陷人于死,真所谓以学术杀天下者也。②

此时塘南用功之总方向,在后天之为善去恶以保持先天本寂之心。故亦强调先天之中。此时他论良知曰:

> 知者先天之发窍也。谓之发窍,则已属后天矣。虽属后天,而形气不足以干之。故知之一字,内不倚于空寂,外不堕于形气,此孔门之所谓中也。末世学者,往往堕于形气之灵识为知,此圣学之所以滋晦也。③

先天之发窍,即王阳明所谓天理之昭明灵觉。天理为先天,发窍属后

---

① 《答周守甫》,《友庆堂合稿》卷一,第5页。
② 《答贺弘任》,《友庆堂合稿》卷一,第11页。
③ 《答朱易庵》,《友庆堂合稿》卷一,第4页。

天。后天流行之先天,仍非与形气为一类。故良知内容非空,形式可无拘滞,此所谓中。而王时槐此时强调的仍是良知之无粘滞,其内容上之生生不息之真机,是晚年强调的重点。在强调虚寂这个阶段,聂双江之归寂、罗念庵之主静、陆光祖之佛学、钱德洪的重视后天诚意都对他有重要影响。但这些影响只是加强了他对功夫一面的重视,对良知、心体本来虚寂这一面的重视。但寂与感、体与用、先天与后天、本体与功夫一而不二这一点,王时槐时时清醒,亦时时不忘提掇。

强调静寂之体的另一个原因是欲对当时学弊进行纠举。王时槐曾为《念庵文集》作序,其中说:

> 昔孔门示未发之中,盖言性也,而以戒慎恐惧为复性之功。此万世言性学者之彀率也。或疑以性为未发,得无偏于寂乎?不知性体物不遗,物可睹闻而性不可以睹闻言。故曰未发也。是名为中,安得谓之偏?……或又谓性常生者也,曷不任其生机之活泼乎?不知形生神发,物诱而情荡,性斯凿矣。戒惧者,本乾元以资始,是谓真生。不然离性而外驰,是妄生矣。王文成公曰:"良知是未发之中。"又曰:"戒慎恐惧是本体。"可谓言约而尽矣。慨先圣既往,正学不传,异学者流,纷纷谈性,浸入于诐淫邪遁,而圣脉几绝。后千余年,周程继出,其指道之本原曰"无极",曰"人生而静以上不容说";其言学曰"主静",曰"主敬",孔门之旨赖以复明。嗣是而降,世儒失于闻见支离,王公有忧之,特揭致知以救其弊。曾未数十年,而袭其说者误以情识为良知,以虚见悬解为了悟,以圆转逐物为妙用,以逾矩溃防为超脱,谈愈高而行愈敝。念庵先生忧之,乃曰:知之良者,以未发也。收摄聚敛以全吾未发,是致之之功也。①

此序作于王时槐 81 岁时,可谓晚年定论。其中对他所以表彰念庵之

---

① 《念庵罗先生文要序》,《友庆堂合稿》卷三,第 19—20 页。

学之苦心剖白甚明。这就是,标揭未发之中为性,以戒惧为复性之功,以防离性驰情。有宋诸大儒之主静之学多就收敛一路,以救情荡性凿之敝。阳明乃针对朱子学占统治地位以后学者着眼于见闻,夸多斗富而遗落德性之弊,倡致良知之教。不数十年而王门流弊又起,其中最大者为以情识冒认良知,以不作工夫为超脱。罗念庵之主静,倡收摄保聚,正所以救正王学流弊。王时槐自认为为学宗旨近于念庵,其纠正学弊之苦心也正同于念庵。这正是王时槐对自己曾力倡空寂之体的一个说明。他又说:

> "致良知"一语,是阳明先生直示心髓。惜先生发此于晚年,未及与学者深究其旨。先生没后,学者大率以情识为良知,是以见诸行事殊不得力。罗念庵乃举未发以究其弊,然似未免于头上安头。夫所谓良知者,即本性不虑之真明,原自寂然,不属分别者也。此外岂更有未发耶?①

此处虽对念庵强调未发之学术宗旨不惬于心,但对念庵救正王学的苦心则甚表赞扬之情。

塘南中年时代虽遵循归寂以通感的用功方向,但对寂感、体用一而不二这一点强调甚多。对归寂的倚赖亦远较聂双江为轻。他有见于王门在这些问题上的争讼,对类似邹守益、欧阳德等对聂双江的质疑问难也着意避免,故他起始就强调寂感、体用、先天后天一而不二。只是中年时由于对立志、后天功夫的强调,才寻致他特别重视空寂之体。而随着功夫的深入,随着对本体的体认的加深,对天道、性体等与本体相通的范畴内涵的理解加宏,亦由于晚年对身心把捉的放松,拘执的脱化,王时槐在坚持终身持守的体用不二的基础上,渐渐转向从正面对本体的含蕴进行体认与描述。

塘南晚年,大力强掇的是生生真机一观念。此观念远承《易传》、

---

① 《语录》,《友庆堂合稿》卷四,第16页。

《中庸》，近承明道、阳明，以生生不已之真机为天道性命之最终根源与真实内容。他尝说：

> 宇宙万古不息，只此生生之理。本无体用可分，无声臭可即，亦非可以强探力索而得之。故后学往往到此无可捉摸处，便谓此理只是空寂，原无生几，而以念头动转为生几，谓是第二义。遂使体用为二，空有顿分，本末不贯，而孔门求仁真脉，遂不明于天下矣。①

这是说生生既是宇宙之最高原理，也是宇宙间事物之真实本质。它是宇宙本体，是天地间之唯一存在，故体用范畴不足以刻画它。它不是具体存在物，故经验知识不能描述它。对它的把握只能用直觉体证。此是孔门求仁之真脉。故谓宇宙间无此生几不可，认为有生几而欲以体用、本末等去把握它亦不可。

塘南特别重视生生之几的本体性，特别标示它的种种形上学性质，提醒学者不仅要将它与道家的本体"无"区别开来，亦要与宋儒"诚无为，几善恶"的"几"区别开来。他说："生几者，天地万物之所从出，不属有无，不分体用。此几以前更无未发，此几以后更无已发。若谓生几以前更有无生之本体，便落二见。"②其讲学语录中也记载："问'研几'之说。曰：周子谓：动而未形，有无之间者为几。盖本心常生常寂，不可以有无言，强而名之曰几。几者，微也。言其无声无臭而非断灭也。今人以念头初起为几，即未免落第二义，非圣门之所谓几矣。"③对形上学的充分阐发，是塘南超出江右诸君的特出之处。江右学者的重点在功夫论上，论述也主要是围绕己之为学宗旨，在心之动静、体用、中和、已发未发上着眼，较少对天道性命本身及天道性命与良知心体的关系作发挥。塘南以八十年磨勘有得之体验，直造形上本体，其境

---

① 《答贺汝定》，《友庆堂合稿》卷一，第34页。
② 《与贺汝定》，《友庆堂合稿》卷一，第32页。
③ 《瑞华剩语》，《友庆堂合稿》卷四，第27页。

界与识度已迥出江右诸子之上。他对良知心体的内容、形式的阐释,亦一以他对天道性命之形上本体的理解为基础。

在王塘南这里,生生之真几这个本体又可以用心、性、命、意等概念来表示。不同的概念有不同的强调点。比如,此本体可叫做心,王时槐说:"此体虚而常生。其虚也,包六合以无外,而无虚之相也。其生也,彻万古以不息,而无生之迹也。只此谓之本心。时时刻刻还他本来,即谓之学。此理至大而至约,唯'虚而生'三字尽之矣。"①用本心刻画本体,是因为心最能表达本体虚而生的性质,心最能忘怀自我而达到与本体为一的境地。而达此境地即谓之学。此处之"心"是象征的、类比的说法,是天心。王塘南同时有大量关于人心的论说。据天人一本之原理,天心与人心在性质与功能上本来相通。

用心字描述本体看重的是它的虚而能生之性质,用性命二字描述本体看重的则是它的永恒不变而具有理则,及它的运行既有机缘又有必然性这一点。而性又是天与心中之理良知的中介。王时槐论性命二字说:

> 性命虽云不二,而亦不容混称。盖自其真常不变之理而言,曰性;自其默运不息之机而言,曰命。命者性之命也,性者命之性也,一而二,二而一者也。……尽性者,完吾本来真常不变之体;至命者,极吾纯一不息之用,而造化在我,神变无方。此神圣之极至也。②

此描述如指向天,性命就是宇宙本体字,如指向人,性命就是天在人这一宇宙个体上的表现字。天有其真常之理,此理即宇宙普遍法则;天有其默运不息之机,这个不息之机就是大化流行之过程。过程是法则的表现,法则是过程的主宰和理数。人亦有真常之理,此理即人生生

---

① 《与欧克敬》,《友庆堂合稿》卷一,第45页。
② 《答邹子尹》,《友庆堂合稿》卷一,第59页。

之性。人亦有默运之机,此默运之机就是人在宇宙中的生命过程。天人不二,皆"性者命之性,命者性之命"。

由性命说,王塘南自然引出他的良知说。在他这里,性是天理与人的知觉意念的中介,而良知恰是这样一种存在。王塘南在与友人的信中说:

> 性之一字,本不容言,无可致力。知觉意念,总是性之呈露,皆命也。……性者,先天也;知属发窍,是先天之子,后天之母也。唯知为先天之子,后天之母,则此知正在体用之间。若知前求体则着空,知后求用则逐物。知前更无未发,知后更无已发,合下一齐俱了,更无二功,故曰独。独者无对也,无对则一,故曰不贰。意者知之默运,非与之对立而为二也。
>
> 性不假修,只可云悟而已。命则性之呈露,不无习气隐伏其中,此则有可修矣。修命者,尽性之功。①

此信写于塘南 76 岁时,代表他晚年对于性命与良知关系之深造有得之见。此见是对于程朱之"性即理"与阳明之"良知是天理之昭明灵觉"二种思想的融合。此中性是形而上者,故不容言,无可致力。命是形而下者,指人的形气构成之肉体,有知觉意念等功能,同时它是性所显发之地。良知上接天理,下连人心。其内容是天理,其表现在知觉。故是先天之子,后天之母。"知属发窍"之知,指良知,良知是性之呈露,意同于王阳明所谓"良知是天地万物发窍处","良知是天理之昭明灵觉"。良知是性命合一体。

另外,王塘南也继承王阳明,以独知、独体解良知。他对"意"字的解释更加独特。此解不同于阳明之"心之所发便是意"。王阳明之"意"为意念,而王时槐之解为"意者知之默运"。意思是,意是良知所代表之道德意识在心内的自我流行。此已将意收归为心内的活动,非

---

① 并见《答萧勿庵》,《友庆堂合稿》卷一,第 54—55 页。

智识心产生并发散于外的一个具体指向。收归心内,这已开后来刘宗周"意为心之所存而非心之所发"这一颇有深义的创意之先河。王时槐解释良知,是自宇宙本体之法则在人心的表露这一角度立论,故眼界阔大,境界高明。王时槐对己之"意"与流行解释特别提出辨别:

> 意亦不可以动静言也,动静者,念也,非意也。意者,生生之密机,有性则常生而为意,有意则渐著而为念。……天下未有性而不意者,性而不意,则为顽空。亦未有意而不念者,意而不念,则为滞机。惟学者真能透性,则性能生一切,而不可以意言,不可以念言。故欲意之诚,必知性之为至善、为大本而止之而后可也。能知止则意无其意,是谓意诚;心无其心,是谓心正。而身、家、国、天下一以贯之无余矣。①

意不可动静言,表示其为非经验性事物。但它必靠经验性事物来呈现。生生之密机,表示意为代表"性"之创生义、活动义之概念。有性则常生而为意,表示性与意为一体之两面,性为本质义,意为创生义。性为一即存有即创生、既有常道之形式又有生生之内容的本体性存在。故性而无意则为顽空,意而无念则为滞机。此义他在与友人的信中反复提起,如他在给南中王门学者唐鹤徵的信中说:

> 性体本寂,万古不变,然性非顽空,故密运而常生。唯几萌知发,不学以反其本,则情驰而性蔽矣。故曰:"反身而诚,乐莫大焉。"②

上所谓透性,在知性者为参透以上性之本质与内容,在性本身为透出遮蔽之重围而显现于知性者之心中。能透性则性之创生义、性所蕴涵之万物万理一时毕现。故知性与诚意、止至善一而二、二而一。到此境界,本体流行,对本体诸性质之描述语、顿放语一时皆无。能透性,

---

① 《答杨晋山》,《友庆堂合稿》卷二,第20—21页。
② 《答唐凝庵》,《友庆堂合稿》卷二,第50页。

则《大学》之三纲八目所揭示的功夫步骤与所得境界皆一时为本体流行所囊括、所代替。由意字带出对本体的理解与诠释,王塘南对理学乃至整个儒家形上学的体会可谓深厚矣。

塘南对本体的理解与诠释,取益于《周易》者甚多。其收敛身心,归于虚寂,而后体天地之生机之说,吸取了《周易》"潜龙勿用"的思想。而其对宇宙本体的证解,与他对《周易》乾坤两卦的性质的解释大有关系。如他说:"夫盈宇宙间唯此性而已,天地万物皆此性之流形也,凡流形者有成毁也。人在宇宙间亦唯此性而已,七情百行皆此性之流形也。流形者有转换而性无转换也。《易》曰'乾知太始',此知即天之明命,是谓性体,非以此知彼之谓也。《易》曰'坤作成物',此作即明命之流形,是谓性之用,非造作强为之谓也。故知者体,行者用。善学者常完此大始之知,即所谓'明得尽,便与天地同体'。故即知便是行,即体便是用。是之谓知行一、体用一也。"① 就天道说,宇宙总体叫性,此之谓乾元。它是一切具体事物的来源,故"乾知太始"。此性在流行中贞定为万事万物,故"坤作成物"。性与万物可说是一与多、理与事、体与用之关系。万物之运行图景,可谓"大哉乾元,万物资始,乃统天。云行雨施,品物流形。大明终始,六位时成,时乘六龙以御天。乾道变化,各正性命。保合太和,乃利贞"。② 而人之性情来源于天,可与天道类比。此处又援引《中庸》以入《易》。"乾知太始"之知,即良知,良知是人之性。天之明命即《中庸》所谓"天命之谓性",良知乃天之所命,是为性体,非知识之知。"坤作成物"之作,乃七情百行之作,是性之流形。此流形乃自然而然,非造作强为。故性是体,七情是用;性是知,七情是行。人这一性命合一体是即知即行、即体即用的。仅就天道与万物,人之性与情的关系之阐发说,塘南对于《周易》的吸取是明显的,而且他是将《周易》化入其他理学经典特别是《中庸》之中来论证的。

---

① 《再答宪使修默龚公》,《友庆堂合稿》卷二,第28页。
② 《周易·乾·文言》。

这在塘南的著作中随处可见。

在以上证境之观照下,塘南对理学的重要概念皆取融释态度。不仅对程朱陆王取调和态度,即对儒门中一些重要学说,也力主和会。如他在给东林学者钱一本(号启新)的信中说:

> 大率虞廷曰中,孔门曰独,春陵曰几,程门主一,白沙端倪,会稽良知,总无二理。虽立言似别,皆直指本心真面目,不沉空,不滞有,此是千古正学,更复何说。然非毕力深诣,亦恐落在道理见解一边,终未亲切。此亦世儒之通病也,必觌体彻透,勿堕情识,直到水穷山尽处,庶几得之。①

塘南之会通,着眼于"直指本心真面目",也就是立基于以上他对天道性命之本体之体认,在此种体认、此种境界之照彻与映衬下,各个时代儒门有代表性的学说,都是道体之一端,立言虽别,旨趣则一。塘南所指斥者,在沉空滞有,这里主要指佛道二教及俗儒之学。而他所举之周敦颐、二程、陈献章、王阳明,皆能"出入佛老然后返归六经",且因佛道学养之陶镕熏习,其儒学更加深厚广大。此信写于塘南80岁时,此时塘南之学多指向对宇宙本体的体悟,对理学各范畴的融释浑化,对各种粘滞的消融蜕出,故着眼于儒学理论的一般本质,对其中的不同多略去不论。故强调对天道性命之觌体透彻,反对在道理见解上落脚。同时亦告诫学者,此种境界的达成,此种识度的获得,非荡涤情识,体究至山穷水尽地步不能照见。此是塘南八十年磨勘至此的心得,非可以笼统视之。

关于对朱子、阳明的调和,塘南着眼于格物与致良知在穷理尽性以达至宇宙根本之理这一点上的一致。他在答友人的信中说:

> 某于此究心久矣。朱子格物之说本于程子,程子以穷至物理为格物。性即理也,性无内外,理无内外。即吾之知识念虑,与天

---

① 《寄钱启新道长》,《友庆堂合稿》卷二,第 21 页。

地、日月、山河、草木、鸟兽皆物也。皆物则皆性也，皆理也。天下无性外之物，无理外之物。故穷此理至于物物皆一理之贯彻，则充塞宇宙，绵亘古今，总之一理而已矣。此之谓穷理尽性之学。此其义不亦甚精乎？此与阳明先生致良知之旨又何异乎？盖自此理之昭明而言，谓之良知。良知非情识之谓。即程门所谓理也、性也。良知贯彻于天地万物，不可以内外言也。通乎此，则朱子之格物非逐外，而阳明先生之说非专内，明也。故曰：朱子与阳明先生之说实相贯通者，此也。①

此信亦写于塘南80岁时。他是以上述对天道的体悟来看朱王两家之学的。朱子之即物穷理，初学者所穷为物理，而知道者体认其为性理。性理者，宇宙根本之理、统一之理。阳明之致良知，所致者为此宇宙根本之理、统一之理在人心之呈现。所谓"良知者，所性之觉"，"良知者，天理之昭明灵觉"。格物致知即推致良知所知之天理于事事物物。在塘南之境界的照彻下，朱子之格物与阳明之致良知，到穷理尽性之极处，二说可以归一。所谓逐外、专内之说，在此境界下只视为功夫着重点之不同。此不同不碍其根本意旨之同。但塘南对朱子、阳明二人所处之学术背景，所欲纠治的弊病，和所产生的流弊，皆有清楚的分辨，故对二人之学术贡献，皆有中肯之评价：

> 朱子之说，欲人究彻弥宇宙、亘古今之一理，在初学遽难下手，教以姑从读书而入，即事察理，以渐而融会之。后学不悟，遂不免寻枝摘叶，零碎支离，多歧亡羊而不知止，则是徒逐物而不达理，其失程朱之本旨远矣。故阳明先生以学为求诸心而救正之，可谓有大功于世。而后学又不悟也，复以心为在内而物为在外，且谓理只在心不在物。殊不知心无内外，物无内外，徒执内而遗外，又失阳明先生之本旨也。程伯子谓与后学言如扶醉人，救得

---

① 《答杨晋山》，《友庆堂合稿》卷二，第19—20页。

一边,倒了一边,信矣。①

此仍是以心无内外、物无内外之学问境界来论说朱子阳明之学可以归一,而判定朱子阳明两家后学所产生的弊病,实起于不善学朱子阳明。从这里看,塘南有明确的调和朱子阳明两家之学的意愿。他此种融合所据之理论,实本于他对天道性命的高迈理解,此不同于江右诸人。他对江右学派之融合朱子阳明之意,实有发展、大成之功。

塘南晚年,以对天道性体的证悟为为学宗旨,透悟性体,此谓透性。以收敛身心,退藏于密,在细微之几上去除形气对性体的染污,恢复性体之粹,此为研几。关于透性,塘南说:

> 性本不容言,若强而言之,则虞廷曰"道心惟微",孔子曰"未发之中",曰"所以行之者一",曰"形而上",曰"不睹闻",周子曰"无极",程子曰"人生而静以上",所谓"密"也,"无思无为"也,总之一性之别名也。学者真能透悟此性,则横说竖说只是此理。一切文字语言,俱属描画,不必执泥。若执言之不一,而遂疑性有多名,则如不识其人而识其姓氏、名讳、别号以辨同异,则愈远矣。性之体本广大高明,性之用自精微中庸。……若复疑此,以为只以透性为学即恐落空,流于佛老之归,故每以寻枝逐节为实学,以为如此乃可自别于二氏,不知二氏之异处,到透性后自能辨之。今未透性,而强以猜想立说,终是隔靴爬痒,有何干涉,反使自己真性不明。②

此处明说,透悟此性,则知孔门之精髓只是此理字。透性则执泥立消,直与性体为一。故塘南说:"学未彻性者,则内执心,外执境,两俱碍矣。于性彻者,心境双忘,廓然无际。"③透悟性体义上文说之已多,此

---

① 《答杨晋山》,《友庆堂合稿》卷二,第20页。
② 《答岭北道龚修默公》,《友庆堂合稿》卷二,第42—43页。
③ 《潜思札记》,《友庆堂合稿》卷四,第39页。

处所引者为直接说到透性的资料。

透性是对本体的体证,具体的修养功夫在研几。研几语本《易·系辞》:"夫易,圣人之所以极深而研几也。"几者,事物将形未形之微细状态。《易·系辞》有"几者动之微,吉之先见者也"之语,并倡导"君子见几而作,不俟终日"。研者,细审之意。周敦颐之《通书》大力发挥《易传》此义,倡为诚、神、几之说:"寂然不动者,诚也;感而遂通者,神也;动而未形,有无之间者,几也。……诚、神、几曰圣人。""诚无为,几善恶。"塘南所谓几,所谓研几,都与传统解释不同。如他说:

> 性廓然无际,生几者,性之呈露处也。性无可致力,善学者唯研几入于极深,其庶矣乎。
>
> 研几者,非于念头萌动辨别邪正之谓也。此几生而无生,至微至密,非有非无。唯绵绵若存,退藏于密,庶其近之矣。白沙先生云:至无有至动、至近、至神焉。发用兹不穷,缄藏极渊泉。旨哉言乎!①

首先,他把几看做生几,而所谓生几,是性体之生意之呈露,此几唯是善,不过极端微细而已。而因几是动而未形,有无之间,故气机亦萌动,与生几若即若离。此时之研几,即保存此微细之善而养至广大坚固之势。此即"入于极深"。而保存此微细之善,就在于使它绵绵若存,退藏于密。如陈白沙之静中养出端倪,几即端倪。唯此几为善,为性之呈露,为一切善的行为的根据,故发用不穷。而它本身因极微细,或缄藏渊深。此处之研字,细审而保藏之意多,研穷而识知之意少。研几实为知行合一。故塘南提醒人注意,研几绝非念头生起而后辨别善恶。念头上辨善恶是粗几,是显著之有,非动而未形,有无之间者。研几重在保存本有之善端,念头上辨别则重在区分善恶,二者确有隐显、轻重之不同。塘南之讲学语录可证此义:

---

① 并《静摄寤言》,《友庆堂合稿》卷五,第15页。

> 问:"研几之说何如?"曰:"周子谓动而未形、有无之间为几。盖本心常生常寂,不可以有无言,强而名之曰几。几者,微也,言其无声臭而非断灭也。今人以念头初起为几,即未免落第二义,非圣门之所谓几也。"①

研几重在善端之保存,塘南在他处亦有说明,如:

> "寂然不动者诚,感而遂通者神,动而未形、有无之间者几。"此是描写本心最亲切处。夫心一也,寂其体,感其用,几者体用不二之端倪也。当知几前无别体,几后无别用,只几之一字尽之。希圣者终日乾乾,唯研几为要矣。②

寂感者,心之体用,寂者性,感者情,寂者体,感者用。几者性体之呈露为情之初际,它即体即用,故为体用不二之端倪。几前为性,几后为性之呈露,故曰几后无别用。无别用者,即此体是用。故几之内容为善,尚未与形气混杂。研几即识取此微细之善而存养之。此义在对《大学》"慎独"一词的解释中也体现出来。塘南有《石经大学略议》,其中说:

> 独者一性之呈露,而万有之根柢,所谓坤复之间。此几默然常运,了无朕迹,不可以有无言者也。于此慎之,是谓"不远复"之学。……独固难识,而慎亦未易言。邵子言:"子之半,一阳初动而万物未生,吾心之真几息息常生而无生相。"其独之谓乎!独为生之端,于此不慎,则意驰而漓其本。故贵于慎也。慎者,研几入微,精以一之之功也。③

此处独即几,即"一性之呈露而万有之根柢"。坤者纯阴,复者纯阴之

---

① 《三益轩会语》,《友庆堂合稿》卷四,第27页。
② 《唐曙台索书》,见《明儒学案·江右王门学案五》,第489页。按:此条《明儒学案》注明出处为《唐曙台索书》,但今《友庆堂合稿》卷六之《泰和曙台唐侯索书漫呈六条》中仅五条。疑此条即所缺之一条。
③ 《友庆堂合稿》卷五,第42页。

一阳。而独者坤复之间,所谓动而未形者。"子之半"同此义。慎者保此独、几而使之精一之功。慎独即研几。慎独研几是后天功夫,塘南说:

> 性先天也。独几一萌,便属后天。后天不能不习气隐伏,习之不尽,终为性之障,故必慎之。至于习气销尽,而后为悟之实际。故真修乃所以成其悟,亦非二事也。
>
> 性贵悟而已,无可措心处。才一拈动,即属染污矣。独为性之用,藏用则形气不用事以复其初,所谓阴必从阳,后天而奉天时也。①

慎之功夫在去除独之障而复其初。阴必从阳,后天而奉天时,则重在先天之保任。

研几、慎独,是保任先天微细之善端。研几、慎独皆淡泊、恬退之学,此义塘南晚年提掇尤为切至,其时之讲学语录几全为此类警诫语。如《瑞华剩语》中的几条:

> 圣学以研几为宗,盖中道也。几未易言,故必极深乃为实际。《大学》贵知止,而《易》象之言"止"曰:"君子思不出其位。"唯思不出位,则入微而得其本然之止,非强为也。"思不出位",其研几之指诀乎?此心真几,其混沌初辟之灵窍,而万有肇端之根柢乎?潜心退藏于密,譬如北辰居其所而众星拱之。此君子所以暗然而日章也。②

极深、思不出位、退藏于密,皆淡泊恬退之学,唯此才能慎独、研几。塘南并且认为,《大学》、《中庸》之所言,一言以蔽之,曰慎独、研几。他说:

> 《中庸》首揭天命之性,而谓未发为天下之大本。篇中言明善

---

① 并见《石经大学略议》,《友庆堂合稿》卷五,第44页。
② 《友庆堂合稿》卷四,第29—30页。

择善,正指性之至善为本之说也。其言独,曰不睹闻、隐微,而即曰"莫见莫显",正所谓动而未形、有无之间。其描写独之面目可谓亲切矣。既言戒慎恐惧,而末章详言"尚䌹"、"暗然",由微自以入德,潜伏于人所不见,敬信于不动不言,笃恭于不显不大,于声色之末,而归极于无声臭之至。正潜藏收敛、研几入微之旨也。《大学》举其略,《中庸》示其详也。贾逵谓:"《大学》为经,《中庸》为纬,皆出于子思之笔。"其信然哉![①]

可见塘南晚年学说之重点在将生生不已之性体收归于淡泊恬退之心体,将对本体之透悟落实于慎独、研几之实修,将归寂、主静之旨作为其生生密几显现之条件。先天后天、本体功夫打并为一,既克服了聂双江割裂先天与后天、已发与未发、动与静、体与用的倾向,又克服了钱德洪在后天意念上用功,不能直接上通本体因而落于第二义的缺点。同时因为重视研几、慎独之实修,从而避免了王龙溪顺任先天本体,疏落后天功夫的偏向。他的慎独学说对刘宗周也有一定影响。另外塘南之学由于形上之识度特精,概念之间的分析与融摄有较高的程度,因而整个理论在论证、体悟的深度和含摄面的广度方面都超过了江右余子,可谓能光大王学的人物。

---

① 《石经大学略议》,《友庆堂合稿》卷五,第43页。

第七章
泰州诸人的儒学

泰州学派是明代儒学中的重要一派,但它不属阳明后学。除其创始人王艮尝师事阳明,其余皆自有授受,非王门中人。其所关注之问题,亦多不与阳明弟子同。泰州后学中,布衣之士多,特立独行者多,行侠仗义者多,故其学较少在良知含义上争论,较少对《诗》、《书》等经典解释发挥。对儒家学说之诠释,不尚玄远,多与自己日常修为有关。泰州学派门弟子众多,仅民国初年东台袁承业所辑之《心斋先生弟子师承表》,即列心斋弟子四百八十余人。"上自师保公卿,中及疆吏、司道、牧令,下逮士庶、樵陶、农吏,几无辈无之。考诸贤所出之地,几无省无之。先贤黄梨洲谓阳明之学得心斋而风行天下,于斯可证。"[①]此表中又列王艮之子王襞弟子二百一十人,[②]其中虽不无考证不确,仅为

---

① 见王艮裔孙王士纬著:《心斋先生学谱》,载《王心斋全集》,江苏教育出版社,2001年,第109页。
② 《王心斋全集》,第136页。

张大其军之处,但此数亦足见泰州之学之盛与门弟子之广。今对泰州诸人之儒学进行评述,拟选王艮、王栋、王襞、颜山农、何心隐、罗汝芳、焦竑诸人,兼及耿定向、李贽,冀从中见出其精神学术之一斑。

第一节　王艮的"百姓日用即道"与"淮南格物"

　　王艮(1483—1541)本名银,王阳明为他易名为艮,字汝止,号心斋。泰州安丰场人。家世为煮盐之灶丁。幼年入乡塾读书,因家贫辍学,随父商于四方。二十五岁经山东,谒孔子及颜曾诸庙,有学儒之志。自后每日诵《孝经》、《论语》、《大学》,常随身携带,向途人知学者验证己之理解,并付诸实行。尝按礼经制古冠服,视听言动一遵古礼,常默坐体道。故赵大洲为撰《墓志铭》说他"以经证悟,以悟释经。行即悟处,悟即行处"。一日梦天坠压身,众人奔号求救,王艮独力将天托起,拨正失序之星辰。醒后汗溢如雨,顿觉心体洞彻。后作《鳅鳝赋》,以己比鳅,以万民比复压缠绕,奄奄若死之鳝,鳝因鳅转身通气而有生意,最后同出此缸,归于长江大海。而视此为鳅之乐,自率其性,非望鳝之报。可见平素有救民水火之心。自称:"伊、傅之事我不能,伊、傅之学我不由。"①以乾之九二"见龙"为正位,谓:"'见龙',可得而见之谓也;'潜龙',则不可得而见矣。"②不愿隐居独善。年三十八,闻王阳明平宸濠后在南昌讲学,以古冠服进见,与王阳明论学竟日,几番往复,最后悦服称弟子。阳明谓弟子曰:"吾擒宸濠,一无所动,今却为斯人动。"③年四十,自制蒲轮,上书:"天下一个,万物一体,入山林求会隐逸,过市井启发愚蒙。遵圣道天地弗违,致良知鬼神莫测,欲同天下

---

① 《王心斋全集》,第5页。
② 《王心斋全集》,第4页。
③ 见《王心斋年谱》三十八岁条,《王心斋全集》,第70页。

人为善,无此招摇做不通。"沿途宣讲,直至京师。因冠服言动与人大异,京师人目为怪魁。阳明以其意气太高,行事太奇,使在京弟子促其归。归越后协助阳明教授四方来学。嘉靖七年王阳明殁于军中,王艮始赴阳明弟子各地讲会,所到处,多以王艮为主席。曾协助家乡分草荡之地,作《均分草荡议》,①以为"均分草荡,必先定经界"。卒于嘉靖十九年。其著作主要是讲学语录及少量诗文,王艮殁后由后人辑为《心斋先生全集》六卷,刻于万历间。族人合其子王襞、族弟王栋的著作为《淮南王氏三贤全书》,刻于清嘉庆间,今整理为《王心斋全集》。

王艮的学术,以良知天然自有、百姓日用即道、淮南格物、安身立本诸说最为重要。王艮从学王阳明在平宸濠之后,此时王阳明已揭致良知之旨。王艮性本倔强,意气高远,而平时所得又多为从儒家初级读物中所悟之切于身心之道理,此时习闻王阳明晚年致良知之说,所以,他信从良知本来现成,不用安排思索是很自然的。《语录》载:

> 王子敬问庄敬持养功夫。曰:"道一而已矣。中也,良知也,性也,一也。识得此理,则现现成成,自自在在。即此不失,便是庄敬;即此常存,便是持养。真体不须防检。不识此理,庄敬未免着意,才着意便是私心。"②

这里明白承认良知现成自在。但王艮讲良知现成,与王龙溪及罗近溪不同。龙溪与近溪讲的良知现成自在,多与作为心体的良知中的意志、选择、行动的根据诸义相连,故心的成分多些。而王艮此处,则性的成分多些。性则客观面的本然如此、平铺放着、须遵守不移的意味要强得多。故此处王艮强调的是良知与中、与性、与道的同一性。此意中汲取程明道"识得此仁,以诚敬存之。不须防检,不须穷索"的思想甚为明显。而良知现成自在,即直接发挥不须穷索之义。王艮的

---

① 见《王心斋全集》,第66页。
② 《王心斋全集》,第38页。

"天理者,天然自有之理也。才欲安排如何,便是人欲",①"只心有所向便是欲,有所见便是妄。既无所向又无所见,便是'无极而太极'。良知一点,分分明明,停停当当,不用安排思索。圣神之所以经纶变化而位育参赞者,皆本诸此也",②都是在说良知的表现形式及人应该有的运用良知的方式。无极而太极,是说它既是一个好的价值,是圣神用以参赞化育的根据和凭借,又是一个自然如此,天然呈现,不须人力安排的物事。故说:"良知之体与鸢飞鱼跃同一活泼泼地,当思则思,思通则已。要之,自然安排,不着人力安排。"③与鸢鱼同一活泼,是说其本体之变化无方,其表现则自然率真。思通则已也是说对此本体之体证一索即得,不必强探力索而再四苦求。由此王艮对持功太严而不自然者皆加裁抑,《语录》载:"一友持功太严,先生觉之曰:'是学为子累矣。'因指斫木者示之曰:'彼却不曾用功,然亦何尝废事。'"④又说:"戒慎恐惧,莫离却不睹不闻,不然便入于'有所戒慎,有所恐惧'矣。"⑤皆强调自然,强调和乐。这更多的是平民习学者的简易直接、身心受用,而非学院派的研穷、思索,痛自检点如刀锯鼎镬。

与此相连的是王艮所强调的"学乐"。王艮曾作《乐学歌》,其中说:

> 人心本自乐,自将私欲缚。私欲一萌时,良知还自觉。一觉便消除,人心依旧乐。乐是乐此学,学是学此乐。不乐不是学,不学不是乐。乐便然后学,学便然后乐。乐是学,学是乐。呜呼!天下之乐,何如此学;天下之学,何如此乐?⑥

王阳明曾说:"乐是心之本体。""良知本乐",并时时矫正弟子学道时的拘滞和逼迫感,故有"圣人之学不是这等苦楚的,不是妆做道学的模

---

① 《王心斋全集》,第 10 页。
② 《王心斋全集》,第 43 页。
③ 《王心斋全集》,第 11 页。
④⑤ 《王心斋全集》,第 89 页。
⑥ 《王心斋全集》,第 54 页。

样"等说法。王艮继承了王阳明这些说法,并用平民哲学家所具有的和乐、坦易、生气洋溢、平常心是道等思想风格去诠释它,实行它。在王艮看来,人心本体是乐,它是宇宙万物欣欣向荣、生意盎然的缩影。故"良知之体与鸢鱼同一活泼泼地"。人之不乐,多是私欲障其本乐之体,故"人心本无事,有事心不乐"。① 同时也表明,在王艮眼里,儒家圣学简易,易学易入,能在简单的日常行为中积渐学得,用不着精英学者所说的艰深的道理和繁难的修养功夫,故"天下之学,唯有圣人之学好学,不费些子气力,有无边快乐。若费些子气力,便不是圣人之学,便不乐"。② 王艮的学乐还表示,学儒学会得到一种快乐,即孔颜之乐。这种乐是一种因道德境界而有的心灵愉悦,也可以说是因奉行道德行为而有的崇高感。如王艮在《鳅鳝赋》中所说的见鳅使鳝转身通气,苏醒精神,同归长江大海之后而有的欣然之情。王艮的学乐歌,一扫学儒者常有的晦涩沉闷,规矩绳墨,也没有精英学者常有的天理人欲的激烈搏战带给人的痛苦和抉择之难。他呈现给人的是自然、和乐、平实中见深刻。

学与乐最可以见出他平民哲学家的特点。这里顺理成章的推论便是"百姓日用即道"。王阳明本有"与愚夫愚妇同的是同德,与愚夫愚妇异的是异端"的教训,同时王阳明的"不离日用常行内,直造先天未画前"的诗句也说的是百姓日用即道之意。王艮继承了王阳明此义,而结合他平民哲学家的观察、发挥,将此义推向极端。他尝说:"圣人之道无异于百姓日用,凡有异者,皆谓之异端。"又说:"百姓日用条理处,即是圣人之条理处。圣人知,便不失;百姓不知,便会失。"③在王艮这里,百姓日用即道是从内容与形式两个方面先发挥的。从内容说,指道的内涵不外乎百姓日用、民生之事,圣人首先是了解民生疾

---

① 《示学者》,《王心斋全集》,第57页。
② 《语录》,《王心斋全集》,第5页。
③ 《语录》,《王心斋全集》,第10页。

苦、解救民生疾苦的人。论治的首要关注点在民生日用。离开了对百姓日用的关注，就会堕入异端之说。故"圣人经世只是家常事"。圣人与百姓的区别在，百姓把日常生活当做本分，"日用而不知"，圣人则自觉地把民生当做职分中事。此点对后来李贽的"穿衣吃饭即是人伦物理"影响很大。从形式上说，所谓道，即与日常行为中、本能的反应中所体现的整体性、连贯性，自然如此、人力不得与，无将迎、无内外，合律则即合目的等性质为一。王艮年谱中说："先生言百姓日用是道，初多不信。先生指童仆之往来视听持行，泛应动作处，不假安排，俱自顺帝之则，至无而有，至近而神。"① 至无而有、至近而神即道。道即在泛应动作中体现。泛应动作的特点在简易直接，不用安排，当下即是，自然适宜。而这是道的最为重要的形式。邹守益之孙邹德涵的语录中曾记录了王艮与朋友的一段对话，这段话形象地说明了百姓日用即道这一方面的意思：

> 往年有一友问心斋先生云：如何是"无思而无不通"？先生呼其仆，即应；命之取茶，即捧茶至。其友后问，先生曰：才此仆未尝先有期我呼他的心，我一呼之便应，这便是"无思无不通"。是友曰：此则满天下都是圣人了。先生曰：却是日用而不知。有时懒困着了，或作诈不应，便不是此时的心。阳明先生一日与门人讲大公顺应，不悟，忽同门人游田间，见耕者之妻送饭，其夫受之食，食毕与之持去。先生曰：这便是大公顺应。门人疑之，先生曰：他却是日用不知的，若有事恼起来，便失这心体。②

童子捧茶，耕者之妻送饭，皆自然而然，不假思索，无所期必，无所将迎，不用矫饰，自然合理。道就是这种自自然然、现现成成之物。王艮百姓日用即道在形式上的特点，对后来罗汝芳影响甚大。罗汝芳的顺

---

① 《王心斋全集》，第72页。
② 见《明儒学案》，第354页。

适当下,无有攀援,解缆放船,顺风张棹,就是对王艮此义的发挥。

王艮对道、良知等范畴的归约、简化,使儒家学说成了人人可学可能的简易之学,不仅王艮乐于将此学教授于文化程度不高的一般民众,他的学说和人格也吸引了一批喜欢通俗儒学的下层劳动者。王艮弟子中有佣工林春、樵夫朱恕。受他的影响,其子王襞的弟子中,有陶匠韩贞、田夫夏廷美等。他们热心于将儒学的通俗道理,宣讲于普通民众。《明儒学案》记韩贞:"以陶瓦为业,慕朱樵(恕)而从之学,后乃卒业于东厓。粗识文字,……久之觉有所得,遂以化俗为任,随机指点,农工商贾,从之游者千余。秋成农隙,则聚徒谈学,一村既毕,又之一村,前歌后答,弦诵之声洋洋然也。"①记夏廷美批评当时读书人:"今人读孔孟书,只为荣肥计,便是异端,如何又辟异端?"对民间讲社中讲佛经供奉僧人深为不满,谓:"都会讲学,乃拥一死和尚讲佛经乎?做此勾当,成何世界!"②对当时影响极大的《四书章句集注》,则不读朱熹之注,专以本文反身体贴。其行事作略,皆不同于当时以读书科举出仕为主要进身之途的精英学者。

明代中后期,随着城市手工业的急剧发展与海外贸易的扩大,城市经济空前发展,市民文化十分活跃。随着文化教育下移,书院讲会蓬勃开展,理学向社会各阶层渗透的步伐加快,尤其受佛教道教善书宝卷的流行,庵堂寺观"俗讲"盛行之刺激,儒学向民间传播,文化教育的平民化逐渐成为风气。这在明人笔记小说及通俗文艺作品中有大量反映,对中国文化史有重大影响。王学既是这种趋势在哲学思想上的反映,也通过自身的思想与实践反过来对整个学术文化的下移,对儒学的民间化起了推波助澜的作用。这其中王艮及其作为创始者的泰州之学功绩十分明显。

王艮的平民特色在哲学上的反映是他的"淮南格物"说。"格物"

---

① 《明儒学案》,第720页。
② 《明儒学案》,第721页。

二字历来解释众多,清代学者全祖望至谓:"七十二家格物之说,令末学穷老绝气不能尽举其异同。"①仅就哲学史上最著名的训解说,郑玄训"知之善深则来善物,知之恶深则来恶物"。朱子训即物而穷其理,王阳明训正念头,清代颜元训手格猛兽之格,以犯手搥打撮弄为格物。王艮解格物曰:

> 身与天下国家一物也,唯一物也而有本末之谓。格,絜度也,絜度于本末之间,而知本乱而末治者否也。此格物也。物格,知本也,知本,知之至也。故曰"自天子以至于庶人,壹是皆以修身为本"也。修身,立本也,立本,安身也。

又有一段答问义旨更为明确:

> 诸生问格字之义,曰:"格如格式之格,即絜矩之谓。吾身是个矩,天下国家是个方,絜矩则知方之不正由矩之不正也,是以只去正矩,却不在方上求。矩正则方正矣,方正则成格矣。故曰格物。吾身对上下前后左右是物,絜矩是格也。其本乱而末治者否矣,便见絜度,格字之义。格物,知本也;立本,安身也。安身以安家而家齐,安身以安国而国治,安身以安天下而天下平也。故曰:'修己以安人','修己以安百姓'。修其身而天下平。"②

朱子、阳明的格物都是具体行为,都是一种修身功夫。而王艮的格物则是一种识度,一种见解,一种立身治学之宏规。故格物即知本。知本即在身与天下国家之间比较,而知身为本,天下国家为末的道理。由此先去修身,身正而正天下国家。这就是知本,知本是最高的知。知本是立身行事的基本条件,故曰:知所先后则近道。王艮的格物说,是对《大学》"壹是皆以修身为本"的发挥,与后来刘宗周以诚意慎独为根本的学问宗旨相同,故刘宗周尝赞扬王艮此说:"后儒格物之说,当

---

① 《经史问答》,《全祖望集汇校集注》,上海古籍出版社,2000年,第1961页。
② 《语录》,《王心斋全集》,第34页。

以淮南为正。"①它不取今日格一物、明日格一物的知识积累,也不取随事正其念头之心性修养,它首先着眼的是学问方向,是立身大本。此亦平民哲学之一特色,与韩贞每遇细讲经书中之语句则大恚曰"舍却当下不理会,搬弄陈言,此岂学究讲肆耶"②同一方向。

王艮的格物说,还包含有一个十分重要的内容,这就是他的安身说,及从其中推演出的明哲保身说、身尊道尊说。王艮从平民哲学家朴素的道理和现实的体察出发,反对精英学者因读史评史而对割股烹身,杀身成仁行为的盲目赞扬。他认为,安身是一切活动的前提,身不安则一切无从谈起。他尤其鄙视历史上因要名要利而做出的反人性的极端行为。他从平实的、朴素的立场看待安身和齐家治国等的关系:

> 止至善者,安身也;安身者,立天下之大本也。本治而末治,正己而物正,大人之学也。是故身也者,天下万物之本也;天地万物,末也。知身之为本,是以明明德而亲民也。身未安,本不立也。不知安身,则明明德、亲民却不曾立得天下国家的本,是故不能主宰天地,斡旋造化。③

这里把安身放在第一位,作为止至善,作为立本,作为明德亲民的出发点。而对道德原则与安身保身发生冲突的情况下何以自处,他也有明确说明:

> 安其身而安其心者,上也。不安其身而安其心者,次之。不安其身又不安其心,斯为下矣。危其身于天下万物者,谓之失本;洁其身于天下万物者,谓之遗末。④

上焉者身心两安,下焉者身心皆不安。在身心冲突之下,心安为上。

---

① 见《明儒学案》,第710页。
② 见《明儒学案》,第720页。
③ 《语录》,《王心斋全集》,第33页。
④ 《王心斋全集》,第17页。

这一点可以反击说他的安身论是"开一临难苟免之隙"的说法。王艮认为杀身成仁不是儒者的最高理想；烹身割股是由于无存君父之道，才有残己以徇的极端行为。所以他说："即事是学，即事是道。人有困于贫而冻馁其身者，则亦失其本而非学也。"①孔子的危邦不入乱邦不居，处乱世要危行逊言，孟子的"吾未见蹈仁而死者，圣人之仁也"，是他身保心安的根据。所以他提出"明哲保身"论：

> 明哲者，良知也。明哲保身者，良知良能也，所谓不虑而知、不学而能者也。人皆有之，圣人与我同也。知保身者，则必爱身如宝。②

认为保身爱身是人的本能，是保家国天下的前提，残己徇名的做法不可为训：

> 不知安身便去干天下国家事，是之谓失本也。就此失脚，将或烹身割股，饿死结缨，且执以为是矣。不知身不能保，又何以保天下国家哉？③

故对孔子提出的"殷有三仁"，认为微子去之，是知几保身，上也；箕子为奴，庶几免死，是其次；而比干执死谏，最下。虽皆谓之仁人，而优劣之次序见矣。至于他提出的尊身即是尊道，身尊则道尊这个著名命题，除了从王学良知即道、良知即天理，及"人能弘道，非道弘人"这二个方向去解释外，保持人生命的尊严，努力自强以免于冻馁，注重出处之大节，爱身保身以获得实现理想的前提，也是其中的重要含义。

王艮以上思想，对他开创的泰州之学，有很大影响，在泰州后学各个时期的代表人物身上，都可以或多或少看到这些思想因素的印痕。所以虽然严格说来泰州之学不能算作一个学派，但他们仍有一些共同

---

① 《王心斋全集》，第13页。
② 《明哲保身论》，《王心斋全集》，第29页。
③ 《答问补遗》，《王心斋全集》，第34页。

的思想元素。

第二节 王栋、王襞与泰州之学的分化

王栋(1503—1581)字隆吉,号一庵,为王艮族弟。嘉靖五年(1526),王臣(字公弼,号瑶湖)为泰州守,聘王艮主泰州安定书院教事,王栋与同郡林春等数十人从王艮学,同门受学无有先之者。王栋幼习举业,二十四岁为郡庠生,自谓举业虽出身阶梯,必有为己之学为立身之本。先师王臣,后师心斋,于心斋格物知本之旨最有心得。至五十六岁,应岁贡,授江西建昌府南城县训导,曾受聘主白鹿洞书院、南昌正学书院,创讲会多处。丁内艰后补山东泰安州训导,寻升江西南丰教谕、深州学正等职。七十岁致仕归里,开门授徒,远近风动。州守聘主海陵安定书院,朝夕与士民讲学。一生皆为学职,虽清贫而悦乐自如。里中将王阳明、王艮、王栋合称为"越中淮南生三王夫子"。时人谓:"心斋王先生倡道海滨,讲良知而首重孝弟,论格物而推本修身,从游者莫不服其教,而族弟一庵子尤信之笃,体之深。尝考一庵子之行,实能孝亲友弟;诵一庵子之言,不外诚意修身。其学深潜纯粹,其语亲切简明。其近炙安丰,远溯姚江,以寻源于洙泗,而成一代之大儒者。洵于心斋,称难兄弟哉。宜当时主讲席人有得师之庆也。"① 与心斋、心斋之子东厓并称为"淮南王氏三贤"。其著作有讲学语录一卷,诗文杂著一卷,后人编为《王一庵先生遗集》,与王襞之《王东厓先生遗集》并附于王艮著作后,称为《淮南王氏三贤全书》。

王栋的学术,其最重要者约有两端,其一,合阳明之良知与心斋之格物为一,认为格物是致知的前提,格物即所以致知。王栋继承王艮,

---

① 孙之益:《王一庵先生遗集序》,见《王心斋全集》,第141页。

只讲良知,不讲致良知,认为"致"字之二义——充扩、推致,都于良知为蛇足。他说:

> 明翁所指之良知,乃是大人不失赤子之知,明德浑全之体,无容加致者也。盖格物而知至,方是识得原本性灵无贰无杂,方可谓之良知,若复云致,岂于良知上有增益乎?故谓致知则可,谓致良知则不可。良知无时而昧,不必加知,即明德无时而昏,不必加明也。《大学》所谓"在明明德",只是要人明识此体,非刮去其昏,如后人磨镜之喻。夫镜,物也;心,神也。物滞于有迹,神妙于无方,何可伦比?故学者之于良知,亦只要识认此体端的便了,不消更着"致"字。先师云:"明翁初讲致良知,后来只说良知,传之者自不察耳。"①

在王栋看来,良知是天赋之灵体,非仅是知善知恶者。良知是体,知是知非是用。体则天然具足,不必对之有所增益。后天功夫是为了识此良知,并非良知有虚欠而增益之。所以王栋对此意明确解释说:

> 吾心灵体,本有良知,千古不磨,一时不息,而气禀物欲不能拘之、蔽之。所谓本明之德,莫之或昏者也。人自不用耳。故《大学》教人认此本明之德,而着之日用之间,是谓"明明德"。②

因为本体本明,后天功夫只在识认此明,而识认此明,以此明为范式而格度家国天下,即王艮所谓"格物"。王栋之格物,继承了王艮,他说:

> 先师之学,主于格物,故其言曰:格物是止至善功夫。格字不单训"正",格如"格式",有比则推度之义,物之所取正者也。物即"物有本末"之物,谓吾身与天下国家之人。格物云者,以身为格而格度天下国家之人。则所以处之道,反诸吾身而足矣。③

---

① 《会语正集》,《王心斋全集》,第 146 页。
②③ 《会语正集》,《王心斋全集》,第 147 页。

此处本体是良知,功夫是格物。王栋反对致良知,反对良知是知,致良知是行,就是给王艮之良知现成、格物诸说预留地步,是为他融合阳明与王艮两师之说服务的。下引之语于此意表述甚明:

> 《大学》教人当止于至善,则其本末始终一先一后之辨,宜必有体认功夫方能知到极处,非以良知有所不足而以是帮补之也。特人气禀习染有偏重,见闻情识有偏长,故必有格物之学,体认而默识之,然后良知本体洁净完全,真知家国天下之本,实系自修其身。而主宰确定,则诚意功夫方始逼真。①

王栋之所以要把致良知改换为良知,并掺杂格物于其中,就是要去除致字的"推致"之意,杜绝将自己心中本有的东西推之于事物即天然合理这一对致良知的歪曲理解,使之范导于修身、格度之下,消弭"情识而肆"而仍认为良知诚致这一弊病。此意王栋曾明白道出:

> 所谓致良知者,谓致极吾心之知,俾不欠其本初纯粹之体,非于良知上复加致也。后因学者中往往不识致字之义,谓是依着良知推致于事,误分良知为知,致知为行,而失知行合一之旨,故后只说良知,更不复言致字。今明翁去久,一时亲承面命诸大名贤皆相继逝,海内论学者靡所稽凭,故有虚空冒认良知,以为简易超脱,直指知觉凡情为性,混入告子、释氏而不自知,则又不言致字误之也。二者之间,学者须善识取。②

其纠正阳明后学学弊之意图,甚为明显。而他的学术的第二个方面——重言提掇"意"字,不以意为心之所发也与此意图有关。

王栋学术的第二个方面,在对"意"字的独特解释。在王栋之前,宋明理学几乎所有的重要著作,都遵从《大学》对诚意、慎独的解释,释意为心中所发的念头。朱熹《大学章句》中对"诚意"的解释:"诚,实

---

① 《会语正集》,《王心斋全集》,第146页。
② 《会语续集》,《王心斋全集》,第172页。

也。意者,心之所发也。实其心之所发,欲其一于善而无自欺也。"①更将意字的解释固定下来,为后儒所遵从。王阳明虽对朱熹的许多名词概念都给以心学的解释,但对意字,仍沿用了朱熹的解释,谓"心之所发便是意"。王栋则不同意此种解释,他的解释别有瞩目,他尝说:

> 旧谓意者心之所发,教人审几于动念之初。窃疑念既动矣,诚之奚及?盖自身之主宰而言,谓之心;自心之主宰而言,谓之意。心则虚灵而善应,意有定向而中涵,非谓心无主宰,赖意主之,自心虚灵之中确然有主者,而名之曰意耳。大抵心之精神无时不动,故其生机不息,妙应无方。然必有所以主宰乎其中而寂然不动者,所谓意也。犹俗言"主意"之意。盖意字从心从立,中间象形太极圈中一点,以主宰乎其间,不着四边,不赖依靠。人心所以能应万变而不失者,只缘立得这主宰于心上,自能不虑而知。不然,孰主张是,孰纲维是?圣狂之所以分,只争这主宰诚不诚耳。若以意为心之发动,情念一动便属流行,而曰及其乍动未显之初用功防慎,则恐恍惚之际,物化神驰。虽有敏者,莫措其手。圣门诚意之学,先天简易之诀,安有此作用哉!②

王栋所谓意,不是心中所发生的念头,而是决定心中念头之方向的本有意向。故意是心之主宰。王栋认为,心中意想万千,念起念灭,倏忽百变,如果在念头发动之后再加以审察,为善去恶,则恶已发动,改之无及。不如求之于心中本有的决定后天念头的主宰,即意。意能决定念之发动方向,而它本身则寂然不动。若所发之念,皆在意之范导之下,则念皆为善念矣。

此意字又叫未发之中,它是已发的主宰。王栋说:

> 未发之中,亦即不睹不闻的物事。《中庸》本言"喜怒哀乐之

---

① 朱熹:《四书章句集注》,中华书局1983年,第3页。
② 《会语正集》,《王心斋全集》,第148页。

未发",非曰"未发喜怒哀乐之时"。盖谓心之生机,无时不发,当其发喜、发怒、发哀、发乐之际,皆必有未尝发者以宰乎其发,故能发而皆中节也。不然,只是乱发,岂复有中节之和哉！故养其未发之中,亦即慎独功夫也。①

此未发之中不是念尚未发时中的状态,而是时时本有的中的性质。它超越经验,不落方所,故可做得主宰。此意字也即独体,保持此意字使其时时是其本体之明,即诚意,也即慎独。王栋说：

> 诚意功夫在慎独,独即意之别名。慎则诚之用力者耳。意是心之主宰,以其寂然不动之处,单单有个不虑而知的灵体,自做主张,自裁生化,故举而名之曰独。少间挽以见闻才识之能,情感利害之便,则是有所商量倚靠,不得谓之独矣。世云独知,此中固是离知不得。然谓此个独处自然有知,则可谓独。我自知而人不及知,则独字虚而知字实,恐非圣贤立言之精义也。知诚意之为慎独,则知用力于动念之后者,悉无及矣。故独在《中庸》谓之不睹不闻,慎在《中庸》谓之戒慎恐惧,故慎本严敬而不懈怠之谓,非察私而防欲者也。②

此段话中意字之性质,它与念之区别,诚意与慎独之相通处,皆明白道出。由此,王栋对所谓"克念作圣",所谓"胜私复礼"之功夫路数,明确表示反对,而予克己以新的解释,此新的解释皆以对意字以上看法为根据：

> 察私防欲,圣门从来无此教法。而先儒莫不从此进修,只缘解克己为克去己私,遂漫衍分疏而有去人欲、遏邪念、绝私意、审恶几以及省防察检纷纷之说,而学者用功始不胜其繁且难矣。然而夫子所谓"克己",本即"为仁由己"之己,即谓身也。而非身之

---

① 《会语正集》,《王心斋全集》,第150页。
② 《会语正集》,《王心斋全集》,第149页。

  私欲也。克者力胜之辞，谓自胜也，有敬慎修治而不懈怠之义。《易》所谓"自强不息"是也。①

  王栋此解，因与传统解释差别甚大，传之学界，学者不能无疑，即其门弟子亦多有疑义。王栋与门生李挺有《诚意问答》详细解释其中委曲，而义理一以以上所说为据。

  王栋关于意的思想，视角独特，亦与上文所说去除王门后学任心而发，中无所主，情识承当，认欲为理之弊病有关，同时更有去除朱子学之琐屑格物诚意，不照察自己本有之独体良知之弊病有关。王栋此种解释路数，为明末刘宗周所继承；其中对王门后学的批评，亦为刘宗周所借鉴，成为刘宗周在明末总结明亡教训，反思整个明代学术格局，尤其纠正王学"虚玄而荡"、"情识而肆"弊病的有力武器。

  王襞（1511—1587）字宗顺，号东厓，王艮次子。九岁随父至越，随侍阳明之侧，常听阳明讲学。精音律，善弹琴。在越十年，始归乡议婚。婚后半年，复至越从王阳明学，又八年方归家。故得见阳明门下众高弟，濡染阳明之学甚久，识者谓其"耳闻目见悉皆先辈型范，以故薰蒸日久，德器日粹，年未及二十而丰仪修伟，神情朗豁，望之者俨然知为有道气象也"。②当时从游者皆钦重，谓为科甲中人，可使习举业。王艮曰："天下英豪济济，何独少斯人哉？吾愿其为学问中人也。"③王襞遂终身不赴科举，助父讲学。王艮临终，许为能继志述事者，谓诸子弟曰："吾有子，吾道有继，吾何忧？汝有兄，知此学，吾复何虑？惟汝曹善事之。"④年三十，以师道自任，继父讲席，开门授徒，讲学于王艮所创之东淘精舍。后二年，改精舍为王艮祠，置祭田，定祀典。三十九岁，游学浙江，会讲于杭州钱王祠。四十四岁，时任安徽宁国知府的罗汝芳聘讲水西书院。四十六岁，讲学于福建建宁府，谒朱熹故庐。五十五岁，会讲金陵。时耿定向督学南畿，聘请主建泰山安定书院。次

---

① 《会语正集》，《王心斋全集》，第150页。
②③④ 王元鼎：《王襞先生行状》，见《王心斋全集》，第209页。

年,聘主仪征书院讲席。六十二岁,聘主苏州讲席,风动三吴。后二年,耿定向迁户部尚书,聘主会金陵,一时士民皆集,耿定向的门生杨道南记述当时盛况说:"先生过陪都,随以指授,都人士咸云蒸雷动,如寄得归。乃至耆老为之太息,髫齿为之忻愉;贵介为之动容,厮台为之色喜;上根为之首肯,初机为之心开。即今吾陪都一二卓然朗悟可俟将来者,其关钥皆自先生启也。"①桀骜不逊,睥睨一世之李贽,亦在此时拜于王襞门下。六十六岁,泰州后学兵宪程学博、州守萧景训特请主建海陵崇儒祠,"遂因诸部使之命,率诸子弟竭力赴工建两祠。又仿之耿公,创定祀典,置祭田,勒石于两楹。此固当道缙绅诸公崇奖先德,以示风动。而所以招徕之者,则先生立身行道之验也"。② 此后至逝世的十数年间,王襞多在家乡讲学,自号天南逸叟。"从游日众,每会常数百人,不计寒暑,客至尽日,近则款留,远则设榻,周旋委曲者无所不尽其心。"③纵观王襞一生,可谓从父命终生从事儒学教育者,其所教者,又有教无类,上至士夫官吏,下至工匠渔陶,倾全力于平民教育。焦竑在为《明儒王东厓先生遗集》所写的序中说:

> 国朝理学开于阳明先生,从游者几遍天下,至以学世其家者,独有两人:心斋、萝石是已。心斋子五人,东厓为其仲,学尤邃。萝石子两湖,其见地具《汉阳集》中,学者盛传之。余观两湖自得之味深,东厓弘道之力大。今东南人传王氏之书,家有安丰之学,非东厓羽翼而充拓之,何以至此?故两氏之家法相为竞爽,而泰州为尤著,非偶然也。④

为王襞所写之墓志铭也说:

> 阳明公以理学主盟区宇,而泰州王心斋嗣起,其徒几中分鲁

---

① 王元鼎:《王襞先生行状》,见《王心斋全集》,第210页。
②③ 《王襞先生行状》,见《王心斋全集》,第211页。
④ 见《王心斋全集》,第205页。

国,故海内言学者皆本两王公。心斋子东厓先生,推衍其说,学士云附景从,至今不绝。盖以学世其家,有以开天下而风异世,可谓盛已。……心斋殁,先生望日隆,四方聘以主教者沓至。罗近溪守宛则迎之,蔡春台守苏则迎之,李文定迎之兴化,宋中丞迎之吉安,李计部迎之真州,董郡丞迎之建宁,余殆难悉数。归则随村落大小,扁舟往来,歌声与林樾相激发,闻者以为舞雩咏归之风复出,至是风教彬彬盈宇内矣。[①]

此是对心斋父子毕生从事平民儒学教育的褒奖,也是对东厓能继父志,开东南讲学之盛的褒奖。至于东厓承泰州家风,感人于语言文字之外,以丰采动人,陶铸听者,兴起甚众之境况,似又过于乃父:

心斋特起鱼盐之中,超悟独诣,尽扫语言文字之习。诸子继其后,亹亹勿替,新新无已,可谓盛矣。尝忆东厓南游,都人士陶铸兴起者不可缕数,皆从精神丰采得之,未尝曰某从某语入,某从某语进也。[②]

王襞平民教育之特点,于此亦可见矣。

王襞之著作,其讲学语录遗留甚少,现有门人辑录的《语录遗略》若干条,与往来书信、序记等合为一卷,一生所作诗歌编为一卷,辑成《明儒王东厓先生遗集》二卷,附入《淮南王氏三贤全书》中。

王襞之学,承继乃父之处甚多,特别是尝处越中近二十年,先后师事钱绪山、王龙溪,得于龙溪者尤多。故其学多就高明一路,迹近先天之学。王襞将乃父之学概括为三个时期,后两期皆主简易功夫,率性之妙,而以《大成学歌》为其代表:

愚窃以先君之学有三变焉:其始也,不由师承,天挺独复,会有悟处,直以圣人自任,律身极峻。其中也,见阳明翁而学犹纯

① 见《澹园集》,中华书局,1999年,第493页。

② 见《王心斋全集》,第205页。

粹,觉往持循之过力也,契良知之传,功夫易简,不犯做手,而乐夫天然率性之妙,当处受用,通古今于一息,著《乐学歌》。其晚也,明大圣人出处之义,本良知一体之怀,而妙运世之则。学师法乎帝也,而出为帝者师;学师法乎天下万世也,而处为天下万世师。此龙德中正而修身见世之矩,与点乐偕童冠之义,非遗世独乐者侔,委身曲辱者伦也。皆《大学》格物修身立本之言,不袭时位而握主宰化育之柄。出然也,处然也,是之谓大成之圣,著《大成学歌》。①

此中对王艮晚期学旨之评述多夸大之语,但乐学、易简、妙悟、率性等则前后一贯。王襞继父讲席之后,多循此一路,故其学首重率性,自言:

> 学者自学而已,吾性分之外无容学者也。万物皆备于我,而仁义礼智之性,果有外乎?率性而自知自能,天下之能事毕矣。②

又说:

> 从古以来,只有一个学字不明,必待于外而循习焉,则劳且苦矣。宁知性本具足,率性而众善出焉,天命之也。率天命之性,即是道。故圣者知天之学也,志此曰志道,学此曰学道。③

其所率之性,为天命之真,为百善之源。故只须顺循而已,不能起丝毫计议造作,此谓天聪明,知此方谓善学:

> 人之性,天命是已。视听言动,初无一毫计度,而自无不知不能者,是曰天聪明。于兹不能自得,自昧其日用流行之真,是谓不知而不巧。则其为学不过出于念虑臆度展转相寻之私而已矣,岂天命之谓乎?将议论讲说之间,规矩戒严之际,工焉而心日劳,勤

---

① 《上昭阳太师李石翁书》,《王心斋全集》,第217页。
② 《语录遗略》,《王心斋全集》,第215页。
③ 《语录遗略》,《王心斋全集》,第214页。

焉而动日拙,忍欲饰名而夸好善,持念藏机而谓改过,正是颜子之所谓"己"而必克之者。而学者据此为学,何其漫汗也哉! 必率性而后心安,心安而后气顺。否则百虑交锢,杂念叠兴,心神惊动,血气靡宁,有不并其形而俱灭者,几希矣。①

故在王襞的全部学问中,《中庸》占有极其重要的地位。王襞的讲学有二个重点,一个是讲乃父的格物知本之学,以《大学》为主。此是泰州家法,王襞作为重要传人不能不讲。但王襞思想中乃父之"出为帝者师,处为天下万世师"的影响甚大,故《中庸》之立大本、行达道、致中和、位天地、育万物等圣人之事,是他后期学问的重点。此时他以《中庸》的率性修道,融会阳明、龙溪的致良知,《中庸》所谓性,即阳明所谓良知,率性即致良知。良知本具足,故率性即自然流行:

> 吾人至灵之性,乃天之明命,於穆不已之体也。故曰"天命之谓性"。是性也,刚健中正,纯粹至精者也。率由是性而自然流行之妙,万感万应,适当夫中节之神。故曰"率性之谓道"。……圣人者,悯之而启之修道焉,去其蔽,复其真,学利困勉之不一其功,亦唯求以率夫天命之性而归之真焉而已矣。此修道之所以为教也。故曰"修道之谓教"。率之云者,本不假纤毫人力于其间,故曰:诚者天之道也。②

良知是性的自觉,良知能与物发生应感,而良知之应感是自然顺适的,不做安排的,故自然二字在王襞思想中十分重要,他说:

> 性之灵明曰良知,良知自能应感,自能约心思而酬酢万变。知之为知之,不知为不知,一毫不劳勉强扭捏。而智者自多事也。③

又说:

---

① 《语录遗略》,《王心斋全集》,第215页。
②③ 《语录遗略》,《王心斋全集》,第216页。

>　　舜之事亲,孔之曲当,一皆出于自心之妙用耳,与"饥来吃饭倦来眠"同一妙用也。人无二心,故无二妙用,得此岂容一毫人力与于其间?故以有滞之心,乌足以窥圣人圆神之妙?①

王襞之学,因其所遗著作甚少,无法窥其全豹。但从其现有之语录看,讲学不出《大学》《中庸》这一类儒家通俗读物,所发挥之义理,多在率性、自然、学乐一面,此与王栋有相当大的不同。从中可以看出王龙溪学说的影响。黄宗羲《明儒学案》在介绍王襞的思想时,以其"鸟啼花落,山峙川流,饥餐渴饮,夏葛冬裘,至道无余蕴矣"概括,谓其犹在光影作活计,并认为曾点之舞雩咏归,孟子之鸢飞鱼跃,邵雍之先天一字无修,白沙之色色信它本来,至心斋父子又提唱之,可谓自得有味之言。但此一路最难把握,因孔颜之乐与窥见光影而喜,差别只在毫厘之间,稍一失脚,便入狂荡一路。而王襞说太高妙,缺乏切实功夫,根本尚未贴地。此为黄宗羲对待泰州派下人一贯所持之针砭态度,自有其义理脉络与立说苦心在。

另,心斋父子只是在其学说中盛张自然、率性之旨,虽然此说可为任心肆志推波助澜,但终与行为上之恣纵任情有别。颜山农、何心隐之以赤手搏龙蛇,多出自其自身之豪杰精神与放手行去之性格,所受心斋父子之影响处并不明显,故其行为虽恣纵而儒学理论则甚传统。此种情况在儒学史上并不少见。

泰州派下受心斋父子影响,多有平民儒者,其中较著名的有樵夫朱恕、陶匠韩贞、田夫夏廷美。

朱恕字光信,泰州人,以打柴为业。偶路过心斋讲堂,听讲儒学,觉得有味,于是每过必听讲。饥则向学堂乞水,解所带干粮为食。听毕则浩歌负薪而去。后拜王艮为师,与衣冠中人往还,不失其本色,能以礼见而不能以权势招。安贫乐道,不轻受人财物,为王艮门下著名

---

①　《语录遗略》,《王心斋全集》,第217页。

平民儒者。

夏廷美,繁昌县农夫。听人讲学有省,乃至湖广访名儒耿定向,告知可师本乡焦竑,归从焦竑学,得自然旨趣。焦竑告知"要自然便不自然,可将汝自然抛去"。读四书,以为四书本文比朱子《集注》更易入易解。认为《论语》所谓异端,即入手之端异,今人读孔孟书只为荣肥计,便是异端。见讲经社中供奉和尚牌位,讲学杂以佛经,谓之以学术杀人。有言良知非究竟宗旨,更有向上一着,无声无臭是也,则厉声说:"良知岂有声有臭耶?"①泰州学派中之平民儒者,最可书者为韩贞。

韩贞(1509—1585)字以贞,号乐吾,扬州兴化人。世以制陶为业,家境贫困。闻朱恕讲孔孟之学,往拜为师,朱恕教他读《孝经》、小学,韩贞识字学文从此始。朱恕引韩贞拜见王艮。其时王艮理学大倡,讲学有名,门下多一时贤士。韩贞布衫芒鞋,周旋其间。门人有笑其孑然一身,以身上蓑衣为行李者,韩贞题诗壁间以明志:"随我山前与水前,半蓑霜雪半蓑烟。日间着起披云走,夜里摊开抱月眠。宠辱不加藤裸上,是非还向锦袍边。生来难并衣冠客,相伴渔樵乐圣贤。"②深得心斋称赞,许为能继吾道者。二年后辞心斋归家,以教童蒙为业,多有义举,渐为乡里所称。十年来声名大振,"远近来学者,门外履常满,惓惓以明道化人为己任,虽田夫、樵子,未尝不提命之,厌其意而去。来学者不纳其贽。间有以诚至者,暂封贮之,后有不善,即挈还其人"。③时时以平民儒者自处,不愿以衣冠相待。如县令慕韩贞之名,邀赴乡饮酒礼,待以上宾。韩贞即辞谢,声言为鄙陋之夫,自愧自责不遑,焉敢列于衣冠之数。同门贵显之后以职相征,辞不赴;所赠财物概不受,唯以不负所学相砥砺。"先生从事心斋时,海内名士共学者,如唐公荆川、罗公念庵、王公龙溪、欧阳公南野、董公萝石、李公石鹿,皆海内名

---

① 以上皆见《明儒学案》,第721页。
② 《乐吾韩先生遗事》,载黄宣民点校:《颜钧集》附录,中国社会科学出版社,1996年,第190页。
③ 《颜钧集》,第191页。

贤,咸与先生同门分席。后诸公登第居要,各致书币相征,而先生辞币受书,动辄以自修不及为愧,愿诸公不负所学为望答之,竟不一见也。"①韩贞在这一点上同心斋父子极相似,即不乐仕进,专以化民成俗为务。由于他的平民身份,所教更趋向社会下层民众,所接比心斋父子更为广泛:

> 先生学有得,毅然以倡道化俗为任,无问工贾佣隶,咸从之游,随机因质诱诲之,化而善良者以千数。每秋获毕,群弟子班荆趺坐,论学数日,兴尽则拿舟偕之,赓歌互咏。如别林聚所,与讲如前。逾数日,又移舟如欲所往,盖遍所知交居村乃还。翱翔清江,扁舟泛泛,下上歌声洋洋,与棹音欸乃相应和,睹闻者欣赏若群仙子嬉游于瀛阆间也。②

郡中有灾,守令请韩贞率其门人,驾小舟遍历村落,晓喻灾民隐忍饥寒,不得为盗。某县令问政,则答以:"某甕人也,无能辅左右,第凡与某居者,幸无讼谍烦公府,此某所以报明府也。"③平日讲会论学,有谈及别务者,则大声警醒:光阴有几,何能谈此闲泛语费却!有征引经书语句相辩论者,则怒斥:"舍却当下不理会,乃搬弄此陈言,此岂学究讲肆耶!"于此可见韩贞之志向与讲学风格。韩贞以己之高风与平民教育之善行终其身,赢得了"明道淑人"、"淮海高士"、"东海真儒"等称誉。④至有慕其德行而建祠祭祀以为常典者。以一陶匠而靠平民教育获得如此尊敬者,历史上并不多见。泰州学派中之平民儒者,当不止此数人。但从此数人身上,亦可看出泰州家风与讲学之盛,及其教民化俗功绩之一斑。

---

① 《颜钧集》,第193页。
② 《颜钧集》,第188页。
③ 《颜钧集》,第194页。
④ 《颜钧集》,第207页。

第三节 颜山农的"大中学庸"

颜钧(1504—1596),字子和,号山农,江西吉安府永新县人,泰州学派著名人物。幼习儒,但不喜科举之业。二十五岁,得读王阳明《传习录》,始感奋兴起,于是静坐七日夜,闭关悟道,自觉心思豁然。然后读《大学》、《中庸》,觉贯串洞开。遂在家乡三都组织"萃和会",宣讲儒学要义。母丧服阕后,辞家出游,在北京遇徐樾,受学称弟子。由徐樾引荐,结识王艮,得立泰州门墙。后徐樾以云南布政使战死沅江,颜钧往云南寻骸骨归葬。三十七岁,自泰州归江西,在南昌作《急救心火榜文》,张皇讲学,得弟子罗汝芳。次年王艮死,赴泰州祭王艮祠,并聚众讲其"大中学庸"之学。后辗转四方讲学,传播王艮的思想。曾受浙江总兵胡宗宪礼聘,参与征剿海寇之战。六十三岁,至太平府讲学,三日后被逮捕,押解至南京,在狱中遭严刑拷打,二年后由罗汝芳营救出狱。被两广总兵俞大猷聘为军师,年余归家。在家乡讲学以终,卒年九十三岁。

颜山农当时是一知名人物,其以一布衣讲学,且学问造诣不高,至有说他"读经书不能句读,亦不多识字"者。① 但他救世之心甚急,且行事奇特,不类一般士人。如乘江西乡试之机,在南昌同仁祠张挂榜文,言能急救心火,招徕士类多人听讲。黄宗羲据此把他归入冲决名教网罗一类,说:"泰州之后,其人多能以赤手搏龙蛇,传至颜山农、何心隐一派,遂复非名教所能羁络矣。"② 且述颜山农之学曰:"其学以人心妙万物而不测者也。性如明珠,原无尘染,有何睹闻?着何戒惧?平时

---

① 见王世贞:《嘉隆江湖大侠》,载《弇州史料后集》卷三五。
② 见《明儒学案·泰州学案一》,第703页。

只是率性所行,纯任自然,便谓之道。及时有放逸,然后戒慎恐惧以修之。凡儒先见闻,道理格式,皆足以障道。此大旨也。"①此处之评述,全袭自甘泉弟子洪垣致颜钧的答书。② 其中说颜山农之学以人心妙万物而不测,此说不差。但说他认为道理闻见皆足以障道,却与颜山农著作中表现出的思想大相径庭。颜山农不似精英学人对学术规范的遵从,他更多的是民间讲学家所有的自创名词,直抒胸臆,及对经典的截割曲用,穿凿求通,故语言上亦奇特生涩。这一点决定了他走的既不是学者的纯学术研究,也不是对下层民众的通俗演讲。他的定位在有一定文化的人士,特别是科举未中式的生员。所以他讲学有一定深度,但有将儒家通俗读物刻意浚求、引申以就己说之处。

颜钧继承泰州家风,以讲明圣学,救人出愚蒙为志。他尝自述其学术渊源及平生志向说:

> 少承父兄蒙养,以正首训;承祖绳尺,孝友律身。及壮引导,崇信圣学,仁义养心,遂乐从事,誓以终身。东西南北,访证归真。始幸诵传阳明道祖倡讲良知,忽觉醒悟;次获从游心斋业师引发乐学,透人活机。会而通之,知是昭心之灵,乐是根心之生。越、淮崛起二王,豪义天纵,灵聪先得,此知此乐,唤人耳目,定士心志。而复日以阳为明造,时以心为斋明。上益神明,启师徒交震互发,驯造大成,错综理学之绪余,直合夫邹鲁一贯之道脉。千古正印,以衍传于吴农汉,破荒信,彻良知,洞豁乐学,始以耕心樵仁为专业。承流孔孟,辙环南国,继以安身运世为事功。冀得知己,同丽明哲,以措时宜于君臣父子夫妇长幼朋友之交,而实跻于浑噩太和之间者也。……无乃世降风移,王者迹熄,圣学蓁芜,人心汩没,致流覆辙,莫逾今日。游夫目击心感,肌若割切,欲遍移易,

---

① 见《明儒学案·泰州学案一》,第703页。
② 见《明儒学案·甘泉学案三》,第940页。

江山遥域；欲为含待，难容自息。辗转踌想，韶光流易，遂复谋兹。①

此中尽透以阳明、心斋为榜样，以儒学之五伦为教学内容，以启发愚蒙为职志的方向。而他主要救拔的内容，是："一，急救人心陷牿，生平不知存心养性。二，急救人身奔驰，老死不知葆真完神。三，急救人有亲长也，而火炉妻子，薄若秋云。四，急救人有君臣也，而烈焰刑法，缓民欲恶。五，急救人有朋友也，尚党同伐异，灭息信义。六，急救世有游民也，而诡行荒业，销铄形质。"②以上是他的《急救心火榜文》的主要内容。其中救世之心不可谓不切，招徕之术不可谓不精。他又有《告天下同志书》，内容为招集儒学同好，于南京会聚讲学，以"丕正人心，翊赞王化"。故不怕人讥为躁进，唯以肩荷道义，化民成俗为己任。故"为今之计，须吾辈约会以后，倒洗肝肠，直肩要道，内而凝一，外而庄修，不驰眩于多学，不索隐于行怪。所谓依乎中庸，以神孔孟之教，至于无不持载，无不覆帱，凡有血气者莫不被吾学而生化润泽之，又何不可慊当路之怀，理斯民之口，显经纬之文，而翊大君之治者乎？"③颜钧文集中表达此汲汲四方，席不暇暖，救民之急的文字尚多，如《新城会罢过金溪县宿疏山游记》、《失题》、《明姜八卦引》、《邱隅炉铸专造性命》、《扬城同志会约》、《道坛志规》诸文中皆是。其所作之《自传》、《履历》述此意尤详。

颜钧的思想，最重要的有以下几点：其一，对"神莫"之义的阐发。颜钧有《辨精神莫能之义》与《辨性情神莫互丽之义》两篇短文专论此义。神者精神，莫者莫能。精神、莫能，皆用以描述心之灵妙。颜钧说：

夫是心也，自帝秉御，渊浩天性，神莫精仁，以为人道。时适

---

① 《急救心火榜文》，《颜钧集》，第1—2页。
② 《急救心火榜文》，《颜钧集》，第3页。
③ 《颜钧集》，第6页。

乎灵聪之明,为知格诚正之修,允端天下大本者也。是故晰其秉具自灵之精也,睿哲严丽无遗混;御其默运万妙之神也,潜昭隐见无方体。擅其妙运曲成之莫也,测妙时神无声臭。如此氤氲精神,以遂明哲圭宝之能;如此经伦大经,以彰莫见莫显,莫为莫致之成。故曰:心之精神是谓圣。①

这里继承了王阳明"良知者天理之昭明灵觉",心斋之"良知即性,性即天,天即乾",及《中庸》"天命之谓性"、《易传》之"显诸仁,藏诸用,鼓万物而不与圣人同忧"之意,融合为一,来描述心之灵妙无方,神秘莫测之性质。首先,颜钧认为人心禀赋于天,心是性的显现。它有仁义之蕴,灵妙之德,心为人之为人的根本。心能将性之含蕴变为时措之宜,它是《大学》之三纲八目等修养节目赖以施行的根据,故为天下之大本。心若以两个字来概括,可谓"精神"。精者自其本身所具之德性言,它是一精灵之体,具有睿智、圣哲、严整之特点,不与顽冥之万物相混滥。神者自其德性之表现言,它默运而自成,神妙而合物,潜而能昭晰,显而自隐微。无方所,无体段,而神应立致。此"精神"的变化无方,神妙莫测的性质,又可用一"莫"字来总括。莫者,糅合《中庸》之"莫见乎隐,莫显乎微",《孟子》之"莫之为而为者,天也;莫之致而致者,命也"二句而成,又称"莫能",表神妙莫测,经纬曲成之义。颜钧认为,心的蕴藏,心的动能,最后皆表现为"莫"的具体作用。莫既是精神本身,又是精神显现为具体活动的媒介,莫有本体和作用二义。故"莫能载大,莫能破小",莫能根据精神的需要成时措之宜。故莫又是中庸。颜钧说:

> 人人好仁无尚,心心知秉莫能,以遂精神,为时时生生化化循环无终始也。夫是之谓"从心所欲不逾矩"。夫是之谓一团生气育类人。自致广大高明,自尽精微中庸,自乐止乎至善,玉英斐

---

① 《辨精神莫能之义》,《颜钧集》,第13页。

也。精神莫能,岂虚间哉!①

颜钧对心的神化在其晚年,故有"鳌农造习有得于此"之句。②他更将"精神莫能"简化为"神莫"二字,并把它和性情范畴连通起来。他说:

> 若性情也,本从心帝以生。其成也,人皆秉具,是生之成,自为时出时宜者也。若"神莫"也,善供心运以为妙为测也。群习远乎道,百姓日用而不自知也,今合其从其供心帝之运。性也,则生生无几,任神以妙其时宜。至若情也,周流曲折,"莫"自善测其和睟。是故性情也,乃成象成形者也。"神莫"为默运也,若妙若测乎象形之中,皆无方体无声臭也。如此互丽冥运,皆心帝自时明哲万善,以为神妙莫测乎性情者也。故曰:性情也,"神莫"也,一而二,二而一者也。如此申晰,是为"从心所欲不逾矩"之学。③

这是说,性情为心所有,人人皆具。"神莫",即心的神妙莫测。性的本质是生生,但此生生靠"神莫"妙为具体之用。情是性之表现,故曲折周流。但"神莫"能测度其是否谐调,所以性靠情来表现,此表现经由精神活动的灵妙作用来运作。此运作是无声无臭的,是默运。就这一点说,性情与"神莫"是互相粘着附丽而不离的,它们是心的活动的不同方面。神莫与性情是一而二,二而一的。颜钧并且说:

> 心之精神是为圣,圣不可知之谓神,不知其然而然之谓"莫",即是夫子五十知天命以后翊运精神成片之心印。鳌农亦从心以为性情,而默会神莫。④

颜钧强调的,还是心的灵妙,神秘莫测,并认为孔子晚年达到的,就是这种境界。颜均以阳明、心斋之后心学的传承者自命,把心的灵妙无方、神秘莫测这一点阐扬至极点,故特别拈出"神莫"二字加以发挥。

---

①② 《辨精神莫能之义》,《颜钧集》,第13页。
③④ 《辨性情神莫互丽之义》,《颜钧集》,第13页。

其二,对《大学》、《中庸》的阐发。颜钧不似历代《大学》、《中庸》注家或遵从"我注六经"而随文释义,或遵从"六经注我"而直抒胸臆,他是把"大学中庸"四字看做儒学根本精神,而非《礼记》之篇名。故可读为"大中学庸",亦可读为"庸中学大",四字各有深义,合而为一整体。此整体由此四字诠释而意思完足,内容贯通。故可纵横颠倒来读。泰州后学,何心隐之友人程学颜(号后台)曾衍述所闻于颜钧之"大中学庸"义曰:

> 乃知此老竭力深造,自得贯彻,未为怪诞。故信此四字果尼父从心而身有,乃为笔刊。天下之人不皆有之,焉得而能?信使人人身有之,则皆大自我大,中自我中,学自我学,庸自我庸。纵横曲直,无往不达,又焉得而指为怪诞?夫身有之者,岂易拟哉!拟为见解,拟为格套,拟为新奇,皆非也。拟其有自新神焉耳。故曰心之精神是为圣。又是仲尼晚造直捷口诀,含章大中学庸为宪征,脱化化工,任我昭晰。是故自我广远无外者,名为大;自我凝聚圆神者,名为学;自我主宰无倚者,名为中;自我妙应无迹者,名为庸。合而存,存一神也。尼父之学,不可知之学也。……故曰大,曰中,曰学,曰庸,晰之虽有四名,用之井井如一。心神凝凝,知格辚辚,持载覆帱,时出错行,代明并育,不害不悖,此天地所以为大,甚非他伦可拟譬而后趋也,亦非前圣后贤所同贯也。①

意思是,"大中学庸"乃颜钧之特别发挥,此发挥乃得孔子"从心所欲"之晚年化境的真髓。虽其杜撰,但为深造有得之言。因为此四字如阳明所谓良知,乃人人自有。为儒学之根本原则,为孔子之单提口诀。它是宇宙本体的具体而微,故可任具眼者之理解而灵活阐释。大中学庸四字,乃心学所谓心或精神之不同方面的描述。大指其含括广远,学谓其凝聚有本而发用不穷,中指心中本具之实理及理之中道性质,

---

① 程学颜:《衍述大学中庸之义》,载《颜钧集》附录,第76页。

庸读作用,指心中之理发用至心的层面之妙应无迹。四字描述心之天人、体用详尽无遗。就天道说,"持载覆帱,代明并育,不害不悖,此天之所以为大";就人道说,"心神凝凝,知格辚辚",心凝聚而用之圆神。

程学颜此衍述,考之颜钧之文,可谓得其真义。颜钧有《论大学中庸》文,将《大学》之修身为本、三纲八目与《中庸》之慎独、致中和、位育,及天命、性道教、无声无臭等糅合于一,概括为大中学庸之旨,此旨的特点在一天人,合内外,特别彰显心的本体义、运用圆神义。他阐释《大学》说:

> 今夫《大学》以修身为家国天下之本。身之中,涵以心、意、知、格,为时日运用之妙。是妙运也,皆心之自能在中也。此中几动森融曰意,此意拟测贯通曰知,知中自出分寸矩节曰格,格知自善乎身形显设也,为视明听聪,为言信动礼,为孝弟慈让,以絜矩上下四旁,直不啻乎如保赤子之蒸蒸也。①

此中心、意、知、格诸概念之解释皆不同于他人,知字格字尤其奇特。此中心字,非纯粹知性之心,乃本体之心,此本体之心不与意、知、格平列,乃蕴涵最高价值——至善、蕴涵"中"之心,且能妙运无方。此"中"、此至善显现为胸中之几微之动曰意,可见此意非一般念头,乃本善之心的涌动,它有善而无恶。此善涌动于胸中为主体觉知曰知。此知非一意之知,乃诸意之自然的、自觉的统贯,有似王阳明所谓良知。而格非对外在事物的量度,而是将统贯的善的意志自动地措置为适合当下情境之宜,具体的表现是视明听聪、言动如礼。故心意知格统是一符合善的价值的概念,故自始至终有"如保赤子"之蔚郁煦暖。颜钧对《大学》的解释,始终不离阳明心斋之矩矱,始终高扬心的本体性、价值性。

颜均对《中庸》的解释也是如此,他说:

---

① 《论大学中庸》,《颜钧集》,第17页。

> 今夫《中庸》，以慎独致中和、位育之至。独之中运以天命性道，教为戒慎恐惧，而莫乎显见隐微，无声臭也，皆心之神工莫测。测乎大也无外计，究其中也无内隙。学聚以时庸也，则为御天造命，愤乐在中，无入而不自得焉。忘食忘忧，忘寝忘年，至止乎神焉已矣。①

此中"独"为宇宙本体，慎独即与本体合一。达此境界，故能致中和、能位育。《中庸》头三句之天命、性、道，皆此独体之运行、展开。戒慎恐惧，正达此本体之修养功夫。而对本体之证解、体认，对功夫之张设、施行，皆神妙莫测之心体之功用。而欲心体有此体认张设，皆圣学功夫之积累，而自发用为识见胸襟。此即"学聚以时庸"。至此境界，则对本体之证解为御天，对已在此天命中之职分之自觉为造命。终生在此中，发愤忘食，乐以忘忧，此即"止至乎神焉"。

观以上文字，可知颜钧对《中庸》一篇的理解，已趋高明之境，有形上学之浑融旨趣。加上以上对《大学》具有相同趋向的诠解，颜钧固可从中糅合、提炼出其"大中学庸"之旨。故颜钧说：

> 夫是中也，主乎大之生。夫是大也，家乎中之仁。是故为学以禽丽乎万善之妙，晰庸而适达乎中正之道。是道是妙，根乎氤氲，化工天成，知格明哲，以律修齐治平。出类拔萃，震乎乐在其中，巧力覆载持帱，以峙三纲九经。此尼父独慎中和，以止至善；聚斐切磋琢磨，瑟㓜喧赫于杏坛者也。耕樵（颜钧自号）神会心领，亦矢誓必有为。……故晰剖《大学》《中庸》之绪功，合晰仁道翊运之矢毅，表彰杏坛邱隅之独至。②

"大中学庸"四字之"中"，指理，指性，故其性质为生生，为仁。而"大"为此"中"字里自然推出之描述、赞叹。其最所赞叹者，为性理之生生之仁。故为学即在体认此生生之仁而与之为一，然后将此运用时宜。

---

① ② 《论大学中庸》，《颜钧集》，第17页。

若追究此仁之根源,必至氤氲之天。而从格物致知至治国平天下之实功,端赖心之运用。其中知格明哲为内圣之学,由内圣约束修齐治平之外功。内而仁道,乐在其中;外而翊运,设施为三纲九经。此为孔门根本之学。可见,颜均的"大中学庸"四字,实际上是以《大学》《中庸》为纲目,将《论语》、《孟子》的精髓糅合于其中,可视其为四书之要义、四书之概括,或曰儒学之总精神。虽出语怪诞,而意实精微。

颜钧又把他的"大中学庸"之旨和周易相贯通,以周易之时乘六龙凸显其中的因时变易之义。颜钧有《论大学中庸大易》一文,其中说:

> 《大学》、《中庸》,大《易》六龙,三宗学教,乃夫子一生自操仁神为业,晚建杏坛,聚斐明道,易世传世,破荒创造。……是故学乎其大也,则曰在明明德,在亲民,在止于至善,知在格物,心不在焉,如此而曰"五在",昭揭其大以为学。庸乎其中也,则曰率性,曰修道,曰慎独,曰致中和,如此而晰"四绪",绪扬其中为时庸。易乎其六龙也,则曰潜飞,曰惕跃,曰飞亢,如此而为"时乘",即变适大中之易,以神乎其学庸精神者也。①

这里颜钧以《大学》、《中庸》、《周易》为三个系统,认为皆是孔子仁道思想的表现。孔学之思想宗旨,孔子之教学内容,孔子之不世出之创造,皆在此三系统中。而此三系统又可统合为一。此一即"大中学庸"之旨。此四字中,学者学其大,内容在《大学》之三纲八目,此皆学为大人之事。从学问层次上讲,大学之内容、目标和达此目标之功夫皆备,故此学不可谓不大,此学不可以不学。此"大"之内容之展开发用,则是《中庸》之率性、修道、慎独、致中和。率性表根源,修道示内容,慎独标纲领,致中和揭目的。这是此"大"此"中"分析出的四个方面。而此大此中必措置为时用,则《易》之六龙所代表的不同时段及其特点,可以作为时用之框架。大中者表一般、表整体精神;学庸者表特殊,表此整

---

① 《颜钧集》,第18页。

体精神之适时发用开展。大中无学庸则用不能神,学庸无大中则体不能备。两者之舒卷,唯在大《易》之"刚柔相易,唯变所适"。

关于大《易》六龙表变之具体步骤,颜钧说:

> 大中学庸,即《易》运时宜,无二道,无二学,无二教也。是以潜之修也,得于七日闭关以凝神。见于世也,竟获一阳来复,利有攸往。惕乎中也,统率阳长为慎独。跃诸庸也,愤发乐学入大成。是至无上独仁,无敌自神,往来中立时宜。飞御乎性天之乐,莫御乎覆载持帱之大中。如此安身以运世,如此居其所,而凡有血气莫不尊亲,是为亢。丽神易仁道,无声臭乎上下四旁,所谓'时乘六龙以御天',独造化也。如此哲晰大中大易,以变化《学》《庸》。①

就是说,大中学庸之本体,其运行合于易之六龙所表示之阶段。初为潜修,须凝定自身,畜养元气,以植根基。次为乍现,为一阳来复之象,当勇往直前。三为中之下段,为小成之期,故须兢业谨慎,培植、积累已有之阳气。四为壮大之期,此期须大有为,以为进入大成之前奏,故须"愤发乐学"。五为大成之期,此期在修养上应悟入仁神不二之境,往来四旁而不失己,得"上下与天地同流"之乐。六为发散称物之期。此期与原卦意之莫至极处、及早回头之意全然不同。颜钧此期为将己之有为、已之大成分致于万物,万物与己同体不二,既安身又运世之阶段。其最后的境界是"万物一体",此境界并无"亢龙有悔",它要达到的是无物我之分,身安物畅的化境。

颜钧思想的第三个方面,是"七日闭关法"的阐述。在上述六阶段中,颜钧特别重视的是作为后面诸阶段之基础的第一阶段,故他特别提扬"七日闭关法"。颜钧之《耕樵问答》中有《七日闭关法》一节,述此法之理及其用功节目曰:

> 人生出世,各各同具有亦孔之昭,潜伏为腔裹之灵。尽被知

---

① 《耕樵问答·晰大学中庸》,《颜钧集》,第50页。

> 识见闻偃埋,名利声色侵沸,胜若溺水益深,入火益热矣。所以群类中突出一个人豪住世,自负有极样高大志气者,并遭拂逆危挫,人皆不堪其忧苦累累,然日夜自能寻思,何日得一出头大路,竟步长往以遂志,忽觉夫子教颜渊曰:一日克复,天下归仁。印证"七日来复,利有所往"之快心,即是敦敦打坐,默默无语,缚目不开,塞耳不听,两手擒拿,两足盘旋,回思内省,胁胁凝结,自己精神,融成一片,胸次抑郁,若醉懵愁苦,不可自解以放松。如此忍耐一日二日,不上三日,即自顿冲然,潜伏孔昭之灵洞开,焕发启明,如冬日之出见,如龙泉之滚趵。自心而言,若平日偃埋在百丈深坑中,今日俄顷自能升入天堂上。自身而言,若胎生周岁后,尽被父母诱引善好,贪欲情念,即如绳篾匝缚在囚狱炕上,今日超然脱离出监,纵步有乘虚驭风之轻爽。①

从此中可知,此法之理,在颜钧反复强调的复与仁二字。复者由苦返乐,仁者求复之动力与复后之境界。取自于孔子之"我欲仁,斯仁至矣"和"一日克己复礼,天下归仁焉"。并以后者融会《周易》复卦卦辞"七日来复,利有攸往"。闭关七日之"七日",盖取于此。而闭关之法,则佛教道教中极常见的修炼方法。颜钧之七日闭关法,亦统合儒释道三教而成。其法甚为简单,也无神秘之处,不过克去私欲,特别是戕害身心的物质欲望,归于本心之仁而已。而颜钧所描述的闭关之后的种种功效,如"如此满足七日之闭关;如此化日悬中天;如此易易,直遂其好生;如此遂生,自为变适丽四方;如此适达,四书六经如视掌;如此提笔为文,犹江河水流之沛决;如此进取科第,不啻运指以折枝;如此出世有为,自如尼父入鲁三月,即运天下如鲁国之大治"②等,不过自神其说,以招徕听众而已。

纵观颜钧的思想与行动,见其救世之志甚笃,求治之心甚急,欲以

---

① 《颜钧集》,第54页。
② 《颜钧集》,第55页。

一布衣耸动当世之意气甚高。一生悒悒惶惶,"欲有为于世,以寄民胞物与之志"。① 且有侠士之风,好急人难,行为果决而坚韧。其学庞杂,但皆融入其四书学之基本义理中,故思想中有佛老因素而绝口不谈佛老。他的"大中学庸",以大中为本体,以学庸为对本体的展现、充实、锻炼,理论上有一定的创造性,尽管此种创造是以通俗的、在精英学者看来近于荒唐的方式实现的。他周流讲学,但徒众甚杂,且有师弟名分者不多。他之所讲,多为儒学通俗义理,特别是以《大学》《中庸》为纲领融贯《论语》、《孟子》、《周易》所成之义理,不似当时东南精英学者所讲多为良知诸义。他走的道路是,通过讲明儒学通俗理论化民成俗从而报效国家,完成一个下层知识分子的志愿,实现"君仁臣义民安堵,雉兔乌莵去复来"②的理想社会。他的理论和实践对泰州后学特别是何心隐、罗汝芳影响很大。

第四节　何心隐的"性乘于欲"

何心隐(1517—1579)本名梁汝元,字柱乾,号夫山,后改今名。江西吉安府永丰县人。青年时为诸生,后闻王艮尊身立本之学,弃举子业,从颜山农游。以《大学》齐家先于治平,故建"聚和堂",董理一族冠婚丧祭及粮税、训教之事。《永丰县志》、《江西省志》载其事:"率同族建聚和堂,立率教、率养、辅教、辅养之人,各董其事。延师礼贤,以训乡族子弟。计亩收租,以赡公家粮税。捐千金,创义田,储公廪,以待冠婚丧祭鳏寡孤独之用。数年间,一方几于三代遗风。"③后广东流寇侵永丰,邑令与城内缙绅豪右会议,欲拆近城内外民居。何心隐以为

---

① 见《明儒学案》,第703页。
② 颜钧:《寄周恭节》,《颜钧集》卷八。亦见《明儒学案》,第704页。
③ 见《何心隐集》附录,中华书局,1960年,第125页。

不可。邑令不听,且叱责何心隐。何心隐致书兵备冯某,言"未遭贼寇之害,先被御寇之惨"。书中且有讥诮之语,以此开罪于邑令。不久邑令在正赋外征收"皇木银两"杂税时,遭百姓抗拒,演成事端,杀伤人命。邑令诬为何心隐主使,逮之人狱,初定绞罪,后末减,充军贵州。友人程学颜时为浙江总兵胡宗宪幕僚,请移文江西巡抚何迁调用,何心隐因此出狱。次年,程学颜升太仆寺丞,何心隐随程学颜至北京,并因之结识程学颜之同年耿定向。耿定向携何心隐会见时任国子司业的张居正,语间讲论不合。后三人遇于显灵宫,何心隐唐突张居正:"公居太学,知太学之道乎?"张居正向何心隐说:"尔意时时欲飞,却飞不起也。"张居正离开后,何心隐语人曰:"此人日后必当国,当国必杀我。"何心隐在北京,时方士蓝道行以乩术为嘉靖帝宠幸。何心隐欲去权相严嵩,于是以重金贿赂蓝道行,使之乘间以乩语惑乱嘉靖宠信严嵩之心。此计后败露,严嵩之党羽因之缉拿何心隐。何心隐改换姓名,逃到南方,"从此踪迹不常,所游半天下"。期间曾同程学博(号二蒲)①赴重庆知府之任,为程学博平息白莲教出谋划策。何心隐有《上祁门姚大尹书》提及此事:"初抵重庆,即值白莲贼发,不满一月而破一州六县,即亦不满一月而灭白莲贼。虽皆程之功,元(梁汝元)不贪之为己力。然元亦不无一二力之与也,刻有《重庆稿》可据。"②此后又辗转于杭州、道州、孝感、黄安、泰州、祁门等地。于万历七年在祁门被捕获。由祁门解南安府,然后到南昌,最后解到武昌。见湖广巡抚王之垣,何心隐坐而不跪,说:"公安敢杀我,亦安能杀我。杀我者,张居正也。"被杖笞百下,死于狱中。

  以上是关于何心隐之死的一般说法。关于何心隐之死,传记资料多说王之垣为谄媚张居正而杀何心隐。如李贽之《何心隐论》、邹元标

---

① 黄宗羲《明儒学案·泰州学案》序文中误以程学颜字二蒲,号后台。实则二蒲为程学颜之弟程学博之号。见程学博:《祭梁夫山先生文》,及解文炯:《梁夫山先生遗集序》。俱载《何心隐集》附录。

② 见《何心隐集》,第78页。

之《梁夫山传》、黄宗羲之《明儒学案·泰州学案》序、江西省及永丰县二《志》、顾宪成之《重刻怀师录题辞》等皆是。但具体究为何事,则有不同说法。如沈德符《万历野获编》卷十八之《大侠遁免》条说:

> 时有江西永丰人梁汝元者,以讲学自名,鸠聚徒众,讥切时政。时江陵公夺情事起,訾出亘天,汝元因指切之,谓时相蔑伦擅权,实召天变,与其邻邑吉水人罗巽者同声倡和,云且入都持正议,逐江陵去位,一新时局。江陵恚怒,示意其地方官物色之。诸官方居为奇货,适曾光事起,遂窜入二人姓名,谓且从光反。汝元先逮至,拷死。罗巽亦毙于狱。①

此处说何心隐见恶于张居正是因攻张夺情事,此理由甚是合理。然认为梁汝元与何心隐为两人,则表现出对何心隐之生平甚为隔膜。黄宗羲《明儒学案·泰州学案》序中则是另一种说法:"江陵当国,御史傅应祯、刘台连疏攻之,皆吉安人也。江陵因仇吉安人。而心隐故尝以术去宰相,江陵不能无心动。心隐方在孝感聚徒讲学,遂令楚抚陈瑞捕之,未获而瑞去。王之垣代之,卒致之。"这是说何心隐见恶于张居正是因为何心隐与张居正之主要政敌为同乡且何心隐能以邪术扳倒大人物之故。此两说虽不同,但都以为何心隐之死与张居正有关。

而耿定向之弟耿定力的记述却与此大异,以为何心隐之死与张居正无关,而是出于王之垣自身之仇隙:

> 迨岁己卯(1579,万历七年)心隐蒙难,衅由王夷陵(之垣),非江陵意也。夷陵南操江时,孝感程二蒲以维扬兵备,直言相忤,夷陵衔之。二蒲尝父事心隐,遂借心隐以中二蒲。而朝野舆论咸谓出江陵意,立毙杖下,竟践心隐"当国杀我"之言。夷陵实江陵罪人矣。②

---

① 《万历野获编》,中华书局,1959 年,第 480 页。
② 耿定力:《胡时中义田记》,《何心隐集》附录,第 142 页。

耿定力对于何心隐与张居正之对话情境,所记亦大异于诸书:

> 嘉靖庚申,张江陵官少司成,先恭简(耿定向)官御史,巡视东城。尝约会僧舍中。不佞甫冠,日待恭简,闻其奇江陵而又奇心隐也。乘会日,偕心隐突入坐。心隐、恭简南面,江陵北面,大兴令吴哲与予西隅坐。恭简故令二公更相评品。江陵谓心隐时时欲飞,第飞不起耳。心隐气少平,谓江陵居太学,当知太学之道云。心隐退而抚膺高蹈,谓予兄弟曰:"此人必当国,杀我者必此人也。"越隆庆辛未,不佞举进士,出江陵门。江陵语及心隐曰:"汝兄最称其人,然在我座,不能出片语。"睹江陵色辞,未尝相忌相仇也。①

同文中又记述耿定力与王之垣之对话:

> 见夷陵,夷陵扬扬谓余曰:"昨闻儿曹赴省试,贵郡人士群然詈我,谓我杀何心隐。我尚未闻之相君(按指张居正)。公知心隐否?"不佞对曰:"此贱兄弟三十年故交也。往谒相君,贱兄弟实左右之,相君知之更悉,公不知耶?"夷陵为之色沮。②

观耿定力此文,张居正与何心隐之对话是奉耿定向之命互相品评对方,而非偶遇之唐突语。虽气氛似不洽,但未必成杀身之仇。何心隐谓杀我者必此人,似当时心胸褊小之预感。而张居正语耿定力者,亦人物评品语,未见其中有杀机。又耿定力亲见张居正当时辞色,示非相忌相仇态。更重要的,后一段话中,王之垣说起杀何心隐则神色"扬扬",但明确否定张居正知此事。且闻知张居正曾见过何心隐且知之甚悉之后,"为之色沮"。可知王之垣之前并不深知张居正和何心隐的关系。此可间接说明王之垣杀何心隐既非受张居正指使,也非为媚张居正。李贽等人对此事的评断,多出自民间之说。民间极易将地方上

---

①② 耿定力:《胡时中义田记》,《何心隐集》附录,第142页。

之事与朝中之势要相关联。且耿定力为二人以上所记数次交涉之当事人,虽其为张居正之门生,不免出语有为座主辨诬、甚至袒护之处,但其他人皆道听途说,或文字辗转相引,所述未必真切。

故何心隐的一生,其最惊世骇俗且为当政者所警惧的,是计去严嵩之事,此亦黄宗羲"泰州之后,其人多能以赤手搏龙蛇"之语所引据的显例。其余则多弃去科举,狎侮地方上以学显之大老,构聚和堂以理一族之政,反对地方官之施政措置而遭下狱,助朋友迅速平定白莲教,及因笃于朋友一伦而遭诬陷,为躲避缉拿而踪迹半天下,最后破捕拷掠至死等充满传奇色彩之事。这些事反映了何心隐不同流俗,蔑视传统,不畏势要,勇于实行甚或仗义行侠等人格特点。这些特点与乃师颜山农有很多相似之处。故东林、蕺山等欲纠正王学"猖狂自恣"之弊的一派学者,多以"颜何"并称,并视之为"坐在利欲胶漆盆中","欲打破善恶窠臼"者。颜何一派人,以布衣终其身,一生无科举之望,无官守之责,多以讲学为事,但他们的讲学既少官吏学者之清规,又少严格学派师友门生之束缚,多是自由之身,愿者赴之,不愿者去之,言其所欲言,行其所欲行,故多能放言高论,不同流俗。这是明代书院讲会发达,学术文化下移,做举业者多而中式者少,士人入官场无望而涌入社会中下层之现实状况所引发的必然现象。由于他们的存在,引发了一批意气相投、声应气求的官吏学者。李卓吾曾历数泰州后学特立独行的英灵人物说:

> 当时阳明先生门徒遍天下,独有心斋为最英灵。……心斋之后为徐波石,为颜山农。山农以布衣讲学,雄视一世而遭诬陷。波石以布政使请兵督战而死广南。云龙风虎,各从其类,然哉!盖心斋真英雄,故其徒亦英雄也。波石之后为赵大洲,大洲之后为邓豁渠;山农之后为罗近溪,为何心隐,心隐之后为钱怀苏,为程后台,一代高似一代。所谓大海不宿死尸,龙门不点破额,岂不信乎!心隐以布衣出头倡道而遭横死,近溪虽得免于难,然亦幸

耳,卒以一官不见容于张太岳。盖英雄之士不可以免于世,而可以进于道。①

此中所举的人物,他们的言论,特别是他们的行为,都产生了耸动当时、惊醒后世的影响。此正泰州后学之特点和历史作用之所在。

何心隐的著作,遗留下来的有《爨桐集》,今人容肇祖整理为《何心隐集》。

何心隐的儒学思想中,较有特色的是他的寡欲说。其要点是,人必有欲望,欲望是人性的内容之一。而欲望必以人之肉体——命为载体。欲望发而中节,即寡欲,非欲之多而减损为寡欲也。寡欲即尽性。他说:

> 性而味,性而色,性而声,性而安佚,性也。乘乎其欲者也。而命则为之御焉。是故君子性而性乎命者,乘乎其欲之御于命也,性乃大而不旷也。凡欲所欲而若有所发,发以中也,自不偏乎欲于欲之多也,非寡欲乎？寡欲,以尽性也,尽天之性以天乎人之性。而味乃嗜乎天下之味以味,而色、而声、而安佚,乃又偏于欲之多者之旷于恋色恋声而苟安苟逸已乎？乃君子之尽性于命也,以性不外乎命也。命以父子,命以君臣,命以贤者,命以天道,命也,御乎其欲者也。而性则为之乘焉。是故君子命以命乎性者,御乎其欲之乘于性也,命乃达而不堕也。②

此为对《孟子·尽心》中性命之说、寡欲之说的发挥。此中性而味、性而声之性,乃人之气命之性,非与气命相对,专言人之不同于禽兽者之天命之性。天命之性实无所谓寡与不寡,只尽之而已。此中所说之欲乃具体的欲望、念头。故人之气命中必然有的内容如好声色、好安佚等,必表现为具体的欲念而通过人的肉体表现出来,命是性的承载者,发

---

① 《为黄安二上人三首之一》,《焚书》卷二,中华书局,1975年,第80页。
② 《寡欲》,《何心隐集》,第40页。

现之地。此即"御"之意。故命之承载性,是承载那有现实欲望的性,非抽象的天命之性。有表现为欲望之性,性才是完整的、有内容的。此欲发而中节,即寡欲。寡欲即尽性。而此尽性乃性之合理欲望的保持,而非体证并存养天赋于人的"天命之性"。天乎人之性就是把人的性而味、性而色等欲望视为天然合理的,在不发生价值判断、价值取舍的场合充分满足人此种天性。此种天性不必旷,旷此天性亦非寡欲。故所谓尽性至命,乃于气命之身上尽天然本有之欲望。命是性中之欲的承载者、实现场。充分发挥此命,命才尽其才能而不荒废。欲望节而和,即尽性以至于命。这是何心隐对于儒家性命说的独特发挥。这个发挥方向的关键在以气命之本有欲望说性,突破了理学"天命之谓性"的框架,也不同于王阳明的"良知即性"。但保留了王阳明以人的精神中的诸多因素共同解释性因而使之平易、使之减杀其高严性、使之更符合一般民众从日常生活去理解性的路向。这种解释与泰州学派的平民化路向完全一致。也由于此,何心隐不同意周敦颐"无欲故静"的学术宗旨。他认为有两种静:本原的静和通过主静功夫得到的静。他不同意以静为宇宙、人心之本源,认为人精神的本质便是动,故"知本通乎昼夜而动者也。能静乎,必知有所止而后有定也。"① 既无本体之静,据此而有的修养功夫——无欲便是虚幻的。他反对周敦颐无欲之说,认为和孔子、孟子所说的无欲不同。孔子言无欲而好仁,则知孔子唯仁之好而无欲。孟子言"无欲其所不欲",则其无欲是不希求无道德价值的东西。另外从心理的现实活动言,无一时无欲念,故"欲唯寡则心存,而心不能以无欲也"。② 周敦颐的无欲,深受道家思想影响,是老子所谓"无欲,以观其妙"之无欲。何心隐所向往的无欲是他以上所言之合乎中道之寡欲:"欲鱼欲熊掌,欲也。舍鱼而取熊掌,欲之寡也。欲生欲义,欲也。舍生而取义,欲之寡也。"③ 此种解释路向,仍是

---

① 《原静》,《何心隐集》,第41页。
②③ 《辩无欲》,《何心隐集》,第42页。

泰州后学反对把捉活泼之心体,充分尊重出自心的本然的合理欲望,反对苛酷不近人情的修养方法,故取寡欲而不取无欲的一般民众心理的反映。而他所用的"欲"等概念,直就《孟子》文中取来纵意挥洒,未必严格,也没有详细的界定和分疏功夫,取其达意而活泼无方而已。此亦泰州后学平民讲学之一特色。这一特色在颜山农、何心隐著作中表现得尤其明显。

第五节　罗汝芳的平民教化与《易》《庸》贯通

罗汝芳(1515—1588)字惟德,号近溪,江西建昌府南城县人。幼年由母亲授以《孝经》、小学、《论语》、《孟子》诸书,十五岁从新城张洵水学,毅然以道学自任。十八岁,闭关临田寺,默坐澄心,久而成病,父令读《传习录》,病顿愈。二十二岁,为县庠生。二十六岁,至省城南昌应考,下第归,听缙绅讲会,于同仁祠听颜山农讲其《急救心火榜文》,述自己种种不动心之事求教,颜山农以"是制欲,非体仁也。孟子之四端,知皆扩而充之,如此体仁,何等直截"相告,罗汝芳言下大悟,遂拜颜山农为师,终身事之。颜山农轻财好施,无则索之罗汝芳。罗汝芳无问多寡,尽己之能付之。二十九岁中乡试,次年中会试,不廷试而归。归与父亲商订经书,遇有疑义则以阳明为归。偕颜山农至泰州、如皋、江都、扬州等处讲学,归里建从姑山房接引来学,多讲程颢、陆九渊、王阳明、王艮之说。又往吉安访聂双江、罗念庵、邹东廓、刘狮泉等。三十四岁,从胡宗正学易,三月而悟先天之旨。三十八岁,悟格物之说,以《大学》之至善为明德,从中推出孝、悌、慈。此旨终身奉之。三十九岁,至京参加廷试中式,寓京师,与王敬所、何善山、何吉阳等联讲于灵济宫,互相切劘,学问大进。授太湖令,以立乡约、兴教化、明孝悌为事。四十三岁,转刑部主事。四十五岁,识耿定向于京邸,谈学甚为契合。四十六岁,以刑部主事出审大同、宣府之狱。返南京过临清,染重病,遇泰山丈人,告以"人之身心,体出天常,随物感通,原无定执。君以宿生操持强力太甚,一念耿光,遂成结习"。罗汝芳惊悟,从此执念渐消,血脉循轨,病亦痊可。四十八岁,出任安徽宁国府知府,以崇学术、育人才为务,邀王襞主讲席,一时来学者甚众。汤显祖时年十三岁,自临川来,师从罗汝芳。次年,迎王龙溪至宛陵讲学,郡邑士子及老幼千余人听讲。五十一岁入觐至京,首辅徐阶问以时务,罗汝芳以育人才、兴讲学为对。初见时任侍裕王邸讲读的张居正,语不相契。次年,于从姑山建前峰书屋,与诸生定期会讲。颜山农遭诬入狱,罗汝芳贷百金赴南都往救。颜山农获释,戍邵武。五十九岁,神宗登极,转任东昌府知府,旋升云南屯田副使,讲学于昆明五华书院。六十二岁,署云南提学,次年转云南布政司左参政,讲学于楚雄书院。入京贺万寿,事毕同志留广慧寺讲学,触张居正讲学之禁,使人疏劾致仕。归家后仍在从姑山房讲学。有劝辍讲免祸者,罗汝芳曰:"人肯实心讲学,必无祸。党人者,好名之士也,非实心讲学者也。"同门何心隐系囚,卖田产往救。后与二子至广东访学,其二子死于肇庆。又历南海、惠州、潮州至福建,遍访同志。六十九岁,至吉安访王时槐,安福访邹东廓之子邹善,永新为颜山农祝寿,泰和访胡直。七十岁,弟子大会于从姑山房为罗汝芳庆寿,会讲月余。至福建,问心于武夷先生。此后,赴南昌,从鄱阳至玉山,入浙江,过嘉兴、姑苏、无锡,至南京,与焦竑等讲学于永庆、兴善诸寺及鸡鸣山凭虚阁。大会同志于芜湖、水西、宁国,从祁门入饶州还家。又赴新城、建阳等地讲学。七十四岁,微疾,命门弟子来宿家中,日夕谈学不倦,月余病逝于家中。门人私谥曰明德先生。①

罗汝芳一生证学之关节点,弟子杨起元总结为:"十有五而定志于

---

① 以上事迹,取材于罗汝芳之孙罗怀智之《罗明德公本传》,罗汝芳弟子曹胤儒之《罗近溪师行实》,方祖猷据多种志传整理之《罗汝芳年谱》,俱载《罗汝芳集》附录,凤凰出版社,2007年。

洵水,二十有六而正学于山农,三十有四而悟《易》于胡生,四十有六而证道于泰山丈人,七十而问心于武夷先生。"①可谓精进不已,至老不衰,而尤得力于讲学。观其一生,可谓无日不谈学:"顺风下拜者不计其数,而接引友朋,随机开发者,亦不计其数。身所止处,辄弟子满座,而未尝以师席自居。及门者数千人,直下承当者亦众。"②黄宗羲《明儒学案·泰州学案》说他:"论者谓龙溪笔胜舌,近溪舌胜笔。顾盼呿欠,微谈剧论,所触若春行雷动,虽素不识学之人,俄顷之间,能令其心地开明,道在眼前。一洗理学肤浅套括之气,当下便有受用,顾未有如先生者也。"③万斯同也说他:"知太湖县,务以德化民。设讲堂,召诸生论文,公事多决于讲堂。……时山阴王畿良知教东南,汝芳与相颉颃,两家门徒最盛。而汝芳善谈说,每一词,四座尽倾。其宦辙所至,率以学为政,而禅客羽流,延接不倦。"④确实是个为讲学而生,为讲学而死,以讲学为生命的人。故最能表现其思想的,是其讲学语录,计有《近溪子集》、《近溪子续集》、《近溪子四书答问集》、《近溪罗先生一贯编》等数种,今皆收入《罗汝芳集》中。

罗汝芳讲学,一秉泰州学派浅近、平实的风格,所讲多为《四书》中之熟义,尤以《大学》为多。盖视《大学》为儒学总纲,而儒学之精义,在求仁,《大学》即求仁全书。罗汝芳说:

> 孔门之学在于求仁,而《大学》便是孔门求仁全书也。盖仁者浑然与物同体,故大人联属家、国、天下以成其身。今看明明德而必曰"于天下",则通天下皆在吾明德中也。其精神血脉何等相亲!说欲明明德于天下,而必曰"古之人",则我之明德、亲民,考之三王而不谬也。其本末先后,尚何患其不至善也哉!细玩首尾,只此一意,故此书一明,不唯学者可身游圣神堂奥,而天下万

---

① ② 《罗近溪先生墓志铭》,《罗汝芳集》,第924页。
③ 《明儒学案》,第762页。
④ 万斯同:《罗汝芳传》,载《罗汝芳集》附录,第875页。

世真可使之物物各得其所也。大哉仁乎！斯其至矣。①

在罗汝芳看来，《大学》一书，横则三纲八目，修身与齐家、治国、平天下相连，纵则与古今圣贤一揆，求仁不遗明德、亲民。故《大学》是儒学全部精义的概括，分开来有格致诚正等细目，总汇之则求仁而止于至善一意。而为加强《大学》的方向、规模义，又可以格物二字概括。讲学语录载：

> 问："《大学》首重格物。如《中庸》《论》《孟》各各章旨自殊，难说皆格物也。"罗子曰："岂止四书，虽尽括五经，同是格物一义。盖学人功夫不过是诚意、正心、修身、齐家、治国、平天下，而四书、五经是诚、正、修、齐、治、平之善之至者。圣人删述以为万世之格，《大学》则撮其尤简要者而约言之，所以谓之曰'在格物'也。今观其书，通贯只是孝、弟、慈，便人人亲亲长长而天下平。孟子谓'其道至迩，其事至易'，予亦敢谓其格至善也。"②

此解格为格式之格，即法则、规矩准绳之义。"物格"即事物之法则、归属。"格物"则经由人之措置而使事物符合此法则，趋向此归属。故"格物"为《大学》总纲，为学者用功之总方向。他还说：

> 物有本末，是意、心、身为天下国家之本也；事有终始，是齐、治、平之始于诚、正、修也。是有物必有则，有事必有式，一定之格，而为明德、亲民之善之至者也。……物皆当其则，事皆合其式，而格之必止于至善之极焉耳。③

亦意在突出格字的法则、标准之义。而《大学》中所引《诗》《书》之句，皆欲使人知诚意为物之本、事之始，一一须合于至善之格。这一解释虽有取于王艮，但与王艮趋向不同。王艮在以身为天下国家之本，罗

---

① 《近溪子集·卷礼》，《罗汝芳集》，第8页。
② 《罗汝芳集》，第22页。
③ 《罗汝芳集》，第2页。

汝芳在以至善为三纲八目之法则和归趣。王艮的解释虽已稍灵活,但尚扣住"格物"之字义,罗汝芳则以修身、诚意等求仁功夫为方向,将三纲八目融释为一,消除其功夫阶段、循序次第意,使《大学》宗旨熔铸为止至善、求仁,其他则围绕求仁纲领宛转为说。此亦服务于平民讲学之目的,非如学者之经典注疏也。

罗汝芳之特重《大学》,还与他居官以教化乡里,移风易俗为首务有关。罗汝芳任安徽宁国知府时,作《乡约训语》,其中表明自己抚治地方之总方略说:

> 守令之设,职在亲民,保障之功,机存易俗。惟上之礼教未崇,斯下之向方无定。今府属各县讼狱日烦,寇盗时警,家殊其俗,肆争竞以相高;人各其心,逞奸刁以胥虐。是宜各院勤拳多方督切。……事先体要,敦德礼以洁治源,而章程则在所略;行务融通,萃人心以端趋向,而讥察则居其次。①

而此乡约之重点,在宣读、释讲朱元璋之《圣谕》。《乡约》规定,城中各门,乡下各村,每一处设一约长,另选三四人副之,择宽广寺观为约所,定期宣读《圣谕》。于半年一年后,据乡民之品行,赏善罚恶。而《圣谕》之内容,尤在"孝顺父母,尊敬长上。和睦乡里,教训子孙。各安生理,毋作非为"六句。罗汝芳对此六条俱敷演说明,并敦促实行:"会众等仰悉高皇帝教民至意,将以前六条躬行实践;又将《吕氏乡约》四句(按即"德业相劝,过失相规,礼俗相交,患难相恤")兼着体会而行,则人人皆可为良民,在在皆可为善俗。不惟一身交享福利,其子孙亦久久昌炽。若或反道悖德,弗若于训,是乃梗化之顽民,小则不齿于乡,大则必罹于法,而身家亦不能保矣!尚共图之。"②后至云南腾越州,仍为立《乡约》,其训语亦以以上《圣谕》六条为主,而敷演更加与人心之

---

① 《宁国府乡约训语》序言,《罗汝芳集》,第 750 页。
② 《宁国府乡约训语》序言,《罗汝芳集》,第 757 页。

善、之仁相关联。①

罗汝芳之重视《大学》,确与他重视乡规民约,教民崇礼化俗相关,他甚至认为,孔子一生精神俱在《大学》,而孔子作《大学》,意亦在教民化俗,故《大学》之旨,长久湮晦,至明朝之下层人士讲学中方始大明。他说:

> 呜呼!孔子一生求仁,而曰中心安仁者,天下一人者也。其心将以仁其身者,仁万世人人之身。而恐无凭据,故既竭心思,而继以先王之道。于是取夫六经之中至善之旨,集为《大学》一章,以为修齐治平规矩,所谓"格"也。其旨趣,自孟子以后知者甚少,宋有晦庵先生见得当求诸六经,而未专以孝弟慈为本;明有阳明先生见得当求诸良心,亦未先以古圣贤为法。芳自幼学即有所疑,久久乃稍有见,黾勉家庭已数十年,未敢著之于篇。惟居乡居官,常绎诵我高皇帝圣谕,衍为乡约,以作会规,而士民见闻,处处兴起者,辄觉响应。乃知《大学》之道在我朝果当大明,而高皇帝真是挺生圣神,承尧舜之统,契孔孟之传,而开太平于兹天下,万万世无疆者也。②

《大学》自南宋真德秀作《大学衍义》,将三纲八目做框架,③填充六经及宋儒语句,成为儒学之百科全书以来,多有以《大学衍义》做经筵讲章者,《大学》遂成为上至帝王公卿,下至官吏、士子必读之书。迨元仁宗规定以四书取士之后,《大学》之重要性与普及性又有提升。明初《四书大全》的颁布,明中期蓬勃兴起的讲学运动,更将《大学》推向下层民间。罗汝芳正是这一趋向的大力推动者。他把《大学》与朱元璋所定明代各朝奉行不替的《圣谕》结合起来,使朝廷以儒学教化百姓的政策

---

① 见《腾越州乡约训语》,《罗汝芳集》,第758页。
② 《罗汝芳集》,第5页。
③ 真德秀此书"治国"、"平天下"二条目未及作,后明代丘濬专衍此二条目,成《大学衍义补》一百六十卷。

成为民间讲学的重要内容,对有明一代儒学民间化之推进不为无力。所以在他看来,朱熹的儒学以六经为主,尚未普泛为人人可以接受的孝、弟、慈等通俗内容。阳明之讲学轰轰烈烈,但所讲以自己体证有得之良知学为中心,尚未以古圣贤一脉相传之《大学》为中心。而己之所讲,以《大学》综括儒学宗旨,以求仁止至善为中心,显孔孟以来一世苦心,崇朝廷以儒学为风教之意,又未离经典,故可居儒门之正宗。这恐怕是罗汝芳终其一生奋身讲学的最大动力。

罗汝芳之说《大学》另有一独特之处,即认为在四书顺序中,《中庸》为先,《大学》为后。此实涉及二书之关系,非仅篇章之早晚。朱熹曾说:"某要人先读《大学》,以定其规模。次读《论语》,以立其根本。次读《孟子》,以观其发越。次读《中庸》,以求古人之微妙处。"①此语对后世影响极大。学者亦多以此顺序去读四书。朱熹并告诫学者:"《中庸》,初学者未当理会。""《中庸》之书难看。学者须是见得个道理,方可看此书,将来印证。"②罗汝芳之理解,与朱熹不同。他认为,《中庸》是说人人之事,而《大学》则是说大人之规模,能做到则圣人之能事毕。他说:"《中庸》首尾浑全是尽性至命,而《大学》则铺张命世规模,以毕大圣人能事也。故《中庸》以至诚、至圣结尾,而《大学》以至善起头,其脉络似彰彰甚明。"③意思是,性命为人人说,修齐治平则为大人说法。故先修《中庸》功夫,后做《大学》之事。否则即是躐等。而人人下手功夫,必先从肯认自己之天命之性起。"若知性是天命,则天本莫之为而为,命本莫之致而至。天命本体物而不遗,本於穆而不已,则吾人终日视听言动,起居食息,更无可方所,无能穷尽而浑然怡然,静与天俱,动与天游矣。"另外,《中庸》所讲者为人最中正平常不可离之事,此为以"中庸"二字命篇之意。其中"达德""达道",人人本具,人人可行。言

---

① 黎靖德编《朱子语类》,中华书局,1986 年,第 249 页。
② 《朱子语类》,第 1479 页。
③ 《罗汝芳集》,第 11 页。

性言情,皆自人最切近处说,故应先务,而修齐治平则圣人之能事,故为人之极则,为难知难行者,故在后。此处所说《大学》与《中庸》的顺序,是扣紧、坐实本文,在与学生的问答中当机发挥,而上述以《大学》为孔门求仁止至善之全书,是融释而总括之发挥。两说并不矛盾。而其究极处则一:"《中庸》多推原古今圣人,由庸常以造极至,而其言浑融含蓄;《大学》多铺张古今圣人成德以为行事,而其言次第详明。故虽均尽性,而功夫不同;虽均法圣,而规格却异。"①

罗汝芳解释《大学》、《中庸》的一个特殊之处,就是将它与《易传》联系起来,将《大学》、《中庸》所讲的性命,赋予生机,以生生不已之天命下贯人伦之孝弟慈,还以孝弟慈反观体现在人伦上的生生不已之天命。在他眼里,易是表现为万物之化生、心灵之神妙莫测的刚健纯粹本体。他说:

> 夫易者,圣圣传心之典,而天人性命之宗也。是故塞乎两间,彻乎万世,夫孰非一气之妙运乎?则乾始之而坤成之,形象之森殊,是天地人之所以为命而流行不易者也。两间之塞,万世之彻,夫孰非妙运以一气乎!则乾实统乎坤,坤总归乎乾,变见之浑融,是天地人之所以为性而发育无疆者也。……是则"乾知太始",刚健中正,纯粹至精,不遗于两间,而超乎两间之外;不已于万世,而出乎万古之先。浩浩其天,了无声臭,伏羲画之一,以专其统;文王象之元,以大其生,然皆不若夫子之名之以"乾知太始"而独得乎天地人之所以为心者也。……唯圣人迎其几而默识之,是能以虚灵之独觉妙契太始之精微,纯亦不已。而命,天命也,生化无方;而性,天性也,终焉神明不测;而心,固天心,人亦天人矣。②

这是说,易即宇宙本体,它可用气、性、命、心四个不同的方面来描述。

---

① 《罗汝芳集》,第249页。
② 《罗汝芳集》,第79页。

气指妙运之基质,性指具有能生之性质之总体,命指因性之能生之性质而发育无疆之个体,心分天心与人心,天心指虽无声臭而具有显发通明之功能之创造性本身,即"乾知太始"一语所表现的全部性质。人心指承接天心而有之生生不已之几,最直接的表现即仁,即孝弟慈。圣人是宇宙本体的具体而微的表现,故圣人既是天性,也是天命,也是天心,故为"天人"。罗汝芳虽以儒学之通俗内容为讲会之主要部分,但他实有形上学之高明识度。故能将形上形下打通,以易作为贯通两界的媒介。

罗汝芳以易为宇宙本体,此种识度,乃半生体证的结果。而易与《学》《庸》打通,其具体表现便是"生生"。他说:

> 予自三十登第,六十归山,中间侍养二亲,敦睦九族,入朝而遍友贤良,远仕而躬御魑魅,以至年载多深,经历久远,乃叹孔门《学》、《庸》,全从《周易》"生生"一语化将出来。盖天命不已,方是生而又生;生而又生,方是父母而己身,己身而子,子而又孙,以至曾而且玄也。故父母兄弟子孙,是替天命生生不已显现个肤皮;天命生生不已,是替孝父母、弟兄长、慈子孙通透个骨髓。直竖起来,便成上下今古;横亘将去,便作家国天下。①

这里明确将性命这种活的存在设定为孝弟慈的形上学根据。而将性命设定为活的存在,修养功夫亦简化为顺承此天机活泼,奉天正命,因应自然。他说:

> "维天之命,於穆不已",命不已则性不已,性不已则率之为道亦不已,而无须臾之可离也。此个性道体段,原长长是浑浑沦沦而中,亦长长是顺顺畅畅而和。我今与汝,终日语默动静,出入起居,虽是人意周旋,却自自然然,莫非天机活泼也。……中间只恐怕喜怒哀乐或至拂性违和,若时时畏天奉命,不过其节,即喜怒哀

---

① 《罗汝芳集》,第233页。

乐总是一团和气,天地无不感通,民物无不归顺,相安相养,而太和在我,大明宇宙间矣。①

此解释规定了本体的生生不已,也规定了功夫的顺适当下。在罗汝芳这里,王艮的学乐歌体现得最为充分。盖修养功夫不再是存理去欲的艰苦搏战,而是顺承本体的欣融。只思如何在整体境界上与天为一,不去零碎的克己复礼。理学变得充满温润,不再是"慎独"、"不愧屋漏"的刀锯鼎镬的学问。罗汝芳说:

今日吾人之学,则希圣而希天者也。既欲求以希圣而直至希天,乃而不寻思自己有甚东西可与化打得对同,不差毫发,却如何去希得他而与之同归一致也耶?反思原日天初生我,只是个赤子,而赤子之心却说浑然天理。细看其知不必虑、能不必学,果然与莫之为而为、莫之致而至的体段浑然打得对同过也,然则圣人之为圣人,只是把自己不虑不学的现在,对同莫为莫致的源头。我常敬顺乎天,天常生化乎我,久久便自然成个不思不勉而从容中道的圣人也。②

故罗汝芳以浑沦顺适为功夫要领:

汝若果然有大襟期,有大气力,又有大大识见,就此安心乐意而居天下之广居,明目张胆而行天下之达道。功夫难得凑泊,即以不屑凑泊为功夫;胸次茫无畔岸,便以不依畔岸为胸次。解缆放船,顺风张棹,则巨浸汪洋,纵横任我,岂不一大快事也耶!③

这种功夫要领,去除了庄敬持养等渐修过程,是与上述他对《易》与《学》《庸》打并为一、天道性心通一无二的识度一致的。但罗汝芳明言,此浑沦顺适功夫,只具大襟期、大气力、大识见者可行,不达此境界

---

① 《罗汝芳集》,第55页。
② 《罗汝芳集》,第74页。
③ 《罗汝芳集》,第62页。

者则用着实功夫。他并且补充说,此浑沦顺适功夫,若以《中庸》之"致广大而尽精微"而论,只是致广大一面,尽精微则尚未。须两样功夫都着到且打并为一,方为功夫之全。具体说来,即"多学"与"一贯"之统一:

> 凡所以诚意、正心、修身,所以齐家、治国、平天下,所以经纶大经,参赞大化,而文献足征者,信之极其笃,好之极其深,而求之极其敏,无非求夫此一之精微透彻而无内,浑沦统会而无外。……此其多学多识也,岂不皆是闻见?但非一以贯之,则漫然大舟之无舵,泛泛沧溪,又何彼岸之登耶?①

故不可专以浑沦顺适概括罗汝芳功夫之全而又以此为疵病施以攻击。黄宗羲《明儒学案》谓罗汝芳近禅,主要是认为罗汝芳所顺适的本体,只有流行,没有画一,徒见气机鼓荡而玩弄不已,没有实地穷理,故"未免有一间之未达"。黄宗羲是从救正王学特别是泰州龙溪的"虚玄而荡"、"情识而肆"出发,故对不着实格物穷理而诚意正心的功夫路向皆痛加锥扎。罗汝芳之修养功夫迹近龙溪,又为颜山农弟子,其讲学又倾动一时,故黄宗羲颇有拨其归于实地之意。其实罗汝芳之学有本体有功夫,虽以境界形态的儒学见长,其功夫直落在当下的道德直觉上,其儒学事业又多在对下层民众之讲学,其直切指点人之本心,有人人可行,当下即觉,简易直接的优点。而其所体证者,是天道性命通而为一之根本道理,生机洋溢,亲切直接,非"不落义理,不落想象",如佛家之空。此点读近溪语录感觉十分深切。虽黄宗羲之批评有其不得不然的苦心,但王艮、颜山农、罗汝芳一脉,亦有其内在发展的义理,非可一例视之也。

王艮对泰州学派的重要理论的发展,重要的一点在"当下自然即道"。王艮的"百姓日用即道"是泰州学派的基本理论,这一理论可有

---

① 《罗汝芳集》,第61页。

两个诠释方向:一个是百姓之生活,民生日用即是儒家之道最切近的内容,道并非远离日常生活的形上之学。这一点王艮说得很多。王艮以一个文化程度不高,又不喜科举的平民学者,将儒家传统理论中的天道性命等主要增进学者的觉解、提高精神境界的内容,贬落为主要增进人的俗世道德,提高人的现实关怀的一套理论。这一点在泰州诸人的讲学与行事中都得到贯彻,至李贽之"穿衣吃饭,即是人伦物理。除却穿衣吃饭,无伦物矣"一语造其极。这是明代学术格局向下层转移,进一步平民化、世俗化的鲜明体现。另一个是,理学的最高范畴道、理既然是本然的、自然的,它就不仅是形而上的观念,也非高远不可即,道、理即日常生活行为中的自然而然,不待安排。这一点经王襞推阐发挥,到罗汝芳愈加广泛、亲切。近溪语录中载:

> 曰:"某辈平日说理,只事物之所当然便是。"罗子曰:"汝初要求此理亲切,今却舍了此时而言平日,便不亲切,舍了此时问答而言事物当然,又不亲切。"曰:"此时问答,如何是理之亲切处?"罗子曰:"汝把问答与理看做两件,却求理于问答之外,故不亲切。不晓我在言说之时,汝耳凝然听着,汝心炯然想着,则汝之耳、汝之心何等条理明白也!言未透彻,则默然不答;言才透彻,便随众欣然而是,则汝之心、汝之口又何等条理明白也!"①

在罗汝芳看来,问者所理解的理仍是朱子所谓"所以然之故,所当然之则"。这样的理是一个道理,它在事物之中。而罗汝芳所谓理,只是问答时心中当下的条理,只是措置当下之自然而然。这种理不与当下的活动分而为二,故亲切可感。可以看出,罗汝芳这里不是学究式的征引、论证,而是平民讲学者的当下提掇,当下认取。提掇、认取的不仅是道的内容,更是道的表现形式。形式本就是道的一个方面,即此而观,形式即道也。关于这一点,罗汝芳说之甚多。如:

---

① 《罗汝芳集》,第44页。

> 问:"吾侪昨日请教,或言观心,或言行己,或言博学,或言守静,先生皆未见许,然则谁人方可以言道耶?"罗子曰:"此捧茶童子却是道也。"众皆默然。有顷,一友率尔言曰:"终不然此小仆也能戒慎恐惧耶?"余(罗子)不暇答,但徐徐云:"茶房到此,有几层厅事?"众曰:"有三层。"余叹曰:"好造化!过许多门限阶级,幸未打破一个盅子。"其友方略省悟曰:"小仆于此果也似解戒惧,但奈何他却日用不知。"余又难之曰:"他若不是知,如何会捧茶,捧茶又会戒惧?"其友语塞。余徐为之解曰:"汝辈只晓得说知,而不晓得知有两样。故童子日用捧茶,是一个知,此则不虑而知,其知属之天也。觉得是知能捧茶,又是一个知。此则以虑而知,而是知属之人也。天之知只是顺而出之,所谓顺,则成人成物也。人之知却是返而求之,所谓逆则成圣成神也。人能以觉悟之窍而妙合不虑之良,使浑然为一而纯然无间,方是睿以通微,又曰神明不测也。噫!亦难矣哉!亦罕矣哉!"①

这是用良知之不学而知不虑而能来解释道。道是自然而然之本然,顺而出之,自然天成。此良知此自然非知虑而有,也不用另以一个心来戒惧以保持其率真。修养功夫,只是顺之不起造作,与此自然浑合为一。这是大智慧,直与精微之道通明无间,故曰"睿以通微"。此种功夫简易直接,不落方所,故"神明不测"。罗汝芳此处与王艮指捧茶童子为"无思而无不通",王阳明指耕者之妻送饭为"大公顺应"同一机轴。黄宗羲谓泰州诸人"益启瞿昙之秘而归之师,盖跻阳明而为禅矣"。即指王艮至罗汝芳一脉专以自然而然之外在形式为良知这种弊病,并以"作用是性"指斥其为禅宗。

在这种根本精神的指导下,罗汝芳对理学极为重视的戒惧、慎独、致中和等功夫,皆视为过为深求。如他评说《中庸》以上诸功夫说:

---

① 《罗汝芳集》,第44页。

此是先儒看道太深，把圣言臆想过奇，便说有何气象可观也。盖此书原叫做《中庸》，只平平常常解释便自妥帖，且更明快。盖"维天之命，於穆不已"。命不已性不已，性不已则率之为道亦不已，而无须臾之或离也。此个性道体段，原长是浑浑沦沦而中，亦长是顺顺畅畅而和。我今与汝终日语默动静，出入起居，虽是人意周旋，却自自然然，莫非天机活泼也。中间只恐怕喜怒哀乐或至拂性违和，若时时畏天奉命，不过其节，而喜怒哀乐总是一团和气，天地无不感通，民物无不归顺，相安相养，而太和在我大明宇宙间矣。此只是人情才到极平易处，而不觉功化却到极神圣处也。①

这与他上述之平民讲学精神是一脉相承的。

罗汝芳以上思想宗旨，一言以蔽之，曰迩言求仁。此点当时学者皆无异词。如薛士彦说："近溪罗先生倡道盱江三十余年，其学以求仁为宗，欲学者识取不学不虑初心为入圣真脉路。"②耿定向亦言罗汝芳学问特点说："《集》凡六帙，无虑数千万言，总其指归，大都明人之即天，而人之所以同天者，以具此良知也。知之所以为良者，只此不学不虑之真机也。"③此点对泰州后学影响很大，如耿定向尝自言罗汝芳之学与己学之契合处曰："近溪安身立命处是无念，余所谓'心体尽头处'是也。其日用受享提掇人处，只是自然生机，余所谓'心体不容自已处'是也。盖无念之生机，乃是天体；天体之生机，即是无念，原是一贯。"④又叙罗汝芳之学之精诣说："余自嘉靖戊午获交近溪子于京邸，其时近溪子谈道直指当下性真，令人反身默识，绝不效世儒詹然训解文义，譬则韩、白用兵，直捣中坚，搴旗斩将，不为野战者。甲子以后，

---

① 《罗汝芳集》，第55页。
② 《罗近溪先生语要后序》，《罗汝芳集》附录，第961页。
③ 《读近溪罗子集》，《罗汝芳集》，第935页。
④ 《与杨复所》，见《明儒学案》，第818页。

近溪子博综富蓄,所学益弘以肆。其时谈道两都间,为寓言以提激朋侪,而浅肤者或讶其惝恍,譬则武王克商,借兵庸、卢、彭、濮,盖有不得已焉耳。……今观《近溪子集》中,发明孔孟学脉甚的,指示孔孟路径甚明,粹然一轨于正,更无只字片言剿袭仙释家语柄,而仙释之奥窔精髓,故亦已包括其中矣。"①李贽虽最契于王龙溪之学,对罗汝芳稍有微词②,仍称赞近溪之学:"近老解经处,虽时依己见,然纵横自在,固无一言而不中彀率也。虽语言各别,而心神符契,诚有德之言。俾孔孟复起,岂不首肯于百世下耶?"③至杨起元,几视罗汝芳为圣人,推崇备至:"学者稍悟良知之说,辄起执情,障我空体,盖错认主人而迷失赤子者也。是以君子悯焉,非欲悯也,盖不得而不悯也。吾师乎!吾师乎!竭唇吻而不倦,老将至而不知,手识所说,以成是编,兢兢然畏学脉之稍差,以误天下万世,而其言一宗孔子,归之于天命,证之于赤子,而无他说焉。可谓醇乎其醇,粹乎其粹者也。信可以建天地、质鬼神、考三王而俟后圣。学大人之学者,此其的乎?"④曾凤仪亦说:"阳明先生从万死一生中悟出良知,力辨宋儒格物之非,不啻象山复起矣。一再传为良知之学者殆至数十家,独近溪先生直指孩提知爱知敬,本之不学不虑以为良,卒之不思不勉以成圣,非二物也。此继善成性,天命自尔,非由造作。应同现前,上及清宁,下及肖翘,并此生机,流溢满目,而孩提一念,发露最真。"⑤此皆对罗汝芳之学的深切提揭,可以帮助我们更加真切和清楚地把握其对泰州后学的影响。而陶望龄之语,尤能显出罗汝芳之学的影响:

> 新建之道,传之者为心斋、龙溪。心斋之徒最显盛,而龙溪晚出,尤寿考,益阐其说,学者称为二王先生。心斋数传至近溪,近

---

① 耿定向:《读近溪罗子集》,《罗汝芳集》附录,第934页。
② 见《与焦漪园太史》,《续焚书》,中华书局,1975年,第27页。
③ 《评近溪子集》,《罗汝芳集》附录,第935页。
④ 《近溪子集序》,《罗汝芳集》附录,第936页。
⑤ 《近溪先生集序》,《罗汝芳集》附录,第948页。

溪与龙溪,一时并主讲席于江左右,学者又称二溪焉。友人有获侍二溪者,常言龙溪笔胜舌,近溪舌胜笔。余生既晚而愚,未尝见二先生,独嗜其书耳,而嗜近溪语最甚。口诵手抄,汇成一帙。闲居鲜朋友,时一快读,则神朗气畅,手足掉舞,群从有过余庵中,或强与偕诵之,虽素不识性学者,皆释然心开,喜色浮面上可搅掬,兹非其笔耶?而妙若是矣,又况其胜者哉!①

而其描述罗汝芳讲学之情景,亦使人憬然向往:"盱江明德罗先生,闻道于泰州之徒,尽超物伪,独游乎天。与人偕,顾盼呿欠,微谈剧论,所触若春行雷动,因而兴起者甚众。"②罗汝芳之善讲说,善于把握触机,善于将儒学化为不同阶层乐于接受的通俗道理,是他能迅速、广泛影响当时的原因。

第六节　焦竑的和会三教与复性之旨

焦竑(1540—1619)字弱侯,号漪园,又号澹园,南京人。自幼聪慧好学,十六岁拔入应天府学读书,甚得学师器重。

二十岁,读苏轼苏辙兄弟之《易》《老》诸解。二十三岁,耿定向(1524—1596,字在伦,号天台)以监察御史督学南畿,建书院,讲阳明、心斋之学,与应天府学博士史桂芳多方接引,焦竑始闻阳明、心斋之学。

二十六岁,赴京会试,下第归。王龙溪到南京讲学,焦竑参与讲会并向龙溪问学。次年,耿定向在南京清凉山建崇正书院,选十四郡名士读书其中。焦竑被耿定向指定为众生之长,来学先由焦竑指示大

---

① 《近溪先生语要序》,《罗汝芳集》附录,第959页。
② 《明德先生诗集序》,《罗汝芳集》附录,第985页。

意,自是名声大振。二十九岁,第二次至京会试,又下第。此后多次不第,至五十岁,始以状元及第,大魁天下。

三十一岁,李贽改官南京刑部员外郎,焦竑与之交游,相互倾倒。三十五岁,王艮之子王襞受耿定向聘主金陵之讲会,四方学者云集,焦竑得亲王襞论学。万历十五年王襞卒,焦竑为作《王东厓先生墓志铭》,对心斋父子绝意利禄,以讲学林下,明道觉人终其身十分赞赏。三十八岁,李贽调任云南姚安知府,焦竑有诗送行:"中原一顾盼,千载成相知。相知今古难,千秋一嘉遇。而我狂简姿,得蒙英达顾。肝胆一以披,形迹非所骛。嬿婉四载余,昕夕长欢聚。……君子善尺蠖,大道固委蛇。所贵志有行,岂云绁尘羁。行行善自爱,无为怨天涯。"①甚许与李贽订交之益。四十二岁,李贽离云南至湖北黄安,焦竑与之有诗文赠答。

四十四岁,焦竑赴会试不第,李贽劝其勿再耽恋场屋,及早了悟性命之学。四十七岁,罗汝芳与周思久结伴游学,至南京,讲学于凭虚阁,焦竑往见罗汝芳,正式拜于门下,并盛赞罗汝芳衍泰州之绪,传阳明、心斋之学的功绩:"国朝之学,至阳明先生深切著明,为一时之盛。是时法席大行,海内莫逾于心斋先生。传心斋之学者,几与其师中分鲁国。而惟德罗先生衍其余绪,则可谓横发直指,无复余蕴矣。……盖当支离困敝之余,直指本心以示之,学者霍然如桎得脱,客得归,始信圣人必可为,而阳明非欺我也。"②

五十岁,状元及第,授翰林院修撰。五十三岁,修撰考满,任会试同考官。所取之陈懿典、袁宏道、沈孟威等,皆一时名流。次年,上疏议修国史。五十五岁,任命为皇长子讲官,择历代太子可为效法之行事,配以画图,名《养正图说》,次年编成,拟进上太子,遭同僚忌恨。朝

---

① 《送李比部》,《澹园集》,中华书局,1999年,第588页。
② 《罗杨二先生祠堂记》,《澹园集》,第245页。

廷开国史馆,任命为纂修官,上《修史条陈四事议》,对本纪、列传、职官、书籍之撰写成例皆有指正,于修史多所建议。

五十七岁,恩师耿定向卒,焦竑十分悲痛,先后撰祭文、行状、祠记多篇以为纪念,其中对耿定向绍述王学的功绩大为赞赏:"圣远学废,障蔽支离。爰及姚江,乃剖其篱。我师崛起,阐发靡遗。仁风义雨,霑洒一时。翳我留都,首被其教。如仆而兴,在寐斯觉。雾尽天开,云披日耀。"①又忆及耿定向对自己的特殊知遇:"某也何知,师顾不鄙。匪于携之,言提其耳。诲我则师,视寔犹子。负笈从游,三及师里。戊子一别,飽系靡趋。"②对耿定向造士之功备极赞赏:"天台先生崛起楚之黄安,推明孔、颜、周、陆之学,与乡人肄习之,从游者履恒满户外。已,宦辙所至,又自其乡达诸四方。今去之数十年,而其教如存,先生所风动,抑亦远矣。"③

五十八岁,钦点顺天乡试副主考。被劾以所取士试卷语涉险诞,贬为福建福宁州同知。次年,与李贽同舟归南京,居李贽于宅侧之永庆寺,日与李贽、杨复所等谈学。十月后赴福宁之任。上任不足三月,逢吏部之地方官考核,评以"浮躁",并降俸,于是辞官返南京。自此不再出仕,专以读书著述为事。时利玛窦在南京,曾与焦竑及李贽会面。李贽并赠利玛窦题诗之折扇。④

六十三岁,李贽以"敢倡乱道,惑世诬民"之罪名被逮系北京,自杀于狱中,焦竑闻讯十分痛愤。焦竑自二十八岁识李贽其人,相交三十五年,文章道谊,切砺至深。李贽有致焦竑书信二十余通,其一曰:"余至京师,即闻白下有焦弱侯其人矣。又三年,始识侯。既而徙官留都,始与侯朝夕促膝,穷诣彼此实际。夫不诣则已,诣则必尔,乃为冥契也。故宏甫之学虽无所授,其得之弱侯者亦甚有力。……世之为不朽

---

①② 《祭耿天台尊师》,《澹园集》,第566页。
③ 《天台先生书院记》,《澹园集》,第828页。
④ 见何高济等译:《利玛窦中国札记》,中华书局,2001年,第359页。

故以交于侯者,非一宏甫也,然唯宏甫为深知侯,故弱侯亦自以宏甫为知己。"并谓在感情、学问、论议三教三个方面,焦竑于己为不可少①。焦竑亦有致李贽书信多封,并为李贽几种著作作序,对李贽极表敬佩之情。如《李氏藏书序》说:"卓吾先生隐矣,而其人物之高、著述之富如珠玉然,山辉川媚,有不得而自掩抑者。盖声名赫赫盈海内矣。……先生高迈肃洁,如泰华崇岩,不可昵近。听其言泠泠然,尘土俱尽,而寔本人情、切物理,一一当实不虚。盖一被其容接,未有不爽然自失者也。"《续藏书序》谓此书"退可以修身而蓄德,进可以尊主而庇民,谋王断国之大端,班班具在,贵善学之而已。近代名卿称黄材伯(黄佐)为博古,郑端简(郑晓)、雷司空(雷礼)为通今。藉令三复宏甫之二编,其可与昔贤相颉颃也夫!"对李贽著作之被禁毁,对当世人之不能容一李贽,极表愤懑之情:"宏甫快口直肠,目空一世,愤激过甚,不顾人有忤者。然犹虑人必忤而托言于焚,亦可悲矣!乃卒以笔舌杀身,诛求者竟以其所著付之烈焰,抑何虐也!岂遂成其谶乎?"对其人物,甚悲其生,甚惜其死,追念其情,痛不自已:"卓吾先生秉千秋之独见,悟一性之孤明。其书满架,非师心而实以道古;传之纸贵,未破俗而先以惊愚。何辜于天,乃其摩牙而相螫;自明无地,滔焉朝露之先晞。……灯火残更,尚想诗书之讨论;林泉清昼,犹疑杖履之追游。痛逝者之如斯,伤谮人之已甚。"②对李贽之死不能施以援救深自痛责。

此后,热心讲会,应邀赴各地讲学,所到之处,自缙绅先生至牧竖渔樵,皆欢喜踊跃。讲学语录刻成者有《古城答问》、《崇正堂答问》等。六十七岁,《澹园集》四十九卷编成,刻印于扬州。《焦氏笔乘》正续两集刻成。七十岁,有南京国子司业之任命,焦竑辞未就,自言:"齿发半凋,世念都尽,岂能复驱策为壮年调度?幸谤焰稍息,得安意岩栖,力

---

① 均见《澹园集》附编三,第1244—1245页。
② 并见《澹园集》附编一,第1180—1183页。

耕课读,含戴主恩,至于没齿,分愿足矣。"①七十二岁,《澹园续集》编成,刻于当涂。七十七岁,《国朝献徵录》一百二十卷刻成。此书乃在史局时所搜集的大量资料的基础上编撰而成,对有明一代名人事迹,以宗室、戚畹、勋爵、内阁、六卿等名目分类标出。自洪武迄于嘉靖,搜采极其详博,为研究明史极有用之书,价值在他的另一名著《国史经籍志》之上。七十八岁,焦竑搜集整理之《升庵外集》一百卷刻成。按杨慎与焦竑并为明代极博学之士,著作甚多。焦竑对杨慎极表敬仰,数十年来注意搜求杨慎著作,至是辑成,此书之刻于当时学林影响很大。八十岁,于寿诞之夜卒于家。生平著书满家,著作极多,其中具代表性的有《澹园集》、《易筌》、《老子翼》、《庄子翼》、《焦氏笔乘》、《焦弱侯问答》、《国朝献徵录》、《国史经籍志》、《焦氏类林》、《熙朝名臣实录》等。编辑、整理、刻印他人著作亦甚多。

焦竑一生之德业文章,其弟子陈懿典谓:"先生之学,以知性为要领,而不废博综。为诸生以迨上公车、入词林,无日不蒐猎于古人之载籍,闻有异本秘册,必为购写。又日与海内名流讨析微言,订正谬误。坟索遗义,朝家故实,无不如指掌。虽其精神所注在大道与经世而不在于为文,乃感触酬应,发为诗文,积久益多。"②徐光启更曰:"吾师澹园先生,粤自早岁,则以道德经术标表海内,巨儒宿学,北面人宗;余言绪论,流传人间,亡不视为冠冕舟航矣。洎登朝列,珥笔承明著作之庭,高文大篇,奇丽雄富。暂卧东山,休息乎道林艺圃,远近宗挹,履满限穿,答问更繁,述作尤盛。"③《明史·焦竑传》亦谓:"竑博极群书,自经史至稗官杂说,无不淹贯。善为古文,典正顺雅,卓然名家。讲学以罗汝芳为宗,而善定向兄弟及李贽,时颇以禅学讥之。"以上对焦竑其人其学,评骘皆甚允当。

---

① 《答臧兵使》,《澹园集》,第856页。
② 《尊师澹园先生集序》,《澹园集》附编二,第1214页。
③ 《尊师澹园焦先生续集序》,《澹园集》附编二,第1219页。

焦竑是泰州之学的重要传人,他身处明代后期三教合一思潮甚为强劲之时,又得乃师耿定向融会儒佛思想的诱引,及泰州诸人平民讲学中融会儒释道之风的促进。他的学术思想,出入经史,囊括三教,而以儒家思想为归。在儒家中,又以义理为经,以文献与文章之学为纬;不废泰州修身立本之旨,又以儒家之硕学通人为追求。他的思想,是泰州学派中精英一脉与当时学术思潮相融合的产物。

焦竑对儒释道三教之书广为涉猎,而以儒家为归,此点有取于乃师耿定向。耿定向主张以佛道之书融会、补充儒书,他尝说:

> 读佛书者视心迷悟何如耳。如心诚悟,无论精微者得我同然,即中诞妄者亦视若《易》之象、《诗》之兴,《庄》《列》之寓言,殆将求之语言之外矣。如心苟迷,岂独诞妄者不之信,即中精微者亦只取润四寸间耳。佛氏有言:"心悟转《法华》,心迷《法华》转。"信哉其言也。余素不佞佛,亦不辟佛,恃此心能转佛书耳。①

耿定向并有《宗教译》、《心经译》、《维摩译》、《楞严译》、《法华译》、《坛经译》、《净土译》等融会儒释之文。焦竑对耿定向以上文章都有批注,②对待佛道之宽容,融释异说之度量,又较乃师为宏。他尝为友人新刻《华严经》作序,在其中明白地道出他融通儒佛之意:

> 圣人之教不同也,至于修道以复性,则一而已。古之博大真人澹然独与神明俱,与圣人洗心退藏于密而吉凶与民同患者,固不同也。况大慈氏梦幻其身,尘垢其心,倜然高举于天人之表,独示万世以妙湛元明,真如自性,与中国圣人之教,岂必其尽合哉!晚而读《华严》,乃知古圣人殊途同归,而向者之疑可涣然冰释已。何者?《华严》圆教,性无自性,无性而非法;法无异法,无法而非性。非吐弃世故、栖心无寄之谓也。故于有为界,见示无为;示无

---

① 耿定向:《耿天台先生文集》,明万历二十六年刘元卿刻本,卷十一,第9页。
② 见焦竑:《答耿师》,《澹园集》,中华书局1999年版,第83页。

为法,不坏有为。此与夫洗心藏密而与民同患者,岂有异乎哉!……然则心佛众生,一法也;理智行门,一心也。譬之若大海然,其源无首,其流无尾,而世出世间,烦恼真谛,无不波澜于其间,即外道阐提、逆行魔说,求自异焉而不可得,此非所称大莫能载,小莫能破者,何以当之?……余以谓能读此经,然后知六经、《语》《孟》无非禅,尧舜周孔即为佛。可以破沉空之妄见,纠执相之谬心。上无萧衍之祸,下无王缙之惑。其为吾孔子地也,不益大乎!①

这说明,焦竑早年主儒佛不同,中年以后,主儒佛殊途同归。并且认为,华严宗与儒家皆广大无边,二者都贯通形而上下,都修心历世;佛非仅虚无寂灭者,儒也非仅入世有为者。虽有不同之体相,就其根本处说,儒佛本无不同。二者相互为用,可补彼此之缺。

他还说:

道一也,达者契之,众人宗之。在中国者曰孔孟老庄,其至自西域者曰释氏。由此推之,八荒之表,万古之上,莫不有先达者为之师,非止此数人而已。昧者见迹而不见道,往往瓜分之,而又株守之。我圣祖独禀全智,大阐儒风,而玄宗释部,并隶礼官,若无少轩轾焉者。尝疑而深求之,取其书而研味之。始也读《首楞严》,而意儒逊于佛;既读《阿含》,而意佛等于儒;最后读《华严》而悟,乃知无佛无儒,无小无大,能小能大,能佛能儒,而圣祖之为意渊哉广矣!②

这是从华严性海无所不包、一味平等的眼光观一切法,知教异而道同。瓜分、株守者徒见其异,而具道眼者乃见其同。并对朱元璋开国之始即以同尊三教为国策的眼量极表赞佩。

---

① 《刻大方广佛华严经序》,《澹园集》,第 182 页。
② 《赠吴礼部序》,《澹园集》,第 195 页。

在焦竑眼里,儒家之道是十分广大的,它对中国的九流百家皆本海纳百川之量容受之、融化之,变为自己的有机成分。他在泛论中国经籍时引荀子之言对儒家的这种融通特质评论说:"荀卿氏有言,儒耕不如农夫,斫削不如工匠,贩货不如商贾,谭词荐撰不如惠施邓析。若夫商德而定次,量能而授官,使贤不肖皆得其位,能不能皆得其官,万物得其宜,事变得其应,四海一家,归命辐辏,盖九流皆其用也,岂与小道曲学仅仅自名者同乎哉!"①对司马谈将儒家与他家平列,视为六家之一,并垢病"儒者博而寡要,劳而少功"十分不满。焦竑眼光宏阔,器识洞达,直击儒家所谓道,对局于见闻之形器,不达形上高明之域,以为儒者仅知入世,没有世外之智者,则斥为局促狭陋,他说:"世之与释氏辨者多矣,大抵病其寂灭虚无,毁形弃伦,而不可为天下国家也。夫道,一而已。以其无思无为谓之寂,以其不可睹闻谓之虚,以其无欲谓之静,以其知周万物而不过谓之觉,皆儒之妙理也。自儒学失传,往往束于形器见闻,而不知其陋。一闻语上者,顾以为异说而咻之。……故学者与其拒之,莫若其兼存之,节取所长而不蹈其敝。视之遏籴曲防,以封畛自域者,狭亦甚矣。"②

焦竑对道家也同样平等吸纳,对老庄学说中虚无之说,尤其赞赏,认为可补儒家学说之不足。对老庄之书,焦竑有一个始也入之,中而疑之,终而悟其与儒家旨归本同的历程,焦竑自述其习学《老子》之经历说:

> 余幼好刚使气,读《老子》如以耳食无异。年二十有三,闻师友之训,稍志于学,而苦其难入。有谈者以所谓"昭昭灵灵"引之,忻然如有当也。反之于心,如马之有衔勒,而户之有枢也。参之近儒,而又有合也,自以为道在此也。顾数年以来,触途成窒,有窒必有疑;考古多乖,有乖必有反,盖未尝暂去于怀也。顷岁困衡

---

① 《经籍志论·子部儒家》,《澹园集》,第311页。
② 《经籍志论·子部释家》,《澹园集》,第312页。

既久,浸以成疴,偃息之余,俄有独寤。乃喟然叹曰:向也未尝不非意识,而或思离识以求寂;未尝不贵无心,而不知本心之自无;知慕清静,而不知无垢之非净;知有真我,而不知无物之非我。皆谈者有以误之也。①

经困心衡虑之后,悟《老子》乃明道之书,其根本精神在致虚守静。致虚守静非如一般人所理解的灭有以趋无,相反,《老子》是"明有之无"也。其学不在灭绝一切,而在去粘化滞,他说:

> 《老子》非言无之无也,明有之无也。无之无者,是灭有以趋无者也,其名为乾断。有之无者,是即有以证无者也,其学为归根。夫苟物之各归其根也,虽芸芸并作,而卒不得命之曰有,此致虚守静之极也。盖学者知器而不知道,故《易》明器即道;见色而不见空,故释明色即空;得有而不得无,故《老》言有即无。诚知有之即无也,则为无为,事无事,而为与事举不足以碍之,斯又何弃绝之有?②

这说明,焦竑真正善读《老子》。他的《老子》,是儒者眼中的《老子》:是那些洞悉了粘滞于世间而不知出世间的儒者所具有的弊病,思欲救治者眼中的《老子》,是融合三教之精华于一身的儒者眼中的《老子》。

对待庄子也是这样。在焦竑看来,庄子及老子的其他徒属如列子、杨朱、亢仓子、关尹子皆老子之辅翼,皆为道的一个方面。其中庄子尤其卓荦,老之有庄,犹孔之有孟。老庄言无,正孔孟言有之补充,他说:

> 孔孟非不言无也,无即寓于有。而孔孟也者,姑因世之所明者引之,所谓"下学而上达"也。彼老庄者生其时,见夫为孔孟之学者局于有,而达焉者之寡也,以为必通于无而后可以用孔孟之

---

① 《老子翼序》,《澹园集》,第137页。
② 《老子翼序》,《澹园集》,第136页。

有。于焉取其略者而详之,以庶几乎助孔孟之所不及。彼礼乐仁义之云,孔孟既叮咛之也,而吾复取而赘之,则何为乎?此老庄之雅意,而非其创为高也。①

故老庄之有与无,即儒家之道与器,儒家之形而上形而下(《易传》中语),即老子之观妙、观徼。其词虽异,其意固同。孔孟、老庄皆意在揭示事物之本相,人生之真实,两家正相辅为用。不知此意而哓哓辩争二者之同异,非通晓道一之旨者。

焦竑对老庄道家取赞赏并以之辅翼儒家的态度,对道教之炼丹服食、黄白房中种种方术,则持严厉批评态度,认为是道家之异端,诞妄不经。对道教中修心养性的内容,他也视为道教的正脉而赞赏之。他尝为道书《盘山语录》作序,其中说:

> 老子,古史官也,闻先圣之遗言,悯其废坠,著五千言以存之,古谓之道家。道也者,清虚而不毁万物,上古南面临民之术也,而岂异端者哉!古道不传,而世儒顾以老子为异,多诎其书而不讲,至为方士者所托。于是黄白、男女之说,皆以傅着之。盖学者之不幸,而亦道之辱也。近世七真者,始一意清静之说,摒弃有为以复还太上之旧,其功甚伟。……余少喜是书(指《盘山语录》),不必铅汞龙虎别安名目,与化金御女自堕旁门,孳孳然独治心养性之为务,此七真之正派也。夫方士言长生者,往往穿凿于性命之外,不知养性之即为长生;世儒言性命而斥养生,不知养其性者同乎天道而不亡。呜呼!得是编而读之,其皆能有瘳也夫!②

认为道家学说本是先圣之遗言,是上古无为而治的哲学基础。后世仍有采用道家学说治国而大收成效的,如汉初用黄老之学为治国原则而天下大治。至汉武帝独尊儒术之后,道家不彰,其学遂主要为个人修

---

① 《庄子翼序》,《澹园集》,第138页。
② 《澹园集》,第182页。

身养性之学,后渐为方士所托。焦竑赞扬道家而贬斥方士之术,尤反对长生,反对黄白、房中之术,斥为左道旁门。认为养性即是长生,性命之说即是丹药。在总评道家经籍时他也重言申明此义:"夫道以深为根,以约为纪,以虚寂静笃为至,故曰:虚者道之常,因者君之纲,此古圣人秉要执中而南面无为之术也,岂有几于长生哉!……昧者至弃本逐末,诞欺迂怪因而乘之,假托之书,弥以益众。"①这里对道家学说所取的宏阔眼光,与上述对佛教的吸收与融会是一致的。

焦竑有如此之器识、如此之襟怀,故对佛家、道家持尊敬态度,对佛教尤其敬畏。对蝉蜕红尘的雅士高人,焦竑往往以佛道经籍中寄身世外、栖心虚寂者相比拟;对友朋中好佛道者之求题画赞诗者,亦不吝笔墨。② 更以佛道之理融释儒家著作,特别是对大众讲学中,为使听者易于接受,亦为能契合好佛道者之怀,焦竑多直接以佛道之理解说。其《古城答问》中载:

> 李令君问:"学者喜言空,此佛语耳。孔门殆无此。"先生(焦竑)曰:"孔门专言空也。《大学》不正言修身正心之功,但言所以不修不正者,傲惰、忧患、哀矜、忿懥、好乐累之也。此等情累,胶胶扰扰,循环不穷。吾辈必于一物不立之先着眼,令空空洞洞之体了然现前。情累梦梦,自然无处安脚。身不期修而修,心不期正而正,何等简易直接。……吾心之理,种种具足,用之不尽。只为从前忿懥、好乐等无端遮蔽,群疑满腹,众累塞胸,应事临民,自成颠倒。若是此类悉空,胸中孝悌慈滚滚流出,不待安排,皆成妙用。"③

此以释家之空寂,比拟儒家之正心、去情累。"一物不立之先着眼",即

---

① 《经籍志论·子部道家》,《澹园集》,第312页。
② 如《李龙眠画观世音菩萨三十二相赞》、《观世音菩萨三十二相赞》等,见《澹园集》,第875、884页。
③ 《澹园集》,第730页。

禅宗所谓"观父母未生时面目"。而心之遮蔽一去,胸中本有之孝悌慈自然流出,即禅宗之明心见性。此点在焦竑之讲学中俯拾即是。又如:

> 陈生所献问"喜怒哀乐之未发谓之中",先生曰:"程门自明道至延平,以此传为学脉。此处信得及,所谓但得本,莫愁末,何事不了!古人言:不思善,不思恶,怎么时是本来面目。即此意也。"问:"生每日亦有不思善、不思恶时,如何?"先生曰:"此本命元辰,能不失此,即谓之执中。余尝言:意、必、固、我既无之后,喜、怒、哀、乐未发之前,最当理会。"①

此直接以佛理融会儒家之修养方法。"意必固我既无之后,喜怒哀乐未发之前",即佛家所谓不思善、不思恶时,此时即本来面目,即空。此即儒家所谓正心。又如《易》之"君子黄中通理,正位居体"一语,焦竑亦用佛理解释:"此'中'为'正位'。人于昼而无思,夜而无梦时,最可体验。得此把柄入手,则超形越数,外无系而中得止,所谓'思不出其位'也。"②佛家之昼而无思,夜而无梦,即儒家之"中"、之"止"、之"思不出其位"。儒佛两家在修养心体的方法上本可以相通。

在讲学中,焦竑有时也用儒家之语解说佛语、佛理,《明德堂答问》载:

> 一友问:"'无念而念,念而无念',此何说也?"先生曰:"'无念而念,业果宛然;念而无念,真性湛然。'此内典语也。非特内典,舜无为而治,禹行其所无事,即是此理。故曰'舜禹有天下而不与焉'。古之圣人皆以无为法,学者未窥此意,多于有处寻求,所以失之。故曰:'但愿空诸所有,慎无实诸所无。'"③

---

① 《古城答问》,《澹园集》,第735页。
② 《古城答问》,《澹园集》,第735页。
③ 《澹园集》,第741页。

此解释中，儒家圣人即佛家得道之人，外典与内典可相互融释，其所归结，仍在一空字，一无字。而以此空字、无字去从事儒家之修养，则简易直接，不烦做手。如对《孟子》、《中庸》中的"诚者天之道，思诚者人之道"一语，焦竑便完全以佛理解释；而思诚、择善固执这些儒家修养之基本功夫，此时则完全成了闲言语："'诚者天之道'，才着思勉，便不得。天道本诚，求其诚者而诚之，便是择善。善本无执，执而无执，便是固执。"①

焦竑之以佛释儒，以儒释佛，皆源于他的一个根本识度：三教道一教异，如果襟怀阔大，识见高明，本不必断断辩其同异。他在回答佛与儒何所分别时曾说："道是吾自有之物，只烦宣尼与瞿昙道破耳，非圣人一道，佛又一道也。大抵为儒佛辨者，如童子与邻人之子各诧其家之月曰：尔月不如我之月也。不知家有尔我，天无二月。"②观焦竑所说，儒佛所同者道，所异者教。此道，指人之心性；教，指政治、伦理、风习等外在的设施。故他对于佛道，主要是吸取其去粘化滞、心静无扰方面，其立身处世之大端，仍取儒家之态度。就这一方面说，他明白反对沉空守寂，不为世用：

> 问儒释同异，先生曰："内典所言心性之理，孔孟岂复有加。然其教自是异方之俗，决不可施于中国。苏子由有言：天下固无二道，而所以治人则异。君臣父子之间，不可一日无礼法。知礼法而不知道，世之俗儒，不足贵也。居山林，木食涧饮，而心存至道，虽为人天师可也，而以之治世则乱。儒者但当以《皇极经世》超数越形而反一无迹，何至甘为无用之学哉！"③

此虽引用苏辙之说，但实是焦竑的一贯主张：道同教异。这里焦竑强调的是教异一面，以彰显儒者之本怀，与借佛释儒之意。就焦竑个人

---

① 《澹园集》，第 742 页。
② 《明德堂答问》，《澹园集》，第 745 页。
③ 《古城答问》，《澹园集》，第 738 页。

说,他明白宣示,既不辟佛,也不佞佛。在被问及佛说与孔孟之说有否同处时,他明确回答:

> 佛言心性,与孔孟何异?其不同者教也。文中子有言:"佛,圣人也。其教,西方之教也,中国则泥。轩车不可以适越,冠冕不可以之胡。古之道也。"古今论佛者,唯此为至当。今辟佛者欲尽废其理,佞佛者又兼取其迹,总是此中未透脱故耳。①

对佞佛者,焦竑径视为不足道;但历史上辟佛之人,特别是唐宋以来之辟佛者,多为大儒,或著名文人,如韩愈、欧阳修、周敦颐、二程、王阳明诸人,虽其目的不同,要皆倡言排佛。焦竑对此诸人,或批评为于儒理本无所得,或批评为不真知佛。② 对程颢辟佛之言,则直接批评说:"伯淳唯未究佛乘,故其捂击之言,率揣摩而不得其当。大似听讼者,两造未具,而臆决其是非,赃证未形,而悬拟其罪案,谁则服之!"③ 认为如不真知佛,亦不能真知儒。他特别赞赏张商英"吾学佛而后知儒"之语,以为真能得儒佛一致、道同教异之理。

焦竑身处明代中后期三教合一思潮甚为强劲之时,又得乃师耿定向融会儒佛思想的诱引,及泰州学派平民讲学中融和儒释道三教之风的促进,故倡和会三教之旨。另一个方面,焦竑科场不利,中举较晚,故长期不离于学;而短暂之仕途不见光彩,又使得他不得不专志于学。数十年之手不释卷,研穷探讨,数十年之广泛涉猎,学攻多门,造就了他宏阔之眼光,深湛之识度,融通之学力。焦竑在明代后期学界,领袖群伦,造成风气,以其精英学术与平民化时代相呼应,亦泰州学派结出之一大硕果。

焦竑虽为泰州后学,又曾师承耿定向、罗近溪、王龙溪诸人,但他与专事讲学的近溪、龙溪大为不同,他只在晚年应邀赴讲会,一生大部

---

① 《崇正堂答问》,《澹园集》,第 719 页。
② 前者见《澹园集》,第 719 页,后者见第 92 页。
③ 《澹园集》,第 92 页。

分时间花在著述、编书上。他的讲学语录在全部著作中只占极小的部分。而且他入手即极重视经史,又八上公车,年过五十始高中巍科,故长期浸润于经史,不仅仅在语录中求理解证悟。焦竑又是当时文章大家,诸体皆工。求一言为序跋者,殆无虚日。一经他品题,便身价百倍。所以他的儒学,义理、经术兼综,礼法、心身并重,并文章技法,亦甚讲究,尝说从言之醇醨中学术、世道率可考见。故他非常重视经学,认为百学之祖,他尝说:

> 经之于学,譬之法家之条例,医家之《难经》,字字皆法,言言皆理,有欲益损之而不能者。孔子以绝类离伦之圣,亦不能释经以言学,他可知已。汉世经术盛行而无当于身心,守陋保残,道以寖晦。近世谈玄课虚,争自为方,而徐考其行:我之所崇重,经所诎也;我之所简斥,经所与也。向道之谓何?而卒与遗经相刺谬。此如法不禀宪令,术不本轩、岐,而欲以臆决为工,岂不悖哉!①

他所谓学,是传统学术之全部,其中经史子集兼有,而经为纲领。他特别重视经书立型范、树准则之义,以为经书彰显之价值,是华族立国之本;经书的文字风格,是各体文章之范型。经书既是身心之学的渊薮,也是经世之学的秘府。焦竑治学,首重经学。作为王门后学,在晚明特重义理之学的学术氛围中,此点尤为难得。

焦竑重视经学,也是对于当时学风偏弊的纠正。焦竑对晚明学风士风大为忧虑,他在明史局时,因得观历朝奏牍,从文字风格的比较中窥见各时代之学风:正德以前严核而朴实,嘉靖以来简洁而洞达,万历以来华美朴实两不可得,而狂放之风渐炽。他在讲学与书信中多次斥此种学行为无碍禅,说:"柳子有言:'舍礼不可以言儒,舍戒不可以言佛。'盖己克矣,斯视听言动靡不中礼;心空矣,斯三千威仪、八万细行

---

① 《邓潜谷先生经绎序》,《澹园集》,第759页。

靡不具足。世之谈无碍禅者,则小人而无忌惮者耳,奚足与于此哉!"① 又说:"仁、孝、敬、慈、信,是学者安顿至善处。悟后之人安身立命,得此归宿,方是好结果。近世一种谈无碍禅者,一知半解,自谓透脱,至其立身行己,一无可观,毕竟何益? 此正小人而无忌惮者。"② 焦竑惩无忌惮者在经术、文学上的疏略,亦为纠正专意举业者只知四书、宋儒语录,不复知其他这种狭陋局面,欲恢复阔大、健实的学风,故提倡经书、宋人注疏与古文辞并重,广涉博究之治学规模,认为明代开国以来,古注疏与宋人之解并颁学宫,以示古今学术兼重,如以《书传会选》、《春秋本末》为科考之必读书目,即可见不专主一家之意。此后科举盛行,古学崩坏,士守一先生之言而不知其他,学风趋于实利而愈益狭陋。焦竑为纠正此种局面,一生选编、辑刻了多种文献资料汇编类书籍,其最著者为《中原文献》一书。此书经集六卷,史集六卷,子集七卷,文集四卷,末附《通考》一卷。又自为《中原文献自序》,以表其编纂旨意,其中说:

> 不佞用是忘其卑鄙,仿前修之卓识,采群言之菁华,芟芜秽,增遗阙,统目之曰《中原文献》,上自羲轩,下迄昭代,贤哲邈焉,典籍具存。是录也,以镜理道则经籍澂,以炳治乱则国史澂;以综奇诡、淹变幻,则澂诸子;以餐秀藻、鉴体裁、博知见,则澂秦汉以来诸文;以验灾祥、稽幅帧,内谙诸夏运道,外习四夷边备,则澂《通考》。譬历五都市,周彝汉鼎、和璧南金,色色珍异,睹精而粗举,睹指归而销屑气。高士靡多歧之惑,卑流鲜管窥之陋;总众论为一口,瞩千载如一时。庶几哉艺林之嚆矢,制科之前茅乎!③

此书虽不无便利科举之想,但实有树一代学术规模,纠一时学术风习,立一世学术型范的意图。而从书名看,亦有以中原文献之学的传承

---

① 《答耿师》,《澹园集》,第85页。
② 《古城答问》,《澹园集》,第736页。
③ 《澹园集》,第1207页。

者、担荷者自命之意。而他的《国朝献征录》《国史经籍志》之作,亦此学术宗旨之实践。总的目的,是"摆脱浮华,洞见真实,综括经旨,浸渍圣奥"。① 其为一代学术虑不可不谓远矣。

焦竑自己的哲学思想,则继承泰州家风,首以格物知本为宗。他于《大学》,信用古本,不重朱熹补格物传,主张"以《大学》解《大学》",认为石经《大学》在"致知在格物"一句下紧跟"物有本末,事有终始,知所先后,则近道矣"一句,可知后句是前句的解释。故古来"格物"一词的解释虽多,而以王艮所创之"淮南格物"最为的当。物即"物有本末"之物,知所先后即"格物"。焦竑并举李善注《文选》之《运命论》引《苍颉篇》"格,量度之也",证明格即絜度之义,格物即絜度物而后知所先后,②以证泰州格物之说远有其本。他认为此种解释可以纠治猖狂自恣者使返之实地:

> 心斋先生以修身为格物,故其学独重立本。是时谈良知,间有猖狂自恣者。得此一提掇,为功甚大。故阳明门人,先生最得力。其后徐波石、赵大洲、罗近溪、杨复所诸公,皆自此出,至今流播海内,火传而无尽。盖其人不由文字,超悟于鱼盐之中,可谓旷代之伟人。③

焦竑一生奉心学为正,对王艮、王阳明尤称道不置,对程颐、朱熹之学则明确表示反对,他在给友人的信中说:"宋儒如周元公、程伯子、邵尧夫、陆子静诸公,皆于道有得,仆所深服。至伊川、晦庵之学,不从性中悟入,而以依仿形似为工,则未得孔孟为之依归故耳。藉令学者不知学之宗趋,而以此为法,窃恐其入于乡愿而不自知也。"④焦竑反对者,为程颐、朱熹以格物穷理为入手而后豁然贯通的悟道方法,认为此

---

① 语见《续刻两苏经解序》,《澹园集》,第791页。
② 焦竑此说为现代哲学家张岱年所本,见《中国哲学大纲》补遗,《张岱年全集》第二卷,河北人民出版社,1996年,第634页。
③ 《明德堂答问》,《澹园集》,第746页。
④ 《答钱侍御》,《澹园集》,第84页。

法以泛观博览为先而不直接在自己心性上着力,有导致孔孟所斥之乡愿之虞。认为程颐、朱熹未为孔孟之正宗,孔孟正宗是周、张、邵、大程与陆王。对王阳明尤为钦佩,他有《国朝从祀四先生要语序》,其中说:

> 汉、唐、宋以来,学术有明若晦,而莫盛于国朝。河东薛先生寔始倡之,虽学主复性,而倡于久晦之余,其说犹郁而未畅。至白沙、阳明两先生,横发直指,孔孟之宗豁然若揭日月而行诸天,弗可尚已。不察者犹病其言静也邻于寂,言知也疑于偏,则未深考于孔孟之学故也。①

对白沙、阳明学说赞扬备至。此说或为刘宗周、黄宗羲师弟"有明之学,白沙开其端,至阳明而后大"之断语所本。他的《刻传习录序》说:"国朝理学开于阳明先生,当时法席盛行海内,谈学者无不禀为楷模,至今称有闻者,皆其支裔也。"②《阳明先生祠堂记》也说:"孔孟之学至近世而大明,如日之中天,非无目者未尝不知而仰之,则阳明先生力也。先生自谓其学凡数变,盖从万死一生中得之,是岂可以易易言哉!今先生之说盛行于世,而尸祝之者几遍宇内。"③认为有明之学,其大宗为心学,而明代心学思潮,阳明开其端。阳明弟子半天下,蔚起莫大之声光,阳明创始之功最伟。但焦竑对阳明弟子中偏离阳明宗旨之风,则甚为忧虑;对种种学弊之纠治,则重在提倡实致其力,勿以学术为争名挟胜之具。他说:

> 先生既没,传者渐失其真。或以知解自多,而实际未诣;或以放旷自恣,而检柙不修;或以良知为未尽,而言寂言修,画蛇添足。呜呼!未实致其力,而藉为争名挟胜之资者,比比皆是!今《传习录》具在,学者试虚心读之,于今之学者为异为同,居可见矣。④

---

① 《澹园集》,第131页。
② 《澹园集》,第132页。
③ 《澹园集》,第844页。
④ 《刻传习录序》,《澹园集》,第132页。

此中指斥者,阳明各派弟子皆有,泰州之颜山农、何心隐,江右之聂双江、罗念庵首当其冲。这与上述他崇实修、黜虚见,尚广大、斥孤陋,倡经史子集兼习而把握其关键,贬夸多斗富而泛滥无归是一致的。

焦竑所主张者为知性复性之修养方法。此法贯穿他一生之学行,故前后讲学语录与文章书信中说之甚多。此说首先得之乃师耿定向,而后为从读儒佛之书中自悟自得。焦竑尝自言:"向来论学,都无头脑,吾师耿先生至金陵,首倡识仁之宗。其时参求讨论,皆于仁上用力。久之,领会者渐多。吾辈至今稍知向方者,皆吾师之功也。"①此仁字,以"公"言,以"生意"言,以"觉"言,焦竑皆不许,以为当以"性"言。故识仁即知性,知性复性是为学之首务。他有《原学》一文,专论复性为宗。此文开宗明义即说:

> 夫学何为者也？所以复其性也。人之为性,无舜跖,无古今,一也。而奚事乎学以复之也？曰:性自明也,自足也,而不学则不能有诸己。故明也而妄以为昏也,足也而妄以为歉也,于是美恶横生而情见立焉,情立而性真始牿。故性不能以无情,情不能以无妄,妄不能以无学。学也者,冥其妄以归于无妄者也。无妄而性斯复矣。②

此文为早年之作,故知复性宗旨焦竑确立其早。其说大旨与唐李翱之复性说无异。李翱当时,即有以禅学讥之者,而焦竑此说,实受禅宗影响甚大。故《四库总目提要》亦讥焦竑"耽于禅学"。③

焦竑所强调者,一是性为本有,二是学以复性。二说皆是孟子、象山、阳明之不二法门。他说:

> 今人劳劳攘攘,似件件都欠缺的一般,岂知性中无所不有。

---

① 《崇正堂答问》,《澹园集》,第711页。
② 《澹园集》,第18页。
③ 见《四库全书总目》,中华书局,1999年,第2702页。

所以孟子说:"万物皆备于我。"我实备之,我不能受用,却逐逐然向外寻求,此所谓"抛却自家无尽藏,沿门持钵效贫儿"也。果能回光反照,瞥地一下,见得现现成成,原无亏欠,是大小快活。①

既然性为本有,不劳外求,则功夫全在祛除性之遮蔽上。此意亦多来自禅宗之明心见性,与他上述以空寂之旨融释儒佛者一致,或可说,他的空寂之旨是为复性说服务的。他在解释复卦之义时亦极言此旨:

> 问"复其见天地之心",先生(指焦竑)曰:"《易》言'剥''复',不剥焉能复?今人情欲意见牵缠不休,何以复性?……可剥的尽力剥去,只到不可剥处,真实自见。"②

如何识此情欲,如何剥去之?焦竑多言学中得而少言静中修,这是他作为一个儒者和一个极为博学的学者而非佛门中人的回答。他说:

> 学求复性而已矣。颜子之学,复性之学也。顾仰钻瞻忽,功力莫厝,虽贤智者有望洋之叹焉。……后世学失其宗,高虚者遗下,而不知无器之非道;卑陋者侪俗,而不知有上之可语。敝也久矣。近者白沙、阳明两先生奋兴,先圣之绝学,晦而复著,闻者豁然,如披云雾而睹青天也。自余诸君子,研味于典坟,磨砻于行谊,虽悟入不同,而断断乎志于复性,有不可诬者。③

又说:

> 余谓学非他,以还其良心之谓也。后世论学非不工,名誉非不盛,而心之柄失,则偏党诐淫以市于世,至尽丧其常而不顾。……诚自信其心,不以害惕利疚为秋毫顾虑,虚圆不测之神以宰制万有可也。而非笃于道者孰能之?君子所以贵夫学也。④

---

① 《明德堂答问》,《澹园集》,第744页。
② 《古城答问》,《澹园集》,第733页。
③ 《国朝理学名公祠记》,《澹园集》,第826页。
④ 《天目书院记》,《澹园集》,第832页。

谓学必以知性、复性为先,而《大学》之博学、审问、慎思、明辨、笃行,则知性之方便法门。《论语》之博文约礼、博学反约,博皆学之事,约皆知性复性事。学是功夫,复性是目的,两者缺一不可,而知性复性是纲领,是归宿。此为焦竑学以复性之大旨。

焦竑在耿定向之后,沿淮南格物之修身立本说,倡复性之旨,而又提倡学以知性、复性,使心斋以来泰州之学,立于牢固的学问基础之上。对阳明弟子、泰州后学中放弃实在的学修功夫,直造所谓高明之域者,实有规箴之意。他对于释道两家的融释,是充实学养,扩大规模,提升格范的资借,这是他对阳明、心斋、罗近溪、耿定向以来和会三教思想的自觉继承。也可以看做他对明代中后期三教融合趋势的顺应。他的学术,经史兼修,博约并重,是泰州门下精英文化的典型。他的学术面貌,可以说是明代后期王学与其他学术派别、学术类型相融合、相协调的产物。

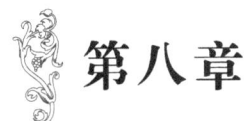

第八章

明代中后期王门以外的著名儒者

　　明中期成化、弘治、正德之时,阳明学迄未大显,朱子学在学界所占势力甚大。士子多沿明前期之波,学风平正典实,一以朱子为标的。嘉靖、隆庆、万历诸朝,则多有与阳明学有关者,辩难攻诘,愈益发明此学。天启、崇祯之后,则国事沸腾,儒者多以其学证忠义。当时王门之外的著名儒者,前期有罗伦、程敏政、章懋、庄昶、张元祯、陈真晟、周瑛、蔡清、张吉、潘府等人。嘉、隆之后,有何瑭、崔铣、罗钦顺、汪俊、王廷相、黄佐、张岳、徐问、李中、吕坤等。万历之后,则鹿善继、曹于汴、郝敬、吴执御、黄道周、金铉、金声、孙奇逢等最为著名。诸儒各以其学行,表显于世。屑玉碎金,先后辉映。本章选择罗钦顺、王廷相、吕坤、黄道周诸大儒述之,以见明代中后期儒学发展的不同侧面。

第一节　罗钦顺对朱子学的阐扬

罗钦顺(1465—1547)字允升,号整庵,江西泰和人,弘治进士,授翰林院编修。升南京国子司业,与祭酒章懋整顿太学,以敦行教士子。刘瑾当权,不肯阿附,削职为民。瑾诛复职,历仕南京太常少卿、吏部右侍郎、吏部尚书等职。疏请致仕。时张璁、桂萼树植党与,排除正人,罗钦顺耻与为伍,屡诏不起,家居二十余年,潜心学问。一生行己简淡,律身甚严,《明儒学案》谓:"先生家居,每平旦正衣冠升学古楼,群从入,叙揖毕,危坐观书,虽独处无惰容。食恒二簋,居无台榭,燕集无声乐。林希元曰:'先生自发身词林,以至八座,其行己居官,如精金美玉,无得致疵。'"①其儒者风范,可以想见矣。

罗钦顺早年习科举之学,于儒学只粗记圣贤训言而已,未尝实究其精蕴。喜好禅学,以为精妙莫加。任南京国子司业后,渐对儒家之书痛下工夫。年届六十,方对儒家性命之学有真切了解,可谓孜孜以求,用心独苦。他自叙一生为学经历说:

> 愚自受学以来,知有圣贤之训而已,初不知所谓禅者何也。及官京师,偶遇一老僧,漫问何由成佛,渠亦漫举禅语为答云:"佛在庭前柏树子。"愚意其必有所谓,为之精思达旦。揽衣将起,则恍然而悟,不觉流汗通体。既而得禅家《证道歌》一编,读之如合符节。自以为至奇至妙,天下之理莫或加焉。后官南雍,则圣贤之书未尝一日去手,潜玩久之,渐觉就实。始知前所见者,乃此心虚灵之妙,而非性之理也。自此研磨体认,日复一日,积数十年,

---

① 《明儒学案·诸儒学案中一》,中华书局,1985年,第1108页。

用心甚苦。年垂六十，始了然有见乎心性之真，而确乎有以自信。①

他穷究一生的最后定见是，禅宗所谓心性，不过为一虚空灵妙之心。而儒学之蕴，其最根本者为性理。言心与言性理，此儒释最分明之界域。此义一立，即作为规矩准绳衡量诸家理论。所以罗钦顺为学，首辨心性。他的读书札记《困知记》，开宗明义即言心性之定义，他说：

> 夫心者，人之神明；性者，人之生理。理之所在谓之心，心之所有谓之性，不可混而为一也。……此心性之辨也。二者初不相离，而实不容相混。精之又精，乃见其真。其或认心以为性，真所谓"差毫厘而谬千里"者矣。②

此义一循朱子心性之论：心主要是思维器官，性为人之所以为人的本质规定。性驻着于心中，心为性显发之地，但心不即是性。心性二者不离不杂。相同的意思罗钦顺多处皆有表述，如："此理在人则谓之性，在天则谓之命。心也者，人之神明，而理之存主处也，岂可谓心即理，而以穷理为穷此心哉！"③此中除肯定心与理的本质区别外，又重申性命之义：命即天理之本身而未赋予人、物者，性即天理之禀赋予人、物者，天理在人心谓人之性。罗钦顺与朱子一样，把天地万物与人镕铸成一个大的系统来考察，人之心性与天道天理同处此系统之中而又分际甚明，他说：

> 夫《易》，圣人之所以极深而研几也。易道则然，即天道也。其在人也，容有二乎！是故，至精者性也，至变者情也，至神者心也。所贵乎心者，固将极其深，研其几，以无失乎其性情之正也。④

易道即天道，《易》则人发明出来用以摹写天道的工具。性即天道在

---

① 罗钦顺：《困知记》，中华书局，1990年，第34页。
②④《困知记》，第1页。
③《答允恕弟》，《困知记》，第114页。

人、物中之禀赋。故天人不二。情是心根据性而有的设施,心是发动此情的灵妙主体,故情至变而心至神。心之道,在对天地万物极深研几,以明其理,由此得性情之正。罗钦顺此义,从大的方面说,皆一本朱子思想。特别是以天道性命合而言宇宙,以人禀赋天理为性,以心穷理知性,尤为朱子思想的大关节。

罗钦顺重言提揭的另一大关节,即理一分殊问题。他特别服膺李侗告朱子之语:吾儒之学所以异于异端者,理一而分殊也。理不患其不一,所难者分殊耳。故以理一分殊概括一切说理大义。他尝说:

> 理一分殊四字,本程子论《西铭》之言,其言至简,而推之天下之理,无所不尽。在天固然,在人亦然,在物亦然;在一身亦然,在一家亦然,在天下亦然;在一岁则然,在一日亦然,在万古亦然。①

这是认为理一分殊为天地间之至理,可以解释一切理论。但罗钦顺解释最多的,仍然是他的根本注目点——心性问题。他说:

> 愚尝痛痒以求之,沉潜以体之,积以岁年,一旦恍然,似有以洞见其本末者。窃以性命之妙,无出"理一分殊"四字。简而尽,约而无所不通,初不假于牵合安排,自确乎不可易也。盖人物之生,受气之初,其理唯一;成形之后,其分则殊。其分之殊,莫非自然之理;其理之一,常在分殊之中。此所以为性命之妙也。语其一,故人皆可以为尧舜;语其殊,故上智与下愚不移。圣人复起,必有取于吾言矣。②

这是用理一分殊统合朱子的"理同气异"与"气同而理不同"二义。受气之初,其理唯一,是理同气异;成形之后,其分则殊,是气同而理不同。用理一分殊观照,这两句话可不烦词费而义无不明矣。又,理一分殊可调解性本善与习相远的矛盾。性本善乃孟子义,性相近、习相

---

① 《困知记》,第9页。
② 《困知记》,第7页。

远乃孔子义,前人常欲弥缝而苦无善巧之说。今罗钦顺一言而解此儒家心性论之难题:就理一看,人性皆同,故人皆可为尧舜。就分殊看,人性不同,故有上智下愚之别。并且罗钦顺指出,理一分殊乃自然之理,非人可强为之。人循顺此自然之理,即可达性命之妙理。因此,古人言性之处,以理一分殊观之,皆可迎刃而解,此朱子所谓"约而无所不通"。如《尚书》之"若有恒性",言理一,"克绥厥猷",言分殊。《易经》之"成之者性"为理一,"仁者见之谓之仁,知者见之谓之知,百姓日用而不知"是分殊。《乐记》之"人生而静"是理一,"感于物而动"是分殊。《中庸》之"天命之谓性"是理一,"率性之谓道"、"修道之谓教"是分殊。二程、张载专主乎理是理一,分天命之性与气质之性是分殊等。而用"理一分殊"言仁包四德则尤为恰切:

> 性之理,一而已矣。名其德,则有四焉:以其浑然无间也,名之曰仁;以其灿然有条也,名之曰礼;以其截然有止也,名之曰义;以其判然有别也,名之曰智。凡其灿然截然判然者,皆不出于浑然之中,此仁之所以包四德,而为性之全体也。名虽有四,其实一也。①

可谓推之天下之理,无所不尽。

从上述可以看出,罗钦顺尤所重者在心性方面。他所据以批评佛教,批评陆象山、王阳明及一切他认为异端之论者,皆主要在这个方面。重视心性理论,这是罗钦顺适应明代儒学理论重心变化而做出的自然反应。

在理气论方面,罗钦顺与朱子分歧较大,盖朱子虽以天下未有无理之气,亦未有无气之理为前提,但朱子大量的理气先后、理气动静的讨论,以及以"所当然而不容已与其所以然而不可易者"言理,且有"理气决是二物"之言,更容易使人有分理气为二之感。罗钦顺看出朱子

---

① 《困知记》,第 71 页。

这一理论上的罅漏,意欲纠正之,故言理在气中。他说:

> 理果何物也哉?盖通天地,亘古今,无非一气而已。气本一也,而一动一静,一往一来,一阖一辟,一升一降,循环无已。积微而著,由著复微,为四时之温凉寒暑,为万物之生长收藏,为斯民之日用彝伦,为人事之成败得失,千条万绪,纷纭胶轕而卒不可乱,有莫知其所以然而然,是即所谓理也。初非别为一物,依于气而立,附于气以行也。①

这是说天地间实存的只有气,理是气上自然的条理,非别为一物。罗钦顺对于理的规定,比起程颐和朱子,要简单和直观得多。理是个含蕴非常复杂的概念,举凡一事物的根据、法则、条理、规律皆是理。程、朱对于理这一深刻的哲学概念的发掘与探讨,是对理气问题的深化,是对直观与常识的超越,是打开了一个形而上的境界。故朱子能以理气为基础展开为一个广大的思想系统,能在他的思想脉络中对科学、宗教、伦理、美学等诸形上领域及其关系作会通性思考。而罗钦顺则只涉及理的某个方面,虽然比朱子更符合常识,但规模和境界较朱子要小得多。程颐和朱子是在分理气为二的基础上将二者分开进行深入考察,然后再统合为一,罗钦顺则自始至终牢守气上认理之原则,故对理的探究未能深入,所得狭窄而拘限。宜其谓程颐与朱子于正见"小有未合"。而此小有未合,即理气未能统一。他所极力赞赏者,为程颢之浑沦圆一。

关于理气,罗钦顺还有一段话非常重要:

> 理只是气之理,当于气之转折处观之。往而来,来而往,便是转折处也。夫往而不能不来,来而不能不往,有莫知其所以然而然,若有一物主宰乎其间而使之然者,此理之所以名也。"易有太极",此之谓也。……夫感应者,气也。如是而感则如是而应,有

---

① 《困知记》,第4页。

> 不容毫发者,理也。愚故尝曰:理须就气上认取,然认气为理便不是。此言殆不可易哉!①

这里转折处便是条理、规则,条理、规则是气上自然显现出的。内不由于己,外不由于物。理与气各有其职能,实际发生运动变化的是气,气运动变化所遵循的规律和表现出的法则是理。此处所言,仍是罗钦顺一贯的说法。他在理气论上的观点,一言以蔽之,曰理在气中。

罗钦顺在理气论上主理在气中,而在心性论上则主张天命之谓性,理一分殊,并且也服膺性即理。这就在性的来源上出现了明显的矛盾。理既在气中,且性即理,就不能言性出于天命,分殊之前有理一。如罗钦顺解释程颢"人生而静以上不容说"一句时就曾说:"人生而静,即未发之中,一性之真,湛然而已。"②这个解释遵循了朱子的中和之说,但也承认性理之独立性、绝对性。这与他一贯坚持的"气上认理"确已不能归一。这个矛盾,刘宗周即已看出,他在对罗钦顺的评论中说:

> 心性之名,其不可混者,犹之理与气;而其终不可得而分者,亦犹之乎理与气。先生既不与宋儒天命、气质之说,而蔽于理一分殊之一言,谓"理即是气之理",是矣,独不曰"性即是心之性"乎?心即气之聚于人者,而性即理之聚于人者,理气是一,则心性不得是二;心性是一,性情又不得是二。使三者于一分一合之间终有二焉,则理气是何物,心与性情又是何物?③

黄宗羲承乃师之义,不仅在《明儒学案》之"师说"中高揭刘宗周以上评论之言,而且在"诸儒学案"中对罗钦顺此罅漏有更为显豁的批评:

> 先生之论理气最为精确,……第先生之论心性,颇与其论理

---

① 《困知记》,第68页。
② 《困知记》,第20页。
③ 《明儒学案》,中华书局,1985年,第10页。

气自相矛盾。夫在天为气者,在人为心;在天为理者,在人为性。理气如是,则心性亦如是,决无异也。人受天地之气以生,只有一心而已,而一动一静,喜怒哀乐循环无已。当恻隐处自恻隐,当羞恶处自羞恶,当恭敬处自恭敬,当是非处自是非,千头万绪,感应纷纭,历然不能昧者,是即所谓性也。初非别有一物,立于心之先,附于心之中也。①

刘宗周、黄宗羲师弟之理气论与心性论,有其理论之出发点与所要解决的问题,这些此处暂不讨论。但他们指出罗钦顺理气论与心性论的矛盾,却是正确的。

罗钦顺之所以出现这样的矛盾,是因为他既想保持"天命之谓性"这一自《中庸》至二程以来把人作为一个性质上不同于任何生物族类的特殊动物来看待、来阐释,因而认为人性来源于天的传统,同时保持理一分殊在解释人、物在性质、功能、表现等诸多方面的圆活性、融通性、善巧性的优点,又要克服朱子以理为根本、以理统气所导致的理气二元倾向,以与明代初年曹端、薛瑄以来一直所追求的理在气中的主流趋势相应和。将这样多的理论内容和纠偏解蔽的学术意向糅合在一个体系中,不免有所渗漏。但他的这些努力,对此后将理气建基于一元论之上,弥缝其中的矛盾和罅漏,发展出东林、蕺山乃至王夫之、戴震的思想,都不能说不有助益。

罗钦顺思想的一个重要之点就是对佛教和心学的批判。《困知记》中,涉及佛教的地方颇多,大部分是对儒佛心性论的辨别及对佛教的批评。对前辈儒者,他批评最多的是心学代表人物陆象山及其门徒杨慈湖。他也曾与当时名儒王阳明、湛若水、欧阳德、张邦奇(甬川)、崔铣(后渠)、李经纶等致书辩论,辩论的主要问题仍在心性方面。

罗钦顺认为,儒佛之理论,最重要的区别在心性上,其他皆粗迹。

---

① 《明儒学案》,中华书局,1985年,第1109页。

心性之含蕴不同,故功夫亦不同。而心性之中,其异尤在性之一字。他在《困知记》中劈头即说:

> 释氏之"明心见性"与吾儒之"尽心知性",相似而实不同。盖虚灵知觉,心之妙也。精微纯一,性之真也。释氏之学,大抵有见于心,无见于性。故其为教,始则欲人尽离诸相而求其所谓空。空即虚也。既则欲其即相即空而契其所谓觉。觉即知觉也。觉性既得,则空相洞彻,神用无方。神即灵也。凡释氏之言性,穷其本末,要不出此三者。然此三者,皆心之妙,而岂性之谓哉!①

此中对儒佛之别之大旨,及佛家思想之本质,提揭甚是深刻。其言佛学之功夫次第及其所得,所言尤其切至。在他看来,佛家所谓心,只一虚灵知觉,其所谓性,只一空境。儒家所谓心,除知觉之外,尚是性驻着之地,同时亦即是性发用为情之表显之地。儒家所谓性,乃人之生理,即人这一生物族类所以异于禽兽的独特本质。儒佛所言之心,内容上有相同的地方,但其所言之性,则完全不同,相去何啻千里。儒佛之别,其本质在对性的看法上。故可言释氏之学有见于心,无见于性。佛教之功夫,因无性之内容,故所求唯在心空。勘验其修学者所得深浅,亦唯在对空之觉解上。亦可说皆在心,不在性。因无见于性,故儒家所谓纲常伦理,佛家皆弃绝不讲。罗钦顺因此批评佛家"误天下后世之人,至于废弃人伦,灭绝天理,其贻祸之酷可胜道哉!"②此处虽沿用历代斥佛之论,但其真正用意在斥当世儒家之徒阳儒阴释,惑乱儒学,如张九成、陆象山、杨慈湖等人。他曾明斥张九成:"张子韶以佛语释儒书,改头换面,将以愚天下耳目,其得罪于圣门亦甚矣。而近世之谈道者,或犹阴祖其故智,往往假儒书以弥缝佛学,律以《春秋》诛心之法,吾知其不能免夫!"③攻击甚为严厉。

---

① ② 《困知记》,第 2 页。
③ 《困知记》,第 24 页。

作为一个儒者,罗钦顺卫道之心十分强烈,他最忧虑的,是佛教以其似是而非之心性论对儒家基本义理的溷乱。他所倾心敬服的,是程、张、朱子等大理学家对佛教的排击。他指出,异端之说,自古有之,其为害至大者,莫如佛教。特别是禅宗大兴后,倡直指人心,见性成佛之旨,其说更加玄妙。故儒士聪敏者喜其捷达,愚笨者利其神通,一入其门,渺不知返。特别是其中的高明之士,"其精神意气足以建立门户,其聪明才辨足以张大说辞,既以其道为至,则取古帝王精一执中之传,孔门一贯忠恕之旨、克己为仁之训,《大学》致知格物之教,《中庸》性道中和之义,孟子知言养气、尽心知性之说,一切皆以其说乱之。真妄混淆,学者茫然莫知所适。一入其陷阱,鲜复有能自拔者。故内之无以立大中至正之本,外之无以达经世宰物之用,教衰而俗败,不但可为长太息而已。向非两程子、张子、朱子身任斯道,协心并力以排斥之,吾人之不变于夷者能几何哉!"①此处对佛教之为害诚不无过甚之辞。对佛教有益于中国文化之处亦未能措眼,自不无褊狭之处。但他捍卫儒学之苦心,张大理学使之为学术中坚之意向却甚为明显。此点正《困知记》撰作之用心。

罗钦顺早年从禅学入手,自谓受学以来,曾对佛学下过着实工夫,故其佛学造诣颇高。正因如此,他入室操戈,对佛教的批评很是深入,多能切中肯綮。他亟于辨清的,首在佛性之观念。佛性在他看来,不过"作用是性"。而儒家之徒之种种可怪之说,种种假借、依傍之论,多堕入"作用是性"套中。他说:

> 昔达磨弟子波罗提尝言"作用是性",有偈云:"在胎为身,处世为人,在眼曰见,在耳曰闻,在鼻辨香,在口谈论,在手执捉,在足运奔。遍现俱该沙界,收摄在一微尘。识者知是佛性,不识唤作精魂。"……此偈自是真实语,后来桀黠者出,嫌其浅近,乃人人

---

① 《困知记》,第46页。

捏出一般鬼怪说话,直是玄妙,直是奇特,以利心求者,安得不为其所动乎?然造妖捏怪者不止其徒,但尝略中其毒者,往往便能如此。吾党尤不可不知。①

这是说,释氏所谓性,是指身心的自然功能,及事物的自然性质。觉解者知其为佛性之具体体现,不觉者执持为名相、妄想。此说本自平实,此后学佛者显其慧黠,弄出许多机锋公案,竞为玄妙奇特,以说佛性。儒门中人,亦起而仿效,以气之种种功能说性,入于佛教作用说性而不自知,抛却了孟子以来儒家性论之正统,此尤为可警惧之事。

具见罗钦顺佛学造诣者尤在他对禅宗之重要经典《楞伽经》的分析与评论。他对此经的批评,集中在其中的以觉言性和以识言性二义。罗钦顺尝说:"佛氏之所谓性,觉而已矣。其所谓觉,不出乎见闻知觉而已矣。"②他认为,《楞伽经》之大旨,在"五法"、"三自性"、"八识"、"二无我"诸义。一切佛法,总括说来,皆不出此诸义所包括的内容。而此诸义,又不出所谓迷悟二途:有所觉之谓悟,无所觉之谓迷。执着诸相为迷,转识成智为悟。佛教的根本目的在使人觉悟。佛者,觉也。罗钦顺详细分析觉之义:

> 觉有二义,有始觉,有本觉。始觉者,目前悟入之觉,即所谓正智也,即人而言之也。本觉者,长住不动之觉,即所谓如如也,离人而言之也。因始觉而合本觉,所以成佛之道也。及其至也,始觉、正智亦泯,而本觉朗然独存,则佛果成矣。……佛以离情遣着然后可以入道,故欲人于见闻知觉,一切离之。离之云者,非不见不闻无知无觉也,不着于见闻知觉而已矣。然则佛氏之所谓性,不亦明甚矣乎!彼明以知觉为性,始终不知性之为理,乃欲强合于吾儒以为一道,如之何其可合也!③

---

① 《困知记》,第49页。
② 《困知记》,第47页。
③ 《困知记》,第48页。

此处对觉这一修佛根本目的及离情遣着的功夫标揭十分明白，其用意在于说明，佛教以知觉为性，与儒家之以理为性，其间分际甚明，不容混淆。儒佛二家都有人生出种种强说使之同，多见其为徒劳。

对于佛家以识为性，罗钦顺分析更为细致，他指出，《楞伽经》四卷卷首皆云"一切佛语心品"，强调万法唯识，诸识唯心。故经中言识特详。罗钦顺对此经之六识、七识、八识作了详细分析，结论是："诸识虽有种种名色，实无二体，但迷之则为妄，悟之则为真。苟能灭妄识而契真识，则有以超生死而证涅槃矣。真识即本觉也，涅槃即所觉之境界也。由此观之，佛氏之所谓性，有出于知觉之外耶？虽其言反复多端，穷其本末，不过如此。"① 最后，罗钦顺还是归结到他对于儒佛根本宗旨的区别：吾儒以寂感为心，而佛氏以寂感为性。并批评儒佛中合同二者之谬："佛氏以知觉为性，所以一悟便见得个虚空境界。《证道歌》所谓'了了见，无一物，亦无人，亦无佛'是也。渠千言万语，只是说这个境界。悟者安有不省！若吾儒之所谓性，乃'帝降之衷'，至精之理，细入于丝毫秒忽，无一非实，与彼虚空境界判然不同，所以决无顿悟之理。"② 可以看出，他维护儒家的立场十分明确。

以上罗钦顺对佛教的批评，虽千言万语，不过说一个道理，即二程论儒佛之名言："吾儒本天，释氏本心。"此义虽为历代批佛者所沿用，但罗钦顺以其严肃的态度，深入佛教义理把握其关键的严谨学风，较之那些鲁莽灭裂、耳食而不加深究者，其批佛之深浅精粗自是不同。此一点也表现在他对心学特别是陆象山、杨慈湖的批评上。

罗钦顺对于象山批评颇多，在《困知记》中，有些是系于佛教之条下，因批评佛教而连带批评象山，大多专以象山为批评对象，言辞甚是激烈。罗钦顺之批评象山，亦沿朱子之路，着重批象山为禅。他说：

　　尝考两程子、张子、朱子，早岁皆尝学禅，亦皆能究其底蕴，及

―――――――
① 《困知记》，第52页。
② 《困知记》，第61页。

于吾道有得,始大悟禅学之非而尽弃之。非徒弃之而已,力排痛辟,闵闵焉唯恐人之陷溺于其中而莫能自振,以重为吾道之累。凡其排辟之语,皆有以洞见其肺腑,而深中其膏肓之病,初非出于揣摩臆度之私也。故朱子目象山为禅学,盖其见之审矣,岂尝有所嫌忌,必欲文致其罪而故加之以是名哉!①

既以为象山为禅之谳定矣,则接下来的工作便是力证象山非孟子学。象山尝谓己学无待而兴,乃因读孟子而自得。并当听到议己之学问除先立乎其大之外别无伎俩时,亦坦然承当无异词。罗钦顺则力辨象山非孟子学。他指出,孟子所谓"大体"指心,而心之所以贵于耳目四肢,首先在于能思。孟子之思则得之,不思则不得,指思性之理、得性之理。而象山教学者,以存养本心为首,以为此心但存,则此理自明,当恻隐处自恻隐,当羞恶、辞让、是非处,自羞恶、辞让、是非。如此,则无所用其思,孟子"思则得之",几成剩语。又,当恻隐时自恻隐,当羞恶时自羞恶等,乃不思而得,为圣人分上事,一般人难望此境界。如不学不思,理自难得。而象山当恻隐自恻隐等语,出自心之灵妙,此与禅之当下即是、不落思维很是相像。一句话,象山之"心即理",即是他为禅学之真赃实犯。他说:

> 心性至为难明,象山之误正在于此,故其发明心要动辄数十百言,亹亹不倦,而言及于性者绝少。尝考其言有云"心即理也",然则性果何物耶?又云"在天者为性,在人者为心",然则性果不在人耶?既不知性之为性,舍灵觉即无以为道矣。谓之禅学,夫复何疑?②

说象山之本心无学无思,而学而不思,则理终无从得,这是从朱子的理性主义立场批评象山的直觉主义,从朱子的格物穷理批评象山的明心

---

① 《困知记》,第34页。
② 《困知记》,第35页。

见性,从朱子的性即理批评象山的心即理,方凿圆枘,自不能入。鹅湖之会讨论为学之方,朱子与象山皆不能折服对方。此处罗钦顺可以说重提此议,不过是在明代阳明重张心学之际代表朱学重新置喙辩争。

罗钦顺又批评象山以"六经皆我注脚"带起废弃经学之病。他说:

> 圣贤千言万语,无非发明此理。有志于学者,必信熟读精思,将一个身心入在圣贤言语中,翻来覆去体认穷究,方寻得个道理出。从上诸儒先君子,皆是如此用工。其所得之浅深,则由其资禀有高下尔。自陆象山有"六经皆我注脚"之言,流及近世,士之好高欲速者,将圣贤经书都作没紧要看了,以为道理但当求之于心,书可不必读,读亦不必记,亦不必苦苦求解。看来若非要作应举用,相将坐禅入定去,无复以读书为矣。一言而贻后学无穷之祸,象山其罪首哉!①

罗钦顺身处明中期王学逐渐昌炽之时,王门后学束书不观、游谈无根之风气亦渐渐养成。罗钦顺此处批评的士之好高欲速者,指王门后学。但此学风之养成,其他文化因素所起作用亦甚大,非仅受象山六经注我一语之影响。考之罗钦顺之著述,虽无有经典注疏之作,但他在鄙弃经书的学风下,倡导悉心研读儒学经典,并斥读书为应举之用的功利态度,提倡"将身心入在圣贤言语中"之为己之学,对明代朱子学的延续与发展,并导致东林、蕺山之和会朱子学与王学,实有重要作用。

对象山弟子杨慈湖。罗钦顺批评得更加严厉,直斥之为圣门之罪人。《困知记》言:

> 癸巳春,偶得《慈湖遗书》,阅之累日,有不胜其慨叹者。痛哉,禅学之误人也一至此乎!慈湖顿悟之机,实自陆象山发之。……书中千言万语,彻头彻尾,无非此个见解。而意气之横

---

① 《困知记》,第72页。

逸,辞说之猖狂,比之象山尤甚。……至凡孔子之微言大训,又往往肆其邪说以乱之。刬实为虚,揉直作曲,多方牵合,一例安排,惟其偏见之就。务令学者改视易听,贪新忘旧,日渐月渍,以深入乎其心。其敢于侮圣言,叛圣经,疑误后学如此,不谓之圣门之罪人,不可也。世之君子,曾未闻有能鸣鼓而攻之者,反从而为之役,果何见哉!①

罗钦顺指斥杨慈湖,主要在以下几个方面。

其一,慈湖之顿悟作略。慈湖自二十八岁对先父之训"时复反观"一语大悟其旨之后,每因事而悟,如因陆子指示扇讼而悟本心,因居丧而悟心之无思无为之妙,因营葬事而悟心交错万变而虚明寂然等。②罗钦顺认为慈湖的这些做派,即沿禅宗之"担水砍柴无非妙道"而起,慈湖自言之"忽省此心之清明,忽省此心之无始末,忽省此心之无所不通"与禅宗之"自觉圣智境界"并无二致。

其二,慈湖有见于人心,无见于道心。罗钦顺认为,人心道心只是一心,因心的作用之指向不同而分人心道心。慈湖以心之虚灵知觉为道心,虽其志道之心不谓不笃,但将心认差,则一错百错。将心认差,集中体现在慈湖的代表作《己易》中。罗钦顺说:

> 集中《己易》一篇,乃其最所用意以诱进学徒者,滚滚数千言,将断而复续,左援右引,阳开阴阖,极其驰骋之力,茫茫乎若无涯涘可窥。然徐究其指归,不出乎虚灵知觉而已,于四圣之《易》绝不相干。参之佛氏之书,则真如合符节。③

并举其中"吾性澄然清明而非物,吾性洞然无际而非量。天者,吾性中之象;地者,吾性中之形。'在天成象,在地成形',皆我之所为"一语,

---

① 《困知记》,第 78 页。
② 《宋元学案·慈湖学案》,中华书局,1986 年,第 2466 页。
③ 《困知记》,第 79 页。

认为即《楞伽经》中"山河大地,咸是妙明真心中物"。《己易》中"目能视,所以能视者何物;耳能听,所以能听者何物"等语,不过是说心为视听等之所以然。而这样视心,正是禅宗的"作用是性"。这样的心,是儒家所谓人心,非道心。

其三,慈湖之"毋意"与儒学之"诚意"相悖。慈湖有《绝四记》,以佛教之义理发挥孔子之毋意、毋必、毋固、毋我。罗钦顺说:

> 有心必有意,心之官则思,是皆出于天命之自然,非人之所为也。……《大学》之教,不曰"无意",唯曰"诚意";《中庸》之训,不曰"无思",唯曰"慎思"。此吾儒入道之门,积德之基,穷理尽性必由于此,断断乎其不可易者。安得举异端之邪说以乱之哉!彼禅学者,唯以顿悟为主,必欲扫除意见,屏绝思虑,将四方八面路头一齐塞住,使其心更无一线可通,牢关固闭,以冀其一旦忽然而有省。终其所见,不过灵觉之光景而已。性命之理,实未尝有见也。安得举此以乱吾儒穷理尽性之学哉!①

总之,罗钦顺认为,慈湖以上与儒家相悖之处,根源在于他过于信任《孔丛子》"心之精神之谓圣"一语,而对之作断章取义的发挥,以和自己所信用的佛教思想融释。故罗钦顺倡导学五经、四书、濂洛关闽之学,摒弃佛教,不使慈湖诪张幻怪似是而非之学,假借儒学以行。

罗钦顺又与王阳明有格物之辩。王阳明擒宸濠后在江西,罗钦顺时在家乡泰和养病,致书与王阳明论学。王阳明有《答罗整庵少宰书》答辩。后八年,罗钦顺又致信王阳明继续辩论相关问题,书未及发而闻阳明之讣矣。罗钦顺与王阳明辩论的焦点集中在三个问题上。其一在《古本大学》。罗钦顺不同意阳明《古本大学》之复,责备阳明《古本大学》去朱子之分章,削朱子之补格物致知传,正是去掉了朱子学的灵魂:博学于文。阳明申辩说,恢复《大学》旧观,并非故意与朱子立

---

① 《困知记》,第81页。

异,而是以为本无脱误,悉从其旧可矣。"且旧本之传,数千载矣,今读其文辞,既明而可通;论其功夫,又易简而可入,亦何所按据而断其此段必在于彼,彼段之必在于此,与此之如何而缺,彼之如何而误,而遂改正补缉之?"①朱子之分章补传,并无依据。责备自己复《大学》之旧,是"重于背朱而轻于叛孔"。

其二在《朱子晚年定论》。罗钦顺认为,阳明从朱子大量书信中摘录三十余条,作为晚年定论,以证朱子悔已中年为学之方气力全奔在册子上,无有着实向里功夫。但阳明所定为晚年者,非皆晚年之作,如《定论》中有《答何叔京》书四通,此时朱子年方四十有六,后两年《论孟集注》、《论孟或问》始成。以答何氏书为晚年定论,以《集注》、《或问》为中年未定之说,可谓考之欠详,而立论太勇。阳明回书答辩曰:"其为《朱子晚年定论》,盖亦不得已而然。中间年岁早晚,诚有所未考,虽不必尽出于晚年,固多出于晚年者矣。然大意在委曲调停,以明此学为重。平生于朱子之说如神明蓍龟,一旦分之背驰,心诚有所未忍,故不得已而为此。"②并申辩,自己与朱子异,是"道固如是,不如此则道不见"。道者,天下之公道;学者,天下之公学,非朱子可得而私,亦非孔子可得而私。

其三,在《大学》"格物"的解释上。阳明在为学下手处即不同于朱子,故将朱子之向外格物穷理收归为向内之诚意正心。他对格物的解释是:"物者,意之用也。格者,正也,正其不正以归于正也。"罗钦顺对此解释不惬于心,以朱子之义反驳阳明:"凡吾之有身,与夫万物之为万物,孰非出于乾坤?其理固皆乾坤之理也。自我而观,物固物也,以理观之,我亦物也,浑然一致而已,夫何分于内外乎!所贵乎格物者,正欲即其分之殊,而有见乎理之一。无彼无此,无欠无余,而实有所统会,夫然后谓之知至,亦即所谓知止,而大本于是乎可立,达道于是乎

---

① 《答罗整庵少宰书》,《王阳明全集》,上海古籍出版社,1992年,第75页。
② 《答罗整庵少宰书》,《王阳明全集》,第78页。

可行,自诚正以至于治平,庶乎可以一以贯之而无遗矣。……唯是圣门《大学》之教,其道则无以易。此学者所当由以入,不可诬也。"①其第二书则专论格物,立意与此同。

可以看出,罗钦顺是以朱子"大哉乾元,万物资始"之物,反对阳明"意之所在"之物;由朱子之穷分殊之理而见理一,反对阳明之"致吾心良知之天理于事事物物,则事事物物皆得其理"一句话,是以朱子之重"道问学",反对阳明之重"尊德性",仍是理学心学之辩的老问题。罗钦顺还有与阳明弟子欧阳德的辩论,所论问题亦大致类此。罗钦顺与王阳明的辩论,不过是在明代中期阳明学崛起之初,朱子学者一次系统的反击,此时朱子学与阳明学尚可势均力敌,在某种情形下朱子学的力量似乎更大,特别是在福建、江西、北方等朱子学传统深入的地方。"嘉、隆而后,笃信程朱,不迁异说者,无复几人矣"。② 其时与阳明辩者虽亦不乏人,但义理、辞锋皆逊于罗钦顺。就此一点说,谓罗钦顺为"朱学后劲",殆非虚语。

第二节　王廷相对实证之学的复归

王廷相(1474—1544),字子衡,号浚川,河南仪封人。弘治十五年进士,选翰林院庶吉士,授兵科给事中。得罪刘瑾,出任亳州判官,量移高淳知县。召为御史,抗颜直谏,出为陕西按察使,裁抑镇守宦官廖镗,被诬,逮系诏狱。后历仕四川巡抚,山东布政史,兵部侍郎、兵部尚书兼左都御史等职。诗文成就甚高,为明代文坛"前七子"之一。一生好学深思,以圣贤自期,精研理学诸子,于太极阴阳、气种动静、河洛之

---

① 《困知记》,第109页。
② 《明史》卷二八二,第7222页。

书及星象、乐律等都有论列。论者谓其"德器宏粹,气禀刚大,修身立学,以圣贤自期。不事浮藻,傍搜远揽,上下古今,唯求自得,无所循泥。灼见其是,虽古人所非者不拘;灼见其非,虽古人所事者不执。立言重训,根极理要,多发前贤所未发"。① 著作主要有《王氏家藏集》和《王浚川所著书》,今整理为《王廷相集》。其中关涉儒学思想最多的是读书笔记《慎言》和《雅述》。前书正面记述对儒家诸方面的思考所得,取《论语》"多闻阙疑,慎言其余"之意,取名《慎言》。王廷相在此书序言中说:

> 仲尼没而微言绝,异端起而正义凿,斯道以之芜杂,其所由来渐矣。非异端能杂之,诸儒自杂之也。……予自知道以来,仰观俯察,验幽核明,有会于心,即记于册。三十余年,言积数万。嗟乎! 讲学以明道为先,论道以稽圣为至。斯文也,间于诸儒之论,虽少涉于刺辩,其于仲尼之道,则卫守之严,而不敢以异论杂之,盖确如也。②

对书中所记,甚是自信。而《雅述》则多辩论之言,对老庄、佛道及理学诸家,皆有批评。他在此书序文中自言此书宗旨:

> 世逖风漓,异端窃起,而老佛清静无为之论出,世乃为之大惑。由是百氏九流,纷纭杂遝,各竞所长,而六经中淳雅之道荒矣。虽宋儒极力诋辩,以挽洙泗之风,而才性有限,不能拔出流俗,亦未免沾带泥苴,使人不得清澄宣朗,以睹孔门之景,良可恨矣! 余不自量,每于读书之暇,其于天道人事,变化机宜,诸所拟议有不符于圣者,时置一论,以求合道真。积久成卷,分为上下二篇,名曰《雅述》,谓述其中正经常足以治世者云尔。③

---

① 徐开仕:《尚书王肃敏公廷相》,载《王廷相集》附录,中华书局,1989年,第1510页。
② 《王廷相集》,第750页。
③ 《王廷相集》,第831页。

观二书撰作之意,王廷相之学术趋向可大体明了。

王廷相认为,儒学即追求理想人格之学,圣贤即人格典范,故儒学即圣贤之学。从事圣贤之学,第一要务是识何为圣贤,王廷相首先区分圣人、亚圣、大贤,认为圣人是天道之具体而微的表现,是人间正道的化身,是价值理想的担荷者,所谓"天运不息,四时成而万物生,圣心纯一,纪纲植而万化行。故天德王德,天道王道"。[1] 亚圣是学圣人而得其真并以圣人之道指导人世者,贤人则从事圣人之学而能守正祛邪者。下此则一般人,囿于一己之利害,随波逐流。士人学则学圣贤,王廷相说:

> 圣人,道德之宗正,仁义礼乐之宰摄,世固不获见之矣。其次莫若得亚圣者,契道之真,以命令于一世者。其次莫如得大贤,严于守道,不惑以异端九流,以乱道真焉。下此随波徇俗、私智害正者,纯疵交葛,吾不知其裨于道也。[2]

王廷相最注重的是圣人的精神境界,在他看来,圣人的精神境界可用一"化"字代表。质言之,圣人即道之化境。王廷相说:

> 从容纯熟,与道吻合,化也。学至于化,大之迹泯矣。而曰:"化而后能有其大",何也? 大有迹也,犹有事于外也,在外犹有存亡也,安能保而有之? 化则敛于精,贯于一也。其出入由我也,故谓之有。[3]

此为对孟子"大而化之之谓圣"的发挥。"大"与"化"的区分在有迹与无迹,有迹则犹有内外之分,无迹则敛于内而光辉于外,贯于一而表现于众殊。一多外内,舒卷自如,此可谓"得大自在"。化境是追求圣贤之路的最高获得。此化境于内为"存神",于外则"过化",二者统一于

---

[1] 《慎言·作圣篇》,《王廷相集》,第761页。
[2] 《慎言·作圣篇》,《王廷相集》,第762页。
[3] 《慎言·作圣篇》,《王廷相集》书,第760页。

圣人,处己与化人,修德与应事,皆不遗。王廷相说:

> 明炳几先,有以范围天下之事而无遗,故"存神"。至诚尽性,有以普顺万物之情而不私,故"过化"。圣人之道,贯彻上下,自洒扫应对以至均平天下,其事理一也。自格物致知,以至精义入神,其学问一也。自悦亲信友,以至过化存神,其感应一也。故得其门者,会而极之;异其途者,由之而不知也。①

因能存神过化,故圣人之处众,不务求立异相高,亦不同流合污。圣人之处世,在"极高明而道中庸"。王廷相认为,求异表示道不足,非识之狭陋则性之偏邪;求同表示志不足,非怀利自全则乏独立之人格。既不贵于行异也不贵于同俗,则自能"君子和而不流"。和而不流,故能"义方以别群宜,智圆以周众志"。②圣人身是道,心是理,故能"声入心通","左右逢源"。

王廷相所认定的理想人格如此,他所设定的达到理想人格的途径也与此相应。在他看来,作圣之功最主要的有两个方面:达到圣人之精诚纯一主要途径在澄思寡欲,达到圣人之大而化之在日新不已。他在《作圣篇》起始即开宗明义说:"作圣之途,其要也两端而已矣:澄思寡欲,以致睿也;补过徙义,以日新也。卒以成之,曰诚。"③睿知多种多样,首要方面在尽性至命,而尽性至命的主要途径又全在知世间之道理,扩能知之心灵。此二事实为一个功夫的两个方面。他曾说:

> 人心之灵,贯彻上下,其微妙也,通极于鬼神;其广远也,周匝于六合。一有所不知,不足谓之尽性。命则天道发育万物者,人不得而与焉;然其情状变化,不能逃吾所感之通。故圣人"穷理尽性以至于命"。④

这里十分重视知的作用,性即事物之理,命即天道流行,穷理即尽性至

---

① ② ③ 《慎言·作圣篇》,《王廷相集》,第760页。
④ 《慎言·作圣篇》,《王廷相集》,第763页。

命。十分明确,这是循朱子的思想而有所发挥。睿知的另一个方面是寡欲,寡之又寡,以至于无我,无我是圣学之极致。无我则能顺物。他说:

> 物不求化而化至,故物生而不感;化不为物而物成,故化存而不任。不任者,顺而应,无意而游,澹而和乐者也,天之道也。是故圣人之于物也,无喜,无怒,无好,无怨,无得,无丧,无智,无功。①

心中无喜怒等,即所谓正心,心正而自和乐。心和乐才能顺事,顺事才能应机。触处洞然,随机而化,即圣哲之智,故他说:"顺事者,无滞者也;知时者,应机者也。故圣哲如神。"②又说:"'敬以直内,义以方外',见圣人无私智之扰;'不识不知,顺帝之则',见圣人循自然之天。"③

王廷相以上对圣贤的描述和作圣之功的提揭,完全是以对道体的体认为基础的,因为在他看来,圣人是道体的化身,是具体而微的宇宙,圣人的品格是与天地同体。所以王廷相对道体的论述很多。他对道体的论述主要表现在两个方面,一个是对道体的基质——气的揭示,一个是对道体的性质——生生的描述。关于前一个方面,《慎言·道体篇》起首即说:

> 道体不可言无生,有有无。天地未判,元气混涵,清虚无间,造化之元机也。有虚即有气,虚不离气,气不离虚,无所始、无所终之妙也。不可知其所至,故曰太极;不可以为象,故曰太虚,非曰阴阳之外有极有虚也。二气感化,群象显设,天地万物所由以生也,非实体乎?是故即其象,可称曰有;及其化,可称曰无。而造化之元机,实未尝泯。故曰道体不可言无生,有有无。④

---

① ② ③ 《慎言·作圣篇》,《王廷相集》,第764页。
④ 《王廷相集》,第751页。

此段话实为王廷相之形上学思想的概括,他关于天道的重要范畴都在此中提出,如道体、有无、元气、元机、造化、太虚、太极、实体、象、感等。其基本思想,继承了张载的太虚即气说。他的基本思想是,道体是最基本的存在,它不是被比它更基本的存在产生出来的,它无所始,无所终,本身说不得有无二字。此亦张载"大易不言有无"之意。构成道体的基本原素是气,因为它是最元始的基质,故称元气。因为它是产生一切物体的本原,故又称元机。元者本原,机者机括。天地未判之时气的混沌状态即太虚,因其无任何物象,故名太虚。此亦同于张载所谓"太虚无形,气之本体"。太虚中大气充满,不知其极,故又称太极。太极以气言,不以理言。太虚之气分阴阳,二气感化,形成天地万物,故万物以气为其实体。所谓有无,是具体物象的生灭,非气之有无。故王廷相又说:"有形亦是气,无形亦是气,道寓其中矣。有形,生气也;无形,元气也。元气无息,故道亦无息。是故无形者,道之氐也;有形者,道之显也。"①此中元气即太虚之气,生气即构成具体事物的气。

王廷相以此不同意太极为理之说,更不同意理生气之说,认为理生气将导致理气为二物,陷入佛道二氏之论。他尝说:

> 天内外皆气,地中亦气,物虚实皆气,通极上下,造化之实体也。是故虚受乎气,非能生气也;理载于气,非能始气也。世儒谓"理能生气",即老氏道生天地矣。谓理可离气而论,是形性不相待而立,即佛氏以山河大地为病,而别有所谓真性矣。可乎? 不可乎? 由是,"本然之性超乎形气之外"、"太极为理,而生动静阴阳"谬幽诬怪之论作矣。②

王廷相以气为产生万物之基质,以理为此基质之条理。他在气论上的一个突出特点是"气种"之说。所谓气种,指构成事物的气本不

---

① 《慎言·道体篇》,《王廷相集》,第751页。
② 《慎言·作圣篇》,《王廷相集》,第753页。

同,事物千差万别的原因在气不在理。王廷相说:

> 万物巨细刚柔各异其材,声色臭味各异其性,阅千古而不变者,气种之有定也。人不肖其父,则肖其母,数世之后必有与祖同其体貌者,气种之复其本也。①

认为事物彼此不同的原因在气。朱熹认为,事物间彼此不同的原因在理,气则无不同,故有理同气异之说。朱子之理为一物之所以然之故,所当然之则。他继承了二程,认为事物之根据、法则、原理是一事物的根本性质所在,故认识事物最重要的在即此事物而穷其理。穷理之方面固多,穷理之事业亦无穷尽。朱熹思想充满了慎思明辨的理性精神。王廷相则把事物不同之根源交给气,似乎在同质的太虚之气上另有不同质的气种,事万因气种万,事一因气种一。气种与太虚之气的关系是,太虚之气是气种的根源,气种是因阴阳分数不同而受气之美恶、大小不同而具有的不同性质。王廷相说:"有太虚之气,则有阴阳。有阴阳,则万物之种一本皆具,随气之美恶大小而受化,虽天之所得亦然也。"②气种之说将探求事物的重点放在确定其气种上,对穷理的强调不如朱熹,但实证色彩比朱熹犹有过之。

王廷相对道体描述的第二个方面表现在道体的生生不息上。这个方面强调的是识度的造就、襟怀的养成而非实证知识的获得。王廷相说:

> 阴阳也者,气之体也。阖辟动静者,性之能也。屈伸相感者,机之由也。絪缊而化者,神之妙也。生生不息,亹亹如不得已者,命之自然也。③

这段话中,阴阳之气强调的是宇宙万物的构成,阖辟动静以下,强调的是万物运动变化的根据及其自然本性。而最后的归结则在宇宙的生

---

①②③ 《慎言·道体篇》,《王廷相集》,第754页。

生不息,连绵不断,这是其命体。命体是一个活动的本体,一个不息的整体,天地万物在这个本体中"各正性命"。气是道体的基质,命是道体的流行,性情是道体的性质。故"离气无道,离造化无道,离性情无道。"① 此中性体,道体,命体,诚体通一无二,皆所以描述宇宙本体。对宇宙本体的证悟、觉解,是达至理想境界的媒介,王廷相对宇宙本体与圣人之作为有如下描述:

> 天下之变故,其聚也不可纪,其散也不可一,其来也不可豫,其去也不可逐。其显设也不可迹,其倚伏也不可究。执一德,守一隅者御之,所不达者广矣。閟厄遄至,几于日中冥蔀矣。唯圣人之道术不固挈于一,而参之,而衡之,而交午之,而翕张之,而迟速之,而櫽括之。譬百川委委各至于海也,济务长功,安有穷已。故曰"非天下之至神,其孰能与于此?"②

此中"变故",即"各正性命"之具体物。其来去聚散,其显设倚伏,皆流动的道体中之一视点。固挈于此一点,则淤闷矣。圣人之道术所表现的,乃与道俯仰之至神,乃与命同运之至诚。此亦境界中事,非可指实讲说。

王廷相对圣人境界体会很深,对圣人境界的达到,除体证外,他也极力主张通过知识途径获得。而所谓知识途径,一为经术,一为见闻。他极重经术,认为儒家之理想,在道术经术之统一。有道术无经术,则失之空泛;有经术无道术,则失之支离。以道术御经术,以经术饬吏治,则庶几儒术之全。王廷相说:

> 学道而寡通变,则无顺施之政;为政而离经术,不过徇俗之材。此道学政术歧而二途矣。故学求适用,而政自道出,则几也。物各得其分谓之仁,事适其宜谓之义,周群伦之情谓之智,真实以

---

① 《慎言·道体篇》,《王廷相集》,第755页。
② 《慎言·道体篇》,《王廷相集》,第762页。

御物谓之诚。是道也,学之能裕于己,则礼乐刑政一以贯之,而无不可施矣。此孔孟之学术也。①

道术之内容,是仁义智诚;经术辅治之内容,则礼乐刑政。道术诚于己而经术贯于身,则可施政。此处可注意的是,王廷相之道术之基本价值中,无礼字而增诚字,诚字强调的是认识物之真实而控御物。这实在是他不喜繁文缛节,重视理智、重视实证知识的显明表露。

而所谓经术辅治,王廷相强调的也是施治之人对它的灵活运用,而正确的运用在于亲师友学习而得。王廷相在与师友对话中对此有亲切说明:

> 或曰"六经,周孔典籍,炳也"。(王廷相)曰:"此其大法也,其权衡之妙,不可传者欤!其人俱往矣,不可得而亲炙矣,此唯默契道体者能之。其次莫如得师友。得也者于道也十九,不得也者于道也十一。"②

对道之权衡之妙得于学,学主要在即事即物而实下工夫,他说:

> 事物之实核于见,信传闻者惑;事理之精契于思,凭记问者粗;事机之妙得于行,徒讲说者浅。孔门之学,多闻有择,多见而识也;思不废学,学不废思也。文犹乎人,而歉躬行之未得也。后之儒者,任耳而弃目,任载籍而弃心灵,任讲说而略行事,无怪乎驳杂日长而蔽其涂矣。③

王廷相对实证知识有强烈的兴趣,尤精天文学,在《慎言·乾运篇》中,王廷相对天象运动有种种解释,内容包括七政之躔次,风霆之运行,雾霾雹雪之成因,流星陨石之理则,日食月食之象,昼夜长短之由等。其中虽有形上思辨之猜测,但大多据当时天文气象知识而言。其中表现出鲜明的实证知识形态。故明何乔迁之《明山藏》说他"博古通经,究

---

① 《慎言·道体篇》,《王廷相集》,第771页。
②③ 《慎言·见闻篇》,《王廷相集》,第771页。

诸实用,礼乐、律历、象纬、医卜,靡不穿通"。《国朝献徵录》说他"记问该博,学术纯正,于百家之籍无不沉酣,而不涉异教"。《明史》也说他:"廷相博学好议论,以经术称。于星历、舆图、乐律、河图、洛书及周、邵、程、张之书,皆有所论驳,然其说颇乖僻"。① 他自己也说:"学者于道,贵精心以察之,验诸天人,参诸事会,务得其实而行之,所谓自得也已。使不运吾之权度,逐逐焉唯前言之是信,几于拾果核而啖之者也,能知味也乎哉?"②他甚至用知识之真确、心术之征实来解释儒学基本经典《大学》中的"八条目",说:

> 格物者,正物也。物各得其当然之实,则正矣。物物而能正之,知岂有不至乎哉?知至则见理真切,心无苟且妄动之患!意岂有不诚乎?意诚则心之存主皆善而无恶,邪僻偏倚之病亡矣,心岂有不正乎?学造于心正,道之大本立矣,而家,而国,而天下,以此推之可也。③

足见其对积学之重视,对实证知识获得的途径——观察、验证的重视。故而他心目中的君子,主要是致知和力行两个方面。致知方面,以《中庸》之学、问、思、辨为主;力行方面,以审几、守中、徙义为主,而以主敬养心为二者之前提,他说:

> 君子之学,博文强记,以为资藉也;审问明辨,以求会同也;精思研究,以致自得也。三者尽而致知之道得矣。深省密察,以审善恶之几也,笃行实践,以守义理之中也;改过徙义,以极道德之实也。三者尽而力行之道得矣。由是而理有未明,道有未极,非其才之罪也,卤莽邪僻害之也。是故君子主敬以养心,精义以体道。④

---

① 见《王廷相集》附录,第 1503、1505 页。
② 《慎言·见闻篇》,《王廷相集》,第 772 页。
③ 《慎言·见闻篇》,《王廷相集》,第 775 页。
④ 《慎言·见闻篇》,《王廷相集》,第 778 页。

而知识对于行为更具有基础的意义:知识之广博是行为确实的保证,心思之细密是审几无误的前提条伴。知对于行有优先性,故"心体虚明广大,何所不能知而度之乎? 故知之精由于思,行之察亦由于思"。①

王廷相将其气论推广于人性论,认为人性即人这一由气构成的生物族类的性质,故不能离气言性。王廷相论性,首先反对天命之性与气质之性之两分,认为此论乃宋儒之惑中最甚者,他说:

> 人有二性,此宋儒之大惑也。夫性,生之理也。余以为人物之性无非气质所为者,离气言性,则性无处所,与虚同归;离性言气,则气非生动,与死同途;是性与气质相资,而有不得相离者也。但主于气质,则性必有恶,而孟子性善之说不通矣。故又强出本然之性之论,超乎形气之外而不杂,以傅会于性善之旨,使孔子之论反为下乘,可乎哉?②

这与他的理在气中,"气一则理一,气万则理万"之说相同。故王廷相赞同程颢"生之谓性"之说,指为宋儒中论性最平正无偏者,而反对程颐"性即理"之说。他自己则主张性出于气,气有清浊,则性有善恶。普通人所禀之气清浊纯驳混杂,故其性亦善恶混杂,其能卒为善人,是遵圣人之道修养的结果。故"凡人之性成于习,圣人教以率之,法以治之。天下古今之风以善为归,以恶为禁久矣。以从善而为贤也,任其情而为恶者,则必为小人之流"。③圣人之能度越凡人,在其性之善,而圣人之性,亦因其所禀之气清明纯粹,而又后天善于保养之。从这一点说,孔子之"唯上智与下愚不移"一语最善形容气禀对于性之善恶之决定作用。《中庸》之"天命之谓性",非指天命于人纯善无恶之本性,而仅指天赋予人之气有清浊纯驳之不同,故性之善恶不同。王廷相于此申论他的性出于气之论说:

---

① 《慎言·见闻篇》,《王廷相集》,第 777 页。
②③ 《答薛君采论性书》,《王廷相集》,第 518 页。

> 性出于气质,其得浊驳而生者,自禀夫为恶之具,非天与之而何哉?故曰:"天命之谓性"。然缘教而修,亦可变其气质而为善。苟习于恶,方与善日远矣。今日天命之性有善而无恶,不知命在何所?①

对于孟子的性善说,王廷相也以气释之,认为孟子之言性善,乃言性之正者也,而不正之性未尝不在。孟子的"口之于味,目之于色,耳之于声,鼻之于臭,四肢之于安逸,性也,有命焉,君子不谓性也"一句,正说由气决定的人之身体之欲望亦是性,不过非正性而已。故善恶两在于人之性中。而宋明儒之性善说,仅论孟子性之正而遗其不正,虽似尊信孟子,实际上歪曲了孟子的学说。完整的性论应是合《中庸》的"天命之谓性"与"率性之谓道"两句,前句说人之气禀,后句说人之修养:

> 性由于生,道由于性,明且著矣。但人生禀不齐,性有善否,道有是非,各任其性行之,不足以平治天下。故圣人忧之,修道以立教,而为生民准。使善者有所持循而入,不善者有所惩戒而变,此裁成辅相之大猷也。②

而此意正与孟子言性之意合。由此可见,王廷相之以气说性是贯彻始终的。

王廷相的儒学思想中一个重要方面,就是本其以上思想对宋明儒和佛道二教的批评。这一部分占了他的重要哲学著作《慎言》、《雅述》相当的篇幅,且前后一贯。他所批评的思想家包括邵雍、周敦颐、程颐、朱熹、王阳明等,而称道不置者则在张载。其指斥邵雍,主要在其象数易学之"排甲子死数"。王廷相认为,气为流动之物,人能虑始虑终,而天下之事物,常在变中,常有人之预料所不及者。故人之应对事物,亦唯变所适。而"邵子假四时定局,作《先天图》以明《易》,皆非

---

① 《答薛君采论性书》,《王廷相集》,第519页。
② 《雅述》上篇,《王廷相集》,第850页。

《易》中本旨;排甲子死数,作《经世书》以明天人之究,殊非天道人事之自然。此实异端,窃附儒者。观二程与之居洛二十余年未尝与之言学,可知矣"。① 并指出,其流弊必至于尚命定而弃人为。

王廷相又以气学立场批评邵雍的先天学,他说:

> 康节《先天图》乃挨排阴阳卦画为之,但知易者皆可能也,何有精造玄诣寓其间?细推六十四卦,皆各自据卦义为说,复相对待为次,与《图》了无相涉。未有《图》之先,易道不见其不明而少;《图》既出之后,易道不见其益明而多。朱子乃的然信之,遂牵强附入《系辞》,岂非惑耶?濂溪《太极》之论,本乎"易有太极"而言,非杜撰也,但着一"无"字,稍异耳。盖卓乎先天之义,造化之本,虽天地、日月、四时犹在其后。朱子乃曰太极不如先天之大,何耶?据《先无图》论之,有阴阳,有天地,有四时,有象数,皆太极已形之余,而谓之先天,何据?义不符名,率然标取,学者迷而不察,岂不可哀!②

此处不仅批评邵雍,连带也批评了朱熹、周敦颐对先天学的信从,认为讲《周易》不能离开卦义、卦辞及其中包含的阴阳对待之义。朱子以先天义解释《系辞》,更是大错。周敦颐之《太极图》及《说》,据《系辞》"易有太极,是生两仪",不为无据,但其"无极而太极"一语,已置无极于太极之先,阴阳、天地等反在其后。此"卓乎先天之义",已不与"众形皆化于气"之论相契。邵雍之象数学,王廷相更不惬于心,认为只甲子死数之错综排比,无何精义寓于其中,他对此批评说:"《易》虽有数,圣人不论数而论理,要诸尽人事耳,故曰'得其义则象数在其中'。自邵子以数论天地人物之变,弃人为而尚定命,以故后学论数纷纭,废置人事,别为异端,害道甚矣。"③ 王廷相此处对象数学流弊的批评,可谓一

---

① 《雅述》下篇,《王廷相集》,第871页。
② 《雅述》下篇,《王廷相集》,第869页。
③ 《雅述》上篇,《王廷相集》,第842页。

语中的。其中也道出己之易学方法,即解《易》以义理为主,而象数自在其中。

对周敦颐,除批评以上特重先天之外,王廷相更批评其"主静"说。他说:

> 圣人之学有养有为,合动静而一之,非学顾如是,乃造化人物之道,会其极,诣厥成,自不能不如是耳。周子倡为主静立人极之说,误矣。夫动静交养,厥道乃成,主于静则道涉一偏,有阴无阳,有养无施,何人极之能立?缘此,后学小生专务静坐理会,流于禅学而不自知,皆先生启之也。嗟嗟,立言者可不慎乎哉!①

此是认为道乃动静合一,圣人之学效法道,亦动静合一。主静之说,乃陷于一偏,且启后学修养功夫上偏于静之弊。王廷相更批评了周敦颐的理论源头佛道二教之主静说:

> 佛氏之道为己之性命,故禅悟生死之说,耽寂静胜之士多好之。然于世道终无益也。圣人之道为天下国家,故道德仁义、礼乐刑法并用。是以人道清平,宇宙奠安,通万世而可行。世无君长则已,有则必取孔子之道以为生民准,何也?有益于治云耳。佛氏精神性命之微,与夫止观定慧之习,亦未尝无可取者,故上智之士始知而好之。但世之人,上智者常二三,中人以下者常千百,是佛氏之道,化及物者其分常少,而不能化者其分常多。且人皆清净禅定,世道孰与拯救?斯于人道也何益?②

并认为,儒学清净心神之学不如佛道二教深入,故久在俗世之人,乍闻佛道清心寡欲之说,极易骇心诧魄,欣欣然入于其中。故儒士须立定脚跟,不为二氏所惑。且《大学》之定静安虑,程颢《定性书》之"动亦定,静亦定,无将迎,无内外,廓然大公,物来顺应"亦近释道虚明之义,

---

① 《雅述》上篇,《王廷相集》,第857页。
② 《雅述》上篇,《王廷相集》,第856页。

而更有应事做主之主动义。而道家老子之谦退守柔,如不善用,亦会招致种种之害:

> 老子之道,以退为主,而惟欲利己,及其蔽也害治。是故得其静修者,为方士之解形;得其吝啬者,为晏墨之苦俭;得其容忍者,为申韩之刑名;得其离圣去智者,为庄列之放达;得其不敢先事者,为持两端之奸;得其善为保持者,为避难之巧;得其合同而不绝俗者,为顽钝之鄙夫。夫是道也,其始也未尝不曰可以治天下,终也反以之坏天下。道慎乎哉! 道慎乎哉!①

此中对因不善用道家而生出之流弊,见地十分深刻,非对道家学说之流衍,对道家与诸子学说之关系有深湛之把握,非对当世种种凡心习态有深刻体察,此语绝难道出。

王廷相对朱子的批评,焦点在其理气关系。及由此派生出的对太极的解释等。王廷相由其气一则理一,气万则理万之说,反对理能独存。他批评此义说:

> 儒者曰:天地间万形皆有敝,唯理独不朽。此殆类痴言也。理无形质,安得而朽? 以其情实论之,揖让之后为放伐,放伐之后为篡夺;井田坏而阡陌成,封建罢而郡县设。行于前者不能行于后,宜于古者不能宜于今。理因时致宜,逝者皆刍狗矣,不亦朽敝乎哉?②

此虽未点出朱子之名,但"理在气先","万一山河大地都陷了,毕竟理却只在这里"诸语,实为朱子所主张。故王廷相此语,实可视为对朱子之理论而发。王廷相认为理非事物,无所谓朽与不朽。另理皆具体事物之理,事物不断变化,不存在一成不变,放之四海而皆准之理。

对朱子以理释太极,王廷相也反对,他说:

---

① 《雅述》上篇,《王廷相集》,第844页。
② 《雅述》下篇,《王廷相集》,第887页。

> 儒者曰：太极散而为万物，万物各具一太极。斯言误矣。何也？元气化为万物，万物各受元气而生，有美恶，有偏全，或人或物，或大或小，万万不齐，谓之各得太极一气则可，谓之各具一太极则不可。太极，元气混全之称，万物不过各具一支耳，虽水火大化，犹涉一偏，而况于人物乎？①

"太极"一词，源出《易传》之"易有太极，是生两仪"。此后汉儒皆以太极为混沌未分的元气。《汉书·律历志》的"太极元气，函三为一"为其代表。汉至唐，学者多以元气释太极。至宋儒，特别是朱子，才以太极与阴阳对言，以道、理释太极。王廷相此处将太极释为混全的元气，是返回汉至唐的主流解释，并据以批评朱子以理释太极。这是与他"天地内外皆气，物虚实皆气，通极上下，造化之实体也"的根本思想一致的。

对宋儒天地之性与气质之性之二分，王廷相反对甚为激烈。他的反驳直接针对朱子"人之有生，性与气合"之言，他说：

> 朱子答蔡季通云："人之有生，性与气合而已。即其已合而析言之，则性主于理而无形，气主于形而有质。"即此数言，见先生论性辟头就差。人具形气而后性出焉，今曰性与气合，是性别为一物，不从气出，人有生之后各相来附合耳，此理然乎？……先生乃以本然、气质分而二之，殊不可晓。②

此亦本他前述以气说性之立场，对朱子之气外有本然之性的说法提出批评。王廷相对大程子詟服无间言。对朱子，赞扬其步武先贤，阐扬儒学的精神，但对朱子犹有异议，尝说："关洛之学似孟子，程伯子纯粹高明，从容于道，其论得圣人之中正，上也。闽越之学，笃信先哲，美

---

① 《雅述》上篇，《王廷相集》，第849页。
② 《雅述》上篇，《王廷相集》，第851页。

矣；而泛探博取，诠择未真，要之犹有可议，次也。"①其不同于朱子者，尤在理气关系上。此中"诠择未真"，即指其理气论而言。

王廷相有非常突出的实践精神，崇尚《尚书》典、谟、训、诰中为治之实学，反对空谈心性，故对当世流行的心学一派，持强烈的批评态度，比之为空谈误国的魏晋玄风。他说：

> 近世好高迂腐之儒，不知国家养贤育才将以辅治，乃倡为讲求良知、体认天理之说，使后生小子澄心白坐，聚首虚谈，终岁嚣嚣于心性之玄幽。求之兴道致治之术，达权应变之机，则暗然而不知。以是学也，用是人也，以之当天下国家之任，卒遇非常变故之来，气无素养，事未素练，心动色变，举措仓皇，其不误人家国之事者几希矣。此于南宋以来儒者泛讲之学又下一等。为社稷计者不及时而止之，待其日长月盛，天下尽迷，则救时经世之儒灭其迹矣。②

此中讲求良知之学者指王阳明，体认天理之说者指湛若水，考王廷相《雅述》之作之时，正阳明初逝，良知之学大为流行之时；湛若水虽已暮年，但弟子众盛。王湛两家，几分天下讲学之半。王廷相出于其实学立场，对王、湛讲"心性玄幽"之学十分不满，认为虚谈无益，无与于国家之辅治，民生之改进。认为此等人只知身心性命，不晓实际事务，不能担当经国治世大任。若提倡此学，则实学扫地以尽。他甚至认为，正、嘉间之边镇强梗，四夷难御，盗贼猖獗，权奸肆横，厉阶皆在实学不讲，虚谈心性。王廷相是从一个国家官吏辅国兴治的角度看待心性之学的。他反讲学的态度，代表了一批像他这样的官吏的立场，此或为后来万历间张居正禁讲学、毁书院的开端。

王廷相儒学思想的一个重要方面就是对地理风水的批评。他以

---

① 《慎言·文王篇》，《王廷相集》，第819页。
② 《雅述》下篇，《王廷相集》，第875页。

卓越的叛逆性格,突出的理性精神,和坚执的实证品格,与世俗文化中虚妄迷信的成分进行不妥协的斗争。这个方面在《慎言》、《雅述》中记述甚多。他首先认为,迷信、妖妄的东西,是大乱之世法渎政紊,人心惶惑的曲折表现。反之,政清人和,经正法严,则邪术敛形,他说:

> 圣人治世,其鬼不神。非鬼之不能神也,经正而法严也。正则邪说不兴,严则妖道罔作,鄙儒诐术屏迹,若没焉耳矣。①

他对当时政府的一些措施的矛盾之处,如提倡毁淫祠、击妖道又信休咎、惧鬼神;提倡勤政爱民又相信天象之变为谴告等提出批评,对以妖术干禄,荧惑圣心者,更倡导严加禁绝,他说:

> 曰祛淫祀也,而渎鬼神之感应;曰击妖道也,而信天人之休咎,是启源而欲塞流矣,得乎?曰可以动人主之趋善也。嗟乎!是则然矣,君有邪心,不务格而正之;君有僻政,不务谏而反之,乃假不可知者而恐惧之,是舍本而务末也。久而无应,将自丧其术,何善之能趋?几于佛氏之愚人矣。②

他认为,神道设教虽为施政之不可无者,但大经大法在明性命之理,守中正之途,尊天地而敬鬼神,以儒家之正学化民成俗。放弃人为而信妖祥,则祸国罔民之道。故"贵人敬天者其道昌,弃人诬天者其道亡"。③王廷相以突出的理性精神,对古书记载中一些揣度猜测、虚浮夸诞之处,常提出疑问,甚至于用试验验证。尤不喜言人之行为动合天时,故斥《吕氏春秋》之《月令》为"牵合傅会之书",对灾异、占星、占梦、风水、禄命、择日等,大力抨击,曾说:

> 邪术异端,祸人国家多矣,唯天文谶纬为祸尤甚。世有等不上不下之人,略知文义,专务驳杂,以惑愚俗。每遇灾祥,即有窃议。幸君臣政化清平,无衅而起。但稍有颣隙,以侵纲纪,而庸愚

---

① ③ 《慎言·五行篇》,《王廷相集》,第804页。
② 《慎言·五行篇》,《王廷相集》,第803页。

之徒的然信之,遂生异谋,结扇窃发。纵事无成,亦能始祸,有国者不可不预为之计也。①

又不信纬书,以为皆邪术之流假托圣经以售其说,造作者其罪可诛。对朱子这样的大贤信用风水之处,也提出批评,如:"朱子称张南轩不惑于阴阳卜筮。……及先生自处,则阴阳卜筮、风水星命无不信惑。岂贤者之见亦有未能拔乎流俗者耶?"②又如:"地理风水之术,三代以上原无是论,观《周礼》族葬皆于北郭之外可知矣。后世如唐吕才,宋程子、司马公、张南轩皆以为谬而不信,独朱子酷以为然。……唯风水之害,使人盗葬强瘗,斗争诉讼,死亡罪戾,无处无之,岂非遗祸于世乎?崇信以为人望,文公大儒,不得辞其责矣。"③对朱子之不是处,径直指出,言辞率真,毫不假借,一以理伸心安为归,表现出一个学者不盲从迷信,唯以求实求真为最高准则的精神。

第三节 吕坤对晚明政弊的抉发及其修身之学

吕坤(1536—1618),字叔简,号新吾、心吾,晚号抱独居士,河南宁陵人。隆庆进士,历仕山西潞安府襄垣知县,大同知县,吏部文选司主事、郎中,山东济南道右参政,山西按察使,陕西右布政使,山西巡抚,刑部侍郎等。为官清正,以刚介峭直著称,主张"以伊尹之所志为己任,以社稷苍生为己责"。④ 尤以襄垣知县任政声最著,李颙在其《四书反身录》中记述曰:"吕新吾知襄垣县,躬亲讲劝,专务德化,政暇即单骑巡行阡陌,督耕课农,树艺桑麻,疏渠凿井,纤悉靡忽。视县事若家

---

① 《雅述》下篇,《王廷相集》,第 865 页。
② 《雅述》下篇,《王廷相集》,第 861 页。
③ 《雅述》下篇,《王廷相集》,第 887 页。
④ 《贺侍御侯碧塘》,《吕坤全集》,中华书局,2008 年,第 209 页。

事,视民产若己产。率作兴事,不惮劳瘁。自做县守府以至分巡济南,布政陕右,巡抚山西,所在皆然。"①《宁陵县志》也说他"宦游秦晋五六年间,正己率属,身体力行,不受馈遗,不取赎羡。不妄荐以官,不枉劾以职,官吏肃清,兴文饬武,民安物阜,边境晏如。尤谆谆留心于蒙养教化孤寡无依之民。"②著有《去伪斋文集》、《四礼翼》、《四礼疑》、《吕公实政录》、《呻吟语》等。其中《去伪斋文集》十卷为吕坤诗文汇编,刻成于其去世前二年。《实政录》七卷是吕坤任职山西时所作的政论性著作,对明中晚期政治上的积弊深有抉发。《四礼翼》为早年之作,四礼者,谓冠、婚、丧、祭。《四礼翼》即对四礼加以引申、解说使之可助实行。《四库提要》谓此书:"以民间日用常行、浅近鄙俗、可以家喻户晓者,析为条目。"知为民间俗礼之书。《四礼疑》则晚年所作,共五卷,首为通礼一卷,次为冠、婚、丧、祭各一卷,对古礼提出自己的解释,并对古来相关解释提出质疑。《四库提要》说:"坤之讲学在明代最为笃实,独此一编,轻于疑古。白璧之瑕,虽不作可矣。"③对此书观点多不取。《呻吟语》为学术笔记,共六卷,分内外篇,内篇有性命、存心、伦理、谈道、修身、问学、应务、养生八门,外篇有天地、世运、圣贤、品藻、治道、人情、物理、广喻、辞章九门。此书自始作至刊行,积三十年,集中体现了吕坤对天地万物、社会人生各方面的见解。自谓命名之意曰:

> 呻吟,病声也。呻吟语,病时疾痛语也。病中疾痛,唯病者知,难与他人道。亦唯病时觉,既愈,旋复忘也。予小子生而昏弱善病,病时呻吟,辄志所苦以自恨,曰慎疾无复病。已而弗慎,又复病,辄又志之。盖世病备经,不可胜志;一病数经,竟不能惩。语曰:三折肱成良医,予乃九折臂矣。沉痼年年,呻吟犹昨。④

---

① 《二曲集》,中华书局,1996年,第487页。
② 见《重刻宁陵县志》,清光绪刻本,卷九,第13页。
③ 《四库全书总目》,中华书局,1997年,第325页。
④ 《呻吟语序》,岳麓书社,1991年,第1页。

可知所谓呻吟语,亦寓言也。此书所涉广泛,思想深刻而平实,多名言隽语,问世以来备受士人喜爱。吕坤又从此书中摘取其精粹者,名《呻吟语摘》,门目与《呻吟语》同。《四库总目提要》谓《语摘》:"大抵不侈语精微,而笃实以为本;不虚谈高远,而践履以为程。其在明代讲学诸家,似乎粗浅,然尺尺寸寸,务求规矩,而又不违戾于情理,视陆学末派之猖狂,朱学末派之迂僻,其得失则有间矣。"①此诚有得之言。《呻吟语》与同时稍后洪自诚的《菜根谭》,为同类书之双璧,后先辉映,在士林中影响极大。吕坤另有《闺范》、《交泰韵》、《疹科》等书,为关于妇德、音韵、医学方面的著作,其中多有新意。《阴符经注》则为道教经典《阴符经》所作之注释,吕坤自谓:余注此经,无所倚着,不儒、不道、不禅,亦儒、亦道、亦禅。可知其学术之融释精神,与三教会通思想。其著作今整理汇总为《吕坤全集》。

吕坤身处晚明各种社会矛盾加剧,致乱因素已经潜伏而尚未爆发之际,故对当时情势心怀殷忧而亟欲补偏救弊。他于万历二十五年上疏痛陈天下利害,认为当时之形势岌岌可危:"当今天下之势,乱象已形而乱机未动;天下之人,乱心已办而乱人未倡。今日之政,皆拨乱机而使之动,助乱人而使之倡者也。"②"臣观今日之势,如坐漏船,水未湿身;如卧积薪,火未及体。"③急需改革更张。他所上之策首在苏民困,收民心。他说:

> 今天下之苍生贫困可知矣。自万历十年以来,无岁不灾,催科如故。臣久为外吏,见陛下赤子,冻骨无兼衣,饥肠不再食,垣舍弗蔽,苦藁未完;流移日众,弃地猥多;留者输去者之粮,生者承去者之役。君门万里,孰能仰诉?④

---

① 《四库全书总目》,第1230页。
② 《忧危疏》,《吕坤全集》,第7页。
③ 《忧危疏》,《吕坤全集》,第18页。
④ 《明史》卷二二六,第5938页。

认为当时国库空虚、财用耗竭主要是因为明神宗修陵墓,苏杭锦绮、陕西羊绒袍服、山西潞绸等之增派,宫中殿宇、亭轩台榭之增扩,都城、王府及普陀、龙虎山宫殿之修建等。如建筑中名贵大木的采办一项,即可知其妨民之一端。吕坤在此疏中说:

> 以采木言之,丈八之围,非百年之物。深山穷谷,蛇虎杂居,毒雾常多,人烟绝少,寒暑饥渴瘴疠死者无论矣。乃一木初卧,千夫难移,倘遇阻艰,必成伤殒。蜀民语曰:"入山一千,出山五百。"哀可知也。至若海木,官价虽一株千两,比来都下,为费何止万金!臣见楚、蜀之人,谈及采木,莫不哽咽。①

建言当减额或停罢,以纾民困。

对当时税监四出搜刮民财、闹得民怨沸腾的矿税,吕坤更是反对。《忧危疏》中说:

> 以采矿言之,南阳诸府,比岁饥荒,生气方苏,菜色未变。自责报殷户,而半已惊逃。自供应矿夫工食、官兵口粮,而多至累死。自都御史李盛春严旨切责,而抚按畏罪不敢言。今矿沙无利,责民纳银,而奸人仲春复为攘夺侵渔之计。朝廷得一金,郡县费千倍。②

主张饬戒使者,勿散沙责银;如有侵夺于民者,诛无赦,以收四方人心。并倡导开言路、轻刑罚、去廷杖鞭扑之捶楚,变数年不视朝之怠政。认为以上祸患,皆人君多欲所致,故特别提出告诫,希望君主省敛嗜欲,以免招致国家之败亡:

> 夫人君淫纵豪奢,多欲喜事,则赋敛日急。赋敛急,则海内日贫。凶民壮士,负气不平,衣食无赖,而有司法令繁苛,胥肆诛求,以激其不逞之怒,由是劫掠货财,屠戮男女,江河流赤子之血,原

---

① 《明史》卷二二六,第 5938—5939 页。
② 《明史》卷二二六,第 5939 页。

野积征夫之骨,兵连祸结,社稷遂亡。人君亦何利哉!①

吕坤的这些言论,皆出于对国事民瘼的深切忧虑,和对时政的明彻体察。反映了百姓的疾苦,可谓与民同其呻吟。

吕坤之所以能勤政爱民,治绩彰著,首先在于他对君主的职分有深刻的认识,他尝说:

> 天之生民,非为君也;天之立君,以为民也。奈何以我病百姓?夫为君之道无他,因天地自然之利,而为民开导撙节之;因人生固有之性,而为民倡率裁制之。足其同欲,去其同恶。凡以安定之,使无失所,而后天立君之意终矣。岂其使一人肆于民上,而剥天下以自奉哉?呜呼!尧舜其知此也夫。②

在他看来,君主就是为民而设的;其职分就是顺应人性,根据现实条件,合理地调节、满足民众的欲望。非可以将天下视为一家一姓之私产,盘剥朘削百姓以奉一人之淫乐。古来之圣君之所以得到百姓的拥戴,就是因为他懂得这个道理并照此去做。吕坤特别重视、反复告诫的是民生,认为是置君之义的重中之重,他说:

> 为人上者,只是使所治之民个个要聊生,人人要安分,物物要得所,事事要协宜。这是本然职分。遂了这个心,才得畅然一霎欢,安然一觉睡。稍有一民一物一事不妥帖,此心如何放得下?……夙夜汲汲图维之不暇,而暇于安富尊荣之奉,身家妻子之谋,一不遂心,而淫怒是逞耶?③

又说:

> 圣人在上,能使天下万物各止其当然之所,而无陵夺假借之患。夫是之谓各安其分,而天地位焉。能使天地万物各遂其同然

---

① 见吕坤编:《闺范图说》,明万历十八年刻本,卷二,第25页。
② 《治道》,《呻吟语》,第284页。
③ 《治道》,《呻吟语》,第246页。

之情,而无抑郁倔强之态,夫是之谓各得其愿,而万物育焉。①

这就是吕坤对《中庸》"天地位,万物育"的解释。好的君主就是"致中和",致中和的首要之点是使百姓人人安心,物物得所,事事协宜。

在吕坤这里,百姓是政治的主体,民生是治道之首务。这是孟子以来在中国传统政治哲学中占极重要位置的民本思想。吕坤的为政之道受民本思想影响极大,在他看来,好的政治不仅君主自正,且民自奋发,他说:

> 圣人治天下,常令天下之人精神奋发,意念敛束。奋发则万民无弃业,而兵食足,义气充,平居可以勤国,有事可以捐躯。敛束则万民无邪行,而身家重,名检修。世治则礼法易行,国衰则奸盗易起。②

理想之治则在于造成此种民风民气,而此种风气的造成,全在在上者之精神趋向,吕坤说:"能使天下之人者,唯神、唯德、唯惠、唯威。神则无言无为而妙应若响,德则共尊共亲而归附自同,惠则民利其利,威则民畏其法。非是则动众无术矣。"③神者牧民之术之妙用莫测,德者品德,惠者恩惠,威者威势,皆牧民者所用之利器。观吕坤此论,可谓以儒为本,王霸杂用。而这正是中国古来治术之传统。儒者之仁德、之教化,与道家之不扰,法家之法制、之权术、之威势糅合为一,相辅而行。即使儒者之治,吕坤所称者为尧舜为君,禹、稷、皋陶等圣贤为臣的"二帝五臣"之至世,亦非后世所谓儒术治国。他说:

> 谈治道,数千年来只有个唐虞禹汤文武,作用自是不俟。衰周而后直到于今,高之者为小康,卑之者为庸陋,唐虞时光景,百姓梦也梦不着。创业垂统之君臣,必有二帝五臣之学术而后可。

---

① 《治道》,《呻吟语》,第250页。
②③ 《治道》,《呻吟语》,第246页。

若将后世眼界立一代规模,如何是好?①

又说:

> 读书要看三代以上人物是甚学识,甚气度,甚作用。汉之粗浅,便着世俗;宋之局促,便落迂腐,如何见三代以前景象?②

在他看来,汉儒最大弱点在是古非今,宋儒最大弱点在泥古不知变通。而制度文为三代不相祖述,达者皆可为用,唯在损益变通。后世须识儒者为政之大体,此大体即扶持世教。世教之隆污,风俗之美恶,为政体之最大者,其他则辅此大体之未备者。

以上牧民之四术,吕坤说之甚多,其中尤可注意者,为威势之术之运用。史称吕坤刚介峭直,其作略正是其理论之表现。其理论,《呻吟语》中所记甚多。如:

> 迂儒识见,看得二帝三王事功只似阳春雨露,妪煦可人,再无一些冷落严肃之气。便是慈母,也有呵骂小儿时,不知天地只恁阳春,成甚世界?故雷霆霜雪不备,不足以成天;威怒刑罚不用,不足以成治。只五臣耳,还要一个皋陶。而二十有二人,犹有四凶之诛。今只把天德王道看得恁秀雅温柔,岂知杀之而不怨,便是存神过化处。③

此是以天之肃杀之不可无,证治道之严刑峻法之不可无。这可以说是宽寓严中,严以成宽。所以他说:"圣人之为政也法天,当宽则用春夏,当严则用秋冬。而常持之体,则于严威中施长养之惠。何者?严不匮,惠易穷,威中之惠,鼓舞人群;惠中之惠,骄弛众志。……彼沾沾煦煦尚姑息以养民之恶,卒至废弛玩愒,令不行,禁不止,小人纵恣,善良

---

① 《品藻》,《呻吟语》,第237页。
② 《品藻》,《呻吟语》,第241页。
③ 《治道》,《呻吟语》,第267页。

吞泣,则孔子之罪人也。"①针对当时皇帝久不视朝,怠政日甚一日,吏治败坏,势要骄纵,赋税征取无度,财政匮乏,军备糜烂的现实,吕坤大力主张兴革,他对当时各界废弛的风气有如下描述:

> 如今天下之人,譬之骄子,不敢热气,唐突便艴然起怒,缙绅稍加综核,则曰苛刻;学校稍加严明,则曰寡恩;军士稍加敛戢,则曰凌虐;乡官稍加持正,则曰践踏。今纵不敢任怨,而废公法以市恩,独不可已乎?如今天下事,譬之敝屋,轻手推扶,便愕然咋舌。今纵不敢更张,而毁拆以滋坏,独不可以已乎?②

面对如此之形势,亟须振刷,亟须洗涤。吕坤说:"而今不要掀揭天地、惊骇世俗,也须拆洗乾坤、一新光景。""振则须起风雷之益,惩则须奋刚健之乾。不如是,海内大可忧矣。"③兴革之措施,首在严肃法纪,下猛药治积久之弊:"振顽兴废,用重典;惩奸止乱,用重典;齐众摧强,用重典。"④对当时颓败之局面,主张整顿纲纪,须雷厉风行,勿听迂儒宽厚治国之论:

> 承平日久,法度疏阔,人心散而不收,惰而不振,顽而不爽。譬如熟睡之人,百呼若聋;欠倦之身,两足如跛。唯是盗贼所追,水火所迫,或可猛醒而急奔。……而迂腐之儒,犹曰宜崇长厚,勿为激切。嗟夫!养天下之祸,甚天下之弊者,必是人也。中兴之君,综核名实,整顿纲纪,当与创业等而后可。⑤

吕坤这些记述,虽是平时读书所思之语,但确是他虑政设治之苦心所在,与他所上之忧危疏相表里。从中可以看出他儒者之致治理想中所具有的法家因素所由起之原因。

---

① 《治道》,《呻吟语》,第300页。
② 《治道》,《呻吟语》,第254页。
③ 《治道》,《呻吟语》,第252页。
④ 《治道》,《呻吟语》,第248页。
⑤ 《治道》,《呻吟语》,第251页。

吕坤作为一个儒家学者,天地、世运、圣贤、性命这些儒学根本问题,是他生命中时时萦怀的。天在吕坤思想中有重要位置。他所理解的天首先是积气,气是万物的始基,造成万物的气若细分,可分为十种:中气、纯气、杂气、戾气、似气、大气、细气、间气、变气、常气。其中中气为五行均调的精粹之气。纯气为专一之气,杂气、戾气为交乱粗恶之气,似气为五行假借之气,间气为诸行合会之气,大气、细气论气之洪纤,变气、常气论气之偶尔遭逢与恒久一定。吕坤这里论气之名目,既有以性质、形态论者,也有以价值论者,而所钟情者为中气。中气是个既表性质又表价值的概念。所谓性质,指此气之均适、调和。所谓价值,指此气之纯一无杂。此纯一无杂之气,钟而为人则为尧、舜、禹、汤、文、武、周公、孔子等圣人,钟而为物则为麟、凤之类灵兽。可见,吕坤言气是为其修养功夫张本,故认为:"万物各有所受以为生,万物各有所属以为类,万物不自由也。唯有学问之功,变九气以归中气。"①又说:"中和之气,万物所由以立命者也,故无所不宜;偏盛之气,万物所由以盛衰者也,故有宜有不宜。"②此中和与偏盛之气,仍以性质与价值混言,而价值的分数为多。纯论物质构成,吕坤袭用前人之元气概念,说:"乾坤是毁的,故开辟后必有混沌所以主宰;乾坤是不毁的,故混沌还成开辟。主宰者何?元气是已。元气亘万亿岁年终不磨灭,是形化气化之祖也。"③而纯说物质构成无有价值观念投射其中的气概念,在吕坤的著作中不多。此亦可见,除了一些实证精神较强,注意探索天地万物的性质的思想家外,气论在明代中晚期一般儒者思想中,只是其价值学说的基础,言气只是为言价值张本。

吕坤之天地,也指自然而然,非有造物者。他说:

    天地全不张主,任阴阳;阴阳全不摆布,任自然。世之人趋避

---

① 《天地》,《呻吟语》,第194页。
② 《天地》,《呻吟语》,第193页。
③ 《天地》,《呻吟语》,第190页。

> 祈禳,徒自苦耳。其夺自然者,唯至诚。

又说:

> 万物生于阴阳,死于阴阳。阴阳与万物原不相干,任其自然而已。雨非欲润物,旱非欲熯物,风非欲挠物,雷非欲震物,阴阳任其气之自然,而万物因之以生死耳。《易》称"鼓之以雷霆,润之以风雨"另是一种道理。不然,是天地有心而成化也。若有心成化,则寒暑灾祥得其正,乃见天心矣。①

此处说天地是自然,是为了反对人祈禳、信灾祥等带有迷信色彩的活动。吕坤认为,天本无心。若说天有心,则天心在欲人对自然灾害有适当之处理,不致酿成祸乱。自然灾害是天之太和的一部分,应对合理就是事天敬天。如果昧自然之理,靠祈禳、祷祀来规避,则是大不智。吕坤对天地自然有深切理解,对如何看待天、诠释天有精彩描述:天极从容,极有序,极精明,极平常,极含蓄,极沉默,极凝定,极通变,极坚耐,极勤敏,极聪明,极老成,极仁慈,极正直,极公平,极简淡,极正大,极诚实……天之如何,全在人之理解、对待。天在吕坤这里是人反观自身,形显其不足,提升其境界,充实其智能,指示其理想之参照物。他极力反对者,在谄媚天,仇怨天,在以非理智的态度对待天,不知"自然谓之天,当然谓之天,不得不然谓之天"。② 吕坤可谓知"天机"甚深者。

吕坤对天的另一种理解,则是"天者,理也","天者,心也","天者,性也"之天。他说:"朱子云:'天者,理也。'余曰:'理者,天也。'"又说:"心就是天,欺心便是欺天,事心便是事天,更不须向苍苍上面讨。"又说:"吾人浑是一天,故日用起居食息,念念时时事事,便当以天自

---

① 《天地》,《呻吟语》,第190页。
② 《天地》,《呻吟语》,第195页。

处。"①此中首句与朱子之对反,强调的是理的绝对性、不可抗拒性、自然而然性。实际上与朱子对理的解释并无二致。而"心就是天",此心与天皆是理,故心不可欺,只可顺适;不可违,只可敬事。当然此"心就是天"与陆九渊、王阳明之"心即理"、"良知即天"不同。陆王之心,是活生生地显现于心中、存有且活动的实然之性理,其真诚恻怛之情奔突冲创于心中,触之即得,当下即是。而吕坤之心即是天,是说心是天道天理的象征物。天理不可欺,不可违。故心不可欺,不可违。与他对理的性质的强调一致。至于"吾人浑是一天",此天即性,与程颐、朱子之"性即理"相当,言人人皆具性理。以天自处,实即遵循天理而行,以理统气,存天理去人欲。吕坤总述他关于天的诸义说:

> 有在天之天,有在人之天。有在天之先天,太极是已;有在天之后天,阴阳五行是已。有在人之先天,元气、元理是已;有在人之后天,血气、心知是已。②

此义实接受了朱子的思想:天地之间,有理有气,有太极,有阴阳。而理先于气,太极先于阴阳。就人来说,必禀此理以为人之性,必禀此气以为人之形。在天者为先天;在人者为后天。人性统理人形,先天重于后天。而此处谓在人之先天,元气元理是已;在人之后天,血气、心知是已。以血气、心知二词代表人之肉体与精神,血气、心知来源于天之元气,已开后来戴震"人之血气心知本乎阴阳五行"之说的先河。

关于世道之运行,吕坤持道德史观,认为历史为一退化之过程。他尝说:

> 伏羲以前是一截世道,其治任之而已,已无所与也。五帝是一截世道,其治安之而已,不扰民也。三王是一截世道,其治正之而已,不使纵也。秦以后是一截世道,其治劫之而已,愚之而已,

---

① 《天地》,《呻吟语》,第195—196页。
② 《天地》,《呻吟语》,第196页。

不以德也。①

伏羲、五帝之政治已不可考,三王之政治可考之于上古之典籍中。任之、安之、正之,在吕坤看来皆至德之世。他又说:"三皇是道德世界,五帝是仁义世界,三王是礼义世界,春秋是威力世界,战国是智巧世界,汉以后是势力世界。"②这同样是美化三皇五帝三王之世。他美化上古社会,实际是贬斥夏商以后的世界,特别是西周以后的世界。他尝说:"世界一般是唐虞时世界,黎民一般是唐虞时黎民,而治不古若,非气化之罪也。"③这种指斥虽极无力,但确有挽世道于极敝之志。而吕坤虽持世道退化论,他也认为此退化为一无可如何之事,虽可指摘,但事不可挽。此世势也,非可人力致。天地间既有真气,就有似气。似气者,似是而非而能乱真气者。如有粟谷则有稂莠,有凤凰则有昭明。文明开化必伴随道德之退步,此真气与似气混杂而行必有之结果。但他的世运之论实寓有招唤不肯甘心与世沉浮,而思欲整治之人的意思在其中。故吕坤的着眼点在当世,理想化上古即所以贬斥当时之世。他尝有二段描述当世之景象的话,所述十分沉痛:

> 世之衰也,卑幼贱微气高志肆而无上,子弟不知有父母,妇不知有舅姑,后进不知有先达,士民不知有官师,郎署不知有公卿,偏裨不知有主帅。目空空而气勃勃,耻于分义而敢于陵驾。呜呼!世道至此,未有不乱不亡者也。
>
> 士鲜衣美食,浮谈怪说,玩日愒时,而以农工为村鄙;女傅粉簪花,冶容学态,袖手乐游,而以勤俭为羞耻;官盛从丰供,繁文缛节,奔逐世态,而以教养为迂腐。世道可为伤心矣。④

此亦有见而无力,有意整顿而无从下手之浩叹。亦曲折纠治当世之一法。

---

① ② ③ 《世运》,《呻吟语》,第198页。
④ 《世运》,《呻吟语》,第198—199页。

世运虽不可为,士之修身却是"为仁由己"。故吕坤关于圣贤、性命、修身、问学之论甚多。

关于圣贤,吕坤首论圣人与贤人之区别,在他看来,圣与贤的最大区别在圣人与天为一,与道为一,故不落方所,不有拘限,与物俯仰,所在成道。贤人则不能不有方所,不能不有特质。吕坤说:"圣人不落气质,贤人不浑厚便直方,便着了气质色相;圣人不带风土,贤人生燕赵则慷慨,生吴越则宽柔,就染了风土习气。"①圣人是道的显现,是道的具体而微,吕坤谓之"人天"——即人而天,人中之天。故圣人自身即法度,自身即规矩准绳,故无定体而无处不定体。"圣人于万事也,以无定体为定体,以无定用为定用,以无定见为定见,以无定守为定守。贤人有定体、有定用、有定见、有定守。故圣人为从心所欲,贤人为立身行己自有法度。"②圣人之作用自然而然而无不妥帖,如细雨之润物无声,贤人则有圭角,着痕迹:"圣人妙处在转移人不觉,贤者以下便露圭角,费声色,做出来只见张皇。"③只所以不露痕迹,因为圣人以大公之心应物,以大通之心容人,以大平调剂万物:"至人低昂气化,挽回事势,如调剂气血,损其侈不益其强,补其虚不甚其弱,要归于平而已。圣人虽欲不平,不可得也。"④一句话,圣人是一切理想品质的集中体现,圣人不可定义,不可形容;一切形容,只是强说。吕坤所认定的圣人,亦沿用历代儒家传统,定尧、舜、禹、汤、文、武、周、孔、颜、曾、思、孟诸人。宋之周、程、张、朱为贤人。圣人大中至正,贤人则追寻圣人而未至者。圣人之德无处不洽,至人之学无所不包。中国历史上的大人物,如佛、老、杨、墨、阴阳、术数是歧途旁行者。其学只得圣人之学之一偏,而圣人之学则无所不包。

在吕坤看来,圣人皆真实之历史人物,非如庄子所描述的至人、神

---

① 《圣贤》,《呻吟语》,第 200 页。
② 《圣贤》,《呻吟语》,第 205 页。
③ 《圣贤》,《呻吟语》,第 204 页。
④ 《圣贤》,《呻吟语》,第 208 页。

人。故圣人之与道为体则一,圣人之气象则不同。他说:"孔子是五行造身,两仪成性。其余圣人得金气多者则刚明果断,得木气多者则朴素质直,得火气多者则发扬奋迅,得水气多者则明彻圆融,得土气多者则镇静浑厚。得阳气多者则光明轩豁,得阴气多者则沉潜精细。"①这是说孔子是圣中之圣,无少偏裨,其余则各有气质。吕坤在又一则札记中则说,尧、舜、禹、文、周、孔,振古圣人无一毫偏倚,但五行所钟,各有所厚,故各有各的气质。尧敦大之气多,舜精明之气多,禹收敛之气多,文王柔嘉之气多,周公文为之气多,孔子庄严之气多。此各别之特质,熟读经史自能见到。吕坤又区分"性之圣人"与"反之圣人",认为前者先天生成的分数多,后者后天成就的分数多。谓:"'性之'圣人,只是个与理相忘,与道为体,不待思,唯横行直撞,恰与时中吻合。'反之'圣人,常常小心,循规蹈矩,前望后顾,才执得中字,稍放松便有过不及之差。是以希圣君子心上无一时任情恣意处。"②按《孟子》之说,尧舜"性之",汤武"反之"。尧舜天纵成分多,汤武全靠勉力去做才成就得圣人。圣人是儒家理想人格的代表,是世人的典范。吕坤表彰圣人,亦意在为人格追求树立典范。他反复告诫的是,天生的圣人绝少,世人毋幻想倚靠天生,须靠后天勉力去做。

关于性命,吕坤有十分独特的理论。他的性论,糅合性善、性恶、性善恶混、天地之性与气质之性之二分诸论,而以"继善成性"为归结。他论性,以理与气合而论之,说:

> 性者,理气之总名。无不善之理,无皆善之气。论性善者,纯以理言也;论性恶与善恶混者,兼气而言也。故经传言性各各不同,唯孔子无病。③

此处唯孔子无病,指《易传》之"继之者善,成之者性",与《论语》之"性

---

① 《圣贤》,《呻吟语》,第200页。
② 《圣贤》,《呻吟语》,第201页。
③ 《性命》,《呻吟语》,第4页。

相近,习相远"。"唯上知与下愚不移"诸论。吕坤认为合此数语,才能得孔子之意。他反对性善说,认为性善只说到理,未说到气;亦反对性恶、性善恶混,认为只说到气,未说到理。亦反对程颢之"论性不论气,不备;论气不论性,不明",和张载以善为天地之性,气之清浊纯驳为气质之性,认为将性气截然分作二物太觉支离。他主张性气合说。承认天地之性,但重视的是在气质之中的天命之性。故承继天命之性固然重要,但更重要的是后天勉力而为之"成性"。故天命之性人人相同,此"性相近"。而后天之作为不同,故"习相远"。天生之气质不同,故"上知下愚不移",但经后天之修为,而"性相近"。不遗弃先天,但更重视后天。此理气合说之本意。他如此说性之特点,在本体功夫合言,先后天合言,德性气质合言。他尝说:

> 性,一母而五子。五性者,一性之子也。情者,五性之子也。一性静,静者阴;五性动,动者阳。性本浑沦,至静不动,故曰"人生而静,天之性也"。"才说性,便已不是性矣。"此一性之说也。①

此中一性,指天地之性;五性,指气质之性。天地之性为理,故静;气质之性属气,故动。"才说性,便已不是性",指理不能脱离气而存在,故须性与气合说。一性之说,即"性本浑沦",即以理与气合言性。此是吕坤性论之出发点。

由此出发,吕坤大力反对在儒家性论中占统治地位的性善说。他认为,虞舜不专言性善,六经不专言性善,孔子、子思、孟子亦不专言性善。为了破除"孟子道性善"的一般看法,特举《孟子》"声色臭味、安佚,性也"、"动心忍性"、"犬之性犹牛之性"诸语为证。又说周敦颐、二程亦不专言性善。吕坤批评性善论说:

> 大抵言性善者主义理而不言气质。盖自孟子之折诸家始,后来诸儒遂主此说而不敢异同。是未观于天地万物之情也。义理

---

① 《性命》,《呻吟语》,第6页。

> 固是天赋,气质亦岂人为? 无论众人,即尧、舜、禹、汤、文、武、周、孔,岂是一样气质哉?①

既然义理之性、气质之性皆天赋予人,则言性不能就一边说。故性善论不能无疵。吕坤之不同意性善论,不仅是从本体论上说,认为义理、气质皆天赋予人,更是从修养论上说,认为性善论易使人轻视后天教化的重要性。综合以上二意,吕坤认为说性应以气为基础,因为说气理自在其中,又有强调后天教化的好处,且德性、气质两无偏蔽。他说:

> 天地只是一个气,理在气之中,赋于万物,方以性言。故性字从生从心,言"有生之心"也。设使没有气质,只是一个德性,人人都是生知圣人,千古圣人千言万语教化刑名都是多了的,何所苦而如此乎?②

从这里可以看出,吕坤的性论完全是为他的修养路数奠立基础的,同时与他的理气论相一致。

关于命,吕坤说之不多。他强调的是"正命",即保存好人人天赋的义理之性和初禀得的气质,勿因我之私欲而戕害。他说:

> 正命者,完却正理,全却初气,未尝以我害之。虽桎梏而死,不害其为正命。若初气凿丧,正理不完,即正寝告终,恐非正命也。③

此中桎梏而死与正寝指人之短命和长寿。不论寿命长短,不斫丧自己本具的性理和气质,便是正命。这里强调的是人自己的行为对于命的主宰。与上述性论一样,吕坤既肯定天赋之命,又强调人后天"正命"的重要,他说:

---

①② 《性命》,《呻吟语》,第5页。
③ 《性命》,《呻吟语》,第1页。

命本在天。君子之命在我,小人之命亦在我。君子以义处命,不以其道得之,不处,命不足道也。小人以欲犯命,不可得而必欲得之,命不肯受也。但君子谓命在我,得天命之本然;小人谓命在我,幸气数之或然。是以君子之心常泰,小人之心常劳。①

命本在天,谓人所禀受于天的义理之性与气质。此人人皆同。君子以义处之,完天赋之命。小人以欲处之,丧其天赋之命,现实所得之命完全不同。故吕坤强调"天全而生之,人全而归之",方为天之孝子。此全而归之,不仅指心性,也指气质。"命由己造",吕坤仍是强调后天之人为。

关于修身,吕坤所论最多,所涉十分广泛,思想深刻,识度高迈,用语隽永,且观世老到,入骨三分。其《呻吟语》之"修身"篇,几为格言之汇纂。今择其切要者,不烦解说,以见其趋向。如论士人应有之气概,则曰:"大事难事看担当,逆境顺境看襟度,临喜临怒看涵养,群行群止看识见。"②论君子之立身,则曰:"泰山乔岳之身,海阔天空之腹,和风甘雨之色,日照月临之目,旋乾转坤之手,磐石砥柱之足,临深履薄之心,玉洁冰清之骨。此八景予甚愧之,当与同志者竭力从事焉。"③论处心,则曰:"大其心,容天下之物;虚其心,受天下之善;平其心,论天下之事;潜其心,观天下之理;定其心,应天下之变。"④论做人,则曰:"做人要如神龙屈伸变化,自得自如,不可为势利术数所拘缚。若羁绊随人,不能自觉,只是个牛羊。然亦不可哓哓悻悻。故大智上哲看得几事分明,外面要无迹无言,胸中要独往独来,怎被机械人驾驭得?"⑤论威仪则曰:"世有十态,君子免焉:无武人之态(粗豪),无妇人之态(柔懦),无儿女之态(娇稚),无市井之态(贪鄙),无俗子之态(庸陋),无荡

---

① 《性命》,《呻吟语》,第 4 页。
② 《修身》,《呻吟语》,第 73 页。
③ 《修身》,《呻吟语》,第 81 页。
④ 《修身》,《呻吟语》,第 76 页。
⑤ 《修身》,《呻吟语》,第 80 页。

子之态(儇佻),无伶优之态(滑稽),无闾阎之态(村野),无堂下人之态(局迫),无婢子之态(卑谄),无侦谍之态(诡暗),无商贾之态(衒售)。"①论己之涵养、省察、克治则曰:"涵养如培脆萌,省察如搜田蠹,克治如去盘根。涵养如女子坐幽闺,省察如逻卒缉奸细,克治如将军战劲敌。涵养用勿忘勿助工夫,省察用无怠无荒工夫,克治用是绝是忽工夫。"②诸如此类者尚多,皆简易警策,鞭辟入里,且切近可行。值得注意的是,吕坤论修身,与明代中后期盛行于士大夫中的"功过格"甚不同。前者舒缓而后者褊急,前者宽和而后者峭刻,前者则主张在日用常行中渐进于道,后者倡导于五更枕上、汗流泪下中得来。吕坤虽在政治措施上较为刚猛,但在个人修养上却雍容大度,深有哲人气象。他政治上的刚猛是针对晚明在上者柔懦而在下者骄横的局面而发,如他尝慨叹此种局面说:

窃叹近来世道,在上者积宽成柔,积柔成怯,积怯成畏,积畏成废;在下者积慢成骄,积骄成怨,积怨成横,积横成敢。吾不知此时治体当如何反也。……名分者,纲纪之大物也。今也在朝小臣藐大臣,在边军士轻主帅,在家子妇蔑父母,在学校弟子慢师、后进凌先进,在乡里卑幼轧尊长,唯贪肆是恣,不知礼法为何物。③

故主张以刚猛矫柔懦。而在修身上,则主张渐进于道,太峭急则反成虚伪。这也与他的性命论相一致:变化气质而继善成性,非仅存理去欲,故须和风细雨,用长工夫。

与此相应,吕坤在问学上主张大处着眼,故特重高远境界与实地功夫的统一。他尝说:

尧舜事功,孔孟学术,此八字是君子终身急务。或问尧舜事

---

① 《修身》,《呻吟语》,第96页。
② 《修身》,《呻吟语》,第106页。
③ 《修身》,《呻吟语》,第116页。

功、孔孟学术何处下手,曰:以天地万物为一体,此是孔孟学术;使天下万物各得其所,此是尧舜事功。总来是一个念头。①

此一个念头,即孔门仁字。因仁字含有仁者爱人与博施济众两个方面。这两个方面一个是襟怀,一个是实事。吕坤问学,特重这二个方面的统一。他说:

> 事事有实际,言言有妙境,物物有至理,人人有处法。所贵乎学者,学此而已。无地而不学,无时而不学,无念而不学,不会其全,不诣其极不止,此之谓学者。②

故吕坤之学重博学,更重体认;重下学,更重上达;重积累,更重心悟;重乐学,更重忧勤。而学问宗旨,则一仁字。他是以孔门仁字为指导而自悟出的一套学问方法与途径。他的学问途径不属程朱,也不属陆王,反之,他对此二派都有批评。他的批评矛头所向,多在宋儒,对王门后学的批评不多,这是因为他是北方学者,又长期在北方为官,王门学者所讨论的问题与所暴露的流弊,对他而言尚不十分实出。他亦自问不属于道学,更不属于仙佛之学,亦不属于名、墨、道、法诸家。《呻吟语》中自白曰:

> 人问:"君是道学否?"曰:"我不是道学。""是仙学否?"曰:"我不是仙学。""是释学否?"曰:"我不是释学。""是老庄、申韩学否?"曰:"我不是老庄、申韩学。""毕竟是谁家门户?"曰:"我只是我。"③

他的学问从六经四子中自悟自得出来,仙佛庄列皆其所用,然不害其为醇儒。"盖能奴仆四氏,而不为其所用者。"④他不是晚明流行的讲学中人,亦不闻其师承授受。他是一个兢业勤恪做官,踏实修身问学的

---

① 《问学》,《呻吟语》,第121页。
② 《问学》,《呻吟语》,第128页。
③ 《谈道》,《呻吟语》,第70页。
④ 见《品藻》,《呻吟语》,第230页。

士人。吕坤之学行在晚明王学流行时实有其独特的面貌与价值。

第四节　黄道周对理学与心学的综合及其新经学

　　黄道周(1585—1646),字幼玄、幼平,号石斋,福建漳浦人。幼年由父母教读,少年即负博学之名,善文章,下笔数千言立就。厌薄卑琐,有远举之志。年十四五,至罗浮山,诣名士韩公,韩公奇其才,邀主其家,于是遍读韩公藏书。十七岁开始学律吕。十九岁献时事策于藩臬,当道不能用。二十四岁,在家乡讲《易》,作《易本象》。二十八岁,省试下第,居东皋读书。据明人洪思《黄子年谱》,黄道周此时已著书数十万言,"以明天地之道,帝王之义,万物变化之纪,皆一本于六经。而世或犹非之,以为今之人未可以语此也。时复卑贬其论,欲与世为通,比之以滑稽,又泽之以藻采,然而子不乐也。是以杜门益著书,以寻六经之绪"。① 可见黄道周青年时即特立独行,不随流俗,世人非之不顾,而以儒家之学为归。三十四岁,乡试中举。次年,会试下第归家,杜门著《三易洞玑》,生活困窘,有书与门人道此时之窘况:"仆自两年来,日市数升米,或一二斗许。虽苗鱼姜蕨,莫之敢问。自计为诸生时,未尝至此!今无可奈何耳。贫何所不乐?但令老母日忧朝暮,殊非人理耳。忍此过,后年不知如何。"② 三十八岁成进士。四十岁,授翰林院编修,与修国史实录,充经筵展书官。"故事,必奉书膝行而进,黄子以讲筵道尊,不宜有此,遂平步进。魏珰目摄之,不能难。"③ 显示出不畏强权的气概。后二年,连遭父母丧,回籍守制。四十六岁,起原官,主考浙江乡试,心甚敬谨,不敢有丝毫不慎,生怕错失人才。《黄子

---

① 侯真平、娄曾泉校点:《黄道周年谱》,福建人民出版社,1999年,第8页。
② 见洪思:《黄子年谱》,《黄道周年谱》,第9页。
③ 洪思:《黄子传》,《黄道周年谱》,第127页。

年谱》记:"子在棘闱,每晨起,焚香堂上,同诸臣北面再拜,而后阅卷。"①本年,督师袁崇焕遭崇祯帝疑忌被捕,因杀毛文龙事牵出大学士钱龙锡,下诏狱论死。黄道周上疏为钱龙锡辩冤,被崇祯帝斥为诋毁曲庇,降三级调用。同官倪元璐称道周为"天下第一词臣"。四十八岁,黄道周乞休回籍,上疏言事,剖白己之心怀,其中特别明言己之以儒家经学推算世运之学:

> 臣自少学《易》,以天道为准,以《诗》、《春秋》推其运候,上下载籍二千四百年,考其治乱,百不一失。其法以《春秋》元年己未为始,加五十有五,得周幽王甲子。其明年,十月辛卯朔,日食。以是上下中分二千一百六十年,内损十四,得洪武元年戊申,为大明资始。戊申距今二百六十四年,以《乾》、《屯》、《需》、《师》别之。三卦五爻,丁卯大雪,入《师》之上六,是陛下御极之年。正当《师》之上六,其辞曰:"大君有命,开国承家,小人勿用。"自有《易》辞告诫,未有深切著明若此者也。凡《易》一卦直六十七年零一百五日,一爻直十一年零七十七日有奇,今历十分之四矣。臣观陛下开承,应"大君"之实,而小人柄用,怀干进之心。在陛下,以大君之哲,可制小人而有余;在小人,以干命之才,可中大君而不觉。臣考自丁卯大雪至戊寅春分,凡十一年零七十七日,皆在《师》上六,"勿用"之防,诚不可已!臣病久,援笔气绝,乞念垂往之言,并依例放行。②

以易数推验历朝盛衰,当代兴亡,为黄道周甄采汉代卦气说,邵雍的数学,加上他自己的体悟损益而成,是他学术的一大特色。黄道周甚至用天象推验历代文运之盛衰,比如:

> 汉唐而下,斗分自赢趋缩,文章自盛趋衰,崔、蔡之文不及班、

---

① 见《黄道周年谱》,第11页。
② 《黄道周年谱》,第11—12页。

扬、韩、柳之文不及沈、宋。至元以来，斗分自缩趋嬴，文章自衰趋盛，陶、刘之纵而有徐、何，徐、何之继有王、李。又先辈诗盛而制义未昌，今诗衰而制义始盛。①

故《明史》谓："道周学贯古今，所至学者云集。……精天文、历数、《皇极》诸书，所著《易象正》、《三易洞玑》及《太函经》，学者穷年不能通其说，而道周用以推验治乱。"②但黄道周此疏中所言实有其指，非一般劝皇帝亲君子远小人。此中"小人勿用"指勿用当时内阁首辅温体仁、周延儒。③可见《易》于黄道周，非仅一般的推验治乱，实是政治斗争的工具。崇祯帝见此疏大怒，以"滥举逞臆"，将黄道周削籍为民。于是自济宁过兖州，谒孔林、孟林，游历黄山、九华山、庐山等。至杭州，大会门人，讲学于大涤书院。五十岁，应漳浦郡守曹惟才之请，讲学于紫阳学堂。此次讲学内容极为宽泛："雅集课艺，因文证圣，随所疑难，先经后传，先籍后史，自近溪、敬斋而上，周、程、罗、李而下，不妨兼举，以印身心。"④此次讲学连同以后在漳浦讲学的记录，黄道周自己整理编次为《问业》数种，这些讲学会语是研究黄道周思想的重要资料。五十二岁，起复。次年至京，升谕德，兼掌司经局。具疏辞职，自劾"臣有三罪、四耻、七不如"之语。其中"文章不如郑鄤"一句，为以后遭杨嗣昌打击，被斥为"朋比"之口实。而所上之《申明掌故》疏，实为撰写《月令》、《表记》、《坊记》诸传之始由。五十四岁，上感事三疏，一劾杨嗣昌夺情入阁，二劾陈新甲夺情起宣、大总督，三劾辽抚方一藻议和。崇祯帝见疏震怒，切责甚厉，认为"无端污蔑，偏矫恣肆"，斥为佞臣，调江西布政司都事。五十六岁，江西巡抚解学龙疏荐地方人才，谓道周堪任辅导。崇祯帝认为朋比，逮系二人，廷杖八十，下刑部狱。杖创溃烂，

---

① 黄景昉撰：《黄道周志传》，《黄道周年谱》，第118页。
② 《明史》卷二五五，第6601页。
③ 见《黄子传》，《黄道周年谱》，第127页；《明儒学案》卷五六，第1332页。
④ 《黄子年谱》，《黄道周年谱》，第13页。

血肉淋漓。黄道周在狱中作书信与门人,中有"古人于仁义烂时自裹血肉,仆于血肉烂时自裹仁义"之句。在狱卧病八十余日,仅能起立。太学生涂仲吉上书救援,亦逮系狱中,二人同受毒刑,拶指几断,稍能执笔,即戴刑具撰写《六十四象正》。道周有诗记此情景曰:"右手贯锁左袖书,解锁写书尚带血。"①可见狱中残毒之象与道周之顽强精神。在狱一年有半,谪戍辰阳。五十八岁,至杭州大涤山讲堂,与诸生剖析朱陆异同,讲论《易》《诗》《书》《礼》新旧注之义。至九江西林寺,定《易象正》。此年十月,诏赦罪还职,道周归家,著述不辍。次年,《孝经》《坊记》《表记》诸集注成。六十岁,上疏乞致仕。未几,甲申之变作,黄道周率弟子为位而哭者三日。又祭孔子与闽中诸贤朱熹、黄榦、陈淳、王遇、陈真晟、周瑛、蔡清等于邺园。弘光政权立,马士英为首辅,会推黄道周为礼部尚书。道周疏请奉敕祭禹陵。不久,南都为清兵所陷,福王播迁。隆武政权立,晋道周为吏部尚书兼兵部尚书武英殿大学士。此时政归郑芝龙。在赐宴中黄道周因与郑芝龙争文武位次,与郑芝龙结怨,道周自请行边。入广信募兵,旬日间募得数千人,军声颇振。于是分遣诸将,一路出抚州,一路出婺源,一路出休宁。不久,三路军遇清兵皆溃败,黄道周被执。解至南京,百般劝降不从,曾有书抵家,其中说:"纲常万古,性命千秋。天地知我,家人何忧。""蹈仁不死,履险如夷。有陨自天,舍命不渝!"②绝食十四日不死,刑于南京,年六十二。

清代著名学者陈寿祺在其所编《黄漳浦集》的序言中总结黄道周一生德业文章说:

> 尝论公德性似朱紫阳(朱熹),气节似文信国(文天祥),经术似刘子政(刘向),经济似李忠定(李纲),文章似贾太傅(贾谊)、陆宣公(陆贽),非独以殉国震耀宇宙。又以公之学与文,在胜朝当

---

① 见《黄子年谱》,《黄道周年谱》,第20页。
② 郑亦邹:《黄石斋年谱》,《黄道周年谱》,第116页。

与刘诚意（刘基）、方正学（方孝孺）上下驰骋，与国家相为终始，不可以成败兴亡言也。公能为秦汉魏晋之文，书问间亦降格为应俗小品，要非其措意。盖公文以章疏论策为最，其大者在国家纲纪法度、贤奸义利、刑政兵食、治乱得失之源，其端皆元本经术，贯古今而裨治道。其他碑版之制，阐发忠孝，精气郁勃；军旅之作，倚马万言，百函并发，余力所及，犹《骚》心《选》理，呷呷逼真。诗则崛奇独造，不施鞿勒，所谓天人之才，独立无俦，天下庸得而步履之哉！①

洪思也论黄道周一生德业说：

> 论者谓其三黜不辞剖心，一生清苦。负土庐墓，不营田宅。以身许君，独立敢言。濒死不悔，国亡与亡。实为一代完节之臣，可谓忠孝大儒矣。②

这些评语皆真能道出黄道周心肝，非虚语溢美。

黄道周一生著作甚多。据今漳浦县博物馆等整理出版的《黄漳浦文集》，现存黄道周的著作有《易》类十三种、《尚书》类四种、《诗经》类五种、《周礼》类一种、《礼记》类九种、《孝经》类七种、问业类五种、史学类十一种、制艺类六种、时论类四种、奏疏类二种、诗赋类十三种、书法理论类九种、尺牍类二种、类别待考类三种，共计一百四十余万字。③其中被《四库全书》著录的有11种，存目的有3种。

黄道周生当明末，理学由宋代至此，已经烂熟。理学的弊病，至此已大显。这在黄道周看来，首先是经学的衰敝。经学中的知识传统随着语录之学成为理学的主要表现形式而遭到学者的鄙弃，经学对于各学问门类的基础地位也由于科举制度在明代的变迁而名存实亡。另

---

① 见《黄道周年谱》，第273页。
② 《黄子传》，《黄道周年谱》，第128页。
③ 见《黄漳浦文集》前言，悉尼：国际华文出版社，2006年，第5页。

一方面,由阳明学带来的重妙悟、轻笃实解经的学风,在儒学传授上重讲会、轻著述的风气大炽。黄道周自觉身膺儒学传承之任,欲扭转此种风气,故终生不废经学,以经学为一切学问的基础,尤为各体文章的基础。黄道周最主要是一个文章之士,他的关注点首先在政论和文辞,理学雅非所长,他对经学的基础地位的重新确立着重表现在以经学整饬、净化科举之文上。他的弟子洪思记述说:

> 时天下将乱,王畿、李贽之言满天下,世之治制举义者不归王则归李。归王之言多幻,归李之言多荡,凡不则不洁之言,皆形于文章。子(按指黄道周)忧之,谓谢焜曰:"为王汝中、李宏甫则乱天下无疑矣,吾将救之以六经。"辛未四五月乃伏枕为之(指作《冰天小草》自序),皆自意向以自道其怀,与世之为制举义者异。倪文正公见之甚喜,为之论列示海内。大江左右为之一变。士之以六经为文章,盖自《冰天小草》始也。①

黄道周所矫正者,只在科举考试中士子援用王畿、李贽之言语、意思这个方面,全面的、深入的解经之作在黄道周则尚未有成。黄道周的解经著作,最主要的是对《周易》、《孝经》和《礼记》之《月令》、《表记》、《坊记》、《缁衣》、《儒行》等五篇的注解。他对《易》用力最深,其次是《孝经》。解《易》著作其意图主要在推验治乱,故《四库全书总目》谓:"道周初作《三易洞玑》,以卦图推休咎,而未及于诸爻之变象。是编(按指《易象正》)则于每卦六爻,皆即'之卦'以观其变,盖即《左氏》内外传所列古占法也。……前列目次一卷,则以汉人分爻直日之法,按文王卦序以推历代之治乱。"②其《孝经集传》四卷则以自撰之《孝经》五大义为纲,据此五义分《孝经》为五门,然后以《礼记》诸篇相关文字附于其下,体例仿真德秀之《大学衍义》。故《四库提要》谓:"昔朱子作《刊误后

---

① 见《冰天小草自序》,陈寿祺重编:《黄漳浦集》,道光八年福州陈氏刻本,卷二一,第31页。
② 《四库全书总目》,中华书局,1997年,第50页。

序》,曰欲掇取他书之言可发此经之旨者别为外传,顾未敢耳。道周此书盖与之暗合。其推阐颇为详洽,盖起草于崇祯戊寅,卒业于癸未,屡变其例而后成,故较所著《礼记》五篇成于一岁之中者为精密云。"①对此书颇为推许。《礼记》五篇则借以纳谏,意原不在解经。故非真正的笃实解经之作。这说明,明代整体上对经书的实用态度也深刻地影响了黄道周。

黄道周生在闽地,朱子之余泽一直未断,故思想受朱子影响甚大。一生对朱子非常钦佩,认为朱子德行纯粹,学问深邃。他又是一个高骞远举之人,对阳明之勋业文章极表景仰。对明末朱子、阳明两家流弊又深有所见,故主张对朱子阳明兼取其长。他在杭州大涤书院讲学,首辨朱陆异同。据《大涤书院三记》:

> 两日诸友先后间至,剖析鹅鹿疑义,稍稍与子静开涤,诸友亦欣然无异。渐复泛滥《易》、《诗》、《书》、《礼》、《乐》新故异同之致,不能不与元晦牴牾。然而元晦醇邃矣,由子静之言,简确直捷,可以省诸探索之苦,然而弊也易。由仆之言,静观微悟可以开物成务,然而弊也支。由元晦之言,拾级循墙可至堂室,高者不造顶无归,深者不眩崖惊坠。由其道百世无弊,则必元晦矣。②

此中提到陆学与己学之弊,但对朱子之学似无间言。虽对诸经之解释不能不与朱子有异,但两相比较,道周在学问方向上似更倾向于朱子之"拾级循墙"。因为他一生主张笃实用功,循序渐进,不喜径趋顿超。且朱子经学理学两不偏废相得益彰的治学路数,与黄道周有相一致的地方。

对于陆九渊,黄道周也很赞扬,说:

> 孟轲而后可二千年,有陆文安。文安原本孟子,别白义利,震悚一时。其立教以易简觉悟为主,亦有耕莘遗意。然其当时南宗

---

① 《四库全书总目》,第417页。
② 《黄漳浦集》卷二四,第22页。

盛行,单传直授,遍于岩谷;当时所藉,意非为此也。①

这里对陆九渊先立其大之简易功夫,其严于义利之辨的精神,及以先觉觉后觉的担当勇气,皆极首肯。所叹惋者,是当时人欲反对禅学,故以陆学为藉手。陆学实代人受过。对朱陆太极之辩,黄道周认为朱陆学术本皆极可称誉,但双方激于意气,互相指责,加上门人的推波助澜,最后竟然势同水火。此种结果之造成,双方皆难辞其咎。而双方之学术,本可调停。他说:

> 如晦翁之格致,子静之良知,皆有瑕衅,亦皆不远于圣门之学。必如高明柔克,沉潜刚克,两克之功,随人变化。用子静以救晦翁,用晦翁以剂子静,使子静不失于高明,晦翁不滞于沉潜,虽思、孟复生,何间之有?朱士美云:此莫近于调停否?某云:天下事唯邪正两家调停不得,既是一家,何必苦自同异?②

这是自儒学一家,其中不同之学术宗旨、不同之人品风格可以两存,而学术之不同正可互相补充的立场立论,眼界自是阔大。

黄道周对王阳明之人格、学问、事功甚为推崇,尤推崇其事功,曾说:

> 明兴而有王文成者出。文成出而明绝学,排俗说,平乱贼,驱鸟兽;大者岁月,小者顷刻,笔致手脱,天地廓然,若仁者之无敌。自伊尹以来,乘昌运,奏显绩,未有盛于文成者也。③

视阳明为中国历史上空前绝后之伟人,可谓推许之至。黄道周曾受友人施邦曜(四明)之请,为其所编之《阳明集要》作序,序中对王阳明极表敬服之意,认为驾朱陆之上而超之,朱陆之学皆有兴起之由,亦皆有其不足,唯阳明之学俊伟无弊:

---

① 《王文成公集序》,《王阳明全集》,上海古籍出版社,1992年,第1615页。
② 《朱陆刊疑》,《黄漳浦集》卷三十,第30页。
③ 《王文成公集序》,《王阳明全集》,第1614页。

> 善哉！四明先生之言曰："天下病虚，救之以实；天下病实，救之以虚。"晦庵当五季之后，禅喜繁兴，豪杰皆溺于异说，故宗程氏之学，穷理居敬，以使人知所持循。文成当宋人之后，辞章训诂汩没人心，虽贤者亦安于帖括，故明陆氏之学，易简觉悟，以使人知所返本。虽然，晦庵学孔，才不及孔，以止于程；故其文章经济，亦不能逾程以至于孔。文成学孟，才与孟等，而进于伊；故其德业事功，皆近于伊而进于孟。①

这是说朱子学与阳明学之兴起皆有其时代因缘，各为救当时之学弊而生。朱子学以实救虚，阳明学以虚救实。但阳明有特异之才能，事功卓著，超于孟子而近于伊尹。这里几奉阳明为圣人，其推许崇敬之忱，异于常情。

但黄道周对阳明弟子则多有批评之言。他的批评，多就阳明弟子重妙悟而抛却践履功夫而言。其为王阳明所作之《王文成公碑》中说：

> 文成之初涉江，从武夷出龙场，樵苏自给，蛇豕与居。召仆自誓，此时即得山城斗大南面鸣琴其中，岂下于中都之宰。然文成廓然不以此贰念，独于文字散落之余，豁然神悟，以为声华刊落，灵晃自出。今其学被于天下，高者嗣鹅湖，卑者涸鹿苑，天下争辩，又四五十年。要于文成原本所以得此，未之或知也。②

此中指出，阳明之学行基础，源于谪官龙场时的居夷处困，动心忍性。而学其学者，狂者沿陆九渊先立其大之波，狷者入于佛教不落一地之空寂。此处所论亦与论者批评阳明后学"虚玄而荡，情识而肆"一致。黄道周处明末阳明学大行，士人皆喜趋高明一路，蔑视实地功夫之风习下，故提倡践履，以此救阳明学之虚。此与朱子学之风格路向一致。故黄道周的学生洪思说道周学善朱子，素不喜文成良知之说并非无

---

① 《王文成公集序》，《王阳明全集》，第1615页。
② 《黄漳浦集》卷二五，第33页。

据。关于阳明后学不知阳明学所以得之之根源,黄道周有切实说明:

> 诸生因问:"文成良知之说著于海内,如何说所以得此未之或知?"某云:"文成自家说从践履来,世儒都说从妙悟来,所以差了。"唐生问:"如何是践履来?"某云:"伊历过许多汤火,岂世儒口耳所就?"①

此中黄道周强调阳明之学得于践履而非得于妙悟,就是要抑制阳明后学径任先天良知,抛却后天功夫的弊病。此与东林、蕺山批评阳明后学,欲以朱子学之笃实救正之的路径一致。对阳明后学重悟的批评,自江右之聂双江、罗念庵起,到明末清初对王学的反省止,一直未曾停止。黄道周对阳明后学的批评,是同这种时代风气一致的。他的"阳明全是濂溪学问做出子静事功",就是对他以上这段话的明确说明。濂溪学问,主静也;子静事功,高明卓绝也。高明来自沉潜,卓绝由于静修。妙悟须在践履之后,这是黄道周对阳明后学开出的药方。

黄道周虽不同意阳明后学的重悟,但他自己的思想中,则受心学影响甚大。黄道周不是严格意义上的理学家,他更多地是一位文章之儒,重气节,喜性命之道,对天地万物、对历史法则喜以神秘方式契印。心地境界阔大,对理学诸概念挖掘、剖析不深,不喜架构性、条理性思维。黄道周的思想,首明"诚"字,此诚即心即物,即内即外,它是一切善的根源,亦唯有修得善才能体认到它。黄道周说:

> 千古圣贤学问只是致知。此知字只是知止。试问止字的是何物?象山诸家说向空去,从不闻空中有个止宿;考亭诸家说逐物去,从不见即事即物止宿得来。此止字只是至善。至善说不得物,毕竟在人身中。继天成性,包裹天下,共明共性,不说物不得。此物粹精,周流时乘。在吾身中,独觉独知,是心是意。在吾身对照过,共知共觉,是家国天下。世人只于此处不明,看得吾身内外

---

① 《书王文成公碑后》,《黄漳浦集》卷二三,第9页。

有几种事物,着有着无,愈去愈远。圣人看得世上只是一物,极明极亲,无一毫障碍。以此心意,彻地光明;才有动处,更无邪曲,如日月一般,故曰明明德于天下。学问到此处,天地皇王都于此处受名受象,不消走作,亦更无复走作挪移去处,故谓之止。自宇宙内外,有形有声,至声臭断处,都是此物贯彻,如南北极作定盘针,不由人安排得住。继之成之,诚之明之,择之执之,都是此物。指明出来,则直曰性;细贴出来,则为心为意,为才为情。从未有此物不明,可经理世界,可通透照耀。说此话寻常,此物竟无着落。试问诸贤,家国天下与吾一身可是一物?可是两物?又问吾身有心,有意,有知,梦觉、形神可是一物?两物?自然谽然摸索未明。只此是万物同源,推格不透处。格得透时,麟凤虫鱼,一齐拜舞;格不透时,四面墙壁,无处藏身。此是古今第一本意,舍是本意,更无要说,亦更不消读书做文章也。①

此一长段文字大有深意,是黄道周心学思想的集中表露。他认为,《大学》之三纲八目,归结到一点,就是止至善,而止至善就是与此诚体为一。至善不在空上,也不在物上,而在心中。至善不是任何一种具体物,而是一种即心即物的境界。天地、人物,其善其性皆来源于此境界。而心包天下,万物一体,亦得于此境界。故人与物得此境界之照而明,得此境界之赐而有性。此境界本身清明,而流转于万物,随所值之物而在。故曰周流时乘。它在人身中表现为种种心理功能和心理活动,在人之外,表现为人心的产物——家国天下。此境界为即内即外即心即物之一整个的精神活动,若视之为有内外、有有无,则不能知此境界;只有视此为一物,才是对它的亲切体认。此境界纯粹精一、动无邪曲,故谓之明德。保住、澄明此境界,即明明德。天地万物依赖此而有名有象,它本身不动而周流于万物,用己之澄明照彻万物,故即动

---

① 《榕坛问业》,影印文渊阁《四库全书》本,卷一,第1页。

即止。它本身不落一物而能为万物之主宰。《易》之继善成性,《中庸》之诚明两进、择善固执,说的皆是此境界。性是此境界的全体落实,心、意、才、情等名目,是此境界的分隶、具体化。故黄道周主性善,心意才情等,其本身亦无所谓善恶。此境界即心即物,故吾身与万物不可截然相分。此境界即与万物为一体。体认得此境界,处处鸢飞鱼跃,活泼泼地;不得此境界,四面墙壁,处处滞碍。这就是黄道周的诚体境界,诚体是本源,无此则一切无从说起。

此诚体境界如日光照彻万象,通体皆透。黄道周形容此境界说:

> 某生平谓人,心头学地须积精而成。如一片日头,晃赤赤无一点昏昧,团团天中只一片日子。日北则昼长气热,万物皆生;日南则昼短气寒,万物皆死。触卤而出,则为雷霆;迫气而行,则为风雨;余光所照,以为星辰;余威所薄,以为潮水;爆石为文,融金为液,出入顶踵,照于心系。如此,世间无一物一事不是日头串透。人生学问,精诚常如此日,然后能贯串六虚,透彻上下,千里万里,无有障碍。如此便到十世百世,更无芥碍了。稍不如此,虽杵针铁线,穿钻不来,何况钢城十重,内外明师!①

此境界为心地澄明的境界,万物之运行各行其则,但皆为此澄明所照。纤芥滞碍,皆为所化。这就是黄道周所向往的最高境界。此境界,万物一体,心物打成一片,亦可说万物皆由心生。黄道周说:

> 须知尔身的有自来,又知尔心的有自受:止涵万物,动发万知。涵盖之间,若无此物,日月星光一起坠落。譬如泓水,仰照碧落,上面亦有星光,下面亦有星光,照尔眼中,亦有星光。若无此心,伊谁别察?又如璇台,四临旷野,中安床,日起此亦不起,月落此亦不落,汉转斗回,此不转回,依然自在。打破大地二万一千里,这个心血,正在中间为他发光。浮在地面,要与山川动植、日月星辰思量

---

① 《榕坛问业》卷二,第18页。

正法也。此处看不明白，《礼》、《乐》、《诗》、《书》都不消说。①

人身来自天地，人心本自人身。但心之运用，其能无穷。静时涵容万物，动时发用万端。己不动而随万物之动，故为万物之本体与主宰。黄道周为一文士，其讲学喜用譬喻融释六经四书之文。他之特别着意者在诚明之境界，而此境界由心之觉解而成。此点与王阳明之万物一体境界相通。黄道周弟子洪思说"黄子学善朱子，素不喜文成良知之说"，而通观黄道周著作，特别是其讲学之文，他所不喜者在阳明弟子之重妙悟不重践履，此种风气由阳明良知之学引起，是"憎其人者憎其余胥"（语本《六韬》逸文）。黄道周非不喜阳明之学。可以说在诚明之境界上，黄道周是嗣阳明之万物一体而起，在明末一片挞伐阳明声中，大讲境界之学。

黄道周对达此境界的途径，提出二条，一条为克己复性，此为顿门；一条为博文约礼，此是渐门。他在大涤讲学中说：

刘器之（刘安世）尝说格物，反复其手曰："只是此处看不透，故须格物。"此是从克己处入手，于形色看到天性上。是直捷路头。邵伯温亦说格物云："先子内外篇，只是'万物皆备于我'。学者格物，只看《易》、《诗》、《书》、《春秋》。"此是从博文处入手，于义理看到至命上，是渐次路头。古今学者，只是此两路。……学者须兼此两路功夫，莫作南顿北渐，误堕禅门也。②

顿门是从己身上悟天性，渐门是通过学习儒家经典中之义理渐次修养返至天命。莫作南顿北渐，指不要走入一路而抛却另一路，要顿渐皆修，两不妨碍。

关于渐门，黄道周一生十分重视积学，以为从圣人到一般士子，皆从学来，他说：

---

① 《榕坛问业》卷一七，第27页。
② 《大涤问业》，见《明儒学案》，第1355页。

> 圣人仰观俯察,远近类物,都是坤道。所以必用坤道者,人生托足,便在里面,开口便是学习。只有"敬义直方"不消学习,亦要从静辨中来。不从静辨中来,便有无数风雾遮盖上面,冰霜之祸,都由学者自为豪杰,处心不下,积渐所成。有此不屑下学一念,直至乱臣贼子,亦做得去。有此专意下学一念,直至天地变化草木蕃,亦做得去。……释老只是不学,无尊道功夫,便使后来诪张为幻。如当时肯学,践迹入室,岂得贻害至于今日?①

所谓坤道,指《易》"成象之谓乾,效法之谓坤"一句。效法者,学习也。人生天地间,自少至老,无非学习。只有人性得于天生,不用学习而天然具备。此盖依《易》坤卦之"君子敬以直内,义以方外,敬义立而德不孤。直方大,不习无不利"一语。但亦强调静心加以辨别。而静心、辨别之能力亦学习而得。辨别得心上遮蔽,以功夫除去之,性体便自呈露。故复性亦离不开积学。不屑下学,便可能至乱臣贼子;专意下学,便会光明方大。黄道周甚至认为,学与不学,还是区别儒家与释老的界限。这里黄道周把积学视为达成理想人格的根本手段,其用心深矣。

由此黄道周反对释老之自然,提倡强力而学。他说:

> 吾人本来是本精微而来,不是本混沌而来,如本混沌而来,只是一块血肉,岂有聪明官窍?如本精微而来,任是死去生还,也要穷理读书。夫子自家说"发愤忘食,乐以忘忧",又说"不知老之将至",一语下头有此三转。如是为人,自然要尽人道;如是好学,自然要尽学理。②

此亦是说,不学不能尽人心之精微,不学不能达孔子所说之境界。孔子一生精神皆在学,孔子的"学之者不如好之者,好之者不如乐之者"就是好学之最高境界。如遵从释老自然之旨,则"云散家家,春来树

---

① 《榕坛问业》卷一二,第18页。
② 《榕坛问业》卷五,第6页。

树",不积学而自然有成,这是从未有过的。

关于顿门,黄道周认为,从己身上悟天性,须得除去心上遮蔽,故顿门以渐门为前提,渐门是顿门的预备功夫。渐门是多,顿门是一;渐门是格物,顿门是知至。知者性知,知至者性体自然呈露。《榕坛问业》载:

> 问:紫阳云:"知性即穷理之事,穷理便向外去,知性只从中寻此理。如何理会?"某云:"紫阳学问得力在此,自濂溪以来,都说性是虚空,人受以生耳。紫阳始于此处讨出二五合撰,事事物物皆从此出。如晓得事事物物皆禀于天,自然尽得心量;尽得心量,自然性灵无遗。"①

可以看出,黄道周服膺朱子于事事物物上求理,穷理然后知性,知性者性体自然呈露的学修途径,而以周敦颐气上说性为大不然。关于此意,黄道周说之甚多,如《榕坛问业》记:

> 施非炅问:"教即学识,性即一贯。教不过明性,学识亦不过明一贯而已。《中庸》称诚明合体,此明字定与博闻强记殊科。何不直就诚处教人下手,翻说学识,令人终身在言语文字上推求?"某云:"不说言语文字,安得到无言语文字上去?譬如一性,便有二五氤氲,健顺保合,千圣万贤,诠释不透。莫说无妄两字空空贯串,便与天命相通也。"②

此中言语文字指学,无言语文字指性,性是形而上者不容说故也。此段明是说,诚明须通过积学,非此别无他途。须在二气五行所成之具体事物上格物明理,才能显性。性非空虚之物,实地格物,才是通向性理的唯一路径。又说:

> 凡意不诚,总由他不格物;不格物所以不格理。谓万物可以

---

① 《榕坛问业》卷七,第14页。
② 《榕坛问业》卷四,第13页。

> 意造，万理可以知破。如到不造不破去处，生成一个龙蟠虎踞，不得支离，渐渐自露性地。所以说是物格知至。①

此中意思更是显豁，格物穷理是万，性地是一。由万得一，即所谓"龙蟠虎踞"。此时性地自然呈露。

可见黄道周所谓渐门顿门，实是一样功夫，即由格物而达知至，由博学该通而达一贯，从而本有之性理自露。这是典型的朱子功夫路数。而对性地所达至的诚明境界之描述，则多取心学。由此亦可说，黄道周是明末兼取理学心学两家而能融会贯通的人物。悟修并重，朱子阳明两大贤皆不偏废。这是明末诸大儒在目睹阳明后学的流弊之后欲返回朱子学，而又不愿遗弃阳明的好处而自然采取的进路。

由以上可以看出，黄道周所谓性是人得之于天的本质，所谓诚体境界为此本质的后天修成。他论性，首辨性与气质之异，批评以气说性之误。他说：

> 气有清浊，质有敏钝，自是气质，何关性上事？如火以炎上为性，光者是气，其丽于木而有明暗，有青赤，有燥湿，是质，岂是性？水以润下为性，流者是气，其丽于土而有重轻，有晶淖，有甘苦，是质，岂是性？天地之大德曰生，生是天地之性，亦就理上看来，故曰："天生烝民，有物有则。民之秉彝，好是懿德。"不曾以二气交感者称性也。只就形色看出天性，则是圣人尽性之妙。看天下山川草木、飞潜动植，无一不与吾身相似，此从穷理格物来。②

这是说，天下万物以二气为基元，以五行为质地，基元、质地皆非性，性是一事物的本质。如将天地作一总体看，则天地的本质是生生不息，此是天地之性。一事物的性也就是此事物的理。天下事物物理不同，性理则一。穷理所得为物理，从物理上可以看出性理，此即尽性。人

---

① 《榕坛问业》卷九，第18页。
② 《榕坛问业》卷一七，第7页。

之性即通过人这一特殊的气质体见出。

黄道周还说到气质、气数、天命,气质之智愚,性之善恶,及心性情的关系等。《榕坛问业》载:

> 克韫问:"天之有气数,亦犹人之有气质。性无所丽,丽于气质;命无可见,见于气数。故言气质,而心性即在其中;言气数,而天命即在其中。不可分天命为理,气数为数,犹不可分性为理,气质为质也。"某云:"说合一处,何尝不合? 说精微处,自然要条段分明。天有气数,人有气质;天命在气数中,人性在气质中。何尝不是? 然说气数,则有灾祲之不同;说天命,则以各正为体。说气质,则有智愚之异等;说人性,则以至善为宗。气数犹五行之吏,分布九野,与昼夜循环,犹人身之有脉络消息。天命犹不动之极,向离出治,不与斗柄俱旋,即人身之心性是也。心性不与四肢分咎,天命不与气数分功。天有福善祸淫,人有好善恶恶。中间寂然,感而遂通,再着不得一毫气质气数。不睹不闻,无声无臭,只是性命宅子,于不睹闻处见睹闻,于无声臭处断声臭,才是宅子上认着主翁。凡说性命,只要尽心者,不欺本心,事事物物当空照过,撞破琉璃,与天同道,四围万里,不见浮云。"①

气质即气之本体,其表现为二气五行。二气五行构成的事物之性质,即此物之性。气数即气之流行表现为偶然事件,天命即气之正常运行中呈现出的规律、节度等。气与性,数与命,既可合言,亦可分言。合言显其本来是一,分言显其精致微细。如偶然出现的灾祲为气数,乾道变化各正性命为天命。人分智愚为气质,人之善的本质为性。气数是多,是动,是具体;天命为一,为静,为一般。天命为气数的主宰,气数为天命的表现。气数为具体,故有功效;天命是一般,故无形无声。此犹人之官窍为具体,故可有咎;而性体为一般,故为超出具体善恶的

---

① 《榕坛问业》卷一七,第 8 页。

至善。天命与性体因是一般,故可赋予其价值意义,天命的价值意义是福善祸淫,性体的价值意义是好善恶恶。天命与性体是形而上者,无形无声,故不可睹闻;气数与形体是形而下者,有形有声,故可睹可闻。而不睹不闻者正在可睹可闻者上见出。这些思想皆本于朱子,为宋明儒者之正统观念。唯气数概念为黄道周所特用,因其特别注重《周易》《洪范》中的象数,以之为解释万物之框架,并喜欢以之推衍天道之运行,人世之治乱,故言气而合数言之,以强调气之具体运动中所包含的必然性。

心在黄道周这里有其特殊的重要性。心本身是中性的,它的功能是生起意、识、情、欲等。意、识、情、欲等可分善恶,心则无所谓善恶。黄道周说:

> 身心原无两物,着物便是妄意。意之与识,识之与情,情之与欲,此数者附身而起,误认为心,则心无正面,亦无正位,都为意、识、情、欲诱向外去。若论格物源头,要晓得意、识、情、欲俱是物上精魄,不是性地灵光也。①

这是说身与心本身俱说不得善恶,为外物所诱,才有意识情欲的产生。这些都是心上生起的,与性地无干。黄道周这里也是严辨性与情、欲等,认为性是中和的,情、欲等过与不及方有偏差。如黄道周回答学生问话:"问:'性得天地之始,不假思虑,才会中和,如心动便着物,便费操存,犹之分画便有阴阳,如何更以太极陶铸万象?'某云:'意自分阴阳,心自包含太极。性是爻象全图,从心起手,从意分义耳。'"②太极言混沦,阴阳言分判;混沦时无善恶,分判时有善恶。而性则为至善,其中包万善。故善不善从意分,而意必自心起。由对心性如此之理解,黄道周的修养功夫在格去为物所诱之情、欲等,则性体自复。他以天

---

① 《榕坛问业》卷一二,第2页。
② 《榕坛问业》卷十,第18页。

喻人,言复性之义说:

> 一天备得二气五行,留不得一点云雾,云雾尽净,经纬尽呈。才见天之正面,风雨晦冥,日光常在。入《夷》出《晋》,明体自存。此便是尽存正在的消息。人晓得天之与日,才晓得性之与心;晓得尽存正在,才晓得本体功夫。不已、无息,格得此物十倍分明,始信得意识情欲是心边物,初不是心;风雨云雷是日边物,初不是日。性之与天,皆备万物,不着一物;心之与日,不着一物,乃照万物。只此两端,原无二物;知此一事,更无他知。①

所谓"入《夷》出《晋》"者,由《明夷》卦之"明入地中"至《晋》卦之"明出地上"也。指格去情欲而见性光。而性光本是人所自有。此义即"尽存正在":情欲去而心存,心存而性显。此即以上所说"四围万里,不见浮云"而性光自照之意。这就是黄道周之功夫路向之大端,与陆王之功夫特点相近。他以天日浮云喻复性,与王阳明以"人心是天渊"喻致良知如出一辙。

由以上可以看出,黄道周主性善。此是他心性的中坚。此义一立,不为旁情动摇。因此不同意历史上性善论以外各种关于性的主张。他说:

> 古今唯有周、孔、思、孟识性字,扬、荀、周、程只识得质字,告子亦错认质字耳。《易》云:"继之者善,成之者性。"善继天地,性成万物。继天立极,是性根上事;范围曲成,是性量上事。善是万物所得以生,性是万物所得以成。猿静狙躁,猫义鼠贪,麐直羔驯,雁序雉介,此皆是质上事。如性者,自是伊得以生,伊得以成,入水入林,能飞能跃的道理。此是天地主张,不关品汇,能尽得天地主张道理,何患万物陶铸不成!②

---

① 《榕坛问业》卷一二,第4页。
② 《榕坛问业》卷十,第17页。

此中明确批评性恶、性善恶混、性无善恶、以气说性、性二元论等,唯以性善论为归。他认为性善论有天道之根据,天道为善,人与物继善成性,人性亦唯善可言。此是从根源上、本质上说性,是性根上事。而各种具体事物之善,统为此性所包罗,是此性的具体表现,故说范围曲成是性量上事。此性善得自于天,为人人物物所皆具,故非关品汇事。而具体事物的特殊性质,如猿静狙躁之类,则是气质上事。

黄道周严辨性与气质,故对宋儒之气上说性及性气二元之说皆有批评,他说:

> 有宋诸儒初皆泛滥内典,于性命上事看不分明。《易》称继善成性,《学》《庸》止善、明善,孟夫子直接思、曾,更无半语差错。濂溪便说性上有刚善柔善,刚恶柔恶,此皆错认二五以为太极,错认气质以为天性也。伯淳原本濂溪,便说有气质之性义理之性,与孔孟何其异旨!张横渠聪明在诸贤之上,又说:"由太虚有天之名,由气化有道之名,合虚与气有性之名,合性与知觉有心之名",不知虚气更是何物!如此等议论,岂可令孔孟见之乎?①

此处认为周、程、张诸人皆非儒学正统,原因是他们都偏离了孔孟性善之旨。而自己主张的性善说,是孔孟、思曾、《周易》、《学》《庸》以来的儒学正脉。这里是以是否主张性善说来区分正统儒学与异端的。可见性善一义在他整个思想中的重要地位,亦可见他思想中所受心学的影响。同时他认为宋儒是因为受佛教的影响才未主张性善论的,此说虽未必确切,但可看出他对佛教明显有批评之意。与周、程、张、朱等入室操戈,先出入二氏有年,然后返归六经之治学经历不同,他治学之初就从六经四书入手,未曾浸染佛教。此点对他的治学取径、学问面貌影响很大,也决定了他与理学诸子终生都有隔膜。

---

① 《儒脉》,《黄漳浦集》卷三十,第12页。

第九章
丘濬与张居正的儒学与吏治

儒家思想涵摄十分广泛，除了心性修养之外，更多的是关于治理国家的方略，礼乐制度，教化百姓的规范、措施等内容。历代学者对这些方面都有发挥。明代中期的丘濬，学宗程朱，不欲专讲身心性命，而欲将五经四书的内容贯注于治国平天下的实际措施中，实现以正心诚意带动经国治民的理想。而张居正作为一代名相，其生前的褒宠和身后的物议，其政治措施背后的思想根据，其与明代后期的显学王门的关系等，皆与明代儒学关涉甚大。本章就这两个著名思想家进行论述，以见明代儒学与吏治关系的某些侧面。

第一节　丘濬与《大学衍义补》

丘濬(1420—1495)，海南琼山人，景泰五年(1454)进士，官至内阁大学士,礼部、户部尚书。在长期的仕宦生涯中,他留心经济,熟谙历代典章制度,尤精明代国事掌故。他一生服膺朱子学,有《朱子学的》和《家礼仪节》、《世史正纲》等书。晚年花费十数年精力,辑录历代治平之言,编成《大学衍义补》,表现出以儒术治国的宏大抱负和博赡的才学,尤为当时和后世所重。

《大学衍义补》是为补足宋儒真德秀《大学衍义》而作。《大学衍义》以《大学》之三纲八目为铺叙框架,广采五经四书中的相关言论,旁辑子史和当朝史事填实、推衍之。书成后进上宋理宗,甚得嘉许。此书在元代以后极负盛名,成为经筵必讲之书。《四库总目提要》说它"阴切时世以立言,先去其有妨于治平者以为治平之基,故《大学》八条目仅举其六。然自古帝王正本澄源之道,实亦不外乎此。若夫宰驭百职,综理万端,常变经权,因机而应,利弊情伪,随事而求。其理虽相贯通,而为之有节次,行之有实际,非空谈心性即可坐而致者"。① 此书依《大学》之八条目分为格物致知、正心诚意、修身、齐家四门。格物致知门下列明道术、辨人才、审治体、察民情四目,正心诚意下列崇敬畏、戒逸欲二目,修身门下列谨言行、正威仪二目,齐家门下列重妃匹、严内治、定国本、教戚属四目。其中唯修身一门无子目,其他三门共有子目四十四。包括修己治人,经国安邦的各个方面。著作体裁,属辑录经史及先儒关于修己治人的言论,参以当朝史实,间有自己对各事的评断,旨在揭示"帝王为治之序,帝王为学之本"。

真德秀此书在当时和后世都产生了很大影响。由于它采辑经史较为全面,对史实和治平实际事务又有切实的评判,能集修己与治人于一身,特别适合做有国者的教科书,故后代经筵讲义多仿此书体裁,或者直接以此书作为经筵讲章。如明孝宗弘治年间,王阳明之父王华以谕德充经筵讲官,所讲即《大学衍义》。② 又如嘉靖六年(1527),上谕

---

① 《四库全书总目》,中华书局,1997年,第1216页。
② 见《明史》卷一九五,第5159页。

令经筵讲官日轮一员,在经书和《通鉴》中择其有关君德者直录以为讲义。大学士杨一清上言:"经书渊微,《通鉴》浩繁,请日讲《大学衍义》,上以为可。"①并制定进讲《大学衍义》的仪式。真德秀的《大学衍义》只论列格物、致知、诚意、正心、修身、齐家六门,而于治国平天下二门则付诸阙如。虽于另一本体裁相近的书《读书记》(一题《西山读书记》)中对治平两门有所涉及,但终不似前六目系统、深入。

真德秀的这一缺憾,为丘濬展其所长留下了空间。丘濬对真德秀以格致诚正为治平之本,以格致诚正推展、延伸出治平之术的思想是首肯的,对《大学衍义》作为同类书的典范也很是赞赏。但他认为,真氏此书,缺了治国平天下一节,对《大学》精义的阐述就不够完整,而且缺了最能体现儒家思想的经世部分,《大学》之书就难见精彩。丘濬说:

> 臣唯《大学》一书,儒者全体大用之学也。原于一人之心,该夫万事之理,而关乎亿兆人民之生。其本在乎身也,其则在乎家也,其功用极于天下之大也。圣人立之以为教,人君本之以为治,士子业之以为学,而用以辅君。是盖六经之总要,万世之大典,二帝三王以来传心经世之遗法也。②

对《大学》可谓推崇之至。故认为对此书的解释发挥不能割裂,更不能弃其用而只存其体。丘濬并且认为,《大学》经文是孔子立教垂世之遗意,孔子亲授曾子。曾子亲受其教,既总述孔子之言,又为之作传分释孔子之意,作成《大学》一篇。汉儒辑入《礼记》中,宋程颐、朱熹开始表彰此书,为之作《章句》、《或问》。真德秀又为作《衍义》,其真实意图在"献之时君,以端出治之本,以立为治之则。将以垂之后世,以为君天下者之律令格式也"。③但缺了最重要的一环,他自己所补者正在此。

---

① 见《明会要》卷一四,中华书局,1956 年,第 225 页。
② 《大学衍义补》,京华出版社,1999 年,第 2 页。
③ 《大学衍义补》,第 2 页。

从儒者之全体大用看,本之身家,达之天下,从格致诚正中推出治平之术,正合儒家思想的本意。从知与行的关系看,格致诚正主要在知,而治国平天下主要是行;就知行之先后、轻重说,知先而行必随,知虽重而行尤重。两者如影随形,不能割裂。所以他自己的工作,是补真氏之缺失,实为真氏的功臣。另外,丘濬认为他的《衍义补》较之真德秀的《衍义》还有一个很大的不同,这就是,真氏书的最大用意在以书中的前言往事警发当世之君,如宋理宗。而自己的《大学衍义补》则主要是为了使众人晓谕,在朝臣中得到拥护,从而推动皇帝,将它推行于当时的政令中。故此书主要不在训诫而在实行。所引之事或有重复,所下按语多有不雅驯者,但不暇顾此。

丘濬此书完成后,于成化二十三年(1487)进呈朝廷,有旨嘉奖,丘濬因此晋升礼部尚书。次年孝宗登基,认为此书"考据精详,论述赅博,有补政治",赐钱刊刻。后来万历间重印此书,万历皇帝又制序称赞此书"揭治国平天下、新民之要,以收明德之功。采古今嘉言善行之遗,以发经传之指,而后体用具备,成真氏之完书,为孔、曾之羽翼,有功于《大学》不浅"。① 并作为经筵讲义,与真氏之书并讲。

《大学衍义补》在正文之前,有"诚意正心之要·审几微"一门,下列"谨理欲之初分"、"察事几之萌动"、"防奸萌之渐长"三条,按丘濬的说明,是为了补足真德秀未尽之意。真氏在诚意正心之要下,立二目:崇敬畏,戒逸欲。丘濬认为,朱熹的《大学》诚意章解,特别重视审几的重要,这是因为,天下之理,善与不善而已。所谓崇敬畏,即存天理;所谓戒逸欲,即去人欲。但存理去欲,用功于显著之地,不若审察于几微之初为得力,故据朱子之意补之。但本书认为,丘濬此三目之补,是针对宪宗时的政治形势和宪宗个人的行事而言。宪宗朝之政治虽不至于大乱,但诸如宠信宦官汪直、梁方,排斥正直大臣;万贵妃专横后宫,干预朝政;宪宗崇佛佞道,喜好方术,滥召妖人,开传奉倖进之路,冗官

---

① 《大学衍义补》,第2页。

充斥等,已埋下内忧外患的祸根。丘濬针对此,于《衍义》中暗寓讽谏之意。在"防奸萌之渐长"一目中,丘濬在引程颐对坤卦的解释之后发挥说:"大凡国家祸乱之变,弑逆之故,其原皆起于小人。诚能辨之于早,慎之于微,微见其萌芽之生,端绪之露,即有以抑遏、壅绝之,不使其有滋长积累之渐,以驯致夫深固坚牢之势,则用力少而祸乱不作矣。"①而在"炳治乱于几先"之目中,则直接为人君建言,所说相当沉痛警策:

> 自古祸乱之兴,未有不由微而至著者也。人君唯不谨于细微之初,所以驯至于大乱极弊之地。彼其积弊之后,衰季之世,固其宜也。若夫当承平熙洽之余,享丰亨豫大之奉,肆其胸臆,信任非人,穷奢极欲,无所不至。一旦失其富贵尊荣之势而为流离困厄之归,是岂无故而然哉?其所由来必有其渐,良由不能慎之于始,审之于微,思其所必至之患,而预先有以防之也。……臣故因大《易》思患预防之象,而引三君(按指唐玄宗、德宗、宋徽宗)之事以实之,而着于审几微之末,以垂万世之戒。后世人主倘鉴于兹,兢兢业业,谨之于微,毋使一旦不幸而蹈其覆辙焉。岂彼一时一人之幸,其实千万世亿兆之人之幸也。②

此处,丘濬补"审几微"一节的用心可谓昭然若揭。惜乎此书甫上而宪宗宾天,其作用则在继登大宝的孝宗皇帝身上通过经筵讲义发生了,对弘治中兴间接产生了影响。此点猜测可由孝宗以上对此书的嘉纳与赞赏看出。

---

① 《大学衍义补》,第15页。
② 《大学衍义补》,第19页。

第二节　丘濬的儒术与治略

如上所言,丘濬的《大学衍义补》用意在补真德秀之缺,其主体在治国平天下。其治平之术之总纲,共含括十一门:正朝廷,正百官,固邦本,制国用,明礼乐,秩祭祀,崇教化,备规制,慎刑宪,严武备,驭夷狄,最后以成功化作结。可以说,这个范围包括从天子到百官,从兵食到礼乐,从刑狱到教化,从国家制度到政府行政,几乎囊括了古代政治的一切方面。而丘濬所用的材料,首先是儒家经书,然后是理学家对经书的注释与发挥,特别是程颐、朱熹的著作。参以史书、政书、奏议、方志等,撷取十分广泛。故此书可当作政治类百科全书看。当然大宗归于程朱,这是很清楚的。如果同真德秀的《大学衍义》相比,《衍义补》篇幅要大得多,涉及的方面也要细得多,可资施行的方面也要切实得多。所以丘濬曾说,真氏之书是体,己书为用;真氏之书主要为知,己书主要是行;真氏之书可视为理,己书可视为事。理与事,知与行可以互相补足,互相资借。

其中"正朝廷"一门,下设正纲纪之常,定名分之等,公赏罚之施,谨号令之颁,广陈言之路五目,其前置"总论朝廷之政"一目。丘濬认为,正朝廷的实质是正人君,欲正人君,先明人君之意义。他根据《周易》"天地之大德曰生,圣人之大宝曰位"及"守位曰仁,聚人曰财"等意思,认为人君的意义就在于体天之义而代天牧民。他说:

> 圣人体天地生生之仁,尽教养斯民之义,孰有加于此哉? 先儒谓《易》之事业,尽于此三言者,臣愚以为人君受天地之命,居君师之位,所以体天地而施仁立义,以守其位者,诚不外乎此三者

而已。①

丘濬这里说得很明白,正朝廷首先在于明人君的职责和性质,大宝之位非供帝王享乐之工具,神器也不是一姓之私产,而是将天的意志贯彻于百姓的中介。人君之所以"极崇高而至贵重,天下臣民莫不尊戴",是因为他是天选择出来替自己管理人民的代理人,即张载所谓"大君者,吾父母之宗子"。② 天的意志是好生之仁,所以帝王须行仁政。这就在天的名义下规定了帝王执政的性质,这是儒家特别是宋明理学的特出之处。张横渠所谓"为天地立心",即通过创造性阐释,为天地确立其基本原则。从《易传》的"天地之大德曰生",董仲舒的"天,仁也。人之受命于天也,取仁于天而仁也",到周敦颐的"窗前草不除,与自家生意一般",二程的"鸡雏可以观仁",朱熹的"天地以生物为心",再到丘濬的"圣人体天地生生之仁",都贯彻了这一点。天地之仁是人君行仁政的形上学根据,仁政体现天的意志,丘濬这里的基本思想沿袭了儒家的这个相续不绝的传统。

另外,丘濬这里还有帝王之位应由圣人来坐,而圣人又不世出,故由人来代替的意思。三代圣人之治,是儒家的理想,圣人居牧民之位,行仁政而天下大治,这是后世虽不能至而期然向往的局面。但儒家所许的圣人,大多是传说中的人物,实际上是儒家用以匡正、规范后世有国者所树立的假想的典范。丘濬这里提到此,除了要呼应"圣人之大宝曰位"这句经典中的语句外,还有人君应效法圣人体天地之意以牧民的意思。就是说,只有行仁政,才是履圣人大宝之位的最佳方式。

丘濬强调的另一点是"理财正辞",即发展经济,合理安排人民生活,并据完善的法律合理地保有私有财产之意。丘濬所谓理财,虽不失孟子保民而王之遗意,但已不是孟子所说的行井田、正经界、五亩之宅树之以桑、鸡豚狗彘之畜无失其时之类较原始的措施,而是具有现

---

① 《大学衍义补》,第2页。
② 张载:《正蒙·乾称》,见《张载集》,中华书局,1978年,第62页。

实意味的经济观念。丘濬说：

> 所谓理财者，制其田里，教其树畜，各有其有，而不相侵夺，各用其用而无有亏欠，则财得其理而聚矣。所谓正辞者，辨其名实，明其等级，是是非非，而有所分别；上上下下，而无有混淆，则辞得其顺而正矣。既理财正辞，而民有趋于义而背于利者，又必宪法令、致刑罚以禁之，使其于财也，彼此、有无之间，不得以非义相侵夺。①

这里丘濬非常重视等级制度，重视上下有别，重视用法律手段维持这种分别。这是儒家礼法结合在明代社会背景下的具体应用。丘濬把理财正辞作为仁政的经济、法律内容，它和仁政的根据——天地生生之德，仁政的履行者——圣人之位一起，构成了人君完整的职责体系。丘濬对朝廷之政这种总括式的解释，可以看做他的政治纲领，具有为执政制定宪法的意义。

治国平天下，首先要做的是明君主之职分，下来重要的就是明设官分职之道。《大学衍义补》在正朝廷之后，即设正百官一目。此目下分定职官之品，颁爵禄之制，敬大臣之礼，简侍从之臣，重台谏之任，清入仕之路，公诠选之法，严考课之法，崇推荐之道，戒滥用之失十个子目，涉及官吏的诠选、任用、考核、监督及养廉、礼敬各个方面。丘濬之谙于朝廷掌故，精于吏治之道，在此目中得到了充分展示。就像在正朝廷中首先要明白帝王的职责及性质一样，在正百官中，丘濬首先阐明的是为官的职责和性质，及人君任用和考察官吏的一般原则。他说：

> 为治之道，在于用人。用人之道，在于任官。人君之任官，唯其贤而有德、才而有能者，则用之。……人臣之职，在乎致君泽民。其为乎上也，必陈善闭邪，以为乎君之德。其为乎下也，必发

---

① 《大学衍义补》，第2页。

政施仁,以为乎民之生。如此之人,然后任之于左右,俾其上辅君德,下济民生。既得如是之人,非用之之难,察之之谨,则其进也易而杂,而侥幸之小人,得以间之矣。非待之以协和,信之于专一,则其用也乖而贰。而正大之君子,不得以久安矣。吁,方用之之初,则其难其慎,既用之之后,则唯和唯一。①

这里,丘濬是在君臣这个统一体中考察君与臣两个方面的。人君方面,择贤德有能者授之官。授官的目的在上辅君德,下济民生。这两个方面有一没有尽到责任,则于任官之义有缺欠。而官吏的任用非易事,其德其能若何?如何发挥官吏个人才能,如何使劳绩与爵俸一致,如何保证官吏的进退升降在合理的制度内运行,杜绝倖进之路,如何使对官吏的考察是公正的、符合实际没有冒滥的,这都是人君要考虑的重要事项。历史上因任官不当特别是对左右辅弼大臣用之不当而导致灭国的,不在少数。丘濬在各个子目中对这些方面有具体论述。而臣子方面,上辅君德,下济民生两项都极难做得周全。实际上多数下级官吏和外任者毕其一生也无缘"得睹天颜",更不要说"上辅君德"了。丘濬此处不过强调君德就体现在臣之治民中,官吏须负对人君尽忠之责,须有自处于君民之间充当调人的自觉意识,须有泽民即所以致君的情怀与识见罢了。

官职之区设,品秩爵禄的制定,丘濬多引《尚书》、《周礼》之制,注释多从蔡沈、吕祖谦之说,实际上要表达的是后世设官分职须祖述儒家经典,特别是"六卿分职,万事之纲"之意,旨在说明朱元璋以皇帝总揽六部,不设宰相,及明成祖置阁臣是正确的。这一点可由丘濬对六部沿革所做的说明中见出。丘濬在职官的设置上特别引述《皇明祖训》中朱元璋关于不设宰相的训诫:"自古三公论道,六卿分职,并不曾设立宰相。自秦始置丞相,不旋踵而亡。汉、唐、宋因之,虽有贤相,然

---

① 《大学衍义补》,第40页。

其间所用者,多有小人专权乱政。今我朝罢丞相,设五府、六部、都察院、通政司、大理寺等衙门,分理天下庶务,彼此颉颃,不敢相压,事皆朝廷总之,所以稳当。以后子孙做皇帝时,并不许立丞相。臣下敢有奏请设立者,文武群臣劾奏,将犯人凌迟,全家处死。"①朱元璋倡始的不设宰相,是明代政制中最大的事件,对此后政治影响深远。因为祖训十分清楚且严厉异常,历代无有敢披龙鳞而倡言置相者。丘濬在关于职官之设的议论中,发挥《周礼》"六卿分职,各率其属,以倡九牧,阜成兆民"之语,对明代职官制度的合理性作了肯定。他说:

> 六部统各司,各司分掌天下之务。如网之有纲,如丝之有纪,上下相承,巨细毕举。其官属虽无三百六十之多,其间脉络相通,体统不紊,深得《周礼》六典之遗意。自有《周礼》以来,二千余年,仅见行于今日者也。……此我圣祖高见远虑,超出百王之上。是诚有合于成周设官分职,以为民极之意。是以百年以来,朝廷无纷更之弊,臣宰无专擅之祸。上安其政,下保其位,如一日也。②

至于其他重要官职如五军都督府、都察院、通政司、大理寺等的设置,亦都肯定它合乎古制。可以看出,丘濬的治国平天下之论,首先是以肯定现存的政治制度为前提的;对诸弊政的纠正,只能在不触动、不改变现有职官系统的基础上施行。后来黄宗羲则谓有明无善治自朱元璋罢宰相始,并从多个侧面论证不设宰相之弊,着眼点与丘濬大为不同。

丘濬所陈其他正百官之措施中,论及明朝政事的尚多,不及缕述。其中"简侍从之臣"一目中论翰林学士之选必重其德,非仅文章之士所能充任;馆阁之臣不必多,必得通经学古,明体达用之儒为之职掌;"清入仕之路"中论科举考试中专以偏题怪题难举子,且四书比重过大,对策论不够重视,致使举子对古今制度,前代治迹,当世要务不暇致力,

---

①② 见《大学衍义补》,第47页。

故所取人才名不副实等,所论皆剀切,深中时弊。

正朝廷,正百官之后,是固邦本,制国用。固邦本下列蕃民之生、制民之产、重民之事、宽民之力、愍民之穷、恤民之要、除民之害、择民之长、分民之牧、询民之瘼十目。制国用亦列十目,涉及贡赋、市籴、制币、徭役、税收、专卖、漕运、屯田、山泽之利、纳粟拜爵等。此二门皆有总论,用以表明他选辑材料及对这些材料加以说明的指导思想,表现丘濬的经济之才。丘濬的固本之道,以《易经》的"天地交泰,后以财成天地之道,辅相天地之宜,以左右民"一句为纲领。他对此句的解释特重上下相通之意:

> 天地交而阴阳和,万物遂其茂育者,天地所以为泰也。上下交而心志通,万民遂其生育者,世道所以为泰也。世道之所以泰者何也?盖由上之人,于凡下之人心志之所欲,身命之所关,日用饮食之资,养生送死之具,所恃以为生生者,无一而不得以通于上。上之人一一皆有以知其所以然。①

就是说,一个政权的巩固,最根本的在于上下情之通达无壅塞,譬犹天地之气上下相贯通。而所谓上下相通,亦在于负治国之责的人知民之所欲,最大限度地满足他们的基本生活需要。这方面儒家经典中所论极多,子史中可资说明的材料可以说撷拾不尽。丘濬对此采择甚多,而最注目的在"民唯邦本,本固邦宁"一语,丘濬对此句的一段发挥最可说明他对此问题的根本见解:

> 国之所以为国者,民而已。无民,则无以为国矣。明圣之君,知兴国之福在爱民,则必省刑罚,薄税敛,宽力役,以为民造福。民之享福,则是国之享福也。彼昏暴之君,视民如土芥,凡所以祸之者,无所不至。民既受祸也,国亦从之。②

---

① 《大学衍义补》,第118页。
② 《大学衍义补》,第120页。

亦即所谓"爱民者必有天报,害民者必有天殃"。而爱民之大端,在于在上者不以兴作疲其筋力,不以刑法残其体肤,不以征役散其父母妻子,不以诛求耗其田庐资产。以下"蕃民之生"等子目,详细陈说了他将"固邦本"之总纲具体化的主要措施。其中"制民之产"一目中关于井田制之议论,说明丘濬最向往的,仍是儒家所理想的井田制。但井田制后世不可复行,限田、均田、口分世业之田等法亦有议论而无果行,此种形势下不如行"配丁田法",①庶可避免富者田连阡陌,贫者无立锥之地的情况,渐渐消除兼并之患。此法针对明中期以后土地兼并日趋激烈,皇帝大建皇庄,与民争利,失去土地的流民日益增多的现实而发,有很强的针对性。其他各子目无论在取材还是说明上亦无不如此。

《大学衍义补》的最后部分是"严武备"。此部分所占篇幅最巨,共二十九卷,约占全书四分之一。下设子目亦最多,计有总论、军伍、禁军、屯守、军器、马政、阅兵、任将、出师、阵法、赏罚等子目,有的子目又分上中下论之,内容十分详尽。本章就其有关军事思想者择要评述,太琐细者则不暇及。《四库提要》说丘濬"学本渊通,又习知旧典,贯串古今,具有根柢",于此部最能见出。此部采辑之原典,较其他部为杂,除广采儒家经典与理学家言之外,又大量采择兵书、史书、政书等,即使是他在其他部分明斥的道家言,在这一部分中也加以采辑。

丘濬论兵事,以儒家思想为最高原则,这首先表现在他对兵事性质的看法上。在他看来,最好的政治是德治,兵事是不得已。即便兴兵,也以不战为高。他说:

> 古之圣王制乱于未乱,保邦于未危。为国一以德礼,而不专恃于兵。未尝无兵也,而不用之于师旅。虽用师旅之众,而不布于行阵。虽有行阵之法,而不施于战斗。②

---

① 对此法的说明详见《大学衍义补》,第 134 页。
② 《大学衍义补》,第 990 页。

出师必有名,合乎原则之出师为有武德。而所谓武德,即《左传》宣公十二年晋楚邲之战中楚子所说之禁暴等"七德"。从丘濬对七德的评论中,可以看出他的军事观:

> 使凡天下之兴兵动众者,皆必本于禁暴、戢兵、保大、定功、安民、和众、丰财焉,非此七者不举。则天下之人,唯恐上之不用武,师旅所至,民望之真如大旱之得云霓矣。①

此七者主要是从兴兵的动机判断战争的性质。这一点在丘濬十分重要,可以说是他的儒家思想在军事上的体现。他在对《周易》豫卦"利建侯行师"一语的解释中也表示了以民心之向背为标准来判断战争性质的意思:

> 兵师之兴,所以为民也。兴师而民心不悦,则其所行必非王者之师、仁义之举也。是以人君举事,既揆之己,复询之众,众心和悦,然后从而顺之。苟有不悦,必中止焉。宁失势于他人,不失心于己众。②

这样的出师,是王者之师;这样的兵事,是圣武之兵。而圣武之兵是天下人所向往的。"先儒谓不徒武而谓之圣武,以见其出于德义之勇,故能除暴救民以安天下,此圣武之实也。至于天下之民莫不信而怀之,此圣武之效也。"③圣武之师不只征伐无道,亦将拯救罪人使其复业安居。这方面文王之所为是最好的榜样。丘濬就《诗·文王有声》之"文王受命,有此武功。既伐于崇,作邑于丰"一句的发挥很好地表达了他这方面的思想:

> 文王之所以大有声者,本由于征伐。而其所以征伐者,不过求天下安宁,而观其功底于成耳。盖以既为人君,则当奉天道以

---

① 《大学衍义补》,第993页。
② 《大学衍义补》,第981页。
③ 《大学衍义补》,第984页。

安民;民有不安,必有逆天道以致之者。于是奉天命以讨其罪,使之不敢厉吾民焉。罪人既得,而其所以为安集生聚之者,不可无所居,故又为之邑以居之焉。凡若是者,非贪功以立威也,非广地以附众也,尽吾为君之道,以无负于上天付托之意焉耳。①

丘濬以上所论,是非常理想化的。他所选的材料,亦多是《诗》、《书》、《春秋》中歌颂儒家圣王之文治武功的,此只可进上皇帝,以为观览之助,和诏书诰勅中的门面话,它毕竟离现实的战争太远,有点"迂远而阔于事情"。丘濬并非不知道这一点,但他作为一个儒家学者兼官吏,不能不以儒家经典中的训诲箴规警醒有国者,冀望以其中的道理事例匡正其君于万一。这就是他之所以连篇累牍地采辑此类材料,并大量采用理学家的注释加以评论的用心。

丘濬论兵事的另一个重点是提挈出孔子"天下有道,则礼乐征伐自天子出;天下无道,则礼乐征伐自诸侯出"一语,暗寓对明英宗被宦官王振所骗仓猝出兵,既出兵而又不审形势、不谙兵事而导致覆师失地,己身遭擒之奇祸烈毒的抨击态度。丘濬于此采择材料甚多,屡屡施以按语,多有以古书所言之事影射当世者。如:

> 征伐天子之大权,非王命而自行,是乱也。兴师以讨人之罪者,必先审其大小、远近、强弱、虚实以定其名,然后随其势、因其机而决其谋,则收其万全之效矣。②

又如:

> 先儒谓先王之时,五礼六乐,掌之宗伯,九伐之法,掌之司马,礼乐征伐之权在上,而下莫敢干也。周室之衰,其礼乐之权以失,是以列国纷争,干戈日以相寻,讫无宁岁,天下无道至是极矣。圣人言此以示训于万世,使居人上者恒以道自居,谨身正法,必使权

---

① 《大学衍义补》,第986页。
② 《大学衍义补》,第989页。

纲在己,而威福不至于下移,则礼乐征伐咸自己出,而为有道之世矣。①

又如,《左传》昭公十一年"楚子虔诱蔡侯般杀之于申"一事,丘濬评论道:

> 《春秋》书此,以见人君欲兴师以除奸乱,必审机宜时势,以伺间待时,仗大义正言以声罪致讨,而不用诡谋诈力以侥幸取胜。胡安国所谓"后世诛讨乱臣者,不以大义兴师,至用诡谋诈力侥幸胜之。若事之捷,反侧皆惧;苟其不捷,适足长乱。"此数言者,可以为世之人君诛乱臣、安反侧者之鉴戒。②

而所举韩琦上宋仁宗之言,影射明朝之事尤为明显。韩琦言国有外忧内患,欲去外忧,先治内患。丘濬之按语中对此极表赞同之意,且以此作结。他说:

> 臣故历考经史所载威武之事,备载之,而举韩琦先治内患之说终焉。昔所谓上策,莫如自治者也。琦谓自治之策,立纪纲,分忠佞,明赏罚,慎号令,节浮费,罢横赐,省逸游,禁奢靡,绝干请,抑侥幸,能行此数者,则无内患矣。内既无患,则威武之本立矣。虽有外患,庸何忧哉!③

宋仁宗时外患在西夏,明英宗时外患在也先。虽丘濬上《大学衍义补》时外患已平,但土木之变造成的影响却是长久的。丘濬要总结此次事变的教训,不能不对因内忧造成外患的事实进行充分反省。但因此次事变牵涉面广,过程复杂,且因政制未变,因而宦官擅权的局面未有根本变化,丘濬的总结或曰建白未敢十分尖锐。其所论消除内患之诸措施,皆沿用韩琦,因而十分浮泛无力。尤其值得提出的是,全书一百六

---

① 《大学衍义补》,第997页。
② 《大学衍义补》,第990页。
③ 《大学衍义补》,第1008页。

十卷中曾无一语及于对明代政治影响尤为深远的宦官干政,论者谓其有所顾忌因此避而不书,①可谓一针见血。

第三节　丘濬的"明礼乐"与"崇教化"

在丘濬的治平方略中,固邦本、制国用之后,即是礼乐教化。内中明礼乐下有总论礼乐之道,礼仪之节,乐律之制,王朝之礼,郡国之礼,家乡之礼;秩祭祀下有总论祭祀之礼,郊祀天地之礼,宗庙祫祀之礼,国家常祀之礼,内外群祀之礼,祭告祈祷之礼,释奠先师之礼;崇教化下有总论教化之道,下及学校,道学,经术,道德风俗,仁爱孝弟,尊师重道,旌别赠谥,移风易俗等,所占篇幅最大,涉及古学最多,所包方面最广。几乎包摄《三礼》的一切方面。《四库总目提要》说丘濬"学本淹通,又习知旧典,尤熟于国家掌故",于礼乐教化诸目之选材、议论中最能见出。

丘濬论礼乐,首先注重的是制礼作乐的根据。他继承了《礼记》以来的儒家解释传统,认为礼乐是对天地的和谐、自然的节律的模拟与配合,故礼乐可以调节社会各阶层间的关系,可以调节人的情感欲望使之达于和谐之地。礼乐的作用主要是正面的疏导而非负面的纠治。这一点是他的全部礼乐思想的基础。丘濬在总论礼乐之道时大量地采辑了《礼记》中的相关论述并施以解释性按语以突出这一点。如《乐记》有"大乐与天地同和,大礼与天地同节。明则有礼乐,幽则有鬼神"一语,朱熹的解释是,鬼神是二气之屈伸,礼乐是表现在社会人事方面的屈伸。故礼乐鬼神一理在圣人制作处便是礼乐,在道化功用处便是鬼神。丘濬的发挥与此一致:

---

① 见《四库全书总目》,第1225页。

> 礼乐,形而下者也;鬼神,形而上者也。上下无异形,幽明无二理。是以自古圣人之制礼作乐于昭昭之表,所以妙契鬼神于冥冥之中。①

礼乐就是以有形的物质形态与浩渺的天道之运化玄契。礼乐既是天地根本精神的体现,又是对于万物运化的模拟。人以其文化创造成为天道的一部分。

《礼记》非常重视礼乐作为人文化成的自然结果所具有的调节人的本能欲望,宣泄人的自然意志的作用。《礼记·礼器》说:"礼也者,反其所自生;乐也者,乐其所自成。是故先王之制礼也以节事,修乐以道志。故观其礼乐,而治乱可知也。"丘濬于此点特别加以提揭,他对此句的评案是:

> 自昔人君为治之大本,唯在于礼乐。礼之大者,在郊天享庙。乐之大者,在章德象成。故其制为一代之礼,以节天下之事,使其所行者,咸有节而无大过不及之差。修为一代之乐,以道万民之志,使其所存者得以通,而无郁结不平之患。是故自古善观人国者,唯于其礼乐观之,而于其政刑,则略焉。②

将礼乐作为为治之本,这是最能表现丘濬儒家思想之处。朱元璋建立明朝之后,虽也提倡儒学,礼敬儒生,在礼乐的大的方面,也有一些建设性作为。但朱元璋要纠正元朝政制不够严整,行事过于宽纵之失,加上他个性雄鸷刚猛,所以治国以严为主。又处于建国之初,及蒙元不尚文治之后,故礼乐多有废缺而不暇修治。成祖朝虽渐有所创设,但因要修复建文朝所造成的积怨,加之连年用兵北方,于礼乐多未顾及。故"仁宣之治"之前,几代帝王虽小有建树,但比之儒家所要求的礼乐休明,还有相当距离。丘濬所处之成化、弘治间,承平日久,礼乐

---

① 《大学衍义补》,第328页。
② 《大学衍义补》,第326页。

之致治作用此时大显明,丘濬居礼部尚书、祭酒之职,极重视礼乐建设。而在礼中,尤重视祭礼;在乐中,尤重视乐的彰显圣王功德,记录与表现圣王勋绩的作用。

丘濬在对礼乐的阐发中也注意到,要使礼乐真正起到《孝经》所谓"安上治民"、"移风易俗"的作用,必须使礼乐成为人心中仁德的自然表现,才能成为人自觉自愿奉行的轨则。丘濬引孔子"人而不仁如礼何"的教训对此加以说明:"先儒谓此章重在仁字上。仁者心之全德。人能全心德,自然敬而和。以敬行礼,则礼皆得其宜。以和用乐,则乐皆合其度。是礼乐皆为我用。苟心不仁,则无敬与和。"① 是否心中有了敬与和,礼乐就一定得其宜合其度,这里且不深论。我们所要注意的是,除了重申礼乐所要求的内心自律及文质相称外,丘濬往下的引申是,礼乐不能妄作,最具有制礼作乐资格的是既有德又有位的圣人,如周公之类。所以他在申述此意时,引《中庸》"虽有其位,苟无其德,不敢作礼乐焉。虽有其德,苟无其位,亦不敢作礼乐焉"和郑玄、朱熹对此句的注释加以说明。但这是制礼作乐的理想状态,只是美好的愿望。实际的情况常常是,有位者无德,有德者无位。丘濬认为,以上原则一般只用于开国之君,继位之君则主要是萧规曹随,承前代礼乐之创设而有所损益。

丘濬并且认为,六经是治道之本原,而礼乐又是六经之要道,治国之措施,首在礼乐。而礼乐之创设,须以三代为法,不杂以秦汉以来功利习气。后世国家制度、名号爵位等,皆袭用秦制,以财计、兵食、讼狱为急务,以礼乐为迂远之务。汉以来史官所记名物、度数、登降、揖让、拜俯之仪节,皆礼之末节。而此末节用之于郊庙、朝廷,自缙绅大夫至细民,皆莫能知、莫能习。能知礼乐之意蕴、被礼乐之教化者,少之又少。迨至后世,礼乐仅成文饰之具。丘濬有感于欧阳修"三代而上,治出于一,而礼乐达于天下。三代而下,治出于二,而礼乐为虚名"之语,

---

① 《大学衍义补》,第334页。

痛感礼乐崩坏之现实,欲以儒家礼乐蔚兴之理想状态相号召,兴复旧制,革新后代"苟简之政"。凡政制之施,皆应寓礼乐之意于其中,不仅仅付诸政令刑罚。尤向往明太祖开国之初以礼乐为首务,开礼乐二局,征天下耆儒宿学分局讲究礼乐的盛举,以为合三代礼乐之治之善法。

在礼乐的诸功能中,丘濬最重视的是礼的别尊卑贵贱,定人之伦序,从而使整个社会和谐有序这一点。并且认为,人类社会的和谐有序是天秩天序的体现。他说:

> 天之伦序,有不易之典,而正之在我者,必使君臣、父子、兄弟、夫妇、朋友之伦,而各有义有亲,与夫有序有别有信,咸惇厚而不薄焉。天之品秩,有自然之理,而出之自我者,必使吉、凶、军、宾、嘉五者之礼,而各有尊卑贵贱,等级降杀,咸有常而不变焉。①

这是说,经礼三百,曲礼三千,其功能皆在于规定人的不同位分,有位分就有伦理原则。有了伦理原则,就有了决嫌疑、明是非的标准。从天的角度看,这些原则是自然而然的。因其自然而然,所以常而不变。丘濬对礼的调节各阶层利益的功能十分重视,认为是人道之最大者,如果没有礼,"强将恃其力以陵弱,众将恃其势以暴寡,富将恃其财以吞贫,智将恃其能以欺愚。则是天下之人,皆将唯其势力财能之是恃,而不复知有尊卑上下之分矣。人何由而安哉?"②丘濬这些思想是对《尚书》中"天叙有典,敕我五典五惇哉。天秩有礼,自我五礼有庸哉。同寅协恭和衷哉"和历代儒者崇尚礼治的继承。

丘濬又认为,在诸礼中,祭礼最为重要。作为五礼之首,祭礼承担着交通神明,协调天地人三才之关系的重任,故诸礼中祭礼为大。他说:

---

① 《大学衍义补》,第340页。
② 《大学衍义补》,第345页。

> 礼之大者,莫大于祭祀。祭祀之礼,凡有三焉:所谓祀天神,享人鬼,祭地祇是也。……后世人主,往往重治人之职,而轻事神之官,甚者,乃以畀小人非类,失古意矣。①

上古时代,掌邦国之礼,协调人神关系,和谐上天与下民的,是大宗伯。大宗伯以此职掌协助人君管理国家。交通神明,实为人间之重大事务。后世人格神的观念逐渐淡化,天神地祇由真实存在的可司人事之大柄的有人格的神灵,慢慢变成了承接人表达虔敬心态的假想对象。而人鬼不过是先祖之灵,是人感恩之情的接受对象。丘濬强调祭祀,意在强调古来相传之礼,使人不轻慢古礼,加强人文化成意识,尊古好古,敬畏天地,扭转专意于财赋刑罚的治国之法。

丘濬同时强调,礼必须以义为它的根本,因为礼只是一套外在的仪节,如果没有伦理内容蕴涵于其中,则礼无有灵魂,失去其作为伦理观念载体的功用。丘濬说:

> 礼必有义,礼而不合于义,则为非礼之礼。故古人言礼,必兼义言之。……礼之为礼,皆义之所当为者也。义不当为,则礼不可行。则是礼之用,皆是义之实也。②

丘濬也强调,礼要发挥其致治功能,必须随时损益。礼不损益,则成尘羹土饭;礼不损益,则必陷于一偏。但损益者礼之仪文,不可损益者,礼所表达的伦理原则。前者遵循的原则是"礼时为大",后者则强调须识制礼之理,即礼之大本大原。前辈理学家,对此二者都有阐发。相较而言,张载强调较多的是礼所表现的理的永恒性,程颐、朱熹强调较多的是礼应随时因革。丘濬对这二者加以综合,认为两者不可偏废,他说:

> 古礼之不能行于今世,亦犹今礼之不可行于古也。虽然,万

---

① 《大学衍义补》,第 340 页。
② 《大学衍义补》,第 349 页。

古此天地,万古此人心,礼出于人心,圣人缘人情而制为礼,何有古今之异哉?……于此推原人心固有之理,考求先王制作之意,因其风气,顺其时势,称其情文,斟酌损益,以渐行之,立为一代之制云。①

丘濬此说,亦意在为洪武朝所定之《大明集礼》《洪武定制》《礼仪定式》《稽古定制》等官修礼书之合理性、权威性作论证,因为这几部礼书,都是明朝开国之初,诏中书省会同翰林院、太常寺拟定,又遍征民间耆儒知礼者相与考订,斟酌损益历代之礼典,而成为一代之制的。

丘濬在总论礼乐之道后,又摘引了大量材料,对王朝之礼(朝仪制度)、郡国之礼(行于州县族间之礼)、家乡之乐(家礼指家庭之冠婚丧祭之礼,乡礼指乡饮酒礼、士相见礼等)等详加说明,这些礼制都很繁细,这里不一一论列。所要说的是,丘濬曾采掇朱熹《朱子家礼》的主要内容,撰成《家礼仪节》一书,足见他对朱子的推崇和以朱子手订家礼刊正民间所行之礼及在冠婚丧祭上移风易俗之意。

丘濬《大学衍义补》的另一个重点是教化。此书在崇教化之目下,设学校、道学、经术、风俗、师儒、旌别、赠谥等子目,所论十分繁重。与上述几目一样,丘濬之崇教化也以天道为根据,教化的原理,在体天道之理,设为政教。他引程颐对"神道设教"的解释来说明教化的原理。程颐曾说:"圣人见天道之神,体神道之设教,故天下莫不服也。夫天道至神,故运行四时,化育万物,无有差忒。至神之道,莫可名言,唯圣人默契,体其妙用,设为政教。故天下之人,涵泳其德,而不知其功;鼓舞其化,而莫测其用。自然仰观而戴服。故曰以神道设教,而天下服矣。"②丘濬承此义而加以引申,认为教化活动本身及教化之内容,皆效法天道。他说:

---

① 《大学衍义补》,第361页。
② 《大学衍义补》,第570页。

> 天有天之文，人有人之文。人君上察天文，以审察天时之变，下观人文，以化成天下之俗。……此无他，察于天而省于己也。人有三纲也，有六纪也，有礼节也，有法度也，其彝伦之秩然，其典则之灿然，皆有文而可观也。三纲在所当正，六纪在所当修，礼节不可失，法度不可斁。吾于是乎化导之，因其自然者加以品节，顺其自然者加以导达。①

这是说，所谓教化，不外观天文而立教，顺民情而化导。与《周易》之"观乎天文，以察时变；观乎人文，以化成天下"同意。

关于教化的内容，丘濬承《尚书》之"契作司徒，敬敷五教"与朱熹之"此五者，当然之理，而为教令"之意，以五伦为首。五伦即君臣、父子、夫妇、兄弟、朋友"五典之教"。丘濬认为立人极，厚风俗，全在此五伦之教化，甚至将五伦提到国祚能否长久，王命能否延续的高度来看待：

> 大抵人君为治，教道之废兴，系天命之去留。教道兴，则天理明，而民彝叙。民知尊君亲上，而不生背叛之心。不然，则智者欲欺愚，强者欲陵弱，令之而不从，治之而不服，而至于用刑罚，动干戈，而国祚不能以长久矣。②

教者以五伦为教，学者以五伦为学。而教与学，亦唯在变化气质："人之所以为人者，理与气而已。气以成形，无以治之，则不能安其生理以成性。无以教之，则不能明其道。"③而所谓治之教之，端在于就人秉赋于天之性而保全之，修治之。此亦继承朱子"人之有道，言其皆有秉彝之性也。然无教则亦放逸怠惰而失之。故圣人设官而教以人伦，亦因其固有者而导之耳"之意。

---

① 《大学衍义补》，第 571 页。
② 《大学衍义补》，第 573 页。
③ 《大学衍义补》，第 574 页。

丘濬因特重教化，又曾任国子祭酒之职，故对施行教化的机构——学校之功能与作用，有甚深体会。他曾说：

> 学校之设，所以明伦兼育养也。盖伦理之在人，人人有之，而不能人人尽其道。圣人于是选其少俊者，聚之学官而教之，俾讲明其道，而真知其所以然与其所当然，而决然不疑焉。则异日用之，以理天下之务，治天下之人。为臣则忠，为子则孝，临事则不苟避，见义则必勇为。平居则犯颜敢谏，临难则仗义死节，而思以其身当天下之重，任世道之责。其基本于是乎积累，其机括于是乎转移也。①

丘濬言学校，以《周易·颐》之"天地养万物，圣人养贤及万民"及《尚书·舜典》之"舜命夔典乐，教胄子"之意，作为后世学校的根据。学校之设，首先教以人伦，奠定立身行道之基础，其次教以治理天下之具体本领，以为经世治民之资具。前者为体，后者为用。而教以人伦，不过就人本具之善性感发兴起。即朱熹所谓"荡涤邪秽，斟酌饱满，动荡血脉，流通精神，养其中和之德，而救其气质之偏"。德行之外，首重艺业。艺业有三，读书、作文、写字。读书作文之内容本四书、五经、史鉴、策论。师儒每日立程督责，完不成者受责罚。丘濬指出，明代自朱元璋开国以来，即十分重视学校，视作养人材为当务之急。未登极之时，就下令建国子学。登极伊始，就下诏立府州县学，给生员廪饩，延名师教之，学成后优先登用。正统间因国家多故，学校废弛，乃每道添设督学官一员，专督学政。丘濬针对当时学校之实际情况建言：将洪武初年所定之规条交省台部官会议，拟定新章程，立碑于天下学校，作为学校教养之法式。并命礼部颁行天下，俾"为师儒者，必依此式为教；为生徒者，必依此式为学；为守令者，必依此式提调，而提学宪臣所

---

① 《大学衍义补》，第582页。

至,一以此式考验其所以教、学、提调者。必合此式,否则有罚"。①

在"设学校以立教"之下,丘濬论说的重点是"明道学以成教"。在此子目中,采辑最多的是程颐、朱熹之书,间亦有周敦颐、吕大临、杨时、尹焞、张栻、蔡沈、黄榦、胡宏、真德秀、魏了翁、金履祥、饶鲁、许谦等宋元大儒的言论,其中尤以朱熹的为多。在道学之中,以诚字为先。丘濬在所选《易传》之"君子学以聚之,问以辩之,宽以居之,仁以行之"条下加按语说:

> 大人之所以为大者,以其德业之盛也。学者未至于大人之地,欲希之者,当如何?亦唯进德修业而已矣。忠信所以进德,修辞立其诚所以居业也。学以聚之,问以辩之,则德之进者日以崇;宽以居之,仁以行之,则业之修者日以广。夫然,则九二大人之地,亦可以企而及之矣。然则用功之要何先?曰:诚而已。忠信,诚也。修辞以立其诚,诚即忠信也。诚乎,诚乎,其进德修业之本乎!②

就是说,理学之全部内涵在德业二字,而进德修业之大端,在立诚。学至于大人之地的基础,即诚字。诚身为本,然后实之以学。学之内容与步骤,丘濬以为最重要的是孔子的"君子博学于文,约之以礼"和"志于道,据于德,依于仁,游于艺",及《中庸》的"博学之,审问之,慎思之,明辨之,笃行之"。对于博约,丘濬以知行二字释之,并且认为,周、程、张、朱之学,无非知行,此乃孔曾思孟乃至宋元以来诸大儒一脉相承之法,舍此无他法。丘濬不喜陆九渊心学,在表彰诸大儒的同时,不忘批评陆学,认为陆九渊背离以上道学正途,将心导入茫昧。他最喜读,奉为道学大法者为《大学》,他说:

> 儒者之学,不出乎《大学》一书。所谓三纲领、八条目也。外

---

① 《大学衍义补》,第593页。
② 《大学衍义补》,第604页。

有以极其规模之大,内有以尽其节目之详。凡夫所谓三纲五常,六纪三统,五礼六乐,尽天下之义理,皆不出乎此道。凡夫所谓六经,十九史,诸子百家,尽天下经典,皆不出乎此书。儒者之道,至于是而止,无俟他求也。圣贤之所以教,士子之所以学,帝王之所以治,撮凡举要,皆在此矣。①

可谓推崇备至。而《大学》诸注解中,朱熹的《大学章句》,他认为最平正无偏。

此外,与注重内圣之学的儒者不同,丘濬特别重视《大学》中治国平天下之义,这是他之所以不满意真德秀,并为之补作的最大动机。他尝说:

　　学至于平天下而天下平,学问之功于是乎极,圣贤之能事于是乎毕。此儒者之道所以大而实,而异乎异端之小而虚欤?或者乃求圣道于渺茫之外,而高谈性命,与异端较其是非,乌知所谓《大学》之道哉!②

以治国平天下为儒者德业之完成,为儒者人格的最高形态,这是丘濬的特出之处。他不屑于做一个只讲正心诚意的学者,他的理想是儒家全副人格。他也不屑于琐琐与佛道在理论上争高下,辨是非,他做的主要工作是把儒家治平之道的精蕴揭示出来。他虽也不废内圣之学,如他有《朱子学的》之作,但他最大的志愿是揭示治平之学的精蕴,认为这是最大的实学。

这种内圣外王兼重表现在治学方向上,就是尊德性与道问学并重。丘濬服膺《中庸》的"君子尊德性而道问学,致广大而尽精微,极高明而道中庸,温故而知新,敦厚以崇礼"一语,以之为儒者学问正鹄。他又将此语中之各项加以归并,总析为尊德性与道问学二门,认为二者不可偏废,他说:

---

①② 《大学衍义补》,第611页。

> 尊德性、道问学二者，儒者为学之大端也。二者不可偏废。致广大、极高明、温故、敦厚四者，尊德性之目也。尽精微、道中庸、知新、崇礼四者，道问学之目也。二者可相有而不能相无。偏其一，则非圣人之道、儒者之学也。①

对陆九渊偏于尊德性的功夫进路，他屡屡加以批评，认为朱子格物穷理不废诚意正心，尊德性不废道问学的路向，才是"大小相资，首尾相应，圣贤所以入德之方"。

在具体教育途径上，丘濬推崇孟子之"五教"说，孟子说："君子之所以教者五：有如时雨化之者，有成德者，有达财者，有答问者，有私淑艾者。此五者，君子之所以教也。"②朱熹、张栻加以发挥，认为孟子之五教是就来学者之才力高下，资禀厚薄因材施教。丘濬更认为，五教表现的是圣人之善教：天地生物，各因其性；天地无弃物，圣贤无弃人。在教育内容上，丘濬不同意程颐将儒者正心诚意之学与词章、训诂对立起来的看法。程颐曾说："古之学者一，今之学者三，异端不与焉。一曰词章之学，二曰训诂之学，三曰儒者之学。欲趋道，舍儒者之学不可。"③丘濬则认为：

> 词章、训诂，皆儒者之事也。词章以达意，训诂以解经，儒者固不能外此以为学。但肆意乎枝叶之文，而不根乎义理；局志于言语之末，而不求夫道理，则不可也。④

理学家为了强调笃志于身心性命、为己之学，往往贬抑其他学问，宋元以来贬抑最甚者为辞章、训诂，认为词章乃艺能之末事，易流为无病呻吟；训诂则专注于名物度数的考证，字句的从违，亦与心性之研求无关。二程、朱熹、及以后的王阳明都明确反对词章训诂之学，尽管二

---

① 《大学衍义补》，第614页。
② 《孟子·公孙丑》。
③④ 见《大学衍义补》，第620页。

程、朱熹解经的著作中也有名物的考证,文字的订正,且讲究文章的华美。丘濬意在恢复儒者之学之全,破除宋元以来流行的语录之学过于朴愿,不讲究文字之美的偏弊。他更大的意图在通过训诂之学的提倡,恢复儒家学问以经学为基础的原貌,以经学带动制度改革,带动礼乐兴作,带动经世致用,改变元明以来经学极敝的现状。此处虽只一语,却寓有深意焉。当然"肆意于枝叶之文,局志于言语之末"的文字,是历代儒者都反对的,不仅丘濬。

在崇教化之目中,"本经术以为教"是丘濬着力的另一个重点。他分《周易》、《尚书》、《诗经》、《春秋》、三礼、四书,对经学中的许多基本问题发表了自己的见解。在整个《大学衍义补》中,经学部分所占篇幅甚大,充分表现了他在经学上的造诣与对当时各方面问题的特识。

丘濬于五经中特重《周易》,认为是五经之源头,义理之渊薮,他说:

> 《易》者,五经之本源,万世文字之所从出,义理之所由生者也。散见于五经者,皆学者人伦日用所当为之事,而其所以当为与不当为者,其理则具于《易》。可行与止之几,于是乎决焉。是读经而不读《易》,如木之无本,水之无源也。①

在学《易》的路数上,他基本遵从程颐,以义理为主而黜象数,尤其反对汉易中纳甲、飞伏、卦气诸说。在对义理与象数二家的比较中,丘濬处处倾向义理,比如他说:

> 数者,康节之所独。今得其图,若何而可推验?明理者,虽不知数,自能避凶而从吉。学数者,尚不明理,则必至舍人而言天。穷理而精,则可修己治人。言数不精,且将流于技术。……今邵学无传,不若以理言《易》,则日用常行,无往非《易》矣。②

---

① 《大学衍义补》,第627页。
② 《大学衍义补》,第626页。

在《易》所谓"圣人之道四"之中,象与辞尤为重要。平居无事,应观象玩辞,而理、意、数与变、占则寓于其中。

对于《书》,丘濬认为,其大义在奉天治民,而事君是其中的关键。学者学《书》,除其中帝王为治之道外,尚有存养以敬,进学在致知之义。对于"十六字心传",丘濬尤其注重:

> 《书》之大要,在于"允执厥中"之一语。而其所以信执其中者,在知人心、道心之所以分。既知其所以分,又能精察而一以守之,则信能执之矣。是知唐虞圣君,为治之要,不出乎一心而已。①

对于《易》与《书》的关系,认为《易》为体,《书》为用。《易》者义理之宗,《书》者治体之要。学者备义理以修己,明治体以治人。通此二经,学之能事毕焉。

对于《诗》,丘濬的解释一本朱熹。如《诗》之六义:一曰风,二曰赋,三曰比,四曰兴,五曰雅,六曰颂。朱熹谓此义本于《周礼》太师之官,乃三百篇之纲领管辖。丘濬亦认为学《诗》可以兴、观、群、怨,用之可以正得失,厚人伦,美教化。又如朱熹认为《诗》之言,善者可以感发人之善心,恶者可以惩创人之逸志,其用在于使人性情得其正。丘濬也认为,"思无邪"一语,虽可以概括三百篇之旨,但于各篇,须一一考究其旨。如专说思无邪一义,则对《诗》之趣者,不免笼统颟顸。尤其重要的是,丘濬反对《诗序》之所谓"义例",亦反对对《诗》加以训诂,主张《诗》应随文寻义,"断章取义"。他说:

> 诗之作也,原于天理之固有,出于天趣之自然。作之者,应口而出声,赋之者,随宜而应用。或因之以申吾不容已之情,或由之以发吾不可言之意,或假之以明吾难显白之事。章不必有定句也,句不必有定字也。言从而理顺,声和而韵协,斯得之也。固未

---

① 《大学衍义补》,第629页。

有所谓义例也,又恶用训诂为哉?①

在丘濬这里,《诗》既多里巷田野悲欢怨怒甚至淫佚悖乱之言,则它的作成当是相当随意的,没有儒者常有的神秘性、神圣性,更没有《诗》纬加诸它的种种奇谈怪论与宏大不经。所谓义例,是后人故作神秘。而后世据义例所施之训诂,往往离题万里,背离了自然天成、随意讴歌的本来面目。孔子删诗以为经,而又以之教授弟子,其用也是相当随意的。《大学》、《中庸》、《孟子》、《礼记》等书,引《诗》主要是言谈之助,或表达政治见解。所以应去掉《诗》的神圣性,拨开义例、训诂加给它的种种迷雾,以实用的、率意的态度去应用它。丘濬说:

> 读《诗》之法,在随文以寻义;用《诗》之妙,又在断章而取义也。学者诚以是而求诸三百五篇,则《雅》无大小,《风》无正变,《颂》无商、周、鲁。苟意会于心,言契乎理,事适其机,或施之政事,或发于语言,或用之出使,与凡日用施为之间,无往而非《诗》之用矣。固不拘拘于义例、训诂之末也。②

丘濬虽反对《诗》之义例、训诂,却相信《春秋》之"书法",这是因为他相信何休之《春秋公羊传序》中"孔子曰:吾志在《春秋》"一语和《孟子》中"世道衰微,邪说暴行有作。臣弑其君者有之,子弑其父者有之。孔子惧,作《春秋》。《春秋》,天子之事也"的话。这两段话都是说,孔子虽有其德而无其位,于是假鲁史作《春秋》,将尊王之志寄寓于《春秋》书法中,用以表达他对《春秋》所记事件的褒贬。后世为《春秋》作注的人,不明白孔子的全部意旨在尊王,就事说事,完全背离了孔子之意。丘濬选以上何休、孟子的话置之篇首,论说皆本此义,可见丘濬是信《公羊》、《穀梁》而黜《左传》,信今文而弃古文的。并相信《春秋》经孔子亲手笔削。他所采辑的理学家言,如周、程、张、邵、杨时、朱熹、胡

---

① 《大学衍义补》,第635页。
② 《大学衍义补》,第636页。

宏、胡安国等,皆信《春秋》"书法"者。丘濬尤信孟子"王者之迹熄而诗亡。诗亡,然后《春秋》作"一语,以为理解《春秋》之旨的关键,他对此句的解释是:

> 《诗》以言志,《春秋》以纪事,理虽同,而体制则异也。……先王盛时,诸侯岁朝于天子,考礼正刑,以一其德。天子于是考之、正之,而加赏罚焉。诸侯既朝之后,天子五年一巡守,又命太师陈诗,以观民风。其君德之善否,其国政之得失,其民风之美恶,见于民俗歌谣之间者,皆得以上闻。或刺或美,天子因之而施黜陟刑赏之典焉。至于周衰,诸侯不复朝觐,天子不复巡守,太师不复采诗,而民间之美刺,不复上闻;天子之刑赏,不复施于列国矣。所谓"诗亡"也。孔子乃假鲁史以作《春秋》,因诸侯之行事加以笔削之,公而寓天子刑赏之意焉。①

这是说,《诗》有各国之风,《春秋》记列国之事;《诗》有美刺,《春秋》有褒贬,皆可从中窥治乱兴亡。《诗》亡,表示政治日坏;《春秋》作,表示孔子以此为治理乱局之措施。这一着眼点是政治的,完全不是"诗亡,谓《黍离》降为《国风》,而《雅》亡也"之全从文体着眼。所以,丘濬读《春秋》之法即是:"圣人之心不可求矣,因其迹而求其心,因其用而求其体。《春秋》之经,圣人之迹,而所以权衡二百四十二年之事者,其用也。即是以求圣人,而圣人全体大用于是乎在矣。"②这一点与周、程等理学家完全一致,尤与胡安国之《春秋传》途辙最为接近。而在这一部分,因碍于形势,于明代时事几乎没有涉及。

对于礼书,丘濬最重视者为《周礼》,以之为经国之大典,从政者之持循。但《周礼》所言之制度,必不能一一照搬,须随时代之变迁而损益,以《周礼》为设官分职之总纲可也,其细目则待变通。他说:

---

① 《大学衍义补》,第 640 页。
② 《大学衍义补》,第 644 页。

> 《周礼》一书,经制大备,后之为政,有所持循。自有此书以来,未有能用之者。假而用之者,王莽也。轻而用之者,苏绰也。误而用之者,王安石也。至于善用之者,则未见其人焉。王通谓'执此以往',专欲用之,窃恐时异势殊,官政事体,民情土俗,不能皆如古。唯精择其切要者而审行之,以此为持循之则,则可矣。必执其书而一按其制,其流极之弊,安知其不与三子同归乎?①

所以丘濬既不同意唐太宗复井田、封建、肉刑方能行周公之道的见解,②以为太急;也不同意程颐、朱熹所言必积累熏化到大同之世方能行《周礼》之法度的见解,以为太缓。《周礼》确如张载所谓"的当之书",能助成善治,但须因时随事损益。此是周公作此书之本意,也是后世用此书之活法。他的结论是:"后世有志复古以至太平者,师周公之意,而不泥其故迹可也。"③对于明代之事,也仅说到六部之设合于《周礼》六典之文,前代虽设六部而不废宰相。对明代不设宰相之制,因干碍甚大,并无更多评论。

对《仪礼》,丘濬同意朱熹《仪礼》是经,《礼记》是传;《仪礼》乃礼之根本,《礼记》乃其枝叶的说法,并认为后世欲复古礼,采择最多的当是《仪礼》,因《仪礼》主要是士大夫礼。但正因为如此,《仪礼》所缺者多,唯有与《礼记》合观,然后能见士礼之全。故最实用的,当是朱熹与门人合撰之《仪礼经传通解》。

对于《礼记》,除以上所说者外,丘濬同意程颐的说法,认为此书虽杂出于汉儒,但其中圣门之绪余及格言甚多,并认为此书"无所不载,大而三才五典,细而庶类万事,与夫治道之常,礼节之变,无不曲备而旁通焉"。④ 丘濬的《大学衍义补》治国平天下各目,于《礼记》采辑最多。之所以如此,是因为丘濬认为,礼之一名,所包甚广;天下之事,何

---

① ② 《大学衍义补》,第646页。
③ 《大学衍义补》,第650页。
④ 《大学衍义补》,第651页。

者非礼？他将《礼记》所涉及者，分为四科：礼，仪，乐，制度。礼主要是五礼：吉、凶、军、宾、嘉。仪主要是应对、进退、坐立、趋行等仪节方面。而乐则主要是声律、歌舞、音容等，制度则封建、井田、宗法、学校、宫室、器服等方面。以此四科读《礼记》四十七篇，则易入易识。丘濬又有总论经学一段，可以视为他对于设"本经术以为教"之目的的总说明，其中说：

> 今所谓五经者，《易》、《书》、《诗》、《春秋》、《礼记》也。学者各专一经，能于本经之外，旁及他经，方见天地之纯全，古人之大体，然后得为全体大用之学。苟拘拘于章句训义之末，以取一第，以为进身之阶，即束之高阁，而所用非所学，是固非圣贤教学之道，亦岂祖宗所以造士之意哉？①

从这里也可以见出他在经学上的意趣所在。

五经之后是四书。因明代以八股文取士，最重四书，士人家弦户诵，如布帛菽粟，无甚新奇。又因朱熹对四书说之甚多，精义发挥已尽，故丘濬对四书所选甚少，评论也较简略。但从这不多的评论中，仍可看出他对四书的某些独到视点。

四书中首先说到的是《论语》，所采资料以《朱子语类》中论《论语》特点的条目为主，义理发挥也遵从朱熹。如关于《论语》义旨，朱熹以为以论仁为最紧要，朱熹并吸收二程的观点，以仁为全德，仁包四德。丘濬承袭了这一观点，他说：

> 仁之一字，先儒以心之德、爱之理为训。臣窃以为，仁之为仁，乃人心之全德，道理之总名。仁义礼智之仁，如元亨利贞之元也。专以元言，则元属乎春；统以元言，则亨利贞何者而非一元之气乎？仁之于义礼智，亦犹是也。②

---

① 《大学衍义补》，第 656 页。
② 《大学衍义补》，第 657 页。

其次,关于《论语》的特点,丘濬仍遵从朱熹的观点:《论语》之书,其辞近,其指远。孔子之言,明白正大,皆就人伦日用上说。诸圣人,一人是一圣人,孔子则合众圣人以为大圣人。诸书一书是一书,《论语》则合众书为一书。

对于《中庸》、《孟子》,丘濬亦未选原文一字,只选程颐、朱熹评论二书的语录。然所选亦仅数条。真德秀于《中庸》,阐发的重点在天命之谓性,戒慎恐惧、谨独笃恭等践行,及诚者天之道等义。而丘濬一依程朱,着重阐发的是中者不偏不倚,庸者平常,只有中才能庸之义。他说:

> 圣门之学必中,而中又必庸。乃人伦日用之常,非诡异难行之事也。是理也,乃上天之所命,人物之所率,圣人之所以教,学者之所以学,帝王之所以治,百姓之所以行,壹皆以是中庸为准则,不可偏于此,亦不可倚于彼。子思所以立万世圣学之标准者,此也。①

而于《孟子》,丘濬强调其为价值选择上的尺度权衡,以此为本去度量事物,才不会在道义上有差忒之义:

> 圣贤千言万语,不出乎孔孟之所言。经籍积案盈箱,不出乎《语》《孟》之所载。……故学尧舜禹汤文武周公之道者,必自孔子入。而入孔子之门者,必自孟子始。②

在四书中丘濬特别重视《大学》,这一点也可说继承了朱熹。真德秀本亦极重《大学》,且以朱熹下列说法为纲领:"《大学》是为学纲领,先读《大学》,立定纲领,他书皆杂说在里许。通得《大学》了,去看他经,方见得此是格物致知事,此是诚意正心事,此是修身事,此是齐家

---

① 《大学衍义补》,第661页。
② 《大学衍义补》,第663页。

治国平天下事。"①但真德秀之《大学衍义》未及治国平天下,故《大学》只成格物、致知、诚意、正心之个人修养之书。丘濬的特识在于,他不只把《大学》视为个人修养之书,更重要的是,视为治国平天下之利器。《大学》是四书的终始,六经的关键。六经四书都不过填实《大学》所立的框架。他在总论四书时说:

> 学者必先读四书,而后及于六经。而读四书者,又必自《大学》始。程子谓其为初学入德之门,朱子谓其为古者大学教人之法,真氏谓其为圣学之渊源,为治之根柢,君天下之律令、格例,是知儒者之书,莫切要如《大学》一书。小学由是而入德,大学本是以为教。圣人之道,帝王之治,皆不出乎是矣。是则《易》也,《书》也,《诗》也,《春秋》之与《礼》也,《论》《孟》之与《中庸》也,皆所以填实乎《大学》一书。②

此段话可以代表他对《大学》重要性的看法,也道出了他所以撰写《大学衍义补》一书的动机,这就是以《大学》总括一切。真德秀所遗漏的恰是《大学》最重要的方面。他的补足绝非无关紧要,而是画龙点睛。不如此不能见儒学之全,不如此不能见《大学》之大。

总的说,丘濬对于四书的阐发,篇幅不如对五经的阐发那样大,所论之深度也较五经逊色。

在本经术以为教之下,是"一道德以同俗"。丘濬之"一道德",就是统一于理学所崇扬的价值观念与思想学说之下。丘濬认为治国之道最重要的是两个方面:政与教。政有纪纲,教有枢要,教之枢要就是思想学说。丘濬追溯中国历史上各种思想学说,包括老庄、申韩、杨墨、苏秦张仪、佛教,各有各的道德观。自汉武帝罢黜百家,独尊儒术,始确立孔子为主的儒家学说为国家政教之基础。中经千余年之盛衰

---

① 《大学衍义补》,第 659 页。
② 《大学衍义补》,第 664 页。

兴替,儒学至宋代而大放异彩。丘濬认为明代是儒学昌明的时代,全社会从帝王到百姓都以理学为趋赴,可以说是道德一、风俗同的时代,并以生在此世为幸。他说:

> 五经自汉以来,专门名家,各自开户牖而殊轨辙。或泥于训诂,或流于谶纬。至于有宋,濂洛关闽诸儒者出,然后经旨大明于世。而我列圣又表彰之,遂为千古不刊之大典、不易之定论。是以道德一而无歧辙之差,风俗同而无疆界之别。斯世斯民得以见天地之纯全,识圣贤之至理,享帝王之盛治,一何幸钦![1]

在此儒学昌明时代,首要之务是兴教化,厚风俗。而教化之兴首在于崇师儒。因丘濬尝任太学祭酒之职,位居师儒之长,职掌最高儒学机关,故留情教育,深谙养士之道,所论皆中其肯綮。他以尊敬师儒、褒崇孔子、褒祀先儒、天子视学四者为崇师儒之具体措施。他信从《礼记·学记》之言:"凡学之道,严师为难。师严然后道尊,道尊然后民知敬学。"认为尊师非尊其人,而是尊其人所奉之道。不尊师则不足以敬其道,不敬其道则无以为治。而师儒个人,也应如朱熹所言:"唯德得于心,充于身,行于家,推于乡党,达于朝庭。"及曾子所言:"彼以其富,我以吾仁;彼以其爵,我以吾义。"这样上下相敬,由此奠立教化之基。

在褒崇孔子一项中,丘濬历数各代对孔子的封赠,认为孔子之圣,固不因朝代之变迁、时间之流逝而改变。然褒崇孔子,与其崇圣人之虚名,不若遵圣人之实理。而圣人之实理,就是理学所崇奉的精神价值。所以丘濬在论到配享一节时,除唐贞观以前所定之左丘明等二十二人外,特别表彰宋之理学家。他特别赞成宋理宗淳祐元年之从祀诏中对理学家从祀的意见:"我朝周敦颐、张载、程颢、程颐,真见力践,深探圣域,千载绝学,始有指归。中兴以来,又得朱熹精思明辨,表里混融,使《中庸》《大学》《语》《孟》之书,本末洞彻,孔子之道益以大明

---

[1] 《大学衍义补》,第669页。

于世。诏令学宫列诸从祀,以示崇奖之意。"①又极力拥护司马光、邵雍、张栻、吕祖谦等从祀,连同周程张朱,合称九儒,认为:"以此九儒者,重明圣道,俾大明于世。"对唐人列为从祀之荀况、扬雄、王弼、贾逵、戴圣、马融、杜预诸人,则认为得罪圣门,应罢祀。又为董仲舒争祀。至于王安石,丘濬的态度似甚矛盾。既认为其从祀为奸党之私意,又认为其作《三经新义》亦有功于儒门。对明代正统间增吴澄、胡安国、蔡沈、真德秀诸人从祀,又极为赞成。从对从祀诸人的态度中,可以看出丘濬心目中的真儒。他最为服膺的,还是二程朱熹。

至于天子视学,丘濬视为尊崇师儒的善举,但认为应如《礼记·文王世子》所言:"天子视学,大昕鼓征,所以警众也。"应设为常事,不为特恩。天子亦不宜常赐金帛以示恩宠。当常勉励师生,勤谨为学。这些议论,亦平正公允,显出丘濬在这些具体问题上的器识。以下"严旌别以示劝","举赠谥以劝忠",虽是教化中较小的项目,但丘濬也广为采辑儒家经典和史书中的相关资料,并加按语加以显扬,从中可见其对教化问题思考之广远与细密。

《大学衍义补》的另一可注意之处是它的末章"成功化"。此章只有一目"圣神功化之极",内容有:一、体天道而设教;二、新民;三、实行《大学》之道。这几个方面是历代儒者着力描绘并倡导实行的,是儒家政治的理想状态。丘濬认为,功化之极首先必是依天立治,天人相协。他主要的根据是《易传》中"乾道变化,各正性命。保合太和,乃利贞"一语。丘濬说:"乾之所以为乾者,以有元亨利贞之四德也。是故人君居天之位,必备乾之德,然后足以体天而立极焉。"②对此义的发挥,丘濬主要采取程颐、朱熹之说,突出下面的意思:"天道至神,故运行四时,化育万物,无有差忒。至神之道,莫可名言,唯圣人默契,体其妙用,设为政教。故天下之人,涵泳其德,而不知其功;鼓舞其化,而

---

① 《大学衍义补》,第 687 页。
② 《大学衍义补》,第 1372 页。

莫测其用,自然仰观而戴服。"①在政治上是《尚书》中洪范九畴之树立,因为九畴是万世之蓍龟,治国之大经大法。在国家形态上是大一统:"天下咸统一于一王,而奉其正朔,朝觐会同之毕赴,讴歌狱讼之皆归。国不敢异政,家不敢异俗。"②在民风上是《礼记·礼运》所描绘的大同之世:"普天之下,亿兆之众,人人各止其所,而无一人之或失其所。由一人积而至于亿兆人,人人皆然,而在在无不然,岂非大同之世乎?"③在理想境界上是《中庸》的"致中和,天地位焉,万物育焉"。最后以《大学》的三纲八目之完成为圣神功化之极,并以对《大学》宗旨的概括作为《大学衍义补》全书的总结:

> 《大学》之道,其纲领在明德、新民、止至善。其条目在格物、致知、诚意、正心、修身、齐家、治国、平天下。外有以极其规模之大,内有以尽其节目之详。要必析之极其精而不乱,然后合之尽其大而无余。所谓全体之学也,所谓圣神功化之极也。是以《大学》一经十传,行其道于当时,则有以为一世立太平;传其书于来世,则有以为万世开太平。……大哉书乎!学校施之以为教,则足以成乎天下之才;经筵用之进讲,则足以辅一人之盛治;国家本之以持世,则足以延万年之国祚。所谓为天地立心,为生民立命,为往圣继绝学,为万世开太平,诚有在乎《大学》之一书也。三才之道,四德之用,五伦之教,六经之文,万世之治道事功,皆备载乎是书之中。一世用之,则一世之人蒙其泽,而开一世之太平。千万世用之,则千万世之人蒙其泽,而开千万世之太平。噫!百圣千贤,皆莫能外乎孔子之教;千经万典,皆不能出乎《大学》之书。好治之明君,辅治之良佐,政不必尽读天下之书,泛举古人之事,即此一书推而行之,尧舜禹汤文武之王道,不假外求;皋夔伊傅周

---

① 《大学衍义补》,第1375页。
② 《大学衍义补》,第1381页。
③ 《大学衍义补》,第1382页。

召之相业,即此而在;唐虞夏商有周之盛治,居然可致矣。①

此一长段话,是丘濬对于《大学》修己治人经世明道全部功用的见解。虽然其中充满了夸张、理想的成分,但丘濬个人对此是深信不疑的。他的深信不疑建基于一个信念之上,即《大学》一书有着巨大的解释空间,经过诠释,可以把六经、四子的全部包容、概括、浓缩于《大学》一书。《大学衍义》之"衍",就是一种诠释。所衍之义,是儒家全部内容。所以仅真德秀所遗落之治国、平天下二目,就引申、发挥出一百六十卷之内容。而此一百六十卷,又将真德秀所论之内容,全部贯串兼综。故《大学衍义补》可以当做六经四子之缩略、简编看,也可以当做政书、兵书、史书之纲目看。纵观有明一代之政典,未有如此采辑富赡、评案深至因而真切于习学与应用者。如果套用丘濬的说法,以正心诚意等为体,以治国平天下为用,丘濬所衍之"用"则掩其体而笼括之,所谓"即用而言体在用"。丘濬自己在上明孝宗的《进大学衍义补表》中对他这部书的特点及撰作意图也作了明确说明:

> 考古以证今,随时而应用。积小以成其大,补偏以足其全。巨细精粗,而曲折周详;前后左右,而均齐方正。于以衍治国平天下之意,用以收格致诚正修齐之功。举本末而有始有终,合内外而无余无欠。期必底于圣神功化之极,庶以见夫《大学》体用之全。体例悉准于前书,楷范用垂于后学。稽圣经,订贤传,剜取无遗;纪善行,述嘉言,搜求周弃。②

这些话并非虚语。此书诚十年辛苦之力,一代佐治巨编。

丘濬对自己的《大学衍义补》颇为自负,冀此书能被当朝采纳,于宪宗之新政有所贡献。不意书甫上而宪宗宾天。继之而兴的孝宗登极才三个月,就下旨刊刻。弘治元年,初刻本行世。此后嘉靖、隆庆、

---

① 《大学衍义补》,第1400页。
② 《大学衍义补》,第4页。

万历、崇祯朝都有翻刻本。特别是万历三十三年,万历皇帝御制序文,命工刊刻,对《大学衍义补》崇奖有加。清代的顺治、乾隆、道光、同治、光绪各朝屡有刊刻。日本有宽正四年的和刻本。民国间有1931年海口海南书局的铅字排印本。① 刻本之多,流传之广,影响之大在政务之书中殆不多见。另外,《大学衍义补》中的时务对策和经史佐治的内容由于可以作为科举考试之助,因而为士子所爱重。此书因包罗广泛,卷帙繁重,不利于在短时期内掌握和应用,嘉靖以后出现了几个节本,大多是为士子应答时务和经史佐治之题目而备,如顾起经的《大学衍义补要》和徐栻的《大学衍义补纂要》、《大学衍义补摘粹》、《大学衍义补英华》等。② 而由于此书的巨大影响,其仿作、补作、攻诘之作也有出现。这些都对明代儒学的发展产生了一定影响。这类熔经史、理学、政治、时务为一炉的新型政务之书的出现与大行,对我们认识理学的各种形式,全面评价和把握明代学术的成就有重要意义。

第四节 张居正的儒学与吏治

张居正是中国历史上最为奇特的人物之一。生时褒崇极矣,当世及后世毁斥亦极矣。毁斥者比为王莽、桓温,褒崇者比为伊尹、周公。褒崇者谓其以儒家之经术饬吏治,毁斥者说他用法家之综核名实,以智术御臣僚。而褒崇卒不能去其口实,毁斥卒不能掩其光辉。明代万历间内阁首辅沈一贯曾说:"尝论江陵相业,以霍光之宠任,而济以学;以诸葛之勤瘁,而乘其时。当其拥十龄冲主,负扆以临,唯是秉祖宗之

---

① 见林冠群、周济夫《大学衍义补》标点本前言,和朱鸿林:《丘濬〈大学衍义补〉及其在十六七世纪的影响》,载氏著:《中国近世儒学实质的思辨与习学》,北京大学出版社,2005年。
② 这几部书的存佚情况和作者见朱鸿林:《丘濬〈大学衍义补〉及其在十六七世纪的影响》注释之第33—39。

成宪,振朝廷之纪纲,讲学亲贤,爱人节用为先务。其与养蒙作圣,诚无得而议之也。"①《明史·张居正传》谓:"张居正通识时变,勇于任事。神宗初政,起衰振隳,不可谓非干济才。而威柄之操,几于震主,卒致祸发身后。《书》曰'臣罔以宠利居成功',可弗戒哉!"张居正究竟是什么样的人物,生前身后招来如此之物议?张居正以何种学术为基础成就相业?他是否儒家?如果是,其特色何在,在明代儒学发展中处于何种地位?这些都是明代儒学史应该探讨的问题。

张居正(1525—1583)字叔大,号太岳,湖北江陵人。十二岁为秀才,十六岁举乡试,二十三岁成进士,授翰林院庶吉士,二十五岁授编修。三十岁回家乡养病,三十三岁复出。三十六岁任右春坊右中允,管国子监司业事。四十三岁以吏部左侍郎兼东阁大学士入阁,不久晋吏部尚书。四十八岁任内阁首辅,至五十八岁去世,任内阁首辅十年。成为明万历前期的实际执政者。他在任期间,实行了一系列卓有成效的改革,使朝政为之一新。但功高震主,难免主上猜忌、臣僚谮诬。死之次年,一切名爵封赠遭追夺,家被籍没,长子敬修自杀,次子嗣修及弟充军边瘴之地。明熹宗天启二年,熹宗下诏复张居正官,予祭葬,抚恤家属。此时距居正之死已四十年。张居正的著作,由嗣修编成《张太岳集》在万历四十年(1612)刊行。《张太岳集》包括奏对十一卷,书牍十五卷,诗文二十卷,及《行实》一卷,共四十七卷。光绪年间由田桢主持,加以修订重编,定为四十八卷。今人据田刻本整理出版为《张居正集》。

张居正生于儒学之家,父亲张文明为儒生,但科场不利,一生未尝出仕。张居正曾说:"先君幼警敏,为文下笔立就,不复改窜,口占为诗,往往有奇句。然不能俯首就绳墨,循矩矱,以是见诎于有司。"②祖父张镇性豪宕不羁,不喜读书,曾为江陵辽王府护卫。父祖二人的个

---

① 《张文忠公论》,《张居正集》,湖北人民出版社,1994年,第四册,第524页。
② 《先考观澜公行略》,《张居正集》第三册,第630页。

性乃至生涯,在张居正身上表现为执拗与通达、刻薄与能容、儒术与申韩的奇妙结合。这一点与朱元璋有某些相似之处,所以他甚喜朱元璋与明成祖的个性与行政作风。张居正居首辅之职,他考虑的首要问题是明朝应采用何种治体以为享国长久之计。关于此他有明确的理念,他尝在一封致友人的信中完整表达了此种理念:

> 本朝立国规模,与前代不同。本之恩威并施,纲目兼举。无论唐宋,即三代圣王,犹将远让焉。而宋时宰相卑主立名、违道干誉之事,直仆之所薄而不为者。①

所谓恩威并施,即儒法兼用;所谓纲目兼举,纲即皇权、礼制等军国重事,目即政刑、食货诸措施。他的理想是二者并举,纲举目张。他认为明朝自朱元璋开国,即确定此治体,不设宰相就是为了防止相权过重,主上威权旁落。后继之诸帝,除建文帝之外,一承朱元璋集权强势之法,明朝才如此延祚长久。故主于威强,是明代诸朝相沿不替的法宝:

> 高皇帝以神武定天下,其治主于威强。前代繁文苛礼,乱政弊习,划削殆尽。其所芟除夷灭,秦法不严于此矣,又浑沌之再辟也。懿文仁柔,建文误用齐、黄诸人,踵衰宋之陋习,日取高皇帝约束纷更之,亦秦之扶苏也。建文不早自败,亦必亡国。幸赖成祖神武,起而振之,历仁、宣、英、宪、孝,皆以刚明英断,总揽乾纲,独运威福,兢兢守高皇帝之法,不敢失坠,故人心大定,而势有常尊。②

张居正既以朱元璋之威强为治之道,所以他敢于冒天下之大不韪,赞扬千百年来被诟诋为暴政之典型的秦始皇,以为治隆之再造,"浑沌之再辟":

> 三代至秦,浑沌之再辟者也。其创制立法,至今守之以为利。

---

① 《与李太仆渐庵论治体》,《张居正集》第二册,第 430 页。
② 《杂著十四》,《张居正集》第三册,第 658 页。

史称其得圣人之威。使始皇有贤子,守其法而益振之,积至数十年,继宗世族,芟夷已尽;老师宿儒,闻见悉去;民之复起者,皆改心易虑,以听上之令,即有刘、项百辈,何能为哉!惜乎扶苏仁懦,胡亥稚蒙,奸宄内发,六国余孽尚存,因天下之怨而以秦国为招。再传而麋,此始皇之不幸也。假令扶苏不死,继立必取始皇之法而纷更之,以求复三代之旧。至于国势微弱,强宗复起,亦必乱亡。后世儒者,苟见扶苏之谏焚书坑儒,遂以为贤,而不知乱秦者,扶苏也。①

之所以有如此认识,是因为他认为,圣人之治,有宽厚得民的一面,也有威猛御民的一面。秦之苛暴,某种程度上是圣人威猛的一面。始皇本人无大过错,过错在始皇无贤能之子。而所谓贤能,是能继承始皇之法而光大者。此等治国之道若能沿续数十年,将会出现削弱强宗世族,扫荡学者之偏见,民皆驯顺服从之局面。而刘项一辈枭雄,空有觊觎之心,但无可乘之机。张居正认为始皇之灭,是因为六国之人将对秦国一统之怨愤,发泄于始皇身上。故始皇二世而亡,非因秦之苛暴,而是秦的不幸。假使扶苏不死,继立后必采取儒家所颂扬的三代之法,其结果必是乱亡。此段议论虽是假设,但从中可以见出张居正的治国理念,这就是圣人治统之全,恩威并施,王霸兼用。他的治道取儒家,但绝非理学家那样假想的一味宽厚临民,完全排斥霸道的王道之世。这恐怕是王世贞说他"天资刻薄,好申韩法,以智术御下,而士大夫之憸黠者争投其意"的主要原因。又因为此,他与刻薄雄猜的朱元璋一拍即合。

他亦以此恩威并施、王霸兼用解释成汤、伊尹、文武周公等圣人,为明代治国主威猛严苛找统治根据,他说:

> 三代唯商之规模法度最为整肃。成汤、伊尹以勇智创造基

---

① 《杂著十四》,《张居正集》第三册,第 657 页。

> 业,其后贤圣之君六七作,故国势常强。纣虽无道,而周取之甚难。以文、武、周公之圣,世历三纪,始得帖然顺服,盖天下之归殷久矣。余尝谓本朝立国规模大略似商,周以下远不及也。列圣相承,纲维丕振,虽历年二百有余,累经大故,而海内人心宴然不摇,斯用威之效也。腐儒不达时变,动称三代云云。及言革除事,以非议我二祖法令者,皆宋时奸臣卖国之余习,老儒臭腐之迂谈,必不可用也。①

张居正不以儒者常称颂的周文为致治之楷模,甚至不以孔子的"郁郁乎文哉,吾从周"之言为训,他理想的时代是商,他的致治标准是"国势常强"。在他看来,以商之整肃、强盛为理想建立的国家,较之以周之礼乐教化为理想建立的国家为高。虽然成祖以后诸朝之治绩颇不中张居正之意,且认为建文以后诸帝于太祖威猛治国之策执行不力,但此处仍说"列圣相承,纲维丕振",这种颂扬实际上是从总体上肯定明朝自朱元璋始定并明令后代沿袭的威猛治国的传统,为自己的改革寻找依据。他反对的是动称三代之治,以周文礼乐为借口反对改革的儒臣,直比之宋之卖国奸臣。张居正并不首肯以文治休明为标榜,出了许多理学名臣但国势不振的宋代。他心目中的儒家何等样其实是很清楚的。

张居正不仅以商的整肃、强盛,秦的威猛为致治理想,而且历代主张通过变革达到强盛的,因尚动而有生气的,都在他肯定之列,认为是天地万物自然之理。相反,文盛质衰,礼强兵弱,因礼文过甚而导致的因循、颓靡、矫伪等现象,都是他抨击的对象。他尝对比历代统治之不同表明他这一观点:

> 天下之事,极则必变,变则反始,此造化自然之理也。尧舜以前,其变不可胜穷已。历夏、商至周,而靡敝已极。天下日趋于多

---
① 《杂著十四》,《张居正集》第三册,第658页。

> 事。周,王道之穷也,其势必变而为秦。举前代之文制,一切划除之,而独持之以法,此反始之会也。然秦不能有而汉承之。西汉之治,简严近古,实赖秦为之驱除。而贡、薛、韦、匡之流,乃犹取周文之糟粕,用之于元、成衰弱之时,此不达世变者也。历汉、唐至宋,而文敝已甚,天下日趋于矫伪。宋,颓靡之极也。其势必变而为胡元。取先王之礼制,一举荡灭之,而独治之以简,此复古之会也。然元不能久,而本朝承之。国家之治,简严质朴,实藉元以为之驱除。而近时迂腐之流,乃犹祖晚宋之弊习,而妄议我祖宗之所建立,不识治理者也。①

这里虽讲的是极则必变,变则反始的道理,但实际上攻击的是礼文之制。文极而必反于质,质则刚猛用法。他屡屡称道朱元璋以刚猛消弭女宠、宦官、外戚、权臣、藩镇、夷狄诸祸之法,甚至称扬过甚而堕于粉饰。比如他说:

> 仆每思本朝立国规模,章程法度,尽善尽美,远过汉唐。至于宋之懦弱牵制,尤难并语。今不必复有纷更,唯仰法我高皇帝"怀保小民"一念,用以对越上帝,奠安国本耳。故自受事以来,凡朝夕之所入告,教令之所敷布,惓惓以是为务。②

这里明言要效法的是朱元璋的保民而王,实际上他向往的、誉之为尽善尽美的,在立国规模,章程法度上,也就是他提倡和实行的刚猛治国。保民而王是目的,刚猛是规模法度,只有刚猛才能扭转建文乃至仁宣以来的弛缓。具体措施则在张居正入阁不久所上的《陈六事疏》中。此疏针对隆庆至万历初年的一系列弊政,如党争不断,诸事议而不决,决而不行;纪纲不肃,上下姑息迁就,号令不行;官吏腐化,怠乎职守;武备废弛,兵食不足,兵久不练,将吏冒饷;从皇帝到百官奢靡成

---

① 《杂著十三》,《张居正集》第三册,第656页。
② 《答福建巡抚耿楚侗言致理安民》,《张居正集》第二册,第913页。

风,国库空虚,豪强大族兼并土地,民穷财尽的现实,提出省议论,振纪纲,重诏令,核名实,固邦本,饬武备等六事,思有以振刷,以一清吏治,富国强兵。此疏被认作张居正的改革纲领,表现了他的施政思想和具体改革措施,与他早年所写的《论时政疏》一脉相承。由于这些主张的刚猛面目,张居正被时人形容为:"居正之为政,大约以尊主权,课吏实,明赏罚,一号令。万里之外,朝下而夕奉行,如疾雷迅风,无所不披靡。"①

张居正的以上改革措施,自他任内阁首辅付诸实行以来,遭到许多非议,这些非议一言以蔽之曰"霸道"。张居正针对这些议论,表明了他关于王霸之辨的根本主张:

> 后世学术不明,高谈无实,剽窃仁义,谓之王道;才涉富强,便云霸术。不知王霸之辨,义利之间,在心不在迹,奚必仁义之为王,富强之为霸也。②

在他看来,王道虽以仁义为纲,但不专是仁义;霸道以富国强兵为号召,但不专是富强之术。其间未必如此区划清楚。王道霸道,义与利二者可以统一起来。王道是目的,是归宿,此即"心";霸道是手段,是工具,此谓"迹"。而心与迹是一体之两面,殊难截然分开。他并举例说,尧舜周公孔子,是儒家王道的代表,但孔子开口论治,便说"足食足兵"。舜之施政纲领,便是《尚书》中的"食哉唯时",即不违农时,民食乃足。周公辅政,首在《尚书·立政》所说之"克诘尔戎兵",即治理好军队。圣人在讲仁义的同时,首先注目的便是富国强兵。所以富国强兵是圣人王道的标志。而腐儒仅以仁义为王道,而抽去了富国强兵之实际内容,听起来好听,实则空虚无物。张居正并不批评或否定王道,他批评或否定的是抛开富国强兵之术独任仁义的空谈。

---

① 见王世贞:《嘉靖以来首辅传》,《张居正集》第四册,第444页。
② 《答福建巡抚耿楚侗谈王霸之辨》,《张居正集》第二册,第829页。

第五节　张居正儒学的其他方面

张居正以大胆革新的内阁首辅知名,世多知其综核名实,以智术御下的方面。但他生在理学极其发达的明代,又以科举入仕;升任翰林院编修后,曾兼管国子监司业事。又为隆庆皇帝登极之前及幼小的神宗的经筵讲官,主持过隆庆五年的会试,又曾主编过《谟训类编》等经筵日讲讲章,编写过《女诫直解》之类的后妃通俗读本,儒学的浸润不可谓不深,修养不可谓不高。所以在王霸并用的治术之后,有许多作为儒家学者的表现。

首先,在他认定的治国原则上。他的治国原则,一以儒家经典《尚书·洪范》为依据。他说:"若言建皇极,敬五事,兼三德,用八政,则诚万世治天下之大经大法也。"① 皇极即最高准则,其内容后世儒者各有阐说,当不外儒家所谓天、德、道、理等代表价值原则、精神趋向之范畴。五事即貌、言、视、听、思等个人行为规范,三德即刚克、正直、柔克等精神气质方面,八政是食、货、祀、司空、司徒、司寇、宾、师,即关于农商、祭祀、营造、文教、司法、外交、军事等国家事务方面。这些内容,既有民族的精神价值,又有军国重事,又有个人的气质修养。可以说是一个简括的政纲。张居正以此为治国的大经大法,可见他是以儒家思想为治国理念的。

张居正虽以商之整肃、强盛作为致治理想,但他也重视礼制的作用,对儒家圣王制礼作乐的功绩十分景仰,对历史上曾协助帝王制礼作乐的儒臣,特别是明初的儒臣持肯定态度,于礼乐修明对政治的重要性再三强调。他曾主持《大明集礼》的修订,在为此书作的序文

---

① 《杂著之六》,《张居正集》第三册,第644页。

中说:

> 王者治定制礼,因时立制,累数十年,然后乃备。周至成王,周公始制礼作乐。……高皇帝以神武定天下,承胡元极衰之敝,经制大坏,先王之典无有存者。当是时,又攘除群雄,殄逆讨叛,迄无宁岁。而将相大臣,皆武力有功之人,至于稽古礼文之士,莫有任其责者。高皇帝天纵神圣,兼总条贯。天下甫定,即命儒臣兴制度,考文章,以立一代之典。夏商以后,议礼之详者莫如成周。而我皇祖之制,实与之准焉。……明兴百八十余年,高皇帝作之于前,今天子述之以后,奕世载德,重熙累绩,稽古礼文之事,裒然具备矣。则所以一民之行而易民之俗者,又奚必远有所慕哉!①

此序不可看做对朱元璋和嘉靖皇帝的谀词,而是张居正的心声。因为张居正的其他奏疏、序记、书牍等有大量同类材料。此类材料也不可看做张居正作为内阁首辅万机之务中必须有的例行酬答,而应视为他作为儒家学者的根本主张。因为在儒家眼中,礼制作为一个国家的大经大法,是维持国家存在和运转的支柱,是一刻也不能无的。并且礼制也不与刚猛对立;礼制肃然,是刚猛的一个表现。

张居正在政务之余,常阅读儒家经典,并随手札记。札记中有字句的辨误,意思的理解,也有对古今史实的即兴评论。这说明他并非厌弃儒书,鄙视儒生。如一则札记中说:

> 陆象山言,唐虞之时,道在皋陶。今观虞廷之臣,所谓陈谟献说,唯皋陶之言为最精粹。知人、安民二语,乃万世治天下之准则。以九德甄别人才,以率作考成,保泰守业,无一语不关切治道。……后世唯伊尹学术事业可与并称,至于周公稍觉多事矣。②

---

① 《重刊大明集礼序》,《张居正集》第三册,第448页。
② 《杂著之七》,《张居正集》第三册,第646页。

最后一句《四库总目提要》举为张居正诋毁圣人的证据之一,并作为《张太岳集》的疵点之一进行批评。这一点这里搁过不说。要注意的是,本条札记不仅引用陆象山的观点,而且论说的是儒家经典《尚书》之事。这除了表明张居正以辅主致治的皋陶自我期许,所以对唐虞与皋陶的关系特别加以关注之外,他平日多读儒书,多注意儒者的评史之言,恐也是不可忽视的一点。至于札记中发挥《大学》止至善之义,赞扬《中庸》五德,则更是儒者之言了。

其次,张居正非常重视教育,视之为培养德义,转化风习的地方。尤重视各级地方学校。在嘉靖二十九年初任翰林院编修时,即应宜都县学教谕之请,为新修葺的县学撰写记文,其中可以看出张居正对学校功能的认识及其中寄寓的劝勉之意。记中说:

> 古之王者,立大学以教于国,设庠序以化于邑。皆所以整齐人道,敦礼义而风元元者也。夫教化不行,礼义不立,至于礼乐不兴,刑罚不中,民将无所措其手足。当此之时,虽有严令繁刑,只益乱耳。乌能救斯败乎?由此观之,导民之术在彼不在此也。……自孔子没,微言中绝。学者溺于见闻,支离糟粕,人持异见,各申其说于天下。于是修身正心,真切笃实之学废,而训诂词章之习兴。有宋诸儒,方诋其弊,然议论乃日以滋甚。虽号大儒宿学,至于白首犹不殚其业。而独行之士,往往反为世所讪笑。呜呼!学不本诸心,而假借外以自益,只见其愈劳愈敝矣。①

文中"此"即礼,"彼"即法,张居正是对比孔子"导之以礼"和"导之以法"两种不同求治方向立论的。可见他并非徒倚法而不重教化。张居正倡导本诸心的儒学,即认真研究,体之于心,而后有得之学,汉儒的训诂词章和宋儒的无根议论,都在排斥之列。对于明代诸朝风俗之美窳,张居正向往民风醇厚、民气质朴的成化、弘治时期,对嘉靖中期以

---

① 《宜都县重修儒学记》,《张居正集》第三册,第563页。

后由于宗藩侵占庄田,豪家大肆兼并土地造成的贫富不均加剧,流民增多所带来的社会风气的变化不胜忧虑。他在一篇写于嘉靖后期的记中曾说:

> 余闻里中父老,往往言成化、弘治间,其吏治民俗,流风蔑如也。是时明有天下几百年。道化汪涉,风气纯古,上下俱欲休息乎无为。其继也,醇俗渐漓,网亦少密矣。一变而为宗藩繁盛,觑权挠正,法贷于隐蔽,再变而为田赋不均,贫民失业,民苦于兼并。又变而为侨户杂居,狡伪权诡,俗坏于偷靡。故其时治之为难。非夫沉毅明断,一切以摘奸剔弊,故无由胜其任而愉快矣。①

成弘间之风俗醇厚,盖亦有然。朱元璋揽军国大权于一身,不设宰相,诏以为恒制。以刚猛治国,号以为矫元代之弛缓。但过于残刻,洪武初年连兴大狱,官民怖慄。建文起而纠之,上下稍苏。但不一二年而成祖兴"靖难"之师。成祖沿袭乃父,治术尚猛。又废黜建文之法以示己之正统与维护祖制,明令:凡皇考法制更改者,悉复其旧;祖宗之法所以为后世,当敬守之,不可以变。又好大喜功,连年用兵北疆,且因迁都北京,营建宫舍,国力不支。于是外示宽仁而内用严苛。仁、宣两朝惩永乐之失,转变国策,不再用兵北方,休兵养民,提高内阁的权力和地位,洪武永乐间高度集权、帝王个人独断的局面有所舒缓。并且多次下"宽恤"令,施行赈灾和蠲免租税。对成祖时得罪的官员,也下令宽宥和平反。官吏治理风格和民间风俗习尚为之一变,宣宗致被称为"太平天子"。但仁宣两朝以宽仁治国,虽有甚好的效果,但亦导致法令渐弛,屯田多为内监、军官占有,兵士逃亡严重,战斗力削弱。英宗朝国家多故,土木之役,对明朝的惩创尤为严重。可以说是明朝由盛渐衰的一个转折点。宪宗崇佛道,好方术,信用太监,专宠万贵妃,阁臣、六部多不得人,当时有"纸糊三阁老,泥塑六尚书"的民谣,内忧

---

① 《荆州府题名记》,《张居正集》第三册,第560页。

外患屡起。孝宗继位后,对成化朝的弊政有所纠正,主要措施及所收效果如史官所言:"孝宗恭俭仁明,勤求治理,置亮弼之辅,召敢言之臣,求方正之士,绝嬖倖之门,却珍奇、放鹰犬、抑外戚、裁中官,平台暖阁,经筵午朝,无不访问疾苦,旁求治安。"① 史称"弘治中兴"。此时国力强盛,百姓晏安。治国风格宽猛适中,人民安居乐业,风俗较历朝为好。《明史》甚至综合、比较有明一代帝王之治绩,说明十六帝中,开国之洪武、永乐而外,可称者为仁、宣、孝宗三朝,而孝宗尤所称道。正德后诸帝,可称述者不多,明季之坏滥更甚。张居正提起风俗一事,一是说明他非常重视朝政之好坏对民间风俗的影响,将正德、嘉靖以来风俗之坏归咎于政治之坏,为他的改革设想中教化方面的措施树立根据。这仍是儒家学者以政治之美带动风俗之厚,以风俗之厚促进政治之美的传统路数。二是他综合当时形势的各个方面,对嘉靖之后的风俗与与之相连的政治前景充满忧虑。在此《记》的末尾他说:

> 嗟乎!明兴才百九十年,而变已如是。吾安知继今以往,其将变而厌弃今俗,以复古之敦庞简易乎?抑将变而愈甚,以至于莫知其所终乎?后之治者,非随俗救弊,又将安所施乎?是皆不可知也。②

今后政治之美恶不可逆料,所知者亦在不能因常袭古,据民之所愿,时之所宜,对以往不合时宜之处进行振刷兴革而已。

张居正之为儒家,还表现在他对学校的重视上。他在学校教育方面的理念和改革思路,集中体现在他万历三年所上的《请申旧章饬学政以振兴人才疏》中。在这篇重要的奏疏中,他提出了整饬学校的根本主张,这首先在于全社会重新认识学臣、学校的重要性。他指出,强国之本在人才,作养人才在学校,学校办的好坏在学臣。明代建国之

---

① 见《明史纪事本末》卷四二。
② 《荆州府题名记》,《张居正集》第三册,第560页。

初极重学臣之选,充任此职者,不独学行皆优,且能正己肃下,敢于建言。故多海内名流,多能以道自重。士习儒风,端然有古人意。但演至后代,人多争趋阁臣部员,渐渐视学官稍轻,学官也渐不能自重,故多弊行,不能服士子之心。提学等官,亦多不管政情士风。职掌既无关大政,人亦不以重任视之,甚至以学校为养老之地。"士之衰老贫困者,始告授教职。精力既倦于鼓舞,学行又歉于模范。优游苟禄,潦倒穷途。是朝廷以造士育才之官,为养老济贫之地,冗蠹甚矣!"①他提出整顿学校的十八条措施,皆针对学官、生员之弊事而发,如除地方儒学外,不许别建书院。提学官不许借故生事,干请荐举。生员职在读书明理,除此之外,不许陈说民情,议论官员贤否。重新申明讲说书义,以宋儒传注为宗,行文以典实纯正为尚。并明令务将颁降之《四书五经》、《性理大全》、《通鉴纲目》及当代诰律典制等书诵习讲解,适于世用。有袭用异端邪说,炫奇立异者,文虽工弗录。其他关于生员廪额、考校、奖惩、荐举等细目尚多。其中尤当注意者在第一条,因为此条与张居正关于民间讲学的态度有关。此条申明:

> 圣贤以经术垂训,国家以经术作人。若能体认经书,便是讲明学问,何必又别标门户,聚党空谈。今后各提学官督率教官生儒,务将平日所习经书义理着实讲求,躬行实践,以需他日之用。不许别创书院,群聚徒党,及号召他方游食无行之徒,空谈废业,因而启奔竞之门,开请托之路。违者,提学御史听吏部、都察院考察奏黜;提学按察司官听巡按御史劾奏;游士人等,许各抚、按衙门访拏解发。②

所提各条甚为严厉。此疏之上在万历三年,可视为后四年毁天下私设书院之令的前奏。

---

① 《张居正集》第一册,第173页。
② 《请申旧章饬学政以振兴人才疏》,《张居正集》第一册,第172页。

从这封奏疏中可以看出,张居正确实不喜民间讲学。他是以一个儒家正统派,一个总揽朝政的当权者的立场说话的。明朝嘉、隆以后,民间讲学盛行,尤其在江西、安徽、浙江、江苏一带,书院很多,热心于讲学活动的学者也很多。所讲多是儒家基本知识,特别是《四书》和《孝经》中的通俗内容。听众中各地方各阶层的人都有。这固然与王阳明的倡导、示范、推动有关,但更多的是由于经济发达带来的文化重心的下移,科举的广泛影响带来的儒学知识的普及,特别是由佛道的广泛传播带来的善书宝卷的大量印行、民间通俗讲唱等形式的广泛流行,这都使明代中后期民间的讲学活动空前活跃。但这也带来了五方杂处,各色人等混聚一处,无良之辈借听讲游食废业的隐患,更有借结社讲会的机会行奔竞干请之事。另外民间讲学所讲内容比较自由,便于创立新说,组成学派,这容易造成标榜门户,相互攻诘而构怨的结果。它不容易使士人沉下心来钻研经典,反身实践。张居正从便于管理天下士子,使其不违反朝廷的规定着眼,从统治的稳定和士人的纯良着眼,禁止民间讲学是很自然的。另外,在张居正看来,热衷于讲学者,不是科举的失意者,就是官场的放逐者,特别是后者,多有借讲学隐身待时,以图东山再起者,这类人更容易拉帮结派,与朝内的当权者为敌。这尤其需要注意。这大概是他反对民间讲学的主要理由。张居正被一些具有自由思想的知识人所批评,最大的原因在他禁锢了自由的精神,阻碍了学术的发展,破坏了自由争鸣的学术氛围,关闭了在野者批评朝政的通道,为当权者镇压、禁锢士人提供了口实。这些批评在明代后期充满启蒙精神,热烈呼唤政治上和学术上的自由空气的时代是非常合理的,并且也是非常必要的。但张居正所做的,仍是一个儒家学者官吏所会做的。他绝非法家人物,在明代那样的社会氛围下也不会产生法家。而倍遭物议的综核名实,以智术御下是大多数当路者采取的权略,不止张居正。

其实张居正对讲学的态度,在他给友人的信中有一个明确的剖白,这就是,聚讲不如默修,讲之口耳不如体之身心;与其鱼龙混杂,在讲学之名义下行非讲学之事,不如罢讲;与其横计是非,不如离是非而直切真正的儒学。他说:

> 吾所恶者,恶紫之夺朱也,莠之乱苗也,郑声之乱雅也,作伪之乱学也。夫学,乃吾人本分内事,不可须臾离者。言喜道学者,妄也;言不喜道学者,亦妄也。于中横计去取,言不宜有不喜道学者之名,又妄之妄也。言不宜不喜道学之为学,不若离是非,绝取舍,而直认本真之为学也。孔子自言,人不如己之好学,三千之徒,日闻其论说,而独以好学归之颜子,今不穀亦妄自称曰:凡今之人,不如正之实好学者矣。①

这封信可以解释他整肃讲学的初衷。次年,他又在复友人论《春秋》的信中谈到对世儒讲学著书的态度:

> 《春秋》本鲁史旧文,仲尼稍加笔削,盖据事直书,而美恶自见,非有意于褒贬也。自三传启穿凿之门,世儒袭见闻之陋,圣人记事之意,渐以弗存。所谓以小人之腹,度君子之心。仆尝欲论著其说而未暇。②

明言后人之传注异说纷纭,不如读《春秋》本文,与他在为学上崇实黜虚的一贯主张相合,而他的为学主张又直接决定着他作为当路者对民间书院、讲学的态度。这两封信写于万历七八年间,后二三年张居正即辞世,此后再无道及讲学者,可以视为他的最后定见。

---

① 《答宪长周友山讲学》,《张居正集》第二册,第849页。
② 《答周宗侯西亭言春秋辩疑》,《张居正集》第二册,第909页。

第六节　张居正与王门后学的交游

张居正在儒学上的表现还见于他与儒家学者的交游。首先值得一提的是他对王阳明从祀孔庙的态度。王阳明良知之学因与社会上普遍崇信的朱子学相牴牾,遭到许多人的反对;又因功高见嫉,招致不少人的忌恨,与朝中的党争又有扯不清的关系,一度曾被斥为伪学。阳明殁后,他之能否从祀一直争论不休。张居正在答南京提学御史谢虬峰的信中,表达了对王阳明的崇敬态度:"阳明先生从祀事,以宗伯病,不能会议,久稽题覆。好事者遂乘间而诋之,其言粗浅可哂,然何伤乎日月乎!"①阳明从祀之题本久不答覆,是否仅因礼部尚书患病而稽迟不答,这里不详考。可注意的是,张居正斥诋訾阳明的人为好事者,斥反对阳明从祀的言语为粗浅可笑,甚至比阳明为日月之明。在同年复谢虬峰的另一封信中也说:"阳明先生从祀,礼官方欲定议,而南疏复至,又极其丑诋,至欲并褫其封爵,则亦过矣。"②从祀事大,匆遽间恐难议定;历史上的大贤得以从祀,亦大多在殁后多年。以张居正处事之稳健与警敏,也只得如此作答:阳明不能从祀,但亦不同意褫夺阳明的封爵等极端做法。张居正在世时,阳明未能从祀,但这恐怕不能归因于张居正之阴阻。

张居正交游的阳明后学,有聂豹、罗洪先、罗汝芳、胡直、耿定向、周友山等人,其中以泰州后学为多。而其所厌者,恐亦不在少数,尤恶者为何心隐。张居正所喜者,为平实有用之学。此所谓有用,非仅礼乐兵农之实用之学,也包括身心性命之学。张居正并不一概反对理

---

① 《答文宗谢道长》,《张居正集》第二册,第366页。
② 《答南学院谢虬峰》,《张居正集》第二册,第411页。

学,他反对的是标奇立异,欺世盗名之学。他在送泰州后学罗汝芳任宁国知府的赠言中说:

> 国家造士,率以理学风示宇内,缙绅硕儒,相与阐心性,析仁义,强志问学,烝烝盛矣。总之,烜赫焜耀,伟然追古贤哲,固可口悉而指计也。乃怀诡者,玄探隐索,以眩骇耳目,而夸侈无实,掠虚誉于声响形影之似,斯又其下矣。……大都任本实者,诚以达才;骛空言者,辩而无当,此其大较。不可明见耶?①

他对罗汝芳的学问人品十分赞赏,说:

> 唯德结发时,即肆力心性仁义之学,不为风习移易。其语人,深而非异,远而非侈,凿凿皆可底成绩。且自奉简薄,恶以物诱见污。探其蕴,莫之能穷;叩其衷,无不可告。沉然澹然,可爱而不可厌也。②

认为罗汝芳其人其学,都符合他所谓"任本实者"。

他对江右学者聂双江的归寂主静之学甚为契合,认为着实用功之学。他在致聂双江的信中说:

> 伏承高明指未发之中,退而思之,此心有跃如者。往时薛君采先生亦有此段议论,先生复推明之。乃知人心有妙万物者为天下之大本,无事安排。此先天无极之旨也。夫虚者道之所居也,涵养于不睹不闻,所以致此虚也。心虚则寂,感而遂通。故明镜不惮于屡照,其体寂也。虚谷不疲于传响,其中窾也。今不于其居无事者求之,而欲事事物物求其当然之则,愈劳愈敝也矣。③

聂双江之学稍涉形上,不似罗汝芳浅显。但其心之体本虚寂,虚寂方能感而遂通的学说,重归寂主静之涵养功夫,与现成良知派不用功夫

---

① ② 《赠罗惟德擢守宁国叙》,《张居正集》第三册,第490页。
③ 《启聂司马双江》,《张居正集》第二册,第1266页。

之直下承当不同,与张居正喜着实用功,喜心之居虚御实、居一御万的学问趋向相近,所以张居正指聂双江为知音。此外,聂双江之心体本虚寂,未发之中为天下之大本的思想,与张居正所接受的一点佛教思想相契。

佛教对于张居正起的作用比较复杂。一是万历初年,帝在冲龄,政出两宫皇太后,而两宫皇太后皆敬信佛教,尝有建寺印经诸举。张居正不能不委顺示之,以稳身固宠,完成自己的大业宏愿,所以常在一些应酬性文字中颂扬佛教。这在《敕建慈寿寺碑文》中表现得最为明显。二是张居正以佛教之大悲心作为自己当国事以后,不顾身家性命,勇往直前的鼓舞。又以佛教四大皆空之说作为自己日理万机、身心交困之时的清凉剂。他在致幼年时的老师李元阳的信中对此有所剖白:

> 正少而学道,每怀出世之想,中为时所羁绁,遂料理人间事。前年冬,偶阅《华严》悲智偈,忽觉有省,即时发一弘愿:愿以深心奉尘刹,不于自身求利益。去年,当主少国疑之时,以薾然之躯,横当天下之变,比时唯知办此深心,不复计身为己有。幸而念成缘熟,上格下孚,宫府穆清,内外宁谧。而正以退食之余,犹得默坐澄心,寄意方外,如入火聚得清凉门。以是知山寺幽栖,风尘寓迹,虽趋舍不同,静躁殊途,其致一也。①

此点也可由袁中道的一段记载证实:

> 江陵少时留心禅学,见《华严经》"不惜头目脑髓为世界众生,乃是大菩萨行",故立朝时,于称讥毁誉,俱有所不避,一切利国福民之事挺然为之。②

三是明代三教合一之风颇盛,士大夫受时风影响,鲜有不涉佛教的,区

---

① 《答李中溪有道尊师》,《张居正集》第二册,第349页。
② 袁中道著,钱伯诚点校:《珂雪斋集》,上海古籍出版社,1989年,第1208页。

别只在入之深浅。上引书信中张居正自言少而学道,每怀出世之想。在给友人陆五台论禅的信中说自己"宿昔颇种善根"。① 证之张居正的书札序记,可知张居正确实平时亦读佛书,亦与人论佛,只是此类文字不多。就不多的论佛文字看,也是重实修而轻知解,喜功夫而厌捷得。如在一封与人论禅的信中,他说道:

> 远道之怀,出世之想,启我愚蒙。中世以后,大雄之法分为宗、教二门。凡今吾辈之所讲研穷究,言语印证,吾教也。若夫宗门之旨,非略象忘诠,真超玄诣,讵可易言?然宗由顿契,教可依通,譬之法雨普霑,随根领受。而今之学者,皆舍教言宗,妄意揣量,执之为是。才欲略象,而不知已涉于象;意在忘诠,而不知已堕于诠。此竖拳喝棒、狗子矢橛之徒所以纷纷于世也。②

这里对于佛教,只是把它分成教与宗。宗即禅宗,以顿悟契入。教即传统佛教,由渐修证得。张居正不喜禅宗之简捷功夫,主张教门之真实修行。这与他学问上崇实黜虚的趋向一致。

张居正亦与江右学者胡直友善。胡直曾致书,央张居正为其亡父撰写墓表,可见两人交谊不浅。另有书信论寂感之说。胡直宗程明道"仁者与天地万物为一体"与陆象山"宇宙即是吾心"之说,主张寂感一如,反对感前求寂,割裂体用。而张居正则信从聂双江之说,对胡直之说不以为然。张居正在信中说:

> 夫虚故能应,寂故能感。《易》曰:"君子以虚受人。""寂然不动,感而遂通天下之故。"诚虚诚寂,何不可者。唯不务实得于己,不知事理之如一,同出之异名,而徒兀然嗒然,以求所谓虚寂者,宜其大而无当,窒而不通矣。审如此,岂唯虚寂之为病,苟不务实得于己,而独于言语名色中求之,则曰致曲,曰求仁,亦岂得为无

---

① 见《张居正集》第二册,第259页。
② 《答周鹤川乡丈论禅》,《张居正集》第二册,第1301页。

弊哉!①

张居正主张虚寂为本,然后能感而遂通。但此虚寂是用功夫之后的实得,本体之虚寂与功夫之实得一而不二。他反对不用功夫的虚寂,斥之为大而无当,窒而不通。苟无实功,致曲求仁等孔门根本宗旨不过徒为名言概念而已。从这里看,张居正之实学,的确不止经世之学,也包括修身成德,但无论那个方面,皆主实心实事,不空言欺罔。

张居正与泰州后学耿定向交谊最厚,往来书信最多。不仅有政事上的叮嘱,且有学问心得上的交流。前者如万历七年下令清丈全国土地,张居正致信时任福建巡抚的耿定向,嘱其"丈地亩,清浮粮,为闽人立经久计,须详审精核,不宜草草。各经委正官,朝觐毕,即促之赴任"。②后者如万历七年耿定向致信张居正询问如何治理福建,张居正回书答复,就便讨论治术。张居正的答复是,福建素称难治,今无别法,不过就前任刘尧诲、庞尚鹏之措施踵美补漏。治术重在甄别士之流品而各用其长,"唯在试之而责其成功,毋循虚名,毋求高调,则行能别矣"。③而张居正的改革被许多人攻击为只讲霸道,不讲王道;只讲利,不讲义时,张居正又向耿定向吐露心声,讲自己对王霸义利之辨的根本见解,④可见二人交谊非浅。最主要的是两人是同乡,论学上又比较投契。如张居正曾在一封给耿定向的复信中说:"别去倏经霜雪,同心之怀,良不可任。辱谕,谓比来涉事日深,知虚见空谈之无益,具见丈近日造诣精实处,区区所欲献于高明者,正在于此。"⑤此信作于嘉靖四十一年,张居正以虚寂之本心融通内外,成变化立万端的基本思想此时已经确立,且此后忙于政事,无暇深造,故此思想历数十年不变。而耿定向的思想则屡有变化。更重要的是,张居正在夺情遭弹劾后求

---

① 《答楚学道胡庐山论学》,《张居正集》第三册,第140页。
② 《答福建巡抚耿楚侗》,《张居正集》第二册,第876页。
③ 见《答福建巡抚耿楚侗言治术》,《张居正集》第二册,第809页。
④ 见《答福建巡抚耿楚侗谈王霸之辩》,《张居正集》第二册,第829页。
⑤ 《答西夏直指耿楚侗》,《张居正集》第二册,第1284页。

治渐急,所推行之措施逐渐严苛。耿定向以朋友谊曾加以规劝,二人关系自此疏远。此情见于耿定向弟子焦竑所作之《耿天台先生行状》,①当不为无据。

与张居正有关但非其友人的何心隐,是考察张居正晚年政事宦情的一个重要人物。何心隐本名梁汝元,从学于泰州学派的颜山农,与闻王艮立本之旨。在家乡聚徒讲学,间以讽议朝政。在张居正任职京师国子监时,何心隐就不满张居正,讥讽张居正身居太学,不知太学之道。后又买通道士蓝道行,以扶乩去严嵩。张居正对此不能不心动。万历六年左右,何心隐扬言张居正专制朝政,将入都倡言驱逐之。张居正微闻此语,讽地方官使捕治之。何心隐四处躲藏,终被湖广巡抚王之垣缉获,死于狱中,与同乡罗巽并被诬为妖人曾光之同党。此事对士林震动极大,并成为张居正下令毁天下私设书院的导火索。

万历七年(1579)正月,下令毁天下私设书院。前已述,张居正学本崇实,提倡默修,实有诸己,不喜聚讲空谈。此意在万历五年致南京国子监祭酒屠羲英的长信中表露最为明显,信中说:

> 夫昔之为同志者,仆亦尝周旋其间,听其议论矣。然窥其微处,则皆以聚党贾誉,行径捷举。所称道德之说,虚而无当,庄子所谓"其嗌言者若哇",佛氏所谓"蛤蟆禅"耳。而其徒侣众盛,异趋为事。大者摇撼朝廷,爽乱名实,小者匿蔽丑秽,趋利逃名。嘉隆之间,深被其祸,今犹未珍。此主持世教者所深忧也。

认为讲学有名者,皆虚名无实之人,甚至督责学官严纠聚众讲学之风:

> 为提学宪臣,则必遵奉皇上敕谕以造士,而不敢失坠。必不舍其本业而别开一门,以自蹈于反古之罪也。……仆愿今之学者,以足踏实地为功,以崇尚本实为行,以遵守成宪为准,以诚心顺上为忠。毋以前辈为不足学而轻事诋毁,毋相与造为虚谈逞其

---

① 见焦竑:《澹园集》卷三三,中华书局,1999年,第529页。

胸臆。①

对当时的讲学之风可谓深恶痛绝。加之当时有私敛民财以建书院者,甚至有改参将公廨为书院者,②遂有毁书院之令。前述罗汝芳,本与张居正交游,其开罪于张居正甚且丢官,据说也与讲学有关:"万历五年进表,讲学于广慧寺,朝士多从之者,江陵恶焉。给事中周良寅劾其事毕不行,潜住京师,遂勒令致仕。"③

张居正之恶讲学,毁书院,论者多以为与他不喜王学有关。实际上嘉、隆以后王学迅速传播,王门弟子遍域中,特别是东南一带。明代进士以东南诸省为多,与张居正有关的官吏、学者,亦多是南人。以上张居正交游之人,多南省之士,张居正渐渍王学,亦不可免之事。上述他以心之虚寂灵明为体,以心之成变化、行鬼神,应用无方为实得,亦不与王学根本宗旨相悖。唯张居正为学,以《大学》之治国平天下为最高理想,不得已而求其次,亦必求心性之默体自得,要为不落于虚言为归。所以他不见得反对王学。他所交游者,亦多王门后学。而朱子学主格物致知,本较王学为实。加之朱子学为当时科举功令,而有明一朝最重科举,最尊崇朱子,王学学者虽在个人心灵体验上宗阳明,但在科举考试中,在礼仪典制等一般言行规范上,仍不得不遵朱子学。除少数特立独行者外,亦不敢公开牴牾朱子。所以张居仁并不能截然归于王学或朱子学。王学与朱子学也难有截然分判之标准。说张居正以朱子学反对王学,恐不能遽然下此结论。说张居正以治平之学反对心性之学,庶乎近之。但在明代理学已烂熟,四书已家弦户诵的情况下,绝对不讲心性的纯粹治平之学恐亦无有。张居正之恶讲学,毁书院,恐怕更多地是从统一士人思想,消除异端,不给讽议朝政以合适的场所,避免士人结成团体应和朝中党争,同时避免士人追逐虚名,结纳

---

① 以上并见《答南司成屠平石论为学》,《张居正集》第二册,第716页。
② 见《明儒学案·止修学案》,第667页。
③ 《明儒学案·泰州学案三》,第760页。

干请,培养注重实地功夫,真修实得,力戒虚浮的学风这些方面着想。

张居正的吏治与其儒学有关。张居正的悲剧结局,亦与由儒学起家的整个士人群体所造成的氛围和宦情有关。儒学在政治中的作用,在政治家个人人格形成和执政过程中所扮演的角色,在张居正和他相关的士人群体身上表现得十分典型。其中的义蕴,是耐人寻味的。

第十章

东林与蕺山的儒学思想

第一节　东林党人

明末的东林学派对当时政治、学术起了极大作用,发生了极大影响。东林党人之气节令人憬然向往、肃然起敬,但其个人遭际,其对明末政治发生的影响又令人扼腕叹息。当时和后世对东林学派褒贬不一,评价甚为分歧;对东林是否一个学派,东林党是否一个政治团体也有不同看法。比如黄宗羲就否认东林是一个政治团体,认为只是小人为攻击正人、排除异己而加的名目。他在《明儒学案》中总评东林学者说:

> 今天下之言东林者,以其党祸与国运终始,小人既资为口实,以为亡国由于东林,称之为两党;即有知之者,亦言东林非不为君子,但不无过激,且依附者之不纯为君子也,终是东汉党锢中人物。嗟乎!此呓语也。东林讲学者不过数人耳,其为讲院,亦不

过一郡之内耳。昔绪山、二溪,鼓动流俗,江浙南畿,所在设教,可谓之标榜矣。东林无是也。京师首善之会,主之为南皋、少墟,与东林无与。乃言国本者谓之东林,争科场者谓之东林,攻逆奄者谓之东林,以至言夺情、奸相、讨贼,凡一议之正,一人之不随流俗者,无不谓之东林。若似乎东林标榜遍于域中,延于数世。东林何不幸而有是也,东林何幸而有是也。然则东林岂真有名目哉?亦小人者加之名目而已矣。①

黄宗羲还认为,东林之讲学者中,依附者不过数人,以此数人为党,则东林党之名可成立,但若以东林党为朝中由政治利益和政见结成的团体或组织,则无此等东林党。对于有党无党,顾宪成在《自反录》中辩白甚为清楚:

> 或问:"吾闻君子不党,子之为李漕抚(按指李三才)上书也,不近于党乎?"先生(按指顾宪成)曰:"岂唯是哉!当丙戌丁亥间,有毁吕宁陵坤于政府,欲中以考功法者,予极口明其不然,以至取忤;时则人以予为宁陵之党矣。王耀州国用计事失当路指,外迁,予承乏选司,特请于陈恭介,擢卿太仆,时则人以予为耀州之党矣。吴晋陵中行、赵琴川用贤先后被群小望风倾陷,予不揣,辄起而攘臂其间,时则人以予为吴、赵之党矣。江新安东之自邓州守超为光禄卿、李大同植即家起为绥德守,驯至大用,皆犯时贵所忌,时则人以予为江、李之党矣。兹者又言沈嘉禾思孝于太宰,则又以予为嘉禾之党矣。其何所不党哉!然而数君子者各各自成一局,不必意见之尽同,就其中亦往往互相为左,不必藩篱之尽撤。是故党宁陵,则与宁陵左者且外我;党耀州,则与耀州左者且外我;……至于今党漕抚,则与漕抚左者且无不外我,其又何所党

---

① 黄宗羲:《明儒学案》,中华书局,1985年,第1375页。

哉！如此看来,有党乎？无党乎？一凭人谓何耳,予曷敢择焉。"①

顾宪成自言,为此数人辩冤、救援、护持,皆为国事,但皆陷入人事之纠纷。己之心只为是非邪正,不为私人交情。指为朋党,乃政敌打击、诬陷之借口。处于政治漩涡中之官吏,每人皆可有在某些事上政见相近者,但此政见相近者中不必事事皆相近,并且此相近中又有种种相左之处。不能指政见相近者为朋党。此理本极明白,人人皆知,但因涉及官吏进退升降、荣宠兴废之类身家性命之利益,尤其在万历、天启朝执政与私人,内阁与部员,齐、楚、昆、宣、浙各利益集团的斗争十分尖锐的时期,政见的不同演成党争似乎是不可避免的。顾宪成的严于是非邪正、君子小人之辨,在当时主要以利益斗争为考量准则的情势下是极难超然于党争之外的。就以李三才为例,顾宪成对李三才在反对矿监税使中所表现的为民请命、不恤权贵的精神大为赞赏,誉之为"豪杰之品",特别赞赏他在遏止王锡爵复出上的积极作用,而王的复出,所关明朝当时政局甚大。故顾宪成在《自反录》中说:

> 漕抚(指李三才)之可重,不特以其才,而以其节;不特以其有功于地方,而以其有功于世道;其有功于世道也,不特以其能御权阉,而以其能御权相;至其御权相也,又不特如乔道长所云"木偶兰溪(赵志皋)、四明(沈一贯),婴儿山阴(朱赓)、新建(张位)"而已,乃在遏娄江(王锡爵)之出耳。何者？娄江之再起,正否泰夬姤之一大机也。②

其实,东林是有党派性的,不过这个党非小人结党营私之党,而是在政治活动中由相近的政见和相近的政治利益形成的派别。这个意义的党不仅应当存在而且实际上也是存在的。日本学者小野和子在她关于东林历史研究的著作《明季党社考》中说:

---

① 丁元荐录,张纯修重订《顾端文公自反录》,见清康熙刻本《顾端文公遗书》,第14页。
② 《顾端文公自反录》,第6页。

> 如果要求改变政策,追求"天下之公"、"天下之理"的实现,那就不是靠言论,而必须用力量来改变言论,这就是朋党。这里的朋党,既不是过去的同乡形成的集团,也不是以座主、门生的关系个人的结合。正因为是以"天下之公"、"天下之理"形成的"公党",因而是由君子组成的。而且这样的"天下之公"、"天下之理"决不是抽象的东西。①

这是说,为了政治斗争的需要,为了加强力量,扩大阵线,结成党派是必须的,只要不是为了个人私利或因地域、关系等结成的利益集团。此点东林学派的创始者之一的高攀龙也曾说到过:

> 欧阳公论朋党至矣,其曰小人无朋,唯君子有之。吾以为未尽也。唐虞之朝,九官为朋,四凶亦为朋,此两脉与天地相始终者也。……小人为图,则人各有心,而仇君子若天植其性,故不谋而合。……偏党之党,君子不党之党也;党类之党,则各与其党之党也。偏党之党不可有,党类之党不容无。君子之相与也,取其大节,掩其小疵,故末俗之雷同,持必察之独见。小人以君子为偏党,岂偏党哉!②

这是说,政治之有朋党,自古而然,欲避而不得。圣如尧舜,其朝亦不免于党争。朋党可谓与天地相始终。欧阳修所谓"小人无朋,唯君子有之"之朋,乃孔子"有朋自远方来,不亦乐乎"之朋,指砥砺德义、夹辅学问之朋,非"小人朋比为奸"之朋。而政治中之朋党亦有辨,有君子之朋党,有小人之朋党。小人之朋党乃偏党之党,各怀其私心而结盟,以仇君子为共同职志。而君子之朋党,乃出于公心而形成的政见相同的阵营。此为党类之党。君子之党,出于公心,而末节处之不同容或

---

① 〔日〕小野和子:《明季党社考》,上海古籍出版社,2006年,第136页。
② 《高子未刻稿·朋党说》,见古清美:《顾泾阳高景逸思想之比较研究》,台湾大安出版社,2004年,第237页。

有之。小人附和雷同,而怀私利之独见。故偏党之党,君子不齿;党类之党,不可不有。高攀龙还认为,历代未有不以朋党亡者。盖君主不喜朋党,因朋党使朝廷复杂化,难以驾驭。但政治又不能不有朋党。于是小人迎合君主此意而攻君子之党与为偏党,君子为避偏党之口实而疏离其党类。君子之阵线日削,势力日孤。而小人暗中结党以攻君子,而无偏党之名。缘此小人之营垒日强,气焰日张;君子被齮龁殆尽,终至亡国。此种情势历史上并不少见。高攀龙认为避免朋党亡国的关键,在君主能辨君子之党类与小人之偏党,从而进君子、退小人,天下由此而治。故天下治于君子之党,而非论党之有无也。此论带有很强的理想色彩。实际上,在政治中,不仅君子小人极难分辨,即能分辨,为保持各方政治力量的平衡,亦不能对所谓小人之党轻加斥逐。东林虽大体上为君子之党类,但因声名太重,所关当时政治者太大,故自觉不自觉卷入其中者甚多,而攀附者亦众,其间不能说绝无小人。而其中之君子,其行事作略亦不无可訾议处,故多有为小人之党所攻而无可辨白者。

另从长远的政治眼光看,东林当时严辨君子小人,此点适所以自伤,于明末政局大有妨碍。对此,后人有较为持中的议论。如清儒朱一新(号鼎甫)说:

> 东林讲徒盛于东南,厥后徇国难、为逸民者亦唯东南最盛。盖耳濡目染使然,非东南人性独善也。由此言之,讲学何负人国?东林声气太盛,遥执朝权,昧于"壮罔"、"用晦"之戒,亦非"思不出位"之义。后人当以为殷鉴。若其身在江湖,心存魏阙,非独君臣之义当尔,亦士大夫忧国之忱不容自已者也。使并此而无之,将君臣一伦泛乎若萍梗之偶相值,石隐者流且不可,况曾有位于朝者乎?薰莸莫辨,诸贤顾不得辞其责,而其中有别具苦心者,未可

概论。①

此论认为南明之时殉国诸君子,及明亡后隐居不仕之人,多受东林风节之濡染,流风余韵衍传数世,此其学对于当时及后世之影响。但东林讲学声名太盛,且裁量人物,讽议朝政,又与朝中之臣声气相通,遥相呼应,进而干预朝政,此不但昧于《易》韬光养晦之义,且有违"君子思不出其位"之训诫。此为后世士人当吸取之教训。但对东林之赤心热肠,锐身承当,身在草野而心忧国事的精神,又大加表彰,认为丧失此精神,将使士人忧国忧民的传统废坠不存。此诚深知东林之言。

四库馆臣对东林学者的评论则自学者当暗修,不应聚徒讲评政治,且身在林下,不应锐身承当国事由此引起党祸着眼。此意具见顾宪成《泾皋藏稿》之提要,其中说:

> 明末,东林声气倾动四方,君子小人互相搏击,置君国而争门户,驯至于宗社沦胥,犹蔓延诟争而未已。《春秋》责备贤者,推原祸本,不能不遗恨于清流。宪成其始事者也。考宪成与高攀龙,初不过一二人相聚讲学,以砥砺节概为事。迨其后标榜日甚,攀附渐多,遂至流品混淆,上者或不免于好名,其下者遂至依托门墙,假借羽翼,用以快恩仇而争进取,非特不得比于宋之道学,并不得希踪于汉之党锢。故论者谓攻东林者多小人,而东林不必皆君子,亦公评也。足见聚徒立说,其流弊不可胜穷,非儒者暗修之正轨矣。唯宪成持身端洁,恬于名利,且立朝大节多有可观。其论说亦颇醇正,未尝挟私见以乱是非,尚非后来依草附木者比。②

此虽对顾宪成个人之学问人品皆表敬仰,但对东林总体则持批评态度。其中谓攻东林者多小人,东林不必皆君子,其中小人攀草附木本为私仇之报复与官职之升迁,此亦实情。但四库馆臣是从清廷高压下

---

① 《无邪堂答问》卷一,中华书局,2000年,第7页。
② 《四库全书总目》,中华书局,1997年,第2332页。

士人之洁身自好专心学问之立场发言,与明末国事沸腾之局面下士人锐身承当之情势完全不同。谓暗修为学者正轨,此正东林亟亟辩驳者。如顾宪成对当时讲学不问世事之人极其鄙视,斥之为乡愿和功名利禄之徒。《小心斋札记》记载说:

> 季时(顾允成)曰:"今人讲学只是讲学。"予(顾宪成)曰:"何也?"曰:"任是天崩地裂他也不管。"予曰:"然则所讲者何?"曰:"在缙绅只是明哲保身一句,在布衣只是传食诸侯一句。"予为俛其首。①

顾宪成更明确指出:

> 官辇毂,念头不在君父上;官封疆,念头不在百姓上;至于水间林下,三三两两,相与讲求性命,切磨德义,念头不在世道上,即有他美,君子不齿也。②

高攀龙针对此等议论,自曝东林人士忧国之热肠:

> 大抵吾辈罪名只在肠不冷。冷亦何难?恐逆天理耳。因思圣人在家则曰"吾其与闻",在外则曰"必闻其政"。当时大段多事,不知何法免三家之忌?至匡人之围,桓魋欲杀,似不见饶。以先生之仁,直是于人无所不容,然见得是非极真,故世决放不过也。③

认为士人不问国事易,不忘国事难。不忘缘于心不冷,心不冷缘于士人于国于民之责任之自觉。此为儒学相沿数千年之传统,乃天理之所在。但心热必招致当权者之忌恨,此在孔子即不免,更遑论顾宪成。凡不能独善其身而思欲救世者,世决放不过此等人。故此等人之悲剧结局,本早已心晰,不待旁人指点。而士人忧国忧民之传统,数千年传

---

① 《小心斋札记》卷十,第6页。
② 《小心斋札记》卷十一,第2页。
③ 《与泾阳论东林》,《高子遗书》,影印文渊阁《四库全书》本,卷八上,第17页。

承,终是澌灭不得。高攀龙曾在致友人的书信中痛切指出:"诸人欲断东林脉,东林无官脉可断。若道脉,如何断得!"①认为讲学不废国事,就是承继儒家道脉。

然以东林书院为中心的学者②,不管其讲学与否,皆人品磊落,风节可观,后世对这些人訾议不多。但政治上的东林党③,则其中多有小人。于东林恢复名誉后自附于东林者,更有小人。此点正是引起崇祯帝疑忌,并在寻求各政治力量平衡时对东林党人加以裁抑的重要原因。作为东林党人之遗属,对东林始末知之甚悉的黄宗羲,曾指出明亡与东林党人之关系:

> 毅宗亦非不知东林为君子,而以其倚附者之不纯为君子也,故疑之。亦非不知攻东林者之为小人也,而以其可以制乎东林,故参用之。卒之君子尽去而小人独存。是毅宗之所以亡国者,和平之说害之也。④

黄宗羲认为君子小人不并立,是非邪正不容混淆,故宣扬两党和衷共济之所谓"和平之说"不能成立。故与其说明之亡于两党之争,莫如说亡于崇祯帝之不能挺东林之君子,退反东林之小人,反因东林中有小人从而怀疑东林之主流谋国之忠,而用反东林者制衡之,遂使君子尽去,朝署为之一空。所以黄宗羲特别反对和平之说。对"东林中亦多败类,攻东林者亦间有清操独立之人"虽若首肯,但对所谓"东林持论虽高,但对当时筹边制寇等当务之急无有良策;攻东林者自谓孤立任怨,然对明末朝纲紊乱法纪不振的现实无有尺寸之功,徒以忮刻胜东

---

① 《与黄黄石》,《高子遗书》卷八下,第59页。
② 《明儒学案》采录17人,见《明儒学案·东林学案》,第1375—1506页。
③ 对"东林党"的划定范围,日本学者小野和子说:"从政治史立场上来讲,我认为黄宗羲所排除的小人加上名目的东林党人,在广泛的意义是应该算入的。也就是说,可以把在和反东林的党争中,与成为焦点政治课题有密切关系之人叫作东林党,或者东林派。"见氏著:《明季党社考》,上海古籍出版社,2006年,第231页。
④ 《汰存录纪辨》,载《东林本末》,北京古籍出版社,2002年,第313页。

林"等调停两可之说特别反对,力驳其似是而非。①

对东林种种行为之辩护,以及严于君子小人、是非邪正之辨,是黄宗羲被说成"党人习气"的根据。但黄宗羲秉承东林而有之气节风骨,实明末清初士人出处大节之楷模,后人之訾议难掩其光辉。他在《明儒学案》中对东林党人的总评,十分恰切沉痛,是关于东林之评的有数文字:

> 论者以东林为清议所宗,祸之招也。子言之:"君子之道,譬则坊与。"清议者天下之坊也。夫子议臧氏之窃位,议季氏之旅泰山,独非清议乎?清议熄,而后有美新之上言,媚奄之红本。故小人之恶清议,犹黄河之碍砥柱也。熹宗之时,龟鼎将移,其以血肉撑拒,没虞渊而取坠日者,东林也。毅宗之变,攀龙髯而蓐蝼蚁者,属之东林乎?属之攻东林者乎?数十年来,勇者燔妻子,弱者埋土室,忠义之盛,度越前代,犹是东林之流风余韵也。一堂师友,冷风热血,洗涤乾坤。无智之徒,窃窃然从而议之,可悲也夫!②

此中着力表彰的,是东林所代表的儒家士大夫以清议参与政治的传统和为实现政治抱负、爱国理想不惜牺牲的顽强精神,这种精神在明末复社反对奄党、在南明艰苦卓绝的抗清斗争中得以继续。这种精神是鼓舞士人在国家危亡时延续国命甘以身殉的支柱。故后人极论东林之忠义而溯源至顾宪成所开创的东林讲学,如孙奇逢说:

> 自熹庙之季以迄国变,东林忠节辈出而不减东京风俗之美者,实宪成所风励居多也。③

陈鼎也说:

---
① 见《汰存录纪辨》,《东林本末》,第311—320页。
② 《明儒学案·东林学案一》,中华书局,1985年,第1375页。
③ 孙奇逢:《理学宗传》卷十一,载《孙奇逢集》,中州古籍出版社,2003年,第877页。

> 自天启以迄崇祯之末,其间忠节之士接踵而出,不可谓非讲学之力也。①

> 非东林诸君子讲明圣学,阐发义理,激扬廉耻,乌能视国如家,视君如父,趋义如流,视死如归,踵相接而肩相摩耶?呜呼!非讲学之成效欤?有何可畏哉!②

朱一新对讲学与义行之关系说得更为明了:

> 西汉大儒最重微言,宋儒则多明大意,然精微要眇之说,宋儒顾亦甚多。其言心言性,乃大义之所从出,微言之所由寓。汉学家独禁人言之,则无论《周易》一书专明性道,即四子书中,言心言性者何限。子贡谓性道不可得闻,第戒人躐等耳。七十子后,学者何一不明乎此。近人乃借口此言以文浅陋,则六经几可删其半矣。③

此是对儒者的讲学功用——通过讲学标榜道义从而在国祚移变等大事件中见诸英勇行为的明确肯定,也是对顾宪成"但有薄视名节之心,其流必至于卑琐而无检"④及高攀龙"气节而不学问者有之,未有学问而不气节者。若学问而不气节,这一种人为世教之害不浅"⑤之语最切实的说明。东林讲学之重要及其与实践之关系亦可从中见矣。

第二节 顾宪成对王学流弊的纠正

顾宪成(1550—1612)字叔时,号泾阳,江苏无锡人。万历八年

---

① 陈鼎:《东林列传》,影印文渊阁《四库全书》本,卷二,第13页。
② 陈鼎:《东林列传》原序,第2页。
③ 朱一新:《无邪堂答问》,第116—117页。
④ 见顾宪成:《小心斋札记》卷七,第7页。
⑤ 见高攀龙:《高子遗书》卷五,第21页。

(1580)进士。授户部主事。时张居正当国,顾宪成上书言事,无所隐避。后为吏部验封司主事,上书为总宪辛自修辩护,语侵权臣王锡爵,谪贵阳州判官。擢考功司主事。三王并封诏下,上疏力争,与王锡爵反复辩论,其事得止。万历二十一年(1593)官员考核,赵南星尽黜执政之私人,被调外任,顾宪成上书救援,为执政所不喜。在会推阁员一事上,又举旧辅王家屏,忤执政之意,削籍归里。万历三十二年(1604),于宋杨时讲学旧址建东林书院,四方学者闻风而至。依朱熹《白鹿洞书院学规》立《东林会约》,特倡"饬四要"、"破二惑"、"崇九益"、"屏九损"诸条。四要者一曰知本,二曰立志,三曰尊经,四曰审几。其重性善之论、重君子人格修养、经学理学并举、体证与实修并行的主张于中可尽见。书院讲会中亦多裁量人物,訾议国政,当时天下目为清议之宗主,朝廷亦畏忌其舆论。在万历后期阁臣之争上,力挺淮抚李三才,以其能遏王锡爵之复出,招致攻东林者之反对,东林遂成集矢之地。魏忠贤柄政,奄党作《东林党人榜》、《东林点将录》、《东林同志录》等,由是党祸大兴,与国祚相始终,至明亡犹争之不已。顾宪成逝世于万历四十年(1612),生前被削夺一切封赠,至崇祯二年(1629),赠吏部右侍郎,谥曰端文。主要著作有《顾端文公遗书》和《泾皋藏稿》。《顾端文公遗书》包括《小心斋札记》18卷;讲学语录5种,有《虞山商语》、《东林商语》、《经正堂商语》、《志矩堂商语》、《仁文商语》、《南岳商语》及《当下绎》、《还经录》、《自反录》、《证性编》、《东林会约》等。《泾皋藏稿》共22卷,是顾宪成的文集。

顾宪成之一生,人品学问皆甚俊伟,即使政敌,对此亦无异词。后世虽对东林党人不无异议,但对东林创始者顾宪成皆抱崇敬之心。此可谓盖棺论定。如江右学者邹元标曾说:

> 常论世非无谈艺者,自公经义出,遂以为王瞿复起,握管者却步。世非无启事者,自公奏副出,遂以为子瞻再生,起草者屏息。世非无登坛者,自公东林一辟,遂以为濂洛更苏,虚骄者愧耻。公

虽不得尽其用,然所与天子宰辅争是非可否者,皆国本重计,宗社远猷。非实以身肩斯道者,必不能。谓公一日树千百年计可矣。①

此谓顾宪成之经义、奏疏、讲学语皆正大明晰,文采绚烂,为一代之宗匠。而骨鲠铮铮,所争者皆军国重事,与关乎儒学根本方向的重要问题。顾宪成生当明末,此时阳明后学之流弊日益明显,他着力做的,就是以儒学之全纠正阳明学之偏,恢复本体功夫全提、经学理学并重的为学格局。此意向于他为东林书院订立的《东林会约》中看得很清楚。《东林会约》一以朱熹手订之《白鹿洞书院学规》为蓝本,对《学规》中"父子有亲,君臣有义"等五教,"博学、审问"等为学次第,"言忠信、行笃敬"等修身之要,"正其谊不谋其利,明其道不计其功"等处事之要,"己所不欲,勿施于人"等接物之要尽皆保留,为东林书院院规之主体,前加孔子与颜、曾、思、孟之要语,后加据当时学弊所特别强调之"四要"、"二惑"、"九益"、"九损"等内容。对东林上承道南一派之学甚表承当之忱。顾宪成在《东林会约》跋尾中表露此意说:

> 愚所条具,大都就白鹿洞规引而伸之耳,非能有以益之也。退而思之,更发深感。追唯龟山先生之自洛而归也,程淳公目送之曰:吾道南矣。自是一传得豫章,再传得延平,三传得考亭,而其学遂大显,皆南产也。淳公之言庶几其知命乎!龟山先生游吾锡,乐而安之,至历十有八年不舍,其眷眷如是。……先生上承濂洛,下启考亭。四先生之精神,直与天地相始终,而先生之精神,又与四先生相始终。宜其有触而即应,不戒而自孚也。是故必有先生之精神,而后可以通四先生之精神;必有四先生之精神,而后可以通天下万世之精神,所谓纽道脉、系人心,兴者而废,废者复兴,垂之弥久而弥新也。②

---

① 见邹元标所撰之墓志铭,《顾端文公年谱》,第2页。
② 《东林会约》,载《顾端文公遗书》,第12页。

可见,顾宪成为东林树立的学脉是由杨时而及濂洛关闽,上而通孔子及颜曾思孟,是典型的正统派。他的一切理论,皆以此为根据,从此中展开、生发。

在此儒家学脉中,顾宪成尤所佩服的是周敦颐和朱熹。顾宪成说:

> 孔孟既没,吾道不绝如线。至宋而始一光,发脉得一周元公,结局得一朱晦翁。而二程及张、邵、罗、李诸先生复相与后先主持于其间,天实命之以斯文之寄,非偶然也。①

之所以佩服此二人,以其一为理学之开山,一为理学之集大成者。而张程诸大儒,皆一时之杰,共同扶持此道,光大此学,于理学之发展与有力焉:

> 二程与横渠、康节一时鼎兴,气求声应,此吾道将隆之兆也。微元公,孰为之开厥始?流传渐久,分裂失真,于是乎有禅而儒者,有霸而儒者,有史而儒者,此吾道将涣之兆也。微晦翁,孰为之持厥终?韩昌黎谓孟子之功不在禹下,愚谓元公之功不在孟子下,晦翁之功不在元公下。②

而在理学诸大儒中,顾宪成尤喜周敦颐之学,认为无后来诸儒之偏,最平正广大,他说:

> 明道见处极高,便有玄语;伊川见处极正,便有拙语;横渠见处极深,便有艰语;康节见处极超,便有玩语;晦翁见处极实,便有滞语;象山见处极径,便有狂语。唯元公其不可及也。③

顾宪成甚至说《太极图说》是周敦颐之《中庸》,《通书》是周敦颐之《论语》,可谓推崇备至。周敦颐之《太极图说》、《通书》确实见道弘远,语

---

① 《小心斋札记》卷一,第2页。
②③ 《小心斋札记》卷一,第3页。

意简赅,深刻隽永,为理学家中有数之著作。而以上指为小有瑕疵之儒,亦皆有其不可掩之光焰,其瑕疵处正是其独到处,如明道之玄,横渠之深,甚至康节之玩,皆其不可及之特点。这些特点也正是他们对理学的开发处、疏浚处。但周敦颐著作传世者太少,规模具而未能开大,须后来儒者阐释发挥,开山之功甚伟,但光大之力更是不能无。对这一点顾宪成并非无见,他说:

> 元公之于道,至矣。所以为之推行其道,使得昌于当时者,程伯子也。所以为之推明其道,使得传于后世者,朱晦翁也。元公藏诸用,其源深;两先生显诸仁,其流远。①

这里对明道、朱子发挥、提倡、推明周敦颐之学的功绩,十分赞赏。顾宪成表彰宋代理学诸大儒,就是要突破当时阳明学者以语录之学为究竟,以阳明良知之教为唯一参究对象,离开了理学规模开大,义理弘深且学风笃实的传统这一局面,恢复儒学之全、之真。

顾宪成之表彰周敦颐,还有一个重要用意,就是纠治当时学弊,返回理学开创初期平正深刻、不拘不荡的规模。他认为周敦颐之学代表了此种平正深刻,而朱子和阳明都有所偏。他尝说:

> 卓哉其元公乎!吾始以为元公也,而今乃知其宛然一孔子也。《太极图说》推明天地万物之原,直与《河图》、《洛书》相表里。《通书》四十章又与《太极图说》相表里。其言约,其旨远,其辞文;其为道易简而精微,博大而亲切。是故可以点化上士,可以锻炼中士,可以防闲下士,未尝为吾儒标门户,而为吾儒者咸相与进而奉之为斯文之主盟,莫得而越焉;未尝与二氏辩异同,而为二氏者咸相与退而各守其宗,莫得而混焉。至矣,尽矣,诚足以考前圣而不谬,俟后圣而不惑矣。阳明先生开发有余,收束不足,当士人桎梏于训诂词章间,骤而闻良知之说,一时心目俱醒,恍若拨云雾而

---

① 《小心斋札记》卷一,第3页。

见白日,岂不大快。然而此窍一凿,混沌几亡,往往凭虚见而弄精魂,任自然而蔑兢业,陵夷至今,议论益玄,习尚益下,高之放诞而不经,卑之顽钝而无耻,仁人君子又相顾徘徊,喟然太息,以为倡始者殆亦不能无遗虑焉而追惜之。此其所以逊元公也。然则朱子何如?曰:以考亭为宗,其弊也拘;以姚江为宗,其弊也荡。拘者有所不为,荡者无所不为;拘者人情所厌,顺而决之为易;荡者人情所便,逆而挽之为难。昔孔子论礼之弊而曰:"与其奢也,宁俭。"然则论学之弊,亦应曰:与其荡也,宁拘。此其所以逊朱子也。①

此中直以周子为宋代之孔子,又以之为"三代以下之庖牺氏"②,可谓推崇备至。顾宪成又说:"周元公尚矣,明道、晦庵两先生各有独到处,未易以优劣论。"③皆置周敦颐于朱子之上。说朱子之学过于拘守,又以周敦颐为中行,明道近于狂,伊川近于狷,朱子则狂狷之间。将周敦颐的地位抬到如此的高度,殆不多见。他的意图在树周子为典范,倡导一种有本体有功夫,贯通天地人为一体,无门户壁垒,不易发生弊害,又指点亲切,文辞易简的学问模式。由此种学问模式反观朱子之学,则不无过于拘守处。在明末个性张扬,特重抒发个人情绪体验,竞言冲破范式,以严谨治学为陈腐旧套的时代,视朱子学为拘似是十分平常的。但顾宪成认为,当时最大的学弊并非拘,而是荡。荡者荡灭格范,荡涤轨则,荡佚礼法之谓。其最大的流弊在顺任自然,轻视兢业修为之实地功夫。此弊之害远大于拘守。此种情势的造成多由王门后学,但王阳明实为厉阶。故顾宪成认为阳明之学又逊于朱子。这里顾宪成完全是从纠正明末的学弊着眼去安排理学先辈的历史地位的。

顾宪成平生用力最多的,是关于性善的论说,在《小心斋札记》中,

---

① 《小心斋札记》卷三,第4页。
② 《小心斋札记》卷三,第2页。
③ 《小心斋札记》卷三,第3页。

在诸讲学语录中,在《当下绎》、《还经录》、《东林会约》诸书中,处处提掇性善之旨。还专门作《证性编》六卷,从各方面详论性善之旨,目的在破阳明"无善无恶"之说。此书为顾宪成性论的集中体现。卷一为"存经",选五经、四书中论性之经典语,作为自己性论的标的。其中尤以孟子语为多。卷二为"原异",推原释老无善无恶之说,与以上儒家经典中论性善之语对照。卷三、卷四为"罪言",专列王阳明无善无恶之说。其"罪言"二字,已可看出顾宪成以无善无恶为儒家之罪言的立场。此两卷为《证性编》的重点所在。卷五、卷六则列与管志道论性之书信两通,下附管志道往复商论之书信,以见性善讨论中微细曲折之处。

顾宪成的学问宗旨可用四字概括:性善,小心。顾宪成自言:"语本体,只是性善二字;语功夫,只是小心二字。"①问到自己的讲学要义,顾宪成也以性善二字作答,曾说:

> 吾于此亦参之有年矣,参来参去,委不如性善二字好。这里参得一分透,即有一分得力;参得二分透,即有二分得力。参得完完全全,便是圣人。此事选不得日子,拣不得方向,定不得格式,只要办一副真精神,随时随地都是理会处。②

顾宪成论性,首明性之绝对,性之纯善无恶。他说:

> 性,太极也;太极,天地之枢纽,万物之根柢也。为天地之枢纽,则天地不得而偶之矣;为万物之根柢,则万物不得而偶之矣。是故太极无对,性无对。③

这里以性为太极在人心中的体现,性是具体而微的太极。太极超越万物,与物无对,是绝对的善。性体亦超越具体的思虑情欲,是绝对的

---

① 《小心斋札记》卷一八,第8页。
② 《小心斋札记》卷七,第1页。
③ 《证性编·罪言上》,第8页。

善。他在"存经"中摘述《易传》之"一阴一阳之谓道,继之者善,成之者性"。及《书经》"唯皇上帝降衷于下民,若有恒性",《诗经》"天生烝民,有物有则。民之秉彝,好是懿德"等,皆欲表达此意。而最高本体太极以下诸概念,如二气五行等,皆不可与太极并立。二气五行有善有恶,太极则为绝对的善,此善不与恶对。顾宪成说:

> 性,太极也;识神,阴阳也。以识神言,委是无善无不善,委是可以为善可以为不善;委是有善有不善,谓之无定体可也。若以性言,总只是一个善耳,谓之无定体,不可也。①

顾宪成强调性的绝对性,性为太极之表现,就是要将性善立于坚实的基础之上,以此纠治性无善无恶论带来的种种弊病。此点是顾宪成性论的注目所在。他甚至将此写入《东林会约》,作为对士子的特别警戒:

> 阳明先生曰:"无善无恶心之体,有善有恶意之动,知善知恶是良知,为善去恶是格物。"其立言岂不最精密哉?而犹不免于弊,何也?本体功夫,原来合一。夫既无善无恶矣,且得为善去恶乎?夫既为善去恶矣,且得无善无恶乎?然则本体功夫,一乎?二乎?将无自相矛盾耶?是故无善无恶之说伸,则为善去恶之说必屈;为善去恶之论屈,则其以亲、义、序、别、信为土苴,以学、问、思、辨、行为桎梏,一切藐而不事者必伸。虽圣人复起,亦无如之何矣,尚可得为救正耶?②

王阳明四句教之精义,已见前述。顾宪成对四句教的说解是否相应阳明本义,此处且不说,留待下文。这里要指出的是,顾宪成对性善说的强调,对无善无恶的批评,皆针对明末种种学弊而发,特别是王门后学带来的荡灭礼法、猖狂自恣与耽空守寂。他认为,如破了性善论,则一

---

① 《证性编·罪言下》,第3页。
② 《东林会约》,第6页,载《顾端文公遗书》。

切功夫皆不从本体而生,必落在气上,无与于人之本心性地。自律之关防一撤,种种虚伪相循而生,小人、乡愿之归必不能免。他主张性善,提倡一切功夫必从性中开发,本体功夫合一,杜绝一切作伪。故顾宪成不遗余力、不厌其烦地批评性无善无恶说,如:

> 谓之无善,则恶矣,却又曰无恶;谓之无恶,则善矣,却又说无善。只此两转,多少曲折,多少含蕴,一切笼罩包裹、假借弥缝、逃匿周罗、推移迁就、回护闪烁,哪样不从这里播弄出来。阳明先生曰"无善无恶,谓之至善",苟究极流弊,虽曰"无善无恶,谓之至恶"亦宜。①

又说:

> 无善无恶四字,就上面做将去,便是耽虚守寂的学问,弄成一个空局,释氏以之。从下面做将去,便是同流合污的学问,弄成一个顽局,乡愿以之。释氏高,乡愿低;释氏圆,乡愿巧;释氏真,乡愿伪,其为无善无恶一也。②

意思是,无善无恶,高洁的人以此为根据,适走入释道二教;卑污的人以此为根据,适走入顽钝无耻。关于前一路,顾宪成在《证性编·原异》中条举释道宗无之语多条,并总结说,佛经所载七佛偈及七十二祖转相嘱咐之语,总其大旨,不越无善无恶四字。老子言"失道而后德,失德而后仁,失仁而后义",总以无善无恶为归。并就此批评阳明:"从上圣贤道性善,都是实实地就本体上指点出来;阳明道性无善无恶,却是虚虚地就光景上形容出来,一边作平常说,一边作玄妙说。只这些意思便会做病。"③

与此相关联,顾宪成也批评主张性无善恶的告子,他说:

> 自昔圣贤论性,曰"帝衷"、曰"民彝"、曰"物则"、曰"诚"、曰

---

①②③ 《证性编·罪言上》,第7页。

"中和",总总只是一个善。告子却曰"性无善无不善",便是要将这善字打破。自昔圣贤论学,有从本领上说者,总总是个求于心;有从作用上说者,总总是个求于气。告子却曰:"不得于言,勿求于心;不得于心,勿求于气。"便是要将这求字打破。将这善字打破,本体只是一个空;将这求字打破,功夫也只是一个空。故曰:告子禅宗也。①

这是说告子既无本体,又无功夫。与儒家传统大异。顾宪成还认为,告子之性无善无恶及食色性也,与佛教之目视耳听鼻嗅等,皆导致作用为性。并认为以无善无恶四字辨告子易,辨佛道难;因为告子见性粗率,佛道见性精微;辨四字于佛道易,辨四字于阳明难,因为佛道自有宗旨,而阳明则以名儒而行告子、佛道之实,指斥阳明以虚见坏儒家之实教。

顾宪成其至认为世间一切过恶皆由无善无恶四字而起,不过有高低、巧拙、入世出世之别。他说:

释氏得无善无恶之髓,老子得无善无恶之骨,乡愿得无善无恶之肉,胡氏之《中庸》、苏氏之模棱、冯氏之痴顽,得无善无恶之皮。外此拾无善无恶之唾而已。②

此中"胡氏之《中庸》",指南宋胡宏对《中庸》的解释。胡宏说:"凡人之生,粹然天地之心,道义完具,无適无莫,不可以善恶辨,不可以是非分,无过也,无不及也,此中之所以名也。""性也者,天地鬼神之奥也,善不足以言之,况恶乎?"并认为"孟子道性善"之"善"字,乃叹美之词,非与恶相对之善。胡宏此说遭到朱熹的批评,认为语皆有病。③ "苏氏之模棱",指苏轼《苏氏易解》中之模棱两可语,苏轼说:"古之君子,患

---

① 《小心斋札记》卷三,第1页。
② 《小心斋札记》卷三,第8页。
③ 胡宏之言及朱熹之批评皆见朱熹:《胡子知言疑义》,载《胡宏集》附录,中华书局,1987年,第328—333页。

性之难见也,故以可见者言性。以可见者言性,皆性之似也。"又说:"性之所在,庶几知之,而性卒不可得而言也。"至其言性,则曰:"孟子之于性,盖见其继者而已矣。夫善,性之效也,孟子未及见性,而见性之效,因以所见者为性。"苏轼此言被朱子批评为:"孟子道性善,盖探其本而言之,与《易》之旨未始有毫发之异,非但言性之效而已。""苏氏之言,曲譬巧喻,欲言其似而不可得,岂若圣贤之言,直示而无隐邪?"①"冯氏之痴顽"指唐末五代之冯道,先为唐参军,入五代后事唐、晋、汉、周四朝,历十君,居相位二十余年。又附契丹,亡国丧君,未尝在意。其得力者全在一句"事当务实"。务实则轻善恶之辨,出处之节。此为顽钝无耻。其实胡宏与苏轼不当与冯道并列,此处顾宪成所注目者,在昭明若持无善无恶,必陷于理论上之谬误。着眼于当世,他更认为种种错谬,皆起于无善无恶一语:

> 人亦有言,凡说之不正而久流于世者,必其投小人之私心而又可以附于君子之大道者也,愚窃谓唯无善无恶四字当之。何者?见以为心之本体原是无善无恶也,合下便成一个空;见以为无善无恶只是心之不着于有也,究竟且成一个混。空则一切解脱,无复罣碍,高明者入而悦之,且从而为之辞曰:理障之害,甚于欲障。于是乎委有如所云:以仁义为桎梏,以礼法为土苴,以日用为尘缘,以操持为把捉,以随事省察为逐境,以讼悔迁改为轮回,以下学上达为落阶级,以砥节砺行、独立不惧为意气用事者矣。混则一切含糊,无复拣择,圆融者便而趋之,且从而为之辞曰:行于非道,乃成至道。于是乎委有如所云:以任情为率性,以随俗袭非为中庸,以阘然媚世为万物一体,以枉寻直尺为舍其身济天下,以依违迁就为无可无不可,以猖狂无忌为不好名,以临难苟免为圣人无死地,以顽钝无耻为不动心者也。由前之说,何善非恶;由

---

① 苏轼之言及朱熹之批评皆见《宋元学案》,中华书局,1986年,第3287—3294页。

后之说,何恶非善。是故就而诘之,彼其所占地步甚高,上之可以影附君子之大道;欲置而不问,彼其所握机缄甚活,下之可以曲投小人之私心。即孔孟复作,其亦奈之何哉!此之谓以学术杀天下万世。①

其《还经录》也说:

> 无善无恶四字最险最巧。君子一生兢兢业业,择善固执,只着此四字便枉了为君子;小人一生猖狂放肆,纵意妄行,只着此四字,便乐得做小人。语云:埋藏君子,出脱小人。此八字乃无善无恶四字膏肓之病也。②

这两段话十分沉痛,顾宪成之所以反对无善无恶之苦心尽数剖露。他最痛心疾首的,是当时社会风气之败坏,一世人尽成假人,一切善行皆可在无善无恶之评价下失去道德价值,一切恶行皆可在无善无恶的掩护下放手做去;善行得不到公正评价而无人趋赴,作恶之人又可以用无善无恶为借口来开脱自己。专就士风来说,与两汉相比,当时最大的弊病在士之顽钝无耻。顾宪成认为无善无恶一语于士风士习进而整个社会的道德状况所关甚大。他欲以抨击、推倒此种理论达到挽救晚明之衰颓的目的,这就是顾宪成汲汲于此不少休歇的理由。

顾宪成之弟允成(季时)亦力辟无善无恶,以此四字为众恶之门。平生最厌恶乡愿、假道学,尝说:"三代而下,只是乡愿一班人;名利兼收,便宜受用。虽不犯手弑君弑父,而自为忒重,实埋下弑父弑君种子。"③认为无善无恶四字实此辈之厉阶,他说:

> 无善无恶,本病只是一个"空"字,末病只是一个"混"字。故始也,见为无一之可有;究也,且无一不可有。始也,等善于恶;究

---

① 《证性编·罪言上》,第10页。
② 《顾端文公遗书·还经录》,第19页。
③ 顾允成:《小辨斋偶存》,影印文渊阁《四库全书》本,卷三,第9页。

也,且混恶于善。……其"至善"也,乃其所以为至恶也。①

又说:

> 朱子尝曰:孟子一生,费尽心力,只破得枉尺直寻四字。今日讲学家,只成就枉尺直寻四字。愚亦曰:孟子一生,费尽心力,只破得无善无恶四字,今日讲学家,只成就无善无恶四字。②

此语与前述乃兄之语甚为相近。宪成允成兄弟对当时的社会弊病所见大略一致,理论着力点亦一致。其对无善无恶的排拒,对扭转当时士风学风返于实地,产生了一定影响。故东林学者钱一本曾说:"无善无恶之说,近时为顾叔时、顾季时、冯仲好(从吾)明白排决不已,不至蔓延为害。"③

顾宪成对无善无恶的批评自有其时代之关注,此并无不是。但他由此牵连至阳明,对阳明"无善无恶心之体"一语时时不放,以为批评之重点对象,却由错会阳明之言所致。或者可以说,他并非不知阳明此句话之本意,而是由对泰州龙溪之不满而上溯至阳明的。对阳明之本意与顾宪成之误解,黄宗羲曾加以辨正:

> 先生深虑近世学者乐趋便易,冒认自然,故于不思不勉当下即是皆令究其源头,果是性命上透得来否;勘其关头,果是境界上打得过否。而于阳明无善无恶一语,辩难不遗余力,以为坏天下教法自斯言始。按阳明先生教言:无善无恶心之体,有善有恶意之动,知善知恶是良知,为善去恶是格物。其所谓"无善无恶"者,无善念恶念耳,非谓性无善无恶也。有善有恶之意,以念为意也。知善知恶,非意动于善恶从而分别之为知,好善恶恶,天命自然,炯然不昧者,知也。即性也。阳明于此加一"良"字,正言性善也。

---

① 顾允成:《小辨斋偶存》卷三,第10页。
② 《小辨斋偶存》卷三,第7页。
③ 见《明儒学案·东林学案一》,中华书局,1985年,第1379页。

为善去恶,所谓"有不善未尝不知,知而未尝复行"也。良知是本体,天之道也;格物是功夫,人之道也。盖上二句浅言之,下二句深言之。心、意、知、物只是一事。今错会阳明之立论,将谓心之无善无恶是性,由是而发之为有善有恶之意,由是而有分别其善恶之知,由是而有为善去恶之格物,层层自内而之外,使善恶相为对待,无善无恶一语,不能自别于告子矣。阳明每言至善是心之本体,又曰至善是尽乎天理之极而无一毫人欲之私,又曰良知即天理,其言"天理"二字不一而足。乃复以性无善无不善自堕其说乎?且既以无善无恶为性体,则知善知恶之知流为粗几,阳明何以又言良知是未发之中乎?是故心无善念、无恶念而不昧善恶之知,未尝不在此至善也。当时之议阳明者以此为大节目,岂知与阳明绝无干涉。呜呼!天泉证道,龙溪之累阳明多矣。①

黄宗羲此言甚确,非深知东林、非深知阳明学、非深知四句教于整个王门之干系者绝道不出。黄宗羲为东林之后,其父尊素与东林之重镇高攀龙为至交,其与东林诸君子之时代不远,习闻东林诸君子之行实,故能得其言之真实意指。其对顾宪成所以攻无善无恶之苦心提揭深至,此又非知王门后学之流弊与整个明代后期学术之关系者难以道得如此精到明白。此中对阳明四句教的辩白,字字珠玑,足以破学界对四句教的种种误解。四句教之第一句"无善无恶心之体",此"心之体"指心之体段,心之样态,非指心之本体——性。阳明说己之学问是无中生有的学问,正指心越无善无恶,则对性体的遮蔽越轻,性体之至善就越是显发。"有善有恶意之动",即"心之所发便是意",意指有善有恶的念头。"意之本体便是知",此句意谓意的本质是一种心理活动,以为下句"意之所在便是物"张本。他所谓物,指意念这种心理活动的指向,而非在我之外的具体事物。"知善知恶是良知",此知是虚说,指性

---

① 《明儒学案·东林学案一》,中华书局,1985年,第1379页。

体本有的好善恶恶的严正趋向,此为性体的本质。知何者为善何者为恶是第二位的。知善知恶必以好善恶恶为前提,为基础,为根据。此即阳明"良知只是个是非之心,是非只是个好恶。只好恶就尽了是非,只是非就尽了万事万变"一语的真实含义。"为善去恶是格物"则因有阳明"格者正也,正其不正以归于正之谓也"一语,理解上分歧不大。黄宗羲以上精义,在对泰州派下学者周汝登的评论中也有明白表述:

> 阳明言"无善无恶心之体",原与性无善无不善之意不同。性以理言,理无不善,安得云无善?心以气言,气之动有善有不善。而当其藏体于寂之时,独知湛然而已,亦安得谓之有善有恶乎?且阳明之必为是言者,因后世格物穷理之学,有先乎善者而立也。乃先生(指周汝登)建立宗旨,竟以性为无善无恶,失却阳明之意。……后来顾泾阳、冯少墟皆以无善无恶一言排摘阳明,岂知与阳明绝无干欤! 故学阳明者,与议阳明者,均失阳明立言之旨。①

两段评论大旨相同,而文字少异,相互参看,四句教之旨可明白无疑。

由此可见,顾宪成兄弟痛斥无善无恶,有其救治当时学风、士习及整个社会风气的苦心,但其以阳明为箭靶,大批其"无善无恶",却是极不相应的。黄宗羲以为此种误解,全由王龙溪之四无说招来。其实,与其说顾宪成误解了天泉证道时王龙溪的四无之义,不如说顾宪成看到了王龙溪四无说带给明代中后期士林的弊害而思欲克服之。龙溪之累害阳明,不在文句之易致歧解上,而在其理论引发的后果上。从此点说,顾宪成之痛斥无善无恶,非误读阳明、龙溪,而是有意树一论敌而借以申说己意。阳明代人受过,其抱屈亦无可如何之事。

至于顾宪成自己的功夫要点,则"小心"二字可以概括。"小心"即儒家根本功夫——"敬"。顾宪成自名其书斋曰"小心",用功之趋向已

---

① 《明儒学案·泰州学案五》,中华书局,1985年,第854页。

寄寓其中。《小心斋札记》载：

> 或问："子以小心名斋，必有取尔也。乃札中并未尝及此二字。曾一处及之，予又不能无疑，敢请。"曰："吾所言无非此二字，只是不曾牵名道姓耳，试体之便见。……《诗》云：'小心翼翼，昭事上帝。'此之谓也。"曰："'小心'是个敬。闻之程子之言敬，曰主一无适。谢上蔡之言敬，曰常惺惺法。尹和靖之言敬，曰其心收敛，不容一物。似说得甚精。"曰："总不出'小心'二字。此二字亦何尝不精？"曰："世儒放胆多矣，提出这二字，正是对症之药。"曰："这是百草中一粒灵丹，不论有病无病，却少它不得。而今只要实实调服，莫只把来做个好方子，随口说过，随手抄过，却将自家死生放在一边也。"①

在顾宪成看来，性善之本体，必赖小心之功夫助成之，无功夫之本体，只是玩弄光景。本体之善必有功夫以实现之。本体一立，必强调功夫。而从二者之难易看，本体为本有，醒觉它全靠理论之指点与体认。故顾宪成之大力提倡"小心"功夫，与他极辩无善无恶之非一样，目的皆在纠正当时学弊，而"小心"二字特针对王门中狂放一路而发。他说：

> 世人往往喜承本体，语及功夫，辄视为第二义。孔子当时却只任功夫。故曰："若圣与仁，则吾岂敢。抑为之不厌，诲人不倦，则可谓云尔已矣。"……然则孔子之所谓功夫恰是本体，而世人之所谓本体，高者只一段光景，次者只一副意见，下者只一场议论而已矣。②

这里明确反对只任本体，抛弃功夫，针对的显然是泰州、龙溪派下之人。顾宪成曾说："罗近溪以颜山农为圣人，杨复所以罗近溪为圣人，

---

① 《小心斋札记》卷一二，第8页。
② 《小心斋札记》卷一五，第1页。

李卓吾以何心隐为圣人。何心隐辈坐在利欲胶漆盆中,所以能鼓动得人。"①又说:"东坡讥伊川曰:'何时打破这敬字?'愚谓近世王泰州座下颜、何一派,直打破这敬字矣。"②所指斥者亦泰州派下之人。他之所以表彰周敦颐之"主静"、表彰道南学派之"于静中看喜怒哀乐未发前气象",皆与他的"小心"宗旨有关,皆服务于他抑制蔑弃功夫、放胆行去这一根本任务。

顾宪成此点直接为后来刘蕺山承袭。蕺山批评泰州、龙溪"虚玄而荡,情识而肆",及颜山农、何心隐"鱼馁肉烂"、"非名教所能羁络",皆直承顾宪成。甚至清代学者的由王返朱,强调实学,顾宪成也可以说为其先导。顾宪成对王门后学的批评,由此所导致的明清儒学的转型,及他开创的东林学派对明末政治的影响,是中国历史上的大事件。顾宪成在儒学史上的地位由此可见一斑。

第三节　高攀龙对东林之学的深化

东林学派的另一位重要人物是高攀龙。高攀龙(1562—1626)初字云从,后字存之,号景逸,无锡人,万历十七年(1589)举进士,不久遭嗣父丧,服阕授行人司行人。时四川佥事张世则以所著《大学初义》献,欲施行天下,且上疏自谓读《大学》古本有悟,知朱熹之学专务尚博而不能诚意,议论多而成功少,甚至将宋亡归咎于朱学造成的萎靡不振之风习。高攀龙上《崇正学辟异说疏》为朱子辨冤,谓程朱之学,大要不出涵养须用敬、进学在致知二语。此乃孔子之教。穷理即博文,居敬即约礼,二者合一并进,即圣学之允执其中。并且在此疏中剖白

---

① 《小心斋札记》卷一四,第 2 页。
② 《小心斋札记》卷九,第 10 页。

自己所以表彰程朱之学的苦心：

> 臣有深忧焉。自世庙以前,虽有训诂词章之习,而天下多实学。自穆庙以来,率多玲珑虚幻之谈,而弊不知所终。笑宋儒之拙,而规矩绳墨脱落无存。以顿悟为工,而巧变圆融不可方物。故今日对病之药,正在扶持程朱之学,深严二氏之防,而后孔孟之学明。①

建议朝廷明诏中外,非四书五经不读,非濂洛关闽之学不讲,从而一人心,同教化。此疏为高攀龙表彰程朱之学,用以遏制王学末流之泛滥,救时之弊的最初宣言。疏上,《大学初义》遂不得进。

次年,王锡爵入阁辅政,排除异己,吏部尚书孙鑨及吏部右侍郎赵用贤被讦去位,高攀龙疏劾王锡爵泄私愤,斥逐正人,并谓攻讦赵用贤之郑材、杨应宿谗诌宜黜,因此获罪,谪揭阳添注典史。在揭阳,官暇则课士改文,编《朱子语要》。到官七月即因事归家。归途中见止修学派的李材,与辩修身格物之学。抵家后作水居,读书静坐其中。有诗多首吟咏此时闲适心境,下引之一首可见一斑:"少敦诗书好,长嗜山水娱。一朝谢簪组,而来居菰芦。青山当我户,流水绕我庐。窗中达四野,喜无垣壁拘。桃柳植长堤,菱荷被广渠。徒侣有渔父,比邻唯田夫。虚堂白日静,恍若游黄虞。兀兀日趺坐,欣欣时读书。会兹动静理,常得性情舒。恬然以卒岁,去此将焉如。"②又广取释老之书读之,寻绎儒家与释老异同,谓:"释氏与圣人所争毫发。其精微处吾儒具有之,总不出无极二字;弊病处先儒具言之,总不出无理二字。"③认为"无"之静定,儒家与释老皆讲,而穷理尽心,为儒家独有,因为释老之宗旨,为求心之空虚,而儒家则穷万物之理,尽本心之性。故静坐功夫为三教所共,儒家并不讳言,而穷理为儒家所独。

---

① 高攀龙:《高子遗书》卷七,第6页。
② 《水居诗》,《高子遗书》卷六,第5页。
③ 见《明儒学案·东林学案一》,中华书局,1985年,第1401页。

万历三十二年(1604)，协助罢官家居的顾宪成修葺宋杨时讲学旧址东林书院，讲学其中。并至周边常熟虞山书院、毗陵经正堂、金沙志矩堂、嘉禾天心书院、荆溪明道书院等处讲学。所讲内容多为"穷理"、"居敬"，与顾宪成之"性善"、"小心"宗旨相配合，人称"顾高"。万历四十年(1612)，顾宪成逝世，高攀龙为作《行状》，其中说：

> 自孟子以来得文公，千四百年间一大折衷也。自文公以来得先生(指顾宪成)，又四百年间一大折衷也。先生自甲午以来，见理愈密，见事愈卓，充养愈粹，应物愈密，从善如流，徙义如鹜，殆几于无我矣。①

认为顾宪成在儒学史上为不世出之人，对其地位给予高度评价。其间刘宗周来访学，返家后高攀龙曾作答刘念台三书，谓：

> 格物者，穷理之谓也。穷理者，知本之谓也。仁丈云：一穷理焉尽之矣，诚然哉。理者心也，穷之者亦心也。但未穷之心不可谓理，未穷之理不可谓心。此处非穷参妙悟不可。悟则物物有天然之则，日用之间，物还其则，而己无与焉。如是而已。②

> 学问之道无他，复其性而已矣。弟观千古圣贤心法只一敬字无弊。何谓敬？绝无之尽也。有毫厘丝忽在，便不是；有敬字在，亦不是。易曰：直其正也。直心，正念而已。③

此中穷理即知本，即物还其则，敬为复性之关钥诸旨，对刘宗周"诚意""慎独"学说之形成有一定影响。

天启改元(1621)，起光禄寺丞，至此已家居二十八年。翌年升少卿，疏劾郑贵妃之侄郑养性与进红丸之崔文升。又上《恭陈圣明务学之要疏》，谓：

---

① 见《高子遗书》卷十一，第71页。
② 《复念台二》，《高子遗书》卷八上，第28页。
③ 《复念台三》，《高子遗书》卷八上，第30页。

> 如《大学》一书,既讲于经筵,入于圣虑,臣以为即此书反复玩味,明明德于天下裕如矣。推而广之,宋臣真德秀《大学衍义》不可不读也,再推而广之,先臣丘濬《大学衍义补》不可不读也。陛下尽心于三书,而帝王心法治法无不具备。夫然后知若何行政,若何用人,若何理财,若何治兵;人臣若何为正,若何为邪;臣下之言若何为是,若何为非,若何为似正而实邪,若何为似是而实非,皆了然于圣心,而后为明明德。①

倡导以《大学》之心性义理为行政之基础,严辨是非邪正。不久转官大理寺右少卿、太仆卿,擢刑部右侍郎。此时东林名目已成,朝中党争渐趋激烈,高攀龙谓:"今日之事,未能用倒仓之法,唯有上下和衷,少杀其毒耳。"②主张默然融化,不可相持太急,以免激起更大争端。天启四年(1624),高攀龙升左都御士,上疏劾魏忠贤党与御士崔呈秀贪赃枉法。魏党借会推晋抚事倾害正人,东林派下之人斥逐殆尽。次年,毁东林书院,高攀龙被削职为民,家居以学自娱。曾有与友人书表明此时之心迹:

> 世事甚危,党人之危不足言也。年来履虎尾,反觉有用力处。现前於穆之真,绝无声臭,安得有富贵、贫贱、夷狄、患难?是刀锯鼎镬之所不能及,安得有死生?但在日用练习纯是此件,即真无死生耳。③

已置生死于度外。天启六年(1626)崔呈秀将高攀龙之名窜入诬陷周起元吞没赃款的疏中,遣缇骑逮治。高攀龙得信,自沉于池中,留疏曰:"臣虽削夺,旧系大臣。大臣受辱则辱国,故北向叩头,从屈平之遗则。君恩未报,结愿来生。"④又留书给他的弟子华凤超说:"仆得从李

---

① 见《高子遗书》卷七,第 22 页。
② 见《明儒学案·东林学案一》,中华书局,1985 年,第 1399 页。
③ 《与孙淇澳宗伯》,《高子遗书》卷八下,第 68—69 页。
④ 《遗疏》,《高子遗书》卷七,第 41 页。

元礼、范孟博游矣。一生学力，到此亦得少力。心如太虚，本无生死，何幻质之足恋乎？"①崇祯初年，魏忠贤及阉党多人伏诛。赠高攀龙太子少保，兵部尚书，谥忠宪，学者修复东林书院。高攀龙所遗留的读书札记、讲学语录、书信、奏疏、及少量的诗歌，由弟子陈龙正编为《高子遗书》十二卷。所编《朱子节要》、《正蒙注》今佚。

高攀龙为东林派下最大的学者，他的学术较顾宪成深入。顾宪成大节凛然，爽朗高明，但政治方面关怀甚切，哲学理论上所造不深。他一生汲汲竞辩者，为无善无恶一语，虽心仪周敦颐、程朱之学，但少有畅达之发挥。而高攀龙因在林下时间甚久，得以从容读书，故对朱子学有深入体究。加之资性沉郁善悟，学问有不断之进境。其所造开大深刻，在明末学者中为翘楚，与刘宗周并称大儒。高攀龙之学悟与修并重，心与理共尊，有明显的调和朱子学与阳明学的倾向。他身处明末阳明学之流弊已充分显露，学者争言批评王门后学，思欲以朱子学救治之时，而阳明学此时已成滔天之势，其影响之深广遍一切处，故此时较为深刻、有独特思想理论的学者，不能不受王学影响，高攀龙之儒学，可以说是朱子学与阳明学两相调和的产物。

高攀龙之学重悟，随处之感触皆为解悟之资。特别在他中年时期思想未成形，广为参学以求不断趋进之时，重悟之特点尤为明显。对他一生特别重要的几次解悟发生在他贬官赴揭阳的途中。高攀龙青年时期所学多为科举之业，年二十五，闻李复阳、顾宪成讲学，始有志于学，但未知其方。看《大学或问》，见朱子言"入道之要莫若敬"，遂专用力于收敛。觉气郁身拘，不得自在。而放下敬字，又觉散漫无归。后读二程"心要在腔子里"，忽悟心不专在方寸，而浑身皆心。此旨得李见罗修身为本之学之印证，更自信不疑。又静坐中觉当下无邪、浑身是诚，一时心中快然，如脱缠缚。但谪官之后，胸中百念交战，无有宁贴，方知前此自觉之诚，只气定而已。赴揭阳途中遇陆粹明、吴志远

---

① 《临终与华凤超》，《高子遗书》卷八下，第73页。

论学,问本体何如,茫然不知如何作答,方悟于儒学之道全未有见,于是发愤要了彻儒学之道。此后严立规程,循二程朱子之法,半日静坐,半日读书。不宁贴处,只以朱子"主静存诚"、"观于未发"、"默坐澄心,体认天理"诸义参求。一日,在汀州旅舍中,悟二程"万变俱在人,其实无一事"之旨,心中念念不舍之意斩然断绝,觉得身与大化融合无际,见六合皆心,腔子是其区宇,方寸是其本位,神而明之,实无方所可言。此一悟甚为关键,因为它确立了儒学之道的本质与其表现两个方面,且两个方面融为一体。本质的方面,儒学之仁、之德表现在一切处,心是其本位。心即性,性即理,性理之表现无处不在。但其形式是融化的,非有拘执,故无方所。儒家之道,体用咸备,本末圆成。此后之功夫,只在更加融释而已。由此与释老之疆界自然划明。后遭本生父母丧,家中多事,故态复萌,更悟不可无端居静定之力,故重又强调主静,认为:"学者神短气浮,须数十年静力,方得厚聚深培。而最受病处,在自幼无小学之教,浸染世俗,故俗根难拔。必埋头读书,使义理浃洽,变易其俗肠俗骨,澄神默坐,使尘妄消散,坚凝其正心正气,乃可尔。"①此一悟,奠定了他终生强调静定功夫之基础。汀州旅舍之悟,是一种万物一体的胸怀;而此一悟,更多的是一种功夫上的实修。前者多境界意,后者多践行意。循此继续精进,孟子性善之旨愈加显明。此性字非恻隐之情,而是宇宙间根本之理。但只有最上根心与理一,其次全靠后天功夫习学而得。故高攀龙十分强调格物,以格物为儒者得道之不二法门。理高严精微,稍有漏泄便不是。此后再精进,实信二程"鸢飞鱼跃"与"必有事焉"之旨。鸢飞鱼跃是心之本体本自活泼自然,必有事焉是后天功夫提撕不忘。而二者是统一的:自然上必有功夫,功夫是助自然之发运;功夫必循自然,自然是功夫所施用之本体。二者相辅而行,其间之关系"如植谷然,根苗花实虽其自然变化,而载培

---

① 《困学记》,《高子遗书》卷三,第 17 页。

灌溉全非勉强学问。苟漫说自然,都无一事,即不成变化,亦无自然矣"。①最后将《大学》之三纲八目融于《中庸》之中。高攀龙所理解的《中庸》,"中"者理之体,代表本质,"庸"者心之用,代表形式。中庸即体即用。故"中者停停当当,庸者平平常常。有一毫走作便不停当,有一毫造作便非平常。本体如是,功夫如是。天地圣人不能究竟,况于吾人,岂有涯际"。②此种最高境界的达到,只能是不懈地修养,至死而已。此高攀龙54岁之前之进境。此后多在本质上更加弘深,形式上更加融释。最后是心如太虚,忘怀生死。他临终前自谓"一生学力,到此亦得少力",即此境界之证明。

黄宗羲曾说:"东林学术,泾阳导其源,景逸始入细。"③考察二人学问特点,可知此说深有见地。明代中期以后,阳明学最称显学,阳明学注重的是心性之论,对气的讨论较少。但晚明思想家多有重张朱子学以纠王学末流的意向,对气的论讨逐渐加强,一部分思想家且欲统合朱子学与阳明学,多倾向于以气为基础讨论心性。其中最典型的是刘宗周、黄宗羲师徒。高攀龙虽亦有纠正王学之愿望,故特别表彰程颐、朱子的格物致知。但他一生精进不已,悟修并重,对精神境界之高明阔大不断追求,故他所谓心、所谓物皆合朱子阳明二义而言,皆以气为基础。高攀龙对理气心性诸论都有深入论述。比如他说:

> 天地间浑然一气而已,张子所谓"虚空即气"是也。此是至虚至灵,有条有理的。以其至虚至灵,在人即为心;以其有条有理,在人即为性。澄之则清,便为理;淆之则浊,便为欲。理便是存主于中的,欲便是梏亡于外的。如何能澄之使清?一是天道自然之养,夜气是也;一是人道当然之养,操存是也。④

---

① 《困学记》,《高子遗书》卷三,第17页。
② 《困学记》,《高子遗书》卷三,第18页。
③ 见《明儒学案·东林学案二》,中华书局,1985年,第1449页。
④ 《讲义》,《高子遗书》卷四,第53页。

这段话有本体,有功夫,是高攀龙思想的集中表述。高攀龙认为,构成万物的始基是气,气既是虚灵的,又是有条理的。气之虚灵在人为心,气之条理在人为性。心、性皆以气为基础。这一思想对刘宗周、黄宗羲心是气之灵处,性者气之条理的思想影响很大。他还说:"气之精灵为心,心之充塞为气,非有二也。"①这是说灵明与质体,是气的两个方面,这两个方面统一于气。这一点对后来黄宗羲既讲"盈天地皆心"又讲"盈天地间皆气"有一定影响。前述高攀龙悟"心不专在方寸"、"六合皆心"这种境界性的体悟与此心气为一之论相为表里。也就是说,在高攀龙这里,宇宙中的万物皆是即心即气即理的,万物是人的境界和觉解的产物。故人之性体,从本质上、内容上说即价值性的原则,从表现上说即运转不息、流行不止的总体。此性体可以说是理与流行之合一。这是高攀龙以大易之流转性融释程朱的理之绝对性而有的观念。他在解释孔子的"子在川上曰:逝者如斯夫"一语时说:

> "生生之谓易",无刻不生,则无刻不易;无刻不易,则无刻不逝。但不可得而见,可见者无如川流。此是人的性体。自有生以来,此个真体变做憧憧妄念一般,流行运用,不舍昼夜,遂沉迷不反。学者但猛自反观,此憧憧者在何处,了不可得。妄不可得,即是真也。缘真变妄,故转妄即真,如掌反复。②

此段话里说,对此总体之局部发生执著,即为妄;不发主执著,心与性体为一则为真,"缘真变妄,转妄即真",真与妄只在一念之指向。这里表现的思想明显地受了佛教的影响。但对性体的描述则与大易一致,即宇宙间事物皆即心即物。他在对《论语》"学如不及,犹恐失之"一语的解释中也表述了相同的意思:

> 孔门心法极难看,不是悬空守这一个心,只随时随处随事随

---

① 《讲义》,《高子遗书》卷四,第53页。
② 《讲义》,《高子遗书》卷四,第25页。

物各当其则。盖心不是别物,就是大化流行与万物为体的。若事物上磋失,就是这个磋失。学者不知本领的,只去事物上求,却离了本。知得本领的,要守住这个心,又碍了物。皆谓之不仁。①

这里更明确说,心与物为体,物与在其上之心一而不二。离心求物与守心碍物,皆背离了孔门心法。这里显示的思想都说明,高攀龙合朱子阳明为一,其对心、性、理、物诸概念的解释,都是境界性、观照性的,而非知解性、实用性的。在此境界性的观照下,人心即是宇宙的具体而微:

天地之心,充塞于人身者,为恻隐之心;人心充塞天地者,即天地之心。人身一小腔子,天地即大腔子也。②

心与万物,交融为一。在物上可以见出心,在心中可以见出万物之总原则。万物之总原则与一物之原则亦理一分殊。对于心物的这种见解是他格物论的基础。

高攀龙欲以朱子学纠正阳明后学。朱子学的灵魂格物论是高攀龙必然要汲取的。但他以上述心物一体为基础,则对格物的解释就与朱子有很大不同。黄宗羲于此点曾明白指出:

先生(按指高攀龙)之学,一本程朱,故以格物为要。但程朱之格物,以心主乎一身,理散在万物,存心穷理,相须并进。先生谓:"才知反求诸身,是真能格物者也。"颇与杨中立(杨时)所说"反身而诚,则天下之物无不在我"为相近。是与程朱之旨异矣。③

此处所见极是。高攀龙之格物,本与朱子不同,因为他援阳明学入朱子,特别重视境界。因此高攀龙之格物,非仅格在外之物之理,而是注重解悟理上之至善,他说:"有物必有则,则者至善也。穷至事物之理,

---

① 《讲义》,《高子遗书》卷四,第20页。
② 《语录》,《高子遗书》卷一,第9页。
③ 《明儒学案·东林学案一》,中华书局,1985年,第1402页。

穷至于至善处也。"①又说:"吾辈格物,格至善也。以善为宗,不以知为宗也。"②认为此可避免只穷事物之理而与身心无交涉之弊病。他自觉地把穷理与知本二事打并为一:"穷理者格物也,知本者物格也。穷理,一本而万殊;知本,万殊而一本。"③穷理非目的,知本才是目的。知本即知修身为本,即知止至善。就孔门之一贯说,格物是一,知本是贯。一是精察于个别,贯是统合于一般。个别是物理,一般是性理。故说:"格物是随事精察,物格是一以贯之。"④对随事精察与一以贯之的关系,则曰:"格物愈博,则归本愈约。明则诚也。"⑤明是格物事,诚是知本事。明为闻见之获得,诚是德性之达到。高攀龙以此对朱子之格物致知有一改造,这就是将致知之知由闻见之知变为德性之知。他说:

> 朱子曰:"致知、格物,只是一事。格物以理言也,致知以心言也。"由此观之,可见物之格即知之至,而心与理一矣。今人说着物,便以为外物,不知不穷其理,物是外物;物穷其理,理即是心。⑥

朱子之意,致知是"推极吾之知识,欲其所知无不尽也。"重在知识之获得,而高攀龙之致知是德性之达到。故物格知至是觉悟心中本有之性理与事物之理为一。他之特别强调格物为知本,就是要避免朱子格物说"支离外求"之不足。因为阳明学者对此批评甚多,而学朱子者亦常不能免此弊病。高攀龙于朱子学之此种不足有明确之自觉,故倡"格物知本"之说。他之在格物后补"知本",就是要使格物牵扯到人心上来,避免如上阳明学者之指摘。他尝有书信与顾宪成论格物,其中说:

> 格物之功非一,其要归于知本。知修身为本而本之,天下无余事矣。盖格来格去,知得世间总无身外之理,总无修外之功。

---

① ④ 《语录》,《高子遗书》卷一,第1页。
② 《语录》,《高子遗书》卷一,第13页。
③ ⑤ 《语录》,《高子遗书》卷一,第2页。
⑥ 《语录》,《高子遗书》卷一,第3—4页。

> 正其本,万事理更不向外着一念。如此,自然纯乎天理而无一毫人欲之私,岂不是"止至善"也。当初程朱二先生错认"此谓知本"是缺文,而谓格致别有传,遂令"修身为本"二节无归着。后世知得"此谓知本"是原文,而谓格物只格本末,又令格物致知之功无下手。①

此处"后世只格本末"的学者,指倡"淮南格物"说的王艮。文中对程朱、王艮之学皆持反对态度,认为前者离本体,后者离功夫,都于儒学之全有偏离。而两相比较,他认为阳明学带来的偏弊危害更大,故说程朱格物之说大段可留,不过需明了止至善为目标,格物为手段方可。无止至善,格物得到的只是闻见之知:

> 只如阳明单提致良知而扫朱子穷理之说,弊败亦已见矣。故程朱格物之说更不可动,只提挈得《大学》主意在"止至善",而知止工夫先于格物知本,自然如木有根,如水有源,而格物穷理皆所以致其良知,而非徒夸多斗靡为闻见之知矣。②

他的理想是程朱的格物、阳明的致知、李见罗的修身三者会通。故说:

> 窃谓古今说《大学》者,格致之义,程朱为最精;致知之义,阳明为最醒;止修之义,见罗为最完。三家相会通而不以一说排斥,斯可耳。③

此意在他与友人的书信往来中多有表露。如上引他与刘宗周书说:

> 格物者,穷理之谓也。穷理者,知本之谓也。仁丈云:一穷理焉尽之矣,诚然哉。理者,心也;穷之者亦心也。但未穷之心,不

---

① 《与泾阳论知本》,《高子遗书》卷八上,第13—14页。
② 《与泾阳论知本》,《高子遗书》卷八上,第15页。
③ 《与泾阳论知本》,《高子遗书》卷八上,第14页。

可为理;未穷之理,不可为心,此处非穷参妙悟不可。①

他所谓"理者心也",指所穷之理是心觉解、心投射心中之理于其上的理,"穷之者亦心也",指穷理之心是道德与知识二相合一的心体,非仅主见闻知觉的灵明之心。理与心皆功夫过后之理与心,非未用功夫之理与心。未用功夫,人的觉解与投射未施,心只是知觉灵明,理只是物之在其自己。功夫之后,理者心也,心者理也。理不离心,心不离理,前此单面的存在,此时融释为一。但此所谓功夫,重在觉解,重在襟怀之获得,故皆参究妙悟事,非仅"行不着,习不察",无与于身心性命之盲目实践。

此义高攀龙也用以解释"心外无物"。他说:

> 胡庐山辈以为心即理也。舍心而求诸物,遗内而徇外,舍本而逐末也。呜呼!天下岂有心外之物哉?当其寂也,心为在物之理,义之藏于无朕也;当其感也,心为处物之义,理之呈于各当也。心为在物之理,故万象森罗,心皆与物为体;心为处物之义,故一灵变化,物皆与心为用。体用一源,不可得而二也。物显乎心,心妙乎物。妙物之心无物于心,无物于心而后能物物。……彼徒知昭昭灵灵者为心,而外天下之物,是心为无矩之心,以应天下之物,师心自用而已。与圣贤作处,天地悬隔。②

此以心之寂感解释程伊川之"在物为理,处物为义"。"处物为义"之解释同于伊川,"在物为理"之解释则大不同。盖伊川之意,"在物为理"意谓理在事物上,故一草一木亦皆有理。而高攀龙则意谓,心皆与物为体,心为在物之理。未与事物相接,道德判断未发生之时,此时心是本体论的,心表现为在物之理。即物上之理与心中本有之理同一。故"万象森罗,心皆与物为体"。既与事物相接,则道德判断自然发生,此

---

① 《复念台二》,《高子遗书》卷八上,第28页。
② 《理义说》,《高子遗书》卷三,第34—35页。

时心为判断之主体,义或不义必不能隐匿。与物相接与否乃一心之转,而接与不接,心皆非不发生意义上的作用的绝对虚无。此即"一灵变化,物皆与心为用"。未与物接者,与物为体之心,乃心之体;与物接后,发生义与不义之道德判断之心,乃心之用。心体用一源,不可得而二。心之用,物显乎心;心之体,心妙乎物。心之体用皆非空,所以杜绝了以"昭昭灵灵者"之灵觉为心的弊病。心非仅灵觉,中有矩矱,有价值性引导,避免了师心自用,故不脱离儒家之道。这就是高攀龙对心物关系的解释。这个解释与他上述强调心理、心物一体的意图一致。他所汲汲反对者,为虚灵知觉之心,为中无德性之心,为脱离价值规范之心。

高攀龙对于二氏的批评,也主要在此点上。他说:

> 老氏气也,佛氏心也,圣人之学,乃所谓性学。老氏之所谓心、所谓性,则气而已。佛氏之所谓性,则心而已。性者天理也,外此以为气,故气为老氏之气;外此以为心,故心为佛氏之心。圣人气则养其道德之气,心则存其仁义之心,气亦性,心亦性也。①

这里认为儒学与佛道之别,全在所谓性之内容上。性为天理,则其气其心,皆有了道德属性。他又说:

> 圣人之学所以异于释氏者,只一性字。圣人言性所以异于释氏言性者,只一理字。理者,天理也。天理者,天然自有之条理也。故曰天叙、天秩、天命、天讨,此处差不得针芒。先圣后圣,其揆一也。②

以释氏之性为"作用见性",以儒家所谓性为理,此是宋明儒之老生长谈。高攀龙这里强调的是,不仅性是理,即道德性内容,而且此道德性内容同时有不可改易之自然条理。这与王阳明所谓"良知上自然的条

---

① 《气心性说》,《高子遗书》卷三,第33页。
② 《心性说》,《高子遗书》卷三,第32页。

理"非常相近,不过一言理,一言心,而在高攀龙这里,理与心在内容和形式上都是相通的。

高攀龙之重妙悟的特性,牵出对理学根本观念的一系列独特解释,这些解释的关键在心物合一。这一点高攀龙的弟子陈龙正有明确精到的概括:

> 高子之学,不率心而率性,不宗知而宗善。无声无臭之善,践之以有形有色之身。格物之日,所谓知性,所谓复性,胥于此乎在。……本朝大儒,无过文清、文成,高子微妙踰于薛,而纯实无弊胜于王。至乎修持之洁,践履之方,则一而已矣。然道脉自朱陆以来,终莫能合。薛非不悟也,而修居多;王非无力也,而巧偏重。一修悟,一巧力,一朱陆,唯吾先生其人。①

这里明言高攀龙学术之特点,在合朱陆,一悟修,统功夫与本体,不重心之知性而重心之德性,格物而知性、复性一时并了。其中悟与修之关系,高攀龙最喜言且有特识,他所谓悟,指对宇宙万象所蕴涵之价值意义的觉解,是精神境界、胸襟怀抱事。所谓修,指将此觉解落实于明善诚身之具体行为。悟是形而上事,修是形而下事;悟是天人性命事,修是人伦日用事。他说:

> 默而识之曰悟,循而体之曰修。修之则彝伦日用也,悟之则神化性命也。圣人所以下学而上达,与天地同流,如此而已矣。②

他主张二者并重,偏离了其中任何一面,皆导致弊害之发生。他尝说:

> 修而不悟者,徇末而迷本。悟而不彻者,认物以为则。不知欲修者正须求之本体,欲悟者正须求之功夫。无本体无功夫,无功夫无本体也。③

---

① 见《高子遗书原序》,第1页。
② 《重锲近思录序》,《高子遗书》卷九上,第6页。
③ 《冯少墟先生集序》,《高子遗书》卷九上,第27页。

悟本体必须靠功夫,做功夫必须在对本体的觉解指导之下。无本体之功夫必认物为理,无功夫之本体必蹈虚弃实。须二者互为扶持,相资为用。故不悟之修,只是装饰;不修之悟,只是见解。在这二者中,他针对当时王门后学出现的流弊,尤反对悟而不修。他尝怒斥重悟而不重修所造成的后果说:

> 今之悟者何如耶?或摄心而乍见心境之开明,或专气而乍得气机之宣畅,以是为悟,遂欲举吾圣人明善诚身之教一扫而无之,决堤防以自恣,灭是非而安心,谓可以了生死。呜呼!其不至于率兽食人而人相食不止矣。①

此中着力批评的是泰州派下抛却修养功夫而任气自为者。与顾宪成及后之刘宗周取径一致。

由反对重悟不重修,高攀龙特别提掇"敬"字为功夫首务。他尝说:"学者无穷功夫,心之一字乃大总括;心有无穷功夫,敬之一字乃大总括。"②以敬为所有修养功夫的基础。高攀龙之敬字,首先是身容整肃,心不放逸,故说:"敬字只是一个正字,伊川先生言敬,每以'整齐严肃'言之。整齐严肃四字,恰好形容得一个正字。"③敬不是硬把持、强制使身心不动之谓,敬须义理浸灌,变化气质,身心交养互摄,渐进而成。如《易》所谓"敬义立而德不孤",他解释说:"敬义原非二物,假如外面正衣冠、尊瞻视,而心里不敬,久则便倾倚了。假如内面主敬,而威仪不整,久则便放倒了。圣人所以说'敬义立而德不孤'。难久者,只是德孤。德孤者,内外不相养,身心不相摄也。"④他认为朱子综合伊川之整齐严肃、谢上蔡之常惺惺、尹和靖之其心收敛不容一物三义而成之主敬之法,最是无弊,而三者其实一物,即身心、内外有主不放肆

---

① 《重锲近思录序》,《高子遗书》卷九上,第6—7页。
② 《语录》,《高子遗书》卷一,第4页。
③ 《会语》,《高子遗书》卷五,第16页。
④ 《会语》,《高子遗书》卷五,第27页。

之谓。而此有主,亦须自然,不能常为心中之一物而不化。故敬又是心无一物。高攀龙说:"心无一事之谓敬。"①又说:"不知敬之即心,而欲以敬存心,不识心,亦不识敬。"②还特别提醒:"今人错认敬字,谓才说敬便着在敬上了,此正不是敬。凡人心下胶胶扰扰,只缘不敬;若敬,便豁然无事了。岂有敬而着个敬在胸中为障碍之理。"③高攀龙谓敬字也不能把持,主张心无一事,此点受禅学影响,目的在破除因药发病之弊。顾宪成论功夫,专提"小心"二字。此小心即敬之另一种说法。但强调敬易导致以敬为一物而常提不放,有敬畏而无洒落之病。高攀龙有见于此,故以敬为必有事焉而又心无一物之状态。必有事焉是精神趋向,心无一物是具体状态。二者并不矛盾。此亦明代儒者经常论及之义,非有奇特。因为论修养功夫易入伊川所谓如扶醉人,扶得一边又倒向另一边之病,故不得不常有一边立义,一边又提醒勿为此义所执缚而倒向另一偏之警戒语。高攀龙论敬须心无一事正此类警戒语。此亦他因悟修并重所获致之精神不断浑化,境界不断高迈,功夫不断透彻而心无所偏倚之必然结果。

高攀龙身处明末,有明一代儒者之思想,其特点,其功绩与流弊皆显露无遗,高攀龙对刘基、曹端、薛瑄、吴与弼、胡居仁、陈献章、王阳明、王龙溪、李见罗、许孚远等皆有所评说,乃至由对此数人的评说而上溯至整个儒学,并从中理出理学之学脉。他的讲学语录中载:

> 彦文问:"康斋与白沙透悟处孰愈?"曰:"不如白沙透彻。""胡敬斋如何?"曰:"敬斋以敬成性者也。""阳明、白沙学问如何?"曰:"不同。阳明、象山是孟子一脉。阳明才大于象山,象山心粗于孟子。自古以来,圣贤成就,俱有一个脉络。濂溪、明道与颜子一脉,阳明、象山与孟子一脉,横渠、伊川、朱子与曾子一脉,白沙、康

---

① 《语录》,《高子遗书》卷一,第4页。
② 《语录》,《高子遗书》卷一,第5页。
③ 《讲义》,《高子遗书》卷四,第35页。

节与曾点一脉,敬斋、康斋与尹和靖、子夏一脉。"又问:"子贡何如?"曰:"阳明稍相似。"①

这里将理学家分为五种类型:明道、濂溪明理与尽心统一,象山、阳明重内在之尽心,横渠、伊川、朱子重向外穷理,白沙、康节为顿悟本体之无而重去除粘执,敬斋、康斋、和靖为收敛身心渐消渣滓而重后天功夫。观其先后各处所说,高攀龙最为欣赏者当是濂溪、明道。因为此一脉内外合一,境界高明、自然,心体如光风霁月。以此标准衡量其余各派,象山、阳明偏于内,伊川、朱子偏于外,白沙、康节无格物实功而偏于悬,敬斋、康斋、和靖境界欠高明而偏于拘。他对以上明代学者的评论,大致与此趋向相吻合。高攀龙性格气质近于恭谨峭整,但其心实向往濂溪、明道之冲和、自然。或可说自觉以濂溪、明道之冲和、自然对治自己之恭谨峭整。这里值得特别注意的是,高攀龙以穷理尽心统一、向内功夫和向外功夫中和不偏为理学嫡派,且分明道、伊川兄弟为不同之学脉,这已开现代学者理学分派之先河。

又,高攀龙对理学家,批评较多的是陆象山、王阳明,尤其是王阳明及其泰州派下弟子。此当然与明末以东林蕺山为代表的学者起而纠正王学末流造成的弊病有关,但也是高攀龙以濂溪、明道为标准的学术宗趣决定的。如对陆王一派,他尝说:"一向不知象山、阳明学问来历,前在舟中,似窥见其一斑。二先生学问,俱是从致知入,圣学须从格物入。致知不在格物,虚灵知觉虽妙,不察于天理之精微矣。"②此处统谓象山、阳明"致知不在格物"为其差失,是为了强调格物实功,强调"学问不贵空谈而贵实行",并以致知是否有格物之功来实现为判别儒佛之标准,自有其立言之苦心。但以此说阳明却不正确,因阳明处处强调"致知在格物",《传习录》中屡屡提及此语。以象山、阳明为一脉虽无大差,但说二人之差别仅在"阳明才大于象山",亦说得不够。

---

① 《会语》,《高子遗书》卷五,第22页。
② 《会语》,《高子遗书》卷五,第24页。

至谓阳明"无善无恶心之体"一句为阳明主张性体、明德、至善等为无善恶,更是错解阳明之旨。他虽对阳明甚表尊敬之情,但把后学之流弊,归咎于阳明之不善教,对阳明此点多有批评,如:

> 孔子之教四,曰文、行、忠、信,唯朱子之学得其宗,传之万世无弊。即有泥文窒悟者,其教行忠信自若也,不谓弊也。姚江天挺豪杰,妙悟良知,一破泥文之蔽,其功甚伟,岂可不谓孔子之学?然而非孔子之教也。今其弊略见矣,始也扫闻见以明心耳,究且任心而废学,于是乎诗、书、礼、乐轻而士鲜实悟;始也扫善恶以空念耳,究且任空而废行,于是乎名、节、忠、义轻而士鲜实修。①

又如:

> 自致良知之宗揭,学者遂认知为性,一切随知流转,张皇恍惚,其以恣情任欲,亦附于作用变化之妙,而迷复久矣。②

甚至认为阳明后学本筑基于佛道二氏,但不甘自处于二氏,而篡位于儒学之中,"据其所得,拍合致知,又装上格物,极费工力。所以左笼右罩,颠倒重复。定眼一觑,破绽百出也。后人不得文成之金针,而欲强绣其鸳鸯,其亦误矣"。③ 此等处皆承袭顾宪成而来,目的在于予阳明后学中之抛却功夫者以重创,为朱子学之重张奠立基础。这一点对刘宗周影响甚大。蕺山实为承东林而起而有更深广之拓展者。

第四节 刘宗周对明代儒学的总结

刘宗周(1578—1645),字起东,号念台,学者称蕺山先生。浙江绍

---

① 《崇文会语序》,《高子遗书》卷九上,第23—24页。
② 《尊闻录序》,《高子遗书》卷九上,第25页。
③ 《三时记》,《高子遗书》卷十,第37页。

兴府山阴县人。蕺山为遗腹子,娠5月而父卒。幼时家道中落,随母居外祖父家,由外祖父及舅氏授书。20岁举乡试,24岁成进士。师许孚远,从事儒家圣贤之学。万历三十二年(1604),蕺山27岁,赴京谒选,授行人司行人。不一年,疏请终养,回籍。居祖父丧之暇,教授宗人戚属。35岁,起复原官,赴任途中过无锡,谒高攀龙。37岁,因群小在位,告归,读书课徒。天启元年(1621),蕺山44岁,起礼部仪制司主事。疏劾魏忠贤及客氏贵宠用事、干预外政,被罚俸半年。次年,疏劾熊廷弼、王化贞弃城溃逃,直声震中外。天启四年(1624),升通政司右通政。杨涟因劾魏忠贤二十四大罪被罢官,蕺山上疏,一为杨涟申辨,二劾魏忠贤误国,被革职为民,追夺诰命,归原籍,读书讲学于乡。崇祯元年(1628),起顺天府尹。上任伊始,即上疏陈尧舜致治之本,上视之为迂阔,但亦奖其忠荩。在顺天府尹任仅年余,甚得民心。终因秉正嫉邪,好言君上重臣政事之非,所建白亦多不行,于是上疏求去。《年谱》谓其"守京兆一载,甫受事,拜疏请久任,意欲从容整齐,以几古化理。旋遭兵革,惓惓安人心,明国是,凡所以为宗社计者,靡不殚虑从之。京师安堵者,先生之力也。为政洁己率物,务宏大纲而略苛小。重学校以作人才,讲乡约以兴行谊,严保甲以戢奸宄,锄豪右以安善良,类皆振风饬纪之事。其他簿书、钱谷,委僚佐任之,不以为屑屑也。尤加意民间疾苦,请蠲请贷若唯恐后。军兴旁午,力主节财。恤流、掩骼诸大役,费各千百计,仅取给撙节之余,及捐助而足。"[①]崇祯三年(1630)末归家,次年立证人学社,亲撰社约,宗旨在如何证立为人。蕺山晚年许多重要著作,如《圣学宗要》、《人谱》、《读易图说》、《证学杂解》、《五子连珠》等,皆成于此时及以后的数年中。崇祯八年(1635),上命吏部推在籍堪大任者赴朝,蕺山在被举之列。疏辞不允,明年至京,召对文华殿,升工部左侍郎。但数次上疏言事皆不获用,于是上疏

---

① 刘汋:《蕺山刘子年谱》,见吴光主编《刘宗周全集》,浙江古籍出版社,2007年,第六册,第99页。

求休致,获准回籍。于路复上书言时事,切责宦官干政及首辅温体仁驱除异己,被革职为民。崇祯十五年(1642),起吏部左侍郎,寻升都察院左都御史。上疏申饬宪纲,指摘崇祯旧政;又因救姜埰、熊开元,论及国体,语侵崇祯帝,再次被革职回籍。次年,清兵入关,崇祯皇帝自缢煤山。福王监国南京,起复原官,即上疏申讨贼之义、并请诛临难脱逃诸臣。又上疏纠马士英、阮大铖,请肃朝中风纪等。俱不得行,于是告归。在南明政权中实仅不足一月。"在台二十四日,于凡治平大经、修省至计无有不尽言,而尤于讨贼、复仇之义、摧邪辅正之道为惓惓。"①归家后门人有请教论学者,蕺山曰:"今乾坤何等时,犹堪我辈从容拥皋比而讲道论学乎?此所谓不识人间羞耻者也。仆是以入山唯恐不深,求死唯恐不速也。知交中幸遍致此意。"②清军南下,闻杭州失守,潞王出降,绝食二十日而死。一生大半在林下,"先生通籍四十五年,在仕版六年有半,实立朝者四年,革职为民者三。"③著作丰多,今人整理为《刘宗周全集》。

　　刘蕺山是明代最后一位大儒。他的思想以对天人性命、已发未发、本体功夫的深刻体认为根据,以气为一切观念、范畴的基础,以诚意慎独为学术宗旨,以纠正明代乃至整个儒学之偏弊为职志,代表了当时第一流思想家对朱子学与阳明学的融会与调和。蕺山继东林之后,对善恶问题给与极大关注,但他的解决方法不同于儒学前辈,他着意彰显的路数是,从物质性的气入手,将心性问题安放在实证基础之上;从气引出心性,从心性中导出"意",从意上说善恶,整个思想脉络以"意"为中心。蕺山用这一独特的理路,批评朱子与阳明,将这两位大思想家所代表的精神方向——价值理想和知识传统统合起来,使儒学思想既保持价值至上的品格,又立于坚实的物质基础之上。而他对阳明后学的批评,是他纠正当时学风、士风,恢复以上儒家理想的实际

---

① ③　刘汋:《蕺山刘子年谱》,见《刘宗周全集》第六册,第161页。
②　《蕺山刘子年谱》,《刘宗周全集》第六册,第162页。

表现。他的思想形态,开启了清代的学术方向,奠定了此后各派学术以气为本原的格局。他是明代理学的殿军,也是中国古代哲学的最后几位代表之一。

蕺山之学,以气为基础;世间一切事物,无论是物理的还是心理的,皆须从气说起,皆须以气为构成基础,皆是气的生发。蕺山说:

> 盈天地间一气而已矣。有气斯有数,有数斯有象,有象斯有名,有名斯有物,有物斯有性,有性斯有道。故道其后起也。而求道者辄求之未始有气之先,以为道生气,则道亦何物也,而能遂生气乎?①

> 盈天地间一气也。气即理也,天得之以为天,地得之以为地,人物得之以为人物,一也。②

这是说,气是天地间唯一的实体性存在,气在运动中有了结聚,数是气的结聚的数量差别,有此差别就有了事物的不同象状,名是此象状的指称符号,因象状、符号不同而有不同的物体,性是此物的特有性质,此性质即此事物之理,道即理的别名。在此序列中,气是最基本的,道是后起的。气是一切事物的本原,是一切事物之所从出,道是事物之理。求道于未始有物之先,是错了方向。为此,蕺山反对一切将气与存在物割裂为二的学说,认为"太虚"、"太极"、"道"等代表宇宙本体、代表宇宙最初存在阶段的概念其本质无非是气。他说:

> 或曰:"虚生气",夫虚即气也,何生之有?吾溯之未始有气之先,亦无往而非气也。当其屈也,自无而之有,有而未始有;及其伸也,自有而之无,无而未始无也。非有非无之间而即有即无,是谓太虚,是谓太极。③

---

① 刘宗周:《学言中》,《刘宗周全集》第二册,第407页。
② 《学言中》,《刘宗周全集》第二册,第408页。
③ 《学言中》,《刘宗周全集》第二册,第407页。

虚生气为道家学说,宋代张载即辟此说,以为割裂太虚与气之统一性,并以气之屈伸往来定义鬼神。蕺山承此,认为太虚即气之非有非无,而非有非无同时即有即无。此有无是从隐显说,气只有隐显而无有无。周敦颐的著名命题"无极而太极",刘宗周也用气去解释:

> "一阴一阳之谓道",即太极也。天地之间,一气而已,非有理而后有气,乃气立而理因之寓也。就形下之中而指其形而上者,不得不推高一层以立至尊之位,故谓之太极。而实本无太极之可言,所谓"无极而太极"也。使实有太极之理,为此气从出之母,则亦一物而已,又何以生生不息,妙万物而无穷乎?①

此句意在破朱子以理释太极,以无形而有理释无极而太极,明言气乃本原,理乃气之条理,形而上者须从形而下中见。气为一切事物的本原,是一切思想观念的基础,这是蕺山牢不可破之见。以为气有二种,或有从气上说,有不从气上说者,皆错会蕺山之言所致。

蕺山将气作为他的理论的出发点,其他一切概念皆从气中生出。在他的诸哲学范畴中,心与气的关系最为直接。他对各种心理活动有清楚的界说,而统一于气:

> 盈天地间皆物也,人其生而最灵者也。生气宅于虚,故灵,而心其统,生生之主也。其常醒而不昧者,思也,心之官也。致思而得者,虑也。虑之尽,觉也。思而有见焉,识也。注识而流,想也。因感而动,念也。动之微而有主者,意也,心之官之真宅也。主而不迁,志也。生机之自然而不容已者,欲也。欲而纵,过也;甚焉,恶也。而其无过不及者,理也。其理则谓之性,谓之命,谓之天也。其著于欲者,谓之情,变而不可穷也。其负情而出,充周而不穷者,才也。或相什佰,气与质也。而其为虚而灵者,万古一

---

① 《圣学宗要》,《刘宗周全集》第二册,第230页。

日也。①

此段话对人的心理活动分类很细致,界定很明确,逻辑次序也合理。

《原旨》一书作于崇祯十六年(1642),距他绝食而死只有三年,可视为他的最后定见。此中说,世间一切皆可谓物,人为万物之灵。人之灵是因为宇宙间生生之气聚合而为心这一虚空之体。心因其灵,故能为人的身体的统领和主宰。思是心这一最重要器官的功能,它的运行是自然而然的。虑是心致思的内容,觉是思虑至尽处而悟得一个结果。识是思而得一见解,想即想象,是识的自然延伸。念头是心对外感而作出的一个具体指向,意是决定具体念头方句的深微的主宰。意在蕺山诸心理范畴中是最重要的,它是心一切活动真正的、最后的主宰,故曰"真宅"。这一点后面还要详说,此处且按蕺山的逻辑顺序简述。志是由意决定的不变的心念方向。欲是人这一生机活体自然呈现的倾向,它是不能遏止的,它本身说不得善恶,放纵这种自然倾向不加节制,是过失,放纵之甚,是恶。理是欲的无过无不及之中道。理即性,即命。从理是行为的价值理想来说,叫做性;从理的不可抗拒之必然性说,叫做命;从理的精微高严必须遵守说,叫做天;气之自然起伏而通过欲表现出来的,叫做情,情处在不断的变化中,无有止息;气乘情周行而表现出的恒常能力叫做才;才之有高有下或相悬殊之原因或根据,叫做气质。以上中国典籍中关于心的范畴,蕺山皆为之定义。有的范畴间差别甚微,细入毫芒,蕺山的界说皆清晰明确。心虽有如许之具体活动和构成要件,但皆是心;虽只一心,其中分际不容混滥,稍有不明,便走入邪辟。蕺山指出,后世学术不明,皆因对心的诸方面及其关系识认不清。他指出:

> 善求心者,莫先于识官,官在则理明气治,而神乃尊。自心学不明,学者往往以想为思,因以念为意。及其变也,以欲拒理,以

---

① 《原旨·原心》,《刘宗周全集》第二册,第279页。

情偶性,以性偶心,以气质之性分义理之性,而方寸为之四裂。审如是,则心亦出入诸缘之幻物而已,乌乎神! 物以相物,乌乎人! 乌乎人!①

蕺山重视心的内含,心对学术的决定意义,所以称一切学问为心学。学之首务,在明心官之内含。明心之内含,分际不乱,则理因此而明,气因此而治,心自然处于独尊之地。

蕺山于与心相关之各关系中,最重视心性关系与心意关系,故在讲学与著书中处处辩说。关于性的论说最清晰者为《原性》一文与逝世前二年所作之《证学杂解》,其中说:

> 子思子从喜怒哀乐之中和指点天命之性,而率性之道即在其中。分明一元流行气象。所谓"不识不知,顺帝之则",全不涉人分上。此言性第一义也。至孟子因当时言性纷纷,不得不以"善"字标宗旨,单向心地觉处指点出粹然至善之理,曰恻隐、羞恶、辞让、是非,全是人道边事,最有功于学者。虽四者之心未始非喜怒哀乐所化,然已落面目一斑,直指之为仁义礼智名色,去"人生而静"之体远矣。学者从孟子之教,尽其心以知性而知天,庶于未发时气象少有承当。今乃谓喜怒哀乐为粗机,而必求之义理之性,岂知性者乎?②

此一段涉及蕺山气上说性、未发已发、静存动察、言性之二层诸义,实为其"心髓入微"语。蕺山认为,论性有二层,一是指性之本体,此天道边事。性之本体为超乎具体善恶对待之至善。一是指人之喜怒哀乐之气之中和,此为人道边事,有善恶之可分。天地之间,一气流行,自然分为春夏秋冬;人心之中,一气流行,自然分为喜怒哀乐。而天道人心,一气流通。蕺山说:

---

① 《原旨·原心》,《刘宗周全集》第二册,第280页。
② 《证学杂解》,《刘宗周全集》第二册,第272页。

> 一心耳,而气机流行之际,自其盎然而起也谓之喜,于所性为仁,于心为恻隐之心,于天道则"元者善之长"也,而于时为春。自其油然而畅也谓之乐,于所性为礼,于心为辞让之心,于天道则"亨者嘉之会"也,而于时为夏。自其肃然而敛也谓之怒,于所性为义,于心为羞恶之心,于天道则"利者义之和"也,而于时为秋。自其寂然而止也谓之哀,于所性为智,于心为是非之心,于天道则"贞者事之干"也,而于时为冬。乃四时之气所以循环而不穷者,独赖有中气存乎其间,而发之即谓之太和元气,是以谓之中,谓之和,于所性为信,于心为真实无妄之心,于天道为"乾,元亨利贞",而于时为四季。自喜怒哀乐之存诸中而言,谓之中,不必其未发前别有气象也。即天道之元亨利贞运于於穆者是也。自喜怒哀乐之发于外而言,谓之和,不必其已发之时又有气象也。即天道之元亨利贞之呈于化育者是也。唯存发总是一机,故中和浑是一性。[1]

气之流行乃一动态过程,此一过程表现为元亨利贞四者。就此四者之总体着眼曰中,此乃存;就此四者之分别着眼曰和,此乃发。曰中曰和,只是视点之不同,四者固如故。故说"存发只是一机,中和只是一性"。这样,中和就不是就时间上的前后言,而是就视点之或存或发言。此即黄宗羲所概括的蕺山发先儒所未发之四大端之一:已发未发以表里对待言,不以前后际言。蕺山此意对朱子以来就心之前后际言已发未发实是一根本性变革。同时蕺山以气之条理说性,亦根本上颠覆了朱子以来以天之赋予人者为性这一理学中占统治地位的说法。亦根本改变了朱子"涵养须用敬,进学在致知"、"静时涵养,动时省察"等分而为二的用功方法,而以心直接体验本体中和为根本用功方法。此功夫直击"人生而静"以上,无分心之动静。直击人生而静以上,故

---

[1] 《学言中》,《刘宗周全集》第二册,第415页。

"全不涉人分上"之后天为善去恶。此即黄宗羲所概括的蕺山发先儒所未发之四大端之二:静存以外无动察。体中和而顺遂之,中和之体上不能用一毫功夫,故"从中和指点天命之性,而率性之道即在其中"。此所谓"不识不知,顺帝之则"。此是天道边事,是言性之第一义。而孟子从人之四端处见仁义礼智,从已发处标性善之旨,虽亦甚有功于儒者之修养,但已是人道边事,相对于未发之中上体认之最上乘已属第二义了。故认为性善之说,是为纠治时人之病不得已之法。这就是为什么蕺山既有"性无性也"之说,又特别提醒"然则性果无性乎"①的原因。前者指以上第一义说,后者指以上第二义说。

以上意旨,在《原旨·原性》中也有清楚的说明,蕺山说:

> 夫性因心而名者也。盈天地间一性也,而在人则专以心言。性者,心之性也。心之所同然者,理也;生而有此理谓之性,非性为心之理也。如谓心但一物而已,得性之理以贮之而后灵,则心之与性断然不能为一矣。……盈天地间一气而已矣,气聚而有形,形载而有质,质具而有体,体列而有官,官呈而性著焉,于是有仁义礼智之名。……孟子明以心言性也。而后之人必曰心自心,性自性,一之不可,二之不得,又展转和会不得,无乃遁已乎!至《中庸》则以喜怒哀乐逗出中和之名,言天命之性即此而在也,此非有异指也。恻隐之心,喜之变也;羞恶之心,怒之变也;辞让之心,乐之变也;是非之心,哀之变也。是子思子又明以心言性也。子曰:"性相近也。"此其所本也。而后之人必曰理自理,气自气,一之不可,二之不得,又展转和会之不得,无乃遁已乎!呜呼!此性学之所以晦也。②

这里也是说,性不是天之所命的抽象的预设,而是实然的心的条理。性须以心为基础,非心盛具外在的理,而是心的条理即理,即性。心是

---

①② 见《原旨·原性》,《刘宗周全集》第二册,第280页。

气,是气在流行中的起伏节度。故四端之心即性,非因人内在的性理而表现为四端之心。《中庸》所谓中和,正从喜怒哀乐上见,故不可离气言心,离心言性。因此,蕺山对理学的许多流行观念,如"未发为性,已发为情"、"理生气"、"心统性情"都本以上根本义旨提出批评,尤对义理之性与气质之性、道心与人心之截然二分提出批评,认为是一切割裂的根源所在;明乎此,则一切误解、一切混淆、一切支离可消。他说:

> 须知性只是气质之性,而义理者气质之本然,乃所以为性也。心只是人心,而道者人之所当然,乃所以为心也。人心、道心只是一心,气质、义理,只是一性。识得心一性一,则功夫亦一。静存之外,更无动察;主敬之外,更无穷理。其究也,功夫与本体亦一。此慎独之说,而后之解者往往失之。①

这仍是说,天地间实然存在的只是气,理是气的条理。此条理本身即性,性不是气之外、之上的主宰者和支配者。道心人心之理同此。识得此理,朱子的静存与动察、主敬与穷理之两处用功皆打并为一:只须静存,不必动察,静存即所以动察;只须主敬,不必穷理,主敬即所以穷理。本体即独体,即气的自然条理,慎独即保任此独体流行不有隔碍之功夫。故功夫与本体亦一。

与此相关的是他关于"意"的学说。"意"的学说是蕺山纠正阳明后学之偏弊,"归显于密"的重要理论根据。此说亦以他关于气的学说为基础。蕺山说

> 形而下者谓之气,形而上者谓之性,故曰:"性即气,气即性。"人性上不可添一物,学者姑就形下处讨个主宰,则形上之理即此而在。……今之为暴气者,种种蹶趋之状,还中于心,为妄念,为朋思,为任情,为多欲,皆缘神明无主。如御马者,失其衔辔,驰骤

---

① 《说·中庸首章说》,《刘宗周全集》第二册,第301页。

四出,非马之罪也,御马者之罪也。天道积气耳,而枢纽之地,乃在北辰。故其运为一元之妙,五行顺布,无怼阳伏阴以干之,向微天枢不动者以为之主,则满虚空只是一团游气,顷刻而散,岂不人消物尽?今学者动为暴气所中,苦无法以治之,几欲仇视其心,一切归之断灭,殊不知暴气亦浩然之气所化,只争有主无主间。今若提起主人翁,一一还他条理,条理处便是意,凡过处是"助",不及处是"忘"。忘助两捐,一操一纵,适当其宜,义出于我,万理无不归根,生气满腔流露,何不浩然去?浩然仍只是澄然湛然,此中元不动些子,是以谓之"气即性"。只此是尽性功夫,更无余事。①

此出蕺山逝世前二年,亦可视为论定之说。此中除以性气统一为基础之外,更以心有主宰为立说中心。而心有主宰,即天地间气有主宰之表现。蕺山认为,天之五气顺布,有天枢为之主宰。当然此天枢亦非在天之外。人心亦有主宰,人心的主宰即"意"。儒学之修养功夫不像佛道二教那样在空其心,而在此主宰常精常明。此主宰常精常明,则暴气皆为所化,心中流出者皆浩然之气。而此浩然之气即本心之澄然湛然之气。孟子所谓尽性,即由此主宰常常惺觉而心中之气以澄然湛然之状态流行。此即"诚意",此即"慎独",此即"本觉"。本体如是,功夫亦如是。故蕺山说:"甚矣,事心之难也!……必也求之本觉乎?本觉之觉,无所缘而觉,无所起而自觉,要之不离独位者近是。故曰'暗然而日章'。暗则通微,通微则达性,达性则诚,诚则真,真则常。故君子慎独。"②"本觉"者,本体之自觉,独体之显露,诚意之达成,真常之无蔽。统只一个功夫。

蕺山从天道是人心之放大,人心是天道之具体而微出发,论证天人皆有枢纽,此枢纽是万物万事的主宰。并从天人一理的角度,认为"意"是人心之枢纽。他说:

---

① 《证学杂解》,《刘宗周全集》第二册,第 269 页。
② 《证学杂解》,《刘宗周全集》第二册,第 266 页。

> 天枢转于於穆,地轴亘于中央,人心藏于独觉。①
>
> 天枢万古不动,而一气运旋,时通时复,皆从此出。主静立极之学本此。②

又说:

> 天一也,自其主宰而言谓之帝。心一也,自其主宰而言谓之意。③
>
> 天穆然无为,而乾道所谓刚健中正,纯粹以精,尽在帝中见;心浑然无体,而心体所谓四端万善,参天地而赞化育,尽在意中见。离帝无所谓天者,离意无所谓心者。④

意既为人心之枢纽与主宰,则它必是人的一切正面价值的凝聚,它本身必是超出具体善恶判断的至善。所以蕺山又以意为道心、诚、几、性体、独体、未发之中等。他着力辩白的是,意为心之所存而非心之所发,意决不同于念,亦不同于志。他对于朱子、阳明以心所发之念头训意皆不赞同,他批评朱子说:

> 意者,心之所存,非所发也。朱子以所发训意,非是。传曰:"如恶恶臭,如好好色",言自中之好恶一于善而不二于恶。一于善而不二于恶,正见此心之存主有善而无恶也。恶得以所发言乎?⑤

他又批评阳明说:

> 意为心之所存,则至静者莫如意。乃阳明子曰:"有善有恶者意之动",何也?意无所为善恶,但好善恶恶而已。好恶者,此心

---

① 《学言中》,《刘宗周全集》第二册,第 409 页。
② 《学言上》,《刘宗周全集》第二册,第 378 页。
③ 《学言下》,《刘宗周全集》第二册,第 442 页。
④ 《学言下》,《刘宗周全集》第二册,第 443 页。
⑤ 《学言上》,《刘宗周全集》第二册,第 390 页。

最初之机,唯微之体也。①

在蕺山这里,意是决定后天念虑之善恶的本初意向。它是心本有的,不是随所感而生的,是"所存"而非"所发"。意的内容是好善恶恶。此内容恒常如此,无有改变。他以罗盘为喻:罗盘喻心,盘针之不同指向喻念,盘针之必指向南的性质喻意。不管念之发生与否,意作为心之主宰,时时存在:

> 问:"一念不起时,意在何处?"先生曰:"一念不起时,意恰在正当处也。念有起灭,意无起灭也。"问:"事过应寂后,意归何处?"先生曰:"意渊然在中,动而未尝动,所以静而未尝静也。本无来处,亦无归处。"②

此仍着重言意无动无静,是心之本有而非后天生起,它是不随具体善恶起灭的至善。

蕺山为什么要标榜这样一个"意"?这与他作为旷世大儒的自我担当有关。蕺山以孔孟之人格与功业自期许,思以先觉觉后觉,以学术纠正当时之弊。他认为当时最大的弊害在于求取功利而不出于正道,此人心之晦。他要以孔子之道照亮此晦暗。而孔子之道,他认为最鲜明、最集中地体现在《中庸》中。孟子针对战国的时代问题,力倡仁义之说,而仁义的根据在内心。此"性善"之旨所以为孟子学术中心之故。而后之言性者,人置一喙,性之本义遂晦。至宋周敦颐始,诸理学大家重张圣人之学,而辩说日繁,支离转甚,圣人之学反为功利、辞章、释老之学所掩蔽,王阳明因倡良知之说,起而救治,儒学为之一大明。但王门后学又以私见屡入良知,遂使阳明之旨又湮晦。当时王学流弊之两大端为泰州、龙溪,皆承阳明良知之旨而走入邪妄者。蕺山尝言:"今天下争言良知矣,及其弊也,猖狂者参之以情识,而一是皆

---

① 《学言上》,《刘宗周全集》第二册,第390页。
② 《答董生心意十问》,《刘宗周全集》第二册,第339页。

良;超洁者荡之以玄虚,而夷良于贼。亦用知者之过也。"①"参之以情识"者,指泰州派下之人喜言现成良知,所恃任者为心当下之所发,以此为良知之最真者,轻视归寂、主静等后天功夫。蕺山认为此种为学路径容易流入猖狂自恣,私见之情识混杂于心体流行之中而不自知,犹以为良知本体。"荡之于玄虚"者指龙溪之学。蕺山认为龙溪之四无说将心、意、知、物视为无,夷灭心中本有之良知,贼害孟子以来儒家性论之正宗——性善说,走入释老之学。泰州龙溪之学之真实义旨,及蕺山对他们的批评果否是当,学界讨论已复不少。此处要指出的是,批评泰州龙溪以纠正当时学弊,是蕺山提倡"诚意"之说的根本目的。此点蕺山自己言之甚多,如:

> 司世教者又起而言诚意之学,直以《大学》还《大学》耳。争之者曰:"意,稊种也。"予曰:"嘉谷。"又曰:"意,枝族也。"予曰:"根荄。"是故知本所以知至也,知至所以知止也。知止之谓致良知,则阳明之本旨也。今之贼道者,非不知之患,而不致之患。不失之情识,则失之玄虚,皆坐不诚之病,而求之于意根者疏矣。故学以诚意为极则,而不虑之良于此起照。后觉之任,其在斯乎?孟子云:"我亦欲正人心,息邪说,距诐行,放淫辞,以承三圣。"又曰:"能言距杨墨者,圣人之徒也。"予盖有志焉,而未之逮也。②

此中对诚意的重要性与己之所以提倡诚意之学的苦心表露甚为恺切。在蕺山这里,诚意是《大学》一书的概括:知本者知诚意为本,知至者知诚意为功夫之极至,知止者以诚意为最后的止息归宿之地。诚意则泰州所信从之现成良知方是良知本体,诚意则心中有良知本体而不至落入一切皆无之境地。故诚意是纠正当时学弊的良方,亦是纠正万世学弊的良方。蕺山之子刘汋也因此以诚意为蕺山之学的归结:

> 先君子学圣人之诚者也。始致力于主敬,中操功于慎独,而

---

①② 《证学杂解》,《刘宗周全集》第二册,第278页。

晚归本于诚意。诚由敬入,"诚之者,人之道"也。意也者,至善栖真之地,物在此,知亦在此。意诚则止于至善,"物格而知至"也。意诚而后心完其心焉,而后人完其人焉。是故可以扶皇纲,植人纪,参天地而为三才也。①

并认为,就宋明道学言,濂溪、明道所开创的合内外动静为一的浑一学说,由朱子、象山分为理学、心学;此种分而为二复由阳明合而为一。但阳明毕竟偏于内,导致此种分而为二愈甚。至蕺山倡诚意之说,而立基于气之上,此种分而为二始又融合为一。故判蕺山之学"即内而即外、即动而即静,体用一原,显微无间。盖自濂溪、明道之后一人而已,其余诸子不能及也。"②又以蕺山诚意之学复心之本体,辟佛之功不在禹下;蕺山批评各种错误学说,特别是泰州龙溪之学,是"扫蓁芜而开正路",功亦与孟子辟杨墨同。③ 此等处虽不无推高乃亲之情愫,但蕺山确实是阳明之后思辨最为深刻,论说最为精严,体系最为庞大圆融,救世苦心最为切至的思想家。

蕺山之所以提倡诚意慎独之学,目的在为儒家传统的性善论奠立基础,批评各种对性善说的偏离。他针对的首先是王龙溪的四无说,并且认为,龙溪的四无说本于乃师王阳明"四句教"之"无善无恶心之体",与"无善无恶者理之静,有善有恶者意之动"等话语,故又溯源至阳明而批评之。对阳明的态度亦由始疑之、中信之,而变为"终而辨难不遗余力"。④ 至其临终,仍郑重告诫弟子:"若良知之说,鲜有不流于禅者。"⑤他对于阳明、龙溪的最大转向,就在于"归显于密",即由阳明、龙溪的良知学之显教,转到自己以诚意为中心、"意蕴于心,非心之所发也"的密教。蕺山说:

---

① 刘汋:《蕺山刘子年谱》,见《刘宗周全集》第六册,第173页。
②③ 《蕺山刘子年谱》,《刘宗周全集》第六册,第174页。
④ 《蕺山刘子年谱》,《刘宗周全集》第六册,第147页。
⑤ 《蕺山刘子年谱》,《刘宗周全集》第六册,第170页。

>   意根最微,诚体本天;本天者,至善者也。以其至善,还之至微,乃见真止。……而端倪在好恶之地,性光呈露,善必好,恶必恶,彼此两关,乃呈至善。故谓之"如好好色,如恶恶臭"。此时浑然天体用事,不着人力丝毫。于此寻个下手功夫,唯有慎之一法,乃得还他本位,曰独。仍不许乱动手脚一毫,所谓"诚之者"也。此是尧舜以来相传心法,学者勿得草草放过。①

蕺山的意思是,天这一诚体与意这一诚体作为至善是相同的。意是天的具体而微,功夫只有结在意上,才能真正止于至善之地。而意是人的性光呈露,其内容是好善恶恶。好善恶恶乃所以为至善。此至善对于具体心念上的善恶念头,皆有"如好好色,如恶恶臭"之严正与无欺。故亦可曰浑然天体用事。此意根即独体。慎独即以诚敬之心将此独体保任完好,独体上着不得丝毫功夫。他还说:"诚意之好恶,其所存也;正心之好乐、忿懥、恐惧、忧患,指其所发者言也。"②意思是,意是从性上说,好乐等是从心上说;前者形而上者,后者形而下者。意根的好善恶恶是心念上的知善知恶的根据。

同样的意思还见于他对《大学》的解释,他说:

>   《大学》之言心也,曰忿懥、恐惧、好乐、忧患而已。此四者,心之体也。其言意也,则曰"好好色,恶恶臭"。好恶者,此心最初之机,即四者之所自来,所谓意也。故意蕴于心,非心之所发也。又就意中指出最初之机,则仅有知好知恶之知而已。此即意之不可欺者。故知藏于意,非意之所起也。又就知中指出最初之机,则仅有体物不遗之物而已,此所谓独也。故物即是知,非知之所照也。《大学》之教,一层切一层,真是山穷水尽学问,原不以诚意为主,以致良知为用神也。③

---

① 《学言下》,《刘宗周全集》第二册,第453页。
② 《学言下》,《刘宗周全集》第二册,第454页。
③ 《学言上》,《刘宗周全集》第二册,第389页。

一般认为《大学》之八条目说的是修养功夫之层层递进,而蕺山则认为,《大学》是言本体,心、意、知、物是由心的层面渐进而为性的层面,由好乐等心的念头进至心的主宰——意,由意的好善恶恶的倾向进到更深微的不可欺之诚意,此诚意之内含即良知。故"知藏于意"。此良知不是阳明、龙溪之本心,而是意的本质、意密藏之核心。由不可欺之良知进到物——天道诚体的具体而微:独体。此独体是天道之凝聚为一物,不是独体的功能:朗现为万殊。故"物即是知,非知之所照也"。对照阳明,阳明致良知之"致"重在向外推,将良知散开为《大学》之三纲八目,如其《大学问》对《大学》之诠解。而蕺山是将《大学》层层内收,将《大学》一切功夫归于诚意,意根愈益精微、高严。一显一密,泾渭分明。蕺山对阳明之学的诸多批评之言,归到一处,即重良知与重意、显教与密教之不同。如蕺山说:

> 予尝谓学术不明,只是《大学》之教不明。《大学》之教不明,不争格致之辨,而实在诚正之辨。……诚正之辨,所关学术甚大,辨意不清,则以起灭为情缘;辨心不清,则以虚无落幻相。两者相为表里,言有言无,不可方物。即区区一点良知,亦终日受其颠倒播弄而不自知,适以为济恶之具而已。视闻见支离之病,何啻霄壤![1]

意思是,格物致知与诚意正心相比,其重要性要小得多。前者不明,最多陷入支离之病;后者不明,则学问方向全错;意字不明,则心中念头之起灭皆无关性理,只是情识之生灭;心字不明,则以空为心体,心之摄物,皆是虚幻之相。心意两者是体用关系,如心中无意根,则心失去德性本体,只是气机流行,亦只成就得本能之恶而已。此害远大于学问上之支离。此论虽对阳明之学合格物诚正为一的品格缺少宽容,但对诚意之学之缺失所带来的后患却指出甚为明白。他认为阳明的良

---

[1] 《学言下》,《刘宗周全集》第二册,第452页。

知，中无意字为枢纽，只是本能情感，非善行所以发生之精微根据，与高严之善恶判断标准。他说：

> 阳明子言良知，最有功于后学，然只是传孟子教法，与《大学》之说，终有分合。《古本序》宛转说来，颇伤气脉。至龙溪所传之天泉问答，益增益割裂矣。即所云良知，亦非究竟义也。……只因阳明将意字认坏，故不得不进而求良于知。仍将知字认粗，又不得不退而求精于心。种种矛盾，固亦不待龙溪驳正，而知其非《大学》之本旨矣。①

这是说，孟子从四端处说，是显教；《大学》从诚意处说，是密教。虽阳明也讲诚意，但他以意为心之所发之意念，故须言诚意在格物，格物即致良知，已于大学本旨不合。以意为意念，则良知因有善念恶念从而知之改之，如此则良知是意念之奴仆，非意念之主人。以意为念，就是将良知认坏，故不得不转而求良知；以为良知只知善知恶，故不像意字那样首先好善恶恶，这是将良知认粗，故不得不退而求浅层次之正心。此皆不识意字真义旨所带来的弊病。他的"归显于密"，就是从阳明以孟子的致知为主归到自己以《大学》的诚意为主。故蕺山以诚意贯《大学》之全部功夫，实亦贯儒学之全部修养功夫。

蕺山因泰州、龙溪之弊而溯源至阳明，他反复批评的是阳明"四句教"之首句"无善无恶心之体"。这一点明显地是继承了东林。在《阳明传信录》对四句教的评论中，蕺山明确指出，阳明一生处处言至善是心之本体，至善是尽乎天理而无一毫人欲之私，虽亦曾说"无善无恶理之静"，但指的是理的形上性质之无声无臭，未曾说到心之体无善无恶。他认为，如果心体无善无恶，则四句教之次三句皆无法立足，他质疑道：

> 若心体果是无善无恶，则有善有恶之意又从何处来？知善知

---

① 《良知说》，《刘宗周全集》第二册，第317页。

恶之知又从何处来？为善去恶之功又从何处来？无乃语语绝流断港？……人若只在念起念灭上用功夫，一世合不上本体了。正所谓南辕而北辙也。先生解《大学》，于"意"字原看不清楚，所以于"四条目"（按指王阳明"身之主宰便是心，心之所发便是意，意之本体便是知，意之所在便是物"四句）处未免架屋叠床至此。及门之士一再摹之，益失本色矣。先生他日有言曰："心、意、知、物只是一事。"此是定论。既是一事，决不是一事皆无。蒙因为龙溪易一字，曰："心是有善无恶之心，则意亦是有善无恶之意，知亦是有善无恶之知，物亦是有善无恶之物"，不知先生首肯否？①

此处蕺山的意思在上文对《大学》的解释中已有清楚的剖白。蕺山认为，心之体，是意根，意根是至善，是一切德行的基础。没有意根，与道德有关的一切问题，如善念的生起，善恶判断的发生，为善去恶的功夫等，都无从谈起。意根一失，步步皆错。蕺山并且指出，当时学弊就出在在念头起灭上用功，未能直指心之本体——意。阳明本人以心之所发解释意字，泰州、龙溪更是沿波而下，此皆走显教一路。他主张归显于密，功夫必落在意根而后止，此谓"知止"。落在意根，则"四无"变为"四有"。以意为所发因而无止，是他批评阳明、龙溪的主要之点，如他批评阳明：

良知之说本不足讳，即闻见遮迷之说，亦是因病发药。但其解《大学》处，不但失之牵强，而于知止一关全未勘入，只教人在念起念灭时用个为善去恶之力，终非究竟一着。与所谓"只于根本求生死，莫向支流辨浊清"之句，不免自相矛盾。故其答门人，有"即用求体"之说，又有"致和乃所以致中"之说，又何其与龟山门下相传一派显相矛盾乎？然则阳明之学，谓其失之粗且浅、不见道则有之，未可病其为禅也。阳明而禅，何以处豫章、延平乎？只

---

① 《阳明传信录三》，《刘宗周全集》第五册，第91页。

为后人将"无善无恶"四字播弄得天花乱坠,一顿扯入禅乘,于其平日所谓"良知即天理"、"良知即至善"等处全然抹杀,安得不起后世之惑乎?阳明不幸而有龙溪,犹之象山不幸而有慈湖,皆斯文之厄也。①

此中仍然认为,阳明对"意"字的本体地位未能参透,故为善去恶是在后天念起念灭上用功,与阳明自己提倡的在根本之地用功相矛盾。其即用求体、致和乃所以致中诸说,皆在后天用功。而意为心之所发,非心之所存,则导致龙溪之四无说,将儒家根本义旨性善论全然抹杀。就此点而言,龙溪对晚明狂禅之风的煽起,负有不可推卸的责任。故蕺山对龙溪的批评,其严厉又甚于阳明。对阳明,蕺山表彰其"心即理"、"心外无理"、"良知"诸说,认为可以纠正朱子偏重"道问学"之失。② 所批评者,主要在上述对意字的解说。而对龙溪,则直斥之为异学,如他说:

> 龙溪四无之说,心是无善无恶之心,是为无心;意是无善无恶之意,是谓无意;知是无善无恶之知,是谓无知;物是无善无恶之物,是谓无物。并无格致诚正,无修齐治平,无先后,无本末,无终始,毕竟如何是《大学》的义?曰"不思善不思恶时,见本来面目",不更泄露天机在?此龙溪意中事也,几何而不为异学?③

这是说龙溪之四无说的本质是一切皆无,导致《大学》所定之儒者为学节目尽失,必至归于禅学。蕺山多处批评龙溪为禅,认为他的学说有无不立,善恶双泯,所任者唯虚灵知觉之气,是堕于禅学。龙溪言无善无恶,而结果是"济恶之津梁"。④ 蕺山指出,龙溪之四无说是承象山弟子杨慈湖而起,其"无心之心则藏密,无意之意则应圆",与慈湖之"无

---

① 《答韩参夫》,《刘宗周全集》第三册,第359页。
② 见《与王右仲问答》,《刘宗周全集》第二册,第334页。
③ 《学言上》,《刘宗周全集》第二册,第363页。
④ 见《明儒学案·师说》,《刘宗周全集》第五册,第524页。

意"相似,皆背离孔门诚意之根本宗旨。蕺山甚至主张龙溪之四无句应改为"有善有恶者心之动,好善恶恶者意之静,知善知恶者是良知,有善无恶者是物则"。① 此为蕺山根本见解,头一句言后天之心念有善有恶,第二句言心中本有之意根好善恶恶。第三句与阳明意思相同,言良知知善知恶,第四句说意本身即物则,不须在意之外另寻物则。其中第二句为蕺山强调的重点:意为心之所存而非心之所发,意根是德性的基础,是心体的主宰,是良知知善知恶的深微保证。意根一立,步步皆实。蕺山立说之根本意思尽在此四句中。

  蕺山的功夫论,集中体现于其所作之《人谱》中。其中"人谱正篇"有仿周敦颐《太极图说》而作之《人极图说》。"人谱续篇"有《证人要旨》六事,是关于修养功夫的集中说明。后之《人谱杂记》分"体独"、"知几"、"定命"、"凝道"、"考旋"、"作圣"六个方面,杂引前辈儒者关于修养的嘉言善行,分类系于此六目之下,以为修养者的效法和印证。《证人要旨》六事之一曰"凛闲居以体独",此条与《人极图说》之"无极太极"对应,是对"慎独"之法的具体说明。蕺山说:

> 自昔孔门相传心法,一则曰慎独,再则曰慎独。夫人心有独体焉,即天命之性,而率性之道所从出也。慎独而中和位育,天下之能事毕焉。……君子所为必慎其独也。夫一闲居耳,小人得之为万恶渊薮,而君子善反之,即是证性之路。盖敬肆之分也。敬肆之分,人禽之辨也。此证人第一义也。②

此处之慎独,可谓合朱子之慎独义与己之慎独义为一,既讲体证独体,又讲于闲居独知之时严敬肆之分。

  六事之二曰"卜动念以知几",此条与《人极图说》的"动而无动"相应,强调在念头初动时辨其善恶。他解释此法说:

---

① 见《学言上》,《刘宗周全集》第二册,第391页。
② 《人谱续篇一》,《刘宗周全集》第二册,第5页。

> 独体本无动静,而动念其端倪也。动而生阳,七情著焉。念如其初,则情返乎性。……惩窒之功,正就动念时一加提醒,不使复流于过而为不善。才有不善,未尝不知之而止之,止之而复其初也。①

此中可注意的是,蕺山提醒学者,此法与专在"几善恶"上作功夫不同,因为它强调几虽动而仍不失先在之"意根"。知几是看念头是否与意根相应。如有不相应,即时以意根醒觉,不使流为过恶。故知恶之时即是惩窒之时,即保任意根流行之时。

六事之三曰"谨威仪以定命",此条与《人极图说》的"静而无静"相应,是在容貌辞气上用功。蕺山说:

> 慎独之学,既于动念上卜贞邪,已足端本澄源。而诚于中者形于外,容貌辞气之间,有为之符者矣。所谓"静而生阴"也。于焉官虽止而神自行,仍一一以独体闲之,静而妙合于动矣。……天命之性不可见,而见于容貌辞气之间,莫不各有当然之则。是即所谓性也。故曰:"威仪可以定命。"昔横渠教人,专以知礼成性、变化气质为先,殆谓是欤?②

威仪是儒者修养的重要方面,理学前辈如二程、朱熹等皆极重视威仪。蕺山之学重视在本原上用功,认为容貌辞气是精神境界的外在反映,由慎独功夫而意诚,表现于外,自然合于威仪之准则,如目容端,口容止,足容重,手容恭之类。而对外在威仪的修养,又可有助于诚意慎独之养成。故蕺山对张载关学派的特点知礼成性、变化气质表示赞同,认为与"威仪所以定命"之训若合符节。

六事之四曰"敦大伦以凝道"。周敦颐之《太极图说》,自无极、太极而为阴阳、五行,蕺山之《人极图说》,自无善而至善之心体,到继善

---

① 《人谱续篇一》,《刘宗周全集》第二册,第6页。
② 《人谱续篇一》,《刘宗周全集》第二册,第7页。

成性之性体,再到五伦之达道,层层开展,渐渐落实。蕺山说:

> 人生七尺堕地后,便为五大伦关切之身。而所性之理,与之一齐俱到。分寄五行,天然定位。……故学者功夫,自慎独以来,根心生色,畅于四肢,自当发于事业。而其大者,先授之五伦。于此尤加致力,外之何以极其规模之大,内之何以究其节目之详,总期践履敦笃。慥慥君子,以无忝此率性之道而已。①

这是说,人天然是一伦理性存在,人一出生,性便与之俱来,性即理,它首先表现为五伦。五伦是天下之达道,是修养功夫之最大端。君子首先要思"五伦间有多少不尽分处",黾勉从事于斯。而尽五伦之分就是无忝于率性之道。

六事之五曰"备百行以考旋"。此条与《人极图说》之"物物太极"相应。"考旋"语本《易·履》九五爻辞:"视履考祥,其旋元吉。"意思是考察自己的行为,使之圆满无亏缺。蕺山此句谓须做好自己当尽的一切伦理责任,一一考察之而无憾。他解释此条说:

> 孟子曰:"万物皆备于我矣",此非意之也。只由五大伦推之,盈天地间皆吾父子、兄弟、夫妇、君臣、朋友也。其间知之明、处之当,无不一一责备于君子之身,大是一体关切痛痒。然而其间有一处缺陷,便如一体中伤残了一肢一节,不成其为我。②

五伦是人伦中之大者,其间又有多少细行百物,君子皆处之当,行之确,以"反身而诚"践行孟子的"万物皆备于我"。

六事之六曰"迁善改过以作圣",它与《人极图说》之"其要无咎"相应。前五事之功夫最后须落实在迁善改过上。蕺山说:

> 自古无现成的圣人,即尧舜不废兢业。其次只一味迁善改过,便做成圣人,如孔子自道可见。学者未历过上五条公案,通身

---

①② 《人谱续篇一》,《刘宗周全集》第二册,第8页。

部是罪过。即已历过上五条公案,通身仍是罪过。……一迁一改,时迁时改,忽不觉其入于圣人之域。此证人之极则也。①

此点对阳明江右诸弟子之"归寂"、"主静"宗旨有直接之继承,强调无现成圣人,圣人必修而后得。而修最切实、最直接的功夫就是见善即迁,见过即改。久久不息,心地愈明,察检愈深,迁改愈益细微,如此渐进于道。

由此六事可见,蕺山之功夫,由微到著,由形上到形下,由心到身,由五伦之大到百行之细,层层深入,步骤秩然,最后落实为最切近也最易于实行之迁善改过。其体系之严整,体证之深切,功夫之笃实,皆较东林诸人进了一步。

蕺山是明代最后一位大儒,他一生的大部分时间,在明代后期的社会动荡中度过,朝内党争、满洲入侵、北方农民暴动,各种重大社会矛盾盘根错节,这些都以曲折的方式反映在明末的学术思想中。蕺山所面对的学术潮流,一为阳明学席卷天下,其弟子中,泰州学派之"猖狂者参之以情识而一是皆良",龙溪四无说之"超洁者荡之以玄虚而夷良于贼",是蕺山之学着重针对、思欲救治的主要弊病。而陶石篑、石梁兄弟所讲的佛教诸论对儒家之学的背离,是蕺山把"证人"作为为学目的的直接原因。② 从更广阔的学术背景看,蕺山沿东林之波,欲将朱子阳明两派学术统会为一,既保留朱子学以气为万物本原,一切立基于气之上的理性、实证色彩,又要保留阳明学以心为一切思想观念之首出、统贯的优点,将阳明学突出的价值品格灌注于朱子学的重知系统,开出一有价值统领,有实证基础,同时重实地修养、重士人气节的新学说。蕺山之子刘汋对乃父的这一统会意向以及实际做出的贡献有清楚的说明:

---

① 《人谱续篇一》,《刘宗周全集》第二册,第 9 页。
② 见《证人会约书后》,《刘宗周全集》第二册,第 498 页。

先儒言道分析者，至先生（按指蕺山）悉统而一之。先儒心与性对，先生曰"性者心之性"；性与情对，先生曰"情者性之情"；心统性情，先生曰"心之性情"；分人欲为人心、道心，先生曰"心只有人心，道心者人心之所以为心"；分性为气质、义理，先生曰"性只有气质，义理者气质之所以为性"；未发为静、已发为动，先生曰"存发只是一机，动静只是一理"。推之存心、致知，闻见、德性之知，莫不归之于一。然约言之，则曰"心之所以为心"也。又就中指出本体、功夫合并处，曰诚意。意根最微，诚体本天，此处着不得丝毫人力，唯有谨凛一法，乃得还其本位，所谓"戒慎乎其所不睹，恐惧乎其所不闻"，此慎独之说也。先生曰："诚无为，敬则所以诚之"是也。……先生即诚言敬，而敬不失之把捉；本意言心，而心不失之玄虚。致此之谓致知，格此之谓格物；正心以上则举而措之。盖一诚意而天下之能事毕矣。①

此中对蕺山以诚意为枢纽贯通理学主要宗旨的意思说得甚为明晰。蕺山此一统贯对后此儒学发展所关甚重，清以后的理学发展也大体遵循蕺山奠定之方向，除极少数杰出者如黄宗羲、王船山、顾炎武之外，就规模之阔大、思辨之精微、境界之高迈、形上思考之深切说，未有能超越蕺山者。他的弟子黄宗羲也以他的思想龟鉴整个明代理学。从这个意义上说，蕺山是明代儒学的总结者，也是整个中国古典形态的哲学的终结者，在中国儒学史上有重要地位。

另，蕺山自出仕以来，以直言多次遭黜革，一生半在林下，弟子众多。就弟子董瑒所记之名录看，亲受业列入蕺山弟子籍者八十余人，曾学于蕺山未列入弟子籍者七十余人。② 列入弟子籍者多明末之抗清

---

① 刘汋：《蕺山刘子年谱》，《刘宗周全集》第六册，第148页。
② 《蕺山刘子年谱》，《刘宗周全集》第六册，第614页。

志士,死于抗清斗争或失败后踵蕺山之行以身殉国者颇有其人。① 这是蕺山之学重气节所带来的直接结果。刘汋曾引蕺山私淑弟子章凤梧之语曰:

> 神庙以来,吾越冠进贤者趋富贵如鹜,言及国家安危,人品邪正,则掉臂而去之。能免于贤哲之诟厉足矣,敢进而语古人之名行乎?自先生(按指蕺山)以贞介之操倡明圣学,士大夫后起者翕然宗之,争以救时匡主为务,直言敢谏为忠,一时显名朝右者若而人,下至委巷鄙儒,亦斤斤寡过好修,尚行谊、绌耻辱焉。及夫皇国崩陁,而风概愈振,仗节死义之士后先接踵,天下望风而凛焉。……夫同一越人也,昔何以与粪土同弃,今何以与日月争光,推其所自,不得不归先生风砺之功矣。②

此非阿私之言,证之刘门弟子之行谊,斑斑可考。刘门中的著名学者,如黄宗羲、宗炎兄弟及宗羲子黄百家、万斯选、万斯大、万斯同、陈龙正、陈子龙、金铉、陈确、张履祥、毛奇龄、陈锡嘏、邵廷采③等,在史学、文学、哲学上多有建树,他们或多或少都受到蕺山之学的影响。这一点亦蕺山对中国思想史的一大贡献。

---

① 见黄宗羲:《思旧录》,《黄宗羲全集》第一册,第 338—394 页。又见刘汋:《蕺山刘子年谱》,《刘宗周全集》第六册,第 195 页。
② 见刘汋《蕺山刘子年谱》,《刘宗周全集》第六册,第 195 页。
③ 此据董瑒:《蕺山弟子籍》及《蕺山学人》,见《刘宗周全集》第六册,第 614 页。

第十一章
明代经学概述

明代是理学极盛的时代。黄宗羲谓有明文章事功皆不如前代,独于理学,前代所不及。理学以价值观念、伦理准则之确立为主旨,以语录之学为最普遍的学问形式,经学这种本来是儒学精神传承载体的学问系统反而成了理学的附庸,成了一种供士大夫寄寓其志意,宣泄其智思,甚或炫耀其博雅的知识性学术形态,其重要性已远不能同理学相比。学术重点由经学转向理学,这其中的原因颇为复杂。《明史·儒林传》谓:"有明诸儒,衍伊洛之绪言,探性命之奥旨,锱铢或爽,遂启歧趋,袭谬承讹,指归弥远。至专门经训授受源流,则二百七十余年间,未闻以此名家者。经学非汉唐之精专,性理袭宋元之糟粕,论者谓科举盛而儒术微,殆其然乎。"这固然是以清人的眼光做出的总结,但点出科举为形成这种局面最重要的因素,确实深中肯綮。清代著名经学家皮锡瑞论明代经学,谓宋元明三代为经学积衰时代,而此三代中,又以明代为经学衰敝之最。他分析其中的原因说:

> 科举取士之文而用经义,则必务求新异,以歆动试官;用科举经义之法而成说经之书,则必创为新奇,以煽惑后学。经学宜述古而不宜标新;以经学文字取人,人必标新以别异于古。一代之风气成于一时之好尚,故立法不可不慎也。①

皮锡瑞追溯科举之文之变迁,认为元明经义,本于王安石所立之墨义之法。王安石《三经新义》颁行于天下,举子专诵王氏书而不究经文。元代科举用四书五经疑,明初用四书疑,后改为四书五经义,皆沿用《三经新义》。经义所用之八股文,本于元代王充耘《书义矜式》和宋吕惠卿、王雱之墨义。故宋元明之科举,名为明经取士,实为荒经蔑古。而此种情形,至明代而极。皮氏甚至认为:

> 明时所谓经学,不过蒙存浅达之流;即自成一书者,亦如顾炎武云:明人之书,无非盗窃。弘治以后,经解皆隐没古人名字,将为己说而已。其见于《四库存目》者,新奇谬戾,不可究诘。五经扫地,至此而极。②

皮锡瑞比较宋元明三代经学,认为元不及宋,明又不及元。宋人学有根柢,虽不用古义,但能自成一家之言。元人但株守宋人之书,于古注疏所得甚浅。明人又株守元人之书,不但不研究古注疏,并连宋人说经之书也不研究,故疏略又甚于元人。

对明代经学不竟的批评不止皮锡瑞,明末清初诸大思想家出于总结明亡教训,纠正明代虚浮狂放的学风,扭转语录之学占统治地位的现象,对明代经学极敝早已有激烈的批评。黄宗羲曾说:"儒者之学经纬天地,而后世乃以语录为究竟。仅附答问一二条于伊洛门下,便厕儒者之列,假其名以欺世。"③清代乾嘉学者江藩也说:"有明一代,囿于

---

① 皮锡瑞:《经学历史》,中华书局,1959年,第277页。
② 《经学历史》,第278页。
③ 《黄宗羲全集》第十册,浙江古籍出版社,1993年,第443页。

性理,汨于制义,无一人知读古经注疏者。自梨洲起而振其颓波,亭林继之,于是承学之士知习古经义矣。"①全祖望论及黄宗羲对于清代学术转型的功绩时也说:"公谓明人讲学,袭语录之糟粕,不以六经为根柢,束书而从事于游谈,故守业者必先穷经。经术所以经世,方不为迂儒之学,故兼令读史。"②相较之下,代表乾嘉时期学术主流的官修书目《四库全书总目》,着眼于对经学发展各阶段的特点进行总结,对明代经学的评论较为公允。其经部总序说:

> 自汉京以后,垂二千年,儒者沿波,学凡六变:其初专门授受,递禀师承,非唯训诂相传,莫敢同异,即篇章字句,亦恪守所闻,其学笃实谨严,及其弊也拘。王弼、王肃稍持异议,流风所煽,或信或疑,越孔、贾、啖、赵以及北宋孙复、刘敞等,各自论说,不相统摄,及其弊也杂。洛、闽继起,道学大昌,摆落汉、唐,独研义理,凡经师旧说,俱排斥以为不足信,其学务别是非,及其弊也悍。(如王柏、吴澄攻驳经文,动辄删改之类)学脉旁分,攀援日众,驱除异己,务定一尊,自宋末以逮明初,其学见异不迁,及其弊也党。(如《论语集注》误引包咸"夏瑚商琏"之说,张存中《四书旁通》即阙此一条以讳其误。又如王柏删《国风》三十二篇,许谦疑之,吴师道反以为非之类)主持太过,势有所偏,才辨聪明,激而横决,自明正德、嘉靖之后,其学各抒心得,及其弊也肆。(如王守仁之末派皆以狂禅解经之类)空谈臆断,考证必疏,于是博雅之儒引古义以抵其隙,国初诸家,其学征实不诬,及其弊也琐。(如一字音训动辄数百言之类)要其归宿,则不过汉学、宋学两家,互为胜负。夫汉学具有根柢,讲学者以浅陋轻之,不足服汉儒也。宋学具有精微,读书者以空疏薄之,亦不足服宋儒也。消融门户之见,而各取所长,则私心祛而公理出,公理出而经义明矣。盖经者非他,即天下

---

① 《汉学师承记》卷八,中华书局,1983年,第132页。
② 《梨洲先生神道碑文》,《全祖望集汇校集注》,上海古籍出版社,2000年,第219页。

之公理而已。①

这是从中国经学发展史的角度论各时代经学的特点,对各时代经学的优劣皆有指摘,而且指出其转进的根据。此叙代表四库经部纂修的总原则,这就是汉宋兼采,今古文并收。经是天理的体现,而天理乃集众长而有,非一家可以独占。此叙虽然除了王学末流的经学著作之外,对理学家治经未有明确批评,但在具体书目的评论中,对明代经学学风是持贬抑态度的。这是乾嘉学风在经学上的表现,乃一世风尚所在,非仅四库馆臣。

以上皮锡瑞的评论是站在经学家的立场,而且是一个今文经学家的立场做出的,其说固有相当的道理。但若从整个中国学术发展的大势着眼,从明代理学对经学内容和形式的渗透和改造着眼,从明人力图发扬儒学所弘扬的价值观念和伦理准则,吐弃与精神价值关联较疏的纯学术形态,将理学精神贯彻于经学这一意向着眼,则明代经学或许不像皮氏所说的那样陋劣,对明代的经学,或许另有不同评价。② 下面分各经对明代经学的概况做一鸟瞰式的介绍。

第一节 《周易》

明代虽被称为经学极衰时代,但易学著作之数量,大大超过宋元时代。《明史·艺文志》著录 220 部,1570 卷。《四库全书》经部收录明代易学著作 24 种,存目 150 余种,两类合计 170 多种。宋代收录 56 种,存目不足 10 种。元代收录 23 种,存目仅 4 种。从这个数字可以

---

① 《四库全书总目》,中华书局,1997 年,第 43 页。
② 这类评价可参阅林庆彰、蒋秋华主编《明代经学国际研讨会论文集》,台湾中国文哲研究所筹备处 1996 年印行。

看出,明代易学著作甚多,而入四库馆臣法眼者少。这大概就是皮锡瑞所说"其见于《四库》存目者,新奇谬戾,不可究诘"①的根据。明代易学著作数量之多,说明当时虽然理学语录之学极盛,但经学作为儒学最主要的著作门类,仍然受到士子的关注。科举考试士占一经,抱《易》者恐不在少数。虽著述形式不能严守传统经学注疏,但大端未失易学内容,却是实际情况。

明代易学著作最早且最有影响的,当属胡广等奉敕所撰之《周易大全》。此书为《五经大全》中的一种,本为科举考试之设,兼以表示明成祖"稽古右文"之意,但因是资料汇编,又为急就,故编成后大为方家姗笑。顾炎武谓此书"仅取已成之书,抄誊一过,上欺朝廷,下诳士子。经学之废,实自此始"。②朱彝尊《经义考》意见同此。《四库提要》则态度折中,既指出此书为撮抄,学术价值不大。又认为被撮抄之母本皆学本朱子,可算学术纯正之书。更重要的是明代以经义取士,此书乃科举之令甲,影响一代士人甚巨。《四库提要》并指出,之所以著录此书,是因为从此书可觇明代经学盛衰之由:"录存其书,见有明儒者之经学,其初之不敢放轶者由于此,其后之不免固陋者亦由于此。"③

明代易学著作之出于经学家之手,非仅理学书之别裁者,当属蔡清《易经蒙引》、来知德《周易集注》、季本《易学四同》和郝敬《周易正解》。其余或仅通论易经之旨,或仅就其中疑惑之处提出己见,或仅就象、数、卦、爻阐说其理,皆不如上列数书义例、条理规整而为系统之经学著作。

蔡清(1453—1508),字介夫,号虚斋,福建晋江人。成化进士,官至南京国子祭酒,明代著名经学家。主要著作还有《四书蒙引》、《性理要解》、《虚斋集》等书。蔡清之学以穷理为主,笃守朱子之说。在朱陆

---

① 《经学历史》,中华书局,1959 年,第 278 页。
② 见《日知录》卷十八《四书五经大全》条,《日知录集释》,花山文艺出版社,1991 年,第 812 页。
③ 《四库全书总目》,第 44 页。

之争上主张朱陆皆出于孔孟而户门不同。两相比较,朱子之学最为大中至正,而陆学不免稍偏。但对于朱子解易中不惬意的地方,也非墨守,而能有所驳正。又其解经务为平实,不炫奇斗奥,故《四库总目提要》说他"识解通达,与诸儒之党同伐异者有殊。故其文章亦淳厚朴直,言皆有物,虽不以藻采见长,而布帛菽粟之言,殊非雕文刻镂者所可几也"。① 黄宗羲在《明儒学案》中评论蔡清之学:"先生平生精力,尽用之易、四书《蒙引》,茧丝牛毛,不足喻其细也。盖从训诂而窥见大体。……其释经书,至今人奉之如金科玉律,此犹无与于学问之事者也。"②此处评论蔡清之解经风格甚为允当,但说其释经不能算作学问之事,犹是黄宗羲心学之见。其实蔡清的学问宗旨主要体现在他的解经中,其他则语录鳞爪,不成系统。

蔡清解易,一宗朱子《周易本义》,所以《易经蒙引》的体例便是易经本文与朱子《本义》文句并载,朱子文句上加圈以示区别。但具体解说往往与《本义》有异。他尝说:

> 大抵读书须要酌以真理,不可全信耳目,全凭故纸。虽朱子之说,亦不能无未尽善处。且朱子之释注诸书,据《文集》所载,则其前后不同亦多;据《语类》所载,则其不同处尤多。若理出于至当,又安有不同者邪?然则学者安得便以朱子之说,遂不敢有所同异邪?③

朱熹的《周易本义》欲纠正程颐专以义理解易的偏颇,故义理卜筮并重。而蔡清则同明代理学特重义理的时代特点相一致,解易全以义理。故太极阴阳、理气、性命等说在解易中随处可见。又朱子以其理本论入易,蔡清则纠之以理气合一,理寓于气,太极含阴阳之说。④《本

---

① 《四库全书总目》,第 2305 页。
② 《明儒学案》,中华书局,1985 年,第 1097 页。
③ 蔡清:《易经蒙引·系辞上》,影印文渊阁《四库全书》本。
④ 参阅朱伯崑:《易学哲学史》第三卷,华夏出版社,1995 年,第 108 页。

义》注文,有对原文之字义、音读的训释,意在楷定音义,而蔡清则重在字义的训解,意在从训诂而达义理。朱子之释文,一秉其谨严注经的风格,字句皆切《周易》原文,无敢走作。或间有引申而离原文不远。蔡清则主要是贯串讲理,不必字句皆切原文。此数点贯彻于蔡清解易之全过程。所以蔡清的解易更多的是借易来阐发他的理学思想。他的思想大体继承朱子,是天人性命之一整套,非仅"虚静"所能限。故黄宗羲说他解易无与于学问之事,此评并不确切。

蔡清《易经蒙引》文甚繁细,非此概述所能尽,此处仅择其大端,以证上述解易特点。如朱子注"乾,元亨利贞"一句:"文王以为乾道大通而至正,故于筮得此卦而六爻皆不变者,言其占当得大通而必利在正固,然后可以保其终也。此圣人所以作《易》教人卜筮而可以开物成务之精义。"朱子解元亨利贞为大通至正,以此四字为占断之辞。占断之辞而与天道通,《易》本卜筮之书而蕴涵至理。蔡清则摒去卜筮之意不用,纯从义理上发挥。并且认为义理解经本孔子之意,非后儒杜撰,他说:

> "乾道大通而至正",最好玩味。是此一句,虽孔子后面许多言语皆在其中。天之四德,一大中至正之道也,方知孔子主义理说不是易外意也。何谓天之四德一大通至正之道?曰:正大而天地之情可见矣,即此可知。何谓圣人之四德亦一大通至正之道?曰:圣人之心廓然而大公,物来而顺应,中心无以为守,至正即此可见。寻常尽说《易》是穷理尽性至命之书,自今观之,卦爻辞何处是说性命?殊不知有形而下之器,便有形而上之道。有至著之象,便有至微之理。如"乾,元亨利贞",便是从乾道大通而至正上来。"坤,利牝马之贞",便是从阳全阴半,地道无成而代有终上来。乾岂不是性命耶?是以学须见到天人合一处。①

---

① 《易经蒙引》卷一。

蔡清解此四字完全不言卜筮,直接就天道之大通至正之义阐发,以元亨利贞为天之四德,天道即人心,大通至正即廓然大公。朱子以《易》为卜筮之书,从中可诠释出性命之理。蔡清则以程子之"体用不二,显微无间"之意,直接以《易》为穷理尽性之书。蔡清虽承朱子,不废易本卜筮之义,但多言义理,少言祸福,有些时则专以义理言易。此即蔡清虽尊朱子而实与之多有异同之处。

又如爻序之为何自下而上,朱熹《本义》未作说明,而蔡清则不言揲蓍,纯以义理释之:

> 画卦自下而上,不只是做《易》圣人然也,凡众人占卦者之画卦皆然。其自下而上,则所以象气之消息及物之生生也。盖天地之间只有气与形二者而已。如井泉先温之类,可见气实自下而上也。万物皆以渐而长,自卑而至高,可见其形亦自下而上也。故画卦者以之。①

又如朱熹释阳爻何以称九时说:"阳数九为老,七为少,老变而少不变。故谓阳爻为九。"②此从揲蓍之角度着眼。而蔡清则纯以理为释,其解九六之取名说:

> 此主蓍策言。然其数之所由起,则实自造化来也。故曰"参天两地而倚数"。七九皆阳数,六八皆阴数,阳主进,九者进之极也,故九为老阳。阴主退,六者退之极也,故六为老阴。

其释"老变少不变"说:

> 天下之物凡至变处皆是老者,其未老不变也。花开到透时便须谢落,人到老时便有死期矣。自造化言,寒到极处然后变为暑,暑到极处然后变为寒。亦老而变也。③

---

①③ 《易经蒙引》卷一。
② 朱熹:《周易本义·乾》,中国书店,1994年,第14页。

类此者《易经蒙引》中俯拾皆是。反复取譬,论释十分繁细。故黄宗羲说他解易"虽牛毛茧丝不足喻其细"。蔡清解易虽首重义理,此与朱子有所不同。但他奉朱子为蓍龟,大的框架与路数,还是取向于朱子而非程颐,即以义理解易而不废象占,下面两段话可以说明他的这一取向:

> 《易本义》立象占二字尽著卦之始终矣。象在卦,占以蓍。卦者易之体,蓍者易之用,缺一非易也。故朱子之学易不敢只安于《程传》之成说也。

又说:

> 邵子平日欲把一部易数传于二程,二程全不问他,邵子亦不曾与他说。所以伊川后来作《易传》,于象数上略了,只据胸中所得之义理来解说。朱子服其理到,但以其未得易之本旨,故别为之注,而自名曰《本义》。便见《程传》之说未为本义矣。《本义》字字皆从画上味出,亦多本之孔氏也。①

蔡清的解易路向,于此亦可概见矣。也因为此,《四库提要》对他颇多褒奖之辞。

蔡清的弟子陈琛作《易经浅说》八卷,宗旨与蔡清大体相同。但欲直接为科举之助,殊失解经体例。

季本(1485—1563),字明德,号彭山,浙江山阴人。正德进士,官至长沙知府。其思想以"龙惕"为宗旨,以为龙主变化而不废警惕,非恶主宰而任变化者。故以"龙惕"反对任流行而恶主宰的先天正心派。

季本的经学著作甚多,有《易学四同》、《易学四同别录》、《诗说解颐》、《春秋私考》、《四书私存》、《读礼疑图》等。另有关于庙制、乐律等方面的著作。季本看到当世学者以性命空言代穷经之实学,故发愤解

---

① 《易经蒙引》卷一。

经。在罢官家居之后,载书寓居禅寺,读书无间寒暑者二十余年。他的易学著作《易学四同》和《别录》,专为批评邵雍、朱熹而作。邵雍分伏羲、文王为先后天,朱子仍之。朱子《周易本义》置河图、洛书、伏羲、文王、卦变等九图于卷首,认为有天地自然之易,有伏羲之易,有文王周公之易,有孔子之易。四者不同,宜各各分看。季本认为伏羲之画,与文王周公之卦爻辞、孔子之十翼根本义旨并无不同。邵雍、朱子割裂先后天,违背圣人作易本旨。他的目的在于纠正邵雍、朱子此说,返四圣同揆之义。但此书对易学的重要问题如辞、变、象、占皆搁起不谈,离开易学而谈义理。且其论易,多以心学意思解释发挥,如他自述作易宗旨:

> 易,心学也。随时变易,归于中道,故谓之易。大心之动静,阴阳而已矣。阴阳往来,其变无穷,道之所以流行而不已也。往者事之化,来者几之微。事既化,不可得而知矣。所可知者,惟其几耳。知几而中在是矣。故易以知来为要。圣人以此洗心,退藏于秘。知以藏往,神以知来,无他学也。于是忧民之迷于吉凶也,而为之设卜筮以前民用,将与共立于无过之地。此岂有所强哉?不过因其心之同,不待外求者而开明之,使不昧于吉凶之几,即其一念之觉而得补过以复于无咎。此伏羲作易之本意也。①

此以心为易之本体,天之元亨利贞即心之喜怒哀乐,亦即易之吉凶悔吝。一部易经,不过是心中之理的显现,易非仰观俯察而得。他又说:

> 圣人画卦,全在心上见得此理。故其象皆状德之刚柔,盖不待观于天地万物而后可德也。天地万物者气也,德所成之形耳。知德则知天地万物在其中矣。《大传》包牺氏仰观云云,此是春秋以后学易者之说。②

---

① 季本:《易学四同》序,第1页。
② 《明儒学案》,第280页。

季本的易学观如此,故《四库总目提要》说他的易学"以《四同》标目,亦间有阐发,然其大旨乃主于发明杨简之易,以标心学之宗,则仍不免堕于虚渺。"①

另外,季本据欧阳修之说,谓《系辞》为后世讲师之言,非孔子所作。原因是系辞中有"大衍之数"一章专讲筮法,而筮占者易之末事,非周公孔子之易。并借欧阳修《系辞》非孔子所作之言,以吴澄改本为据,对《系辞》之文多处删改移易。季本另有《蓍法别传》二卷,有图有说,大指在辨邵雍、朱熹蓍法之误。另有《图文余辨》二卷,分内外二篇。《四库提要》谓:"内篇辨朱子《本义》前之九图之误,其论《后天图》非文王所作,是矣。谓先天圆图亦尚有可疑,则仍纠绕于图中,不能确定也。外篇杂论术数,如《皇极经世》、《易林》、京房《易传》、《火珠林》、《太玄》、《潜虚》、《洪范》'九九'数、《参同契》之类皆辨之,至于'梅花数'亦与诘难,则泛滥矣。"②对季本有褒有贬,而贬大于褒。这里可注意的是,明代易学诸书多有怀疑《易传》为孔子所作者,号为易辨、易疑、易窥、易私录之类的解易著作尚多。虽学术水准杂出不等,要皆对传统之论作翻案文章,其中不乏自出手眼,持之有故者。但皆被四库馆臣目为师心自用,私意揣之。

在明代易学家中,来知德是个特殊的人物。他在明代时风众势皆趋义理解易之时,苦心钻研,独悟玄机,其穷三十年之力所成之《周易集注》,为明代象数易学有数的著作。

来知德(1525—1604),字矣鲜,四川梁平人。嘉靖进士。著有《省觉录》、《省事录》、《理学辨疑》、《心学晦明解》诸书,《周易集注》一书,尤心力所注。《明史》本传说:"初,结庐釜山,学之六年无所得。后远客求溪山中,覃思者数年,始悟易象。又数年始悟文王《序卦》、孔子《杂卦》之意。又数年始悟卦变之非。盖二十九年而后书成。"③可知来

---

①② 《四库全书总目》,第80页。
③ 《明史》卷二八三,第7291页。

知德解易以象为主,又从《序卦传》和《杂卦传》中所说六十四卦的卦序和相邻两卦互相对反上悟得错综之意,由此主错综说而反对卦变。来知德的易学主要是为了反对王弼之后扫象数而专言义理之弊,特别是明代《五经大全》、《性理大全》以科举引领解易者专趋义理一路。他说:

> 孔子没,后儒不知文王周公立象皆藏于《序卦》错综之中,止以《序卦》为上下篇次序,乃将《说卦》按图求骏。自王弼扫象以后,注《易》诸儒皆以象失其传,不言其象,止言其理,而《易》中取象之旨遂尘埋于后世。本朝纂修易经、性理大全,虽会诸儒众注成书,然不过以理言之而已,均不知其象,不知文王序卦,不知孔子杂卦,不知后儒卦变之非。于此四者既不知,则《易》不得其门而入;不得其门而入,则其注疏所言者,乃门外之粗浅,非门内之奥妙。①

来知德注解《周易》,很大程度上继承了朱熹以《周易》为卜筮之书这一方面,解易不脱离筮法。但他不同意朱熹言卦变,而转以取象说解卦爻辞。

来知德的易学最重视象,象在整个易学系统中处于最基础的地位,他说:

> 夫《易》者,象也;象也者,像也。此孔子之言也。曰象者,乃事理之仿佛近似、可以想象者也。非真有实事也,非真有实理也。……若《易》则无此事无此理,唯有此象而已。有象,则大小、远近、精粗,千蹊万径之理,咸寓乎其中,方可弥纶天地。无象,则所言者止一理而已,何以弥纶?故象犹镜也,有镜则万物毕照;若舍其镜,是无镜而索照矣。不知其象,《易》不可注也。②

---

① 来知德:《周易集注》原序,九州出版社,2004年,第10页。
② 《周易集注》原序,第10页。

这是说易以六十四个卦象象征天下无穷无尽的事物。事与理皆在象中见出。而六十四象实际上是三十六象，其中八个卦象相错，二十八个卦象由五十六卦相综。所谓错者，交错对待，阳左而阴右，阴左而阳右，如《乾》与《坤》。综者，高低错综，阳上而阴下，阴上而阳下。如《屯》与《蒙》。来知德以错综说反对卦变说，认为错综"乃伏羲之八卦一顺一逆自然之对待也，非文王之安排也"。对卦象的解释，自然之错综胜于安排之卦变。如《讼卦》彖辞"刚来而得中也"，朱熹《本义》注以为《遯卦》之九三入于初六、六二之间而变为《讼卦》。而来知德则以为此爻来自《讼卦》之综《需卦》，"乃《坎》之阳爻来于内而得中也"。

　　来知德诠释《周易》，特重其中的象。他所说的象，"有卦情之象，有卦画之象，有大象之象，有中爻之象，有错卦之象，有综卦之象，有爻变之象，有占中之象。正如释卦名义，有以卦德释者，有以卦象释者，有以卦体释者，有以综卦释者，即此意也"。① 他特别赞成《易传》"拟诸其形容，象其物宜"的解释路向，反对王弼"得意在忘象，得象在忘言"的解易方法，也不同意朱熹"象失其传"的说法。认为一部《周易》，可以说即是一部象学之书。所以他在《周易集注》正文前，增入许多自制之图，有《来知德圆图》、《伏羲文王错综图》、《八卦变六十四卦图》、《八卦所属相错图》、《八卦六爻变自相错图》、《八卦次序自相综图》、《八卦所属自相综文王序卦正综图》、《八卦四正四隅相综文王序卦杂综图》诸图及《上下篇经义》、《易经字义》诸说，意在说明他以上解易宗旨。因为他的这些解释自成一说，又专以卦象错综之义为基础，所以当时推为绝学。但《四库总目提要》评述来氏之说"上下经各十八卦，本之旧说；而所说中爻象，亦即汉以来互体之法，特知德纵横推阐，专明斯义，较先儒为详尽耳。其自序乃高自位置，至谓'孔子没后而《易》亡，二千年有如长夜'，岂非伏处村塾，不尽睹遗文秘籍之传，不尽闻老师

---

① 《周易集注·易经字义》，第76页。

宿儒之论,师心自悟,偶有所得,遂夜郎自大哉!"①此评自有其道理。但来知德此说,皆苦心孤诣、冥心探索而得,其在明代盛行的义理解经之外另辟蹊径,在象数学特别是卦象的解释上独树一帜,亦属难能可贵。

最后要说的是郝敬。郝敬(1558—1639),字仲舆,号楚望,湖北京山人,万历进士,官缙云、永嘉二县知县,擢礼科给事中。曾劾山东税监陈增贪横,遭贬谪。后弃官归家,闭门著书。遍注九经,历时二十余年,成《九经解》(又称《九部经解》),计有《周易正解》二十卷,《尚书辨解》十卷,《毛诗原解》三十六卷,《春秋直解》十五卷,《礼记通解》二十卷,《周礼完解》十二卷,《仪礼节解》十七卷,《论语详解》二十卷,《孟子说解》十四卷,各书卷首都有读本书之法一卷,叙说作书之命意及读此书之关钥。九部经解共一百六十五卷。又有《山草堂集》二十八种,共一百五十二卷。郝敬之戮力注经,主要是为了反对嘉靖之后繁缛的文风和竞言义理,经学扫地的时风。他自曝著书之志说:

> 经教之衰,亦无如今日矣!三百年来!雕龙绣虎,作者实繁。而含经味道,羽翼圣真,寂乎无闻。是子衿之羞,圣代之阙典也。某一介腐儒,有志未酬,十年闭户,揣摩初就,而瓠落无用,抱璞求沽。盖道有宗盟,非关私请,如百川望海,岂辞未同?②

可谓怀璞抱道,志壮业勤。他的诸经解,以《毛诗原解》最为精博,盖他曾以《诗经》中乡试,平时用力最多,亦有家学渊源。其他经注,则醇疵参半。

郝敬关于周易的注解有《周易正解》和《易领》四卷,皆入《四库全书》经部存目。其《周易正解》提要说:"用王弼注本,凡上下经十七卷,其说较详,《系辞》以下仅三卷,则少略焉。大旨以义理为主,而亦兼及

---

① 《四库全书总目》,第47页。
② 《送九经解启》,《小山草》卷七。

于象。其言理多以《十翼》之说印正卦爻,其言象亦颇简易。然好恃聪明,臆为创论。"①观郝敬之易解,此评论大体不差。郝敬之解易,首重十翼。但十翼中之揲蓍之数及筮占测候,则摒弃不用,只以十翼中精义入神、穷理尽性、利用安身、崇德辨惑等义理为解说之基础,兼及卦象。他认为易乃四圣讲道之书,故学易者首在领会其中的道理。他在九经总序中首明此义:

> 庖羲作易,文王演次,周公系爻,孔子赞翼,四圣相授,道本一致。百家之说,纷然烦琐。执义者遗象,而徇象者失意。邵雍氏图先天,分易为二;考亭氏守蓍策,义主卜筮。小道可观,致远则泥。纬稗乱正,而易道旁骛矣。作《周易正解》部第一。②

四圣一揆,本义理解易者之常谈。郝敬此论,重在批评邵雍先天后天图割裂四圣之道,和朱熹以易为卜筮之书。明代科举,本以程颐之《易传》和朱子之《本义》为功令。但程子主理,朱子兼言理与卜筮。郝敬则专言理,筮策之数只视为作易过程中不可缺少的一个环节。十翼出而此环节可忘。纠缠揲蓍则为舍本逐末。郝敬在自制的读易法中首揭此义:

> 先圣后圣,所言惟一,皆本造化,明人事,辨善恶,决从违之方而已。其他纬候占测,得之无补于经,而言之适以滋惑,非圣人所以忧患天下,开物成务之要。近世学易主朱子《本义》,谓易为卜筮作;其论八卦筮策,准邵雍先天图,牵强附会。及其乖于仲尼之旨,则曰此伏羲之易,非孔子之易也。恶,是何言欤!学者但主十翼,易道自中天矣。③

本造化即本于天地万物之理,卜筮亦此理之表现。明人事、辨善恶不

---

① 《四库全书总目》,第91页。
② 《叙九部经解》,《周易正解》卷首。
③ 《周易正解·读易》。

过明辨天理,更与卜筮无关。至于决从违,则学易而遵从其中之道,非以筮策逆决吉凶。

在论易之性质上,郝敬所持的基本观点是,易本教人修德之书,整部《易经》即教人占者,但此占即以身自占,即学吉凶之理,非卜吉凶之事。故易为君子谋,非为小人谋。他说:

> 易即占也。天地人物之理著,消息之数显,吉凶祸福之几决,斟酌损益之法详,参伍错综之义密。学者但思六十四卦名义,观三百八十四爻象,默识会通,天下事可坐而测矣,岂区区蓍策之谓占?善学易者,逐卦逐爻,以身自占,灼见吉凶从违之理活泼无碍,乃能知易。不然,说虽精,空谭而已。①

易只是提供给人一个虚拟的场所,使人身临其境而体会其中的道理。易即学,学即占,在这种释易系统中,卜筮本可束之高阁。《易大传》中的卜筮之法,只是显示易之构制,其中的吉凶悔吝断辞是为了定民志,劝善遏恶,此即神道设教。郝敬说:"卜筮者,易之小数耳。八卦成而易道大备。圣人因图书衍蓍策以写卦,征吉凶而定民志,劝善遏恶,神其道而设教也,非谓德不加修,只凭龟策耳。"②而言易者多越卦而谈蓍策,不过是重增一障,离易之本义愈远。

郝敬释易,一本义理之路向,但他认为理必借象而显现,故又重视象。六十四卦为六十四象,三百八十四爻为三百八十四象。但象可旁通,故卦爻有定而其连类、象征无穷。而无穷之象皆理之表现。即象而识理,故象不可忘。此义郝敬反复言及,他说:

> 《易》者,圣人穷理尽性之书,理无形,性无迹,命无声臭,故圣人不言性与天道而言象。凡天地间昆虫草木无不取象,故其言曰:易者,象也。言象莫如夫子也。……理无形,因象显,非象无以通八卦之变,尽六爻之情。象设而学人执象,则又不得不示以

---

①② 《周易正解·读易》。

易简之要,十翼所由以作也。①

十翼的作用在印证、疏通易象,指导学人因辞解象,因象会义。同时示人触类会通,勿拘为定局。如郝敬从易经本文中抉出许多言象之处,多有《说卦》中所无者,谓有一画言象者,有二画言象者,有三画言象者,有六画全体取象者,以便推扩象之包含,以同十翼相印证。由于重视象,郝敬对易学史上扭转学风的著名易学家皆有褒有贬。如王弼扫除象数,倡易简之旨,于汉易有廓清之功,但王弼易于象太疏略。程颐继承此风,专以义理言易,着眼于君子小人、治乱兴衰,但于天地人三极之道之广大,稍觉偏枯,亦可说象之推广还欠广泛。朱子纠程子之偏,但又卜筮一面提掇太过,以为卦爻之辞皆占,不知其占皆象。邵雍则有图有象而无理,或从数中求其所谓理,走入另一偏。

郝敬解易,取象极宽。在他这里,太极、两仪、四象、八卦皆象,层级越高,所象征的事物越广:

> 太极者,大之极。犹太虚也。两仪者,仪,匹也。凡两皆仪,不问何物为仪也。两两成四,四即是象,不问何物为象也。有象皆可为卦,不必天地雷风水火山泽也。②

取象既宽,至太极则无所不包。无所不包者人心也,故太极即心,易即心,心是赋予万物以意义者,而《易》是人创造出来的工具,其作用在表达人对天地万物的理解和诠释。故《易》即心:"关朗曰:物不能自神,神之者,人也。易行乎天地之中者,人也。愚故曰:易有太极,人心之谓也。"③

为最大限度地穷尽易象之变化,郝敬对王弼、程颐弃之不讲的互体、飞伏、中爻等释易体例也纳入己之解易系统,并以系辞之文印证。他说:

---

①②③ 《周易正解·读易》。

> 卦有互有伏,所以尽易象之变也。《大传》谓二与四、三与五同功。杂物撰德,非中爻不备,互之谓也。爻不主初上,故互中爻以尽其变。天地之间,时行物生,圣人中天地而立人极,故变化在中爻取。互体,王、程诸子置而不讲,则象之不备者多矣。但各卦有用有不用,未可一例论耳。①

郝敬甚至将《易》来包容佛教道教。佛教本郝敬所反对者,认为佛道之精华,不过易之糟粕;易道广大,无所不包,佛道只得易之一偏。他说:

> 吾圣人之言象也,唯一画而天地鬼神之奥毕。凡二氏所谓密义,由《易》观之,皆谭士所谓牙后慧。而吾圣人雅言,温文淡简;而佛氏蛮语诘鞠,千百言不了一义。然皆吾中国学士窃圣人义理文字为之缘饰,故真赝杂沓,雅俗混淆。有志性命者,何如反而求诸《易》。②

而他所谓包贯,亦程颐"一部《华严经》,一个艮卦可了"之义。如:断缘息想、定慧止观何如《艮》,直下领悟、脱颖忘机何如《蒙》,事理不二、即妄成真何如《无妄》,六根圆通、妙净无染何如《咸》,忍辱行持、大慈无畏何如《谦》,诸行无常、四大本空何如《涣》之类。道家之守柔谦下、知白守黑之义,本易道所内涵。如《乾》之用九,群龙无首则吉,亢则有悔。《谦》、《豫》、《随》皆以柔道胜。诸卦亦多有刚以遇险,阴柔则吉者,此类皆可为证。而道教炼神驭气、养生延年之术,违反生死往来,造化之常之义,固《易》所不道。

以上概述略竟。本节所论,以较重要的易学家的著作为主,理学家而以易作为其发挥思想之助益者,皆所不道。从这简略的叙述中可以看出,明代易学家以义理派为大端。其解易之风受时代风气的影响,即使是纯粹的经学家,也不能如汉唐及以后清代的易学家那样家法端整,体例精严,明代的易学家其易学中多杂有理道心性等内容。

---

①② 《周易正解·读易》。

且虽皆从程颐《易传》朱熹《本义》出发,但多以程子专主理朱子专讲卜筮而反对之,对前人之易学可谓兼取杂糅。但皆自创体例,多以《系辞传》中所说宏大之理为解易之凭依,此理为框架,诸卦为此理之填充与例证。即使来知德深山玩易,深有心得而号为绝学者,其象数易学中亦不能不有相当多的义理解易的因素。此理学笼罩一世之影响,亦无可如何之事。就整个中国学术史着眼,在明代理学极盛的风气之下,易学家欲恢复经学合价值与学问为一,笃实解经不忘义理阐发,寓尊德性于道问学中,摒弃言不及义、破碎大道诸弊,其功亦不可没。视明代为经学极衰时代,是汉学家的一家之言。

第二节 《诗经》

明代《诗》类著作远较《易》类为少。《四库总目》著录10家,存目30余家。著录数只有宋代之半,存目数却远较宋代为多。这同样说明,明代诗学著作精粹者少,芜杂者多。其中最有价值者为朱善、《书传大全》、季本、李先芳、郝敬、何楷、冯复京诸家。本节概括地考察以上解诗著作,着眼于明代早、中、晚期解诗之风的不同,兼顾义理与名物训诂两大派。注意提揭各家在传统诗学问题如诗序,诗之传授系统,诗之美刺,孔子是否删诗,诗之正风变风,诗之赋比兴,及对朱熹《诗集传》的从违等问题上的不同观点,表显明代诗经学注重儒家价值观念的凸显和发挥,注重道德传统和知识传统的统一,在注诗体例上也更加多样等特点。

明代早、中、晚期解诗之风不同。早期恪守朱子《诗集传》,对毛传、郑笺所主张的诗序大力攻击,继承朱子详于诗意,略于名物训诂的路向。这个方面明初朱善的《诗解颐》四卷可为代表。朱善,字备万,号一斋,江西丰城人。洪武中官至文渊阁大学士。此书承元代以来尊朱传统,解诗全以朱子《诗集传》之义为据,且不注重名物训诂,多以理学意思发挥。所重者在其中包含的修齐治平教训。故多先分论一诗之义,后总论数诗之旨。论诗义多顺原文疏解,论诗旨则多道德方面的发挥。如《关雎》三章,以为咏文王之敬,文王之妃大姒未嫁时之淑。而对敬淑二字则以理学大事发挥:

> 能敬则能静存动察而无一时之或怠,无一事之或忽。其自强不息以此,其纯亦不已亦以此。此所以为乾之健也。能淑则能事上接下而无一事之或愆,无一理之或遗。其配至尊也以此,其奉宗庙也以此。此所以为坤之顺也。①

又如此书总论《周南》说:

> 《周南》者修齐治平之道,本之于天子,达之于诸侯。表立于此而天下无不知所取正焉。法立于此而天下无不知所取则焉。此化之所以行而俗之所以美也。由《关雎》而《螽斯》,其诗作于宫中,此身修家齐之效也。《桃夭》、《兔罝》、《芣苢》,其诗作于国中,此家齐国治之效也。《汉广》、《汝坟》,其诗作于南国,此国治天下平之渐也。若《麟趾》则又王者之瑞也,故以是终焉。②

并认为《周南》、《召南》与《大学》之义旨相表里:《大学》是言修齐治平之理,二《南》是言修齐治平之事。《大学》是立法以教人,二《南》是圣人将己之心得推行于风俗教化。此种解《诗》方向贯彻于全书,其理学气味十分浓重。其中某些解释也有据他人驳正朱子之处。由此看,朱善读书甚多,考据亦非不能,不过未注目于此罢了。故《四库提要》说:"其书不甚训诂字句,唯意主借诗以立训。故反复发明,务在阐兴、观、群、怨之旨,温柔敦厚之意,而于兴衰治乱,尤推求源本,剀切著明。在经解中为别体,而实较诸儒之争竞异同者,为有裨于人事。"③并认为他

---

① ② 朱善:《诗解颐》卷一,影印文渊阁《四库全书》本。
③ 《四库全书总目》,第201页。

沿袭了元代儒者的笃实学风,非明中期以后空谈高论所可比。

明代诗学著作重要者还有《诗传大全》一书。此书为胡广等奉敕所撰之《五经大全》之一。按四库馆臣的说法,此书乃取元儒安成刘谨之《诗传通释》稍作损益而成。根据台湾学者杨晋龙的研究,此书是以《诗传通释》为底本,又采入罗复《诗经集传音释》的"音释"及"名物图",曹居贞《诗义发挥》、朱善《诗经解颐》的解说。地名则依《皇(明)朝郡邑志》注出明代地名。除此之外,还有一些条目录自胡一桂的《诗集传附录纂疏》。形制体例则主要依《诗传通释》。① 从总体上考察,前人谓此书"抄袭",不为无据。但此书体裁本为撮抄改编,以现代著书体例为据,说此书"剽窃",却是言之过重。

另外,此书将原分隶于各篇的小序合为一篇,又全录大序之文,置于诗序之《朱子辨说》之下,表示重视朱子后来关于诗序的意见。因为朱子旧本《诗经集传》篇首有小序之合文,后因宗郑樵之说,反对小序,新本中已全部删去。但《诗传大全》不删小序,说明它仍然信从诗经学史上曾经发生了相当大影响的诗序,不全随朱子步趋。《朱子辨说》与大小序并录于篇首,说明《诗传大全》尊诗序与反诗序两存之,待学者自为去取。另《诗传大全》卷首列《诗传大全纲领》一篇,内容为诗大序及《尚书》、《周礼》、《礼记》、《论语》及二程、张载、谢良佐、朱子论诗之经典语句,其下系以孔颖达、辅广、刘瑾、朱善、李樗、吕祖谦等人的论诗之言,作为全书的指南。其以朱子为主,不专注于一家的解诗原则亦可以概见矣。

因是撮抄,此书本不足重,但它所编集者,皆重要思想家的传世之作,其收集资料之功,不可全然抹杀。另外,从其去取损益中可以见出明代前期因革之据。最为重要的是,此书为明代科举功令,乃士人必读之书,影响一代诗学之走向甚巨,从中可觇明代学术之盛衰因革,故

---

① 参见杨晋龙:《诗传大全来源问题探究》,载林庆彰、蒋秋华主编《明代经学国际研讨会论文集》,台湾中国文哲研究所筹备处1996年印行,第345页。

仍是明代最为重要的诗学著作。

季本的《诗说解颐》是明中期重要的解诗之作。此书正释三十卷，字义八卷，义理训诂并重。卷首有《总论》二卷，对于诗经学史上的重要问题如大小序、诗之六义、诗乐、孔子是否删诗、诗之章句音韵、诗之传授历史等，都详引载籍，予以说明。如大小序问题，历来众说纷纭。郑玄《诗谱》谓大序是子夏作，小序是子夏毛公合作。而何为大序、何为小序，分法不一。《后汉书·儒林传》谓诗序乃卫宏所作。而郑玄以为小序本为一整篇，毛公分置于各诗之首，则毛公之前其传已久，卫宏为增广润色。《隋书·经籍志》谓毛诗序子夏所创，毛公及卫宏更相润色。程颐说大序是孔子所作，而卫宏之序与古序本为两篇，后人混为一篇。朱子注《诗》有两稿，初稿宗诗序，后乃从郑樵，攻诗序，作《诗序辨说》，以为诗序本非经文，原自为一编附于经后。因当时齐鲁韩诗与毛诗并行，读者不尽信。至毛公引以入经，且置之篇端。三家诗亡后，抵牾之迹不可复见，人以为序中所言乃诗人作诗之前先有此命意，诗因序意而作，遂不敢拟议。后之读《诗》解《诗》者甚至发展为"有所不通，则必为之委曲迁就穿凿而附合之。宁使经之本文缭戾破碎，不成文理，而终不忍明以小序为出于汉儒也"。① 明代以尊朱故，信诗序与攻诗序遂为不可回避之问题，注诗者亦因之分为两派。季本解《诗》，明言反对序分大小，更认为诗序非子夏所作，也非孔门宗旨，他说：

> 今按毛诗大序本与《关雎》序合为一篇，无大小之异也。……大序之言杂取《礼记》、《周礼》之文，似皆后人所掇拾。而以一国之事言风，天下之事言雅；又以政之大小为二雅之别，则于经义多有不合。此决非子夏所作也。至于小序，则其失又甚矣。太师陈诗之后，虽或国史主之以入载籍，未必亲作。《诗》且类为之序，而义复多违。观其文辞重复，非出一人之手，盖必经师之所次辑。②

---

① 参见《诗传大全》卷首之《朱子辨说》。载影印文渊阁《四库全书》经部一。
② 见《诗说解颐总论》卷一。

此言合理之处甚多。

关于诗之六义,大序谓:一曰风,二曰赋,三曰比,四曰兴,五曰雅,六曰颂。风者,以文辞而谏诤,即"上以风化下,下以风刺上,主文而谲谏"。风有正风、变风。正风者,治世之音,以安乐之音表现政治和美。变风者,乱世之音、亡国之音,以怨怒和哀思表现政治之坏。雅亦有正、变,其意同风,大序谓:"至于王道衰,礼义废,政教失,国异政,家殊俗,而变风变雅作矣。"大序又说,风雅的区别在事之大小、诗之广狭:"一国之事系一人之本谓之风,天下之事形四方之风谓之雅。"而小雅大雅的区别在所言政事的大小。所谓颂,即对盛德大功的赞扬之辞,而此类赞辞多半是告于神明之前的。风、小雅、大雅、颂谓之"四始"。季本的解释在于突出风雅颂为经,赋比兴为纬之意。经者主体,纬者辅助,经者诗之本身,纬者诗之修辞手段。二者在诗中的重要性不可等量齐观。另风雅颂三者虽在体制上有很大区别,但此种区别不是绝对的,三者可以相兼。赋是直述事由,以尽其情状;比是即物为喻,意在言外;兴则因物发端,引起下句。而《诗经》中三者有相兼之例,如《大雅》之《嵩高》,有"其风肆好"句,是雅兼风。但因作者在雅,又非私讽之辞,故在雅。又如曹风之《鸤鸠》,四章皆为赞颂之辞,是为风兼颂。但以作者在风,又非面陈之辞,所以仍在风。此外,季本认为此六义为诗之体制,非与兴、观、群、怨一一对应,说某专对兴,某专对怨。亦反对以一国事言风,以天下事言雅。以政事之大小分大雅小雅,亦所反对。至于以王道之盛衰言正变,尤所反对。他指出:

> 如文、武西周之盛世则为正,成、康以后治化不及西周则为变耳,窃疑之。《破斧》之在豳风,《淇奥》之在卫风,《缁衣》之在郑风,《车攻》之在小雅,《烝民》之在大雅,皆歌咏盛德之言,不可以为非正。而成王望治之时,宣王中兴之日,平王靖难之初,犹存先

王之旧,而皆谓之为变,其心亦近于不广矣。①

　　意谓治乱相寻,其间情况复杂多变,非非此即彼。诗之美刺,更非一律,殊难截然相分。他质问道,正变之说本非经文,序说有之,其根据何在?况今本列于风雅之诗,意指有差讹之处,划其为正为变,未必皆得其所。此质疑深中窾窍。

　　关于孔子删诗,《史记·孔子世家》谓诗本有三千余篇,孔子去其重复,取其可施予礼义者,存三百五篇,皆配以音乐,以求合雅颂之音。此说为孔颖达《毛诗正义》所沿袭。②季本大体认可孔子曾经删诗之说,他要解释的是为何今本《诗经》,国风只有十五国之诗。他认为,孔子删诗之时未能尽得天下诸侯之诗而加以删正。如真有三千篇,孔子决不会只选十五国之诗。他的解释是,周之昭王宣王盛时,采诗以观民风的制度未废,诸侯乐以其诗献上。后王道渐衰,天子不采诗,诗之在诸国者多未录于周之太师。有些小国,如邾、滕、纪、莒等,或其国无诗,或其诗不足录,故只选定十五国之诗。另外,孔子删诗之时,已有文武成康盛时之诗。这些诗先已有题名,不待孔子删时定名。这些诗占有一定比例。当时孔子所删的,主要是内容上不足观者。郑卫之音,孔子本已删去,但秦火之后,《诗经》不全,汉儒取传于里巷狎邪之口者补入,以足三百篇之数。故现存之诗非古经。

　　关于诗经各篇之顺序,旧说多以为出于《左传》襄公二十九年吴公子季札聘鲁,观周乐时所说之顺序。季本反对此说,认为毛诗之顺序和《左传》偶合,或毛公之学与左氏之学同出一宗,二家之学相闻。不能将《左传》当成毛诗排序之根据。季本之所以不以《左传》为根据,是因为他认为《左传》此段描述各国之风特点的言论,浮泛虚夸,非为正论。如以秦为能大,以魏为明主,以豳为周公之东,以小雅为周德之衰之类,皆未为笃论。而《诗经》中十五国之顺序,秦火之后多错乱者。

---

① 《诗说解颐总论》卷一。
② 见《毛诗正义序》。

或风中杂雅,或以雅而杂风。二南三颂之顺序,也非孔子删诗时之旧观。

关于诗之传授系统,季本引《汉书·艺文志》、《后汉书·儒林传》、《隋书·经籍志》、孔颖达《毛诗正义》、陆德明《经典释文》诸书所记,加以折衷,认为子夏传孔子之诗的说法可信,但毛公之诗未必传自子夏。因毛说浅陋牵强,往往有难通处,子夏在孔门以文学知名,又从事于切问近思求仁之学,孔子谓其知诗,可知子夏深于诗者。其传于毛公者必不如此浅陋。或毛公得于子夏的学生,数传之后大失子夏之旧。或谓子夏四传至荀子,此说亦无确据。关于毛公传诗之说,季本信从孔颖达的说法,认为大毛公作传,小毛公受其传而为河间献王博士。自三家诗亡,毛诗独行,后郑玄之笺,孔颖达之疏皆宗毛氏。至朱熹始辨毛说之非,又因朱子在科举中的独尊地位,宋以后《诗集传》独行,毛诗始废,诗亦不以毛定名。但季本解诗不主朱熹,主张从各本由己心细绎去取,不尽用旧说。他尝说:"嗟夫!诗学之失传久矣,所幸遗经尚存,是非具列,即其辞而绎之,以意逆志,当自跃然于心目之间,岂待传注而后明哉!今于诸篇下首标经旨,不尽用旧说也,庶以见其意不远于经文而可求焉。"①

关于淫诗之说,宋儒解诗多从小序,以为诗皆含美刺之旨。郑樵反对此说,朱子从之。如郑风之《将仲子》,小序以为刺郑庄公害其弟。郑樵则认为是一女子婉拒情人之淫诗。世之文士以为孔子删诗正乐之后,凡不遵礼义无裨风教者皆已不存于诗中,今之诗无淫诗。凡郑、朱指以为淫诗者如《静女》、《木瓜》、《采葛》、《遵大路》等皆用旧说穿凿求通,而指郑樵朱子为误。季本认为,诗之为教,以宣抒性情为主,与史书之以史实垂鉴戒者不同。故不应信从小序之说,篇篇皆有美刺。说《诗经》本无淫诗可,因孔子已删。但说今诗无淫诗则不可,因有汉儒在秦火之后之拾掇增加。世儒说今诗无淫诗固是拘泥于小序,郑、

---

① 《诗说解颐总论》卷二。

朱说淫诗本为《诗经》旧有亦昧于孔子删诗之意。他主张解诗"义有不通者须于经文中平心玩味以得其意,固不可偏执己见,而亦安可尽拘旧说邪?"①

季本虽主张不从旧说,于己心得经典原义。但对于孔子删诗之说,又全然信从,实际上是虽不尽信毛公、郑玄、孔颖达、朱熹之说,但不敢不从孔子删诗之说,尤不敢不从孔子删述之后淫诗已纯然无存之说。仅就此点看,他仍有无根据地美化圣人之嫌。但诚如《四库总目提要》所言,季本的《诗说解颐》"大抵多出新意,不肯剽袭前人,而征引该洽,亦颇足以自申其说。凡书中改定旧说者,必反复援据,明著其所以然。……虽间伤穿凿,而语率有征,尚非王学末流以狂禅解经者比也"。而此书的意义,除在《诗经》学上的创获之外,在于通过它,"知姚江立教之初,其高足弟子研求经传,考究训诂乃如此,亦何尝执六经注我之说,不立语言文字哉!"②诚为有得之言。

明中期诗学著作可记述者还有李先芳的《读诗私记》二卷。李先芳字伯承,号北山,湖北监利人,寄籍濮州。嘉靖进士,官至尚宝司少卿。此书非系统的解诗之作,卷一总举其解诗的指导思想,卷二标举每篇大意。篇幅虽小,而创获良多。他总的解诗思想是,反对诗序曲解小雅一概归之于美刺,也反对朱子对小序矫枉过正,曲解郑卫之风,太半归于淫辞。两者都有偏颇。他欲循孟子"以意逆志"之读诗法,折衷其间。他有《读诗总论》一篇,标明他解诗之注目所在,特重夫妇之道。他认为周室王业之奠,在后妃之德,故二南以《关雎》为首;周室丧乱之由,在幽王专宠褒姒,故大雅以《瞻卬》、《召旻》殿后。诗序如此,其有深意寓焉。另十五国风中,言妇行邪正者八十余篇,几占国风之一半。二雅中极赞大任、大姒之贤,备道褒姒之害,鲁颂中赞扬后稷之母姜嫄,皆重妇德之意,可谓《关雎》之续篇。此中可以看出《诗经》全

---

① 《诗说解颐总论》卷二。
② 皆见《四库全书总目》,第202页。

经之大旨。另有《读诗之法》，表明他重视于男女、夫妇上体会诗之教化之意。他说：

> 圣贤之虑远矣。夫诗发乎情者也，而情之所发其辞不能无过，故其于男女、夫妇之间多忧思感伤之意，而君臣上下之际不能无怨怼激发之辞。十五国风为诗百五十有七篇，而其为妇人而作者、男女相悦之辞几及其半。虽以二南之诗如《关雎》、《桃夭》诸篇为正风之首，然其所反复咏叹者，不过情欲燕私之事耳。汉儒尝以《关雎》为刺诗矣，此皆昧于'无邪'之训而以辞害志之过也，而况邶、鄘之末流乎？①

因为情欲乃人之本能，极易流荡失正，须有人伦为之范导。故孔子删诗不删此类诗，为的是以此垂鉴戒于后人。

另外此意亦可反驳朱子以此类诗为淫佚之人所自作的说法，主张对此类诗要有分别，有淫奔之人自道，有刺淫奔之人之作。他有《朱注国风多淫奔之辞》一篇，专明此意，说朱子《诗集传》国风之注，认定为男女淫奔自叙者二十四篇，其中如《桑中》、《东门之墠》、《溱洧》、《东方之日》等，小序本以为刺淫，这些诗朱熹以为淫者自作，尚不至大谬。而《静女》、《木瓜》、《采葛》、《丘中有麻》、《有女同车》等，小序指为他事，因为其中无一字及于妇人，而朱熹皆以为淫奔之辞。李先芳质问道："如果出于奔辞，小序何讳不以直言，而概以他事；如果不出于奔辞，文公亦何所据，类坐以淫荡无耻之事？然则孔子之删者竟何事也。毋亦惑于郑卫之音，执泥臆见，而使圣经为诲淫之具乎？由是俗儒不以训后学，主司不以命题取士，遂使郑卫古风，应读者才十之三耳。"② 平心而论，朱子的认定并非无据。历来注诗者对此众说纷纭，多有与朱子意见相同者。李先芳据小序驳朱子，亦不能服朱子，因为朱子本来反对小序。

---

①② 李先芳：《读诗私记》卷一。

还有一点可注意的是，李先芳对待诗序的态度与朱子大异。他吸收了马端临的说法，主张雅颂之序可废，国风之序不可废。因为雅颂各篇意旨容易见出，如《文王》、《清庙》、《维天之命》诸篇，记文王受命、享祀之典等，辞旨明白。小序所说敷衍附会，反成赘疣。国风则不同，往往意在言外，不读小序则无以明。如《芣苢》，全篇说采芣苢之情境，而实际上抒写妇人得子之乐，于中见出后妃之德。而不读小序："《芣苢》，后妃之美也。和平，则妇人乐有子也。"则不知此义。又如《黍离》，不过慨叹禾黍之苗穗，小序则曰："过故宗庙宫室，尽为禾黍。悯周室之颠覆，彷徨不忍去。"此义须通过小序而明。从这里看，李先芳解诗仍多遵信诗序。在这一点上，他不同意朱熹对待小序的态度，指责说："朱文公解诗依古经文，附以已见，中间依小序者才十之一耳。"①

但在诗之正、变上，李先芳又与小序大异，反对诗分正、变。他承元儒刘谨之说，认为诗本无变风变雅之名，说："孔子删诗原情据理，顺其自然，故丑好美刺相间而成章，非故以何者为变，何者为正也。"②诗分正变，是后人据政教美恶、人事得失拟议诗，殊失诗之本真。如果硬要将诗分成美与刺两类，以美为正，以刺为变，也只能据各篇诗意来定，不能以时代来划分。旧说以二南为正风，邶至豳十三国为变风；以《鹿鸣》至《菁菁者莪》为正小雅，《六月》至《何草不黄》为变小雅；以《文王》至《卷阿》为正大雅，《民劳》至《召旻》为变大雅。正风正雅皆文王、武王、成王时之诗，周公并为之定乐歌。变风变雅皆康王、昭王以后之诗。此种以圣王时代、圣王地域之诗为正，非此则判为变的分法，舍去陈诗的实际时代和地域不问，实在是不足深辨。他主张："善读诗者不须问其篇章次第是非如何，但玩味圣人垂示劝戒之意，深于诗者也。"③

李先芳此书不专主一家，择善而从，议论平正，不妄生穿凿，有疑则缺。但所论不能旁征博引，稍嫌单薄。故《四库提要》谓："其书议论平和，绝无区分门户之见。虽援据不广，时有缺略，要其大纲，与凿空

---

① ② ③ 《读诗私记》卷一。

臆撰者殊矣。"①

郝敬为明代诗学重镇,他的《毛诗原解》三十六卷是明代后期一部极有特色的著作。诗学乃郝敬家学,他自言:"上世学《易》学《礼》,至我先君学《诗》,男千秋、千石、侄千里、缌麻弟大采,皆受《诗》。"②又以诗中乡试,可见渊源之深。

郝敬之《毛诗原解》,主要在反对朱熹注诗不遵小序,只依诗之文辞悬断疑似,后儒信从朱注,遂使诗学离开原意。他要恢复以序解诗之古风,故名《原解》。卷首有《读诗》一卷,总述解诗原则。郝敬以为诗不同于文,诗有蕴藉,不似文那样浅白。诗有悠扬委曲之趣,言外不尽之意,不能径情直解:"诗意深厚,正不贵明浅,或借古以讽今,或反言以明正,或托其人之口吻以发意中事,或漫无可否,述事以见意。体裁不一,要未有直发者。"③故读诗须如孟子所言,不以文害辞,不以辞害意,而要以意逆志。此为学诗之第一义。而诗历今数千年,其志未易逆,须借前人关钥,而小序正是此关钥。故郝敬解诗首重小序,他说:

> 三百篇所以高绝千古,惟其寄兴悠远。不读古序,不达作者之志与圣人删定之旨。后人疑序与诗不似,不似处正宜理会,诗所难言正在此。自朱元晦不通古序,学者谬承师说,浅陋枯索,无复兴致可风。④

郝敬又笃信成说,认为诗序中的头一句精当简约,是后数句的根本,后数句是申明首句之义。首句可断为子夏所作,后数句毛公增补:"诗序首句函括精约,法戒凛然,须经圣裁,乃克有此。"⑤解诗以小序之首句为纲领。故郝敬注诗之体例,于小序首句前增"古序曰"三字,小序其余文字之前,则加"毛公曰"以示区别,其下系朱子注以为批评

---

① 《四库全书总目》,第 202 页。
② 郝敬:《小山草》卷八。
③④⑤ 《毛诗原解·读诗》。

的靶子。郝敬反复强调,诗为言志而作,而诗序之首句之所以言志,解诗不据小序,犹如夜行无烛,他说:

> 各序首一句为诗人之志。诗辞明显,则序不及;但道诗所未言,后人所不知者,故序不可废也。朱子必责诗中语为征,正与古序相反。苟诗辞已直,又焉用序为。如朱说,依样葫芦,都似重复语,书《序》所以孟浪正坐此,虽不用亦无伤也。若诗无古序,则似夜行,乌可少乎!①

此处书《序》,指朱子之《诗经集传序》。此《序》中明言学诗之法:"本之二《南》以求其端,参之列国(按指十五国风)以尽其变,正之于《雅》以大其规,和之以《颂》以要其止,此学诗之大旨也。"②中无一语及于小序。郝敬认为,朱子之有此失,全在朱子忽视"诗言志"一语,以史传质疑诗旨,以文辞质疑诗旨。他甚至认为,朱子之气质性向不适合为诗,他说:

> 言诗殊关气质。元晦性地质直,气鲜圆通,故言诗殊非所长。诗多托兴,必认以为真;诗多婉言,必改使从直;诗多深邃,必牵使就浅。所以三百古序,无一能解颐者。③

此亦言之太过。

郝敬解诗与朱子不同的另一个重要之点在对赋比兴的解释。朱子解诗,极重视赋、比、兴,在诗之每一章下,都为标出。朱子释赋、比、兴为:兴者,先言他物以引起所咏之辞也。比者,以彼物比此物也。赋者,敷陈其事而直言之者也。④郝敬不仅反对朱子对赋、比、兴的解释,更反对在每一章下皆硬性标出。他对赋、比、兴的解释很富于哲学意味:

> 诗始于兴。兴者,动也。故曰动天地、感鬼神莫近于诗。夫

---

① ② ③ 《毛诗原解·读诗》。
④ 见朱熹:《诗集传》卷一,中国书店,1994年,第2—3页。

子亦曰：诗可以兴。凡诗未有离兴者也。兴者诗之情，情动于中发于言为赋。赋者，事之辞。辞不欲显，托于物为比。比者，意之象。故夫铺叙括综曰赋，意象附合曰比，感动触发曰兴。①

就是说，心受物之感，情动于中而欲发为言者为兴，将此情落实为语言之铺叙为赋，而此语言不欲直白道出，寄托于同类之物曰比。因此赋、比、兴非修辞之法，乃诗之本体；非截然割裂，本圆通为一。由于此，郝敬言诗，于赋比兴特重其统而为一之意，认为赋、比、兴非判然三体。他反驳朱子"比有取义，兴不取义"之说，认为朱子所说之兴，实际上皆比，因所咏之物有寄托之故。郝敬所谓比，即寄托之意，并非两物有相同性乃可比，凡不直言其事而托言于他物者皆比。故朱子所言为兴者如关雎、鹊巢、凤凰、麟趾、黄鸟、鸤鸠、狼跋、鹿鸣之类皆比。他因此将《诗》之兴比拟为《易》之象，并兼斥朱子错会比兴之义：

> 诗之有比，犹易之有象。易义难言，以象像之；诗志难言，以比譬之。汉魏诸家言易象过于穿凿，及言诗比，全没理会。朱元晦所以误比为兴，其疏谬从来远矣。②

因郝敬以凡托物皆比，故其比之义至为宽泛，故他又将比详细区分为取义之比、隐语之比，切响之比，会意之比等。此等区分不可谓皆无据，但切响之比义甚不通，如《殷其雷》之"殷"，借作殷商之"殷"，以雷比喻商纣之威虐；《桑中》"采唐"之"唐"，借为淫荡之"荡"以刺淫；《兔爰》之"兔"借为"毒"以表现悯周之情，此类皆过信小序，穿凿原意以与小序合，最终陷于荒谬。

郝敬亦因过信小序，特重诗之道德含义。他认为经之所以为经，就在于它的树立价值标准，标举道德原则之意。所以他注诗，特别注重其中遏恶扬善之意，反对朱熹专以乐歌论诗；特别发挥孟子"诗亡而后《春秋》作"之说，重视诗以美刺为史之说，主张诗与《春秋》有同样的

---

①② 《毛诗原解·读诗》。

功用。郝敬说：

> 六经所为重，以道非以辞也。世多良史而《春秋》为宗，非《春秋》能富于《史》《汉》也。世多骚雅，而三百篇为宗，非三百篇能攻于屈宋也。则身所重可知已。是非不定以训，美刺不足以风，三百篇犹之夫诗耳。如古序言诗，灵龟宝鉴，万世常新。如朱子言，诗不必美刺，则扬葩掞藻，嘲风弄月而已，圣人奚取焉。①

尤其反对朱子以《诗》为乐歌之总汇，说：

> 诗皆古贤达闻人感事托兴、劝善遏恶而作。苟不关法戒，则圣人不录。三百篇皆治乱兴衰之迹，不独为歌舞之节而已。朱子拘于《论语》正乐雅颂得所之说，专以乐歌论诗，遍改古序。然则诗之为经，只如后世乐府俳唱之用，焉能为有？②

但这里郝敬却攻之太过。盖朱子并未言《诗经》全部皆乐歌，更未言乐歌仅歌舞之节而已。朱子认为风者民俗歌谣之诗，诸侯采之以贡于天子，天子受之而列于乐官，于中考俗尚之美恶，而知其政治之得失。明非仅乐府之俳唱。朱子确以雅颂为乐歌，说雅者，正乐之歌也。小雅是宴飨之乐，大雅是朝会之乐。颂是宗庙之乐歌，如诗大序所谓美盛德之形容，以其成功告于神明者。更非乐府之俳唱。

另外郝敬为彰显诗之道德功能，特别凸出《诗经》的史书作用。认为《诗》与《春秋》相表里：

> 夫子作《春秋》，皆本风人美刺之意。其删《诗》也，明好恶、辨邪正，稽理乱，与《春秋》相终始。幽厉以前，美刺在《诗》；平王以后，是非在《春秋》。《诗》微而显，《春秋》显而微；《诗》善言，而《春秋》言善也。③

可以说，《诗》与《春秋》共同记载了自文、武至春秋时代的史实，尽管其

---

① ② ③ 《毛诗原解·读诗》。

体裁不同。由此点看。孟子所谓"《诗》亡然后《春秋》作",乃理解诗的关钥,孟子乃千古最为知诗之人。此亦五经皆史之意,不过所欲彰显者端在道德而已。

郝敬在关于诗旨的几乎所有大的方面都力反朱子,其中不无过甚其辞之处。但他反对朱子郑卫淫诗之说,却甚是有力。朱子赞成诗之正变说,谓诗唯《周南》、《召南》亲被文王之化以成其德,故此地之人皆有以得其性情之正,故其发为诗,乐而不过于淫,哀而不及于伤,故此两篇独为《风》之正。自邶而下,其国之治乱不同,其国之人感而发为诗,亦有邪正之不同。变风自此始。^① 其中郑卫之诗,多有宣发淫佚之情者。朱子在其《诗集传》和《语类》中对此说之甚多。郝敬提出,对于孔子"诗三百,一言以蔽之,曰:思无邪"要活看;要以孟子的"不以辞害志"的精神去理解。诗是言志的,诗中自然多男女之辞。如果善于以意逆志,则从靡靡之音中自能发现其志甚正,反之则满眼皆淫。郝敬说:"端冕而听,郑卫皆雅乐也;苟佚欲念起,凡歌舞皆足以丧志。故《乐记》曰:以道制欲,则乐而不乱;以欲忘道,则惑而不乐。"^②他对朱熹以淫诗视郑卫之风甚不满意,说:

> 世儒不达,谓诗多淫辞。必无邪思,乃可诵诗。夫使圣人删诗留淫辞,禁学者邪思,是建曲表而责直影也。……夫妇,人道之始也。故情欲莫甚于男女,廉耻莫大于中闺。礼义养于闺门者最深,而声音发于男女者易感。故凡诗托兴男女者,和动之音,性情之始,非尽男女之事也。^③

他更指出,诗意曲折,不能仅从其文字直看,而要善于旁通。如《君子偕老》、《猗嗟》,本刺也,而其辞为颂扬;《墙有茨》意本伤今也,而其辞道古;《小戎》、《东山》意在褒美,而无一句赞辞;《氓》、《谷风》意在刺

---

① 见朱熹:《诗传序》,《诗集传》,第1页。
②③ 《毛诗原解·读诗》。

恶,而无一句贬辞。此皆言在意外。故视郑卫之风为淫诗者,不达言外之意者也。郝敬这里的论说皆能自出手眼,不同流俗,可谓善读《诗》者也。

唯郝敬处处求与朱子不同,故对朱子的批评虽亦多有中肯之处,但出于故意立异处亦不少。其解诗总的说不如朱子广泛吸纳诗学成果加以悉心体察孤苦研究所得那样深切创辟,这与他僻处一隅,可读之书不多,闻见不广有关。这一点郝敬在《九经解》之总序中已有申说。且郝敬批驳朱子改小序,而他自己又过信小序,遇有按小序解不通处,必委曲生解,不免以经就传。加之对朱子攻剥太苛,《四库提要》谓其"用朱子吹求小序之法以吹求朱子,是直以出尔反尔,示报复之道耳,非解经之正轨也"。① 故弃置其书不录,存目之提要对其好处亦少有道及,此亦馆臣之偏见。

何楷之《诗经世本古义》二十八卷,亦诗经学史上一难得之书。何楷字元子,福建晋江人,天启进士,官至吏科给事中。此书受孟子"诵其诗,读其书,不知其人,可乎?是以论其世也"一语启发,认为诗虽以体制不同分为风雅颂,但皆因具体事而作。故诗三百五篇之年代与史事皆可一一考实。夏商两代直接之文献不足征,但周室先祖之诗藏在秘府,未曾遗失。孔子删诗之时,以诗中之所记,为商与周先祖事迹之文献依据。如公刘迁豳诸诗可以接续《尚书》之《五子之歌》中所述夏朝之事,歌咏王季、文王诸诗可以补《商颂》之缺。夏商之事,赖之《诗经》的记述以明。又如《尚书》所记止于周穆王,而《春秋》所记始于平王东迁。中间厉、宣、幽三王之事今无记,皆赖诗以征。所以诗可以看做《尚书》与《春秋》的间隙。其间之诗,可一一系之年代事迹。另外诗中散见之典章文物,与三《礼》所记无一不合,故《诗》亦可兼《礼》、

---

① 《四库全书总目》,第220页。

《乐》。① 何楷这一观点,看来受到明代"六经皆史"之说的影响。② 他自述作此书的体例步骤是:

> 先循之行墨以研其义,既证之他经以求其验,既又考之山川谱系以撷其实,既又寻之鸟兽草木以通其意,既又订之点画形声以正其误,既又杂引赋诗断章以尽其变。诸说兼详,而诗中之为人为世若礼若乐俱一一跃出。③

就是说其中除文义的研索考求外,大量工夫下在名物训诂、字音字义辨别、及以大量经史之文的旁证上。但此书用功虽勤,方向定错。其中的错谬诚如《四库提要》所言:"考《诗序》之传最古,已不能尽得作者名氏,故郑氏《诗谱》缺有间焉。三家所述,如《关雎》出毕公,《黍离》出伯封之类,茫昧无据,儒者犹疑之弗传。楷乃于三千年后,钩稽字句,牵合史传,以定其名姓时代。大惑不解,楷之谓乎!"④可谓一针见血。诸如此类茫无根据之事,如指《硕鼠》(魏风)为《左传》之魏寿余,《南陔》、《由仪》、《崇丘》等五篇,毛传以为笙诗,本有声无辞,今本多不录,而何楷一一为之指实,如指《草虫》(召南)为《南陔》,指《菁菁者莪》(小雅)为《由仪》,指《緜蛮》(小雅)为《崇丘》。此类《四库提要》指摘甚多。但此书的优点《四库提要》也明确点出:"然楷学问博通,引援该洽,凡名物训诂,一一考证详明,典据精确,实非宋以来诸儒所可及。譬诸搜罗七宝,造一不中规矩之巨器,虽百无所用,而毁以取材,则火齐木难,片片皆为珍物。百余年来,人人嗤点其书,而究不能废其书,职是故矣。"⑤此评甚是精当。另此书以诗起于夏之少康氏,终于周敬王,共二十八代,每代皆有诗,故总二十八部,以二十八宿之名为各部之名。如少康氏之世有诗《公刘》、《七月》、《甫田》、《大田》等八篇,为角部。

---

① 参见何楷:《诗经世本古义序》,载影印文渊阁《四库全书》经部三,诗类。
② 王阳明、李贽、王世贞皆有此说。参见《传习录》上、《焚书》卷五和《艺苑卮言》卷一。
③ 何楷:《诗经世本古义序》。
④⑤ 《四库全书总目》,第204页。

周敬王之世有诗《下泉》，为轸部，诗序的排列十分独特。后有"属引"一篇，自言仿《周易·说卦传》而说诗如此排列之由，且用韵语。此亦《诗经》史上少见之事。

万历年间冯复京所著之《六家诗名物疏》五十四卷，不主义解，专释名物，于明代一般注诗之家为别体。故在明代诗经学史上有重要地位。所谓六家诗，即齐、鲁、韩、毛之诗与郑玄笺、朱熹集传。其中齐、鲁、韩诗已亡，存者余三家而已。而齐鲁韩诗，仍可从群书之引诗中得其仿佛，故仍名六家诗。此书卷首有序例，交待作疏之体例，首言此书之旨趣专在考释名物。对古今注诗第一公案之小序，认为非古经之旧，小序之作者，又古今聚讼纷纭，故对小序置而不论。

此书释名物，所下工夫甚大，首先其所释之名物，分三十二门，如天、神、时序、地、国邑、山、水、人体、亲属、姓氏、爵位、饮食、服饰、器具、布帛、宝玉、礼、乐、兵、舟车、颜色、艺业、夷狄、鸟、兽、鳞介、虫、木、草、谷、杂物等，诗中名物，包罗略尽。每门中所释之物有多有少，多者数十，少者数种。每一物下必注出篇名出处。并于每个古字奇字下，皆注出反切。字同用异的，两见皆注，以示不同。声异字同的，只注一音，以绝异释。尤为难能可贵的是，本书疏释名物，引用书目至为繁多。计有古今《诗》注60部、《礼》注33部、《乐》注10部、《春秋》注17部，以及《孝经》、《论语》、《孟子》、《尔雅》、《小学》，下迨谶纬，共计经部引书240余种；正史、杂史、职官、地志、谱牒等史部书115种；子类引书更杂，儒、墨、道、法、名、阴阳等九流，下迨天文历数、兵法医方，无不包罗，计180余种；集部分总集、杂集，亦不在少数。引书虽多，但选择精审，考据详核。自谓："此疏之设，本为明经。以经解经，譬犹以水投水，虽欲无合，其可得乎？故详加蒐辑，鲜或缺遗。子史文集，则简汰浮华，导扬指要。"①对历来诗注中有争论的地方，则援据古书，出以己见："诗人咏物，据谣俗以属篇；先哲解经，缘师门而聚讼。所以种类纷

---

① 见冯复京：《六家诗名物疏序例》。

糅,训故舛驳。予不揆梼昧,辄附管窥。庶或助锦带之挥麈,解青衿之疑网。"①

释《诗》之名物之专书,以三国吴陆玑之《毛诗草木鸟兽虫鱼疏》二卷为最古。后人多有仿作。但因草木虫鱼,古今异名,加之递相注解,舛讹良多。孔颖达《毛诗正义》,对名物颇为注意,尽量加以释注。宋郑樵有《尔雅注》三卷,其中有草木虫鱼之释,但数量不多。朱子《集传》,名物多有解释,但务为简明,不多援据,故所注多简略。明儒注《诗》,多由义理。名物之注多且细者,冯复京此书为仅见。故《四库总目》对此点特为表彰,谓征引颇为该博,改正《集传》之误多处;议论皆有根柢,为征实之学。焦竑为此书所作之序,认为诗有实有虚。虚者为诗之宗旨,而说诗者往往以穿凿坐实;实者诗中之名物度数,而说诗者往往以孤陋而不注。至于草木鸟兽这类非援据不明,非参证不实的,往往置而不顾,故诗之真正意旨难求。冯复京此书,"取疏略而广之,缀辑昔闻,参以新义。自鸟兽草木而外,如象纬、堪舆、居食、被服、音乐、兵戎,名见于经者,种种具焉。足以补陆(玑)郑(樵)之遗而起其废疾。至诗人之意则存而不论,俟读者虚心而自得之。此于孔门之言诗,不庶几近之也哉?"②这篇序对冯氏卓异之处指陈甚为明白,对他在诗学史上的贡献评价恰如其分,可谓深得此书宗旨。

第三节 《尚书》

明代《尚书》类著作数量与《诗经》类著作大体相当,《明史·艺文志》著录88部,497卷。《四库全书》收录9部,存目40余部。宋以来

---

① 见冯复京:《六家诗名物疏序例》。
② 见《六家诗名物疏》卷首。

的《尚书》学论争主要在四个问题上：今古文之争、错简之争、《禹贡》山水之争、《洪范》畴数之争。这些问题在明代主要表现为对蔡沈《书经集传》的拥护还是反对。朱子于《易经》、《诗经》都有专门的解经著作，《尚书》则只粗注二《典》，至《大禹谟》而中止。① 在逝世前一年，朱子将注释《尚书》的任务交给了他的学生蔡沈。蔡沈集十余年之功，完成《书经集传》六卷。此书集宋学之大成，是以理学解经的典型。书成后影响很大，被视为朱子学派的代表作。但因与古注不同处甚多，因而亦引致不少反对之声。如宋末张葆舒的《尚书蔡传订误》、黄景昌的《尚书蔡氏传正误》、元初程直方的《蔡传辨疑》、余苞舒的《读蔡传疑》等，皆直指蔡传之失。而拥护者似乎更多。自元明两代此书被定为科举功令后，虽反对者仍不绝如缕，但拥蔡的著作占了绝对统治地位。

万历时期的著名文士李维桢在为王樵《尚书日记》所写的序中说："《书》有古文、今文，今之解《书》者又有古义、时义。《书传会选》以下数十家，是为古义，而经生科举之文不尽用。《书经大全》以下主蔡氏而为之说者，坊肆所盛行，亦数十家，是为时义。"《四库提要》谓此序中所说"足括明一代之经术"。因经学发展至明代，受科举影响极大。笃实治经必循古义，趋附科举必用时义。古义、时义在解经体例与立意上均大有不同，拥蔡传者多遵时义，反蔡传者多遵古义。

时义最早且最重要的当为胡广等奉勅所撰之《书传大全》十卷。此书因功令所关，其重要性自不待言，《四库全书总目》说："《书》以蔡沈《集传》为主，自延祐贡举，条格已然。然元制犹兼用古注疏，……其专主蔡传定为功令者，则始自此书。"此书亦纂辑撮抄之体，论者以为取自二陈氏者为多。二陈氏者，一为元代陈栎，有《尚书集传纂疏》；一为元代陈师凯，有《书蔡传旁通》。陈栎之书以疏通蔡传之意为主，故

---

① 《四库全书总目》"书集传"提要云："沈序称二《典》、三《谟》经朱子点定，然董鼎《纂注》于'正月朔旦'条下注曰：'朱子亲集《书》传，自孔序止此，其他大义悉口授蔡氏，并亲稿百余段，俾足成之。'则《大禹谟》犹未全竣。序所云二《典》三《谟》，特约举之辞。"

名"疏";以纂辑诸家之说,故名"纂"。又以为蔡传出于朱子指授,为表示尊朱,《尚书》每条下必置朱子的解说于诸家之前。如有申说己意处,则标"愚谓"以示区别。此书认为,朱子解说《尚书》,只疏释其可通者,遇有不可通者,则阙疑。而蔡传则全书通之,遇有不可通者则强解之。陈栎对此等处,皆依朱子与诸家意为之折衷。故此书虽属拥蔡之作,但不株守蔡传。陈师凯之书则不主训释义理,而以名物度数的考订为多。《四库总目》提要谓:"此书成于至治辛酉,以鄱阳董鼎《尚书辑录纂注》本以翼羽蔡传,然多采先儒问答,断于己意。大抵辩论义理,而于天文、地理、律历、礼乐、兵刑、龟策、河图、洛书、道德、性命、官职、封建之属,皆在所略,遇传文片言之赜,只字之隐,读者不免嗫嚅龃龉,因作是编。于名物度数蔡传所称引而未详者,一一博引繁称,析其端委;其蔡传歧误之处,则不复纠正。"① 可见此书对蔡传只是疏通、补充,目的在于更好地理解蔡传。因为此二书学有根柢,故主要撮抄此二书的《书传大全》比之《五经大全》中其他书为差胜。

《书传大全》以道学为指导思想,目的在为科举提供权威教本,这一意图贯彻于全书编纂之始终。卷首有《书说纲领》一篇,选二程、张载、朱子及滕和叔、程去华等人有关读《尚书》方法的语录。其中朱子的语录最多。所言主要在,读《尚书》与读他书不同,他书可以循序渐进,《尚书》则当下即大,故一开始就须有一个大心胸。其次,书中的名物度数等不可草草放过。如读《尧典》、《舜典》,其中的日月星辰之名,度量衡、律历之制;读《禹贡》、《洪范》,其中的山川、畴数等,须一一理会透彻。再次,遇有难通处,不妨先阙疑,不可强为之通。古今解《尚书》,强通者为多。须读古注疏,不可抛弃古注,处处以己意刻意标新。《书说纲领》对前人注《尚书》之佳作也有点评,如《东坡书传》固佳,但失之太简;林之奇之《尚书全解》固然详尽,但失于烦琐;王安石之《书经新义》失之穿凿,吕祖谦之《书说》失之纤巧之类,皆为之点出。最后

---

① 《四库全书总目》,第152页。

特别告诫,文义贯通尚是第二义,更重要的是须体会二帝三王之心,并引滕和叔的话说,《尚书》之大意不过一个"中"字而已。"允执厥中"为始,"咸中有庆"为终。以此一字读《尚书》,疑义迎刃而解。从《书说纲领》以上的强调即可看出《书传大全》之编纂倾向。

又从《书传大全》全文载孔安国《尚书序》和孔颖达对此序的疏来看,它确有兼容并包的意思。《尚书序》下,系以唐陆德明之经典释文,释文之后,引朱子语,对尚书今古文之来由、《尚书序》的真伪问题等都有论说。如在所引书序之后,《大全》说:"今按安国此序不类西京文字,抑或后人所托,然无据,未敢必也。以其本末颇详,故备载之,读者宜考焉。"并未如蔡传一样,全删孔序。表明它虽拥蔡而不全废古注疏。但又选择朱子、吴澄、董鼎等人断孔序为伪之语数段作为小注,以为此声明之援据。此亦兼容并包而希望学者以尊朱之态度知所去取之意。

在拥蔡的诸著作中,王樵的《尚书日记》十六卷,以其论经旨不失大体,名物训诂援据详明,为学界所称。《四库总目》谓:"兹编不载经文,唯按诸篇原第以次诠释。大旨仍以蔡传为宗,制度名物,蔡传所未详者,则采旧说补之。又取金履祥《通鉴前编》所载有关当时事迹者,悉为采入。如微子抱器、箕子受封、周公居东复辟诸条,皆引据详明。"①王樵此书以治史之实证方法治经,以治经之价值阐发方法治史,欲两取经史之长而去其短。故他首先以《尚书》为史籍,说:"能以今事通古事,斯为明经;能以古文叙今事,斯为良史。《尚书》,经中之史也。"②意为,不能处今而料想古事,不能将经视为史,就不能真正地理解经。反之,不能将古史视为经,就不是好的史家。如汉武帝不能处今而料想古事,以《尚书》为专讲制度名物之朴学而不喜,故失之凿。司马迁叙战国秦汉事十分精彩,而叙五帝三代事则大有逊色,因为他

---

① 《四库全书总目》,第155页。
② 《尚书日记·凡例》。

有史才而无经学。叙五帝三代事则撽拾诸经入史,辞多笨拙,而以经外之见闻故事入史,又多陋劣。故于处今通古之道有所未逮。王樵的意思是,以处今通古之术治《尚书》,使《书》中事迹、名物一一疏通,不为空言,使人读经如读史般明白,事事如在目前。故蔡传是经体,不得不简明;己书是经之羽翼,务在详尽。职此之故,《尚书》中的事迹、名物、制度,皆采古注疏及他家之书以补蔡传之未备。其中事迹方面采录吕祖谦之《通鉴前编》最多。目的在于使读此书者"读其书如身在其时,论其世如事在于己。则虽制度、事迹有不可以久远难稽而略之者"。① 另外此书中对朱子已有论说而蔡传未有涉及者,皆择其重要者一一摘出,足见尊朱之意。因此书诸多优异之处,故明代著名文士李维桢在谈到明代《尚书》学时对之褒扬有加,谓:

> 金坛王中丞公《日记》,裒辑百家之训诂,于经旨多所发明,而亦可用于科举之文。其中若精一协一,建中建极,禹箕演畴之法,汤尹谈理之宗,《召诰》、《周官》之义,微、箕抱器受封,周公居东、致辟之辨,本原学术,穷究性命,昭揭伦常,破除诬罔,有功于经不小。②

朱彝尊《经义考》也引张云章之语说:"《日记》字比句栉,讨论折衷,或并存众说,或定从一家,必求至当之归,而于历象、玑衡、地理,皆详稽而得其依据。"这些评论绝非谀辞,具见此书乃明代《尚书》学之翘楚。

继承王樵之方向而做专门之考订者,有陈第之《尚书疏衍》四卷。陈第之新见,大多得自心悟,然后以古注疏证之,不沿古注疏而为先入之见。他在此书自序中说:

> 余少受《书》家庭,读经不读传注。家大人责之曰:传注,适经门户也;不由门户,安入堂室?余时俯首对曰:窃闻经者,径也。

---

① 《尚书日记·凡例》。
② 李维桢:《尚书日记》序。

门户堂室自具。儿不肖,欲思而得之,不敢以先入之说锢灵府耳。读《礼》之暇,亦尝稍窥传注,大都明显易知者,先儒交发之;稍涉盘错,则置而弗讲。甚至句读之间,多有错误。是读与不读等耳。……口诵心维,得其义于深思者为多。

可见他好学深思,不迷信他人成说,喜自悟自得之风格,固少年时即已确立。由于喜自悟,他的新见往往从他人不经眼处所得。如《四库提要》所举:"论《舜典》五瑞、五玉、五器,谓不得以《周礼》释《虞书》。斥注疏家牵合之非,其理确不可移。论《武成》无错简,《洪范》非龟文,亦足破诸儒穿凿附会之说。"①为其荦荦大者,其余百余条,多有发前人未发者。

陈第的《尚书疏衍》大受后人诟病者在他力辨古文《尚书》之不可尽废。如《四库提要》说此书:"唯笃信梅赜古文,以朱子疑之为非,于梅鷟《尚书考异》、《尚书谱》二编排诋尤力。盖今文古文之辨,至阎若璩《疏证》始明,自第以前,如吴棫之《书稗传》、陈振孙之《书说》、吴澄之《书纂言》、归有光之《尚书叙录》,均不过推究于文字难易之间,未能援引诸书,得其确证。梅鷟《尚书考异》虽多所厘定,颇胜前人,而其《尚书谱》则蔓语枝辞,徒为谩骂,亦不足以关辨者之口。第之坚持旧说,盖由于此。"②陈第此书卷一有文四篇,曰《尚书考》、《古文辨》、《引书证》、《尚书评》,专论古文尚书之不可废之意。其《尚书考》信孔颖达疏,谓梅赜所献为孔安国传本,张霸之书伪而梅赜之书不伪。且历数晋郑冲至梅赜之传授系统。其《古文辨》则驳吴棫、朱子、吴澄以古文尚书皆文从字顺,不似今文多诘曲聱牙,及吴澄以古文文字无一字无所本而平缓卑弱,不类秦汉以前文字,以证古文为伪。陈第对此一一

---

① 《四库全书总目》,第156页。
② 《四库全书总目》,第156页。按此处引文据影印文渊阁《四库全书》本。中华书局整理本《四库全书总目》文字与此不同。"盖今文古文……盖由于此"一长段无,而在"编排尤力"后有"则未能深考源流"一句。

加以驳斥,认为今文何尝不诘曲聱牙。更以大禹治水勒碑南岳,至宋末嘉定始出,至明嘉靖而始传,以证不能以中间数百年未见而判为伪作。谓孔颖达判古文经"虽然早出,晚始得行。其辞富而备,其义弘而雅。故复而不厌,久而愈亮"为知言。并斥梅鷟以古文经为伪是拾吴棫、朱子、吴澄之绪余而诪张立论,其《尚书谱》之谩骂亦"非君子之言,实达人所摒弃"。

其《引书证》专采掇《左传》、《国语》、《礼记》及《论语》、《孟子》、《吕氏春秋》诸书中所引古文《尚书》,以证古文经不伪。他的结论是,被判为伪古文的二十五篇,只有《微子之命》、《周官》、《毕命》、《冏命》四篇未被诸书征引。而此四篇皆文从字顺者。他以为,善读《尚书》者,须善观其奇正。《尚书》之文,"或时而正,或时而奇。正而愚夫愚妇知之,奇则文人学士不能以句。而作者无心也。读《书》者遇奇而不求其正,值正而不求其奇。始也诵言以索意,既也得意而忘言"。如此方为深于《书》者。

其《尚书评》,一谓始皇烧书,《尚书》并未烧绝,民间多有藏者。故古文经今文经皆有诵习者。二谓《尚书》之文章乃千古之至文。自汉至今,文士必以太史公为大匠。太史公之文以奇胜,但叙写尧舜禹汤之事,则面对《尚书》,怵然而手拙,只好取典谟誓诰之文,稍变字句而照录之。盖其意未能包贯《尚书》之内涵,故文字亦不能畅快驰骋。他认为,《尚书》之妙,不唯在其为政事之府,亦在于其为道德之宗。至于文字之妙,体裁之雅,更足为后世之祖。如推为文章巨匠的韩愈,其名文皆法《尚书》:其《淮西碑》法《舜典》,《佛骨疏》法《无逸》,《画记》法《顾命》,皆词、意并佳之作。

陈第此书完成后,因与朱子相抵,窃不自安,尝致书当世名儒焦竑。焦竑复书,称此书"段段惬心,言言破的,真学者之指南,越世之卓见"。① 于是放心付梓。观陈第之力辨古文尚书不伪,除其求真精神有

---

① 见陈第:《尚书疏衍自序》。

以鼓舞外,更重要者在他对六经整体之人文价值的肯定,不欲其中的篇籍被排除在外。他尝说:

> 夫文本于事,事致于理,要以达上下之情,齐众寡之论,宣祇惧之旨,畅堙郁之衷,导之善所以禁其恶,约之正所以绝其邪。典、谟、训、诰、誓、命、贡、征、歌、范皆是物也。①

这表明,他的《尚书》之学是合价值性与实证性为一的,非仅为考证之学。这和一些专着眼于考证而攻驳朱子者不同。

明代明确打出纠蔡传之偏、订蔡传之误旗号的有数十家,其中最有影响且最有学术价值的当属刘三吾《书传会选》六卷,梅鹫《尚书考异》五卷,马明衡《尚书疑义》六卷,袁明仁《尚书砭蔡编》一卷,陈泰交《尚书注考》一卷。

《书传会选》由明初翰林学士刘三吾等奉勅撰。② 洪武二十七年,朱元璋因早年考验天象,发现蔡沈《书经集传》所说之象纬运行,与朱子《诗集传》中所说相悖。其他如音注、字义等也有与邹季友之《书集传音释》不合者,于是征天下耆儒相与订正。"凡蔡传之合者存之,不预立意见以曲肆排诋;其不合者则改之,亦不坚持门户,以巧为回护。计所纠正凡六十六条。"③ 具体改正内容,顾炎武《日知录》之"书传会选"条述之甚悉,并认为此书之体例,尚有古人注疏之意:

> 其传中用古人姓字、古书名目,必具出处,兼亦考证典故。盖宋元以来诸儒之规模犹在,而其为此书者,皆自幼为务本之学,非由八股发身之人,故所著之书虽不及先儒,而尚有功于后学。至永乐中修《尚书大全》,不唯删去异说,并音释亦不存矣。愚尝谓

---

① 《尚书疏衍》卷一。
② 龙文彬编:《明会要》引《明史·赵俶传》:"是岁(洪武二十七年),命博士钱宰等编辑《书传会选》成,凡六卷。"记载与《四库全书总目》不同。
③ 《四库全书总目》,第153页。

自宋之末造以至有明之初年,经术人材,于斯为盛。①

以顾炎武对著书之矜慎及不轻许可,可知此书确有价值。②另《四库提要》考定此书非刘三吾集众儒臣之见解成书,而是刘三吾自己先有定见,不过与众臣参稽相编订而已。因为据《太祖实录》,与群臣论蔡传之失在洪武十年三月,而诏修此书在洪武二十七年四月,五个月后书成。此书新见颇多,不能如此之速。另刘三吾序言称:"臣三吾备员翰林,屡尝以其说上闻。皇上允请,乃召天下儒士,仿石渠、虎观故事,与臣等共校订之。"观此,可知《四库提要》所说不无道理。另《四库提要》还认为,《书传会选》所署参与纂修者之姓名与《太祖实录》所记不同,是因为成祖后来下诏重修《太祖实录》,建文死难诸人及反对靖难之臣之名姓,重修时皆已删去。此点朱彝尊《经义考》已经指出。

攻蔡传最为激烈的,当属正德时梅鷟的《尚书考异》五卷。此书专论古文尚书之伪,认为东晋梅赜所献之书,其二十五篇古文为晋皇甫谧所作。又谓孔安国序并增多之二十五篇,皆杂取传记中语以成文。梅鷟专门攻击伪古文尚书,故对朱子、蔡沈之不删古文而仍为之作传深表不满。他说:

> 蔡沈游于文公之门,所当虚心平气,发潜经之幽光,然后为有功于文公。今晋人曰:伏生失其本经,口以传授,则诺;古文出之壁藏,定为五十九篇,则诺。如此等处,直削经文,蒙蔽后学,皆其大者,茫之不觉。是其胸中懵懵亦已久矣。③

---

① 见《日知录集释》卷十八,第813页。
② 现代学者对此有不同看法。蒋秋华谓:"其实他们所做的,不过是将蔡《传》'得者存之,失者正之';又集诸家之说,足其未备。四十多位学者,花了五个月的时间,重新编辑的六卷著作,据凡例所言,全书只不过指出'六十六处'蔡《传》的失误,基本上全书仍然是采信蔡《传》的。而且是在原书的基础上,截录诸家的学说,为之补益罢了,诸儒本身所耗费的撰作工夫并不多。例如所增益的经传音释部分,乃径录元人邹季友的《书集传音释》充抵。除了表示他们敷衍塞责的态度外,更是为了迎合讨好太祖告谕的指示。"见《明代经学国际研讨会论文集》,第280页。
③ 《尚书考异》卷五。

此处晋人指梅赜所献之《古文尚书》。梅鷟批评蔡沈不加批判地沿袭梅赜伏生未传全经、孔壁所出之五十九篇古文经为尚书原本的说法，是不懂尚书之学。不仅不加批判，而且其《集传》直以古文经为底本，这更是不能容忍。他并且以蔡沈对古文经中与《论语》不同处未加甄别、批评，斥蔡沈叛孔子、蔑《论语》；以蔡沈注文中某些处与朱子不同，斥蔡沈悖逆师门。并认为蔡沈之误皆由朱子之疑古文不痛决、又反书序所致。他说：

> 朱子之见诚为超迈，朱子之言诚为精当，但犹颇有放失者。愚请得而补之。小序在二十九篇之数，又《史记》斑斑可考，孟坚以为孔子所作，则因其流传之久故也。是则虽非孔子亲笔，然先秦战国时讲师所作无疑。晋人假孔安国书，东晋方出，不唯前此诸儒皆未曾见，虽前此真孔安国亦不曾见。……朱子于先汉小序尽力排之，不肯少恕；于东晋后出伪书，虽云可疑之甚，不免表彰尊显，疑信相半。遂使蔡沈之徒，从厥攸好，违己所疑，岂非过于放失，而同染污俗之见也欤！①

其攻《古文尚书》不可谓不决绝，对朱、蔡师弟的批评不可谓不尖刻。对《古文尚书》的怀疑与攻驳，自两宋之际的吴棫始。后朱子稍稍疑之。吴澄等人相继抉摘，对古文《尚书》之真伪问题研之渐深。至梅鷟此书分析加细，证据加广，乃有清初阎若璩《古文尚书疏证》之作，古文之伪似乎定谳。故梅鷟此书在《尚书》学史上居甚重要之地位。

另外马明衡的《尚书疑义》六卷也甚有名。马明衡乃王阳明弟子，《明史》称闽中学者率以蔡清为宗，至马明衡始独受业于王阳明。闽之有王学，自明衡始。《明儒学案·粤闽王门学案》也说闽中王门除马明衡外无著名者。《四库提要》对马明衡在"大礼议"中以御史谏世宗不应尊所生而薄所后，被下狱削籍，终身废弃而不稍退却的精神表示赞

---

① 《尚书考异》卷一。

赏,认为不愧于明经之儒。至于其书之醇疵可不必论,足见其人品之重。

马明衡之《尚书疑义》对蔡传不轻立异,也不苟同。此书自序说:

> 孔安国、颖达用意虽勤,其于大道概未有闻。蔡氏仲默承文公之训,义理大有发明。然愚从而求之,谓其悉可以得圣人之心而达圣人之道,则不敢以自诡也。故凡于所明而无疑者,从蔡氏;其有所疑于心而不敢苟从者,辄录为篇。

可见此书取理学立场,主于明义理,认为汉唐注疏于儒家之道无所发明,只在文字训诂、名物制度上着眼。蔡传虽于义理有发明,但其中多有不惬于心者。所以他之献疑,主要目的在明义理。但他讲义理,不脱离古注疏而凿空立论,故新解往往在名物、典制上。如对"六宗"的解释,本于《礼记·祭法》;"辑五瑞",认为是朝觐之常,非更新立异;《洪范》"五纪"之日月运行,不从孔疏而从沈括之说,皆言之有据。但于经注中往往加入时事,不合解经通例。总的说此书大醇小疵,故《四库提要》谓其"能参酌众说,不主一家,非有心与蔡立异者。……然明人解经,冗滥居多,明衡是编,尚能研究于古义,固不以瑕掩瑜也"。① 可谓有得之言。

袁仁之《尚书砭蔡编》一卷,篇幅虽小,但新义丰多。《四库提要》举出其纠蔡传之失而确有据依者数十条。有人物、制度、名物、地理、史实、引书、训诂等方面。可见袁仁之《尚书》学实有根柢,非浅见者流。他自述此书撰作之由说:

> 襄儿就塾师习《尚书》,专求通蔡氏传为案据。余考国朝典令,《书》主古疏兼蔡传,初未尝专主蔡也。学者以注疏繁而难阅,遂弃不观,然而非制矣。余弱冠时曾诵壁经正文,至是始取蔡氏阅之。则悖理者种种也。因博考先儒旧说,参以己意,正其谬误,

---

① 《四库全书总目》,第 155 页。

揭之家塾。①

可见此书初只为纠家塾幼童专读蔡传,不通古注之偏而作。他的砭蔡,是以古注疏为主,参酌他家,以订蔡传之误。他之所以刻此书流通于世,亦为纠正世间只读蔡传,废弃古注之弊,返功令之原貌。亦救正经术之一法。另外,此书曹溶收入《学海类编》时,更名为《尚书蔡注考误》,绌绎其意,似"砭"字太尖刻,改为"考误"较平正。但袁仁之甥沈道原为此书作的序中则以砭字发挥,序中说:"蔡何砭也?非蔡浅,《书》固真尔。世有蔡,即有砭蔡者,道无涯也。"以为解经之著作固无完书。义理无穷,注书者即无穷。后人批评前人,正显道之无涯之意。砭者批评攻诘之义,名砭蔡固无妨。

另有陈泰交《尚书注考》一卷,也擅名当时。此书之特出与不足之处,《四库提要》道之甚详:"其书皆考订蔡沈《书传》之讹,谓有引经注经,不照应者三条,又有同字异解者三百二十三条,皆录注语,不加论断。其同字异解者,一字或有数义,抉摘未免过严。其不照应者三条,……则前后显相矛盾,诚蔡氏之疏略矣。马明衡《尚书疑义》、袁仁《砭蔡编》颇以典制、名物补正蔡传之缺误,泰交此书则惟较量于训诂之间,而所谓训诂异辞者,又皆以矛攻盾,未及博援古义,证以旧文,故为少逊于二家。然释事、释义二者相资,均谓之有功蔡传可也。"②

明人之《尚书》解,能入四库法眼者少,著录仅十余家,不及宋人之半。存目者亦仅四十余家,且大多以为不足观。未录者数倍于此,其中不无遗珠之憾。万历间郝敬之《尚书辨解》十卷,就是一部极有特色的书。其书首在严今古文之别。蔡沈之《书经集传》篇目沿袭孔颖达《尚书正义》之旧,不复删订,只在篇题下注明今古文。郝敬对此大为不满,他的《辨解》只解伏生所传之二十八篇,即《泰誓》亦不载。郝敬认为伏生所传,虽不能说已尽孔子删订之数,但大抵相近,遗漏不多,

---

① 《尚书砭蔡编》自序。
② 《四库全书总目》,第156页。

非人老记诵不全,止存其三分之一。即此二十八篇,四代规模已大体可窥,多亦无益。他说:

> 夫子删订之季,周室东迁已久,典籍散亡,计当日所定四代书,亦应不多。伏生所授二十八篇,四代规模已具,恐未止三之一耳。诗比训诂易于存记,有乐官典守,故多至三百余篇。《书》辞深奥,故伏生所记止此。①

郝敬之辨今古文,多从文辞之清浅与沉郁上着眼,认为《尚书》原文沉郁,后世伪造者清浅。此点他反复说起。如:

> 《盘庚》、《大诰》、《康诰》等篇文辞,如流云杂雾,蒸涌腾沓,不可抟埴而自然烟润。孔书二十五篇,丰姿济楚,如砻石疑玉,刻木肖花,渐染妩媚之气。古言盘郁,今言清浅;古言优雅,今言高华;一览而尽者,今人之辞,三复而愈远者,古人之辞也。②

对前人认为今文诘曲聱牙,他亦有解释:

> 二十八篇与古人传神。其辞简朴无枝叶,是古时风气之醇浓也。其诘曲不畅快,是古人胸次之盘郁也。其更端层叠,是古人真意委婉周至也。含辉敛彩,晶光自尔艳发。气若断续,而悠然条畅。此古人生气也。至于二十五篇,清浅松泛,边幅整齐,无复昧爽氤氲气象。③

他又以文字风格是否统一来判今文古文,认为今文《尚书》乃虞、夏、商、周四代原文,故文字不统一。古文《尚书》属一手伪造,故文字统一。他说:

> 孔书四代文字一律,必无此理。《诗》如商颂缜栗而渊瑟,周颂清越而驯雅。二代文质之分也。《诗》既尔,《书》亦宜然。若以《伊训》、《太甲》与《康诰》、《大诰》诸篇并列,先后、文质倒置也。④

---

①②③④　郝敬:《尚书辨解·读〈书〉》。

又以《孟子》中引《书》与今文文字风格相近来证今文是真："诸传独《孟子》近古。七篇中所引《书》如《太甲》、《伊训》、《汤誓》等语质直而少逸响，正与二十八篇文字一律，足征伏书是真，孔书是假。"①

郝敬由反对古文尚书进而反对朱子读《书》之法，更进而反对朱子整个思想方法。朱子因《尚书》乃上古之书，流传既远，其中多有不可晓者，主张此等处不可强解，置之阙疑可也。郝敬认为，朱子以为不可解者，多在今文内，朱子又不甚区别今古文。朱子认为易解者，皆不必解之伪书；朱子认为难解而暂阙者，正是《尚书》原籍。朱子此种倡导，是弃嘉谷而收稂莠。另外他认为，某些篇章朱子之所以不可晓，是因为朱子读《尚书》之法有误。他主张的方法是：

> 《书》不难读，首当观世代升降与先后治乱，次第分明，逐篇文字可迎刃而解。予读《书》次第通融，所以有得。读《易》亦然。②
>
> 读《易》先读《序卦》，读《书》先读古序，《书序》（按指孔安国之《尚书序》）无足观。先考其世代、篇目，详其命篇本意，乃读其文辞，条理血脉自然贯串。"③

他反对朱子读《书》之法，甚至连带反对朱子整个治学方法，他说：

> 朱子谓《书》难晓，决无尽解之理。缘朱子凡事自末寻本，读书先看文字，以为易简指诀，不先质其世代，审其篇目。得则为偶合，不得则强世代从篇目，强篇目从文字。毕竟不解，解亦多误。如说《金縢》、《大诰》，直隔千山万水。解《诗》亦然，先解文字，后安排题目，焉得不尽改古序。解《易》亦然，但执爻象，都不理会序卦，焉得不疑《序卦》为假。讲学亦然，先穷尽天下事物，然后致知，焉得不割经补传。④

此处对朱子的批评，确实抓住了朱子笃信文字，喜好精微，先从细处入

---

①②③④　郝敬：《尚书辨解·读〈书〉》。

手的思想特点。但朱子因为有了此种方法，所以于古典之诠解创获甚多。对此似不能指斥太过。至于经学上的分歧，见仁见智，亦不必指责朱子方法不对。不过郝敬此处所说的先掌握世代、篇目，详其命意，却不失为读《书》之一法。

明代的《尚书》学著作，除详注全经及总论整部《书》经的通释性著作之外，尚有对各篇进行注释发挥的著作。这些著作多集中在《禹贡》之山水、《洪范》之畴数的争论、辨正上。此类书至两宋之后而加多。《四库总目》经部书类之篇题曰："禹迹大抵在中原，而论者多当南渡，昔疏今密，其势则然。然尺短寸长，互相补苴，固宜兼收并蓄，以证同异。班固索《洪范》于《洛书》，诸儒并及《河图》，支离缪辀，淆经义矣。"对其蔚兴之由，提揭可谓精切。朱彝尊《经义考》中著录明代关于《禹贡》、《洪范》的著作甚多，《四库》多不收。《禹贡》存目的有韩邦奇《禹贡详略》无卷数，郑晓《禹贡图说》一卷，《禹贡说》一卷，王鉴《禹贡山川郡邑考》四卷，俞鲲《禹贡元珠》一卷，胡瓒《禹贡备遗增注》二卷，茅瑞征《禹贡汇疏》十五卷，艾南英《禹贡图注》无卷数，夏允彝《禹贡合注》五卷，许胥臣《禹贡广览》三卷。其中最重要的是郑晓、茅瑞征、夏允彝三家，今略述之。

郑晓《禹贡图说》中有《禹贡全图》一幅，九州各疆域图一幅，贡赋之道图一幅；又有导山、导水图十四幅，每图皆附以解说，后载《禹贡》全文，故名《图说》。《四库提要》谓："其中精核可从者，胡渭《禹贡锥指》每征引之。然核其全书，实多疏舛，渭未及一一辨也。"①其《禹贡说》是对《禹贡》全文的解释。其中有几条为阎若璩《潜丘札记》所取。《四库总目》对此二书评价不高。但仅此几条，已可说起到"互相补苴，以证同异"之效了。

茅瑞徵之《禹贡汇疏》，前有图经二卷，上卷取郑晓图二十四幅，下卷为自绘图二十四幅。附录一卷，多采大禹神怪之事。其自序称，孔

---

① 《四库全书总目》，第170页。

安国传、孔颖达疏对《禹贡》山水所释初得其梗概,但多有舛错。如"三江"、"九江"的解释等。蔡传采撷多家之说而补订之,虽多有创获,但因务为简明,援据未能详尽曲畅。《东坡书传》及《书传大全》中皆有对前人疑惑问难之处。他在读《书》之时,对《禹贡》疑义尤所留心,摘录群疑,考以各书,详加参订,汇为此书。又,此书之篇幅在《禹贡》诸释义之书中是较大的,可见用力不小。但《四库提要》谓此书"征引浩繁而无所断制,动引及天文分野,未免泛滥。至其附录一卷,尽撷杂家之言,侈谈灵异,岂非说经之体哉!"①另此书值崇祯之末,多有借注经抒发拯危感时之情处,如其自序中说:

> 读《禹贡》者,详九州之山川,则可供聚米之画;习浍渠之歧路,则可商飞挽之宜;察东南之物力,则当念杼轴之空;考甸服之遗制,则当兴树艺之利。而挈要于"厎慎财赋"一语,疏解浩繁,可一言以蔽之。如必句梧字比,执今图志疑古山川,此不离经生之耳食,何异孔蔡之旧文?

此等处皆自现实着眼,不尽在解经,故不为《四库》所许。

夏允彝的《禹贡合注》也是紧切时事之作。盖夏允彝当崇祯之末,福王政权曾召为吏部主事,辞未就。南都失守,投水死。自是一志存报效的烈士,非章句经生。况明末国事殷忧,亦非潜心著作之时。他在此书的自序中也表明以经学寓时事之意:"长偕陈卧子出入,见其留意博询,凡水泉之曲折,途径之分歧,必明昕而后已。因念即此是学,欲作地理图,仿朱思本意为之,益增其所未备,兼为之说。而于用兵险要、水利、屯田、城池、赋税尤加详焉。"而《四库》馆臣未能体此苦心,以纯解经之著作例之,故对此书评价不高,说"是书证合时务,指言得失。又杂取《水经注》及诸家小说,旁载山水形状及诸奇异,似乎博瞻,实与

---

① 《四库全书总目》,第175页。

经义无关也"。①

　　这里述此两书,意亦在知明末时固有以经学寓时事之一类型,以见明人理学之所贯注,其价值关切可说无不在矣,非屑屑以解经之儒自期。

　　关于《洪范》,《四库总目》只收录黄道周《洪范明义》一家,存目也仅吴世忠《书传洪范考疑》一卷,蔡悉《书畴彝训》一卷两家。《尚书》中的《洪范》篇,历来以为武王克商之后,访问箕子,箕子为陈治国大法之记录。因为是治国大法,所以历来受到上至帝王下至士人的关注,宋元以来为之作注者甚多。宋仁宗即有《洪范政鉴》十二卷。明代开国皇帝朱元璋非常重视《洪范》,"尝命儒臣书《洪范》揭于御座之右,朝夕观览,因自为注。"洪武二十年二月书成,名《御注洪范》。朱元璋曾对儒臣刘三吾说注此书之宗旨:"朕观《洪范》一篇,帝王为治之道也,所以叙彝伦、立皇极、保万民、叙四时、成百谷,本于天道而验于人事。箕子为武王陈之,武王犹自谦曰:'五帝之道我未能焉。'朕每为惕然,遂疏其旨,为朝夕省览。"②朱元璋此举为明代帝王重视《洪范》开其端。此后明仁宗有《体尚书》二卷,主要解释《尚书》中的《皋陶谟》、《甘誓》、《盘庚》等十六篇。明世宗有《书经三要》三卷,《明史·艺文志》谓:"帝以太祖有注《洪范》一篇,因注《无逸》,再注《伊训》,分三册,共为一书,已乃制《洪范序略》一篇,复将《皋陶谟》、《伊训》、《无逸》等篇通加注释,名曰《书经三要》。"并皆有序文说明它在致治上的重要功用。

　　明代学者注《洪范》者不少,其中有以河图、洛书之数推演《洪范》之畴数者。此种方向可称为"衍《范》"派。《四库提要》对蔡悉《书畴彝训》的评论道出了此种方向的特点:"阐发《洪范》九畴与《易》象合一之理,盖即刘歆河图、洛书相为经纬,八卦、九章相为表里之说。"另一种方向则是对以《易》解《畴》的反对,主张对《洪范》之文平心读之,笃实

---

① 《四库全书总目》,第176页。
② 并见《太祖实录》卷一八〇,载《明实录类纂》(文教科技卷),武汉出版社,1992年,第570页。

解经,反对牵合附会。对刘向、刘歆父子《五行传》中的增饰、附会之说进行批评。如杨廉《洪范纂要》之自序曾沉痛指出:

> 噫!《易》出于羲、文、周、孔,其后乃有京房、郭璞之学。《范》出于大禹、箕子,其后乃有刘向、刘歆之学。而淫巫瞽史往往幸其一言之中,从而张之,使其为说遂与圣人之经抗衡于世,岂不可憾哉!学者诚取《洪范》本篇沉潜玩味,于五行、五事、休咎、福报之应,昭然可见,又何必牵合补缀以曲为之说哉!

徐献忠《洪范或问》不仅反对向歆父子《五行传》,同时反对蔡沈《洪范皇极内篇》对五行的诡谲化、神秘化,及《书经集传》中对这种解释方向的沿续。他在《洪范或问》自序中说:

> 天地自然之利可以养民者曰五行。后世谲其义,谓造化群有而生吉凶,此五物者司之。甚矣其过论也!刘向《五行传》始穷其义以通变化,蔡子(指蔡沈)传其学,著《洪范皇极内篇》,以儒者之道缘之,厥后作《书集传》,遂旨趣五行,综其余论,不自知其陷于纬说之家矣。

以上这两家的学说代表了反"衍《范》"派的主要观点。

明代沿"衍《范》"方向的,除以上蔡悉《书畴彝训》一卷外,尚有瞿九思《洪范衍义》五卷,钱一本《范衍》十卷,罗喻义《洪范直解》一卷、《读范内篇》一卷,黄腾《洪范皇极衍义》二卷,包万有《范数赞词》四卷等。① 这些书多涉术数,故《四库全书》不载,仅钱一本之书存目。

反"衍《范》"的,重要者有王祎《洛书非洪范辨》,及上述杨廉《洪范纂要》一卷、徐献忠《洪范或问》一卷,吴世忠《洪范考疑》一卷,归有光《洪范传》一卷等。这些书大体上主张《洪范》乃言理之书,不涉及数。更与《周易》所说之河图、洛书无关。后世儒者之《易》《范》合流,卦畴

---

① 参见刘起釪:《尚书学史》第七章第六节,中华书局,1989年。

相通,皆牵强附会,甚至堕入妖妄不经。

明末黄道周之《洪范明义》四卷,崇祯十年黄道周任经筵讲官时所上,其书自序曰:"臣观五帝三皇之道,备在《易》象。自《易》象而外,惟有《洪范》一书,为尧舜所授予禹汤,周公所得于箕子者。《易》于《明夷》之卦推崇箕子,明羲文之道在箕子,非他作者所敢望也。"这仍是元明以来将《易》与《洪范》统合为一的思路。他在自序中还明确叙述了此书之旨趣:"其上卷皆言天人感召,性命相符,及好德用人之方。下卷言阴骘相协,彝伦条贯,旁及阴阳历数之务。初、终两卷乃正定篇章,分别伦序,以及圣神授受之统。"因此《四库提要》谓:"其学深于术数,于五行汩叙,类陈灾异以明鉴戒。不免沿袭伏生、董仲舒、刘向等附会之文。至八政畴叙以'食'配坤、以'货'配巽,……又配以六十四卦先后天图,更为穿凿。其最异者,至以河图、洛书配历数,而曰某年至某年为稼穑初际、中际、末际,以至从革曲直,润下炎上,其例皆然,更是沿《皇极经世》之余波,曼延而不可究诘矣。"①但他上经筵之书,意在以天人相应之理警发皇上,使知恐惧修省,这在明末国事觇危之际又有其合理性。故《四库提要》对此深加谅宥,认为此书"意存启沃,……其文不尽合于经义,其意则与经义深有合焉。置其小节,存其宏旨可也"。②此外,关于《尚书》其他篇目如《尧典》、《旅獒》、《金縢》、《吕刑》等,也有注释、图说等书出现。这些书大多零碎不成系统。

还有一些专供科举考试之用的书。这些书大多不全载经文,只选择那些有可能出题的句子,详加注释,说明答题要点及可资发挥之处。此类书因实用性强,很快大量印刷流通。明代此类书最有名的有陈雅言《尚书卓越》,王大用《书经旨略》,杨肇芳《尚书副墨》,王樵《书帷别记》等。演至末流,士人专读此类书而《尚书》本文反束之高阁。《四库提要》在评论元陈悦道《书义断法》时曾说:"后来学者揣摩拟题,不读

---

①② 《四库全书总目》,第156页。

全经,实自此滥觞。录而存之,知科举之学流为剽窃,已非一朝一夕之故。"① 顾炎武说科举盛而经学亡,此亦一证也。

第四节 《春秋》

明代关于《春秋》的著作,《明史·艺文志》著录131部,1525卷,数量仅次于易类。《四库全书》收书21种,存目46种。朱彝尊《经义考》著录250余种,注曰"佚"和"未见"者居其太半。本节对明代解《春秋》的主要著作进行评述,涉及元明之际的汪可宽,明初的《春秋大全》,明中期的湛若水、陆粲、季本及万历以后的郝敬、杨于庭、卓尔康、朱朝英诸人。着眼点主要在各人解经体例的不同上。通过义例、书法、对胡安国《春秋传》的从违,对《春秋》三传特点的评论等方面,说明明代经学的特点,特别是理学对经学解释的影响。

明初《春秋》学最重要的著作为汪克宽之《春秋胡传附录纂疏》三十卷。汪氏元明之际人,《明史·儒林传》谓:"元泰定中应举乡试,中选,会试以答策忼直见黜。慨然弃科举业,尽力于经学。……四方学士执经门下者甚众。"此书卷首有先儒格言,汇辑理学诸家论《春秋》之要语,作为读《春秋》之先导。还有义例,概略交代此书撰作之意。全书首尾一贯,体例完整。汪氏首先把《春秋》当做理学著作来读,特别重视其中的价值意义。他在此书自序中说:

> 传注无虑数十百家,至子程子始求天理于遗经,作传以明圣人之志。俾大义炳如日星,微辞奥旨,了然若视诸掌。胡文定公又推广程子之说,著书十余万言,然后圣人存天理遏人欲之本意,遂昭焯于后世。因阅诸家传注,采撷精语疏于其下,日积月羡,荟

---
① 《四库全书总目》,第152页。

萃成编。窃尝伏读圣人之经,一事之笔削,一言之增损,一字之同异,无非圣心精微之攸寓,而酌乎义理之至当。①

族人汪泽民为此书所作的序中对此意提揭甚明:

> 仲尼假鲁史寓王法,《春秋》之义立矣。然圣人之志有非贤者所能尽知,是以三家之传有时而戾。夫二百四十二年行事亦多矣,非圣人从而笔削之,则纲常之道或几乎熄。托之空言,可乎?游、夏深知夫子之志,而未尝措一辞。孟氏发明宗旨,辞简而要。左氏考事精,暗于大义。公、穀疏于考事,义则甚精。胡氏撺三家之长,而断之以理。汉唐诸儒奥论,盖深有取。间若有未底于尽善者,岂犹俟于后之人欤?吾宗德辅(汪克宽字),年妙而志强,学优而识敏。潜心经传,尝名荐书。于是遍取诸说之可以发明胡氏者,疏以成编。观其取舍之严,根究之极,亦精于治经者欤。②

此书内容大体从胡安国传,然对胡安国之说考其所据,为之注出。对于自己所做的工作,汪克宽在此书自序中说:

> 详注诸国纪年、谥号,而可究事实之悉;备列经文同异,而可求圣笔之真;益以诸家之说,而裨胡传之阙遗;附以辨疑权衡,而知三传之得失。庶几初学者得之,不待遍考群书而辞义灿然,亦不为无助也。③

时著名学者虞集的序也说,此书的作意在"取胡氏之说,考其援引之所自出,原类例之始发,而尽究其终。谓之《春秋纂疏》"。④

关于此书体例,最重要的有三点。其一,文句上三传经文互有同异,唐陆德明《经典释文》略举而未详。啖助、赵匡、陆淳所举稍详,但亦未尽善。汪氏此书,文字凡有与胡安国不合者,以胡氏为正,而详注各传同异增损于经文之下。其二,义理之发挥主胡氏。认为诸儒唯胡

---

① 汪克宽:《春秋胡传附录纂疏》卷首。影印文渊阁《四库全书》本。
②③④ 《春秋胡传附录纂疏》卷首。

氏发明程子之意最详，而朱子亦称此书义理正当。明代科举，《春秋》用三传及胡氏传。而此书以胡氏为主，于经下附录三传要语。事件之始末亦附于经文之下。诸侯见于经者，皆旁注谥号以备参考。地名、人名则引晋杜预、宋张大亨等注家。其三，于书法精微处，亦间附以己意。近世新说有推求过当者，也引据先儒之说加以辨证。有此诸义，遂使此书具有较强的学术性，体制颇为详备，远非仅为科举而作者可比。故《四库提要》谓此书："能于胡传之说，一一考其援据所自出，如注有疏。于一家之学，亦可云详尽矣。"①并引吴任臣之言指出，后胡广修《春秋大全》，虽在凡例中说"纪年依汪氏《纂疏》，地名依李氏《会通》，经文以胡氏为据，例依林氏"，其实从体例到文字全袭用此书。这也说明，此书在元末明初的《春秋》学著作中确为同侪翘楚。

永乐中胡广奉敕所撰的《春秋大全》对有明一代《春秋》学影响极大。此书卷首列纲领、总论、凡例、二十国年表、诸国兴废说及苏轼之《列国图说》。其纲领及总论选辑两宋著名理学家关于《春秋》的言论，以表此书撰著大意。此书宗胡安国传，其"纲领"中条列孟子以下七家语，认为能真知此七家精要之语，则于《春秋》思过半矣。首列孟子"《春秋》，天子之事也。昔者禹抑洪水而天下平，周公兼夷狄、驱猛兽而百姓宁，孔子成《春秋》而乱臣贼子惧"，及"王者之迹熄而《诗》亡。《诗》亡然后《春秋》作"，"春秋无义战。彼善于此，则有之矣。征者，上伐下也，敌国不相征也"等语，以为此书之大经。又列庄子、董仲舒、王通、邵雍、张载、程颐之语。其中尤以程颐语最为警切，其中说："五经，载道之文；《春秋》，圣人之用。五经之有《春秋》，犹法律之有断例也。""五经如药方，《春秋》犹用药治病。圣人之用全在此书。""《春秋》一句即一事，是非便见于此。乃穷理之要，学者只观《春秋》，亦可以尽道矣。""《春秋》，传为按，经为断。"此诸语最为胡广所认同，并把它作为贯穿全书的主线。全书所表达的，无非此数语之意。

----

① 《四库全书总目》，中华书局，1997年，第360页。

《春秋大全》在"纲领"之下又设"总论",亦杂辑宋元理学家论《春秋》之言,计有周敦颐、二程、胡安国、杨时、胡宏、李侗、朱熹、吕祖谦、刘安世、吴澄等人。纲领只设立总的指导思想,总论则除指导思想外,对《春秋》的性质,读《春秋》的方法,"春秋书法"中的一些通则和变例等也有示意。关于《春秋》的性质,此书引周敦颐、程颐、胡安国、朱熹之语以见义。如周敦颐的"《春秋》正王道,明大法也,孔子为后世王者而修也。乱臣贼子诛死者于前,所以惧生者于后也"。程颐的"后世以史视《春秋》,谓褒善贬恶而已,至于经世之大法,则不知也。《春秋》大义数十,炳如日星,乃易见也。惟其微辞奥义,时措从宜者为难知也。或抑或纵,或予或夺,或进或退,或微或显,而得乎义理之安,文质之中,宽猛之宜,是非之公。乃制事之权衡,揆道之模范也夫。……上古之时,自伏羲、尧舜,历夏商以至于周,或文或质,因袭损益。其变既极,其法既详。于是孔子参酌其宜,以为百王法度之中制。此其所以《春秋》作也"。胡安国的"《春秋》,圣人倾否之书。《春秋》为诛乱臣贼子而作,其法尤严于乱贼之党。通于《春秋》,然后能权天下之事";"《春秋》之文,有事同则词同者,后人因谓之例。然有事同而辞异,则其例变矣。是故正例非圣人莫能立,变例非圣人莫能裁。正例天地之常经,变例古今之通谊。唯穷理精义,于例中见法,例外通类者,斯得之矣"。朱子的"《春秋》以形而下者说那形而上者去。《春秋》皆乱世之事,圣人一切裁之以天理。周衰,王者之赏罚不行于天下,诸侯强凌弱,众暴寡,是非善恶由是不明,人欲肆而天理灭矣。夫子因鲁史而修《春秋》,代王者之赏罚。是是而非非,善善而恶恶。诛奸谀于既死,发潜德之幽光。是故《春秋》成而乱臣贼子惧";"而今却要去一字半字上理会褒贬,却要去求圣人之意。你如何知得他肚里事?《春秋》大旨,其可见者,诛乱臣,讨贼子,尊王室,内诸夏,贵王贱霸而已,未必字字有义也。想孔子当时只要备二三百年之事,故取史文写在这里,何尝云某事用某法,某事用某例耶?"凡此等处,《春秋大全》认为皆能提掇

《春秋》之微言大义。

关于所谓变例，《春秋大全》以朱子的说法为纲，朱子不信变例，尝谓：

> 或人论《春秋》，以为多有变例，所以前后所书之法多有不同。曰：此恶可信？圣人作《春秋》，正欲褒善贬恶，示万世不易之法。今乃忽用此说以诛人，未几又用此说以赏人，使天下后世皆求之而莫识其意，是乃后世弄法舞文之吏之所为也，曾谓大中至正之道而如此乎？《春秋》传例多不可信。圣人记事，安有许多义例？如书伐国，恶诸侯之擅兴；书山崩、地震、螽蝗之类，知灾异有所自致也。

朱子于《春秋》，虽无专书，但讲学语录中涉及《春秋》者不少。朱子认为《春秋》虽有圣人之大义在其中，但多是直书其事，警醒后人以为鉴戒，并无一贯之义例和"书法"。《春秋大全》在这一点上遵循了朱子的见解。

关于《春秋》三传之异同，《春秋大全》遵从朱子与元城刘安世所言。朱子说："《春秋》之书，且据《左氏》。当时天下大乱，圣人且据实而书之。其是非得失，付诸后世公论。盖有言外之意。若必于一字一辞之间求褒贬所在，窃恐不然。"及"问三传优劣。(朱子)曰：《左氏》曾见国史，考事颇精，只是不知大义，专去小处理会，往往不曾讲学。《公》、《穀》考事甚疏，然义理却精。二人乃是经生，传得许多说话，往往都不曾见国史。《左传》是后来人作，为见陈氏有齐，所以言八世之后莫之与京。见三家分晋，所以言公侯子孙必复其始。以三传言之，《左氏》是史学，《公》《穀》是经学。史学者记得事，却详于道理上便差；经学者于义理上有功，然记事多误"。刘安世说："《公》、《穀》皆解正《春秋》。《春秋》所无者，《公》、《穀》未尝言之。故汉儒推本，以为真孔子之意。然二家亦自矛盾，则亦非孔子之意矣。若《左传》，则《春秋》所有者。或不解《春秋》所无者，或自为传。故先儒以谓《左氏》或先经以起事,或后经以终义;或依经以辨理,或错经以合异。然其说亦有时牵合,要之读《左氏》者,当经自为经,传自为传,不可合而为一也,然后通矣。"①《春秋大全》以此二言为论《左传》与《公》、《穀》性质与特点之依据,亦为辨二者优劣之依据。

对于胡安国《春秋传》之看法,《春秋大全》遵循朱子下列意思:"或有解《春秋》者,专以日月为褒贬。书时月则以为贬,书日则以为褒。穿凿得全无义理。若胡文定公所解,乃是以义理穿凿,故可观。安国《春秋》明天理,正人心,扶三纲,叙九法,体用该贯,有刚大正直之气。问:胡《春秋》如何?曰:胡《春秋》大义正。但《春秋》自难理会。胡《春秋传》有牵强处,然议论有开合,精神亦有过当处。"

《春秋大全》之体例,全剿袭汪克宽氏,一是经文以胡氏为据,而详注三传异同增损于下。二是解义以胡氏为主,大字录于经后。而《左氏》、《公》、《穀》三传则载其全文,分附经下。

《四库提要》从汉学立场出发,对胡广此书评价甚低,认为它通过科举,对明代经学的整体趋向起了坏的影响。如与元代经学比较,则"有明二百余年虽以经文命题,实以传文立义。至于元代合题之制,尚考经文之异同。明代则割传中一字一句牵连比附,亦谓之合题,使《春秋》大义日就榛芜,皆广等导其波也"。②但《四库全书》仍收录此书,认为此书虽于学术无甚贡献,本可覆瓿置之,但对有明一代科举影响甚大,须存以备考,以见一代学术面貌之根源。另一点是,清朝康熙间修《钦定春秋传说汇纂》,于胡安国传中过于谿刻、迂阔不当的地方作了修改,颁布学宫以为标准教科书。而录胡广此书正可两相比较而形显《汇纂》的优点。此点《四库提要》特为点出:"必睹荒途之蒙翳,而后见芟芜除秽之功。必经歧径之迷惑,而后知置邮树表之力。存此一编,

---

① 并见《春秋大全》卷首之《纲领》,影印文渊阁《四库全书》本。
② 《四库全书总目》,第361页。

俾学者互相参证,益以见前代学术之陋,而圣朝经训之明也。"①

明代中期解《春秋》可注意者还有湛若水之《春秋正传》三十七卷。此书对《春秋》全经逐句解释,其体例是,在每句经文之下,先列己之解释,再杂引三传与历代注家之言,特别是程颐和胡安国的《春秋传》,来佐证己言。其中大部分篇幅在驳正以往注家之失,故称"正传"。此书是以心学观点解释《春秋》的代表作,这一点湛若水在《春秋正传》自序中劈头即为表明:

> 甘泉子曰:《春秋》,圣人之刑书也。刑与礼一,出礼则入刑,出刑则入礼。礼也者,理也,天理也。天理也者,天之道也。得天之道,然后知《春秋》。《春秋》者,圣人之心,天之道也,而可以易言乎哉!然则圣人之心则固不可见乎?夫子曰:吾志在《春秋》。圣人之心存乎义,圣心之义存乎事,《春秋》之事存乎传。夫经,识其大者也;夫传,识其小者也。夫经,窃取乎得失之义,则孔子之事也;夫传,明载乎得失之迹,则《左氏》之事也。夫《春秋》者,鲁史之文,而列国之报也。乃谓圣人拘拘焉某字褒、某字贬,非圣人之心也。②

此处明言《春秋》乃鲁史旧文,记载的是各国军国重事,其中不必有义例。解《春秋》也不必强立义例,更不须说某字褒某字贬。读《春秋》解《春秋》的正确方法是以经为圣人之心的表现。圣人之心通过所论之事显出来。湛氏也不同意程颐"经是断,传是案"的说法,主张经传结合,靠读经者用心去体会圣人之心,他说:

> 或曰:经为断案,然欤?曰:亦非也。窃取之意存乎经传,以传实经而断案见矣。譬之今之理狱者,其事其断一一存乎案矣。圣人之经,特如其案之标题,云某年某月某人某事云尔。其或间

---

① 《四库全书总目》,第362页。
② 湛若水:《春秋正传》卷首,影印文渊阁《四库全书》本。

有本文见是非者,如案标题云,某是非胜负云尔。然亦希矣。而其是非之详自见于案也。故观经以知圣人之取义,观传以知圣人所以取义之指。夫然后圣人之心可得也。紫阳朱子曰:直书其事而善恶自见,此其几矣。

并批评后来注家不体圣人之心,只在义例上穿求的方法:

> 惜也!鲁史之文世远而久湮,《左氏》之传事实而未纯,其余皆多臆说耳。自三氏百家以及胡氏之传,多相沿袭于义例之蔽,而不知义例非圣人立也。《公》、《穀》,穿凿之厉阶也。其于圣人之心,鲁史之旧,其有合乎?是故治《春秋》者,不必泥之于经,而考之于事;不必凿之于文,而求之于心。大其心以观之,事得而后圣人之心、《春秋》之义可得矣。①

《四库提要》对湛氏此解《春秋》之方法有同意有不同意。同意者在其不信义例,不同意者在其因不信义例而连带对《春秋》"书法"也一概排斥。《四库提要》对此评论说:"《春秋》治乱世之书,谓圣人必无特笔于其间,亦不免矫枉过正。然比事属辞,《春秋》之教。若水能举向来穿凿破碎之例一扫空之,而核诸实事,以求其旨,犹说经家之谨严不支者矣。"②此洵属允确之论。

嘉靖时人陆粲之《左传附注》五卷、《春秋胡氏传辨疑》二卷在当时也极负盛名。前书驳正杜预注、孔颖达疏及陆德明《释文》,广采诸家之说,而折衷之。此书为顾炎武《日知录》所称,知为训诂佳作。后书专驳胡安国《春秋传》。此书不逐句解释,而是专条列胡氏之纰漏,后随以己之辩驳文,前后二卷,共辩驳六十余事。《四库提要》谓"其抉摘说经之弊,皆洞中症结","大抵明白正大,足以破繁文曲说之弊","自来学《春秋》者,攻击胡氏不一而足。然辩讦太过,反或自生障碍。若

---

① 湛若水:《春秋正传》卷首。
② 《四库全书总目》,第362页。

粲之和平通达,诚可为说经家指南矣"。① 并表彰此书在《春秋》学史上的贡献:"自元延祐二年立胡传于学官,明永乐纂修《大全》沿而不改,世儒遂相沿墨守,莫敢异同。唯粲及袁仁始显攻其失。其后若俞汝言、焦袁熹、张自超等踵加论辩,乃推阐无余。虽卷帙不多,其有功于《春秋》固不鲜矣。"②

万历时杨于庭的《春秋质疑》十二卷,性质与上书相同,也是质疑胡传之作。此书自隐公至定公,每公一卷,唯列所疑之目,如"春王正月"、"不书即位"、"宋公和卒"、"葬卫桓公"等,不逐句释经。其自序中述此书撰作之由说:

> 自公羊氏、穀梁氏出而左氏绌,自胡氏列之学官而公、谷亦绌。然其征事不于盲史乎?其参订不于二氏乎?而若之何华衮也、斧钺也!一切尸祝胡氏,而亡敢置一吻也。……胡氏矻矻摘三传之颗而撷其华,语多创获,其于笔削之义迩矣。然其议论务异,而其责人近奇。间有剿公、谷而失之者。庭少而受读,尝窃疑之,归田之暇,益得胪列而虚心权焉。权之而合者什七,不合者什三,则笔而识之。而《质疑》所由编矣。

可见此书主要是对《左传》、《公羊传》、《穀梁传》三家之说抱屈,对胡氏之独尊持异议,意欲使四家并列。唯取其有理,不论其权威。认为既有之权威是后人偏信的结果,《春秋》本经固自若也。他举例说:"汉人之祀天也以牛,夷人之祀天也以马,而天固苍苍也。祀以牛以马,不若以精意合也。夫不以精意求圣人,而执胡氏诮《左》、《公》、《穀》,是祀天而或以牛或以马也。兹余所由疑也。"③主张祛除对胡传的盲目信奉,以己之精意求经书之意。此种态度深为有识者所许,如当时学者丘应和就在此书序言中说,杨于庭以此种态度作书,可谓《春秋》之孝

---

① 此为影印文渊阁《四库全书》本书提要之文,中华书局整理本无此数句。
② 《四库全书总目》,第363页。
③ 《春秋质疑》自序,影印文渊阁《四库全书》本。

子,《公》《穀》之慈孙,而胡安国之忠臣。《四库提要》的作者也引述其中证"春王正月"、"不书即位"、"从祀先公"数条,说杨于庭此书"议论多为精确,固非妄攻先儒,肆为异说者比也"。①

万历时卓尔康的《春秋辨义》三十九卷在明代《春秋》学中也是一本重要的著作。此书卷首分经义、传义、书义、不书义、时义、地义六类表述本书见解。卷首一至二为经义,首列历史上的大贤关于《春秋》的名言以为全书总旨。所选注家除胡广《春秋大全》所列之孔子、孟子、董仲舒、王通、程颐、邵雍、朱子之外,增啖助、赵匡、刘知几、胡安国、郑樵、刘永之、吕大圭等人。所选诸家论《春秋》之语,皆足以为法且警策醒豁者。三为传义,杂引何休以下多家论三传之语。四至七为书义,引诸家论《春秋》书法之语,分正建、改月、即位、郊、社、禘、雩、昭穆、朝聘及天文、灾异、婚礼、蒐猎等,论书法之例与其意义。八为不书义,对《春秋》何以不书"即位"、"立君"等字之微言大义进行讨论。列入不书类者名义甚多,包括兴作、崩葬、内篡、会盟、侵伐、戎狄、救、次戍、灭国、君出、诸奔、诸弑、相杀、讨乱、死难等,甚为繁细。从卷首中,即可看出此书解经之大概方向。正文中逐句解释《春秋》经文。每句下先列《左传》、《公羊传》、《穀梁传》,以下杂引诸注家之文,最后断以己意,对旧说尽量择善而从。每公下又附列国本末一篇,条举此公在位期间列国与之有关之大事,亦甚简明而翔实。其独见处,虽有刻意翻新,无当于理者,但总体上此书体例完备,议论平实,每有创获。故《四库提要》谓此书之议论"明白正大,足破诸说之拘牵,在明季说《春秋》家,犹为有所阐发焉"。②

明末朱朝瑛之《读春秋略记》十卷也是明代《春秋》学的名作。此书正文前有总论一篇,概述全书纲领。其纲领首标尊王之意,但在王室暗弱诸侯放恣的情况下,不得已则奖霸。他说:

---

① 《四库全书总目》,第366页。
② 《四库全书总目》,第367页。

> 《春秋》大义,一言以蔽之曰尊王,此人人所知者。而圣人委曲维持之深心,则未之或知也。东迁而后,诸侯放恣,几不知有王矣。桓文出,而假王之名以令诸侯。圣人予之,非徒贵其名也,以为此一念之天良未至于澌灭,为之别择而表扬之,使天下之人众著于名义。此转乱为治之一机也。①

其次,朱氏主张《春秋》乃孔子所修,其中有"特笔"以寓深意,他说:

> 读《春秋》者须观圣人之特笔。观其特笔,而全书之旨可会而通也。于稷之会,特书"成宋乱",恶贿赂之始行也。于澶渊之会,特书"宋灾故",惜义理之终不明也。世之龌龊者狥利而忘害,既足以致天下之乱,而一二有志于救时者,又不审于轻重缓急之宜,往往舍其重而谋其轻,舍其急而谋其缓,使乱者终不可以治,是圣人所大痛也。书"成宋乱",见正身之要焉。书"宋灾故",见辨义之精焉。书"郑弃其师",见楚之所由横。书"王室乱",见乱之所由极。凡圣人所为格致诚正、修齐治平之道,无不著于此矣。书"天王狩于河阳",见世道之未尽丧,乱者犹可以复治。书"西狩获麟",见天心之未尽灭,衰者犹可以复昌。则圣人所为知天立命,参赞化育之事,亦将于此乎始之。此数者未可以尽圣人之特笔,而特笔之大者,已不外于此。②

其三,朱氏在《春秋》之书法上,主张有褒贬而无褒贬之定例,关于此义他举例说:

> 有因其时而变者,有因其人而变者,有因其事而变者。闵、僖以前,诸侯为政,则褒贬常在诸侯而不在大夫。文、宣以后,大夫为政,则褒贬常在大夫而不在诸侯。此因其时而变者也。褒贬之在诸侯者,大国小国皆有之。褒贬之在大夫者,常在大国而不在

---

① 《读春秋略记》总论,影印文渊阁《四库全书》本。
② 《读春秋略记》总论。

小国。此因其人而变者也。在诸侯者,不过辞有重轻。大抵称爵为重,称人为轻。重者近于褒,轻者近于贬。然不待贬而恶见者,则亦称爵以著其恶也。在大夫者,不过辞有详略,大抵称名为详,称人为略。详者近于褒,略者近于贬。然不待贬而恶见,则亦称名以著其恶也。此因其事而变者也。①

其对"《春秋》书法"之意见亦可概见矣。

以上所述者为《四库》收录之书。《四库》存目者,明代说《春秋》之家亦复不少,但刊落不收者,数量远远大于已收之书。其中原因,与《春秋》经传的特点有关。即《春秋》经文太简略,经之倚赖于传文,较他经为甚。此点在明代科举考试中表现得最为明显。《四库提要》在《春秋》类著作的卷后按语中说:"他经虽限以一说立言,犹主经文。《春秋》一经,则惟主发挥传义。其以经文命题,不过传文之标识,知为某公、某年、某事而已。观张朝瑞《贡举考》,备列明一代试题。他经皆具经文首尾,惟《春秋》仅列题中两三字,如'盟密夹谷'之类。其视经文,不为轻重可知。是《春秋》虽列在学官,实以胡传当一经,孔子特拥其虚名而已。经义之荒,又何足怪乎!……今检校遗书,于明代说《春秋》家多所刊削。庶不以科举俗学,晦蚀圣经之本旨云尔。"②明代《春秋》类著作之所以异说纷纭,这或许是一个重要原因。

明代解《春秋》的著作,《四库》列为存目的不少,其中比较重要的有季本、郝敬等几家。嘉靖时之季本有《春秋私考》三十六卷。季本为王阳明弟子,《明儒学案》有传。此书继承了唐啖助、赵匡、陆淳以来弃传就经的解经方向,认为《春秋》为孔子所作,三传为战国以来浅见之儒所附益。因此解《春秋》不仅不能以三传为入路,反而要以经正传,拨去三传加给《春秋》的重重雾障。此书对《春秋》逐句加以解释,目的在摧破三传之说,故其解释多立说新奇。季本首先认为《春秋》为孔子

---

① 《读春秋略记》总论。
② 《四库全书总目》,第412页。

所作,孔子作《春秋》是为了明王道,力驳《春秋》仅孔子据鲁史旧文删削修订之论,他说:

> 《春秋》之作,所以明王道也。孟子曰:王者之迹熄而《诗》亡,《诗》亡然后《春秋》作。……孔子周流四方,历观世变,悯人欲之横流,惧天理之尽灭。谓天下之乱由于赏罚之不行,故即鲁隐公以后所见、所闻、所传闻二百四十二年之事,参考国史副藏,提纲举要,删削而叙正之。具文见意,无所容心,但使是是非非不泯其实而已。虽西周盛时君臣不能外此而治。①

关于《春秋》之取名,季本认为,古代行赏在春夏,行罚在秋冬,《春秋》意在通过对历史事件的赏罚警诫后人,故错举四时之名曰"春秋"。"春秋"非鲁史旧名,而是孔子自创之名。季本由此批评孔子"修书"之说,谓:

> 《春秋》,孔子之所作也。左氏不知此义,乃曰:"非圣人谁能修之?"是以《春秋》为鲁史旧名也。……孟子私淑孔门之教,未讹圣学之传,其论《春秋》,全无一语谓其为修者。特以其书尝有'其事则齐桓晋文,其文则史'之言,而左氏剽窃得之,因遂夸张其说。殊不知《春秋》中之文不尽载于国史,犹《春秋》中之事不尽统于齐桓晋文也。然霸者之事功,不足以语帝王之学;词人之记载,不足以语性命之文。《春秋》之义,彼其能知哉!②

既然《春秋》为孔子所作,则三传不足据。历史上之说《春秋》者,不仅据传文以解经,且多喜《左传》之文辞富艳,《公羊》、《穀梁》之微言大义,多有舍经求传者,或驾传于经之上者。季本对此尤为不满,故盛张孔子作经之说,大力抨击三传,他说:

> 《春秋》者,孔子之所作也。自《左》氏误以为修,而凡杂记、传

---

① 季本:《春秋私考序》,《四库存目丛书》本,济南:齐鲁书社,1996年。
② 季本:《春秋私考序》。

闻之事于经不合者,不得不强为之解矣。又其语多繁芜而识尤浅陋,大不类孔门家法。而谓左丘明授经于仲尼,岂不谬哉!……战国书生欲干世主,竞为异论以饵己奸。而腐儒传习,遂信为真。①

季本为了推倒三传,对三传之源流也作了简单的考溯。认为《公》、《穀》出于战国时儒生之手,不出于子夏之门,中多叛经之言。三传之立于学官,《公羊》最先,《穀梁》次之,《左传》最后。史称《左传》汉初出于张苍之家,苍秦时为柱下史,得习天下图书,又喜历算之学。汉时为淮南王相十四年,《左传》盖张苍公暇与其徒掇拾所闻而撰著者。并历数其中杂于秦制者,如"腊"为秦之祭名,"酎"为秦之饮名,"庶长"为秦之官名之类,以证《左传》非战国以前文字。故执传以议经,移经以就传皆不可。汉以后专宗三传,是《公》、《穀》者攻《左传》,是《左传》者攻《公》、《穀》,不过为儒生互相讥排,未有能以经正传者。季本大力表彰唐啖助、赵匡、陆淳三家,认为能"据经考例,大破三传之疑",为唐之善学《春秋》者。但此三家治经多有疏略之处,且未能贯穿全经。季本自言沿啖、赵之风而推阐发明。他在《自序》中总结己之解经义旨说:

夫圣人作经,本以明是非之心。其所删削,莫重于文奸、惑世之言。乃摭异闻以为遗事,唯夸该博,不论是非,此传之所以叛经也。而旧习相沿,卒莫能挽,邪说惑人,可谓深矣。不亦重可惧乎!予考斯义,亦岂好纷纷哉?不过以经正传,发孔子明王道之本意。②

就此书之内容细节看,季本自非经学家,其中名物度数、氏族、名姓、地理、掌故等,未免多有舛错。唐顺之为此书所作之序中谓季本此书"于地理古今之沿革,姓名、氏族之派,星历之数度,禘郊尝社、礼乐兵农之纤悉,古今之所聚讼,皆辨析毫厘,务极该实。昔人所称经师,莫之及

---

① ② 季本:《春秋私考序》。

也",实属夸饰溢美之辞。而《四库提要》之评论,则谓此书本不信三传,故释经处谬戾不可胜举。书中自谓新见处,类皆无稽之谈。并说:"夫孙复诸人之弃传,特不从其褒贬义例而已。程端学诸人之疑传,不过以所记为不实而已。未有于二千余年之后,杜撰事迹,以改易旧文者。盖讲学家之恣横,至明代而极矣。"①对此书实贬斥太过。黄宗羲《明儒学案》也说季本之《春秋私考》,对《公》、《穀》之义例,《左氏》之事实,摧破不遗余力。又说其《诗说解颐》不免惑于子贡之伪传,不信小序。此类皆好异之过。②但批评不似《四库》之苛甚。

郝敬有《春秋直解》十五卷,为其九经解之一。此书卷首有《读春秋法》,叙其撰作之意。郝氏首先反对汉唐以来《春秋》学中的义例、褒贬、特笔等,主张扫除后儒加在《春秋》上的种种雾障,还《春秋》以本来面目。他提出,《春秋》本鲁国编年史之提纲,孔子忧五霸之乱,借鲁史标题见义,详细之情则见鲁史。但鲁史亡佚,自此圣意晦而不彰。三传中唯《左传》之作者及见鲁之旧史,但只是汇撮其事而不知深义,故开后人揣摩附会之端。《公》、《穀》又因《左传》所记之事而讥评之,义例、褒贬、特笔等遂牢不可破,益增后人解书之难。他论此意说:

> 《春秋》一书,千古不决之疑案也。非《春秋》可疑,世儒疑之也。仲尼原笔之旧史不传矣,《左氏》摭拾遗文,缺略未备,可据才半耳。其于圣人不言之情,茫乎昧乎。《公》、《穀》袭《左》而加例,胡氏袭三传而加凿。吁嗟!《春秋》几成射覆矣。③

郝敬还指出,《春秋》是史书,本直记历史事件,无所谓"书法",后儒逞技穿求,遂成种种非常可怪之论。故他反对一切非径直解经的深文曲笔,说:

---

① 《四库全书总目》,第387页。
② 参见《明儒学案·浙中王门学案三》,第272页。
③ 《春秋直解》卷首《读春秋》,《四库存目丛书》本。

>《春秋》无深刻隐语，无种种凡例，不以文字为褒贬，不以官爵、名氏为贵贱，未尝可五霸，未尝贵盟会，未尝与齐晋，未尝黜秦、楚、吴、越为夷狄，此其縈縈不然之大者。今欲读《春秋》，勿主传先入一字，但平心观理，圣人之情自见。明白易简者，圣人之情，其艰深隐僻，皆世儒之臆说也。①

对于《春秋》经文与三传的关系，郝敬不满明代《春秋》学的状况，认为当时皆"以经说三传"，意即以经中文句为标题、眉目，而解说内容则为三传。虽有主《左传》与主《公》、《穀》之不同，但以传为主，以经为辅则相同。要扭转此种情况，首先须确立以经为主之指导思想："因三传以重《春秋》，非知《春秋》者也。舍三传而知《春秋》不可一日无者，乃为真知《春秋》。"②为了扭转传重经轻的局面，郝敬采取的办法首先是破除三传特别是《左传》的神圣性，他断言《左传》非左丘明作，而是周秦间人伪作。他说：

>《春秋》三传首《左》，昔人谓为左丘明作，司马迁、杜预信之。……今详《传》中断例叙事，种种迂谬，后有借意于《公》、《穀》者。岂亲见仲尼者乎？先儒谓仲尼素王，丘明素臣，以其经传相辅也。今有经无传者半矣，疑者缺而无考，诞者谬而不经，误者迕而不合，岂其出丘明手而疏戾若此乎？窃意此传周秦间人伪撰，不足尽信也。③

至于说《左传》即左丘明所作之鲁史，更为郝敬所反对。他认为，左丘明之文风富艳，其精神全在文字之铺陈藻绘，于圣人作经之意全未领会。左丘明只如后之新进辞人，借王公重臣以求名而已。《公羊》、《穀梁》以为鲁史真出左丘明，揣摩其中的文字以起例，至使原本明白易简之旨，反成争讼之场。而圣人原本忠厚之意，反成险忮刻薄。此皆过信左氏所引出的恶果。郝敬认为，后世流传之《春秋》经文，是经过孔

---

①②③ 《春秋直解》卷首《读春秋》。

子笔削的,故特简明,只标其要领而已。事件之详细始末,皆具于笔削所施之底本,即鲁史旧文中。鲁史旧文原非弃而不用。如不用旧史,则经所书才及旧文十分之一,事件之始末何所取征?后来鲁史旧文遗失,后人参之以别典,以雕瑳铺陈之文字补叙,中间杂以己见,妄起凡例。后世误信为左丘明所作,凭信不疑,圣人之真逐渐掩蔽。假如鲁史旧文不遗失,今人以经文对照,是非自见,何须今日依例妄意,如猜哑谜。郝敬的意见是,《左传》可能出自三晋辞人之手,故叙事多偏袒晋国,夸誉重耳,彰显晋之功业,甚至卿大夫之招权纳贿,贪淫败礼之事,皆详细书之,大肆铺张,不以为怪。后世遂以为《春秋》尊晋,孔子奖霸。此皆《左传》误之。

郝敬因不信三传,他的《春秋》解,凡义例、书法、褒贬等皆扫除荡尽,主张唯细心玩味经文,体会孔子温厚精约之言。如关于义例,他说:

> 《春秋》无例,但据史所记事之有慨于心者,提而书之,公道难掩,是非自见。时或创出新义,如正月称王、王称天、郑弃其师、天王狩于河阳之类,与凡或书或不书,皆随宜化裁,非例也。余多因旧史隐括成文。而世儒伪起凡例,要皆后人强设,非仲尼有明训也。及其不合,则又曰美恶不嫌同辞,又曰有变例,有特笔。然则仲尼乃滑稽之雄,而《春秋》为诪张幻语,岂圣人作经之义哉![①]

郝敬针对此义所举之所谓义例,如桓无王,定无日,秦楚吴越夷狄无君臣、无大夫,夷狄不书月,卑国不书日,君弑贼不讨不书葬等,皆甚中要害。

郝敬也反对《春秋》有褒贬、书法之说,认为《春秋》皆直书其事,它不为一国作,也非为表扬忠臣孝子、圣帝明王而作,故能为万世公法。他说:

---

① 《春秋直解》卷首《读春秋》。

> 《春秋》不为一家作,故自大夫以下事不书。《春秋》不为忠臣孝子作,故贤人君子事不书。《春秋》不为圣帝明王作,故善政显绩不书。凡奖藉夸诩之辞,勋庸宠利之事,皆非《春秋》之义。世儒未达《春秋》之义在不言,直其事而是非自见,时或辞有抑扬,而圣言温厚精约,微显各中天则。虽意旨不露,而无深刻隐语。但平心细玩,苍素了然。若谓字褒字贬以行赏罚,此后儒妄说,仲尼断断无是也。①

此皆针对《左传》、《公》、《穀》偏敝而发,意在扫清说《春秋》家种种迷谬。

郝敬更反对后儒以曲解孟子来坐实孔子素王之说。《孟子》中有"《春秋》,天子之事"一语。后儒抓住孟子这句话,敷衍为孔子有德无位为素王,故借《春秋》之褒贬行王者之权。郝敬反对此论,他说:

> 孟子曰:《春秋》,天子之事。谓《春秋》所记礼乐征伐自诸侯出,皆僭天子之事者也。故曰天子讨而不伐,诸侯伐而不讨。五霸搂诸侯以伐诸侯,三王之罪人。所以《春秋》为天子之事作也,岂谓仲尼以天子事自用云乎?后儒缘饰仲尼素王,诬以命德讨罪,谓其以匹夫窃二百四十二年南面之权。真对痴人说梦也。②

此中郝敬所认为的孟子这句话的本意,实际上未必如此。但他反对《春秋》为孔子行素王之权,却是相当正确的。在《读春秋》之中,郝敬还例举了大量史实,对《春秋》为刑书,《春秋》奖五霸等说法进行驳斥。

最后可注意的是,郝敬生为楚人,对《春秋》史上以齐、晋、郑、卫为中国,以秦、楚、吴为夷狄之说,反对甚力,尤反对以楚为夷狄。他说:

> 五霸之乱,莫甚于晋楚;《春秋》所恶,莫甚于晋。晋自重耳以诈力兴,其子孙强梁骄恣,唯楚为其所忌,故始托于秦,后引吴越

---

① ② 《春秋直解》卷首《读春秋》。

自助,皆为楚也。世儒贵霸尊晋,遂诋楚为夷,而楚实非夷也。①

又说:

> 尊周二字,齐小白之阴符也。若晋重耳,命周如臣仆,何周之能尊? 世儒谓桓文攘楚即所以尊周。夫周之不尊,非楚为之,十二诸侯,谁知有周者? 以攘楚望齐晋,犹以燕伐燕也。②

他认为,《春秋》对于楚,不过生正其爵位而称子,死没其谥号而不书葬而已,未尝摈其为夷狄,教齐晋攘之也。他甚至认为,《春秋》不唯不摈楚,所寄望于有为之君者,正在楚。这些都说明,郝敬为乡邦洗涮污名于千载之下,其情实可矜悯。至于他所举之证,其中实有不够确凿之处,学者于此处一望可知。

《四库提要》对《春秋直解》的评价比郝敬其他书更少苛刻之言,认为此书虽大旨在承孙复废三传之言而又加甚,但其中三百多条"非左"之证,则多摘发传文之纰谬,谓为左氏之诤臣可也。对其中深文过甚处,如谓五霸之名非其时所应有等,也指为"好为议论"。总之郝敬此书虽不免于深文曲说之处,但指摘传文中种种错谬,扭转后来人过信三传之误,却有很大的功绩。他所谓"世儒不知《春秋》,始于视仲尼太高,疑仲尼太深",③诚深知今人解《春秋》之病痛者。

第五节　三《礼》

明代礼类著作较易、诗、书类著作为少,其中关于《仪礼》的著作尤少。三礼之属,《四库》依周礼、仪礼、礼记、三礼总义、通礼、杂记分述,重点在前三类。本文就前三类中较为重要者概述如下。

---

①②③　《春秋直解》卷首《读春秋》。

《周礼》 明代前期关于《周礼》较重要的著作是何乔新的《周礼集注》七卷。此书《四库》列为存目。朱彝尊《经义考》开列何乔新的另一部著作《周礼明解》十二卷，但注曰"未见"。何乔新在《周礼集注》自序中表明了对于《周礼》的一般看法，认为《周礼》乃周公致太平之书，其书与《尚书》并为尧舜以来致治之大本大法。《尚书》载其道，《周礼》载其法。并认为，世谓《周礼》不可行者，以刘歆用之于新莽、王安石用之于宋而败，但此非《周礼》之过，而是用此者不能识圣人之心而徒拘泥其文所致。何乔新的另一见解是认为冬官未尝亡，它散见于其他五官之中。汉儒不知此意，妄补冬官。此说发于宋俞庭椿（字寿翁）《周礼复古编》，宋王与之（字次点）《周礼订义》沿袭此说，后吴澄之《三礼考注》①、丘葵之《周礼补亡》对之各有考论。但《四库》不同意俞氏此说，认为凿空臆断，对吴澄、丘葵之说也加以批评。对何乔新此书沿袭俞氏、王氏、丘氏之说亦大为不满。如此书引丘氏之说，谓太史当入天官。《四库》认为此乃不知《周礼·春官宗伯·太师》中有"与群执事读礼书而协事"及"以书协礼事"、"执其礼事"因而当入春官之义。又如此书引吴氏之说，谓"诸子"一职当入地官司徒之"教官"之属，《四库》认为此乃不知"诸子"之职在"若有兵甲之事，则授之车甲，合其卒伍，置其有司，以军法治之"，②实主戎事，因而当属夏官司马之义。对此书的总的评价是："妄取前人谬戾之论，割裂倒置，踵其失而加甚。"③另何氏此书为集注，其弟子褚选于目录后详列所采集之书，自汉杜子春、郑兴至元吴澄共五十余家。并说此书特点在"从古证今，参考诸说，附以己意，作为《集注》。而严削富丽，训义切当，读则不烦考索诸家之释而经旨自明矣"，④对各官所属之目确实调整甚多，大不同于传统文本。此点亦遭到《四库提要》的批评，认为"前后义例，率多不能自通"。⑤

---

① 《四库提要》谓此书非吴澄作。详细辩证见《四库全书总目》，第313页。
② 《周礼·夏官司马下》。
③⑤ 《四库全书总目》，第286页。
④ 《周礼集注·天官目录》后。

明代中期最大的《周礼》学家为王应电,著有《周礼传》十卷,《周礼图说》二卷,《周礼翼传》二卷,皆为《四库全书》收录。《明史》王应电传谓:"《周礼》自宋以后,胡宏、季本各著书指摘其瑕衅,至数十万言。而俞寿翁、吴澄则以为冬官未尝亡,杂见于五官中,而更次之。近世何乔新、陈凤梧、舒芬亦各以己意更订。然此皆诸儒之《周礼》也。覃研十数载,先求圣人之心,溯斯礼之源;次考天象之文,原设官之意;推五官离合之故,见纲维统体之极。因显以探微,因细而绎大,成《周礼传诂》数十卷。以为百世继周而治,必出于此。"① 王应电注《周礼》,首先不信冬官未尝亡之说,认为冬官确实已亡,但又不欲以《考工记》补之。故保存古经原貌,黜《考工记》不录。对各官之离合,有割裂序官之文,以职掌相同而划为同类者。此不免以己意窜乱旧文之病。然其解说于义理多有发明。

王应电注《周礼》,第一步是"求圣人之心",认为《周礼》为效法天道,体圣人之心之制作,故包蕴甚广:

> 乃若天王、后、世子庙朝、官卫之式,君臣同体、宇内一家之情,养民治兵、敷教用贤之方,百职各正、六官联事之法,密于理财,而以义为利;详于会考,而谨终如始。五常并立而不遗,七教兼陈而不悖。是则与天地共为贞观,日月共为贞明。征古验今,推旧为新,愚所传者,不在兹乎?②

他的诠释方向,是把这些有价值的方面挖掘出来,以为佐治之具。第二步是"溯斯理之源",王应电认为,《周礼》为周公损益四代之礼乐而成,其贞于一而又与时推移。六官如上下四方之六合,其内容为治教礼政刑事。他说:

> 五帝不同礼,三王不沿乐。而其所以贞夫一者,则万古如一

---

① 《明史》卷二八二,第 7251 页。
② 《周礼传》原序。

日。盖世有升降,治法不能不与之推移。心无灭息,则立人之道不可得而改也。周公之时何时也?当殷之末造,成之多难,其忧患也深,其防虑也周。监于四代,爰建六官。各率其属,以倡九牧。覆、承、生、长、收、藏,弥纶宥密,如上下四方之六合;治、教、礼、政、刑、事,卷舒合辟,如花瓣之六出。①

六者统为一事,而又各治其政。他亦以天地自然之象解释《周礼》六官之义:

> 六官曰天、地、春、夏、秋、冬者。天官所掌,王宫内外及百官,皆在上之事。天,覆象也。地官所掌,教养斯民,皆根本之事。地,载象也。春官掌礼乐,合天地之和。春,生象也。夏官掌政,皆均平大事。夏,长象也。秋官掌刑,裁物之过。秋,杀象也。冬官掌事,万物各止其所。冬,藏象也。故六官皆实理,以成天下之务,如天宇之六合也。②

第三步是"考天象之文",王应电之《周礼传》后,有《图说》两卷,共有图四十余幅。每幅图下都有文字说明,故名《图说》。《图说》序中说:

> 予因于经旨中言所不能尽者,述之如左。理原于天文位象,道行于地理职方,统纪于六官分合,立极于都宫朝堂。郊社宗庙以萃人心,闾井伍两以固邦本。封土制禄以贵贵,建学立师以育才。命德有冕服车骑,讨罪有军旅田役。复系之以说,使治是经者一览而知夫言外之意。呜呼!昔人所载,予多不录也;今日所载,昔皆未有也。③

王应电的《周礼图》所包甚广,几可概括《周礼》所有重要内容。其中第一图为"九州分星图",以十二地支表示岁星所行之次第,以之与二十

---

① 《周礼传》原序。
② 《周礼传》卷一《天官上》。
③ 《周礼图说》原序。

八宿与九州相配合,再在文字说明中以历史上的大事件附益、证实之,如"自张十七度至轸十七度为鹑尾,当楚之分,鲁襄公二十八年,岁淫于玄枵,而裨灶知楚子之将死"之类。其《周礼翼传》亦有《天王会通》一篇,以天官书所列诸星分配诸官,目的在显扬"王者宪天而出治"之意。其中说:"昊天悬象,皇王布政,若合符节。中古文盛,厥象益章。仰观俯察,述天王会通。"①但此类"天人合一"之言,多穿凿附会之处,《四库提要》所指甚悉。

其第二图为"职方氏九州山泽川浸利民畜谷图"。此图将天下分为九州,图中概列各州之山河湖泽之名,及所宜利养之六畜、五谷名。如正东之青州,山有沂山,泽有望诸,河有淮泗,湖泊有沂、沭,宜于种蒲与捕鱼,利于畜养鸡狗,五谷则宜于种稻麦。此皆直取《周礼》之文而制图。其余多种图皆仿此,其中有的图及其说明特具独见。如"明堂图",此图弃"郑氏明堂图"、"吴氏明堂图"不用,另制"今定明堂图",后系"明堂图说",对图加以文字说明,其中说:"明堂居者,杂见于经传,而其制则未有全文。先儒纷纷之说,以其不通融会悟,而妄增臆见,古义益晦。愚尝悉参考经传所载虚以求之,则无不可通,而亦无不可行也。"②除《周礼》之《宫人》、《考工记》外,此说引据《礼记》之《玉藻》、《月令》、《明堂位》诸篇,论证解释甚为详尽。后并缀辑魏相《明堂月令奏》、范仲淹《明堂赋》、罗椅《明堂赋》以资说明。

其《周礼翼传》二卷,共七篇,第一篇为《冬官补义》,拟补以土司空、工师等十八官。自言:"五官全经,敬为传诂,冬官放失,众说纷纭,则天明稽古,训述《冬官补义》。"③但此种拟补,亦多为揣测。又有《学周礼法》,认为《周礼》之设官分职,今多有必不可复者,且斥后人因不善学此经而出现的种种弊病,皆甚中肯綮。《四库提要》总评王应电此三书说:"大抵三书之中,多参臆说,不尽可从。以《周礼》、《仪礼》至明

---

① 王应电:《周礼翼传序》。
②③ 王应电:《周礼图说》卷上。

几为绝学,故取长弃短,略采数家,以姑备一朝之经术,所谓不得已而思其次也。"①此言可谓深知此书撰著之苦心,亦深知明代三礼学之症结所在。

嘉靖中柯尚迁之《周礼全经释原》十二卷亦明代周礼学之佳作。书前有卷首《源流序论》、《六官目问》,后附《周礼通论》、《周礼通今续论》二篇,说明此书撰作大旨。正文训解体例,先采辑古注,再加自己的论断。前者为"释",后者为"原"。故此书名"释原"。谓之"全经"者,因柯氏沿袭俞寿翁以来冬官不亡之说,并割《遂人》以下地官之半为冬官。认为《遂人》以下三十九篇皆司空之事,不知何人杂于司徒之属之《掌节》之下。补冬官是还其本来面目。其《自序》中用天道、王政、心迹、礼法合一之理学精神总论此书不名《周官》而名《周礼》之意,其中说:

> 先民有言:泰和在成周。宇宙间至治固不可得而见矣,幸存《周官》法度六篇,其当时为治之迹矣乎。因其迹以求其心,得其心以推于政。故成周之治百世可复作也。今全经具存,不曰《周官》而名《周礼》,何哉?盖礼也者,道之体也;法也者,道之用也;心也者,道之管也。道与心一,斯心与政一矣。心与政一,斯法与礼一矣。法与礼一,然后谓之王制也;心与政一,然后谓之王道也;道与心一,然后谓之天德也。故程子曰:有天德斯可与语王道。张子曰:不闻性与天道而言制作者,未矣。②

认为成周之治能会通心、政、礼、法为一道,而《周官》是其遗迹。故《周礼》一言一字,无非圣人精神心术之所寓。又以孟子曾言周室班爵禄,言井田、征税之法,明道、横渠皆以《周礼》为周公致太平之书,且横渠曾试验井田之法,故于封建、井田、征税之论,补之甚详。此处皆见柯

---

① 《四库全书总目》,第243页。
② 《周礼全经释原》序。

氏以理学精神解经之意。另,其《源流叙论》概说《周礼》历代流传始末,认为《周礼》乃周代之政典,最后经周公删定,其性质如后代之会典之类:

> 夫周公之作《周礼》也,非字字创而造之也。盖皆当时朝廷官府悬象颁布之文,臣民遵守之典,酌酌于庙廊,施措于天下。武周所以监夏商之旧章,损益因革,立一代之新政,随而荟萃成书。周公复笔削焉。则是书之成,则在成王莅政之日,制为一代宪典,令万世遵行。亦若后世会要、会典之书也。①

并认为《周礼》本为完书,后世窜乱,将冬官之职合于地官之中,其书遂阙。后人有以此书为浊乱不验之书者,有以为战国阴谋之书者,有以为刘歆伪造以助王莽篡政者。唯郑玄遍注群经,精于考证。《周礼》遂因郑玄之注列于九经,盛行于世。迨至北魏,苏绰取此书以辅宇文周,其所更立制度,多本《周礼》。良法美意,开唐代制作之源。如六官、府兵、租庸调之类皆是。后世注疏,郑玄之后有梁之崔灵恩,合《周礼》、《仪礼》、二戴之《记》敷述贯穿,三礼遂并立。唐贾公彦之《周礼疏》发挥郑学最为详明。孔颖达之《正义》训诂虽详明,但对《周礼》制作之精意未有发明。宋王安石作《周官新义》,未能提纲挈领,徒以此书讲理财者居其半,所以取来为己所创之新法寻找根据,以塞攻击者之口。柯氏最为赞赏者为程明道,谓"《周礼》由孟子而后,唯明道能知之。考其所言,真复三代手段也"。②因为程明道的《论十事劄子》虽未明据《周礼》之文,但《周礼》之精意全具于其中。并且有言:不以三代之法治天下,终危邦也。对朱子的三礼之学,柯氏反对态度甚为明显。认为朱子治《礼》,以《仪礼》为经,《周礼》、《礼记》为传。对其中王朝之礼之阙失,引杂书与《周礼》参互以补。朱子作《仪礼经传通解》,以《仪礼》为本,《周礼》为末,《周礼》仅得与《淮南子》、《白虎通》、伪《孔子家

---

① ② 《周礼全经释原》卷首。

语》等并为备引证之书而已。此为朱子之大惑。但因朱子之崇高地位，又婉转引《朱子语类》中论《周礼》之言，以证朱子尊信《周礼》，《仪礼经传通解》乃未成之书，非定论。柯氏自己之书，则"知武周之治迹，孔孟之作用举备于此，乃敢会众说而折其衷。洗千年之晦蚀，决诸儒之壅塞"。①

至于《全经纲领》，除叙六官职掌之大义外，有一可注意之处，即柯氏以《周礼》为六经之总括，因为六官之职掌无所不包，不仅朱子之以《仪礼》为纲、《周礼》为副之论不能成立，即历史上以《诗》、以《书》、以《易》、以《春秋》为纲统合他经之说皆不能成立。柯氏述此义说：

> 《周礼》所以名全经者，岂唯六官得全，六经亦由此而全也。……《仪礼》虽与《周礼》并行，然亦以出于《周礼》而全也。何以明之？司徒曰："以祀礼教敬。"则士祭礼也。"以阴礼教亲。"则士婚礼也，士丧礼也。"以阳礼教让。"则士冠礼也、士相见也、乡射乡饮也。家、乡之礼非司徒之书乎？《掌交》曰："谕诸侯以九礼之亲。"则食、飨、燕、射、邦交、聘问皆邦国礼也。非司马之书乎？王朝之礼则吉、凶、军、宾、嘉是也。太史大祭祀，朝觐会同，执书读礼而协事，此即五礼之书，联职所以行之也，非宗伯之书乎？据《周礼》以补《仪礼》，则经亦全矣。②

这是以《周礼》包《仪礼》。至于六经，柯氏也从《周礼》中找出相关职掌，认为六经皆出于《周礼》。如"太卜掌三易之法"，是《易》出于《周礼》。"太师掌九德"。"六诗之歌曰风、赋、比、兴、雅、颂"。是《诗》出于《周礼》。"外史掌三皇五帝之书"。"内史策命孤、卿、大夫"。"太祝作诰、誓、命以通上下亲疏"。是《书》出于《周礼》。《春秋》则以司马之职掌正天下诸侯之违王法者。是《春秋》出于《周礼》。柯氏以此证明《周礼》是五经之本，故亦可为五经之全体。另此书之训释十分明晓畅

---

① ② 《周礼全经释原》卷首。

达,此一点亦深得《四库提要》之赞许。

万历时有王志长撰《周礼注疏删翼》三十卷。此书名"删翼",删者删去贾疏之重复与繁重以就简,翼者引诸儒之语辅益原经。其所采辑者,多宋元明注家之说中义较优长者,且以义理为主。故此书有鲜明的理学特点。但此书所集之训解文,多根据旧注疏,非凿空立说言无根柢者。故《四库提要》认为此书中理学之言固"浮文妨要",但又能"以注疏为根柢,尚变而不离其宗"。且明代后期注经者多以经中之言为标题,此下大抒己之议论,所谓借经抒议。王志长此书则注全经。此在晚明尤为可贵。故《四库提要》说:"志长能恪遵古本,亦为力遏横流。在经学荒芜之日,临深为高,亦可谓研心古义者矣。"①

《仪礼》 《明史·艺文志》对通论《仪礼》的著作仅著录汪克宽《经礼补逸》九卷②,黄润玉《仪礼戴记附注》五卷,何乔新《仪礼叙录》十七卷,湛若水《仪礼补逸经传测》一卷四种。其他关于婚礼、丧礼、射礼、乡饮酒礼的仅不多几种。朱彝尊《经义考》,于黄氏、何氏、湛氏书皆注"未见"。又补入程敏政《仪礼注》,丁玑《仪礼注》,胡缵宗《仪礼郑注附逸礼》,何澄《刊正仪礼纂疏》等十余种,且其中几部亦注曰"未见"。《四库提要》于明代《仪礼》类著作竟未选录一部。存目者只郝敬《仪礼节解》十七卷,张凤翔《礼经集注》十七卷,朱朝瑛《读仪礼略记》十七卷三种。总的说,明代关于《仪礼》的著作确乎不多。其中原因,诚如《四库提要》所言:"古称'议礼如聚讼'。《仪礼》难读,儒者罕通,不能聚讼。……郑康成注,贾公彦、孔颖达疏,于名物度数特详。宋儒攻击,仅撷其好引谶纬一失,至其训诂则弗能逾越。盖得其节文,乃可推制作之精意,不比《孝经》、《论语》可推寻文句而谈。"③此诚中肯之言。下面仅略述郝氏之书。

---

① 《四库全书总目》,第244页。
② 此书《四库总目》标为:"元汪克宽撰,元亡不仕,洪武五年卒于家,事迹具《明史·儒林传》。"
③ 《四库全书总目》,第234页。

郝敬注《仪礼》，首明《仪礼》成于后儒之手，非圣人之书，故对其中内容多不惬于心。礼学大师郑玄之注，前人尊信，莫敢异同，郝敬则大力抨击。他对《仪礼》，未如他经恭敬，重言攻击处甚多。郝敬此书前有《读仪礼》一篇，以上对《仪礼》之见解，尽见于此篇中。郝敬之不喜《仪礼》，首先起因于他轻视礼的仪节形式，着重礼的本质这一点。他于《读仪礼》开篇即说：

> 夫道莫大于礼。天高地下，万物散殊，而礼制行矣。故礼未可以一端尽也。圣贤以礼修身，以礼教人，而不举其数。……圣人盛德至善，从心所欲，自然周旋中礼。惟其有温良恭俭让之意，而后有鞠躬蹴踖之容。虚文浮格，似是而非，是象恭也。承迷习醉，可由而不可知，是凡民也。故圣人教人以礼，而其言礼以约。得其要，即一拜一揖，见古人之精神；不得其要，虽三千三百，木偶而衣冠耳。①

在郝敬看来，天地万物之自然差别即蕴涵礼。此是人间制礼的根据。礼仪虽繁，而其根据则约。《仪礼》十七篇说礼繁多，但只是礼的一部分。礼之项目节次无穷尽，关键在得其精神。得其精神就是得其纲领。礼之精神，在郝敬看来，就是孔门之仁爱。礼仪若无仁爱为其根本，则为虚文浮格。他说：

> 礼非强作，是人道之经纬。无礼则无人道。孔子曰：仁者，人也。亲亲为大。义者，宜也。尊贤为大。亲亲之杀，尊贤之等，礼所生也。仁义生尊亲，尊亲生等杀，等杀生礼。天地之大德曰生。知生之说者，则知天；知天之说为经。夫仪之不可为经，犹经之不可为仪也。经者，万世常行；仪者，随时损益。父子、君臣、夫妇、长幼、朋友，经也；礼仪三百，威仪三千，仪也。皆以节文斯五者。②

---

① ② 《仪礼节解》卷首《读仪礼》。

天所表现的伦理原则是经,具体仪文是经的表现。故郝敬重仪文之内涵而轻仪文之本身。

郝敬由重视礼之精神内涵而称叙述外在仪节的《仪礼》为"虚影",认为只有掌握了礼的本质,外在的仪节才是有意义的,并对郑玄注礼之方向甚有微词,他说:

> 《仪礼》皆古人虚影。学者精神淹贯,方有理会。若但寻行数墨,如郑康成辈校勘同异,辨正文字,按本演习,如傀儡登场,无生机血脉,老聃所谓刍狗,庄生所谓蜩甲,辜负圣人雅言之意。①

郝敬由此对《仪礼》诸多不敬之辞,如:"《仪礼》作于衰世,故其仪文虽详,而大纲不清。虽不及天子之礼,而时或杂越,以大夫乱诸侯,诸侯乱天子者,往往有之。"又如:"作《仪礼》者亦未及亲见古人,故其辞多罔象。""是书详处太琐。"②郝敬之《读仪礼》用了大量篇幅指出《仪礼》太过琐细之处,丧礼、祭礼、冠冕、服色、饮食、宫室、车骑、名义皆有。他的结论是:"若斯之类,风影附合,诪张为幻,不可从也。""《仪礼》成于后儒之手,而古籍亡矣"。③他认为,如此烦琐、屑细的仪节,且不说其中有大量诡舛难通之处,即使辑补完整,校勘精切,也不能一一用于今日。对朱子以《仪礼》为纲,《周礼》、《礼记》为辅从和补充的观点,郝敬明确表示不同意,就是因为他不甚看重《仪礼》。对朱子《仪礼》难读的说法,郝敬也不以为然,他质疑道:

> 昔人谓《仪礼》难读,未知文辞难耶,义理难耶?义理不奥于他经,文辞烦琐,详思自解。三礼惟戴《记》多名理,《周礼》多疑窦,《仪礼》差易。郑康成拘泥名理,殊非所长。人见其附会多端,以为特详于制,然纰漏处难可一二数也。④

认为《仪礼》并不难读,是郑注之烦琐名理导致其难读。然郝敬自己之

---

① ② ③ ④ 《仪礼节解》卷首《读仪礼》。

训释,却又半出臆想,怪戾难以想象。如他释黍稷稻粱:

> 饭之品,黍稷稻粱,郑注未分晓。凡稻粱皆粳米,其粒长而大,古人以方器盛之,曰簠。黍稷之粒小而圆,古人以圆器盛之,曰簋。稻品甚多,其粒最长者可半寸,故以粱名。如屋梁、墙梁之梁。粳米,亦取强梗之意,食之强益人也。又粱者良也,精凿意。凡米之精而粒长大者皆称粱,故美食曰膏粱。又谷亦有粱,其杆穗如芦苇,品最下,楚人谓之高粱。①

关于此条,所引证者尚多,但类皆"诗张怪幻"。故《四库提要》评论郝敬之《仪礼节解》说:"敬所作《九经解》,皆好为议论,轻诋先儒。此编尤误信乐史'五可疑'之说,谓《仪礼》不可为经,尤其乖谬。所解亦粗率自用,好为臆断。……敬之所辨,亦时有千虑一得,然所见亦罕矣。"②张凤翔之《礼经集注》,诠释方向与郝敬不同,认为《仪礼》为经,且尊信郑注,不特别标新立异。间有自以为新见者,《四库提要》亦谓"皆立异而不能精确"。朱朝瑛之《读仪礼略记》,《四库》亦说"所录多郝敬、敖继公之说,取材颇俭。其自为说者,亦精义无几"。③

《礼记》 《明史·艺文志》著录明代《礼记》类著作50余家。朱彝尊《经义考》录书名而标曰"逸"和"未见"者尚有50余家。《四库总目》著录通论《礼记》者仅胡广等奉敕所编之《礼记大全》三十卷,另有黄道周所撰之《月令明义》四卷、《表记集传》二卷、《坊记集传》二卷附《春秋问业》一卷、《缁衣集传》四卷、《儒行集传》二卷。存目有杨慎《檀弓丛训》以下25家,其中通论《礼记》全经者有徐师曾《礼记集注》三十卷,黄乾行《礼记日录》三十卷,马时敏《礼记中说》三十六卷,汤三才《礼记新义》三十卷,郝敬《礼记通解》二十二卷,三才之子汤道衡《礼记纂注》

---

① 《仪礼节解》卷首《读仪礼》。按,此段引文中"粱""梁"之用法,郝敬原文如此。
② 《四库全书总目》,第297页。按,此段引文中"乐史"为宋代人,著有《广卓异记》、《太平寰宇记》等书。《四库总目提要》中华书局整理本误为书名。
③ 《四库全书总目》,第298页。

三十卷,朱朝瑛《读礼记略记》四十九卷数家。而马时敏、汤道衡、朱朝瑛三家不见于《明史·艺文志》。

就《四库总目》所著录者看,明人注《礼记》者同样极少入得《四库》法眼,所录胡广书,亦以其为科举功令因而影响极大,非以其学术。《礼记》之注疏,本以郑玄注、孔颖达疏之《礼记正义》最为有名。宋代卫湜之《礼记集说》采一百四十余家之说,所包最为该博,去取最为精审。《四库总目》称其为"礼家渊海"。清代乾隆年间所出《钦定礼记义疏》,亦多取此书。南宋以后表彰朱子学,因陈澔之父为朱子三传弟子,其《云庄礼记集说》遂以朱子之余荫得为明廷所颁之科举教科书,影响超过卫湜之书。但《四库总目》对此书甚为轻视,认为:"澔所短者,在不知礼制当有证据,礼意当有发明。而笺释文句,一如注《孝经》、《论语》之法。故用为蒙训则有余,求以经术则不足。朱彝尊《经义考》以'兔园册子'诋之,固为已甚,要其说亦必有由矣。"①而胡广《礼记大全》,专以此书为宗而采掇之,所据先不牢靠。其中有所解说,亦沿袭陈澔之说,无甚发明。故《四库提要》对此大为不满,乃谓:"陈澔《集说》略度数而推义理,疏于考证,舛误相仍,纳兰性德至专作一书以考之。凡所驳诘,多中其失。广等乃据以为主,根柢先失。其所援引,亦不过笺释文句,与澔说相发明。……特欲全录明代五经,以见一朝之制度,姑并存之云尔。"②这是说此书本不应录,姑录以见明朝科举之貌,对此书可谓贬抑已甚。与对胡广其他编纂相较,态度更为严厉。这是因为《礼记》所记,皆具体仪节,更要求坐实言之。而《礼记大全》则多着眼于儒家精神价值之诠释,其置于卷首说明撰作意图的《礼记大全总论》所选,皆此类言语。如选自二程之"《礼记》杂出于汉儒,然其间传圣门绪余及格言甚多,如《学记》之类。……《礼记》除《中庸》、《大学》,惟《乐记》为最近道。学者深思自得之"。选自延平周氏之"夫

---

① 《四库全书总目》,第267页。
② 《四库全书总目》,第268页。

礼者,性命之成体者也。盖道德仁义同出于性命,而所谓礼者,又出于道德仁义而为之节文者也。方其出于道德仁义,则道德仁义者礼之本也"。而释《礼记》原文,又每句皆以朱子之训释为首,不过沿袭撮抄,与《四库》所认可的学术方式距离甚大,故《四库提要》有如此之苛评。至于存目者,亦率多批评之辞。而许可者,仅明末黄道周关于《月令》等五篇的训解。之所以许可此数篇,是因为它每立一义,皆引据多书,参稽考证,"为征实之学",非空发议论。

明代之《礼记》注,多与陈澔之书有关,亦犹《诗经》注多与朱子《诗集传》有关、《书经》注多与蔡沈《书经集传》有关。盖功令所关,一世所趋;非笃实为己者,不能出此格套。如徐师曾之《礼记集注》,以为陈澔书未得经之本义,故多采旧注,于郑、贾注疏采信最多。但因对古礼隔膜,以己意改经文处亦所在多有。此点《四库提要》已经指出,谓此书"于三礼经义未能融合,仅随文而生义,宜其说之多误也"。① 徐书是病虚而返实,而其所谓实者并未确凿。而郝敬之《礼记通解》,则病实而返虚者,故对郑玄攻击特甚。此点沿袭其《仪礼通解》。郝敬先叙其读《礼记》之法:"礼家言杂而多端,学者须灵镜独照,然后可以观古人陈迹。"②他所谓灵镜独照,实指不为权威注疏所拘围,抒己之见解。但他注《礼记》,实注重礼乐文化本身所含蕴之精神价值,不屑于具体仪文之末节。故不同意以《周礼》、《仪礼》为经,《礼记》仅为二经之传的说法。认为《礼记》多孔门之格言,七十子转相传习,如《大学》、《中庸》、《缁衣》、《月令》、《王制》、《三年问》等,皆非着眼于具体仪节。且三《礼》皆非古之完书,《周礼》揣摩推测处尤多。《仪礼》枝叶烦琐,不切实用。惟《礼记》"多名理微言、天命人性易简之旨。圣贤仁义中正之道,往往而在。如《大学》、《中庸》两篇,岂《周官》、《仪礼》所有?故三《礼》以《礼记》为正"。③因《礼记》非孔子手订,为后儒所记各人之见,

---

① 《四库全书总目》,第303页。
②③ 郝敬:《礼记通解》卷首,《读礼记》。

故容有互相矛盾处,靠有识者自己折衷。遇有不能通者,宜存疑,不能强解以求通。此类郝敬指出甚详,自《王制》中侯伯所封之里数,到《礼器》中天子、诸侯几筵之陈设,到《士丧礼》中丧服之形制,认为郑玄所注者多有不合情理处,说:

> 如此之类,错杂纷拏,师说相承,言人人殊。虽使考证详确,古今异宜,亦难尽用。而郑康成辈好信不通,执此证彼,及其不合,牵强穿凿,诪张百出。初学为所眩惑,随声应和,莫知其乌,世儒所以难于读《礼》也。①

职此之故,郝敬主张《礼记》道与学皆有,且道与学非二物。礼是道的表现、仪节,道是礼的精神实质:

> 礼者,道之匡廓。道无垠堮,礼有范围。故德莫大于仁,而教莫先于礼。圣教约为要,复礼为仁。礼仪三百,威仪三千;致中和,天地位,万物育,此道之至极,而礼之大全也。故曰:即事之治谓之礼。冠婚丧祭,礼之小数耳。世儒见不越凡民,执小数,遗大体,守糟粕而忘菁华。如《曲礼》、《王制》、《内则》、《玉藻》、《杂记》则以为礼,如《大学》、《中庸》则为之道。过为分疏,支离割裂,非先圣所以教人博文约礼之意。②

此段话可以看做理解郝敬之礼论的关键。从他所举能代表礼的篇章,亦可看出他治礼的方向之大凡了。

但《四库提要》认为,郝敬关于名物的训解居今议古者多,对郑玄的驳难,"得者仅十之一二"。又认为郝敬所处的时代非经学大行之时代,其学力也不能与郑玄争衡,故郝敬之注《礼记》并批驳郑玄,是自取其败:"大抵郑氏之学,其间附会谶文,以及牵合古义者,诚不能无所出入,而大致则贯串群籍,所得为多。魏王肃之学百倍于敬,竭一生之力

---

① ② 《礼记通解》卷首《读礼记》。

与郑氏为难,至于伪造《家语》以助申己说,然日久论定,迄不能夺康成之席也。敬乃恃其聪明,不量力而与之角,其动辄自败,固亦宜矣。"① 这里说郝敬之学力难以企及郑玄,此固为实情。但《四库》学者维护汉学的立场,亦至为明显。以下说黄乾行之《礼记日录》"多牵引道学语录,义皆肤廓",马时敏之《礼记中说》"株守陈澔《集说》",杨梧之《礼记说义集订》"大旨以陈澔、胡广书为蓝本,不甚研求古义",童维岩之《礼记新裁》"盖乡塾课本,专为制义而设者",② 亦多反映此一立场。

乐 这里附带提一下明代乐书。乐本六经之一,先秦古籍多有道及。《汉书·艺文志》著录乐类6家165篇,但并无名"乐经"或"乐"者。可知所谓"乐经",乃乐类典籍之通称,非有《乐经》一书。后人所云乐经亡佚,亦不专指"乐经"一书。《四库》乐类总序,亦以为无《乐经》一书,作乐之原理与意义、功用具于《礼记》,其歌词具于《诗经》,其节奏、旋律则传在伶人,后人有记为乐谱者。但乐因能"宣豫导和,感神人而通天地,厥用至大,厥义至精,故尊其教,得配于经"。③《四库》对于可列入"乐经"的著作和后世词曲之谱、乐器技法等作了区别:"惟以辨律吕、明雅乐者,仍列于经。其讴歌末技,弦管繁声,均退列'杂艺'、'词曲'两类中,用以见大乐元音,道侔天地,非郑声所得而奸也。"④ 可见列为乐经者,须是关于乐律原理与测律方法及总论音乐的著作,其他不与焉。

《明史·艺文志》乐类著作之入选标准较此稍宽,除律吕类外,尚有庙堂音乐类。乐类著作共著录54部,487卷。《四库全书》著录明代乐类著作三部,存目26部,两类总数超过此前任何朝代,甚至也超过号称"经学昌明"的清代。乐律为专家之学,世罕有通者。乐类之书在明代特别发达,此亦一特殊现象,大有可究。

---

① 《四库全书总目》,第305页。
② 以上引文参见《四库全书总目》,礼类存目二。
③④ 《四库全书总目》,第500页。

《四库》著录者首为韩邦奇《苑洛志乐》二十卷。苑洛为韩邦奇之号,《明儒学案》属之三原学案。黄宗羲之三原学案按语说:"关学大概宗薛氏(瑄),三原又其别派也。其门下多以气节著,风土之厚,而又加之学问者也。"① 韩邦奇此书,《四库提要》以为"其于律吕之原,较明人所得为密,而亦不免于好奇。如《云门》、《咸池》、《大章》、《大夏》、《大韶》、《大濩》六乐名,虽见于《周官》,而音调节奏,汉以来无能传者。邦奇乃各为之谱。……虽其说多本于前人、然抉择颇允。又若考定度量,权衡乐器、乐舞、乐曲之类,皆能本据经史,具见学术。与不知而妄作者究有径庭。"②

倪复《钟律通考》六卷,是专辨前人律书的著作。卷首张邦奇序谓此书"本之《仪礼》经传,参之西山蔡氏之说,历考古今制度,辨百家之得失,以求合乎声气之元"。但《四库提要》谓韩邦奇对蔡元定《律吕新书》中之乐律图疏解甚详,而此书对此搁过不解,不免于漏略。但承认此书中颇有可采者,对朱子与蔡元定训说之不同,也能平情议论,择善而从,不盲目追随朱子。

《四库》著录的另一部乐类书是著名音律学家朱载堉的《乐律全书》四十二卷。朱载堉是郑恭王朱厚烷的嫡子、明太祖朱元璋的九世孙。此书由《律吕精义》、《律学新说》等书集成。《四库提要》谓:"载堉究心律数,积平生之力以成是书。卷帙颇为浩博,而大旨则尽于《律吕精义》一书。"③ 此书为中国律学史上最伟大的著作,也是世界科技史上最伟大的著作之一,它在世界上最早创立十二平均律(或称十二等程律、新法密率)。此书在朱载堉晚年献于朝,但被束之高阁,没有引起重视。他也精于"舞学",绘制了大量舞谱、舞图。此亦一大创举。在天文、历学、算学方面,朱载堉也有贡献,诚中国历史上最伟大的学者之一。

---

① 《明儒学案》,中华书局,1985年,第158页。
② 《四库全书总目》,第500页。
③ 《四库全书总目》,第506页。

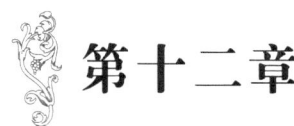

第十二章

明代儒学与宗教思想的融合会通

　　明代是儒学地位最为巩固,基础最为深厚,对整个社会生活影响最为深至的时期。这一点也表现在儒学对各大宗教的影响及相互融合会通上。通过这种会通,儒学大大丰富了自身的内容,使自己更加宽容、开放和深刻。各大宗教对儒学的吸收,也使自己更加世俗化、大众化,更加广泛、更加内在地成为整个中国文化的有机成分。各大宗教之间也由于儒学的加入松弛了壁垒,互相间的融通、取益进一步加深。明代儒学与宗教的融合会通是中国文化史的重要内容,是儒学史不能遗忘的重要方面。本章分佛教、道教、天主教、伊斯兰教加以论述。

第一节　四大高僧与明代儒佛融合

佛教自传入中国之始,就处在不断地与儒家思想的融合中。唐代后期以来的儒学复兴,与儒佛融合同其步趋。如北宋初年名僧孤山智圆,以僧徒而自号中庸子,自谓"于讲佛经外,好读周孔扬孟书。往往学为古文,以宗其道,又爱吟五七言诗,以乐其性情。"①在经注及书札序跋中,以佛补儒、融会儒佛之语处处可见。他极力倡导三教本同之旨,说:

> 浮图之教流于华夏者,其权舆于东汉乎!其于训民也,大抵与姬公、孔子之说共为表里耳。何耶?导之以慈悲,所以广其好生恶杀也;敦之以喜舍,所以申乎博施济众也;指神明不灭,所以知乎能事鬼神之非妄也;谈三世报应,所以证福善祸淫之无差也。使夫黎元迁善而远罪,拨情而反性。核其理也,则明逾指掌;从其化也,则速若置邮。②

认为佛教之说正所以辅助儒家,内典外典,其宗旨本一。张内外之畛域,互相敌对,视为水火,则浅见无识之人。他指斥此种现象说:

> 世有限于域内者,见世籍之不书,以人情之不测,故厚诬于吾教,谓弃之可也。世有滞于释氏者,自张大于己学,往往以儒为戏。岂知夫非仲尼之教,则国无以治,家无以宁,身无以安。国不治,家不宁,身不安,释氏之道何由而行哉!故吾修身以儒,治心以释,拳拳服膺,罔敢懈慢,犹恐不至于道也,况弃之乎?呜呼!

---

① 智圆:《闲居编自序》,载《中国佛教思想资料选编》,中华书局,1987年,第三卷,第一册,第118页。
② 智圆:《翻经通纪序》,《中国佛教思想资料选编》第三卷,第一册,第120页。

好儒以恶释,贵释以贱儒,岂能庶中庸乎?①

智圆的思想,从一个侧面反映了北宋初年倡导文治、崇尚儒学的思想风潮。

稍后的契嵩(1007—1072),倡儒释道同教异、本同迹异之说,以与当时欧阳修、李觏之排佛相抗衡。他说:

> 唯心之谓道,阐道之谓教。教也者,圣人之垂迹也;道也者,众生之大本也。心无有外,道无不中,故物无不预道。圣人不私道,不弃物,道之所存,圣人皆与,是故其为教也,通幽通明,通世、出世,无不通也。通者统也,统以正之,欲其必与圣人同德。夫教也者,圣人乘时应机,不思议之大用也。是故其机大者,顿之;其机小者,渐之。渐也者,言乎权也;顿也者,言乎实也。……语夫圣人之全也,则周天下之善,遍百家之道。其救世济物之大权乎?语夫圣人之实也,则磅礴法界,与万物皆极,其天下穷理尽性之大道乎!②

这是说,儒与佛都是对心这一本体的阐释,心大无外,无处非道。圣人与道体为一,故无封限。其教遍一切处,顿渐权实,皆乘时应机之用。儒佛在世、出世上有别,在权实顿渐上有别,但在以不同方式表现道这一点上是相同的。这是儒佛融通的基础。他又说:

> 夫圣人之教,善而已矣。夫圣人之道,正而已矣。其人正,人之;其事善,事之。不必僧,不必儒,不必彼,不必此。彼此者,情也;僧儒者,迹也。圣人垂迹,所以存本也;圣人行情,所以顺性也。存本而不滞迹,可以语夫权也;顺性而不溺情,可以语夫实也。③

---

① 智圆:《中庸子传上》,《中国佛教思想资料选编》第三卷,第一册,第125页。
② 契嵩:《广原教》,载《中国佛教思想资料选编》第三卷,第一册,第266页。
③ 《广原教》,《中国佛教思想资料选编》第三卷,第一册,第272页。

这仍是说儒佛道同迹异,应该存本略迹,顺性忘情。故契嵩作《孝论》,大力阐扬孝道,视为儒佛皆不可或缺的第一要德。天下事物,首先要孝顺的是父母、师僧、至道之法。父母者身之本,师僧者教之本,道法者用之本。以此三者为本,亦儒佛之所同。天下人知孝为儒者之要道而不知其亦为佛者之要道,是不知佛。他认为在行孝上儒佛各自的作用是"以儒守之,以佛广之;以儒人之,以佛神之"。① 即以儒家之态度行孝,但要跳出世俗之范围;行动上要恪守孝道,但精神上须知晓道之广大。"不以佛道广之,则为善不大"。

契嵩并且精研儒家之礼乐刑政,以之会通《中庸》,说:

> 《中庸》者,盖礼之极,而仁义之原也。礼乐刑政仁义智信,其八者一于《中庸》者也。人失于中,性接于物,而喜怒哀惧爱恶欲生焉,嗜欲发焉。有圣人者,惧其天理将灭,而人伦不纪也,故为之礼乐刑政,以节其喜怒哀惧爱恶嗜欲也,为之仁义智信,以广其教道也。②

契嵩这里完全是从俗人的角度诠解《中庸》,不仅没有出家人惯常有的对俗世的批评与辩解,甚至也没有从出家人角度进行儒家与佛理的融会。他并且对儒家所倡导的君子有为,及修齐治平,也本以上《中庸》之旨大力阐扬:

> 君子将有为也,将有行也,必修《中庸》然后举也。饮食可绝也,富贵崇高之势可让也,而《中庸》不可去也。其诚其心者,其修其身者,其正其家者,其治其国者,其明明德于天下者,舍《中庸》其何以为也?③

他虽然说:"儒者儒之,佛者佛之,各以其法赞陛下之化治。"但他多以儒家立场立论。如他对于性德、教化、情理等的解释,皆自俗人的立场

---

① 契嵩:《广原教》,载《中国佛教思想资料选编》第三卷,第一册,第272页。
②③ 《中庸解》,《中国佛教思想资科选编》第三卷,第一册,第291页。

出发。其撰著《传法正宗论》并把它进献于朝廷,甚至将自己的著作取名为《治平集》,意亦在定禅宗传法之统绪,息佛教内部种种争讼,以扶持世法,佐治国家。据僧传,契嵩完成《传法正宗记》《禅宗定祖图》二书后,携书游京师,知开封府王素奏上宋仁宗,仁宗览之大加叹赏,付传法院编入藏经。下诏褒崇,赐号明教大师。宰相韩琦及参知政事欧阳修等皆请见尊礼之,而欧阳修尝写辟佛文。① 这从一个侧面说明,宋以来释家内部对儒学关注之深切程度,儒释融合之深切程度。至于宋元士大夫中的好佛者,如王安石、苏轼、黄庭坚、张商英、耶律楚材、赵孟頫等,其对于佛教的吸收与融会,更是学者时常道及的。

入明以来,朱元璋尊崇儒学,以儒家思想为治国之本。但他也注重宗教对于稳定政权的作用,对佛教道教优礼有加。他尝作《三教论》,对儒释道安定国家、利益群生的作用加以肯定,他分析三教及其鬼神、灵异之作用说:

> 若崇尚者从而有之,则世人皆虚无,非时王之治;若弃绝之而杳然,则世无鬼神,人无畏天,王纲力用焉。于斯三教,除仲尼之道祖尧舜,率三王,删诗制典,万世永赖。其佛仙之幽灵,暗助王纲,益世无穷,唯常是吉。尝闻天下无二道,圣人无两心,三教之立,虽持身荣俭之不同,其所济给之理一。然于斯世之愚人,于斯三教,有不可缺者。②

这仍是儒释道三教理一而教异的思想。朱元璋早年曾出家为僧,又投白莲教郭子兴部下为兵,故即帝位后对佛教不能忘情,此属自然之事。但他也不主张佛道争讼,对道教十分宽容。他认为世人对老子之道常怀误解,认其为金丹、飞升之术,实际上,老子之道主要是清静无为,知雄守雌,与儒家之道密相呼应,他说:

---

① 见惠洪:《明教嵩禅师》,载《中国佛教思想资料选编》第三卷,第一册,第 323 页。
② 朱元璋:《三教论》,载《中国佛教思想资料选编》第三卷,第三册,第 231 页。

> 老子之道，密三皇五帝之仁，法天正己，以时而举合宜，又非升退禅定之机，实与仲尼之志齐，言简而意深。时人不识，故弗用，为前好仙佛者假之。①

认为三教之理一，治理国家，三教皆不可缺，其不同者在阴阳虚实之形态：儒教是阳，是实，释教是阴，是虚。天下之道本一，阴阳相济，虚实相辅，正所以辅治国家，他解释此意说：

> 所以佛之道云阴者何？举以鬼神，云以宿世，以及将来，其应莫知，所以幽远不测，所以阴之谓也、虚之谓也。其圣贤之道为阳教，以目前之事，亦及将来，其应甚速，稽之有不旋踵而验，所以阳之谓也，实之谓也。斯二说名之则也异，行之则也异，若守之于始，行之以终，则利济万物，理亦然也。所以天下无二道，圣人无两心②

朱元璋对儒释关系的认识如此，所以他认为佛教可以"阴翊王度""幽赞王纲"。三教并用，共佐国治，是明代开国之后所定的基本国策，这为此后的三教会通奠定了思想基础。

朱元璋以儒为主，三教并用的基本国策为历朝所遵奉。成祖要消弭"靖难"之后士子的不平之气，改变诛方孝孺十族留给士林的刻薄残毒形象，故刻意标榜以儒术治天下。诏修《五经大全》、《四书大全》、《性理大全》及《永乐大典》等，就是以上意图之表露，欲天下共知共体者。又为医治战争创伤，苏醒民累，故力倡节俭，裁革冗费，控制僧尼数量，严禁僧尼私建庵院。永乐间曾命礼部定通制：

> 今后愿为僧道者，府不过四十人，州不过三十人，县不过二十人。限年十四以上、二十以下，父母皆允，方许陈告有司，邻里保勘无碍，然后得投寺观。从师受业者五年后，诸经习熟，然后赴僧

---

① 朱元璋：《三教论》，载《中国佛教思想资料选编》第三卷，第三册，第230页。
② 《宜释论》，《中国佛教思想资料选编》第三卷，第三册，第234页。

录、道录司考试,果谙经典,始立法名,给与度牒。不通者,罢还为民。有年三十、四十以上,先曾出家而还俗,及亡命黥刺者,亦不许出家。若寺观住持不检察而容留者,罪之。仍命礼部榜喻天下。①

并谓礼部臣曰:

> 佛道二教本以清净利益群生。今天下僧道多不守戒律,民间修斋诵经,动辄较利厚薄。又无诚心,甚至饮酒食肉,游荡荒淫,略无顾忌。又有一种无知愚夫,妄称道人,一概蛊惑,男女杂处无别,败坏风化。洪武中僧道不务祖风,及俗人行瑜珈法称火居道士者,俱有严禁。即榜揭申明,违者杀不赦。②

对民间热衷于事佛而简慢奉祀祖先之风,亦以为溺于要福避祸之说而力倡兴革之。但成祖也注意利用佛教宣传忠君孝父、敬天法祖及遵王法、畏鬼神、惜物命、谨严行等种种思想。又因道衍姚广孝为"靖难"之役之谋主,政治、军事之大计多赖之筹画,故即帝位后论功以为第一。而道衍则不改僧人身份,"冠带而朝,退仍缁衣",以僧人而列朝班,甚至配享成祖庙廷。此在中国历史上殆不多见。另外,成祖之徐皇后信佛甚笃,亲撰《大明仁孝皇后梦感佛说第一希有大功德经》③,意在以此功德护祐成祖之基业,亦有以国母身份劝善惩恶,改良风俗之意。成祖因之亦礼敬佛教,不过他更喜藏地佛教。永乐朝所封法王、阐化王、赞善王、辅教王、活佛、大小国师等甚多,其中亦不无希望通过尊礼藏地高僧以安定藏区诸上层以消弭边患的意思。成祖还亲撰《神僧传》,宣扬佛教。太祖、成祖为明代最有影响的帝王,他们奠定的宗教政策对后来历朝影响甚大。明武宗亦喜佛教,托名大庆法王,度僧甚多。

---

① 《太宗实录》卷二〇五,载《明实录类纂》(文教科技卷),武汉出版社1992年,第944页。
② 《太宗实录》卷一二八,载《明实录类纂》(文教科技卷),第941页。
③ 见《续藏经》第一卷。

除嘉靖帝崇信道教,热心斋醮之外,明代历朝皇帝皆崇信佛教。这为三教合一,儒释道会通营造了整体思想氛围。

明代自弘治、正德以后,经济快速发展,商业、贸易活跃,中小城市增长很快,市民人数激增,城市生活逐渐奢靡化。学术文化下移,整个文化呈现出很强的世俗形态。这种状况在嘉靖、隆庆以后愈加明显,至万历朝达于高潮。这些因素对世风士风发生了强烈影响。俗文化中儒释道界限模糊混杂不清为它们相互渗透创造了条件。而佛教内部门墙峻厉的情形也在改变,僧家为教义、门风发生的宗派斗争大大减少,不重传承,参扣十方尊宿,平等接受各家学说的风气很普遍。性相、禅净、台净融合的风头很强劲。另外当时善书、宝卷十分流行,城市里寺院讲经活动很普遍,所讲多为通过佛经中的因果报应故事来劝善,里面掺杂有大量的儒家孝悌忠信的内容,说明当时儒家对佛教的影响相当广泛。这一点明显反映在明末四大高僧的思想中。

真可 紫柏真可(1543—1603)为明代后期著名僧人。他有很强的救世意识,反对当时矿监税使对百姓的重敛,曾说:"矿税不止,则我救世一大负。"并四处奔走营救因反对征收矿税而遭逮捕的南康太守吴保秀。最后因"妖书"事件入狱,死于狱中。而"妖书"是关于太子废立的,可见他作为名僧对社会的担当精神。真可的俗家弟子很多,当时许多学者官吏同他往还,或师从问学,如冯梦祯、瞿汝稷、王肯堂、汤显祖等。真可虽属禅宗,但反对只讲机锋棒喝,排斥文字参究的弊病,尝说:

> 凡佛弟子,不通文字般若,即不得观照般若;不通观照般若,必不能契会实相般若。实相般若,即正因佛性也;观照般若,即了因佛性也;文字般若,即缘因佛性也。今天下学佛者,必欲排去文字,一超直入如来地,志则高矣,吾恐画饼不能充饥也。[①]

[①] 真可:《法语》,载《紫柏老人集》,北京图书馆出版社,2005年,第9页。

意为,文字是一种智慧,它是观照佛心的媒介,是成佛的因缘,非不能通过研习文字而得悟。他又进一步申论,唐宋以来喜与方外游的士大夫,能超脱世情,栖心无寄,决裂俗网,得佛教之助不少;而僧人中一些具大力量者,多因与士大夫有文字交而得利益。故文字绝不能无。真可这里自觉地把受儒家影响而得文字之益看做僧人的本务。

真可自谓"多出入乎孔老之樊,然终以释氏为歇心之地",①常用儒家之概念与思想阐发佛理。如性情本儒释二家常用之概念,真可则用性体情用、性常情变、性灵情昧诸义来解释佛教之觉与知。他说:

> 性如水,情如冰;冰有质碍,而水通融。通融则本无能所,质碍则根尘宛然。此义有知有觉,知则义虽了然,触事仍迷;觉则触事会理,情尘自空。迷则情之累也,觉则性之契也。累则二,契则一。二则有待,一则无生。无生乃性之常也,有待乃性之变也。常则无我而灵,变则有情而昧。故昧中之知,知不胜昧,所以道不敌习;灵则习不胜觉,所以不假修持,而坐进菩提。反是,虽舍身命等如恒沙,只增有为业耳。良以觉近现量,知近比量,是以觉之与知,成功殊也。②

知属情,属昧,属变,属习,思维上是未与佛相应之比量,总之是用一边;觉则属性,属空,属常,属灵,思维上是与本体为一的现量。总之属体一边。觉则坐进菩提,知则尚在有为法一边。此段话题名"道学禅学",道学者佛教中侧重于知解觉悟者,禅学者佛教中侧重修习禅定者。而此段话用于禅学可,用于道学亦可,用于世俗之理学亦可。世学与出世学,佛学与理学,其道理可融通无碍。

他又借孟子来阐发佛教关于心的说法。孟子之道无他,求其放心而已。这与佛教之重视心性,一拍即合。真可尝说:

---

① 真可:《长松茹退序》,《紫柏老人集》,第143页。
② 真可:《法语》,《紫柏老人集》,第30页。

> 孔子之心当如何求,求诸孟子而已。欲求孟子之心者,求诸己而已矣。自心既得,孔孟之心得矣。自心如何求?当于日用中求也。……心虽变幻不测,出入无时,然不出物我之间。若离物我求心,即如拨波觅水也。若即物是心,又成认贼为子也。离不是心,即不是心,毕意如何是心?于此参之,真积力久,一旦豁然而悟,则孟子求放心效验,不待求于孟子矣。①

此是以孟子求放心为话头,阐说佛教求心之精义。认为已心即孔孟之心,此众生皆有佛性意。性体不离日用,儒佛皆有此义,但如何是心,二家于此路歧。孟子之心,为四端之心,德性之心,而佛教所讲之心,虽说法甚多,但大端即此处真可所说,非物非我、即物即我之心。非物非我者,真谛;即物即我者,俗谛。非真非俗、即真即俗者,第一义谛。佛教以参扣心为首务,以彻悟心之义谛为终极。真可以孟子之求放心为说以示弟子,则援儒入佛,融通无碍之意不仅身体力行,亦传之其徒矣。

又如,真可以儒家之《易》,道家之《老子》,来讲以上所论佛家之心。真可认为,心之妙谛,在有无之间。《易》《老》皆善体此义。故《易》《老》可辅助对佛理之深入理解。《易》戒有心,《老》亦戒有心,但其爻象所示,亦未始无心。《老子》言"不敢为无下先",而不敢者,宁非有心?故有心与无心,唯人善用之。运用之妙,无入而不可。如果不达此义,拘拘于无心,则不唯有心有过,即无心亦未尝无过。能知此意,可以读《易》《老》。故他讲解佛教心物之义,往往用"性情"二字,又加入佛家之"相"字而融合之,用性、情、相三者来解说。他尝说:

> 夫梧叶落而知秋,葭灰动而知春。苟圣人不以可见之情见不可见之性,则性终不可见也。……予以是知性有性之体,性有性之用,性有性之相。何谓体?用所从出也。何谓用?相所从出

---

① 《法语》,《紫柏老人集》,第121页。

也。何谓相？昭然而可接者也。如善恶苦乐之情，此相也；若乐之情未接，灵然而不昧者，此用也；外相与用，而昭然与灵然者皆无所自矣，此体也。①

此中性为本体、根据义，情为功能、作用义，相为现象、经验义。真可以孟子之乍见孺子入井而有恻隐之心解释此义：恻隐之善为相，能恻隐之心为情，此善、此心之所以能发生作用之根据为性。性无形无相，不落一地，故最为真实，但性不能自己认识自己，必借相与情为媒介；离情离相求性，是离波求水。真可之引入相字，一是要说明万物虚幻不真此佛教基本义理，以自别于儒者之世俗之学。二是要以情与相构成体用关系，从而将性置于不可议、不可想，虚无寂灭之域，以与佛教之最终本体——涅槃相应。真可之援儒入释，意图是在明代这样儒学无处不在的情形下，不与之疏离，增加可亲可即性。但他亦时时警觉不失佛教之基本义理，以免堕入外道野狐。他尝说：

> 无论若儒若释若道，先妙悟自心，而博达群书，谓之"推门落臼"，自然之妙。用之出世，则谓之最上乘；以之经世，则谓之王道。此真学真才也。②

真可作为一代高僧，其眼光、学识皆达此境界。他最喜读的，是永嘉玄觉之《永嘉集》，尝说：

> 《永嘉集》天下奇书，文简旨丰，熟此则《大学》《中庸》骨髓无劳敲打自然得矣。世人以为教迹不同，妄生分别，见小而不大，识近而不远，执粗不诣精，所以心法微耳。此书既熟，当熟七经白文。一切对句，自今亦不必屑屑。待诸书贯通之后，方始聚精会神，一两三月，无机所动，自然水到渠成。③

---

① 《法语》，载《紫柏老人集》，第133页。
② 《法语》，《紫柏老人集》，第108页。
③ 《法语》，《紫柏老人集》，第110页。

他之所以看重此书,就是因为此书能不落痕迹地融合释儒,且又文字美备,读之可得多种利益。这是他融会儒释,融会性相、禅净之根本立场之表露。

真可的最终趋向,是大道无所不包,而又理事如一,即事即真。而所谓道,全在一心。他说:

> 噫！道远乎哉？触事而真;圣远乎哉,体之即神。既曰触事而真,无相者虚空,有相者天地。大块之间,殊形异状,有情无情,若爱若憎,世出世法,道虽不同,总谓之事。所谓真者,在七经百氏之书,未始不具。至于般若灵篇,华严上典,相为表里。古人有言:"礼乐前驱,真道后启。"即此言之,会万物归己者,书无内外,理无精粗,都来一片心光,曾无别物。①

在道心的观照下,僧与俗,世与出世,僧家之各家各派,俗家之诸子百家,五经四书,皆可会通,皆可以平等心对待。此是从虚空本体不住一法的角度着眼。有人质疑此义,真可的回答是:

> 若人识得心,大地无寸土。有土有人,有人有法,有圣有凡,有世出世。一寸土不可得,则一切何存？自是痴人不了自心,情见不破,妄生分别,在儒被儒缚,在老被老杀,在佛被佛累。……是以佛祖真子乘愿而来,可儒可佛,至于种种异道,随类利生,如水银堕地,颗颗成圆。②

这就是真可最后的境界:破情见,体真实,脱系缚,随机缘,触处皆真而并无此处。

真可一生,入世出世融通无碍。故以佛门中人而仗义为世俗之事,面目严冷而心热。读书上,借儒家之书为佛书生解,晚岁爱读苏东坡之《易传》,常使弟子读之,令自参其中义蕴,以做悟入佛理之助。作

---

① 《法语》,《紫柏老人集》,第110页。
② 《法语》,《紫柏老人集》,第111页。

《解易》,阐发儒释相通之理。平生所交,俗家之人甚多,观其与友朋之书信可见。又严君亲忠孝之大节,读史书至忠义之事处,常为之堕泪呜咽。一生儒释并尊,僧传中记他"入佛殿,见万岁牌必致敬。阅历书,必加额而后览"。① 又说:"以师之见地,诚可远追临济,上接大慧,以前无师派,未敢妄推。若据尧舜之道,传至孔子孟轲,轲死不得其传,至宋濂洛诸儒遥续其脉,以师证之,师固不忝为转轮真子矣。"② 把他在禅门中的功绩,比做濂洛之继儒家道统。此评价不可谓不高。真可之思想与做略,是当时儒释会通思潮的鲜明反映。

袾宏 云栖袾宏(1535—1615)也是晚明名僧。真可是禅门宗匠,而袾宏则净土大师。一生以持名念佛为重,尝说:"持名念佛之功,最为往生净土之要。"又说:"端心灭恶,如是念佛,号曰'善人';摄心除散,如是念佛,号曰'贤人';悟心断惑,如是念佛,号曰'圣人'。""盖此念佛法门,不论男女僧俗,不论贵贱贤愚,但一心不乱,随其功行大小,九品往生。故知世间无有一人不堪念佛。"③

他倡导的持名念佛在当时僧俗间发生了极大影响,所以被尊为净土宗第八祖。袾宏年届三十才出家,早岁为诸生,故熟谙儒家学说。他以佛家学说为主,倡儒佛会通之说,对佛门中禅教之争、性相之争、禅净之争,都持调和态度,一生身体力行,主张儒释道理同迹异,以消弭三家之争。

首先袾宏认为,老子所谓道,乃最高之本体,此道之内容,乃"自然"二字。自然则万法由乎自心,同中有异,异不害同。道家之"吾不知其名,字之曰道",儒家之"周道如砥",佛家之"无上正等正觉之大道",其道从根本处说是一。故袾宏大力主张儒释道三教之圣人,本为

---

① 见德清:《径山达观可禅师塔铭》,载《紫柏老人集》,第848页。
② 《径山达观可禅师塔铭》,《紫柏老人集》,第849页。
③ 皆见袾宏:《开示》,载《竹窗随笔》,北京图书馆出版社,2005年,第441—443页。

一家。孔子为儒童菩萨，老子本迦叶后身。"使夫子而生竺国，必演扬佛法以度众生，使释迦而现鲁邦，必阐明儒道以教万世。盖易地则皆然。大圣人所作为，凡情固不识也。为儒者不可毁佛，为佛者独可毁儒乎哉？"①他更认为，儒佛不仅不应相非，而可以互相取益：

> 核实而论，则儒与佛不相病而相资。试举其略，凡人为恶，有逃宪典于生前，而恐堕地狱于身后，乃改恶修善。是阴助王化之所不及者，佛也。僧之不可以清规约束者，畏刑罚而不敢肆，是显助佛法之所不及者，儒也。今僧唯虑佛法不盛，不知佛法太盛，非佛之福。知此，则不当两相非，而当交相赞也。②

但袾宏也指出，儒佛之融会，非识见高超，学富而机圆者不能。在一般层面上，儒佛各有其道，分际甚明，不容相混。故其同其异，其分其合，不善运用，皆可导致弊害。能会通而两无病，必大善知识而具眼者，他说：

> 儒佛二教圣人，其设化各有所主，固不必歧而二之，亦不必强而合之。何也？儒主治世，佛主出世。治世，则自应如《大学》格致诚正、修齐治平足矣，而过于高深，则纲常伦理，不安成立。出世，则自应穷高极深，方成解脱，而于家国天下，不无稍疏。盖理势自然，无足怪者。若定谓儒即是佛，则六经、《语》《孟》诸典，灿然具备，何俟释迦降诞，达磨西来？定谓佛即是儒，则何不以《楞严》、《法华》理天下，而必假羲、农、尧、舜创制于其上，孔孟诸贤明道于其下？故二之合之，其病均也。虽然，圆机之士，二之亦得，合之亦得，两无病焉。又不可不知也。③

袾宏把儒家中之辟佛者分成三类，曰诚实之儒，偏僻之儒，超脱之

---

① 《儒童菩萨》，载《竹窗随笔》，第63页。
② 《儒佛交非》，载《竹窗随笔》，第79页。
③ 《儒佛配合》，载《竹窗随笔》，第106页。

儒。诚实之儒者辟佛出于其诚心,因为此类人之学全在儒家之纲常伦理,所务在格致诚正修齐治平,此为儒家正轨。故多与佛法者争,争之不已,乃有谤佛之言。如二程、朱子。袾宏对此类诚实之儒甚是敬佩,以为道不同不相为谋,亦自然之事。而偏僻之儒之辟佛,并不深知佛法,存先入之见,极口诋佛。此类儒如张商英所谓"闻佛似寇仇,见僧如蛇蝎"。袾宏对此类儒最为憎恶。第三类超脱之儒不但不辟佛,而且深信佛法;不但深信,而且力行之。袾宏以为此类儒方是真儒。也就是说,能真正通儒佛者,方为真儒。但须警惕,信佛者有以佛为游戏法门者。为游戏法门,则外为归敬,而内实不敬。此非真有眼光者不易辨。从此分类中可以看出,袾宏最喜者为儒佛和会之通人,儒家中护教者之据理力争亦所心服。而不究佛法乱诋乱骂者,与对佛法阳信而阴不敬者,皆所反对。此为袾宏对儒佛关系之真实见解。

袾宏著作的一个特点,就是援儒入佛,儒佛夹持为说。但在解说中,也往往指出二者之异,因为二者心虽为一,但门庭不同,道理更不同。如他将佛家之"真空"、"空劫以前自己"与儒家之"喜怒哀乐未发之中"相比拟,认为二者有同有异。同者在见闻泯,觉知绝,只余空静之心。此与未发之中相当,但又指出,此尚在浅见边。如深知佛法,《楞严经》云:"纵灭一切见闻觉知,内守幽闲,犹为法尘分别影事。"则儒家之未发之中,只是意念尚未发生,而根尘之种子仍潜伏在,仍是攀援外境:已发是攀援动境,未发是攀援静境。已发是粗分别,未发是细分别。有分别则仍是影事,未至真实之境。不过幽胜显、闲胜闹而已。袾宏特别提醒,此等处差别在毫厘间,须谛观精察,研之又研,穷之又穷,不可草草放过。

又如《易传》"无思也,无为也,寂然不动,感而遂通天下之故"一句,袾宏用来对比佛教之中道观,认为此四句中,若无最后一句,则成断灭;通天下之故,若无前三句,则成乱想。断灭为无知,乱想为妄知。寂而通,则为中道之真知。袾宏并且指出,儒书中此类言心处不算多,属偶一及之。而佛书对此意则谈得多而深刻。故儒书较佛书为粗,心性之论,佛书最高。佛书可补儒书之不足。比如王阳明之良知说,袾宏固甚赞赏,但认为仍未达至佛教所谓"真知"之高度,"良知"非"真知"。他说:

> 新建创良知之说,是其识见学力深造所到,非强立标帜,以张大其门庭者。然好同儒释者,谓即是佛说之真知,则未可。何者,良知二字本出子舆氏,今以三支格之,良知为宗,不虑而知为因,孩提之童无不知爱亲敬长为喻。则知良者美也,自然知之而非造作者也。而所知爱敬,涉妄已久,岂真常寂照之谓哉?真之与良,固当有辨。①

此处是用佛学之理去评价儒学之理。儒学以爱亲敬长之心为真实,佛学则以爱亲敬长之心为虚妄,而以"真常寂照"之心为实。仍是佛学最高,可据之评判一切之意。虽然袾宏常说要平心而论儒释,但其作为僧人之佛家立场又处处可见。

又如李卓吾,袾宏既许其为超逸之才,豪雄之气,又不喜其是非不与人同,好为惊世骇俗之论之矫激人格。他尝评说李卓吾:"具如是之才气,而不以圣言为量,常道为凭,镇之以厚德,持之以小心,则必好为惊世矫俗之论以自愉快。"②而据以批评李卓吾矫激的,又皆当时之常言,如以冯道失节为大豪杰,以荆轲聂政之杀身为死得其所,对古来称颂之贤人君子反指摘批评之类。此为袾宏从俗之处。袾宏同时又以李卓吾之某些做法合于佛家之训而表扬之,说:

> 卓吾负子路之勇,又不持斋素而事宰杀,不处山林而游朝市,不潜心内典而著述外书。即正首丘,吾必以为幸而免也。虽然,其所立遗约,训诲徒众者,皆教以苦行清修,深居而简出,为僧者

---

① 《良知》,《竹窗随笔》,第23页。
② 《李卓吾一》,《竹窗随笔》,第136页。

当法也。苏子瞻讥评范曾而许以人杰,予于卓吾亦云。①

此又俨然将李卓吾当做一个佛门中人来要求。卓吾虽剃发而非僧,虽喜佛说而非佛门中人;是非颇谬于圣人,其狷介难与世俗处。袾宏此处之褒贬,可谓不识李卓吾矣。

袾宏主张儒佛融通,他在儒家诸入世法中,最重视者为孝。他曾将当时颇为流行的道教善书《太微仙君功过格》刻印布施,也曾仿效当时儒道中人,奉行"功过格"之法,不过据佛家义,改名为"善过法",自名其善过簿曰《自知录》。他在《自知录》序中说:

> 运心举笔,灵台难欺,邪正淑慝,炯乎若明镜之鉴形,不师而严,不友而诤,不赏罚而劝惩,不蓍龟而趋避,不天堂地狱而升沉。驯而至之,其于道也何有!……是故在儒为四端百行,在释为六度万行,在道为三千功八百行,皆积善之说也。世人夏畦于五欲之场,疲神殚思,终其身不惮烦,而独烦于就寝之俄顷,不一整其心虑,亦惑矣。昼勤三省,夜必告天,乃至黑豆白豆,贤智者所不废也,书之庸何伤?②

黑豆白豆者,行善则点白豆,行恶则点黑豆,最后计黑白之多寡以验功夫之成效。此中若无天堂地狱字样,人或信其为儒生所作。其中定为善法须每天实行的,首为忠孝。忠孝下所列之名目有:事父母致敬尽养,事君王竭忠效力,敬奉师长,敬爱兄弟等。次为仁慈,所包之名目有救疾,施药施棺,收养弃儿,济助鳏寡孤独,捐造桥梁道路,代无力者偿债等。另有三宝功德类,如造像刻经,建庙施财等。还有杂善类,多为世俗之事。从袾宏所愿行之善事看,其与世俗之人一般无二。可见当时儒佛会通之深广,与袾宏采择儒家之多,受儒家影响之深。他又作《缁门崇行录》,其中所表彰的崇高之行,除佛家戒律所要求的"清

---

① 《李卓吾二》,《竹窗随笔》,第136页。
② 《心知录序》,《竹窗随笔》,第589页。

素"、"严正"、"尊师"等外,有"孝亲""忠君"二门,所记多为佛门中忠孝之行之特出者。在其事迹后有论赞、总论,代表了袾宏以儒释佛,儒佛会通的思想。如"孝亲"一门中,记梁代僧人法云之孝行后,赞曰:"曾子之母死,水浆不入口者七日。即云公之居丧,虽曾子何加焉?语曰:释氏弃其亲,岂理也哉?"①认为法云之居丧,其哀不减于曾子。又记著名的目连救母事,赞曰:"生养死葬,小孝也。生俾底豫,死俾流芳,大孝也。生导其正信,死葬其灵神,大孝之大孝也。目连以之。"②又记后周僧道丕孝父母事,赞曰:"绝粒而饷母饥,诵经而获父骨,可谓大孝兼乎存殁,而至行超于古今者也。呜呼,异哉!"③此中所表达的思想多与《礼记》、《孝经》合,虽不无佛教所喜言之神异,但最多、最主要的还是世俗之孝行。赞语中并无出家人之不系生死,不染世累等语。袾宏立此孝行一门的意图,旨在纠正世人以为僧人不讲孝道,废伦理纲常这种看法。他说:

> 世人病释氏无父,而释氏之孝其亲反过于世人。传记所载,盖历有明征矣。今犹有嫉僧如蛇蝎者,则僧之罪也。即可痛恨,其罪有三:安享十方之供,而不会其亲者,一也;高坐舟车,而俾其亲牵挽如工仆者,二也;割爱出家,而别礼他男女以为父母者,三也。愿诸世人,毋以此三不才僧而病一切。④

可见他心目中的僧人,孝为首要的德行。不孝之僧,为害群之马。此点亦与儒家之要求一致。

又有"忠君"一门。世人多以为忠君为儒家五伦之一,忠臣孝子为儒家之人格理想,僧家出世,无君无父,忠君是粘滞世情,俗怀不净。袾宏则认为,僧家是山林中的忠臣,出世的孝子。僧人俗人,在忠孝之

---

① 《缁门崇行录》,《竹窗随笔》,第551页。
② 《兰盆盛会》,《竹窗随笔》,第550页。
③ 《诚感父骨》,《竹窗随笔》,第553页。
④ 《孝亲之行·总论》,《竹窗随笔》,第554页。

人伦大节上是一致的,僧人非无父无君之人,他说:

> 士君子处江湖之远则忧其君。僧无官守也,僧无言责也,而尽忠如是,孰谓山林之下无明良喜起之义欤!人伦莫重于君父,吾故前列僧之孝,后列僧之忠,以杜释氏无父无君之谤。①

所以他赞为崇行者,有三国时吴之康僧会以《易经》之"积善之家必有余庆,积不善之家必有余殃"与《诗经》之"求福不回"来解释佛家的善恶报应,以劝谏暴君孙皓之事;有晋代之佛图澄以行德政则祥瑞出,不行德政则天谴现之理来劝石勒勿好杀戮之事;有后晋法眼禅师以诗谏李后主勿梦里贪欢荒淫误国之事。这就是袾宏心目中理想的僧人,这样的僧人,是儒释为一的。忠君孝亲高尚其行是释家的本务,所以他说:

> 道充于岩穴,而名闻于廊庙,上度吾君,下度吾民,非弘法利生之正务乎?独惜大道不立,而枉己以求荣者,贻释子之羞也。噫!为僧者,诚以道自重,使国王大臣闻天下有乐道忘势之僧,而叹之羡之,其忠亦多矣,岂必面陈献替,而后为忠乎?②

僧之忠与俗之忠,其迹容有不同,但其济苍生,辅世运则是一致的。就人之本性言,儒之仁义礼智而仁为首,与佛之慈悲喜舍而慈为首也是一致的。

袾宏以一僧人而忠孝之心如此强烈,如此明白,亦明代儒佛会通之鲜明表现。至于他的禅门与净土合一,教门与宗门合一,性宗与相宗合一,净土与华严合一,净土宗中西方净土与唯心净土合一,诸种合一,皆表现了袾宏的弘通眼光与超卓识见。而儒释会通是他的整个融通境界中的一个重要方面,这种融通是明代思想界大趋势的反映。

德清 晚明四大高僧的另一位是憨山德清(1546—1623)。以上

---

① 《忠君之行·总论》,《竹窗随笔》,第559页。
② 《高尚之行·总论》,《竹窗随笔》,第571页。

云栖袾宏主净土法门,德清则主禅宗。德清尝于五台山会晤袾宏,受其禅净兼修之影响。与真可也交谊甚深,曾至北京会晤真可,盘桓四十余日。真可因"妖书"事件入狱,德清多方设法营救。真可殁后,德清为作塔铭,推崇备至。又为真可之著作题名,曰"紫柏老人集",作序为之揄扬。德清因藏经事入狱,真可亦曾倾力营救,曰:"老憨不出,则我出世一大负。"互相倾心推服。德清亦曾为罢矿税尽力。驻曹溪时,海上采珠与矿税为害地方,采使李某为德清俗家弟子,曹溪守令诣德清求助,德清乃乘李某至曹溪向六祖惠能进香之机,劝李某罢采,由此一方遂宁。此事具见德清救世之心。

德清为明代禅宗宗匠,他以禅为本,在佛教内融会诸宗,佛教外融会儒道。他所理解的禅,是祖师禅,是以心传心之禅,故以心为根本,以参究公案为悟道正途,尝说:

> 佛教宗旨,单以一心为宗。原其此心,本来圆满光明广大,了无纤尘,清净无物。此中本无迷悟生死,圣凡不立,生佛同体,无二无别,此正达摩西来,直指此本有真心,以为禅宗。若能顿悟此心,则生死永绝。只在当人一念顿悟,即名如如之佛。不属修证阶差,不属三乘渐次,此禅宗目为向上一路。从前诸祖所传,即指此心以为宗极,是名为禅。此宗不立文字,只贵明心见性。①

此中对禅宗之宗旨、目的,禅宗之性质、特点标揭十分清楚,对心在禅宗中的特殊地位给以特别关注。在修养方法上,特重参话头,尝说:

> 参究便是用工夫,以正参时,心中一念不生,了无一物,故说无我无人,犹如太虚。悟处便是下落,既得了悟此心,则历劫生死情根一起顿断。既悟此心,又说甚佛与众生。故从此已去三界,往来任意,度生永绝诸苦,不被生死拘留,是称菩萨。此便是参禅

---

① 《法语》,《憨山老人梦游集》上册,北京图书馆出版社,2005年,第161页。

到底下落,性命从此了却。①

此是德清的基本思想,以此思想与佛门内外交会,便自广阔无碍,有高度的融摄能力。因为心是本体,万法是现象,本体是一,现象是多。现象皆一根而发,故皆"理一分殊"。能有大识度,大襟怀,就可在分殊上见出其同处。如他主张禅净一致,即以唯心为净土:

> 心净则土净,所谓唯心净土。是则土非心外,净由一心,苟非悟心之士,安可以净其土耶?斯则禅家上上根,未有不归净土者,此也。……以佛体如空,自心空净与佛为一,唯借一念愿力庄严,而净土之境顿现。不借功勋,是为上上。殊非浅智薄信者可到也。②

德清所作之《观老庄影响论》,即此识度在三教关系上的集中体现。德清尝说:

> 余幼师孔不知孔,师老不知老,既壮,师佛不知佛。退而入于深山大泽,习静以观心焉,由是而知三界唯心,万法唯识。既唯心识观,则一切形,心之影也;一切声,心之响也。是则一切圣人,乃影之端者;一切言教,乃响之顺者。由万法唯心所现,故治世语言,资生业等,皆顺正法;以心外无法,故法法皆真。迷者执之而不妙,若悟自心,则法无不妙。心法俱妙,唯圣者能之。③

在此识度之观照下,一切法皆顺正法,一切法皆不碍接受,一切法皆能融通。具此识见之人,无有藩篱,无有画限,真谛俗谛皆是妙谛,内典外典皆是经典。正如佛之法身,应机示现,任运变化。德清说:

> 至若悟妙法者,但云善说法者,治世语言,资生业等,皆顺正法。而《华严》五地圣人,善能通达世间之学。至于阴阳术数,图

---

① 《法语》,《憨山老人梦游集》上册,北京图书馆出版社,2005 年,第 162 页。
②③ 《观老庄影响论》,《憨山老人梦游集》下册,第 330 页。

书印玺,医方辞赋,靡不该练,然后可以涉俗利生。故等觉大士,现十界形,应以何身何法得度,即现何身何法而度脱之。由是观之,佛法岂无世谛,而世谛岂尽非佛法哉?由人不悟大道之妙,而自画于内外之差耳,道岂然乎!窃观古今卫道藩篱者,在此,则曰彼外道耳;在彼,则曰此异端也。是皆不悟自心之妙,而增益其戏论耳。盖古之圣人无他,特悟心之妙者,一切言教,皆从妙悟心中流出,应机而示浅深者也。故曰:无不从此法界流,无不还归此法界。①

在此眼界识度之下,德清倡导僧人应精内外学,应将外典作为读佛典之助益。在此点上,他的眼界较袾宏更为广阔。袾宏对儒典曾用过很大功力,对融通儒释也口倡身行。但对老庄则持排斥态度,反对融通释老,更反对僧务医药、卜筮、诗文尺牍等杂术,尝说:

儒者之学,以六经、《语》《孟》等书为准的,而老庄乃至佛经禁置不学者,业有专攻,其正理也,不足怪也。为僧亦然,乃不读佛经而读儒书。读儒书犹未为不可,又至于读老庄;稍明敏者,又从而注释之,又从而学诗、学文、学字、学尺牍,种种皆法门之衰相也,弗可挽矣!②

又反对僧人中之好文者驾《庄子》于佛经之上,认为佛经是"至辞无文",将佛经与《庄子》相比,是将阳春与百花争颜色。又谓,若将《庄子》与儒家之六经相比,则六经正大光明如日月,《庄子》则佳者如繁星掣电,劣者如野火。故反对僧人读老庄。而德清则不反对读老庄。不仅不反对,还为老庄作注,为之发微阐幽。他对《庄子》情有独钟,对焦竑"老之有庄,犹孔之有孟"一语大为赞赏,对《庄子》,叹为千古难觅之书,尝说:

---

① 《观老庄影响论》,《憨山老人梦游集》下册,第330页。
② 袾宏:《僧务外学》,《竹窗随笔》,第128页。

> 闲尝私谓,中国,去圣人,即上下千古,负超世之见者,去老唯庄一人而已。载道之言,广大自在,除佛经,即诸子百氏,究天人之学者,唯《庄》一书而已。藉令中国无此人,万世之下不知有真人;中国无此书,万世之下不知有妙论。①

可谓推崇备至。观德清推崇庄子之意,除其书理玄文美,为僧俗为文之资借外,最重要的是,鸠摩罗什所译之佛经,大得僧肇之力,而僧肇之《肇论》,又大得《庄子》之力。德清上述谓"世谛语言"可为佛学之助者,主要即指此而言。

故德清论学问之积累,提倡儒释道三家兼采,尝说:

> 学佛而不通百氏,不但不知世法,而亦不知佛法。解《庄》而谓尽佛经,不但不知佛意,而亦不知《庄》意。此其所以难明也。故曰:自大视细者不尽,自细视大者不明。余尝以三事自勖曰:不知《春秋》不能涉世,不知老庄不能忘世,不参禅不能出世。知此,可与言学也。②

德清之学,是此识见之实践,他广读内外典,内典又冶各宗各派为一炉,成其广大无碍之学。而在其中,又据天台判教之圆融行布,将三教判释为人、天、声闻、缘觉、菩萨五等。圆融者一心,行布者动而散为五乘。佛为最高,即圆融一心,三教圣人其等有五:孔子为人乘之圣人,因为儒学奉天以治人。老子是天乘之圣人,因为老子主清净无名,离人而入天。佛门中声闻、缘觉二乘,是超人天之圣,因其高超三界,远离四生,弃人天而不入。佛门中之菩萨乘,是超声闻缘觉二乘之圣,因其能出人天而入人天,往来三界,救度众生,出真而入俗。佛则超越圣凡,天人不隔,无入而不自得。故"据实而观,则一切无非佛法,三教无非圣人,若人若法,统属一心。若事若理,无障无碍,是名为佛。故圆

---

① ② 《观老庄影响论》,《憨山老人梦游集》下册,第332页。

融不碍行布,行布不碍圆融,一际平等。"①在此判释中,德清是以佛学为最后归趣的。而儒道两家,都可做佛法之助。也可以从另一角度,说儒道两家之孔子老子,是佛密遣二人为佛法之先导。儒道两家是俗谛,俗谛是圣谛之权法、方便。孔子修先王之教,作《春秋》以明赏罚,目的在正人心,定上下,立君臣父子之伦,非孔子,则人或不免于夷狄。但孔子之世,当人欲横流之际,人执着于名利,贪欲恣肆,借仁义为盗贼之资,假礼乐为争斗之具者比比皆是。故老子之"绝圣弃智,民利百倍;剖斗折衡,则民不争"之说出。又有"不见可欲,使心不乱"之说,倡无欲清净,澹泊无为之理。而庄子之诋訾孔子,非诋孔子,是诋学孔子而执着于孔子之迹者,目的在去其贪欲。德清以为庄子之学,尤能为佛学解脱物累,离人而入天之助,他赞扬庄子:

> 精研世故,曲尽人情,破我执之牢关,去生人之大界。寓言曼衍,比事类辞,精切著名,微妙玄通,深不可识。此其说人天法,而具无碍之辩者也。非夫现婆罗门身而说法者耶?何其游戏广大之若此也。粃糠尘世,幻化死生,解脱物累,逍遥自在,其超世之量何如哉!②

认为庄子之学不但为儒家之清凉剂,且为佛家破执之前矛。以三教之关系言,儒与道皆世间之学,于出世间之学尚远隔在,但皆有益于佛学:"孔助于戒,以其严于治身;老助于定,以其精于忘我。二圣之学,与佛相须为用,岂徒然哉!据实而论,执孔者涉因缘,执老者堕自然,要皆未离识性,不能究竟一心故也。"③其究以佛为最高。德清自谓生属人道,不越人乘,故幼师孔子;长知离诸苦执,故少师老庄;再长知三界唯心,万法为心之影响,故最终皈命佛教。

《观老庄影响论》一书,据德清自序《年谱》,创意于其43岁时,始

---

① 《观老庄影响论》,《憨山老人梦游集》下册,第334页。
② 《观老庄影响论》,《憨山老人梦游集》下册,第335页。
③ 《观老庄影响论》,《憨山老人梦游集》下册,第341页。

作于此后二年,而刻成则在创意之后 10 年,其 53 岁时。可见书中所述各思想皆为其中年之见,此后一直延续下来。初稿写成后曾欲商订于焦竑而不果,又与真可讨论,真可叹赏再三。此书乃德清会通三教之代表作,表达了德清对儒道两教的真实看法及其对于佛教的作用,也是他诸种会通之总结,在德清著作中有重要地位。其《道德经解发题》,其《大学纲目决疑题辞》,命意与义理皆与此书相类。

智旭 晚明四大高僧最后一位是蕅益智旭(1599—1655)。智旭十二岁学儒,即以传承孔孟为己任,誓灭佛老,作论数十篇辟异端。十七岁读袾宏《自知录序》及《竹窗随笔》,乃不谤佛,将以前所作辟佛文尽付一炬。二十岁,悟儒家之学之心法。二十二岁,专志念佛,尽焚所作之举业窗稿。二十三岁,听《大佛顶经》有疑不能决,遂决意出家,体究大事。二十四岁,从憨山弟子雪岭出家,赐号智旭。从此学无常师,性相二宗、禅、净、台、律等皆广泛钻究。三十一岁,目睹禅宗流弊,决心宏传律法,注重戒律实践。但响应者寥寥,大为失望。次年因拟注《梵网经》,不知宗何教派,乃作四阄凭佛决:一曰宗华严,二曰宗天台,三曰宗唯识,四曰宗自己所立。拈阄几次,皆得天台,于是此后究心台部。但目睹当时天台家与禅宗、华严、唯识各守门户,不能融通的现实,故"愿为台家功臣,不愿为台家子孙"。一生学务多门,形成融合性相、融合禅教律而归入净土的灵峰派。自谓:

> 汉宋注疏盛而圣贤心法晦,如方木入圆窍也。随机羯磨出而律学衰,如水添乳也。《指月录》盛行而禅道坏,如凿混沌窍也。《四教仪》流传而台宗昧,如执死方医变症也。是故举世若儒、若禅、若律、若教,无不目为异物,疾若寇仇。道人笑曰:知我者,唯释迦、地藏乎! 罪我者,亦唯释迦、地藏乎! 孑然长往,不知所终。①

---

① 智旭:《八不道人传》,载《灵峰宗论》,北京图书馆出版社,2005 年,第 799 页。

故又自称"八不道人"。关于八不道人命名之意,智旭说:"八不道人,震旦之遗民也。古者有儒、有禅、有律、有教,道人既蹵然不敢;今亦有儒、有禅、有律、有教,道人又艴然不屑,故名八不也。"①从此自述中可以看出智旭的志趣和勇气。平生勤于著述,所作甚多,有台、净、禅、律、唯识、华严各种经疏数十部,文集编为《灵峰宗论》。又有《阅藏知津》、《法海观澜》等佛教目录、综述书。对儒家典籍的注释有《周易禅解》、《四书蕅益解》等。

智旭的思想,以天台之一念心性为本体。此一念心,无过去、未来、当下之别,觅之了不可得,用之千变万化,一切皆此一念心之显现。净土佛国,也即此一念心。他尝说:

> 千经万论,求之语言文字,则转多转远;求之现前一念,则愈约愈亲。盖一切经论,不过现前一念心之注脚,非心性外别有佛祖道理也。然心性难明,故借千经万论互相发明。今舍现前心性而泛求经论,不啻迷头认影矣。②

此论与德清一致,不过德清所尊之心,为禅宗之心;智旭所尊之心;为天台之心。虽有心宗性宗之异,但皆以即心即物、万法唯心所造为归。智旭即以此识见会通儒释,认为二者在以心为本体上是一致的。二者的用功方法,从根本上说也是一致的,即都是尽心之学:儒者求尽其即心即理之心,佛家求尽其即心是佛之心。二者皆向内功夫。智旭尝说:

> 佛祖、圣贤之学无他,求尽其心而已。尽其心者,不于心外别立一法,不于心内欠缺一法。是故为子臣弟友,只孝忠顺信。充恻隐、羞恶、辞让、是非之心,而仁义不可胜用。造次颠沛必于是,可以久处约,长处乐,皆由了达心性故也。六祖云:法法皆通,法

---

① 智旭:《八不道人传》,《灵峰宗论》,第797页。
② 《法语》,《灵峰宗论》,第130页。

法皆备,而无一法可得,名最上乘。①

二者在求心上相同,故二者皆须用志专一,不为外在荣利所动,皆须英灵汉子方许办道。智旭说:

> 真志佛祖、圣贤者,素位而行,不愿乎外。凡富贵贫贱,种种境缘,皆大炉鞴。一切时中,动心忍性,增益不能,然后富贵不淫,贫贱不移,威武不屈,如松柏亭亭独秀于霜雪间,而天地之心赖此见矣。吾悲儒释真风,今日尽皆扫地。良由学儒者急富贵,学佛者在利名,元无佛祖圣贤襟期。故学问、操履、行门皆适助其虚妄。②

在他看来,当时士风与佛门之风是一致的,学风的不竞是僧俗共同造成的。整顿世风与整顿佛门之风皆当务之急。而智旭之不见容于佛门各宗派,充满孤臣孽子意识,是与他以儒门中孤寂之孔颜自处,及上述他对一世学风之整体看法相应的。

智旭少年时开始读儒书,至二十四岁剃度,对儒学进行过长时间的学习、探究,又学禅学律学净土,学天台教观,在在皆精进不已。终至非一法所能阂,扰金银铜铁为一器。而在此融合中,儒学始终是他诸种学养的基本要素。在他进学的诸阶段,儒学都是他用以融会佛老的基础。道是儒佛老的最高追求,而回真向俗是得道必不可少的环节和要件,他说:

> 大道之在人心,古今唯此一理,非佛祖圣贤所得私也。统乎至异,会乎至同,非儒释老所能局也。克实论之,道非世间,非出世间,而以道入真,则名出世;以道入俗,则名世间。真与俗皆迹也,迹不离道,而执迹以言道,则道隐。……儒与老,皆乘真以御俗,令俗不逆真者也;释乃即俗以明真,真不混俗者也。故儒与老

---

① 《圣学说》,《灵峰宗论》,第250页。
② 《圣学说》,《灵峰宗论》,第251页。

主治世,而密为出世阶;释主出世,而明为世间祐。①

智旭据此对儒家古今重要人物都有议论,这些议论多与修养论有关,认为可资儒释两家学者修学之用。如他多处提到,尧舜相传之危微精一、允执厥中是儒释修养千古相传之不二法门。此法老子闻而知之,孔子向老子问礼,叹为犹龙,则于老子处得此法。颜子得孔子此学,但惜其早亡,故"颜子殁而圣学亡"。此学,汉代盖公得其少分而汉初大治,汉儒则未传此法门。宋代周敦颐《太极图说》之"太极本无极",《通书》之"性者,刚柔善恶,中而已矣",及张载之《定性书》庶几得此孔颜心法。二程中明道似曾子,伊川似子夏。子夏传经有功,但未若曾子得孔颜心法。陆九渊之"先立其大"上接孟子,但不信太极本于无极。朱熹与之辩论而拨正之,但朱陆都未得周敦颐之真意。王阳明之"致良知",能传孔颜真诀,是儒学的真正传人。而释家,在中国则慧远为传心正宗。历代高僧大德,无论主何宗派,皆传此心印。唯对唯识之窥基,华严之法藏,融会儒释之宗密,则有微词,认为或流为名相,或经疏简略,或支离矛盾,于宏传真法皆有不足。对当世之高僧,则盛赞梵琦、真可、慧经、袾宏、德清,认为能传诸佛心印者。并认为,以上僧俗大德,或见知,或闻知,只要能得其道,不必问其师承,不必管其是否正统。而历代为争传法正统所起之争斗,则"非佛祖圣贤之道"。从智旭的儒佛宗传中可见,他所理想的宗师,在儒家则谨守"十六字心传"者,且多心学中人;在佛家则解行双证,经明行修者。而最不喜的就是守门户、谨师法,以正统自居。这里智旭以儒警佛,以佛警儒,儒佛互证,以免陷入固陋与宗派之争的意图是很明显的。

　　需要注意的是,在历数中国净土宗之传承中,智旭非常赞赏袁宏道(中郎)之《西方合论》,认为是慧远之真传。这是他在论到佛法在中国之传中提到并赞赏的唯一一位俗家人士。袁宏道(1568—1610)是

---

① 《儒释宗传窃议》序,《灵峰宗论》,第330页。

明代后期著名文人,与兄宗道(伯修)、弟中道(小修)合称"公安三袁"。三袁皆好佛,宏道造诣最高,成就最大,撰有《西方合论》十卷,与撮抄《宗镜录》之《宗镜摄录》。小修有《宗镜摄录序》,其中记中郎及自己好佛之行:

> 中郎先生以仪曹请告归邑,斗湖上有水百亩,碧柳数千株环之,名为柳浪,奋土为基,筑室其上,凡三楹,中奉大士,兄与弟各占左右一室读诵。癸卯,予北上,中郎块处,乃日课《宗镜》数卷,暇则策蹇至二圣寺宝所禅室晏坐,率以为常。……既读《宗镜录》久,逐句丹铅,稍汰其繁复,撮其精髓,命侍史抄出,因名为《宗镜摄录》。①

《西方合论》亦有小修序,述其兄弟以净土融会诸宗之义。智旭曾为此书评注,对其大为叹赏,在为此书所作之序中智旭明示其以净土统合诸宗,以净土之实修救禅宗之狂慧之意。其中说:

> 达磨西来,事出非常,有大利必有大害。呜呼!先辈幸得大利,今徒有大害而已。谁能以悟道为先锋,以念佛为后劲,稳趋无上觉路者邪?袁中郎少年颖悟,坐断一时禅宿舌头,不知者以为聪慧文人也。后复深入法界,归心乐国,述为《西方合论》十卷,字字从真实悟门流出,故绝无一字蹈袭,又无一字杜撰。……特集吴门所刻《标注》,并为评语,以表彰之。重谋付梓,用广流通。普使法界有情,从此谛信念佛法门至圆至顿,高超一切禅教律,统摄一切禅教律,不复有泣歧之叹也。②

此中表彰的,是合禅教律的净土法门,纠正的,是禅宗之有悟无修。智旭还以三袁为宋代三苏后身,以中郎为苏东坡,故学佛能如此大进。他表彰《西方合论》,正是为了推广他认定的学佛次第:"首律宗,明造

---

① 《袁宏道集校笺》,上海古籍出版社,2008年,第1707页。
② 《西方合论序》,《灵峰宗论》,第393页。

修之始；次诸教,明开解之途；次禅观,明实践之行；继密宗,明感应之微；终净土,明自他同归之地。"①

智旭融会儒释的一个重要方面,就是以佛家思想诠释儒家著作,其中最有名的,即《周易禅解》及《四书蕅益解》二书。《周易禅解》诠解《周易》之经传全部,共九卷。注文系于每卦卦爻辞之后,佛教之理贯穿始终。他自认为,此解亦《易》亦非《易》,非《易》非非《易》。乃依佛门"四悉檀"义。"悉檀"者,成就、普施义,四悉檀即四种说法方式,令听者欢喜易接受,以成就不同层次之修行者。一、世界悉檀,顺凡情所乐,说众生所熟悉之浅近之法；二、为人悉檀,随听者机宜深浅,说各人所应之法；三、对治悉檀,针对各人之弊病而说纠治之法；四、第一义悉檀,在机缘已熟的情况下,说诸法实相,令入真证。他在《周易禅解序》中表达了此意：

> 四句皆不可说,有因缘故,皆可说。因缘者,四悉檀也。人谓我释子也,通儒而能解《易》,则欢喜焉,故谓《易》者吾然之,世界悉檀也。或谓释子何解《易》以同俗儒？知所解之非《易》,则善心生焉,故谓非《易》者吾然之,为人悉檀也。或谓儒释殆无分也,若知《易》与非《易》必有差别,虽异而同,虽同而异,则笼侗之病不得作焉,故谓亦《易》亦非《易》者吾然之,对治悉檀也。或谓儒释必有实法也,若知非《易》,则儒定非儒；知非非《易》,则释定非释,但有名字,而无实性,顿见不思议理焉,故谓非《易》非非《易》者吾然之,第一义悉檀也。……吾所解《易》者无他,以禅入儒,诱儒知禅耳。②

智旭这里以禅解儒的目的很明显：接引俗人入佛,使尽可能多的人了解佛教。不管好佛者,谤佛者,都能引入佛地。入佛地则断恶修善矣。

---

① 《法海观澜自序》,《灵峰宗论》,第407页。
② 智旭：《周易禅解》序,四川出版集团,2004年,第3页。

《四书蕅益解》成于清顺治四年(1647),包括《论语点睛》、《中庸直指》、《大学直指》三书,另有《孟子择乳》,后佚失。"点睛"者,就若干精要字而发挥,非字字解、句句释。"直指"者,直接指出其中所包含的儒家精义。"择乳"者,选择其中最能代表儒家意思者表出之,加以发挥。关于此书之作意,智旭在《四书蕅益解》自序中说:

> 蕅益子,年十二谈理学而不知理,年二十习玄门而不知玄,年二十三参禅而不知禅,年二十七习律而不知律,年三十六演教而不知教。逮大病几绝,归卧九华,腐滓以为馔,糠粃以为粮,忘形骸,断世故,万虑尽灰,一心无寄,然后知儒也、玄也、禅也、律也、教也,无非如杨叶与空拳,随婴孩所欲而诱之。诱得其宜,则哑哑而笑;不得其宜,则呱呱而泣。泣笑自在婴孩,于父母奚加损焉。顾儿笑则父母喜,儿泣则父母忧,天性相关,有欲罢而不能者。①

这仍是儒佛同一,以此书助发圣人心印之意。自三教道同迹异的观点看,圣人之心即佛之心,解儒即所以解佛。儒佛皆权法,皆诱小儿喜笑的工具,最后的真实则一。《四书解》与《周易解》的一个不同是,《周易解》往往儒意与佛意分开讲解,以儒意解者,忠实于原文,虽基本是义理的路数,但亦间有用象数处,且常引著名易学家的观点以佐证自己。而以佛意解者,则前加"佛法释者"或"若约佛法"以示区别。这样儒佛两行的释文极多,也有直接用佛意诠释而不加区别的,但比较少。这说明智旭还有较强的注疏意识在其中,把外典的注解规则与据佛意所作的发挥看做不同的诠解形式。而《四书解》则全据儒意,不过特别简明、直击关键、提纲挈领而已。以佛意直接比附者较少。这说明他所注目者,在儒佛之根本处,不在枝叶上。但在总体之分合上,则仿照佛经法数之例,如《中庸》,将全文分为五部分:初、总示性修因果,比拟佛经之序分;二、详辨是非得失,比拟佛经之开圆解;三、确示修行榜

---

① 智旭:《灵峰宗论》,第685页。

样,比拟佛经之起圆行;四、广陈明道合成,比拟佛经之圆位;五、结示始终奥旨,比拟佛经之流通分。虽仿照佛经之法数为《中庸》分章节,而解释则主要是儒家的,只在全文结尾处总结《中庸》与佛教之贯通处:

> 一部《中庸》,皆是约生灭门,返妄归真。修道之事,虽有解、行、位三,实非判然三法,一一皆以真如理性,而为所悟、所观、所证。真至今文,结归"无声无臭",可谓因果相符,性修不二矣。①

但归结为佛意后,立即提醒儒佛之差别:"但此皆用《法华》开显之旨来会权文,令成实义,不可谓世间儒学本与圆宗无别也。"②一合一分之间,智旭之儒佛本同迹异之见解可见矣。

其释《大学》,分章仍用法数,解释路向与《中庸》同。但智旭所据之原文,则用古本《大学》。此意与阳明同。盖智旭之喜陆王胜过喜程朱,喜阳明又胜过喜象山。观其谓"象山似顿悟,较紫阳之渐修,当胜一筹",③及文中多处赞扬阳明而见。此亦信从本心之学之惺惺相惜,本无足怪。

从以上四大高僧的思想宗趣可知,明代后期三教合一的风气十分强劲。佛教内部教禅合一、性相合一、禅净合一、台贤合一之风亦十分强劲。儒者借用佛道思想来诠解儒学,佛门中人借儒学思想来诠解佛教,已成为这一时期的主流学术形态。儒释道三家的第一流学者都能抛弃僧俗之壁垒和家风门派的隔阂,从终极之道来认识和阐发自己的理论。其理由简单说来,是因为由科举的发达引领的儒学向社会各个角落的渗透,及民间讲学蓬勃发展、书院林立所带起的儒学前所未有的普及,由寺院宫观中的俗讲流行,忠孝节义观念无所不在,及由善书宝卷的流行而带来的儒释道三教合一不分的思潮,在在皆使融合成为

---

① 《中庸直指》,《灵峰宗论》,第782页。
② 《中庸直指》,《灵峰宗论》,第783页。
③ 《性学开蒙答问》,《灵峰宗论》,第193页。

明代中后期的思想主潮。由官僚士大夫主导的精英文化到明代中期以后越来越世俗化,以市民俗文化为主体的文化形态已经逐渐形成,越来越向社会下层渗透,在此俗文化的大背景下,释道的学说也在世俗化,僧俗两界的差别在缩小,各宗派为维护家风与学说所进行的斗争越来越少,儒释道之趋同越来越明显。这种风气强劲到引起儒释二门中一些主张保护儒释各自的纯洁,反对简单攀援、附会的人的反对,如明末名僧元贤(1578—1657)作《呓言》,主张对以儒解禅要严加辨析,不能轻言融会,尝说:

> 龙溪、近溪二老讲阳明之学而多用禅语,非有得于禅,乃以儒解禅也。以儒解禅,禅安得而不儒哉?然自为他家语,无足怪者。至卓吾乃谓二老之学可当别传之旨,凡为僧者,案头不宜少此书,此何异唤钟作甕乎!昔人借禅语以益道学,今人反借儒语以当宗乘。大道不明,群盲相惑,吾不知冥冥之何时旦也!"①

对盲目附会之风深恶痛绝,甚至临终时还作偈明此志向兼以此嘱咐后学:"老汉生来性太偏,不肯随流入市廛。顽性至今犹未化,刚将傲骨救儒禅。"②此中透出的信息是,以禅语为诠解儒学之助与以儒学为诠解佛学之助,是当时僧俗两界的流行手法。虽然持元贤此类主张的僧俗人等不在少数,但融合是这一时代的思想主潮。这一潮流是当时整个文化世俗化的反映。四大高僧的学说及行谊是这一思潮的鲜明表现。

第二节 儒学与道教的融会

明代儒释道三教会通的思想,在道教中的反映也十分强烈。明朝

---

①② 见《中国佛教思想资料选编》第三卷,第二册,第482页。

定鼎之始,就立下对佛道二教又利用又控制的国策,此国策为明代各朝所遵行,对稳定政治、辅助教化起了很大作用。朱元璋作有《释道论》、《三教论》等,对道教辅助儒佛,"暗助王纲"的作用表示肯定。又亲注《道德经》,对三教会通加以表彰。在道教两大派中,又崇正一而抑全真,曾说:"禅与全真,务以修身养性,独为自己而已。教与正一,专以超脱,特为孝子慈亲而设,益人伦,厚风俗,其功大矣哉!"①此格局整个明朝皆如此。元末朱元璋亲统大军取江南时,曾访求正一教主、第四十二代天师张正常。朱元璋即皇帝位后,张正常至京朝贺,朱元璋亲授"护国阐教通诚崇道弘德大真人"之号,使领全国道教事。张正常去世,其子张宇初袭职,朱元璋授"正一嗣教道合无为阐祖光范大真人"之号,掌天下道教,恩宠如其父。永乐朝张氏一门继续得到崇信。张宇初死后其弟张宇清嗣位,成祖亦授大真人号,赐钱修葺龙虎山上清宫。另成祖起兵"靖难"时,道衍(姚广孝)曾言得真武神之助,取得帝位后,成祖在京中建真武庙,亲撰《真武庙碑》颂其功德,又大规模营建武当山,以示报答。永乐四年(1406)命张宇初领修道藏书,是为明道藏编修之始。至英宗,命邵以正领其事,督校订正,正统十年(1445)修成,共5305卷,英宗赐名《正统道藏》,颁行天下。宪宗好方术,封番僧多人为法王、国师。"羽流加号真人、高士者,亦盈都下。"②道士李孜省乃学五雷法,结交当权宦官梁芳等,以符箓进用。《明史》谓当时"文武、僧道滥恩泽者数千,邓常恩、赵玉芝、凌中、顾玒及奸僧继晓辈皆尊显,与孜省相倚为奸。"③孝宗继位,此数人皆谪戍边卫,孜省瘐死。明代诸朝最崇道者为世宗嘉靖帝。他践位后毁佛寺,逐僧人,在宫中建斋醮,招道士邵元节入京,加封真人号,专主祷祠事,特拜礼部尚书。邵元节死后,又崇信陶仲文,太子患痘,世宗有疾,陶仲文祷之而愈,由

---

① 朱元璋:《御制斋醮仪文序》。
② 《明史》,中华书局1974年,第二六册,第7885页。
③ 《明史》,第二六册,第7882页。

是加封高士、真人,又授少保、礼部尚书,可谓位极人臣。世宗又好长生术,《明史》谓:"帝益求长生,日夜祷祠,简文武大臣及词臣入直西苑,供奉青词。四方奸人段朝用、龚可佩、蓝道行、王金、胡大顺、蓝田玉之属,咸以烧炼符咒荧惑天子,然不久皆败,独仲文恩宠日隆,久而不替,士大夫或缘以进。"①又大建道教宫殿,以致府库告匮。又迷信丹药,人夫四出至道教名山采药以进,并信方士之言,在宫中合药,而世宗最终死于丹药。穆宗继位后,在徐阶的辅助下,扭转世宗崇道乱国的局面,严办受宠的道士,削夺邵元节、陶仲文等人的官爵、封号。万历以后,由于两宫皇太后皆崇佛,佛教因之大兴,而道教则一蹶不振。天启、崇祯朝,内忧外患加重,国事阽危,帝王已无暇顾及道教,但在民间道教仍不断发展,对士大夫及普通民众影响巨大。

　　道教是土生土长的宗教,他的成立与发展与儒家思想有密不可分的关系。自佛教传入中国并在中国生根开花之后,道教与佛教既吸收、融合,又排斥、斗争。可以说,汉末以后的中国思想史,就是儒释道三教既融合又斗争的历史。儒家由于历史传承及作为治国理念、国家典章制度、核心价值体系、礼仪规范等方面的原因,稳居中国文化中心地位。由帝王的崇信和士大夫的好尚引起的佛道二教在思想界的互争雄长,是中唐以后的一大事因缘。道教中积淀的儒家因素在宋以后由于文化学术的世俗化和三教融合的加强而不断增多,不断内化。这种趋势在明代尤其强劲。道书中讲忠孝仁义的可说无书无之。道教劝善书,其中最著名者如《太上感应篇》、《玉历钞传》、《文昌帝君阴骘文》等,在民间流传极广。创自道教的《太微仙君功过格》经过整理简化为许多儒者所奉行。其中所赏之功与所罚之过许多是儒家的道德观念。儒释道三教在同一个文化土壤中生长。其间共同的价值观念逐渐养成,三教的差别逐渐缩小。儒者对释道思想的借鉴、吸收与消化、融会学界谈之已多,此处不再赘言,这里要说的是儒家思想对道教

---

① 《明史》,第二六册,第 7897 页。

的影响。

元末明初全真南派著名道士王道渊号混然子,著有《还真集》等书,他的思想,以全真南宗内丹学为基础,融合北派理论。他的内丹学,以性与命互为体用,二者即一而二,即二为一为特点。他有《性命混融说》一篇专门阐发此理,其中说:

> 性者,人身一点元灵之神也;命者,人身一点元阳真气也。命非性不生,性非命不立。……性乃为人一身之主宰,命乃为人一身之根本。……性应物时,命乃为体,性乃为用;命运化时,性乃为体,命乃为用。体用一源,显微无间,方可谓之道。缺一不可行也。①

此中性指精神,命指肉体。二者相须而立。精神为主宰,肉体为根本。应对外物的活动,是精神发生作用,但以身体为基础;肉体的生长运行,是身体的物质变化,但以人的活的精神生命为基础,死则运化停止。故精神活动与肉体运化,是性与命、精神与肉体迭为体用,二者统一于人。王道渊的性命双修理论就建立在他对精神与肉体关系的这种理解上。而他的理解,借用了程颐"体用一源,显微无间"的思想。在对性这一范畴的分析上,王道渊也借用了儒家思想,他说:"人之生也,性无有不善,而于气质不同,禀受自异。故有本然之性,气质之性。本然之性者,知觉运动是也;气质之性者,贪嗔痴爱是也。"②此中本然之性与气质之性两分的思想,借自宋儒。但与朱熹的解释不同。他以本然之性为知觉运动的主张,正是朱熹所反对的。朱熹着力指斥佛教以知觉运动为性。朱熹所谓本然之性,指人所得于天、作为人的本质的本善之性;所谓气质之性,指知觉运动。而贪嗔痴爱,是佛教所谓"三毒",理学将此内容归入气质之性之偏蔽者、过分者,而非直将此作

---

① 《还真集》卷中,载《正统道藏》第四〇册,第 32105 页。
② 《还真集》卷中,《正统道藏》第四〇册,第 32107 页。

为气质之性。可见王道渊的人性之二分,是儒释道三教混合的产物。他排斥天赋于人的本然之善性,是他作为道门中人的性命双修理论所决定的,仍是从身体之禀气清浊言性:人为圣为贤,是得气之清者;为愚为恶,是得气之浊者。性命双修是修炼身体之气使之与本然之性为一。王道渊的《道玄篇》也用君臣父子喻人与道的关系:

> 君无臣不举,臣无君不主。君臣同心,天下莫能取。君视民如子,民视君若母。子母相亲,天下莫能语。我之于道,生之若母,保之若子,子母相守,长生不死。①

这里讲的虽是人通过修炼达到与道为一从而长生不死的道教理论,但用的譬喻却是人皆耳熟能详的儒家学说。又如用礼乐之有序有和喻身安气充,用治国须用仁义礼智信五常喻修炼性命须体道若虚而得用道有余之结果。此皆援儒入道,儒道并举。

明初张宇初是道教正一派首领,他的主要著作《砚泉集》中也充满了儒道互补、以儒释道的内容。张宇初的思想以"道"为根本。他所谓道融合了儒家之《易》之万有流行与道家之道之冲虚寂寥。冲虚之中有流行,而流行不碍冲虚之体。他说:

> 至虚之中,块圠无垠,而万有实之。实居于虚之中,寥漠无际,一气虚之。非虚,则物不能变化周流,若无所容以神其机,而实者有诎信、聚散存焉。非实,则气之氤氲阖辟若无所凭以藏其用,而虚者有升降、消息系焉。夫天地之大,以太虚为体,而万物生生化化于两间而不息者,一阴一阳动静往来而已矣。②

此虚实合一之道,从不同的角度而观有不同的结果。如果用儒家的术语,则曰虚灵、曰太极、曰中、曰一,亦可说是一心。故亦说心为太极。修养的极致,就是凝神化气,虚心净虑,与此本体为一,这就是他说的:

---

① 《正统道藏》第四〇册,第 32136 页。
② 张宇初:《砚泉集》卷一《冲道》,影印文渊阁《四库全书》本。

> 道集则神凝，神凝则气化，气化则与太虚同体，天地同流。而二气五行，周流六虚，往来不息者儵扰交驰，同其用矣。苟虚心净虑，守之以一，则中虚而不盈外，彻而不漏，若渊之深，若鉴之莹，则吾固有之性与天德同符，岂不为万物之宗哉。①

这里是以儒家之《周易》与道家之《老子》相融而释的。

以上是对宇宙本体的观照。而宇宙本体表现于人世，则为儒家之道。儒家之道之最上乘，与真正的道教所主张的，并无二致。张宇初尝说：

> 圣贤远矣，而其道具在者，六经焉。六经之精微幽妙，悉具夫吾心，昭晰明著，何莫由夫是哉。自尧舜相传，惟曰执中、持敬、宅心而已耳。孔子之谓仁，子思之谓诚，《大学》之谓敬，孟子之谓心，《中庸》之谓中，其归一也。能造乎天人一致之工，则致中和，存诚明，穷事物之理，尽人物之性，然后位天地，育万物，裁成天地之道，辅相天地之宜。是以智周乎万物，而道济乎天下也。此君子之道，本诸身，征诸庶民，考诸三王，建诸天地，质诸鬼神，百世以俟圣人而不惑。大而为天地立极、生民立命，维持纲常，扶持世教。孜孜焉，矻矻焉，守之为大经，行之为大法，明则有礼乐，幽则有鬼神。故不可一日而废焉，须臾而离也。②

这篇文字不仅思想与儒家相通，其用语，也完全化用儒家经典而来。在张宇初看来，道是体，礼乐刑政是用，体用不二，儒家是大道不可或缺的部分。道家的精髓是清虚自守，而出于大道，非妄为造作的治世之具本与道家为一。礼乐刑政就是清虚自守。六经所彰明的儒家之道，最根本的就是执中、持敬、宅心，这和道家的见素抱朴是一致的。故道家的理论本就是治国安民之道，它为儒家的治世勾画了一副本来

---

① 《冲道》，《砚泉集》卷一。
② 《慎本》，《砚泉集》卷一。

如是、应该如是的图画。道家不是出世的,它是儒家的补充。也正是因为这个原因,张宇初认为道教的精髓在追求虚无清净的本体。后世视为道教之本务者,如祷祓、祠祝、黄白、长生等事,皆方士之术混入道教,目的在奔竞逐利。张宇初告诫学道者,要根据道教之经书穷本探原,不要为后世之邪说淫辞所蛊惑。这是他清整道教的理论依据。他撰写的《道门十规》,就是他这些思想的具体化。张宇初作为一个以斋醮科仪为主的正一派的首领,作为一个主持全国道教事务的重要人物,他的这些思想是相当独特的。这可以看做他受儒家思想影响,欲统会儒道,以道家道教辅佐儒家之治的一种表现。

此外,张宇初对太极、河图洛书、性命、鬼神、荀子、董仲舒、邵雍等都有论说,这些论说有一个明显的特点,即儒道互释。而对儒家典籍则极其熟谙,引用皆随手拈来。他对"太极"的解说,充分表现了这一点:

> 太极者道之全体也,浑然无所偏倚,廓然无得形似也,其性命之本欤!性禀于命,理具于性,心统之之谓道,道之体曰极。周子曰中焉止矣,程子曰太极者道也,邵子曰心为太极,朱子曰太极者理也,陆子曰中者天下之大本,即极也。理一而已,合而言之,道也。①

太极者,道之全体,它是万有的总集,也是性命的根源。具体事物的形体是命,其性质等是性,其原理、法则是理。性从命中禀受,理从性中得来。心则统性命而包涵之、笼括之。周、程、张、邵、朱、陆,皆强调了道的一个方面,皆有道之一体。从这里看,他对宋代理学大家是敬服的,对理学诸思想是平等接受的,对周敦颐的《太极图说》《通书》,尤其喜爱。张宇初作为道教掌门,他的这些思想,对此后的道教发展面貌产生了很大影响。

---

① 《太极释》,《砚泉集》卷一。

元明时代吸收儒家学说与道教融合而在道俗两界发生了较大影响的还有净明道。净明道又称净明忠孝道,奉许旌阳为始祖,实际开创人是元朝初年的刘玉(字颐真,号玉真子,故又称刘玉真)。关于净明忠孝的含义,刘玉解释说:

> 何谓净?不染物;何谓明?不触物。不染不触,忠孝自得。又曰:忠者,忠于君也。心君为万神之主宰,一念欺心即不忠也。人子事其亲,自谓能竭其力者,未也。须是一念之孝能致父母心中印可,则天心亦印可也。如此,方可谓之孝道格天。①

又有与人关于净明忠孝道宗旨的问答:

> 或问:古今之法门多矣,何以此教独名净明忠孝?先生(刘玉)曰:别无他说,净明只是正心诚意,忠孝只是扶植纲常。但世儒习闻此语烂熟了,多是忽略过去;此间却务真践实履。②

净明是正心诚意,忠孝是伦理纲常,用净明之心去实践忠孝等伦理纲常,以此作为被天尊救济的条件,此谓净明忠孝道。可见净明道是宗教的,更是世俗的,它是一种特别重视儒家道德实践的宗教。它的这种特点可以看做明代道教的普遍性质,具有标本性。

净明道后经黄元吉、徐异传给元明之际的赵宜真。赵宜真(?—1382)对明代净明道有振起之力,其《原阳子法语》中所显示的思想是,通过修炼将俗情归于性,而性之本体则与天道之元一致,然后将性、元等一并忘却,连此忘也忘却,达于虚空之地,最后将虚空也绝去,归于超越对待之绝对。这就是他在一首歌诀中所说的:"摄情还性归一元,元一并忘忘亦去。囊括三界入虚空,粉碎虚空绝伦伍。"③此说有随说随扫,不落一地的特点,明显是吸收了禅宗的思想。而他日常用

---

① 刘玉:《玉真先生语录》,《净明忠孝全书》卷三。载《道藏》第二四册,上海书店出版社,1996年,第635页。
② 《玉真先生语录》,《净明忠孝全书》卷三,第635页。
③ 《还丹金液歌》,《原阳子法语》卷上,载《道藏》第二四册,第83页。

功方法,则实行后来理学与道门中人同用之"功过格":"每日但有举意发言,接人应事,皆书于帙中。其不可书者即不可为;既为之,不问得失,必当书之。合于理则为合天心,背于理则为欺天心。"①

赵宜真有弟子刘渊然(1351—1432),《明史》谓:"渊然有道术,为人清静自守,故为累朝所礼。"②他集全真、净明诸道法为一身,每与同辈处,语及修行,辄举忠孝为之主。刘渊然的弟子邵以正英宗时为道录司官员,领京师道教事。曾受命编纂《道藏》,又主持修葺北京白云观。此后净明道未有有力者。王阳明门弟子中与净明忠孝道有关者有王龙溪、罗近溪等人。王龙溪嘉靖中讲学新安之斗山书院时,有弟子胡东洲(即胡清虚)来从学,从此缔交。胡清虚自言得遇异人,此人有辟谷术,讲内炼延命之法,接受净明忠孝宗旨,以辅助政治,济拔百姓为己任。③ 此人传净明道于胡清虚。胡清虚死后,王龙溪有文祭之,其中曰:"东洲之学得于师传,以净明忠孝为入门,其大要皆发明性命归源之奥,觉幻知元,住于真常,非有邪伪之术。但世人未之尽知耳。"④可知龙溪与此人相知甚深。胡清虚之师事龙溪,或许是因为其净明道以忠孝为核心与王龙溪之儒家思想相合,或王龙溪用道教内丹理论讲良知心体与己之净明道之性命双修相合。王龙溪有言:"夫人之所以为人,神与气而已矣。神为气之主宰,气为神之流行,一也。神为性,气为命。良知者,神气之奥,性命之灵枢也。良知致,则神气交而性命全,其机不外乎一念之微。"⑤此与道教性命双修之说甚为契合。关于胡清虚与王龙溪之关系,耿定向之记述与上述王龙溪所记不同,谓王龙溪曾纳贽受教为胡清虚弟子,且谓罗近溪携二子与胡清虚游广

---

① 《日记题辞》,《原阳子法语》卷下,载《道藏》第二四册,第87页。
② 《明史》第二五册,第7656页。
③ 见王畿:《祭胡东洲文》,载《王畿集》,凤凰出版社,2007年,第582页。
④ 《王畿集》,凤凰出版社,2007年,第583页。
⑤ 《同泰伯交说》,《王畿集》,第508页。

东曹溪,近溪二子死于肇庆,胡清虚亦死。①

王门中另一与胡清虚有关系的是罗近溪,杨时乔之《上士习疏》中说:"罗汝芳师事颜钧谈理学,师事胡清虚(宗正)谈烧炼、采取、飞升,师僧玄觉,谈因果、单传直指。……每见士大夫,辄言三十三天;凭指箕仙,称吕纯阳自终南寄书。其子从丹师,死于广,乃言日在左右。其诞妄如此。"②而黄宗羲则认为这些记载属"宾客杂沓,流传错误,毁誉失真,不足以掩先生之好学也。"③但据王塘南,罗汝芳"早岁于释典玄宗无不探讨,缁流羽客,延纳弗拒,人所共知",④则罗近溪学于胡清虚,似可有之事。而日本学者秋月观暎的研究更指出,罗近溪置水与镜于几上,相对默坐,使心与水镜一般之用功方法,与净明道对入道者的十诫中之第一条规定十分相像,此条说:"凡欲得净明道者,……如正净明之体,须于坐卧处置一鉴盂水,则可知吾立法之意。"⑤秋月氏的看法相当有说服力。

又东林学者高攀龙曾与一道门中人论道家学说时提到净明道,他说:"东林朋友俱不知玄。虽然,仙家唯有许旌阳最正。其传只净明忠孝四字。谈玄者必尽得此四字,方是真玄。"⑥此中谈玄者指道士。高攀龙认为,道士谈道不离忠孝,才是真道。所以他赞成净明道。另高攀龙曾为当时影响最大的道教劝善书《太上感应篇》作序,⑦这说明高攀龙曾对道教有所涉猎,对儒道会通持赞扬态度。

此外晚明著名文士屠隆(1542—1605)也认为道教中净明道为最高,他在述其三教会通的主张时说:

> 学儒而诋佛者乃是俗儒,学仙佛而诋儒者乃是赝仙佛。孔子

---

① 见《明儒学案·泰州学案四》,中华书局,1985年,第820页。
②③ 见《明儒学案·泰州学案三》,第763页。
④ 《明儒学案·泰州学案三》,第762页。
⑤ 〔日〕秋月观暎著:《中国近世道教的形成:净明道的基础研究》,中国社会科学出版社,2005年,第174页。
⑥ 《会语》,《高子遗书》卷五,影印文渊阁《四库全书》本。
⑦ 见《重刻感应篇序》,《高子遗书》卷九。

以老子为犹龙,未尝有诋仙之事;以西方之人为圣人,未尝有诋佛之事。佛之所教乃诸恶莫作,众善奉行,佛未尝诋儒;仙之所教在于净明忠孝,亦未尝诋儒。如此看来,三教不当相互排斥,而可互为鼎立。①

屠隆认为若从最高层面着眼,三教可以一之。佛教之诸善奉行,道教之净明忠孝,儒教之修德崇善,其宗旨是一致的。从以上几位当时极为著名的儒士文人的言谈与著作看,当时净明忠孝道在道俗两界影响很大。它与儒佛两家的融合也最为容易,最为和洽。

万历年间著名道书《性命圭旨》中也有不少三教合一的论说。《性命圭旨》不署撰著人,相传为尹真人弟子所作。此书本为修炼内丹而作,主张性命双修,故对性与命这二大范畴有透辟解说。它认为三教之精髓在性命理论,其仪文、设施之不同是三教之肤表。三教在创立性命之说以之化导百姓助成善类这最高宗旨方面是一致的。它说:

> 三教圣人以性命学开方便门,教人熏修,以脱生死。儒家之教,教人顺性命以还造化,其道公。禅宗之教,教人幻性命以超大觉,其义高。老氏之教,教人修性命而得长生,其旨切。教虽三分,其道一也。②

意思是,儒家主旨在穷理尽性以至于命,而性理皆天地之道之表现。性理在天地,亦在人心。顺承此性理,则与天道为一。在儒家,性、理、命等皆实而非虚。禅宗认为万有皆虚幻不实,皆假设施。不识禅宗此旨,则不能去除粘滞,必然留恋尘世,执着名相。参禅则能使人超脱执缚,明彻空理。道教主张通过炼丹服食,达到延年益寿的目的。而内外丹功,其理与造化之理相通,炼养即悟道,长生即明理。故性命双

---

① 屠隆:《鸿苞》卷二七,《三教至处》;载《四库全书存目丛书》,齐鲁书社,1995年,第八九册,第495页。
② 《性命圭旨·大道说》,《藏外道书》,第九册,巴蜀书社,1994年,第510页。

修,于人之身心最为切近。三教之理论,其最后宗旨皆使人提升自己,达到理想境界,故教虽有三,其道为一。

《性命圭旨》在三教关系上还有一个洞见,即认为三教皆以心性为本体,故而皆重视心性之修养,以为归宿之地。它说:

> 儒曰存心养性,道曰修心炼性,释曰明心见性,心性者,本体也。儒之执中者,执此本体之中也;道之守中也,守此本体之中也;释之空中者,本体之中洞然而空也。道之得一者,得此本体之一也,释之归一也,归此本体之一也;儒之一贯也,以此本体之一而贯之也。①

此本体,既是心性本体,也是世界本体。心性本体就是世界本体的表现。儒释道三教的理论,就是对这一本体的描述;儒释道三教的精神修养,即追求与此本体为一。同时儒释道三教都有本体世界和现实世界的区分,都有对现实的超越和对本体的复归。当然《性命圭旨》对性命的探究是为道教的修行实践服务的,比如它对性的定义是"元始真如,一灵炯炯",对命的定义是"先天至精,一炁氤氲",即最高的精神本原和最高的物质本原。须性命双修,才能与此本体为一,二者在个体实践者身上也才能和谐统一。而它从本体的角度探讨儒释道三者的统一,其中暗含的意思是,儒释道三教的修养是相通的,释道的修养功夫可以作为儒家的借鉴和辅助,出世在某种意义上说也是入世。而儒家的修齐治平如果略去其外在的差异,也是某种意义的出世。三教都是为了完成自己的人格理想,都可以即世而出世,内在而超越。这一点《性命圭旨》没有明说,但它的三教一致论及对性命本体的定义和描述,实可做如此推论。此书的洞彻与高明或在此处。

明代后期著名道士陆西星(1520—1601),早年学儒,博通经史,但科场不利,遂弃儒学道,晚年亦参佛乘,著有《楞严经说约》。他是内丹

---

① 《性命圭旨·大道说》,《藏外道书》第九册,第510页。

学的一代宗师,炼丹理论以《周易》为本,融合老庄与佛教,又加入了理学的修养方法。比如他在《玄肤论》后序中叙述他的丹法总理论说:

> 孔子曰:"一阴一阳之谓道,仁者见之谓之仁,智者见之谓之智,百姓日用而不知。"……且夫造化二五,陶铸百物,象形虽殊,体本无二。莫不定阴阳之位,构真一之精,顺施化之理,立性命之基。故曰:"天地氤氲,万物化醇;男女构精,万物化生。"如斯而论,可谓本末兼赅,上下俱尽者矣。故天不变则道不变,道不变则体是道者亦可使之不变。而长生久视之道,端在于此。①

此中引《易传》"一阴一阳之谓道"等语,是要说明,一阴一阳之道是丹法的基础。他认为,道是宇宙法则,天地遵循此法则,炼丹也遵循此法则。炼丹过程实际是宇宙过程在丹道中的重演。而对此法则的解释是言人人殊的,立场不同,观法不同,结果自然不同。但此法则又非人人可知可解。在他看来,宇宙之本体是一气而分阴阳,阴阳之气又分为五行,生化不息,陶铸万物,成就百殊。这就是他所谓造化二五、真一之精,不变之天道。本体之运行,即万物化醇、化生。性命之理即蕴于此本体中。世间之一切,包括人之各种修养功夫,就是对此本体的顺化。故陆西星反对外丹黄白之术,认为是"逞其顽技以文神奸,巧蕴机心以干时利",皆对顺化天道的歪曲。他将周敦颐的《太极图说》及老子"致虚极,守静笃"的说法引入丹理,作为解释、领会丹道的辅助,说:

> 人之所以生也,无极之真,二五之精,妙合而凝。所谓性即无极也,所谓命即二五之精也,二者妙合而人始生焉。方其未生之前,则所谓无极者混沌鸿濛,何相何名,何音何绪,何臭何声。及乎二五既凝,得一以灵,何思何为,何虑何营,是性之本体也。夫

---

① 陆西星:《玄肤论》,载《藏外道书》第五册,巴蜀书社,1994年,第367页。

自情识开而本体凿矣。①

这是用《太极图说》来解释性命。人皆无极与二五妙合而成。无极之真为性,二五之精为命。性即本体之超绝名相,命即本体之原初物质。情识开而混沌凿,人自此脱离其本体之正。人之修养就是回复此本体状态,至此地位气质亦不能用事而返归其原初状态。故陆西星说:"修道之要,莫先于炼性,性定而气质者不足以累之,则本体见矣。"②修养之功首在于澄神。关于澄神之法,陆西星也用周敦颐之"无欲故静"去发挥,说:"洗心即澄神之谓也。周子曰:'无欲故静',所谓无欲,即遣欲使之尽也。"③澄神则清净圆明之气入于气穴之中,相守不离,此时即老子所谓"专气致柔"、"抱一不离"状态。到此状态,以神御气,神凝气定而丹成。从这里可以看出,陆西星的内丹理论是他的宇宙大道思想在修养功夫上的表现。他的解说,则利用了《周易》和理学的思想成果,呈现出儒道合一的特点。

　　三教合一思潮最显著的表现是明代后期的三一教。三一教为福建莆田人林兆恩所创。林兆恩(1517—1598)字懋勋,号龙江,教徒尊称为三教先生、三一教主。早年习儒,科举屡试不中,乃寻师访道,创三一教。三一教最初并非宗教组织,而是带有文人结社的性质。黄宗羲说:"兆恩以艮背法为人却病,行之多验;又别有奇术,能济人于危急之时,故从之者越众。自士人及于僧道,著籍为弟子者,不下数千人,皆分地倡教。"④嘉靖末期,林兆恩的影响越来越大,朝廷慢慢默许了对他的崇拜,各地陆续建了一些三一教祠堂。林兆恩死后,三一教逐渐发展为宗教,有教规教仪,有传承统绪和教职人员。其教典最重要的是林兆恩的《三教正宗统论》(又名《林子全集》)。三一教开始只在莆田、仙游一带民间秘密流传,后来发展到安徽、浙江、江苏、江西、两湖、

---

①② 《玄肤论·性命论》,载《藏外道书》第五册,第363页。
③ 《玄肤论·澄神论》,载《藏外道书》第五册,第364页。
④ 黄宗羲:《林三教传》,载《黄宗羲全集》第十册,浙江古籍出版社,1994年,第545页。

北京等地。清代康熙、乾隆间曾两次遭到禁毁,在近代发展到台港澳及海外,东南亚一带尤有影响。

三一教的宗旨如其名称,即合三教为一。它不像佛教道教等是以本教教义为主吸收、融合其他宗教的理论,它是对儒释道三教直接和会,它最大的特点是平等地对待三教,非以其中一个为主而融合其他二者。三一教的宗旨首先在消除三教的纷争,林兆恩说:

> 沙界之华,龙天之夏,而为儒者曰:我儒也,为道者曰:我道也,为释者曰:我释也。教既分为三矣。而余之意,则欲会而归之,以复合于孔老释迦之道之本一也。①

在林兆恩看来,三教本来是一,此一即大道,三教共同构成此大道。所以三一教所供奉的圣人,是老子、孔子、释迦,对此三圣平等敬奉。林兆恩所依据的理论是道一教三。道一教三宋明以来三教中人多有依持者,但对三教平等对待不以其中之一为主的,却仅林兆恩的三一教一家。因为它一无历史传承,二无系统的教义教理,三非严格意义上的宗教组织,还不具备统合、掩蔽其他大的宗教体系的能力。它只能平等地照搬在中国有深厚根基的儒释道三教合而为一,作为自己的精神依托。林兆恩并不忽视三教各自的特点,他强调的是三教三而一,一而三的品格:

> 夫教较然而三也,若不知孔、老、释迦之道之所以三,则无以识其一,而为道之至。道浑然而一也,若不知孔、老、释迦之道之所以一,则无以统其三,而为教之大。既识其一,复统其三;较然非三,浑然非一,大矣哉!至矣哉!此儒道释之所同,而孔、老、释迦之能事毕矣。②

道一而教三,三教在这统一的大道中所担当的功能、所扮演的角色,则

---

① 林兆恩:《三教合一大旨》,见《三教正宗统论》第一册,明万历刻本,第1页。
② 《三教合一大旨》,《三教正宗统论》第一册,第1页。

各有所司,林兆恩说:

> 或问教之所以三,林子曰:譬之代君理政,各有司存,此其教之所以三也。故孔子之教,唯在于人伦日用,所谓世间法是也。黄帝、老子之教,唯在于立极开天,所谓出世间法者也。而况释迦之出世,则又在于虚空本体,无为无作。夫道一而已矣,而教则有三。故孔子之教,圣教也;老子之教,玄教也;释迦之教,禅教也。①

这是说,此道是本体,它有世法,有出世法,还有代表此道之本体性质之无形无象、无为无作、不落一地、空虚寂寥等品相之符号物,此即儒、道、释分别担当之功能。在林兆恩看来,这些功能缺一不可,共同成就此道、此本体之大,他说:

> 我之本体,其太虚而太空者乎!唯其太虚而太空,故能运虚空。我之本体,其先天而先地者乎!唯其先天而先地,故能生天地。我之本体,其夏而大者乎!唯其夏而大也,故能儒而圣也,道而玄也,释而禅也。②

能运虚空者,禅也;能生天地者,道也;能大而圣者,儒也。三教共同成就此本体。而之所以能有此识度,能将三教舒卷分合者,则人之心是也。故林兆恩又说:"三家者,以心为宗。而黄帝、释迦、老子、孔子非外也,特在我之心尔。心一而已矣,心一道一,而教则有三。"③

林兆恩虽倡三教合一,道一教三,在本体上三教平等,各有所司,但他实际上倾心于儒家,以儒家为归趋。这一点他反复强调,以免信徒为表面上的三教平等所迷惑,他说:

> 余所谓三教合一者,欲以群道释者流而儒之,以广儒门之教而大之也。然三教合一之旨有二:若谓三教之本始不待合而一

---

① 《道一教三》,载《三教正宗统论》第一册,第18页。
② 《本体》,载《三教正宗统论》第一册,第36—37页。
③ 《三教以心为宗》,载《三教正宗统论》第一册,第34—35页。

者,非吾所谓之三教合一之大旨也。余所谓三教合一之大旨者,盖欲合道释者流而正之以三纲,以明其常道而一之也;合道释者流而正之以四民,以定其常业而一之也。如此,则天下之人无有异道也,无有异民也,而天下人亦无曰我儒也,亦无曰我道也,亦无曰我释也。此其唐虞三代之圣,而无有乎儒道释之异名者。故谓之一,一之而归于正也。①

此中说得再明白不过,林兆恩的理想是三代之时的无儒无释无道的状况,此时治世有法,四民有业,无宗教之纷争,无众家之淆乱,此时是儒家圣人之世。此时不知有儒,不知有道,不知有释,非今非古,无是无非。所以三教合一在林兆恩这里有二个层面:权法是三教合一,归趣是无三教分别的至德之世。故统合三教是不得已,儒家之三代治世是其理想。这是林兆恩的儒家本色处,此本色在三一教成为宗教后被其后继者改变,其归宗儒学的思想倾向逐渐淡化。

林兆恩的三一教不仅归宗儒家,他的修养方法"艮背"也出自儒家。艮背本《周易》艮卦卦辞"艮其背,不获其身;行其庭,不见其人,无咎"。艮者,止也。艮背就是将意念集中于背部,停止其他心理活动。林兆恩解释此法说:

> 初学之士,先须念"三教先生"四个字。孔、老、释迦,三教先生也。……念三教先生者,初从口念而至于背之腔子里,久则念念只在于背,念念只在于背。则心常在于背矣。②

此法实际上也是儒道释合一的,是儒家之止字义与道释之禅定、数息等意念集中方法的混合。

以上是对儒家影响道教处及儒道统会、合一这个方面所做的一点概述,其实当时道教、佛教中的儒家因素,其可见的或隐藏的,表层的

---

① 《道业正一篇》,载《三教正宗统论》第一册,第6页。
② 《心圣直指》,载《三教正宗统论》第七册,第3页。

或深层的,理论的或实践的,宗教的或世俗的,是大量存在的。儒释道在长期的共同文化环境中生长,人们对三教之间的相互影响、相互吸收融会司空见惯,甚至也说不清在这样的共同文化中哪些是儒家的,哪些是道释的。可以说的是,三教共同推进了文化的世俗化,共同消减了宗教与世俗的壁垒,宗教愈益向民俗的方向发展,愈益与民俗结合,由此造成了市民阶层的增长,造成了占统治地位的儒家的贬落,士大夫与民众的疏离逐渐丧失。这些都是中国文化史的重要现象,其意义在此后的历史中不断表现出来。

第三节　天主教初传时期与儒家的冲突与会通

十六世纪之后东亚文化史上的一件大事,就是西方天主教的传入。传教士和中国人之间关于天主的辩论在争取信徒皈依上取得的成效不大,真正引起中国士大夫的兴趣并在思想上发生震荡的是传教士和中国人合译的关于天文、算学、地理、测量、记忆法等方面的书籍。徐光启、李之藻等杰出的学人对这些学科和书籍的推挽,在中国的士大夫中发生了相当的影响。利玛窦(Matteo Ricci, 1552—1610)虽然不是入华传教最早的,但他无疑有来华传教士之父的资格。以他为代表的适应本土文化的传教策略是这些早期西方文化的使者能在中国立足并寻求进一步发展的关键。传教士与中国人关于天主的讨论和辩争,最大的好处是使中国人由此曲折地看到西方哲学、宗教及反映于其上的思想方法,从而在与异质文化的比较中更深刻地认识自己,为融合会通打下基础。

利玛窦对天主的解释,概括起来有如下几点。其一,万物各有其性质、规律,各依其本性之必然性运动。而由万物构成的世界总体则和谐无悖,由此推知有一世界的主宰主持斡旋于其中。其二,各种生

物,包括人,都有一些与生俱来的能力,这些能力不学而知,不虑而能,由此推想,必有一最高的存在默教之。他说:

> 夫天主之性,最为全盛,而且穆穆焉非人心可测,非万物可比伦也。……天主性虽未尝截然有万物之情,而以其精德包万般之理,含众物之性,其能无所不备也,虽则无形无声,何难化万象哉!①

中国人对此的疑问是,姑且承认有一最高的主宰,但此主宰只可使已有之物和谐共处,却不能使物从无中产生。因为中国古代讲天地产生之书,最著名者为《老子》,但《老子》的"天下万物生于有,有生于无",此"无"实为道的代名词。道从根源上说也是有,不过是一种经验无法把握的有,故"强字之曰道"。中国后期社会占统治地位的学说是理学,而理学在天地生成上的典型观点是,"太虚即气",气只可以隐显言,不可以有无言。中国人的宇宙生成论以有为出发点。而天地的和谐是自《左传》、《国语》以至《中庸》、《易传》,下逮宋明理学的典型学说,并且认为这种和谐是本来如此,不承认有自然之外的力量使它如此。如果说天地万物之和谐是有一物主宰其间使之然的说法尚可勉强为国人接受的话,那么天地万物是被一个至高无上的主宰者由无中创造出来的说法,则绝难被中国人接受。并且万物为天主所生,天主又为何物所生,这也是中国人自然有的疑问,因为只要是能说得出来的,就是一个具体,而具体必有能生之者。利玛窦的回答是,天主非具体物,"天主"这一称号,已经表明了它是万物之主宰,万物之源头,是能生而非被生者:"天主之称,谓物之原,如谓有所由生,则非天主也。天主则无始无终,而为万物始焉,为万物根柢焉。无天主则无物矣。物由天主生,天主无所由生也。"②

---

① 《天主实义》,朱维铮主编《利玛窦中文著译集》,复旦大学出版社,2001年,第20页。
② 《天主实义》,《利玛窦中文著译集》,第12页。

利玛窦为了征信于对经书的权威性无可置疑的中国士大夫,他在天主的论证上一个策略就是,在中国的经典特别是《六经》中找根据。为了使中国人相信上帝观念不仅是西方人具有的,也是中国人所具有的,传教士尽力把天主和中国上古典籍《诗经》、《尚书》中的天和帝的观念等同起来。利玛窦说:

> 吾国天主,即华言上帝,与道家所塑玄帝玉皇之像不同。吾天主,乃古经书所称上帝也。
>
> 历观古书,而知上帝与天主,特异以名也。①

这一点,决定了利玛窦的传教策略不仅是要摒斥佛道两家,与儒家结为联盟,所谓"却佛补儒",而且在儒家中是返回多讲天、讲帝、讲鬼神的上古时代,贬抑有浓厚无神论品格的宋明理学。这一点更多地是从宗教信仰上考量而非从论证的说服力上考量,因为从上古时期比从宋明时期更容易找到重视信仰的异国知音。哲学上对宋明理学的贬抑则集中表现在对"太极"这一概念的批评上。

对太极概念,利玛窦首先是从其性质上加以否定的。利玛窦接受了西方哲学史上关于第一性的质和第二性的质的理论,认为万物的性质有二类:自立者和依赖者。

> 物之不待别体以为物,而自能成立,如天地、鬼神、人、鸟兽、草木、金石、四行等是也。斯属自立之品者。物之不能立,而托他体以为其物,如五常、五色、五音、五味、七情等是也。斯属依赖之品者。②

此中自立者相当于第一性的质,指物之本体;依赖者相当于第二性的质,指依靠第一性的质,本身不能独立存在,且能在人的感官上产生声、色等的能力,以及其他附属的、后起的性质。利玛窦认为,"太极"

---

① 并见《天主实义》,《利玛窦中文著译集》,第21页。
② 《天主实义》,《利玛窦中文著译集》,第18页。

照宋儒的解说,是理,理非存在者本身,而是存在者之属性,故为依赖者。自立者为先,为贵;依赖者为后,为贱。自立者唯一而依赖者多端。利玛窦并且说,以中国宋儒的格物穷理说而论,所格之物为自立者,所穷之理为依赖者,如无本体,理依于何处？宋儒说无一物时先有一物之理,乃不情之论。至谓有一洁净空阔的理世界,更是不通之说。利玛窦此说直指中国士人素所尊信的程朱之说,目的不仅在确立除了上帝这一至高无上的存在之外,并不存在其他形而上之物这一宗教上的真理,而且还在于破除中国人对程朱、乃至孔子的尊敬,为信仰唯一的真神天主扫清障碍,同时为批评佛教道教奠立理论基础。

  中国人在这一点上的抵抗是顽强的,因为自先秦至宋明以来儒学的发展所昭示的是,理是事物的所以然与所当然,它不仅是自然事物的原理、法则,更是宇宙间的伦理原则。从后者说,"不诚无物",没有伦理意味的理是没有灵魂的。不仅具体事物上的理对以提高人格修养为首务的士大夫来说是其觉解与襟怀的投射物,总天地万物之理为一的太极更是宇宙根本之理。中国人相信有一个伦理总法则,这个总法则与具体事物的理是"理一分殊"的关系。中国人恰是用这个太极代替了天主,这使得他们不相信有一个能产生万物、安养万物的至上神。由于道、理的观念深入人心,使得中国人成为天生的无神论者。至高无上的人格神这样的天主观念很难在他们心里扎根。他们对理的探求,最重要的目的是实用,其次为人格修养,很少从格物穷理上看出造物的奇妙从而相信有一个超世间的造物者天主存在。《易传》所谓"大哉乾元,万物资始,乃统天。云行雨施,品物流形。大明终始,六位时成。时乘六龙以御天。乾道变化,各正性命,保合太和,乃利贞",[①]是先秦以后中国士人关于天的最强烈的观念。天是自然,天地间的一切都是自然形成的,天地间万物的和谐是万物自己据其本性的必然性运动而自然产生的结果,不是一个有人格的、超世间的造物者

---

① 《易·乾·彖辞》。

使它这样。

　　此外,中国人现象地认识事物的特点使他们不特别区分可见的东西和它背后的承载者。这一点也决定了他们在格物上不必以物之实体为最根本,以此实体的属性——理为次要之表现,而毋宁倾向于把物象及其条理看做唯一可以探寻的存在。在现象学观照下的事物中,最直接地作用于感官、在人的认知活动中起决定作用的是理:理的条理、纹理等属于物象的东西。赤裸裸的"物",靠抽象活动而判其为象的承载者的东西,反而是最不重要的。所以中土有"理生阴阳五行,然后化生天地万物"①的说法。而在传教士看来,作为属性的东西是不能生物的,"有物则有物之理,无此物之实,即无此理之实。若以虚理为物之原,是无异乎佛老之说。"②由此看来,传教士所奉行的是西方的唯物论学说,他们更倾向于从现象中发现现象背后的支撑者。沿着这个方向走下去,很容易走向对物的构成原素的分析,回到古希腊的形上学——追问构成物的始基。这是西方哲学,包括经院哲学一以贯之的思想路线。而中国的近乎现象学的思维路径,则引向着重于在互相联系的网络中保持阴阳平衡,注重现象中诸因素的功能而忽视其背后的深层原理这条路。如果去掉传教士理论中天主创造万物这一根源上的宗教成分的话,利玛窦实际上沿续了西方哲学的基本方面。而这也正是耶稣会士在进入中国之前所受教育的主要内容。罗素曾说过,耶稣会士"所施的教育在不夹缠着神学的时候,总是无可他求的良好教育"。③ 就哲学方面而言,传教士整体上希腊罗马哲学的素养是相当高的。罗素此言不虚。

　　对自立者和依赖者的区分,也是利玛窦批评佛教和道教的理论根据。利玛窦对佛教和道教的批评与对理学的批评不同。前者尖锐而后者隐晦。前者直接而后者间接。这种策略是在了解了和尚道士与

---

①② 《天主实义》,《利玛窦中文著译集》,第19页。
③ 〔英〕罗素:《西方哲学史》下卷,商务印书馆,1982年,第43页。

儒学士子的社会地位的真实情况后作出的。例如他们初到中国内地，穿着僧服，自称西僧。这是沿用了在日本传教的成功经验。当他们知道在中国，最受人尊重的是儒士之后，他们换上文人儒士的长袍，所交皆是从科举出仕的士大夫。利玛窦对佛道二教的批评，矛头所向，尤在其空无理论。利玛窦有言：

> 上达以下学为基，天下以实有为贵，以虚无为贱，若所谓万物之原，贵莫尚焉，奚可以虚无之贱当之哉乎！况己之所无，不得施之于物以为有，此理明也。今曰空曰无者，绝无所有于己者也，则胡能施有性形以为物体哉？……世人虽圣神，不得以无物为有，则彼无者空者，亦安能以其空无为万物有、为万物实哉！试以物之所以然观之，既谓之空无，则不能为物之作者、模者、质者、为者。此于物尚有何着欤？①

此中利玛窦是以亚里士多德的四因说为万物产生的根据。四因说对中世纪经院哲学及此后的西方哲学产生了深远影响。这里作者、模者、质者、为者，即亚氏之动力因、形式因、质料因、目的因。利玛窦认为天主为有，四因为有，四因产生的万物也是有。有不能为无，无亦不能为有。作为万物创造者的本原尤其不能不有。佛道以空、以无为本原，空无是不能生物的。

对佛道二教的批评，是传教士的"却佛补儒"策略所决定的。本来从宗教的一神教立场出发，利玛窦是排斥中国本土的一切学术思想的，不仅受佛道二教浸润的宋明理学在摒斥之列，即中国先秦各家思想皆不能免。不过既要在中国传教，并且不能走武力传教的道路，则必须在中国本土思想中找一种可以融通的思想学说，如此则在中国思想界占统治地位的儒家庶几近之。但以孔子为代表的儒家在对上古时期的思想遗产进行整合与阐释中，已经过滤掉了其中大讲天、帝的

---

① 《天主实义》，《利玛窦中文著译集》，第16页。

宗教成分,而注入了十分明显的人文主义思想。并且吸收了大量的非儒家思想,作为自己的有机组成部分。尤其是道家思想,作为儒家的补充,一直与儒家同生共长。佛教传入后,经过长期发展,成为中国文化的重要构成成分。唐以后的三教合一,或"道一教三"思潮在思想界非常强劲。作为中国文化最后、最终形态的宋明理学,是三教融合的产物。到利玛窦在北京传教的明代后期,更是三教合一思潮最为强劲的时候。此时利玛窦所持的,仍是有无截然相分,下学上达二者泾渭分明这种西方哲学思维方式。而中国人所持的,已是三教合一、有无即二即一、体用一源显微无间这种典型的中国式思维方式了。特别在世界本原这类先秦儒家所论不多的形而上学问题上,宋明理学中的道、太极等表征宇宙本体的概念中,更是容纳了大量的佛老思想。后人所谓"朱子道,陆子禅",虽似贬抑太过,但在表示宋明理学两大派都受佛道影响甚深这一点上,并非过甚之论。所以与利玛窦辩论的中国人虽然说"吾国君子亦痛斥二氏,深为恨之",①但仍认为:"佛老之说,持之有故。凡物先空后实,先无后有,故以空无为物之原,似也。"②痛斥二氏云云,多从佛道作为宗教对儒家思想造成的危害着眼;认为二氏持之有故,则多从哲学思想方面着眼。略去辩论中传教士的宗教企向而从中西两方的思想方法着眼,则可以说,传教士所代表的是西方的正的方法,中国人所代表的是东方的负的方法。这两种方法的差异和冲突在双方对世界本体的描述中明确地表露出来。

中国人在这个问题上的申论是,佛道之空与无最初是指绝对的空虚与寂灭。但自儒释道会通成为中国思想文化的常态之后,空与无这些概念就成了中国哲学的通用概念。此时它们可以是代表宇宙本体的概念。作为宇宙本体概念的无通常有两个方面的意义。其一,为道的代名词。这一用法主要来源于老庄道家。《老子》开宗明义即说:

---

①② 《天主实义》,《利玛窦中文著译集》,第16页。

"道可道,非常道;名可名,非常名。无,名天地之始;有,名万物之母。"①宇宙本体、万物本原本非可经验的具体物,故不能用经验事物的名去指称它。任何对它的称名都是"强名"。"说似一物即不中",不若用"无"——无名无相、无声无臭,不可方物,不可思议的"无"来代表,差可用于需要指称它的场合。故"天下万物生于有,有生于无"之"无"乃道之代名词。中国人在这一点上是清楚的,即他们所用的"空"、"虚"、"无"这些概念,大多是用来指代最高本体的。所以当利玛窦指出绝对的虚无不能产生有,最初的有是天主开其原时,中士即有如下辩驳:

> 借如空无者,非人非神,无心性,无知觉,无灵才,无仁义,无一善足嘉,即草芥至卑之物犹不可比,而谓之万物之根本,其义诚悖。但吾闻空无者,非真空无之谓,乃神之无形无声者耳。②

此处所谓"神",当指宇宙本体,以其能生万物,故强名之为神。朱熹之"太极",自谓意在显示"无形而有理",即最显豁地说明了这一点。

其二,空无是表示精神境界的概念,用以形容主体的无粘无滞,无欲无得,不系缚于一处,不拘限于一隅,洒然去累,自由自在的状态。这一方面的意思在明代讲学中所用极多。最典型的例子即王阳明的"无善无恶理之静,有善有恶气之动"③及王阳明弟子王龙溪之"四无说"。王阳明的"有只是你自有,良知本体原来无有,本体只是太虚。太虚之中,日月星辰、雨露风霜、阴霾噎气何物不有?而又何一物得为太虚之障?人心本体亦复如是,"④此中"虚"、"无"皆境界语。王龙溪对其"四无说"的说明更为直接:"无心之心则藏密,无意之意则应圆,无知之知则体寂,无物之物则用神。"⑤此中之"无"亦境界语。因有此

---

① 本文凡涉及《老子》之文字、训释皆据陈鼓应:《老子今注今译》,北京:商务印书馆,2003年。
② 《天主实义》,《利玛窦中文著译集》,第17页。
③ 《传习录》下。
④ 《王阳明年谱》,载《王阳明全集》,上海古籍出版社,1992年,第1306页。
⑤ 《天泉证道记》,载《王畿集》,凤凰出版社,2007年,第1页。

种用法,故对王阳明、特别是王龙溪为禅的指责当时及身后皆不绝于耳。但理学本是三教合一的产物,王阳明、王龙溪又皆自觉地从禅学中汲取思想养分。谓其为禅,固无伤其为理学之大家,无伤其对理学的理论贡献。此处举中国人认为虚、无、空等为本体语、境界语同样是要说明,作为东方智慧之一的负的方法,是从中国文化的母体中生长出来的,它与西方文化在对最高本体上的看法根本不同。除去宗教因素不谈,就哲学理论上的差别而言,它与传教士传来的西学发生不契甚至冲突是不可避免的。

但中国文化高度的融摄能力又可以通过化约、类比把许多异文化因素同质化。故中国士大夫中的天主教徒对待天主教又是另一番景象。他们中的绝大多数虽然不乏真心奉教和纯正理解、领会天主教教义的愿望,但他们身上的本土文化因素时时在左右着他们对天主教教义的理解、阐释与吸收。当代法国著名汉学家谢和耐(Jacques Gernet)认为,中国人不可能接受原原本本的天主教教义,最后的结果只能是天主教教义与中国本土文化的混合物。之所以如此,最主要的原因是中国文化的非宗教性,谢和耐说:

> 丰富的神话及其充当的重要角色,丰富和具体的天神形象,个人灵魂和救度观念的发展,宗教的不净和罪孽,所有这些特点都存在于从印度直到地中海沿岸地区。这些地区的人类都是"信神灵的人"。我们对于中国人则完全不能这样讲,无论中国的宗教现象如同其他地方一样多么举足重轻,宗教在那里的地位和作用则大相径庭。①

这个看法是非常有见地的。不仅宗教方面,语言、社会形态及伦理、政治等方面的差异的共同作用,使得中国天主教徒所接受的天主教教义必然打上深深的中国烙印。比如万历年间南京教案中,徐光启曾挺身

---

① 〔法〕谢和耐著,耿升译:《中国和基督教》,上海古籍出版社,1991年,第4页。

为天主教辩护,写了有名的《辨学疏稿》,其中将天主教教义概括为:

> 其说以昭事上帝为宗本,以保救身灵为切要,以忠孝慈爱为功夫,以迁善改过为入门,以忏悔涤除为进修,以升天真福为作善之荣赏,以地狱永殃为作恶之苦报。①

一般来说,这个概括是准确的,但问题在如何理解这里的"忠孝慈爱"与"迁善改过"。按天主教的说法,最高的忠爱是对上帝的忠爱,最大的孝慈是对上帝的孝慈。皈命上帝,善莫大焉。这样,最高的善是指向超人间的至上神的。而儒家所谓忠孝慈爱是对君父、兄弟的,迁善改过是存理去欲,它指向的是人间德行完善之事。虽然爱天主与爱世人并不矛盾,但其间的次序与重轻有差别。而徐光启以上所讲的忠孝慈爱、迁善改过是按儒家义理去理解的,他对天主教教义的概括是将儒家的人间修德和天主教的昭事上帝、灵魂救赎、天主赏善罚恶、天堂地狱荣赏苦报融合在一起的。在他看来,忠爱天主的心必须落实到儒家所讲的忠君敬长、孝弟慈爱上去。不过儒家对这种人间道德行为的规范力量诉诸修德者个人的自律。自律不仅实行起来相当严酷,它的效果也是有限的。徐光启说:

> 臣常论古来帝王之赏罚、圣贤之是非,皆范人于善,禁人于恶,至详极备。然赏罚是非,能及人之外行,不能及人之中情。又如司马迁所云颜回之夭、盗跖之寿,使人疑于善恶之无报。是以防范愈严,欺诈愈甚,一法立,百弊生。空有愿治之心,恨无必治之术。必欲使人尽为善,则诸陪臣所传事天之学,真可以补益王化,左右儒术,救正佛法者也。②

故主张引入宗教,使之有绝大力量作用于人心,以补儒家世间赏罚之

---

① 徐光启:《辨学疏稿》第三节《西学概要》,见郑安德编《明末清初耶稣会思想文献汇编》第三卷,北京大学宗教研究所,2003年,第31页。
② 徐光启:《辨学疏稿》第四节《中西之学比较》,见郑安德编《明末清初耶稣会思想文献汇编》第三卷,第32页。

不足。这里,徐光启不仅是从入教者个人修养的提高着眼,他更多地是以一个儒家学者兼官吏的治世角度着眼;目的不仅在使人内心控制力加强,更在使人通过信教而减少过恶以达到法简事少政治清明的结果。这一职分本是佛教担当的,但佛教以天堂地狱畏吓人这一点随着佛教的世俗化越来越没有力量,"酒色财气不碍菩提路"的观念得到越来越多人的信奉。明代佛门中人的窳滥情况可以说明达一点。徐光启说天主教可以补益王化,救正佛法,就是认为天主教可以通过奉事上帝,加强自律力量,从而对儒家、佛教有所助益。

  在生死问题上,中国的士大夫天主教徒也对利玛窦宣扬的常常系念生死有所改变。儒家因孔子"未知生,焉知死"、"未能事人,焉能事鬼"、"死生有命,富贵在天"等思想的影响,加之佛道二教的长期浸润,本不多谈生死,而更注重现世,注重顺适当下,注重随遇而安。宗教中特别重要的生死问题在中国文化中被放在边缘的位置。所以中国人被看做是宗教观念淡薄的,对死亡问题理解肤浅的。利玛窦对此特点觉察很准,他曾经在一次谈话中很直接地问徐光启,中国从士大夫到普通民众,都很忌讳谈论死亡,其意何在?徐光启的回答是,在中国人看来,对死亡问题的究问是没有答案的,究问此问题只会损害自己,愚弄自己,智者是不谈死亡的。利玛窦则认为,死亡关乎人的本质,人从何而来,终归何处,及灵与肉、善与恶、救赎与堕入地狱等问题,在天主教中是至关重要的。奉教者最为关注的应该是,死亡到来之时,人是否已经做好准备。这里所谓准备指思想上对死亡的理解,以及忏罪、因生时行为之善对死后升入天堂的自信等。在他看来,常常系念生死可以带来五个方面的好处,总括起来,不外乎能使人收敛欲望,检饬行为,所谓知终乃能善始,知死乃能善生;能使人知终不免一死,可看轻财货富贵、名誉地位;能使人思考生命的本质,不畏死而甘心受之。故对待生死的最好方法在"三和":和于天主,和于人群,己之身心之和。总在为善去恶,以邀神宠。据利玛窦的记述,与徐光启的这次谈话以徐光启欢喜顶受,以为得到了关于生死的真谛,能大补于世教,改变世俗之厚棺椁、卜坟茔等丧葬陋习而告终。①

但在宗教内容的背后,总有来自内心深处的深微的儒学因素与之调和。这种调和主要不在于士大夫天主教徒在介绍天主教教理时引用儒学经典来加强论说的力量,而在于内容中挥之不去的儒学情愫、儒学学养。这一点是如此明显与强烈,以至于西方汉学家在研究这一段历史时,发现最早归化的中国文人天主教徒中真正的宗教兴趣的薄弱。如谢和耐在考察李之藻所编的《天学初函》的内容之后,得出结论说:

> 李之藻最喜欢保留下来的著作都是有关伦理和哲学、地理和历史等方面的,宗教本身并未于其文集中占据一席之地。中国的文化阶层丝毫没有高度评价他们无疑可能会诠释成迷信和巫术的著作。我们觉得文人们的这种态度没有任何宗教特色。但正如大家将要看到的那样,"天"或"天理"则是一种宗教观念。这种观念与伦理、礼仪、社会和政治秩序有关。恰恰是在有关天的问题上,文人和传教士之间建立了一种以误解为基础的默契。②

确实,中国的文人信徒在一切方面,都要顽强地用儒家观念去应和异质文化,即使是那些笃信宗教的人。

一个明显的例证是明末著名天主教徒,山西绛州举人韩霖(1596—1649)。韩霖著有弘教著作多种,其中《铎书》专为阐发明太祖的"圣谕六言"(即孝顺父母,尊敬长上,和睦乡里,教训子孙,各安生理,毋作非为),其特点是将天主教的伦理思想和儒家思想及民间流行的善书相融合。在"毋作非为"一节中,即讲到生死问题,其中说:

> 其次须知死候当备。死者,人之所不免也,而又无定候。孔

---

① 见《畸人十篇》,《利玛窦中文著译集》,第455—462页。
② 〔法〕谢和耐著,耿升译:《中国和基督教》,第105页。

子言"朝闻道,夕死可也",注言"生顺而死安也",可见不闻道不可死,死必受诸苦恼矣。孟子言"夭寿不二,修身以俟之",备死之说也。……然死候何以当备?以审判故。凡生前所思、所言、所行,皆于死后当鞫焉。天监在上,锱铢不爽,可不惧哉!而审判何以当惧?以有地狱、天堂故。①

这里的论证,也是儒耶并用。备死候,末日审判,上帝监临,天堂地狱等,是天主教的;朝闻夕死,生顺死安,夭寿不二等,是儒家的。其中有对天主的忠荩,有对孔子、朱子权威的崇拜,有对儒耶思想的融会。如"朝闻道,夕死可也"一语,朱熹将此中的道解作"事物当然之理",能闻此道,则生顺死安,无有遗恨。这里强调的是明理之后的自觉行动,完全是理性主义的。韩霖的解释则是天主教的:不闻天主之道,不得天主之救赎则不算死得其所,死必受地狱之苦。朱子的生顺死安,本是对张载"存吾顺事,殁吾宁也"的借用,而在韩霖这里则赋予只有生时顺从上帝,死后才能得救的意思。孟子之夭寿不二,修身以俟,本是按儒家精神进行修养以待尽,夭寿、生死不措怀之意,在韩霖这里则变为践行天主教的修养而备死候之意。这里的诠释方法完全是民间通俗讲经的手法,即借用儒家经典中人们耳熟能详的警句格言而填入教理的办法。

韩霖在"和睦乡里"一节中,讲到了许多宽容大度最后消除仇怨的事例。在以直报怨还是以德报怨上,他主张以德报怨;在隐忍免祸方面,他更援引《圣经》中的故事教人能忍。他尝说:

奉劝世人除冤仇之必不可不报者,明告官司,凭公处断,其余只是忘怨的好。况怨无大小,天未有不报之者。我有罪,望天赦;人有罪,我不赦乎?先儒有言:"恩怨分明,非有道者之言也。"俗言"无毒不丈夫",此语大坏人心术,不知引多少人下了地

---

① 韩霖著,孙尚扬、肖清和等校注:《铎书校注》,华夏出版社,2008年,第164页。

狱。……今人皆谓以直报怨,夫子之言,不知《说苑》所载,"转祸为福,报怨以德",亦夫子之言也。娄师德唾面自干,可谓忍事矣,更有进于是者,有人掌尔右颊,则以左颊转而待之。有欲告尔于官,夺尔一物,则以二物倍与之。故报仇者,众人事也;忘仇者,贤人事也;爱仇者,圣人事也。①

"报怨以德"本《老子》语,《说苑》以为孔子语,后世学者早有辨正。② 韩霖引此及娄师德唾面自干的故事,是为了证成己之天主教意思,以与《圣经》中之掌尔右颊,则以左颊转而待之之语相契合。孔子言以直报怨,韩霖认为与《圣经》之说相戾,必至找出儒家典籍中与天主教教义相合之说。实际上,就劝惩世人戒斗戒争来说,以德报怨比以直报怨更为有效。并且据韩霖所认同的天主教义来判别,最高的境界是爱仇,其次是忘仇,而报仇最下。他的目的是为朱元璋灌注了儒家精神的"圣谕六言"作通俗宣讲,他所用的方法是儒耶夹持为说。如果二者发生冲突,则以天主教教义为最终之裁决标准。但一般来说,他认为儒耶二者在教化民众导人向善方面是一致的。至于在具体的宣讲中引天主教教理为说的,《铎书》中相当多,此处就不一一指出了。

如果要选取一位接受天主教的明末士大夫作为儒耶会通的观察标本的话,那么此人非被称为中国天主教"开教三大柱石"之一的杨廷筠莫属。杨廷筠(1557—1627)的宗教意识在此三人中最强,③又有深厚的儒学素养,科举出仕后曾任中央、地方官吏多年,同时又有信佛的经历,这都可以帮助他体验不同的学说与宗教,因而使得对他的考察更具典型性。杨廷筠在皈依天主教后,在生死大事、宇宙起源、人性本质、伦理原则等诸多方面都有很大改变,但从小浸染从而深入骨髓的

---

① 韩霖著,孙尚扬、肖清和等校注:《铎书校注》,第93页。
② 见向宗鲁:《说苑校证》卷第十三,中华书局,1987年,第325页。
③ 见孙尚扬、〔比利时〕钟鸣旦合著:《一八四〇年前的中国基督教》,学苑出版社,2004年,第222页。

儒家思想又无处不在地左右着他对以上根本之处的理解与阐发。

杨廷筠对天主教关于生死的学说奉之甚笃,认为在儒、佛、天主教三种文化中,天主教关于生死的学说最高,因为儒家重在言当世,佛教虽重视生死大事,但是以六道轮回、天堂地狱等诱人、怖人行善,对灵魂的救赎没有天主教说得这样明切可行。佛教虽能对儒学只重当世容易造成的弊病——"泛泛悠悠以至于尽",缺少宗教所具有的激厉奋迅有所纠补,但不如天主教直接作用于灵魂的救赎那样有终极意义。尽管杨廷筠盛赞天主教的生死观,但在论述人生境界时,仍然加入了儒学特别是盛行于明代的理学生死观:"存顺殁宁,来去翛然;既不徒生,亦何畏死。"①"存顺殁宁",是张载《西铭》中的名言:"存吾顺事,殁吾宁也。"此一语代表了理学对生死问题的基本看法与对佛道二教生死观的对抗,当时和此后的许多理学家都极表认同与钦佩。杨廷筠引此语,可谓"熟处难忘",亦表明了他欲以儒家思想中和天主教的用心。

杨廷筠在宇宙起源上,主张天主造物,认为宋明理学以理气为万物之源是站不住脚的,他说:

> 天地实有主也,天地主实唯一也。今夫行生法象灿然而盈目前,此皆天地功用。谓自然乎,谓偶然乎,是皆浅儒臆说,不足置辩。乃格物穷理之士,又举而归诸气,谓气中自有理。是以理气为造物主也。气无知,理亦非有知,安能自任造物之功?……凡以理气称物原者,皆求之不得其故,强为之说者也。万物之生,本乎天地,天地有一大主。②

这是杨廷筠确立天主教信仰后在宇宙起源问题上的根本见解,但他在解释、论证时,用了许多儒家典籍中的语句及思想。如为了表示万物

---

① 杨廷筠为传教士庞迪我著《七克》所作的序言,见徐宗泽:《明清间耶稣会士译著提要》,上海书店出版社,2006年,第40页。
② 杨廷筠:《代疑续篇》第二节《崇一》,载郑安德编《明末清初耶稣会思想文献汇编》第三卷,第219—220页。

仰成于天主这个道理,他称天主为大父母,在强调须尊天敬天时,他用《孔子家语》中之"仁人之事亲也如事天,事天如事亲"①来解说,他说:

> 即云:"父母生我",而天又赐衣食以全父母之生;"师保成我",而天又赋灵性以受师保之成,恩不更大乎?故儒教以为大父母而西国以为一真主,不可不认,不可不感,即不可不事。事者如子之事父母,故曰"事亲如事天。"②

这是说,儒家最重生身父母,而天主教最重大父母——天主。两相比较,天主这个父母恩情更大。应该以事奉生身父母之心去事奉天主。在这一段之后,他更引《诗经·大雅·板》之"昊天曰明,及尔出王。昊天曰旦,及尔游衍"来说明天主之明时时照临,天主与人无所不在,如影随形的关系。

又如在《七克》序言中,杨廷筠说天主教根本义旨最重要的是两个方面,这两个方面都可用儒家思想解说。他说:

> 其言语文字更仆未易详,而大指不越两端:曰钦崇一天主万物之上,曰爱人如己。夫钦崇天主即吾儒"昭事上帝"也,爱人如己即吾儒"民胞物与"也。而又曰一、曰上,见主宰之权至尊无对,一切非鬼而祭皆属不经,即夫子所谓"获罪于天,无所祷也。"其持论可谓至大、至正、而至实矣。③

杨廷筠认为天主教"至大至正至实"的理由是因为它与儒家学说不悖。它最重要的二个原则与儒家异曲同工。他不是不知道二者的区别:钦崇天主重在对一个至高无上的主宰信仰,这个主宰具有很强的人格意味,且未在长期的学术变迁中失掉其初始的神性意蕴,而中国典籍中的"上帝"则没有那样高的人格神意味,而且在学术变迁中人文化了、

---

① 见《孔子家语》之《大婚解第四》,辽宁教育出版社,1997年,第9页。
② 孙学诗:《圣水纪言》,见〔比〕钟鸣旦著,香港圣神研究中心译:《杨廷筠——明末天主教儒者》,社会科学文献出版社,2002年,第148页。
③ 见徐宗泽:《明清间耶稣会士译著提要》,第40页。

理则化了。"钦崇天主"强调的是对天主全身心的忠爱,全身心的信仰,而"昭事上帝"强调的是它的上半句:"小心翼翼",即人在克己修养中的检束身心,如临深履薄。杨廷筠也不是不知道儒家的爱有差等与天主教的平等地爱一切人的区别,但为了调和他经过郑重抉择而选定的最高信仰——天主教和他有着深厚感情、深厚学养的母邦基干文化——儒家学说,他唯一能做的就是将二者尽可能多地会通、融合起来。会通融合最基础的工作就是对二者的重要思想观念进行互释。

在人性问题上,杨廷筠不同于天主教者甚多,在这些地方,他都试图用儒家思想去补充。如人性善恶问题,天主教的基本观点是人有原罪,故人性本恶。当然天主教对人性恶的解释与论证很多出自神化,它的象征的、信仰的成分大于它的论证成分。天主教的原罪说是上帝救赎、先知启示之所以发生的前提,故在天主教教义中占有重要地位。但儒家学说中性善论占主要地位,在宋明理学中尤其如此。杨廷筠在解释、宣说天主教教义中遇到的最大难题恐怕就在于此,所以他在这个问题上接受的儒家思想最多,对天主教的主流教义改变也最多。他在辨别天主教与佛教教理时曾明确提出,天主教主性善说:

> 天主以灵性付人,原是极光明之物。光明中万理皆有,故云:"仁义礼智,性也。"天主所与我者,我固有之也。圣经谓之明德,儒者谓之良知,何尝有一不善赋在人身?后来之不善,皆人所自作。重形骸,不重真性;重世间习尚,不重至尊赋予。昏昏逐逐,日陷于非,于天主曷与焉?①

此中灵性一观念,包含仁义礼智之德性与灵知二者,与朱熹在《大学章句》中对"明德"一语的解释相当一致。在朱熹思想中,明德既是心中之理,也是此心的灵知作用,二者本是混一不分的,非如现代人因受西

---

① 杨廷筠:《天释明辨》第二十一节《度世誓愿》,载郑安德编《明末清初耶稣会思想文献汇编》第三卷,第126页。

方思想的影响对德性与知性区别得如此分明。《朱子语类》中的一段问答对此义宣说甚为明白:"问:《大学》注言:'其体虚灵而不昧,其用鉴照而不遗。'此二句是说心、说德?(朱子)曰:'心、德皆在其中,更仔细看。'又问:'德是心中之理否?'曰:'便是心中许多道理光明鉴照,毫发不差。'"①杨廷筠对性灵的描述,与朱熹的明德观念非常相像。

另关于性德之内容,且不说天主教之大宗主性恶,即就天主赋予人以善性,或人经过修行其性得到善,其善之内容也没有仁义礼智"四德"之表述。以"仁义礼智"为善性之德目,明显是用儒家学说特别是程颐、朱熹的"仁包四德"来解释的结果。杨廷筠认为此善性同时即良知,这是吸收了当时极为流行的王阳明学说。而认为后天之不善皆人所自致,且其基本原因在重形骸不重真性,更是对宋明理学性本无不善,由气禀物欲之遮蔽而为不善之思想的撷取。杨廷筠的人性学说确实吸取了儒家许多观念,但其中最重要的一点差别即在于,杨廷筠认为善性是天主赋予的,因天之赋予而人之善性生来即有。儒家也讲"天命之谓性",但理学之所谓"天命",其天其命皆鲜有宗教意味,它的天与命更多的是哲学的、社会文化的,即朱熹所说的:"天以阴阳五行化生万物,气以成形,而理亦赋焉,犹命令也"②之意。杨廷筠对此二者的区别应该是知道得相当清楚的,故他讲"天主以灵性付人",是他的宗教使命使然。但为了使宗教目的更好地实现,他在对人性这个比较容易起冲突的地方的解释中,融合了相当多的儒学因素。另外杨廷筠认为,中国儒者虽有大量德性修养的功夫,但因士人宗教观念淡薄,修身所倚恃的自律又很脆弱,因而儒者的许多功夫,如"立诚"、"慎独"等容易落到"为影射者所窃取"的境地。因此杨廷筠提倡学习传教士的实行实修,以宗教之峻厉补充儒者之沓茸,倡导取西来天学与儒学相辅而行的策略。

---

① 黎靖德编《朱子语类》,中华书局,1986年,第265页。
② 朱熹:《四书章句集注》,中华书局,1983年,第17页。

杨廷筠融合儒耶的努力,建筑在他的"综合"的思想方法上。"综合"本是明代心学最为重视、采用得最多的思维方法,明代中期之后心学大行,重个人观点之独特与创新,重思想的兼容并包能力,成了学者在学术格局和精神修养方面的主要趋向。故而三教合一、诸种学问系统的互相融摄成了学术界的一种时髦。杨廷筠受此风气的熏染,又有强烈的宗教使命感和宣教热情,且具备了本土文化的深厚素养,他的融会儒耶是情理中事。所以在学者问及这一点时,杨廷筠并不讳言,且能倾情剖露。《圣水纪言》载:

> 多闻子曰:"子生长中华,学尧舜周孔之道,一旦客从远来,踪迹未知,子舍所学而从之,何异陈良之徒倍师而学许行乎?"无知子曰:"恶,是何言也!象山有言:四海之内,此心、此理同也。以地拘之而非矣。且其言一循正理,并有实据。……近时学术浇漓,鲜实体之。西人知天事天,真实用功,不属口耳;归并一路,不涉二三。吾取其密修密证,吻合尧舜周孔之道,故乐与之游,共尊师训,正善学尧舜周孔之道者,何云倍乎?"①

此中托言"多闻子"与"无知子"的问答,表明了杨廷筠所以奉行天学之意。"多闻子"代表儒学之博学多闻,"无知子"代表天学之收视返听、密膳身心,二者趋向正相反对。但杨廷筠认为趋向之相反不碍融摄会通,其根据就在"东西南北海有圣人出,其心同,其理同。"东方之圣人尧舜周孔与西方之圣人众先知之理论必有相同处,这些相同处正应通过融摄而相互佐证,不应为地域所拘限而湮没无闻。并且天学之根本观念敬天、法天、爱人,是儒家常提不放之"仁学",这是双方会通的基础。天学尤其应该在中国推行的是它的实心实行,实心实行可以补助中国学术当时之浇薄。这实际上是认为,天学在当时阳明后学带起的虚浮矜夸的世风士习笼罩一切之时,天学之实修实证可以充纠补之

---

① 孙学诗:《圣水纪言》,见〔比〕钟鸣旦著:《杨廷筠——明末天主教儒者》,第247页。

任。他表彰"西人知天、事天,真实用功,不属口耳",其意正在于此。而此真实用功正是东西方圣人共同倡导的。

杨廷筠的这种会通触摄精神遭到来自中国正统儒学和西方正统天学学者的两面夹击。前者批评他将中国以儒学为主的正统文化弄成了西方的宗教邪说,如果听任此种风气蔓衍,则中国文化将会失坠,正道将会倾覆。佛耶论战中的许多佛门中人对杨廷筠的批评表明的正是这一点,而这些佛门中人也是以中华文化的代表者出面讲话的,他们在对中土天主教徒的批评中,引证《易经》、孔孟、宋明理学之言甚多。著名的行元和尚就曾说:

> 而反左袒彼夷者何为?此余所以不咎天教之行于中国,而深咎中国之人行乎天教也。余固深咎中国之人行乎天教,而尤痛咎行天德之人叛乎正教也。正教叛而天教行,礼义文物之邦何异侏离左衽之俗?①

行元最恨的不是西国传教士,而是中土信西教的人;而在信西教的人中,尤痛恨背叛中国正统文化的人。在他看来,杨廷筠即此种人,因为杨借中土文化之名行西教之实。而无名氏的文章则直指杨廷筠之名而讨伐之:

> 武林杨弥格(按杨廷筠之教名为弥额尔,自署弥格子),袭玛窦之唾余,恢耶稣之诞迹,刊著《代疑篇》,始末二十四条,而凉庵子者复为序云。凉庵子不知何许人,想亦弥格之流也。其行过当,其言甚诡,其心实欲反中庸至正之道,而暨挽天下以钩奇索隐之术。②

此中不知李之藻之号为凉庵,但从文中知其"想亦弥格之流"却是不

---

① 行元:《为翼邪者言》,收入钟始声编《辟邪集》,载郑安德编《明末清初耶稣会思想文献汇编》第五卷,北京大学宗教研究所,2003年,第361页。
② 无名氏:《代疑序略记》,收入钟始声编《辟邪集》,载郑安德编《明末清初耶稣会思想文献汇编》第五卷,第362页。

诬。另一名和尚行闻也说：

> 邪党迷元背理，必欲归功于天主，渐至易俗败伦，灭绝正见。嗟夫！文物之邦，堂皇之士，读孔孟之微言，一旦欺圣明而佐狡猾者，必自杨弥格始。吾知自取诛戮，淹没有日耳。①

他们对杨、李直接宣扬或用儒学融会天主教理甚为不满，认为是灭绝中土文化的行径。至于天学学者对会通儒耶的批评则另是一种意思。他们批评中国天主教信徒没有把所接受的本土思想完全扔掉，批评儒耶会通弄歪了天主教教理，尤其反对用宋明理学去解释天主教。持这种观点的多是反对利玛窦的温和传教路线的极端欧洲派。

以上对杨廷筠融会儒耶的考察，可以清楚地看出，中国的士大夫天主教徒，即使是有很强的信仰精神的，他们的思想与学说中总留有顽强的儒学因素，他们对外来文化的接受，基本走与儒学融合会通的道路。他们对外来文化与本土文化的差异看得很清楚，但宁愿从二者的相同处着眼。杨廷筠在《代疑续篇》里的一段话就非常典型地代表了这种思想趋势，这段话历数了儒学与天主教在宇宙论、人性论、伦理观上的许多不同，而末了则明白宣示他对待这些差异的态度：

> 其他不同，未易更仆，吾所谓同，乃举其大端，合乎天理人心之正者。而其中精理奥义，又不啻水火盐梅之相济，未可尽谓之同也。故不同者，正无害其为同；而同处正不可少此不同。即如场中取士，命题同矣，而作文者妍媸自分，工拙自别，何必其题之异乎？②

当代比利时著名天主教研究专家钟鸣旦（Nicolas Standaert）甚至据此

---

① 行闻：《拔邪略引》，收入钟始声编《辟邪集》，载郑安德编《明末清初耶稣会思想文献汇编》第五卷，第375页。
② 杨廷筠：《代疑续篇》第一节《原同》，载郑安德编《明末清初耶稣会思想文献汇编》第三卷，第219页。

将杨廷筠说成同时具有宋明理学道统意识和基督徒道统意识。① 之所以说他有宋明理学道统意识,是因为,"一方面,杨廷筠的新道统在很多方面跟东林学派相同,尤其在学术研究、客观伦理、实学及反对佛家方面;但另一方面,他又对程朱学派抱怀疑的态度,重气多于理,也有综合的倾向,接受多种宗教价值。而这第四类道统最实出的一点则是对神的信仰,以及用明显的'外来'学说重新阐释儒家思想"。② 之所以说他有基督徒道统意识,是因为,"基督宗教多少改变了杨廷筠的文化传承,我们很难会看到一些思想的转变不是外来的。当两种文化相交合时,外来传统有时会超过本地文化,使本地文化退居幕后。"③ 杨廷筠是不是理学家,是不是继承了儒学的道统,他的基督徒的道统意识到底有多强,这当然是个见仁见智的问题。但不容置疑的是,他于 55 岁领洗正式皈依天主教之后,他的思想中仍然保留了相当多的儒家学说。对天主教教义的解说,仍然用儒家经书中的词句,并且也不避用宋明理学,可以说仍然是循天学儒学夹辅而行的路数。钟鸣旦大概就是在这个意义上说杨廷筠"他欲重新把握'道统'精粹,又有意识地选择另一种能够与原始和真正的儒家道统充分配合的宗教,这就是内在的正统,它采用精细选择的方法决定采纳哪一种外在因素。这种吸收外来因素的态度会导致一种新的思想系统,甚至一种新的宗教实践。"④ 这段话对杨廷筠的学术与宗教实践的描述是准确的,杨廷筠在明末大综合时代对儒学发展的意义可能就在这里。他是儒学对天主教施加影响的一个很具标本意义的人物,他比徐光启和李之藻在儒耶会通上更具典型性,因为后二人的兴趣更多地在西人传来的科学技术和思想方法。杨廷筠身上折射出的,是整个时代的精神趋向。

---

① 见〔比〕钟鸣旦著:《杨廷筠——明末天主教儒者》,第 265—279 页。
② 《杨廷筠——明末天主教儒者》,第 267 页。
③ 《杨廷筠——明末天主教儒者》,第 278 页。
④ 《杨廷筠——明末天主教儒者》,第 273 页。

第四节　儒学与伊斯兰文化的会通

明代是中国伊斯兰教哲学的奠基时期。在伊斯兰教中国化或中国伊斯兰教哲学的建立和发展过程中,儒学起了非常大的作用。明代初期定立的宗教政策,对伊斯兰教也是适用的,不过伊斯兰教在明初尚没有形成为全国统一的宗教,已经接受伊斯兰教的几个民族也只在中国西北一隅活动,分散在全国各地的回回则没有自己统一的思想理论,也没有普遍认可的精神领袖,故尚没有引起最高统治者的特别注意。

明朝是从蒙古人手里夺得政权的,洪武初年,鉴于元朝蒙古人、色目人地位高于汉人和南人,对汉人、南人进行民族压迫的情形,明廷对散居在各地的穆斯林采取削弱进而同化的策略,禁止本类自相嫁娶,禁止胡服、胡语、胡姓。朱元璋在起兵反元及翦灭诸雄的战争中,军中亦有回回将领,著名的有常遇春、胡大海、冯胜、蓝玉、沐英等。他们英勇善战,在诸将中地位很高;明朝开国后大封功臣,他们首列其中。朱元璋为了安定中国伊斯兰信众的心,医治元末战争创伤,于洪武元年下令在南京建清真寺,并亲书百字礼赞伊斯兰教:

> 乾坤初始,天籍注名。传教大圣,降生西域。授受天经,三十部册,普化众生。亿兆君师,万圣领袖,协助天运,保庇国王,五时祈佑,默祝太平。存心真主,加志穷民,拯救患难,洞彻幽冥。超拔灵魂,脱离罪业。仁覆天下,道贯古今。降邪归一,名清真教。穆罕默德,至贵圣人。①

---

① 见王岱舆著,余振贵点校:《正教真诠　清真大学　希真正答》,宁夏人民出版社,1988年,第11页。

此中对伊斯兰教之教名、教主、教义、教典都能一一道来,说明朱元璋对当时伊斯兰教的情况已有相当了解。对寄望于中国伊斯兰教之使命——"协助天运,保庇国王,五时祈祷,默祝太平",也明确指出。这一点对此后回回学者创建中国伊斯兰教哲学有一定影响。洪武二十五年(1392),朱元璋下旨在南京、西安二处建清真寺:"与回回们分作二处,盖造礼拜寺二座:南京应天府三山街铜作坊一座,陕西承宣布政司西安府长安县子午巷一座。如有寺院倒塌,许重修,不许阻滞与他住坐。凭往来府州县布政司买卖。如遇关津、渡口,不许阻滞。钦此钦遵。"① 此中不仅为穆斯林建寺供日常礼拜,且准许穆斯林往来各地自由经商。这在大明立国未久,色目人惊魂未定的情况下,对穆斯林表现得十分优容,起到了安定外族人心的作用。

明成祖亦优礼穆斯林。永乐五年(1407)下敕谕嘉尚穆斯林之修行,谕令所在地之官民善加护持:

> 朕惟人能诚心好善者,必能敬天事上,劝率善类,阴翊皇度。故天锡以福,享有无穷之庆。尔米里哈只(指朝觐过圣地麦加的穆斯林)早从马哈麻之教,笃志好善,导引善类,又能敬天事上,益效忠诚,眷兹善行,良可嘉尚。今特授尔以敕谕护持,所在官员、军民、一应人等,毋得慢侮欺凌。敢有故违朕命,慢侮欺凌者,以罪罪之。②

又七次派郑和下西洋。郑和为云南晋宁回回,本姓马,明初进宫为太监,助朱棣夺得帝位,赐姓郑,俗称"三保太监"。郑和下西洋对明代政治、经济、航海及造船技术有积极影响。明武宗崇信佛教,尤优礼喇嘛教,封赠番僧甚多,连带对伊斯兰教褒崇有加。曾评论诸教之高下说:

---

① 《明永乐三年"敕造礼拜寺二座"碑记》,碑文见金宜久主编《伊斯兰教辞典》,上海辞书出版社,1997年,第144页。
② 陈达生:《泉州伊斯兰教石刻》,宁夏人民出版社、福建人民出版社,1984年,第8页。

> 儒者之学,虽可以开物成务,而不足以穷神知化;佛老之学,似类穷神知化,而不能复命皈真。然诸教之道皆各执一偏,唯清真认主之教,深原于正理。此所以垂教万世,与天壤久也。①

又喜习外国语并自拟为其教中人:"武宗于佛经梵语,无不通晓。习鞑靼语,自名忽必烈;习回回语,自名妙吉敖兰;习番僧语,自名领班丹。"②武宗还下令禁止民间养猪、食猪肉,亦纳回回女为妃,以至人怀疑武宗已信回教。③ 明世宗崇信道教,对佛教采取打击、削弱的政策,但对伊斯兰教则表示优礼,对洪武年间为安置西域人所建清真寺赐名"净觉寺",命礼部给予札付,免去其差粮徭役,令专职焚修。此举甚得穆斯林之心,令其感戴不置,并愿以伊斯兰教辅助王政:"今奉皇上、圣人在天子之位,崇礼重教尤迈于千古者也。伏念末教何幸,节蒙列圣敕旨恩例,敢不欣然祗奉。凡以崇是教者,用度真化,以阴翊皇化也耶。"此举不仅增加了穆斯林在全国推展伊斯兰教的信心,也在管理形式上为全国清真寺树立了一个样板:"以故真教流行于天下,各省教人钦遵外,随方建寺,各赴京比例,请给札付住持寺院。"④此后全国穆斯林渐多,至万历间,明神宗下令修清真寺,赐以寺名,并优礼寺中主持。据当时到过中国的穆斯林记述,万历间全国清真寺已达近百所,并形成多个回回聚居地。当时到中国游历经商的穆斯林对此记述道:"中国皇帝在汗八里(北京)为穆斯林建造了四座清真寺,中国境内共有九十座清真寺,都是政府为穆斯林建造的。各个部落都有自己的标帜和政府设立的礼拜处所。"⑤以上记述说明,明代对伊斯兰教基本上是优礼宽待的。因为伊斯兰教信众的聚落大多在边鄙之地,对汉族主流文

---

① 见王岱舆著,余振贵点校:《正教真诠 清真大学 希真正答》,第12页。
② 《清真先正言行略》之《陈大策传》,见余振贵:《中国历代政权与伊斯兰教》,宁夏人民出版社,1996年,第131页。
③ 见余振贵:《中国历代政权与伊斯兰教》,第130—131页。
④ 并见王岱舆著,余振贵点校:《正教真诠 清真大学 希真正答》,第11页。
⑤ 〔波斯〕阿里·阿克巴尔著,张至善等译:《中国纪行》,三联书店,1988年,第46页。

化影响不大;居住在内地的穆斯林又因人数不多,居处分散,尚不能形成较大的文化影响力,又不能成为民间起事的借手,故不像佛教道教那样时时引起朝廷的注意。朝廷对他们处以优待外方归化者的态度,以示上国雍容有礼。故著名历史学家陈垣曾说:"明人对于回教,多致好评,政府亦从未有禁止回教之事。与佛教、摩尼教、耶稣教之屡受政府禁止者,其历史特异也。"①陈垣又究问伊斯兰教在明代传播不衰之原因,认为归功于二:一、回教在中国不传教。二、回教不攻击儒教。并解释说:"因不传教,故不惹异教人之嫉视。所有六朝及唐代、元代佛道相争之历史,在中国回教史上无有。……又因向不攻击儒教,如上文所论,回教徒对于孔子,独致尊崇,故能与中国一般儒生,不生恶感。从未闻回教有受人攻击,如唐韩愈之辟佛,明沈㴶之参天主教者。"②此亦有得之言。

元代是民族大融合的时代。蒙古人的西征和南下,使得大量的阿拉伯人、波斯人、中亚各地的人迁徙到东方,他们主要是军士、工匠和商人。这些人被称做回回,他们是后来形成回回民族的先驱。明代在元代回回人的基础上,不断融合、吸收其他信奉伊斯兰教的民族和人群,在社会安定,民族政策包容、宽松,经济连续发展的氛围下,明代中叶之后,逐渐形成了一个新的民族共同体。他们不断地寻求民族自立、宗教自立,寻求既保持本民族的文化特色又能和本土文化融合,为主流文化所认可、所接纳的独立文化系统。明中叶之后,汉语成了回族的正式语言,而伊斯兰经典仍用阿拉伯语、波斯语诵读,许多穆斯林看不懂经文,这就会削弱回回民族的凝聚力,减少对共同文化的认同感,也不能让其他文化真正认识自己。因此,用汉语讲解经文、探讨伊斯兰教教义,撰著解释宣传经义的文章,培养伊斯兰教新人才的需求

---

① 陈垣:《回回教入中国史略》,载《明季滇黔佛教考》(外宗教史论著八种),河北教育出版社,2000年,第226页。
② 陈垣:《回回教入中国史略》,载《明季滇黔佛教考》(外宗教史论著八种),第229页。

日趋强烈,于是兴起了一种不同于传统的靠外来的伊斯兰学者,或极少数人家传口授,不研究、不传播因而教义不彰的新的人才教育方式,这就是经堂教育。

经堂教育的开创者一般认为是陕西咸阳渭南人胡登洲(1522—1597)。他慨叹当时关中伊斯兰教经文匮缺,学者乏人的情况,立志兴学,为伊斯兰教培养人才。他先在自己家中教学,后在清真寺中。学生费用由聚居区内的回民分摊,分小学、中学、大学三级,教本内容主要是"十三本经"。小学的学习者是儿童,主要学阿拉伯文初步、《古兰经》的一些章节、伊斯兰教基本礼制。中学学习者是成人,主要学伊斯兰教宗教知识,念诵《古兰经》。中学是业余教育,夜校为多,在农村中较盛行。大学则是专为培养寺院的阿訇而设,学员是成人。主要学习阿拉伯语及其语法修辞,《古兰经》及其经注、教法,认主学,哲学等。课本为阿拉伯语和波斯语的经典。课程修完后经过一定仪式即得到阿訇资格。经堂教育最初在西安一地施行,后推展到全国各地。经堂教育在发展中主要分为三派:一是陕西学派,以胡登洲及其初传弟子为代表,讲授内容为"认主学",所谓"认主",就是认得真主是天地间唯一主宰,是造化天地万物者,是人的心性所自出。多采用阿拉伯文课本,特点是讲解经文"精而专"。主要传播地为西北、河南、安徽。一是山东学派,以山东济宁人常志美、李永寿为代表,擅长《古兰经》注疏和波斯文经典,阿拉伯文和波斯文经典兼授。此派特点是"博而熟",主要传播地是华北、东北地区。一是云南学派,代表人物有马德新、马联元。此二人时代较晚,在清代中晚期至清末。兼有陕西、山东二派之特点。① 经堂教育开创了中国伊斯兰学者的学派,为汉文著译伊斯兰教著作奠定了基础,也为中国伊斯兰教培养了大批职业宗教

---

① 经堂教育的代表人物及学派特点见金宜久主编《伊斯兰教史》,中国社会科学出版社,1990年,第444—446页。杨怀中、余振贵主编《伊斯兰与中国文化》,宁夏人民出版社,1995年,第133页。沙宗平:《中国的天方学——刘智哲学研究》,北京大学出版社,2004年,第61—62页。

人才。对中国文化来说更为重要的是,经堂教育的先驱都受过良好的儒家基础教育,精通儒家思想特别是宋明理学,他们对伊斯兰教经典的解释、教义的阐发,糅进了儒家言语和思想。这为此后以儒家思想融合会通伊斯兰教开辟了新的方向,拓展了广阔的空间。

明代中期以后,儒家的民间讲学活动十分活跃,书院、讲堂林立,佛教道教热衷于刊印善书、宝卷,民间通俗讲经十分流行。而西方传教士们宣传天主教教义的著作当时也已经出现。耶稣会士罗明坚的《天主实录》、利玛窦的《天主实义》即刊行于万历年间。而明代儒学不重传统经注,以比较顺畅、通俗的语言解释儒家思想,表达研究者个人心得这种形式,占学术界的主流地位。这些都刺激了伊斯兰教学者,唤起他们用汉文著述、宣传伊斯兰教的愿望,摆脱以往教义不彰、教理不讲的局面,让教外人更多地了解伊斯兰教,消除误解和歧视,更好地融入当时经济繁荣、文化发达的社会。汉文著译在中国伊斯兰史上意义巨大,是伊斯兰文化融入中国学术,摆脱对阿拉伯语言文化的依赖,独立地进行学术创造的开始。

第一个系统地用汉文撰著阐发伊斯兰教哲学思想的人是王岱舆(约1592—1658)[1]。王岱舆,回族,晚年自号"真回老人",他写的二部重要著作《正教真诠》、《清真大学》与逝世后弟子编定的问答录《希真正答》皆署真回老人。其先天方人,精于天文历算,随天方人入贡至中国,任职钦天监。明太祖时赐居南京,后世为南京人。王岱舆自幼熟读伊斯兰教经籍,长成后又读了大量儒道释之书,博学多识,在江南穆斯林中极受推崇。晚年居住在北京赋闲,与弟子谈经论道以终。与稍后刘智、马注、道咸时期的马德新为回族著名四大宗教著作家。王岱舆开创了用汉文著译伊斯兰著作的新局面,并批驳那种认为汉语是

---

[1] 王岱舆生卒年不详,此推定据金宜久著:《王岱舆思想研究》,民族出版社,2008年,第68页。任继愈《宗教词典》作约1570—1660。

"哈他"(意为"差错")文字因而不能注释、翻译伊斯兰经旨的理论。①此举意义重大,论者谓:

> 唯是经文与汉字不相符合,识经典者必不能通汉文,习汉文者又不能知经典。自《正教真诠》出,遂以中土之汉文展天方之奥义。故开卷了然,瀹我心源,发人聋聩。阅其条款,而黄童白叟知所钦遵;览厥遗规,即黑汉村愚亦思所恪守。则圣道藉以阐明,正教赖以表著,有裨于吾教不浅矣。②

对王岱舆用汉文撰述伊斯兰教理,给予高度评价。王岱舆的著作涉及真主的性质,对真主的体认方式,及伊斯兰教的修行诸问题,内容甚为宏大。而这几个方面都有儒学思想参与、融会其中。

王岱舆从伊斯兰教教义出发,认为宇宙最高本体是真主,真主又称真一,它是唯一的、绝对的、本然的,是宇宙间一切事物的根源,王岱舆的几本哲学著作,其着力点皆在阐明真主的性质。如《清真大学》开宗明义即论述"真一",说:

> 原夫成人至要,万善根由,必须首知单另之一乃真主,本与万物无干,而有三品作证,曰本然,曰本分,曰本为。此理不彻,少有讹误,自不系清真人也。是故明心认主,修身宏道,必须始诣清真正教,更期见道明贤。③

此中强调的"单另之一",即绝对之唯一,不与万法为偶。它无终始,无方所,无可经验之一切表现,他是万事万物的总根源。真主有三个最基本的属性,曰本然、本分、本为。本然者,论其本体之义,强调真主是本然而有,自然而有,非被产生者,它是万物的本原。王岱舆解释"本然"说:

---

① 见王岱舆:《希真正答》,第284—285页。
② 《粤东城南重刻〈正教真诠〉序》,见王岱舆著:《正教真诠》,第1页。
③ 王岱舆著,余振贵点校:《清真大学》,第233页。

> 所谓本然者,原有无始,久远无终,不属阴阳,本无对待。独一至尊,别无一物。无岁月,无方所,无形相,无搀染,无阻碍,无近远,无伴侣,无比肩,无如何,能命有无而不落有无,造化万物而不类万物,绝无比拟。此真主原有之本然也。①

就是说,真主是本体;对此本体,一切述语都是无效的,"说似一物即不中"。本分者,论本体之动静义,强调真主的一切作为皆出自本然,无意志,无目的,无知虑,一切皆出自本然。因此真主之作为是即动即静而又无动无静的,故可以说无作为而万物自然和谐,他说:

> 所谓本分者,乃本然之动静,虽长守而浑一,其理显则不同。即真一非干数一,原来一,故始终独一;真有不落有无,原来有,故超然长有;原活不以命,总是活,故无不活;……兹皆本然之动静也。若言其静,机无不显;若言其动,未见其迹。所以动静两称,正于本然为作之间也。须知未有天地之先,真主要显己之原能,遂以其原知,预定当用之万物及诸始终内外,略无余欠,毫无更易,终无一物超其要为知能之外,非以知能束缚万物,万物自不能越尔。②

真主本无所谓作为,本无所谓知能,但万物皆出自真主,似真主有作为、有知能。而真主产生万物是本然的,自然的,故亦可说无产生。无产生而产生,其动静可谓"前定之动静"。本为者,论本体之作为义,强调真主与万物,一而二,二而一,真主即万物,无形即有形。万物天然地、本然地包蕴于真主之中,自然地从真主中显发为万物。王岱舆说:

> 所谓本为者,乃其单另之余,总具无形之妙,是为能有。譬之墨池,虽万灵之精粹,天地之文章,莫不赖于此有。然后以代理之笔,始发其所蕴之理。但未发之时,其与真一不即不离,分之不

---

① 王岱舆著,余振贵点校:《清真大学》,第 233 页。
② 《清真大学》,第 233—234 页。

开,合之有别。中藏保养之机,已显任凭之兆,唯主知见。兹乃真主本为之境界也。①

真主是超越众有之绝对,此其单另义;但单另不碍其显发为万物。此即无形中有有形。有形无形,非一非多。一时内含有保养万物之机,多时唯见一真主之显发。而真主之显发万物,乃其应运而生,非别有主持分剂者。此即本为。本为者,本体之为,本然而为。

王岱舆的哲学思想中有一重要概念,即数一。数一者,从真主中产生的宇宙万有之总和、概括。数者,可以称量之数目;一者,总体、总括之义。数一即可以称量的万有之总体。它与真一不同。真一是本体,数一是总体;真一是能生者,数一是被生者;真一与万物本无所谓能生与被生,彰显的是主宰义、原有义、本始义,数一与万物是实际的产生者与被产生者的关系,彰显的是开端义、始有义、总体义。如果用哲学用语来区分的话,真一属本体论范畴,数一属宇宙论范畴。从本体无所不包说,真一可包数一,数一是真一所产生。从宗教的信仰与实证方面说,真一属信仰对象,数一属体证对象。王岱舆论数一说:

> 所谓数一者,乃一本万殊,即能有之首端。其称亦不同,曰首仆,曰元勋,曰钦差,曰代理,曰大笔,曰太始,曰性海,曰人极,曰大父,曰道源,曰大本,曰光明,曰灵根,曰至圣。名虽各异,其理本一。自能有之中,承命而显,此为万物本原而载万理,斯为无极。②

此众多对数一的描述语,其实突出的是三点,一是它的初始、最先,一是它的代理、承命,一是它的终极标准。就是说,数一是承真一之命,代真一行使其创生万物的职能。因为真一一切不可言说,不可思议,必有一替代物作为真一的化身而为能言说能思议之事。因为数一是

---

① 《清真大学》,第234页。
② 《清真大学》,第235页。

真一的化身,故它最先、最初始。又因为它是真一的化身,代真一行权,它本身必是最正确、最光明而无所不包的。所以数一是既存在既价值的。如性海、人极、道源、至圣等皆表其价值性。

王岱舆也用三种品性描述数一:元勋、代理、代书。元勋表其总括性:

> 所谓元勋者,乃至圣之通称,性命之大源。若海纳众流,何尝满溢;灌及万川,未尝消耗;无彼无此,保合太和,是为诸有之种子。彼所谓"众妙之门"、"无名天地之始"者,即此。斯代真主保养之本然也。①

以上"性海"者,释家语;"保合太和"者,《易传》语;"众妙之门"、"无名天地之始"者,《老子》语。王岱舆用它们来说明数一为一大总括体,为万物之所从出。同时表明,王岱舆欲用儒家、释家、道家之语来解释伊斯兰教之名词。他自觉地把中国伊斯兰教哲学,纳入中国文化中,使它既保持自身的独立性,又是整个中国文化的一个有机部分。还表明,王岱舆是置伊斯兰文化于儒道释之上的,性海、保合太和、众妙之门这些形容儒道释最高本体的概念,只能与真主的化身、真主的派生物"数一"齐等,尚不能同真主比肩。

代理表明数一之纯粹性,与代真一行权这种品格。王岱舆说:

> 所谓代理者,乃阐发万灵性原纯粹,气本轻清,非干色有,人类、天仙、神鬼之本来,天地万物之所以皆始是时,莫不由其命令,是为发露,此代真主作为之动静,若能命有无、生死、贵贱、安危、得失之类是也。②

此中说数一是真主的代理者,它本身是纯粹的,非具体事物,但它有动静之功能,能令万物从它中显发、开始。因为真主是超绝对待,常守其

---

①② 《清真大学》,第236页。

本一的。必有一代理者执行真主之动静。而"气本轻清",乃汉代人描述天道之语。王岱舆用此语,似指数一也可视之为气,用以说明它的物质性,而与真一之无物质性相区别,但它是尚未表现为具体事物的原初物质。

代书表明数一之必表现为具体事物。代者代理;书者书写为有形象之物,取伊斯兰教经典中"能有之砚池,载其恩威;无极之亲笔,显诸性命"之语。能有者真一,太极者,数一。意思是真一只能借数一来表现。王岱舆说:

> 所谓代书者,乃精粹之余,自然发露于外。名亦不一,曰数一之用,曰万形之纲,曰天地根,曰万物母,曰代书,曰象海,斯为太极。当此之际,气盛而理微,彼所以"有名万物之母"者,即此。太极化而为阴阳,统而言之乃天地,析而言之为日月星辰,土水火气。阴阳化而为万形。……兹代真主作为之境界,纯乎动者也,故曰"首仆",曰"钦差"。①

代书强调的是数一的用,是有名有象的具体物而非深微的规律、性质等内在属性,故曰"气盛而理微"。数一是太极,代书是太极而阴阳而五行而万物的演化,是"代真主作为之境界",是上所谓"本为"的实际显化,故是"纯乎动"的。

以上对真一数一的分别与各自的性质、职分,作了较为详细的剖分,因为这一点非常重要,是伊斯兰教修习者首先要明白的。王岱舆对此也反复申说,在其《清真大学》开首的"题纲"中就先为点明:

> 《大学》正宗,作证之言,特明主仆至大之理,真一、数一之殊。故首明单另之义,乃造化天地万物之真主,而与天地万物无干,兹为无始之原有也。数一,乃天地万物之原始,故能代理天地万物。因其原始,所以称为首仆;因其代理,所以谓之至圣,谓之钦差。

---

① 《清真大学》,第 237 页。

> 兹为有始之原宗,因其受命而有也。原夫清真至要,必先真主、首仆分明,始能定证独一、数一。所谓真主者,独一而能有,无不任凭;首仆者,数一而受命,毫无自用。①

这是说,《清真大学》一书的宗旨即在于指明真一、数一性质和职分的区别,而弄清此区别的目的在体证真主,体者体认,证者证知。即通过"我"而真实了知天主。

"我"有形色之我与作证之我。形色之我指肉体之我,作证之我指通过修行,了知伊斯兰教真谛,回复真主赋予我的真性,被真主选中来担负寄托真主之使命者。形色之我是虚幻的,只有作证之我,才是真我,王岱舆说:

> 原夫真一、数一之机,总具于作证之我。须知形色之我,乃人我分别之我,是为幻我,非作证之我也。作证之我,乃真主寄托之我,是为真我。除斯寄托之我,本无我也。②

人是万类之灵,人的使命即在于证主,可惜世人能了知自己使命的极少,故有伊斯兰教道之设。王岱舆说:

> 夫人乃形神之至精,天地万灵莫不因之而有。其造人原义,本为认真主之独一,显静动之元机,代有无之妙用,承兹莫大之恩。不穷性命生死之原,唯念君亲恩义之重,其与造化君亲、性命、生死至大之真主何有焉。悲夫!世人辨一不真,心怀疑二,昧原有之真恩,拜空无与假象,身立千岐,心分万派,仁智忠贞,冥然尽废,深可痛惜。所以认一之功,诚为首务。③

人之证主也叫体一。体一者,体证真一也。体一有三个层次,人的生命也有三个层次,与体一之层次一一对应。这就是先天真性、后天本

---

① 《清真大学》,第229页。
② 《清真大学》,第231页。
③ 《清真大学》,第232页。

性、形躯。先天真性无有形体,与真一同一品格,体证真一本身。后天身命乃形神结合之身,它保持了人原本之状态,故能体证真一所表现的无极之理,即上所谓数一。形躯阴阳合一,是现世中的人,它通过感官,认识数一、无极之理所化生的万物。现实的步骤是,先体证太极之多,再至体证无极之一,再至体证真主。这就是王岱舆说的:"视听闻言,行止取授,通身百骸,莫不听此一性。故以当体之一,方可证数本之一,然后以此数一,始可证单另之一。循次而至,庶无歧误也。"①"听此一性"者,听命于真性;"当体之一"者,后天身命之本性也;单另之一者,真主也。起始于人之形躯听命于真主所赋之真性,终结于与真主契合,这就是认主证主之要诀。

具体方法是,一"知认":"所谓知认者,仿效圣贤之参证,推详正教之真经,譬之睹物思情,故此由诸缘而体认真主。"②即通过在自己之外的各种事物体认真主。二"见认":"所谓见认者,超脱诸缘,亲自经历,由己身而体认真主。"③即通过推想人身蕴藏性命知能,最为灵妙,乃真主之所赐,其他一无所有,从而体认真主。三"续认":"所谓续认者,克尽偏私自见,复全明德之源,由无己而体认真主。"④即通过修行,达到内无己而外无物,与真一之本体契合而体认真主。到这最后境界,"后天之表里兼精,先天之本来独露。风静水平,日高云散,形神虽在,动静却一,但以清净无己可证,为其相续而浑同也。"⑤至此,王岱舆所阐述的伊斯兰教教义始大体告成。其全部精义包括在以上真一、数一、体一之"三一"说中。

王岱舆是虔诚的穆斯林,精通阿拉伯文、波斯文经典,但他又生活在明代后期浓重的儒学氛围中。儒学以国家意识形态、文化教育的最重要内容及士阶层认同与修习的每日功课,影响、渗透于一切方面。

---

①② 《清真大学》,第238页。
③ 《清真大学》,第239页。
④⑤ 《清真大学》,第240页。

王岱舆的宗教、文化生活不能不对此有所反应。他以汉文撰写阐述伊斯兰教教义的著作，采取的是回儒互证，回儒会通的办法。其中最为显著、最为重要的约有如下几点。

其一，对无极太极思想的吸取。周敦颐《太极图说》首曰"无极而太极"。此中无极为宇宙形成前之虚无，太极为最早形成的阴阳未分之气。朱熹欲弥缝此中道教因素，释太极为理，无极为无形无象，"无极而太极"为"无形而有理"。另朱熹吸收佛教"一月普现一切水，一切水月一月摄"，以"理一分殊"解释太极与众理的关系。朱熹此二说为宋以后理学家所遵行。王岱舆当熟知朱熹此义，但他要融会伊斯兰教理，故以无极释数一，以太极释数一顺化为万物。以理一分殊释数一与万物的关系。在王岱舆的理论中，真一乃原有，超绝万物，无形无象，不可思议，不可言说，不能用形容可思议、可经验的事物的语词来描摹，故只能用真、一、独等"不与万法为伍者"强说之。数一乃万物之起源，是代独一而行权者，属可思议、可言说之例，另外数一可顺化为万物，可用无极、太极、阴阳、万物等来表示。故王岱舆引儒家无极太极、理一分殊诸说来解释数一概念：

> 真一乃独一耳，非数一也；数之一，自独一来也。曰"无极而太极，太极生两仪"，数之一也。曰"一本万殊"，"万法归一"，亦数之一也。曰"无名天地之始，有名万物之母"，亦数之一也。数一，乃天地万物之种；真一，乃数一之主。道出于真，故能不更不易。所以清真唯尊兹真一也。①

此处之外，用此诸语说明数一者，尚有多处。王岱舆认为，太极诸语用来说明数一非常贴切，且能收"以儒诠经"之效。但王岱舆又特别提醒学者，儒家性理诸语，只可拟诸数一，不可用以比真主，因性理诸语尚属可思议、可言说之域，非绝待之自立者，他说：

---

① 王岱舆著，余振贵点校：《正教真诠》，第147页。

> 按性理诸书,儒者之学,唯以理为宗始。故所言上帝上天、无极太极,皆指理而言。但理乃事物之所以然,应该如是,不过虚义,非实然有一自立之体。必托诸气,故又以气兼言之。然气亦有形无形之间,恐人求之不得,堕于虚无寂灭,故又以苍天实之。夫以理、气、天三者,混而为一,则无次第,且既知理不能自立,而又不求理之根源,盖未见吾教认主真经,无征不信。①

这是王岱舆以其所信仰之教义来拟议儒家俗世之学,而将其学置于最高地位。这在他是极自然之事。

其二,《正教正诠》中用汉代之元气阴阳、人副天数解释人之身体。王岱舆说:

> 清真之理,不离当体,盖因人之本性乃大命之式,身之本质,乃元气之征。首圆象天,所以轻清者上升,属阳也;足方象地,所以重浊者下降,属阴也。五脏按五行,通身类万物。其行止知觉,虽有大命之性灵挚生百体,因出元气之本质,然其生死穷通、安危得失,概不由本性本体所能自专。即此便知大命虽受真主之命代理乾坤万物,其生死贵贱之体必非所能自主也。②

此是说人之本性乃与数一相符,人之肉体乃元气构成,与阴阳五行相类。人的日常行为由自己的身命安排,人的生死富贵一由真主决定。而此中对人的身体的解释,完全根据中国儒家典籍。如"头圆象天,足方象地",本出汉儒,至朱子仍以此为例,说人与物之异乃由于禀气通塞偏正之不同:"且如人,头圆象天,足方象地,平正端直,以其受天地之正气,所以识道理,有知识。物受天地之偏气,所以禽兽横生,草木头生向下,尾反在上。"③王岱舆对中国本土文化中以二气五行解释人

---

① 《清真大学》,第 177 页。
② 《清真大学》,第 149 页。
③ 黎靖德编《朱子语类》卷四,中华书局,1986 年,第 65 页。

与物之来源及同异的思想有得于心,于行文中屡屡引用。

其三,王岱舆论人性,吸收了宋儒天命之性与气质之性的观念。他认为,人物之性总为六种:德性、本性、气性、觉性、长性、坚定。德性是人所得于真主者,是纯粹的真性,是性之本原。本性是人从数一而得的先天之性,其内容是理。气性是人后天禀得的气质之性,其内容是趋利避害,可善可恶。觉性的内容是附于躯体的知觉运动,是禽兽之性。长性者附于枝叶吸化雨露而生长,是草木之性。坚定者有坚固之躯体能不解散,是金石之性。人具此六品,故能生长,能知觉,更能度量事理。德性出自伊斯兰教教义,而觉性、长性、坚性或吸收了荀子《王制》的"水火有气而无生,草木有生而无知,禽兽有知而无义,人有气、有生、有知且有义,故最为天下贵也"之意。六种性中除去同天主同一品相之德性与后三种禽兽草木土石之性,则本性相当于天地之性,气性相当于气质之性。王岱舆论本性与气质的关系、论变化气质以返本性,与宋代理学如出一辙:

> 先天之真性杂乎后天之气质,则真理隐矣,故说性之本体,未漓乎真,固无有不善。及其发而为情,或徇乎气质之偏,或夺于外感之私,则习于善而善,习于恶而恶者有之矣。是故圣智者从善如登,化气质而还其本来之原德,所谓穷理尽性以至于命也;凡愚者怙恶不悛,徇私欲而昧其本来之真性,所谓下愚不移,习与性成也。①

这里王岱舆不仅吸收了儒家特别是理学的观念来阐发伊斯兰思想,而且用语也直接采自儒家。

关于儒学的长处与不足,伊斯兰教学者有一共同看法,即认为儒学是入世之学,其长处在治国平天下,在人伦道德,其短处在对世界本原、归宿及人之生死所说不多,而伊斯兰教在这个方面有擅长,可以补

---

① 《正教真诠》,第164页。

儒学之不足。如王岱舆的教友梁以浚在为王岱舆《正教真诠》所作的序言中就说：

> 宇宙间君臣、父子、夫妇、昆弟、朋友之伦，诚意、正心、修身、齐家、治国、平天下之道，理尽义极，无复遗漏，至正大中，绝去偏颇，非此则人道不全，法治不备，此儒者之道之所以不易也。第其始之所以来，终之所以往，造化原本，生死关头，一切不言。夫生人之理有始、有中、有卒，儒者独言其中，而不言始、卒，天下深观之士不免疑焉。①

王岱舆也持此观点，但他希望通过阐发伊斯兰教义，把二者结合起来，取双方之长，弃双方之短，所以他宣说的伊斯兰教义，是合造化之原、生死往来等形上学问题与修齐治平等实际事务为一体的，是合天道人道为一体的。他说：

> 如不听命，焉能克己；不克己，不能归真入道也。听命为天道，克己为人道，互相表里，发于一心，而寓于四事：若顺主忠君，寓于意念；赞主赞圣，寓于口舌；拜主孝亲，寓于身体；感主济人，寓于财物。所以人但顺主、赞主、拜主、感主，而不能忠君、赞圣、孝亲、济人者，则前事未足为功；如徒忠君、赞圣、孝亲、济人，而不能顺主、赞主、拜主、感主之恩，则仍恐入于左道。不独此也，凡孝弟忠信、礼义廉耻之间但有亏损，即于天人之道不全，即不得谓之听命。②

这里所谓听命，即克去己私，不任自性而听真主之命令。听命必行之四事，乃宗教与世俗之合。顺主、赞主、拜主、感主为信奉真主之事，属宗教；忠君、赞圣、孝亲、济人为经世利生之事，属世俗。二者缺一，即为不全，即为左道旁门。也就是说，天主之命令即含此二方面之事。

---

① 《清真大学》，第3页。
② 《清真大学》，第172页。

故世俗之德行有亏,即于天人之道不全。此义极为重要。先前伊斯兰教义中本有世俗之内容,但尚不能与事奉真主并列。王岱舆则吸收儒家思想,大大加强了世俗内容,意欲使伊斯兰教成为既能保持其宗教传统,又能辅助世道;既尊天信天,又导人向善的文化力量。

其四,王岱舆对儒家思想的撷取,表现在人伦道德上。如王岱舆在他的几部著作中,皆对孝道大加发挥。伊斯兰教经典中本有首先事奉真主,然后及于父母之类的教训。但王岱舆吸收儒家思想,对孝有出色诠释,他说:

> 事主以下,莫大乎事亲。"孝也者,其为人之本欤。"道德所以事主,仁义所以事亲,忠主者必孝,行孝者必忠。忠孝两全,方为至道。①

此中直引孔子语说明孝乃为人之本。忠孝两全的思想,也与儒家做人基本规范。忠者必孝,孝者必忠,也吸收了儒家"求忠臣必于孝子之门"的观念。孝有三品的思想,是吸收了孔子、《孝经》、《礼记》的思想而综合之,王岱舆说:

> 夫孝有三品:曰身、曰心、曰命。凡人第养亲之身,非孝也,所谓"犬马亦皆有养"。孝亲之心志,乃常孝也。所谓至孝者,三品皆备,奉亲于无过之地,使不堕违逆之中,脱离还报之苦,更享无量之福,拜末五次祈求,施济贫难,意归祖考,其为性命之至孝也。②

此中孝身,即孟子所斥者,乃孝之最低行为。孝心,即《论语》所谓"色难"、《礼记》所谓孝子必有深爱,必有和气,必有愉色,必有婉容之义。孝命,即能使父母生命无虞,尊享福乐,且立身扬名,乃《孝经》、《论语》之义。但王岱舆在孝的解释上,不同意孟子"不孝有三,无后为大"之

---

① 《清真大学》,第193页。
② 《清真大学》,第194页。

说，认为妻固应娶，但有无子嗣，权不尽操于人。孟子此语，盖将绝后尽归咎于人，并非确论。此意实有可取之处。

最后，王岱舆对于儒学之吸收，还在于其《清真大学》书名之设定和内容之逻辑关系上对儒家《大学》一篇的摄取。儒家"大学"之名，一者表示学生之年龄，二者表示所学之内容。二者又有联系。据朱熹的解释，中国上古时代学校法备，人生八岁，自王公至于庶民之子弟，皆入小学，教以洒扫、应对、进退之礼节，及六艺之文。至十五岁，入大学，教以穷理正心、修己治人之道。王岱舆将其系统阐述伊斯兰教哲理之书取名《清真大学》，实仿儒家《大学》，意在彰显此书乃关于穷理正心、修齐治平之书，非仅经堂教育中教授阿拉伯文和伊斯兰教基本知识的读物。故此书题纲开宗明义即说："《大学》正宗，作证之言，特明主仆至大之理，真一、数一之殊。"①明与"小学"相区分。而在内容设定之说明中，亦仿儒家《大学》之纲领、条目。如此书之"题纲"先概述其真一、数一、体一之说，然后谓：

> 是故主仆分明，真数一定，然后始知明德之源。知明德之源，而后明明德，明德而后真知，真知而后知己，知己而后心正，心正而后意诚，意诚而后舌定，舌定而后身修，身修而后家齐，家齐而后国治。国家不治由家不齐，家不齐由身不修，身不修由舌不一，舌不一由意不诚，意不诚由心不正，心不正由不知己，不知己由知不真，知不真由明德不明，明德不明由不知明德之源，不知明德之源由不辨真一、数一，不辨真一、数一由不明主仆至大之理。②

此中虽以宗教内容真一、数一为最高，并且有"舌定"即赞主念主，"知己"即知己之本性乃真主所赋二环节，但明明德、诚意、正心、修身、齐家、治国诸语，皆取自《大学》。而且其先以昉明德、真知至正心、诚意，

---

① 《清真大学》，第229页。
② 《清真大学》，第229—230页。

而后一步步至治国,再由治国一步步推原至真知、明明德,这种论述方法也取自《大学》。这说明,王岱舆对于儒宗经典浸润很深。《正教真诠》中对儒回两家在某些概念、语词上一些似是而非处的辨正,也具见王岱舆儒释道学养之深,誉其为"四教博通,诸家毕览,百而不得一"①,盖非虚语。而他有意在书名及内容上皆仿《大学》,说明当时一般穆斯林对儒学颇不陌生。

与王岱舆同时或稍早用汉文撰述、阐发伊斯兰教思想的著作,尚有天启年间进士张忻的《清真教考》和詹应鹏的《群书汇辑释疑》及撰著者姓名不详的《省迷真原》和《证主默解》二书。但这几部书或已经散佚,或内容杂乱、肤浅。② 若论述明代儒学与伊斯兰教之融会,则端赖王岱舆的著作。从他的身上,我们可以看出明代儒学和伊斯兰教融会的一个侧面。后之诸家,回儒融会的方面更广,采撷儒家思想更多,但因已入清代,故只作一般介绍,以明他们在著译方向上与王岱舆的继承关系。

清初最为著名的伊斯兰学者是马注和刘智。马注(1640—1711?)字文炳,号仲修,经名郁速馥,云南保山人,回族。伊斯兰教大圣人穆罕默德四十五代孙,故自署"圣裔"。七岁而孤,家计凋零,苦学不辍。遭际清初之战乱,永历政权播迁于滇中,曾荐为中书,不久改锦衣侍御。清军平云南,马注隐居教读。后至北京,在宗王府教读旗下子弟,一面研究伊斯兰教经籍,勤苦著书。康熙二十三年(1684)离京返回云南,四处访学,结识各地回族经师。晚年居于家乡,修订所著《清真指南》。此书为中文伊斯兰教著名经典,其内容"上穷造化,中尽修身,末言后世。天地之秘,神鬼之奥,性命之理,死生之说,巨细隐显,集群经而摘其粹。"③此书刊行之后,在教中流传甚广,各地清真寺多作为经堂

---

① 《正教真诠》,第3页。
② 见白寿彝:《王岱舆传》注,载《正教真诠 清真大学 希真正答》附录,第323—324页。
③ 《郁速馥传》,见马注著,余振贵标点:《清真指南》,宁夏人民出版社,1988年,第25页。

教育的课本,影响极大。马注曾向康熙帝上《进经疏》,进献所著《经权》二集,疏中说:

> 臣生逢明圣之主,敢不披肝沥胆,缮经献呈。词虽粗陋,意本真经,果使言可济世,黜异扶儒,乞望圣恩宽臣斧钺,宥臣愚懵,用颁海内,使天下万世岐途僻道,格面顽民,咸知有造化天地万物、人神性命之真主,归真复命之正道,格物致知,正心诚意。人知生客死归,贤愚不免,天国地禁,非乐即苦。夙兴夜寐,履薄临深,进思累功,退思补过。臣焉不忠,子焉不孝,修齐治平,垂拱而化。①

请将此书颁布全国,一者以伊斯兰教补益儒学,得移风易俗,修齐治平之效。二在说动朝廷褒扬伊斯兰教,以之为正道,黜灭异端。此中异端虽未敢明指,但指佛道二教无疑。② 后又上表请褒扬伊斯兰教,认为可以辅助儒学。并在奉诏为康熙帝讲解阿拉伯文伊斯兰经籍之答书中,详细谈到自己的治学经历及以回补儒的志向:

> 臣本愚懵,幼习儒业,虽循章句,未按深旨。读《大学》"明明德"、"致知格物",子思"天命之谓性"、"其为物不二",鲁《论》"未知生,焉知死",孟子"夭寿不二"、"万物皆备于我",《易》"无极生太极"、"帝出乎震",《书》"天开于子,地辟于丑,人生于寅",《礼》"伸者为神,屈者为鬼",大哉圣贤之言,亦已阐幽隐而开聋聩者矣。……亦少涉猎经史,详阅诸家。《灵枢》《素问》、《洞古》《楞严》、星纬河洛、异域风鉴、皇极先天之书,皆究明其理之所以然,而未阐其道之所从出。③

从中可见,马注所读儒家之书所包甚广,举凡性理、人伦、天道、经史无不钻究,旁涉医卜、星相、释道二家之书。但所举诸书大意,则多为天

---

① 《清真指南》,第17页。
② 《清真指南》,第35—36页。
③ 《清真指南》,第19页。

地、生死、鬼神,皆与宗教有关。他的着眼点在以儒书夹辅伊斯兰教经籍,以伊斯兰教教义补益儒家之治。他对儒家之道的看法和王岱舆相同,甚至论证语句也直承王岱舆,即认为儒家之长在纲常彝伦,修齐治平,其短处在对宇宙本原、生死之理言之甚少,需要伊斯兰教来补充。他对伊斯兰教义的阐发则主要在以"八赞"赞主之独一,以"真性""禀性"之区分来肯定真主赋予人的先天本性,强调通过修养变化气质的必要性。论证中多回儒互释之言。

刘智(约1660—1730),字介廉,回族,晚年自号一斋,南京人,著名穆斯林学者。其父刘三杰是明清之际伊斯兰经师,精通天方之学。刘智自幼聪慧,从父学习伊斯兰教经籍,又广泛涉猎儒学、道释二氏之学及天主教传教士传入的太西诸学。史称他"天才俊朗,逸思雕华。幼习天方之经,长攻儒者之学。既而旁搜博采,二氏、欧罗巴之文靡不悉心殚究。"①他也自述学思历程说:

> 予年十五而有志于学,八年膏晷,而儒者之经史子集及杂家之书阅遍,又六年读天方经,又三年阅释藏竟,又一年阅道藏竟……继而阅西洋书一百三十七种,会通诸家而折衷于天方之学。②

又到山东、湖北、湖南、广东、陕西、江苏、安徽等地访学,见识大增。他的四处求师问道和多方面学养,为进一步精研伊斯兰教理打下了坚实基础,也为他"以儒释回"开启了多种渊源。他一生著书甚多,但多散佚不存,传世的最重要著作是《天方性理》、《天方典礼》和《天方至圣实录》三书。《天方性理》内容分二部分,一是本经,二是图传。本经共五章,包括天地之性质与功能,身心性命之理及天人之关系。他在此书自序中说:

---

① 杨斐荨:《天方典礼序》,见刘智著,张嘉宾、都永浩点校:《天方典礼》,天津古籍出版社,1988年,第18页。
② 刘智:《天方至圣实录》"著书述",中国伊斯兰教协会印,1984年,第4页。

> 首言大世界（按指天地万物）理象显著之序，以及天地人物各具之功能与其变化生死之故，次言小世界（按指人）身性显著之序，以及身心性命所藏之用与其圣凡、善恶之由。末章总合大小世界分合之妙理、浑合之精义而归竟于一身。①

本经之后有总图 10 幅，分图 60 幅，图下有解释性图说。此书内容颇为丰富，是一本讲说伊斯兰教宗教哲理的著作。

《天方典礼》本来题名为《天方典礼择要解》，《天方典礼》是其简称。此书是对伊斯兰教宗旨，真主及对真主的信仰的性质，对天道人伦基本问题的解说，及伊斯兰教礼仪法规的践行、婚丧礼制等的说明。刘智在此书序言中介绍其内容说："是书也，始著立教之原，中述为教之事，天道五功，人伦五典，穷理尽性之学，修齐治平之训，以及日用寻常居处服食之类，皆略述大概，而以婚姻丧葬终焉。"此书是刘智从《古兰经》、圣训、伊斯兰教法及科技等七十余种经籍中采辑出来，加以翻译，组织编列而成。论及"五典"（即君臣、父子、夫妇、兄弟、朋友五伦）时，颇引儒家经典为说。《四库全书》将此书列为存目，在《提要》中谓此书特点在："每事详为解释，以自尊其教。回回教本僻谬，而智颇习儒书，乃杂援经义以文其说，其文亦颇雅赡。然根柢先非，巧为文饰无益也。"②此评显然以大汉族主义之立场立论，其偏颇一望即知。但此评提出刘智颇通儒书，文亦雅赡，却是抓住了此书回儒会通的实质。

《天方至圣实录》主要是伊斯兰教大圣人穆罕默德的传记，据波斯文本并参考其他著作糅译而成。内容包括至圣源流，穆罕默德年谱、生平录，及世界各国伊斯兰教的一般介绍，国内关于伊斯兰教的碑记序说等共二十卷。另该书前有"著者述"，叙说刘智学思经历，对理解刘智的生平、思想极为有用。关于此三书各自之角色及在整个著述中的逻辑关系，刘智说："《典礼》者，明教之书也。《性理》者，明道之书

---

① 刘智：《天方性理》卷首"自序"，宁夏人民出版社，1987 年。
② 《四库全书总目》，中华书局，1997 年，第 1679 页。

也。今复著《至圣录》，以明教道渊源之自出，而示天下以证道之全体也。盖三书者，三而一者也；履阶而升堂，升堂而入室，其庶几矣。"①

刘智还有一篇翻译自波斯诗人加米的作品，中文名《真境昭微》。此书篇幅不大，但含义丰多且富有哲学意味。关于此书的大旨，刘智在该书之序言中说：

> 前十二章，言修道体道之功，后二十四章，明真理隐著之义，真境昭微，详哉其言之矣。……书之大旨，要人辨出如何是后起之人心，如何是本然之道心；如何去人心而还道心，如何以道心而治人心。方寸之心，在在其境，可以心求，可以心至。何谓言功而义在其中者，此也。②

此中道心人心的分别、去人心而还道心之义，是受了宋代理学特别是朱熹的影响，用语上袭用理学尤其明显。而方寸之心在在其境，又与理学中心学一派思想相近。这说明，刘智在翻译或介绍伊斯兰原典时，有意识地使用中国本土哲学用语和思想，以利于熟悉汉语的穆斯林接受。

刘智又有《五功释义》一书，"五功"者，指念真、礼真、斋戒、捐课、朝觐天阙。刘智的解释是："时念真宰，静存动察，心不妄驰也。日礼五时，谨之又谨，涤之又涤也。岁斋一月，以制嗜欲之私。岁捐课财，以普利物之仁。终身一觐天阙，以实志诚向往之念。五功修完，而天道尽矣。"③五功也就是心念真主，礼拜真主，按制斋戒，交纳财物，朝觐麦加。刘智的《五功释义》就是对这五功的意义详加解释，在解释中加进了一些儒学的观念与用语。而他的《天方三字经》，更是仿照儒家蒙学读物《三字经》，将伊斯兰教理用浅近的形式向初学者教习。另此书又兼作穆斯林学习汉文的启蒙课本，能于一书中收识字、明理二种

---

① 刘智：《天方至圣实录》，第 4 页。
② 刘智译：《真境昭微》序，见金宜久：《中国伊斯兰探秘》，东方出版社，1999 年，第 20 页。
③ 刘智：《天方典礼》，第 32 页。

效果。

　　马注和刘智是王岱舆之后最重要的中国伊斯兰思想家,他们在清代新的民族融合的背景下,将汉语著译伊斯兰教理推进到新的水平,使穆斯林不仅在商业贸易活动中和汉族融为一片,更在宗教、哲学、思想文化方面,和中国主流文化发生交涉,使得伊斯兰文化在更广阔的层面融会儒家思想,进一步拉近了与中华主流文化的距离,也使汉语文化世界增添了新的内容。这对中国文化的多民族多面向发展,具有巨大推动作用。